中国法律史讲义

Lectures on Chinese Legal History

李启成　著

北京大学出版社
PEKING UNIVERSITY PRESS

图书在版编目(CIP)数据

中国法律史讲义/李启成著. —北京:北京大学出版社,2018.1
(21世纪法学规划教材)
ISBN 978-7-301-29029-3

Ⅰ. ①中… Ⅱ. ①李… Ⅲ. ①法制史—中国—高等学校—教材 Ⅳ. ①D929

中国版本图书馆 CIP 数据核字(2017)第 303510 号

书　　　名	中国法律史讲义 ZHONGGUO FALÜ SHI JIANGYI
著作责任者	李启成　著
责 任 编 辑	李　铎
标 准 书 号	ISBN 978-7-301-29029-3
出 版 发 行	北京大学出版社
地　　　址	北京市海淀区成府路 205 号　100871
网　　　址	http://www.pup.cn
电 子 信 箱	law@pup.pku.edu.cn
新 浪 微 博	@北京大学出版社　@北大出版社法律图书
电　　　话	邮购部 62752015　发行部 62750672　编辑部 62752027
印 刷 者	涿州市星河印刷有限公司
经 销 者	新华书店
	787 毫米×1092 毫米　16 开本　23.5 印张　587 千字 2018 年 1 月第 1 版　2018 年 12 月第 2 次印刷
定　　　价	58.00 元

未经许可,不得以任何方式复制或抄袭本书之部分或全部内容。
版权所有,侵权必究
举报电话: 010-62752024　电子信箱: fd@pup.pku.edu.cn
图书如有印装质量问题,请与出版部联系,电话: 010-62756370

丛书出版前言

秉承"学术的尊严,精神的魅力"的理念,北京大学出版社多年来在文史、社科、法律、经管等领域出版了不同层次、不同品种的大学教材,获得了广大读者好评。

但一些院校和读者面对多种教材时出现选择上的困惑,因此北京大学出版社对全社教材进行了整合优化。集全社之力,推出一套统一的精品教材。

"21世纪法学规划教材"即是本套精品教材的法律部分。本系列教材在全社法律教材中选取了精品之作,均由我国法学领域颇具影响力和潜力的专家学者编写而成,力求结合教学实践,推动我国法律教育的发展。

"21世纪法学规划教材"面向各高等院校法学专业学生,内容不仅包括了16门核心课教材,还包括多门传统专业课教材,以及新兴课程教材;在注重系统性和全面性的同时,强调与司法实践、研究生教育接轨,培养学生的法律思维和法学素质,帮助学生打下扎实的专业基础和掌握最新的学科前沿知识。

本系列教材在保持相对一致的风格和体例的基础上,以精品课程建设的标准严格要求各教材的编写;汲取同类教材特别是国外优秀教材的经验和精华,同时具有中国当下的问题意识;增加支持先进教学手段和多元化教学方法的内容,努力配备丰富、多元的教辅材料,如电子课件、配套案例等。

为了使本系列教材具有持续的生命力,我们将积极与作者沟通,结合立法和司法实践,对教材不断进行修订。

无论您是教师还是学生,在适用本系列教材的过程中,如果发现任何问题或有任何意见、建议,欢迎及时与我们联系(发送邮件至bjdxcbs1979@163.com)。我们会将您的意见或建议及时反馈给作者,供作者在修订再版时进行参考,从而进一步完善教材内容。

最后,感谢所有参与编写和为我们出谋划策提供帮助的专家学者,以及广大使用本系列教材的师生,希望本系列教材能够为我国高等院校法学专业教育和我国的法治建设贡献绵薄之力。

北京大学出版社

2012年3月

目 录

1　导　论

上编　传统中国法制

19　第一讲　中国历史演进综述

　　20　第一节　中国国家的起源与周代封建制(—公元前八世纪)
　　24　第二节　第一次社会大转型(公元前八世纪—前一世纪)
　　27　第三节　帝制中国(公元前三世纪—十九世纪中晚期)
　　49　第四节　第二次社会大转型(十九世纪中叶至今)

57　第二讲　周代分封制下的贵族法制

　　58　第一节　周代的设官分职
　　59　第二节　周代法制(一):礼
　　62　第三节　周代法制(二):刑

69　第三讲　帝制法制之演变

　　69　第一节　帝制法制的奠基:秦代法制
　　80　第二节　中国帝制法制的初步形成:两汉法制
　　85　第三节　帝制法制的成熟:唐代法制
　　96　第四节　君权强化引起的帝制法制再变化:宋明法制
　　105　第五节　变革前夕的帝制法制:清代法制

111　第四讲　皇帝制度与传统法制

　　111　第一节　皇帝制度的建立与变迁
　　120　第二节　皇帝与立法
　　123　第三节　皇帝与司法

138　第五讲　帝制法制的目标:以"治吏"实现"吏治"

　　138　第一节　选官制度

147　第二节　官制设置与监察制度
158　第三节　官箴书与《戒石铭》
160　第四节　帝制法制的"简"与"繁"

164　第六讲　帝制法制的功能：教化与威慑

164　第一节　儒家思想法制化
167　第二节　教化：追求"无讼"理想
174　第三节　现实威慑：刑网的编织
179　第四节　教化和威慑之关系

186　第七讲　帝制中国的立法制度

186　第一节　立法机构
190　第二节　法律形式
197　第三节　法律解释

203　第八讲　帝制中国的司法制度

203　第一节　中央专门司法机构
207　第二节　地方司法机构
209　第三节　司法人员
215　第四节　重要诉讼制度

222　第九讲　帝制中国的儒学、律学教育

222　第一节　法律人员的儒学教育
226　第二节　法律人员的律学教育

233　第十讲　传统婚姻、承继法制

233　第一节　婚姻制度
240　第二节　承继法制

247　第十一讲　家法族规、乡约与民间自治

247　第一节　家族治理与家法族规
254　第二节　乡约
259　第三节　帝制中国晚期的民间自我治理实践

下编　向民主法治迈进的近代中国法制

267　第十二讲　近代中国法制转型的动因
- *267*　第一节　三千余年一大变局
- *274*　第二节　领事裁判权

280　第十三讲　近代中国的宪政
- *280*　第一节　近代中国宪政之肇端——晚清预备立宪
- *286*　第二节　民初宪政（1912—1928）
- *297*　第三节　党治下的"训政"与"宪政"
- *303*　第四节　"有宪法无宪政"的历史反思

309　第十四讲　刑事法制的近代变迁
- *309*　第一节　近代中国刑事法典的编纂
- *314*　第二节　刑事法基本原则的变革

323　第十五讲　近代中国的私法
- *323*　第一节　近代中国的民事立法
- *326*　第二节　近代中国的商事立法
- *330*　第三节　近代私法的基本特点

338　第十六讲　诉讼与司法制度的近代变革
- *338*　第一节　近代中国诉讼立法
- *342*　第二节　近代中国的司法机构
- *349*　第三节　近代中国的法官与司法党化
- *353*　第四节　近代中国的律师与陪审制度

358　结　语　近代中国的法治转型

363　索　引

366　后　记

导 论

一、何谓"中国法制史"

作为法学院学生,为什么要研习"中国法制史"?这是同学们自然会问的第一个问题。最简单的答案就是它是必修课,跟我们计算绩点、保研、就业有密切关系,因此要学。这么回答也对,但我们还要问,我们法学课程这么多,为什么教育部门会把它定为必修课?其中原因,我不能准确探知,也没这个必要。作为这门课的老师,我想谈谈自己的看法。

要回答"为什么",必须大致搞清楚"是什么"这一先决问题。很多时候,你真正了解了"是什么","为什么"这个问题也就迎刃而解了。这里还需引申一句:倘若我们仅仅满足于了解"是什么",自然是不够的。但如果还没有搞清楚"是什么",便急于解释"为什么",那无论你解释得如何头头是道,也总不免令人怀疑你那个所谓的"道",不过是"心造的幻影"①。具体到"中国法制史"这门课程,先必须大致了解其研习对象。顾名思义,"中国法制史"的研习对象是中国法律制度的历史。这里有三个关键词:中国、法律制度和历史。

图1 西周何尊铭文,圈内为"宅兹中国"字样

---

① 参考朱维铮:《研究历史观念史的一部力作(代序)》,载饶宗颐:《中国史学上之正统论》,中华书局2015年版。

什么是"中国"？这个词我们经常用，主要是个政治概念。目前所知"中国"一词较早出现在公元前11世纪西周成王时期的青铜器何尊铭文中，该铭文记载了成王营建东都洛阳的史实，有"隹武王既克大邑商，则廷告于天曰：余其宅兹中国，自兹乂民"。① 在这里，"中国"指的是以洛阳盆地为中心的中原地区。《尚书·梓材》有"皇天既付中国民"一句，同时出现了"皇天""中国"和"民"三个概念，表明周王自认为皇天将民交给中国，因此要举行祭典。《诗经·大雅·生民之什·民劳》："民亦劳止，汔可小康。惠此中国，以绥四方。"②这里"中国"与"四方"相对，是周人对自己居住地域的称谓，他们认为自己位于大地的中央，而四周的民族则分别被他们称为蛮、夷、戎、狄。故"中国"一词原指中原，随着中原不断向边陲扩散，同时边陲也不断向中原汇聚，中国的范围也就与日俱增，其意义几同天下。③ 刘邦建立汉朝，陆贾将之视为"统天下，理中国"④之大事。故自汉朝以来，"中国"一词逐渐演变成为正统朝代之指称。如在南北朝时期和宋代，对峙双方都自称"中国"。但各朝代并不把"中国"作为国名使用，直到1912年中华民国成立，才将"中国"作为"中华民国"的简称正式使用，使其首次成为具有近代国家概念的正式名称。中华人民共和国成立后，也简称"中国"。故可说，"中国"是中华民族生长发展过程中一种自觉的自我意识，"中国"与中华民族同具永久生命，而为中国人整体性的基本表征。

从历史演进的角度来看，"中国"所指称的空间外延不断变化，是在与外部世界相联系中成长或者说逐步成熟起来的。正是在这个意义上，梁启超把中国史划分为三阶段："中国之中国""亚洲之中国"和"世界之中国"，他说：

> 第一上世史，自黄帝以迄秦之统一，是为中国之中国，即中国民族自发达自竞争自团结之时代也……第二中世史，自秦统一后至清代乾隆之末年，是为亚洲之中国，即中国民族与亚洲各民族交涉繁频竞争最烈之时代也……第三近世史，自乾隆末年以至于今日，是为世界之中国，即中国民族合同全亚洲之民族，与西人交涉竞争之时代也。⑤

中国历史上的法律制度是在与周边民族、亚洲各民族甚至与世界各民族相互交往、学习、借鉴过程中发展成熟起来的，故我们在研讨"中国法制史"时既要注意中国法制的主体性，又要认识到外部世界对中国法制的影响。

法律制度或者说法制是什么？简单说就是形成了制度的法律。先来看什么是法律。大家都熟悉马克思主义教科书关于法律的定义，它侧重从阶级对立的角度来强调法律的国家强制性特征，自有其道理，但可能不全面。因为法制除了国家法，还有社会法、民间法这些不具国家强制性或者国家强制性不够明显的部分。

我以为，法律是人类为追求公平正义和稳定秩序的规则表达，是达致真善美生活的重要制度手段。法律所涉及的基本问题大致包括：1. 人为什么需要法律？ 2. 法律的内容与权威取决于什么？ 3. 法有善恶吗？什么法律是好的或正当的？ 4. 法律与其他社会规范的区别

---

① 徐中舒主编：《殷周金文集录》，四川人民出版社1984年版，第245页。青铜器何尊于1963年在陕西宝鸡出土，刻有长达12行122字的铭文，现藏于宝鸡博物馆。何尊铭文的大意为：成王五年四月，周王朝开始在成周营建都城，对武王进行丰福之祭。周王于丙戌日在京宫大室中对宗族小子何进行训诰：何的先父公氏追随文王，文王受上天大命统治天下。武王灭商后则告祭于天，以此地作为天下的中心，统治民众。周王赏赐何贝30朋，何因此作尊，以为纪念。
② 大致意思是：老百姓也劳苦够了，求得可以稍稍安康。周王能否爱京师之民以安天下四方？
③ 参考汪荣祖：《明清史丛说》，广西师范大学出版社2013年版，第5页。
④ （汉）班固撰：《汉书》（第七册），中华书局1962年版，第2112页。
⑤ 梁启超：《中国史叙论》，载《饮冰室文集》（第三册），吴松等点校，云南教育出版社2001年版，第1626—1627页。

是什么？5. 人应当如何生活？6. 法律与人的自我实现及其生活的意义有什么关系？

在西方，有不少思想家思考并回答了这些问题，受这些思想的影响，形成了影响深远的法律制度，从而拥有了自己的法律传统。中国自近代以来，大规模继受西方法制文明，尤其是大陆法系。由于中国传统法制和西方法制根本属于两个完全不同的文化系统，其间差异不可以道里计，这就导致我们固有法律传统的根本断裂，从而今天的我们在理解传统法制时碰到了大困难。

中国法制史这一学科之成立，直接受日本学界的影响。本学科产生的重要标志之一是《中国法律发达史》一书于1930年由上海商务印书馆出版，其作者杨鸿烈先生即曾留学日本。① 本学科的研究范围，自然也借鉴了日本学者相关论述。主要活跃于民国时期的著名法学者蔡枢衡先生曾指出："不论是作为一种法学或史学，法制史一词显然都不是中国固有的，而是从东邻输入的外来语。日语'法制'一词有两方面的意义：其一是写定法规或编纂法典。这在资本主义国家就是立法，相当于英语的 Legislation；另一是法律和命令的概括，相当于英语广义的 Law……由于专制时代只有命令，没有法律。立宪政治则分法令为法律和命令两种。所以专制时代的法规相当于立宪体制下的法律和命令两者的概括。和英语广义的 Law 含义相同的法制，实际是法律和命令的概括词……日语所谓法制史，实际是法律和命令二者的历史。"②

受这个观察视角的支配，法制就是朝廷和官府的强制性规范集合。古代中国"出礼而入法"，故法主要是一些禁止性规范及其违反这些规范所予以的惩罚。自然地，中国刑法史成了中国法制史的重心。除去刑法史的法制史，便觉空洞无物。

日本法律的近代化是"脱亚入欧"背景下学习欧陆法的结果。我们学习日本建设自己的法制史学科，也就习惯于将欧洲大陆法系国家对于法律的分类，拿来将中国古代法强行加以分割，用这种方法，写出的中国法制史，差不多可以命名为"大陆法系视野中的中国法制史"。这就有了我们常见的一些名词，如中国古代的宪法、行政法、经济法等；并进而引申出了一些可能不是问题的问题，最著者如中国古代为什么没有民法或者说民法不发达。在这种情况下，有学者感慨："有的专著和论文力图从积极的方面挖掘和阐述中华法系的精神，但由于讲消极一面生动具体，讲积极一面空洞无物，内容阐述的大多还是君主专制、法自君出、维护皇权、重刑轻民、司法行政合一、法有等差、重农抑商、取义舍利、以政率法等等，给人留下中华法系从整体上说是'糟粕大于精华'的印象。"③

中国人的这种判断是进入20世纪之后才得以大行其道的。曾经有很长一段时间，很多欧洲学者承认中国在道德培育和政法制度方面的巨大成就。伏尔泰认为中国人科学不发达，是跟他们注意力不在此有关，因"中国人最深刻了解、最精心培育、最致力完善的东西是道德和法律……在别的国家，法律用以治罪，而在中国，其作用更大，用以褒奖善行"。④ 这不

---

① 大致在前后不久，丁元普、程树德和陈顾远等先生出版了直接以《中国法制史》命名的教科书。（参考张伟仁主编：《中国法制史书目》（第一册），中央研究院历史语言研究所专刊之六十七，1976年版，第442—443页。）其中丁元普曾在早稻田大学学习过，程树德毕业于日本法政大学，只有陈顾远没有留日经历。陈顾远五四运动后在北大法科学习，对中国历代法制很感兴趣，授课老师为康宝忠，而康宝忠曾于20世纪初留学日本。这足见当时日本法学对本学科诞生之初所发挥的重大影响。

② 蔡枢衡：《中国刑法史》，中国法制出版社2005年版，"序"，第6页。

③ 杨一凡：《中华法系研究中的一个重大误区——"诸法合体、民刑不分"说质疑》，载《中国社会科学》2002年第6期。

④ 〔法〕伏尔泰：《风俗论》（上册），梁守锵译，商务印书馆1995年版，第216—217页。

是伏尔泰一个人的意见,当时的启蒙思想家基本上多持类似观点,莱布尼兹是这样说的:"如果说我们在手工技能上与他们不分上下、在理论科学方面超过他们的话,那么,在实践哲学方面,即在人类生活及日常风俗的伦理道德和政治学说方面,我不得不汗颜地承认他们远胜于我们。"① 重农学派的代表魁奈说:"中国的制度系建立于明智和确定不移的法律之上,皇帝执行这些法律,而他自己也审慎地遵守这些法律。"② 1810 年,《大清律例》英文版问世,译者小斯当东(George Thomas Staunton),早年曾作为马嘎尔尼(Macartney)使团随员觐见过乾隆,对清帝国的印象总体来说较糟糕,但他在《爱丁堡评论》上撰文,对《大清律例》却评价甚高:"与我们的法典相比,这部法典的条文最伟大之处是其高度的条理性、清晰性和逻辑一贯性……尽管这些法律冗长烦琐之处颇多,我们还没看到过任何一部欧洲法典的内容那么丰富,逻辑性那么强,那么简洁明快,不死守教条,没有想当然的推论。"③

其实,我以为与辉煌文明相适应,中国古代有当时很发达的法律制度、法律理念。这一点之所以然,我将在本讲学习方法的时候进一步展开。通过对法律概念和法律制度演变历程的梳理,我以为,用当今流行的法学语词来分析、指称传统法制,最好应照顾到法律系统乃至整个文化系统,不要机械将古今之间一一对应。

历史是什么?这个问题很难回答,没有一个标准答案。我自己受杜维运先生的启发较多,非常认可他的观点,"历史既不是往事(亦即不是过去),也不止于是往事的记录,而是史学家研究往事的成果"。④ 既然历史是史学家研究往事的成果,那不同的史学家,受各自历史观和价值观的影响,写出来的历史自然就不一样。中国古人非常重视历史的教化功能,将褒贬书法用于历史书写之中,以惩恶扬善。美国历史教科书则不一样,读一读你会发现,越丢脸的事他们写得越细越深,比如歧视黑人、大萧条、虐待华工等。背后的理由之一是美国人不怕扬家丑给下一代,而是揭短以警醒后人不要再犯同样的错误。这两种不同历史观指导下的历史书写,各有其优点,可谓殊途同归,都冀望人类能从野蛮走向文明,应可互相镜鉴。

我很欣赏一种说法:在大学教书是为了帮助学生"从负数变成零",而不是从零增加一些知识。我理解,这里所说的"负数",在中国法制史的学习上,就是那些严重妨碍我们进行独立思考的历史教条。讲历史,首先是要求真,关于一桩事件、某个人物、特定制度,你先要找到相关的第一手资料,大致知道是什么。杜维运先生就讲到:"历史不可能全真,历史的最值得珍贵,却在于极近于真。所以史学家最主要的任务,是在尽可能将以往曾经发生的事实的真相,以及事实与事实间相互的真正关系,揭露出来。古今中外史学家兢兢业业所惨淡经营者在此。历史而流于虚妄荒诞,将毫无意义与价值。""历史变动最剧烈的时代,每在朝代更易之际,历史的真相,也最易在此时失去。史学家此时因政治上的因素,往往不敢秉笔直书,旧朝殉国的烈士,守节的遗民,赴汤蹈火,呼天抢地,其忠义之迹,史学家固不敢为之留传;即旧朝完善的制度,优美的传统,也每被诬蔑或曲解。""历史决不能属于胜利者的战利品,失败者与少数,绝不是历史的垃圾堆,史家也决不应当有胜者王侯败者盗贼的观念,使自己属于胜利的一边,忙碌着去挑选胜利者。天地的元气,历史的真精神,往往存在于失败者与少数人之间。"⑤ 有鉴于此,我们更需在这些关键的地方搜寻原始资料,以探求历史之真。

---

① 〔法〕莱布尼兹:《中国近事:为了照亮我们这个时代的历史》,杨保筠译,大象出版社 2005 年版,第 2 页。
② 〔法〕魁奈:《中华帝国的专制制度》,谈敏译,商务印书馆 1992 年版,第 24 页。
③ 〔英〕约·罗伯茨编著:《十九世纪西方人眼中的中国》,蒋重跃等译,中华书局 2006 年版,第 23—24 页。
④ 杜维运:《史学方法论》,北京大学出版社 2006 年版,第 20 页。
⑤ 同上书,第 258—266 页。

光知道是什么还不够,还要问为什么,换言之即要有问题意识。著名考古学家张光直先生根据自己的研究经验提醒后学:

> 要从古代的历史中得出某个问题很满意的解决,从而使其他人能够信服,那么,单指出现象是不够的,重要的是要问一问"为什么"。只指出中国古代文明是以青铜器为特征,它有若干特点,比如有饕餮纹或龙纹、凤纹,说中国古代的文明就是这样,这是不够的。当然要研究中国古代的文明,得由此入手,正因为我们有这种形制和花纹的青铜器、玉器,因而中国古代文明才与其他的文明不同。不过这只是第一步,仅第一步是不够的;我们更要提出的是,中国古代文明"为什么"会有这样的特征?假如我们能够得出一个具体的能让人信服的答案来,才能使我们在这个问题的研究上,得到相当程度的自信和满足,也才能使其他人信服和接受。所以如果要研究古史、古代美术、考古学的话,我认为要时常想想下面几个单词:What、Where、When、How、Why。①

张光直先生的指点,对于古代中国法制史的学习和研究当然也是很重要的。问题意识怎么产生,除了上面所谈到的知识本身是理之当然这一因素外,还与今天我们遇到的问题有关,因此,要试图架起古今之间的桥梁。东汉思想家王充曾讲:"夫知古不知今,谓之陆沈……知今不知古,谓之盲瞽。"②德国历史法学派大家萨维尼曾讲:"历史,即便是一个民族的幼年,都永远是值得敬重的导师……只有通过历史,才能与民族的初始状态保持生动的联系,而丧失了这一联系,也就丧失了每一民族的精神生活中最为宝贵的部分。"③我们对某些现实问题的关注和思考,有时不得其解。如这时能深入古今中西的历史中来考察,可能会给我们醍醐灌顶的启发。所谓太阳底下无新事,"后之视今犹今之视昔",因人类最大的教训就是从不吸取教训。我们通常讲,历史是过去了的现实,现实是正在发生的历史;历史是长新闻,新闻是短历史。比如说当今中国,要用什么来遏制官吏的腐败?西方怎么做的?传统中国是怎么做的?那些经验和制度在今日中国是否还有效?如果已无效或过时,其原因何在?这些都是值得思考的问题,也会提升我们的学习兴趣。

学习中国法制史,在一定程度上,就是在认识中国人的生活方式、思维方式及其变化。尽管这种生活方式、思维方式,到现在已发生巨大改变,但我们还是要承认,有些生活方式,尽管被看作是极其"落后"的,却依然存在,有其价值和背后的道理。故了解中国古代法制,就不仅仅在回顾过去,发思古之幽情,还有应对现实和未来的可能。中国当代法制,一定是在中国社会历史大背景中发展起来的;学习外国法律,也是为了解决中国自身的问题;基于我们对法律的理解,即使外国法律在外国实行得很好,在中国社会则未必收获良好的效果。总之,既不要食洋不化,也不要食古不化。钱穆先生在其名著《国史大纲》中批评了不顾自身实际情况,盲目效仿他人的"假革命"行为,值得深思。他说:

> 文化与历史之特征,曰"连绵",曰"持续"。惟其连绵与持续,故以形成个性而见为不可移易。惟其有个性而不可移易,故亦谓之有生命、有精神。一民族文化与历史之生命与精神,皆由其民族所处特殊之环境,所遭特殊之问题,所用特殊之努力,所得特殊之成绩,而成一种特殊之机构。一民族所自有之政治制度,亦包融于其民族之全部文化机

---

① 张光直:《从商周青铜器谈文明与国家的起源》,载《中国青铜时代》,生活·读书·新知三联书店2013年版,第483页。
② 《论衡·谢短》,载黄晖撰:《论衡校释》(第二册),中华书局1990年版,第555页。
③ 〔德〕萨维尼:《论立法与法学的当代使命》,许章润译,中国法制出版社2001年版,第86页。

构中而自有其历史性……一民族政治制度之真革新,在能就其自有问题得新处决,辟新路径。不管自身问题,强效他人创制,冒昧推行,此乃一种"假革命",以与自己历史文化生命无关,终不可久。中国辛亥革命,颇有一切推翻故常而陷于"假革命"之嫌……当时似误认为中国自秦以来,即自有王室以来,一切政制习惯多是要不得。于是乃全弃我故常之传统,以追效他邦政制之为我所素不习者,此则当时一大错也。即如考试与铨选,乃中国政制上传袭甚久之一种客观用人标准,民国以来亦弃去不惜。如是则民治未达,官方已坏,政局乌得不乱……而所以犹谓之"假革命"者,以我民族所遇之问题,犹是我民族特有之问题,却不能亦随别人之政制与理论而俱变也。①

总之,学习"中国法制史"课程的意义,同时也是重要的学习目标之一,用我老师李贵连教授经多年思索而总结出来的十五字箴言,即通古今之变,明中西之异,究当世之法:

> 第一"通古今之变",就是了解法律的整个变化过程。孔子的观点,是思想,但没有成为制度。孔子的思想后来成为制度,这个制度在社会上是怎么实施的,就会有很多问题。比如"容隐"制度。如果父亲把母亲打死了,告发不告发?容隐不容隐?这要靠实际的判决来决定。父亲打死母亲,社会上没有吗?有的。父亲把爷爷打死了,儿子要不要容隐,社会上没有吗?没有的话就不成其为社会了。"容隐"是法律,"子孙违反教令"也是法律,为什么清末法律改革,子孙违反教令争议很大?如果父亲教令和母亲教令不一样,怎么办?当时包办婚姻,父亲定了这个,母亲定了那个,这是不是都是教令?父母同意了这个,爷爷不同意,怎么办?一思考具体制度,这里面有很多问题,所以一定要通达古今的变化。这些制度可都是维持了几千年的,要思考古今是怎么变的。第二,要"明中西之异"……外法这么大一个范围,而中国一个朝代就有多少材料,外法搞这么大范围,那么多国家,没办法做到"地熟",资料怎么看得过来?真正要搞外法的话,比如说英国,住他个七八年,可能能搞出点名堂。不然,一定要和中法结合起来。中国近代把传统的法一下子反过来接受西方,但又不是完全接受西方,传统还是受影响的。同一个概念,中国和西方可能就不一样。所以要搞明白中国和西方的概念到底是怎么一回事。西方传进来的一些即使很基本的概念,像民主啊,民权啊,人权啊,由于观念不一样,翻译过来会有差异在里面……第三,要"究当世之法"。这十五个字,我自己不能完全做到,但我觉得,我们法史应该朝这个方向努力。②

二、如何学习"中国法制史"

关于如何学习中国法制史,首先欲明了的一个重要前提是学习中国法制史的目标为何。在大致弄清楚这个目标后,才能进一步谈与此紧密相关的学习态度和方法问题。下面我将根据自己的理解对这些问题分别略加阐释。

(一) 在提升人文素养的基础上培养专业技能

关于学习中国法制史的目标,前面我引用了李贵连老师所总结的"通古今之变,明中西之异,究当世之法",这里我想用更通俗一点的说法,那就是希望同学们能在提升人文素养的基础上培养专业技能。

---

① 钱穆:《国史大纲》(下册),商务印书馆1996年版,第911—912页。
② 李贵连:《法史学的十五字箴言》,载《检察风云》2011年第15期。

国内法学院所开设的各种课程中,跟文史哲等人文学科有密切关系的不多,尽管法史学到底属于史学还是法学有争议,但无论如何,"中国法制史"一课与人文学科联系最紧密。在大学学习法律,念部门法,不可不读法理学与法史学;念法学,还要读政治学、经济学、社会学,甚至还要读一点自然科学,更得读史学与哲学。后者读通了,前者的气象自然就大了;越是专门之学,越要有大气象、大格局为支撑。"为学要如金字塔,要能广大要能高。"这就是专与博之间关系的重要一面。进一步讲,专门之学深入了,始能博观旁通,"要合之以见其大,必先分之而致其精。"①大学存在的意义,不仅仅是培养工程师,更是要培养合格乃至优秀的公民,要让他们去领略浩瀚的历史和多种多样的文明。换句话说,大学之所以为"大",就在于师生要一起寻"道",而不是仅仅止于"技艺"之授受,要由"技艺"进乎"道"。

我一直在思考这个问题:我们以前批评法官职业化程度不够,是司法不能让人满意的原因之一,可为什么有了职业训练和考试,法学院毕业生成了司法人员之后,反而出现了用专业知识和词汇进行包装内容更荒谬的判决结果,民众对某些司法人员或判决依旧不满意的情况。职业化不够还可说是不"知";现在职业化程度高了,结果还是如此,那就是"知而不能行",甚至是"知"之后明白其中的利害而更不愿"行",问题可能更复杂也更严重了。解决之道惟何?那就先要探究其原因。固然,不能完全归责于司法人员本身,跟整个体制和社会大环境紧密相关,但不管怎么说,司法官员人文素养的欠缺则是其中的重要原因。要提升司法官员的人文素养,那大学法科教育就更应注意于此。为什么呢?一则我们的教育,从小学直到中学,尽管也在提倡素质教育,但实际上仍是应试教育在主导,可以说,真正的人文素质教育自大学才开始。而大学法科职业教育随学生进入大学之门即开始,缺乏专门的人文教育阶段,故强化人文教育是当今国内改进大学法学本科教育的当务之急。东汉王充有段批评文法刀笔吏的话值得深思和警惕:"文吏幼则笔墨,手习而行,无篇章之诵,不闻仁义之语。长大成吏,舞文巧法,徇私为己,勉赴权利。考事则受赂,临民则采渔,处右则弄权,幸上则卖将。一旦在位,鲜冠利剑;一岁典职,田宅并兼,性非皆恶,所习为者违圣教也。"②我们法学院的学生要避免成为舞文弄法的"刀笔吏"甚至无视苍生民命的"酷吏",在上学时就应该精读一定数量的中外人文名著,陶冶我们的情操,提升我们的人文素养。

有学者在当下中国做过问卷调查,发现:人们的功利性阅读占其主要部分,有的人甚至终其一生,都在功利性阅读里打转。为考试、为文凭、为职称、为升迁、为炫耀等,目的非常明显,甚至目的前置,即书还没读,读书目的已全然呈现出来。这种阅读方式尽管未必全非,但显然不是理想阅读之境。其实,读书除了实用乃至改变人的生存处境外,更重要的作用在于,读书是为了不受蒙骗,明白自己的权利与义务,争取做一个有尊严而体面的人。

超越一般的功利性,往高里说,读书就是读书,是一种人生情趣、生活方式。为什么我们有必要将读书视为一种很理想的生活方式呢?冯友兰先生在《新原人》一书中指出人生境界由低到高,大致可分为四个层次:自然境界(一切顺从本性或习惯,对宇宙人生毫无觉解)、功利境界(为私、为个人利益生活)、道德境界(为公、为社会利益而生活)和天地境界(彻底了解人生意义,与宇宙合而为一)。③ 方东美先生也有类似看法。④ 如我们承认人生境界有高下

---

① 吕思勉:《汉朝大历史》,北京联合出版公司2012年版,"代序",第5页。
② 黄晖撰:《论衡校释》(第二册),中华书局1990年版,第545页。
③ 冯友兰:《中国现代哲学史》,广东人民出版社1999年版,第264—265页。
④ 著名哲学家方东美先生于1969年在夏威夷召开的第五届东西方哲学家会议上作学术报告"人与世界在理想文化中的蓝图",将人生境界分为物质境界、生命境界、心灵境界、艺术境界、道德境界和宗教境界等逐渐上扬的六大层次;生命精神不断将下层境界点化,从而跻身进入上一层的境界,最终旁通统会,以成就深微奥妙、高贵的人,即充分恢复了神性的"神人"。(秦平:《大家精要·方东美》,云南教育出版社2008年版,第119—120页。)

之别,那人生的重要意义就是逐步提升我们的人生境界。虽然我们提升自己人生境界的途径很多,但多读经典名著无疑非常重要。

(二) 深入其中,同情理解

学习中国法制史的目标既然是要让学生在提升人文素养的基础上培养专业技能,以古鉴今就变得特别重要。既然要以古鉴今,就先要明白古代法制的内涵、存在的理由和根据、发挥作用的各种条件等。要回答这些问题,即便是尝试解答,都需要学习者深入其中,同情理解古人和古代法制。

在不同文化的人群之间,认识事物的角度和对之进行分类的标准未必一样。在此基础上可能形成完全不同的生活方式,产生迥异的规则体系。反过来说,这种规则体系可能代表了该群体的核心观念和价值判断,如果用其他文化的规则分类标准来看待,可能显得极为紊乱,难以理解。但是,习惯在此规则中生活的人们,决不会觉得他们的生活杂乱无章。恰恰相反,他们正可在这种规则体系下找到生活的价值和生命的意义。因而,当我们叙述某个法律体系或规则体系的时候就应该进入他们自己的思想系统中予以描述,这样才能够理解他们的生活和思想世界。

不幸的是,现今对于中国古代法的认识,恰恰存在这样的问题:中国法制史几乎成为"大陆法系视野中的中国法",这无疑取消了中国法的自我认知和解释。更严重的是:当今大多数中国人对自己的历史文化、法制体系丧失了自我解释的能力,觉得它们特别陌生。所以有学者戏称,西方法制史成了本国法制史。

罗马人将法律分为自然法、市民法和万民法,将法律部门分为人法、物法和诉讼法。到了16世纪,欧洲大陆国家将法律分为神法和人法,人法分为自然法和实证法,实证法又分为公法和私法,公法又分为宪法、刑法、程序法律,私法又分为民法、商法,民法又分为财产法、家庭法、契约法和侵权法。而在英国,17世纪以前只存在普通法和衡平法,直到17世纪才发展出所有权概念,至今它也没有欧陆法意义上的民法概念。[①] 这并不意味着,在此之前,英国人的财产毫无保障,只是保护方法不同。这个例子可以启发我们重新审视中国传统法制。

要做到同情理解中国古代法,光明白古代法制具体内容不够,更要思考法制背后的道理或原理。本来这是我开的另一门课"中国法律思想史"的主要讲授对象。大家在课堂上也可往这个方向多想想。近些年已有学者在这方面作出了卓有成效的探索。东吴大学刘龙心教授积累了多年的制度史研究经验,很有感触地讲了这段话:"从枯燥无味的制度中,我看到了活跃于制度底层人群的活动和思考,也看到了曾经参与建构体制的人,最终也不免被制度形塑;制度不再是孤悬的条文,也不是乏味的规章,制度背后所反映的是人们对问题思考的路径以及对时代所做出的反响……冰冷的制度下,掩藏的往往是流动而多变的思想;制度史的观察,不能无视于人群的活动与思考。"[②]在法史学界,刘广安教授即提出要注意制度史料与思想史料之间的互相补证作用。[③] 黄源盛教授精当阐释了其间的原因:"法律制度是具像的、是现实的;而任何制度,其所以产生、所以存在、所以发展,可说都有某种思想或理论为其后盾,而思想也因制度而获得落实,两者相成为用。研究中国法制,当知其背后思想上的根据,如此,规范与法制才不致被认为是偶然之举;探讨思想,也须知其对规范与制度的影响,否

[①] J. H. Baker, *An Introduction to English Legal History*, Fourth edition, Butterworths, 2002, pp. 229—237.

[②] 刘龙心:《学术与制度——学科体制与现代中国史学的建立》,新星出版社2007年版,"自序",第11—12页。

[③] 刘广安:《令在中国古代的作用》,载《中外法学》2012年第2期。

则,容易沦为空泛之谈……思想家把法律思想的种子,散布在人间,使各种理念透过制度,经由规范而得以在世间实现。"①托克维尔在《论美国的民主》一书中评论当时中华帝国的技术已停滞不前,最主要的原因就是高级知识的失传,"只跟着祖先的足迹前进,而忘记了曾经引导他们祖先前进的原理……人的知识源泉已经几乎干涸。因此,尽管河水还在流动,但已不能卷起狂澜或改变河道"。②托克维尔关于中华帝国的评论是否有道理是个见仁见智的事,但他讲的"高级知识"或者"原理"的重要性则无可置疑。打个简单比方,某医生只有某副药可治某种病的知识,即仅有单个药方,而药理医理失传了,那他肯定不是妙手回春的国医,最多只是个医匠而已。

我们的祖先就是在中国古代的法制中生活,那种生活未必不好;且他们创造了世界上独一无二的中华文明,我们因他们获得了中国人的身份,甚至还给了我们自豪与某种自信。我希望大家能怀着谦卑的心态、淑世的胸怀,为古人设身处地,同情理解古人、理解历史、理解古代法制,做出合理的符合当时情况的解释。虽不能至,但心向往之;非曰能之,愿学焉。

(三)精读经典

历史学家除了要有史学、史才、史识,更要有史德,才能写出优秀的史学著述。"因为历史的学术价值,首先植根史学家诚实、方正、无惧等高洁的品德上,诚实才能据事直书,方正才能无所苟阿,无惧才能不受外界影响。不然,就流于武断、附会与诈伪了。"③史学家是如此,学史者也应在学习过程中培养这种诚实、方正、无惧等道德品质。作为学史、读史之人,不耻于自己无知,但务须戒妄言,不要信口开河。

举个例子,李敖抨击戴炎辉先生抄袭日本学者仁井田陞,说得绘声绘色:戴氏将法学院图书馆所藏仁井田陞的著作借走不还以免别人看出来等。④李敖此说,就是没有切实证据的妄言。为什么呢?简单来说,有下述理由:(1)戴炎辉先生于二十世纪三十年代在日本东京帝国大学法学部学习,后返台执教台湾大学法学院,1962年以《唐律总论》获得东京大学法学博士学位。仁井田陞先生作为东京大学著名的中国法制史学者,于1966年才过世。如戴炎辉先生抄袭了仁井田升先生的著述,以当时日本学术界的严谨学风,他不可能拿到日本的法学博士学位。(2)如果说前面的理由还只是常理推论,那最直接的证据就是把两位先生关于中国法制史,尤其是唐律的论述拿过来比对,不就真伪立现了?我曾经简单做过这方面的比对工作,以为戴炎辉先生长期在日本求学,受仁井田陞先生的启发和影响是有的,但更有自己的创新,不能上纲上线到抄袭上来。我很赞成黄源盛老师对戴炎辉先生代表作《唐律通论》的这一精当评论:"如果说,书的寿命有三类:一为彗星型,一为行星型,另一为恒星型。多年来,与友人月旦人物,细数着华语世界所出版的法学书籍,常慨叹能久传者有几?而其中,被公认的,恐怕要属戴先生这本《唐律通论》了。""戴先生以其所受欧陆法学的训练,运用欧西近代法学的逻辑推理,重新整理诠释《唐律》,加以条理化、体系化,赋予传统中国最重要一部律典新的生命。"⑤

要修炼好德行,提升自己的学术品格,还需多"啃"经典。中国法制史这一学科自二十世纪二三十年代产生以来,尽管时代多艰,不利于学者潜心学问,但经数代学者惨淡经营,还是

---

① 黄源盛著:《中国法史导论》,台湾元照出版有限公司2012年版,第17页。
② 〔法〕托克维尔:《论美国的民主》(下册),董果良译,商务印书馆1997年版,第565—566页。
③ 杜维运:《史学方法论》,北京大学出版社2006年版,第12页。
④ 李敖:《李敖快意恩仇录》,中国友谊出版公司2004年版,第76—77页。
⑤ 戴炎辉编著:《唐律通论》,戴东雄、黄源盛校订,台湾元照出版公司2010年版,"改版序"(黄源盛)。

产生了一些质量较高的学术作品。在今天这个信息爆炸的时代,对我们来说,读书的时间越来越有限。在这有限的时间内,更需提高我们的阅读质量。因此,选择所读之书就成为特别重要的一件事。读书如弈棋,需要跟高手过招,才能提升水准。我这里简要介绍本学科的几本通识性代表性著作,供大家学习时参考。

1. 瞿同祖先生的《中国法律与中国社会》。孟子曾告诫我们,读其书必先知其人。瞿氏出身于官宦士绅家庭,"同祖"者,其生辰之干支纪年同于其祖父瞿鸿禨(晚清军机大臣),都是庚戌年。幼年打下了良好的传统文化根底,稍长又就读于新式学校,二十世纪三十年代在燕京大学社会学系读完本科和研究生,后在云南大学等高校任教。该书是作者根据其在云南大学和西南联合大学的中国法制史和社会史讲稿改写而成,于1947年由上海商务印书馆初版。后经作者加以修改、补充,译成英文,于1961年在国外出版。1981年作者应中华书局要求,对原书作了某些修改,再次印刷出版。该书将中国"汉代至清代二千余年间的法律作为一个整体来分析",即将帝制中国的法律作为一个相对稳定的类型,从家族、婚姻、阶级、宗教等几个主要领域来"研究中国古代法律的基本精神及主要特征",提出了"法律儒家化"这一影响深远的中国法制史命题。该书是社会学者研究传统中国法的扛鼎之作。①

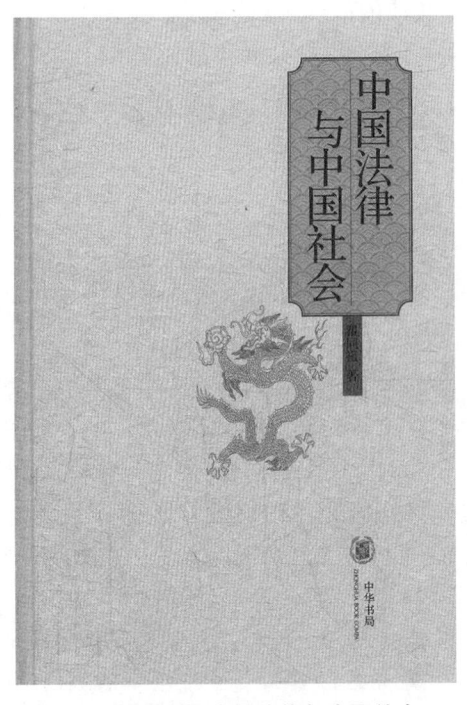

图2 瞿同祖著《中国法律与中国社会》

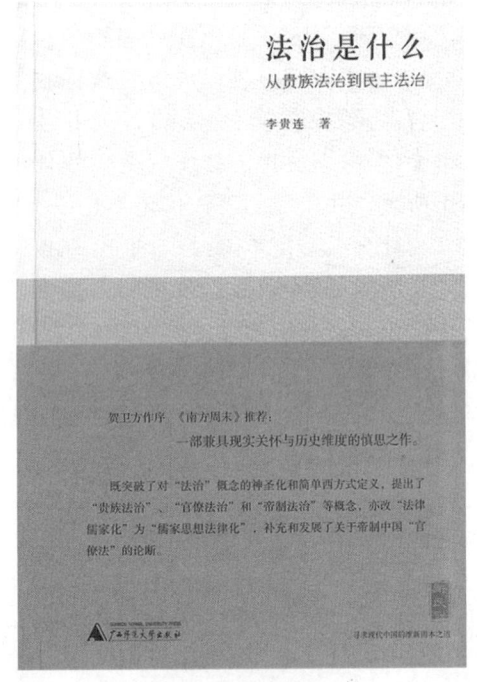

图3 李贵连著《法治是什么》

2. 李贵连老师的《法治是什么:从贵族法治到民主法治》。李贵连老师是我的授业师,以对沈家本与中国法近代化领域的相关精深研究享誉于国内外法史学界。他在数十年积累的基础上,进行了深入全面的思考,立基于中国法传统,来探求中国法治近代转型的方向和目标,写作了本书。在该书中,作者认同中国历史演进的两次转型理论,即春秋战国至秦汉时期是中国历史上第一次社会大转型,自鸦片战争开始至今是第二次转型,转型期前后

---

① 参考瞿同祖:《中国法律与中国社会》,商务印书馆2010年版。

是社会的定型期,每个社会定型期都有与之相适应的法治形态。作者认为,在第一次社会转型之前中国法治形态是贵族法治,经过转型而演变成帝制法治,经过第二次转型会最终走向民主法治。贵族法治的特征是别亲疏、殊贵贱、断于礼,帝制法治重在治官治吏,民主法治是以自由民主为精神内核经融汇中西而成的新法治。实现民主法治是我们的追求,现阶段可以"不分政党、不分官民、一断于法"作为其前奏。该书是法史学者宏观考察中国法史的代表作。①

图4　黄源盛著《中国法史导论》

3. 黄源盛老师的《中国法史导论》。黄源盛老师在台湾地区求学期间,因特殊机缘,得以熟读古代经典,打下了良好的传统学术根砥,受戴炎辉先生影响而钟情于中国法史学研究,旋即赴日本深造,返回台湾后长期任教于台湾政治大学,退休后又在辅仁等大学继续任教。本书是黄老师多年教学讲义之结晶。在该书中,作者以"法文化"为核心概念来讲述中国的"法史",注重思想意识与规范制度之间的互动联系,有助于纠正既有教科书将二者割裂之弊。这是该书的最主要特色,同时也是其最重要价值所在。总之,该书是法史学者案头必备的一部行深融豁的教学参考书,更是法史爱好者和初学者入门之过渡津梁。②

当然,中国法制史领域还有一些其他的经典著作,限于时间和篇幅,不再一一列举。我会在后面的参考书目中大致列出一些,供大家阅读时参考。金庸的武侠小说《白马啸西风》结尾一句话讲得很有意思:江南有杨柳、桃花,有燕子、金鱼……但这个美丽的姑娘就像古高昌国人那样固执:"那都是很好很好的,可是我偏不喜欢。"同样地,本学科有不少质量上乘的学术著述,我们不可能全部仔细阅读,这就需要我们从中选择两三本出来,作为我们学习这门课程的重点阅读对象。那应该如何进行选择呢?我一直秉持这样的认识,读书学习要以

---

① 李贵连:《法治是什么——从贵族法治到民主法治》,广西师范大学出版社2013年版。
② 黄源盛:《中国法史导论》,广西师范大学出版社2014年版;参考李启成:《行深融豁、过渡津梁——黄源盛教授著〈中国法史导论〉读后》,载《政法论坛》2013年第5期。

自己受用得着为准,这即是古人所讲的"为己之学"。我们知道,只要是质量上乘的学术著述,一定是作者灌注了大量的心血在里面,作者的性情、识见乃至对宇宙、人生的认知可能都会在其著述中表现出来。司马光历经十九年才编纂成《资治通鉴》这一史学巨著,其中所耗费的心血,据夫子自道:"臣今骸骨癯瘁,目视昏近,齿牙无几,神识衰耗,目前所为,旋踵遗忘。臣之精力,尽于此书。"①所以,读书实际上是读者与作者在展开对话。对话是否顺畅、对话质量之高低,难免受双方性格、气质是否契合的影响。南宋著名心学大师陆九渊曾自述其读书经历:"总角时闻人诵伊川语,自觉若伤我者。"伊川是北宋理学大师程颐先生,"言垂于后,至今学者尊敬讲习之不替",其著述当然是经典,但与陆九渊先生性情不符而难以契合。陆九渊先生之学术,乃"因读《孟子》而自得之"。②我希望大家能从本学科的代表性著述中找到一两本跟自己性情相近的来仔细阅读。束书不观,只能是游谈无根。

在这门课上,我会多提出些问题让你们思考!老实说,对于这些问题,有的我有自己的看法,有的我自己的看法可能不成熟,有的可能是讲授中临时想到的,我自己也没有答案。但我以为,只有你们自己思考,努力找到自己的答案,经历了这个查找消化材料和深入思索的过程,才能真正从这门课程学到东西。我很欣赏纪伯伦关于"教授"所讲的这句话:"那在殿宇的阴影里,在弟子群里散步的教师,他不是在传授他的智慧,而是在传授他的忠信与仁慈。假如他真是大智,他就不命令你进入他的智能之堂,却要引导你到你自己心灵的门口……因为一个人不能把他理想的翅翼借给别人。"③美国谚语有云:授人以鱼不如授人以渔。如人饮水冷暖自知,如人说食终不能饱。

再说一遍,你们来听我这门课,一定学不到什么真理性的东西,有的只是阅读习惯的培养以及随之而来的鉴别、思考、提问能力的提升。自己不受人骗,也不受自己骗;不骗别人,也不骗自己。尽量独立思考,不依傍任何人,千万不要做"歌德派"(歌功颂德之人)。明清之际的大儒黄宗羲,在送其弟子著名史学家万斯同北上就清廷之聘修《明史》之际,特地赋诗叮咛:"不放河汾声价倒,太平有策莫轻题"。④ 万斯同本着"国可灭,史不可灭"的传统理念,隐忍史馆二十余年,不署职衔,不受俸禄,与人往来,自称"布衣万斯同",始终记得其师之叮嘱。在近代中国思想史上鼎鼎大名的老校长胡适之先生曾语重心长地告诫青年朋友,我把这段话抄下来,转送给各位同学们:

> 从前禅宗和尚曾说,"菩提达摩东来,只要寻一个不受人惑的人。"我这里千言万语,也只是要教人一个不受人惑的方法。被孔丘、朱熹牵着鼻子走,固然不算高明;被马克思、列宁、斯大林牵着鼻子走,也算不得好汉。我自己决不想牵着谁的鼻子走。我只希望尽我的微薄的能力,教我的少年朋友们学一点防身的本领,努力做一个不受人惑的人。⑤

---

① 司马光:《进书表》,载司马光编著:《资治通鉴》(第二十册),胡三省音注,中华书局1956年版,第9608页。
② 《陆九渊集》,钟哲点校,中华书局1980年版,第388、471页。
③ 〔黎巴嫩〕纪伯伦:《先知》,冰心译,中国国际广播出版社2006年版,第137页。
④ 黄宗羲:《送万季野贞一北上》,载《黄宗羲全集》(第十一册),浙江古籍出版社2005年版,《南雷诗历》卷二。隋末王通,曾向隋文帝献《太平策》十二章而不被用,退而讲学于黄河和汾水之间,所讲之学被称为河汾之学。据说贞观名臣李靖、魏征、房玄龄等皆为其弟子。黄宗羲这两句诗的意思大致是告诫万斯同到京师后,专心做好修史工作,不要像王通那样随便向清廷上《太平策》。(参考方祖猷:《黄宗羲长传》,浙江大学出版社2011年版,第330—331页。)
⑤ 胡适:《介绍我自己的思想——〈胡适文选〉自序》,载欧阳哲生编:《胡适文集》(第五册),北京大学出版社1998年版,第519页。

如何才能不受人惑而展开独立思考呢？人之所以为人而区别于禽兽，就在于人有良知良能，能思考，有是非辨别能力，主观上都不太会愿意被人牵着鼻子走。所以除了这种主观上的自觉外，还要有客观的本钱，即要有与之相应的阅历。我们每个人的阅历都非常有限，故需要多读书，纵观前人所行之事，善可为法，恶可为戒。有位史学者讲的这段话，我深以为然："心中悬有史镜，以古人前人之行事烛照今人之行事，听其言复观其行，便不会轻易受舆论误导，不会为一己私利而趋从权威，不会人云亦云而忘记独立思考。"①因此，独立思考非一蹴而就，而是慢慢培养积累出来的，急不来。只要大家多读好书，终归会一步步朝这个目标迈进。

我基本上在每讲结束之后会给大家列一点参考阅读材料，给大家提供一个直接了解相关内容的指导途径。

如何选择自己要读的中国法制史领域内的书籍？对于其中的内容，怎样才能深入其中作同情的理解，超越简单的中西古今之机械比对，成功作独立思考？

"怎样读中国书？

读书方法因人而异、因目的而异、因学科而异、因书而异……所以读书方法是很不容易写的题目。而且一提到"读书方法"，好像便给人一种印象，以为读书有一定的方法，只要依之而行，便可读通一切的书。这是会发生误导作用的。《开卷》专刊以《我的读书方法》辟为专栏是一个比较聪明的作法。因为读书方法确是每个人都不一样。

但是我在构思这篇短文时，还是不免踌躇，因为我从来没有系统地考虑过：我这几十年究竟是用哪些方法来读书的。现在回想起来，我似乎变换过很多次的读书方法，这和我自己的思想变迁以及时代思潮的影响都有关系。但是所谓"方法的变换"并不是有了新的方法便抛弃了旧的方法，而是方法增多了，不同的方法在不同的研读对象上可以交互为用。我以前提出过"史无定法"的观念，我现在也可以扩大为"读书无定法"。不过这样说对于青年读者似乎毫无用处。如果详细而具体地讲，那便非写一部很长的"读书自传"不可。

我另外也感到一个困难：我究竟对谁说"读书方法"呢？我现在姑且假定我的读书是有志于研究中国文史之学的青年朋友，和四十年前的我差不多，即正想走上独立治学的路，但是还没有完全决定选择哪一种专门。

中国传统的读书法，讲得最亲切有味的无过于朱熹。《朱子语类》中有《总论为学之方》一卷和《读书法》两卷，我希望读者肯花点时间去读一读，对于怎样进入中国旧学问的世界一定有很大的帮助。朱子不但现身说法，而且也总结了荀子以来的读书经验，最能为我们指点门径。

---

① 陈铁健：《与历史结缘》，载《书香人多姿》，社会科学文献出版社2012年版，第2—3页。

我们不要以为这是中国的旧方法,和今天西方的新方法相比早已落伍了。我曾经比较过朱子读书法和今天西方所谓"诠释学"的异同,发现彼此相通之处甚多。"诠释学"所分析的各种层次,大致都可以在朱子的《语类》和《文集》中找得到。

古今中外论读书,大致都不外专精和博览两途。

"专精"是指对古代经典之作必须下基础工夫。古代经典很多,今天已不能人人尽读。像清代戴震,不但十三经本文全能背诵,而且"注"也能背诵,只有"疏"不尽记得,这种工夫今天已不可能。因为我们的知识范围扩大了无数倍,无法集中在几部经、史上面。但是我们若有志治中国学问,还是要选几部经典,反覆阅读,虽不必记诵,至少要熟。近人余嘉锡在他的《四库提要辩证》的序录中说:"董遇谓读书百遍,而义自见,固是不易之论。百遍纵或未能,三复必不可少。"至少我们必须在自己想进行专门研究的范围之内,作这样的努力。经典作品大致都已经过古人和今人的一再整理,我们早已比古人占许多便宜了。不但中国传统如此,西方现代的人文研究也还是如此。从前芝加哥大学有"伟大的典籍"(Great Books)的课程,也是要学生精熟若干经典。近来虽稍松弛,但仍有人提倡精读柏拉图的《理想国》之类的作品。

精读的书给我们建立了作学问的基地;有了基地,我们才能扩展,这就是博览了。博览也须要有重点,不是漫无目的的乱翻。现代是知识爆炸的时代,古人所谓"一物不知,儒者之耻",已不合时宜了。所以我们必须配合着自己专业去逐步扩大知识的范围。这里需要训练自己的判断能力:哪些学科和自己的专业相关?在相关各科之中,我们又怎样建立一个循序发展的计划?各相关学科之中又有哪些书是属于"必读"的一类?这些问题我们可请教师友,也可以从现代人的著作中找到线索。这是现代大学制度给我们的特殊便利。博览之书虽不必"三复",但也还是要择其精者作有系统的阅读,至少要一字不遗细读一遍。稍稍熟悉之后,才能"快读""跳读"。朱子曾说过:读书先要花十分气力才能毕一书,第二本书只用花七八分功夫便可完成了,以后越来越省力,也越来越快。这是从"十目一行"到"一目十行"的过程,无论专精和博览都无例外。

读书要"虚心",这是中国自古相传的不二法门。

朱子说得好:"读书别无法,只管看,便是法。正如呆人相似,挨来挨去,自己却未先要立意见,且虚心,只管看。看来看去,自然晓得。"

这似乎是最笨的方法,但其实是最聪明的方法。我劝青年朋友们暂且不要信今天从西方搬来的许多意见,说甚么我们的脑子已不是一张白纸,我们必然带着许多"先入之见"来读古人的书,"客观"是不可能的等等昏话。正因为我们有主观,我们读书时才必须尽最大的可能来求"客观的了解"。事实证明:不同主观的人,只要"虚心"读书,则也未尝不能彼此印证而相悦以解。如果"虚心"是不可能的,读书的结果只不过各人加强已有的"主观",那又何必读书呢?

"虚"和"谦"是分不开的。我们读经典之作,甚至一般有学术价值的今人之作,总要先存一点谦逊的心理,不能一开始便狂妄自大。这是今天许多中国读书人常犯的一种通病,尤以治中国学问的人为甚。他们往往"尊西人若帝天,视西籍如神圣"(这是邓实1904年说的话),凭着平时所得的一点西方观念,对中国古籍横加"批判",他们不是读书,而是像高高在上的法官,把中国书籍当作囚犯一样来审问、逼供。如果有人认为这是"创造"的表现,我想他大可不必浪费时间去读中国书。倒不如像鲁迅所说的"中国书一本也不必读,要读便读外国书",反而更干脆。不过读外国书也还是要谦逊,也还是不能狂妄自大。

古人当然是可以"批判"的,古书也不是没有漏洞。朱子说:"看文字,且信本句,不添字,那里原有罅缝,如合子相似,自家去抉开,不是浑沦底物,硬去凿。亦不可先立说,拿古人意来凑。"读书得见书中的"缺缝",已是有相当程度以后的事,不是初学便能达得到的境界。"硬去凿""先立说,拿古人意来凑"却恰恰是今天中国知识界最常见的病状。有志治中国学问的人应该好好记取朱子这几句话。

今天读中国古书确有一层新的困难,是古人没有的:我们从小受教育,已浸润在现代(主要是西方)的概念之中。例如原有的经、史、子、集的旧分类(可以《四库全书总目提要》为标准)早已为新的(也就是西方的)学科分类所取代。人类的文化和思想在大端上本多相通的地方(否则文化之间的互相了解便不可能了),因此有些西方概念可以很自然地引入中国学术传统之中,化旧成新。但有些则是西方文化传统中特有的概念,在中国找不到相当的东西;更有许多中国文化中的特殊的观念,在西方也完全不见踪迹。我们今天读中国书最怕的是把西方的观念来穿凿附会,其结果是非驴非马,制造笑柄。

我希望青年朋友有志于读古书的,最好是尽量先从中国旧传统中去求了解,不要急于用西方观念作新解。

中西会通是成学之后,有了把握,才能尝试的事。即使你同时读《论语》和柏拉图的对话,也只能分别去了解其在原有文化系统中的相传旧义,不能马上想"合二为一"。

我可以负责地说一句:20 世纪以来,中国学人有关中国学术的著作,其最有价值的都是最少以西方观念作比附的。如果治中国史者先有外国框框,则势必不能细心体会中国史籍的"本意",而是把它当报纸一样的翻检,从字面上找自己所需要的东西(你们千万不要误信有些浅人的话,以为"本意"是找不到的,理由在此无法详说)。

"好学深思,心知其意"是每一个真正读书人所必须力求达到的最高阶段。读书的第一义是尽量求得客观的认识,不是为了炫耀自己的"创造力",能"发前人所未发"。其实今天中文世界里的有些"新见解",戳穿了不过是捡来一两个外国新名词在那里乱翻花样,不但在中国书中缺乏根据,而且也不合西方原文的脉络。

中国自唐代韩愈以来,便主张"读书必先识字"。中国文字表面上古今不异,但两三千年演变下来,同一名词已有各时代的不同涵义,所以没有训诂的基础知识,是看不懂古书的。西方书也是一样。不精通德文、法文而从第二手的英文著作中得来的有关欧洲大陆的思想观念,是完全不可靠的。

中国知识界似乎还没有完全摆脱殖民地的心态,一切以西方的观念为最后依据。甚至"反西方"的思想也还是来自西方,如"依赖理论"、如"批判学说"、如"解构"之类。所以特别是这十几年来,只要西方思想界稍有风吹草动(主要还是从美国转贩的),便有一批中国知识份子兴风作浪一番,而且立即用之于中国书的解读上面,这不是中西会通,而是随着外国调子起舞,像被人牵着线的傀儡一样,青年朋友们如果不幸而入此魔道,则从此便断送了自己的学问前途。

美国是一个市场取向的社会,不变点新花样、新产品,便没有销路。学术界受此影响,因此也往往在旧东西上动点手脚,当作新创造品来推销,尤以人文社会科学为然。不过大体而言,美国学术界还能维持一种实学的传统,不为新推销术所动。今年 5 月底,我到哈佛大学参加了一次审查中国现代史长期聘任的专案会议。其中有一位候选者首先被历史系除名,不加考虑。因为据听过演讲的教授报告,这位候选者在一小时之内用了一百二十次以上"discourse"这个流行名词。哈佛历史系的人断定这位学人太过浅薄,是不能指导研究生作切实的文献研究的。我听了这番话,感触很深,觉得西方史学界毕竟还有严格的水准,他们还是要求研究生平平实实地去读书的。

这其实也是中国自古相传的读书传统,一直到 30 年代都保持未变。据我所知,日本汉学界大致也还维持着这一朴实的作风。我在美国三十多年中,曾看见了无数次所谓"新思潮"的兴起和衰灭,真是"眼看他起高楼,眼看他楼塌了"。我希望中国知识界至少有少数"读书种子",能维持着认真读中国书的传统,彻底克服殖民地的心理。至于大多数人将为时代风气席卷而去,大概已是无可奈何的事。

但是我绝不是要提倡任何狭隘的"中国本土"的观点,盲目排外和盲目崇外都是不正常的心态。只有温故才能知新,只有推陈才能出新,旧书不厌百回读,熟读深思子自知,这是颠扑不破的关于读书的道理。

(选自余英时:《文化评论与中国情怀》(下),广西师范大学出版社 2006 年版,第 323—327 页。)

上编 ｜ 传统中国法制

第一讲　中国历史演进综述
第二讲　周代分封制下的贵族法制
第三讲　帝制法制之演变
第四讲　皇帝制度与传统法制
第五讲　帝制法制的目标：以"治吏"
　　　　实现"吏治"
第六讲　帝制法制的功能：教化与威慑
第七讲　帝制中国的立法制度
第八讲　帝制中国的司法制度
第九讲　帝制中国的儒学、律学教育
第十讲　传统婚姻、承继法制
第十一讲　家法族规、乡约与民间自治

第一讲

中国历史演进综述

法制作为社会的一部分,必然受社会大环境的制约。我们必须注意到它本身随社会演进的变与不变。考察历史上的法制,先要对该法制所属之社会有个通盘的了解。钱穆先生这段话说得特别好:

> 研究制度,不该专从制度本身看,而该会通着与此制度相关之一切史实来研究。这有两点原因,一因制度必针对当时实际政治而设立而运用。单研究制度本身而不贯通之于当时之史事,便看不出该项制度在当时之实际影响。一因每一制度自其开始到其终了,在其过程中也不断有变动,有修改。历史上记载制度,往往只举此一制度之标准的一段落来作主,其实每一制度永远在变动中,不配合当时的史事,便易于将每一制度之变动性忽略了,而误认为每一制度常是凝滞僵化,一成不变地存在。①

钱先生认为,研究制度必须重视它在历史上所产生的影响及其本身的变迁,这就要学者注意制度以外的整个历史。钱穆先生有两位高足,其中一位是余英时先生,另一位是严耕望先生,都是著名学者。严先生把这个道理,讲得更抽象一些。他有一本书,叫《治史经验谈》。开篇即指出,读书做学问,尤其是史学,要特别注重"专"与"通","因为历史牵涉人类生活的各方面,非有相当博通,就不可能专而能精,甚至于出笑话"。② 历史上的法制只是整个历史的一部分,历史的各部分之间又是息息相关。故我在本讲将对中国历史的各个重要方面作一简明扼要的介绍,以便大家能对我们即将学习的传统中国法制有个更宽博的知识背景。

各位同学在中学念的中国历史教科书,一般将历史先后分为原始社会、奴隶社会、封建社会、半殖民地半封建社会和社会主义社会五个阶段,这是马克思主义关于社会发展五阶段论在中国的直接运用。马克思主义五阶段论本来是原始社会、奴隶社会、封建社会、资本主义社会和共产主义社会,中国则因万恶帝国主义之侵略而凸显了历史发展的特殊性,即没能正常发展到资本主义社会,而被迫进入了畸形的半殖民地半封建社会。明清之际的资本主义萌芽就是重要证据之一。因为共产党领导中国人民努力奋斗,中国跳出了半殖民地半封建社会,超越了资本主义社会,直接进入了更高级的共产主义社会之初级阶段社会主义社会。我们只要再好好奋斗,就能进入人类理想的共产主义社会。我以前读书的时候,一直很困惑:(1) 原始社会没有文字记录,也很少发现有其他实物保留下来,怎么就能断定是原始

---

① 钱穆:《如何研究政治史》,载《中国历史研究法》,九州出版社2011年版,第30页。
② 严耕望:《治史三书》,上海人民出版社2008年版,第6页。

共产主义社会呢？（2）明清之际出现了资本主义萌芽，其根据主要是江南、华南的丝织业和棉织业领域的企业发生了出资和出力之人分离，那春秋战国时期、西汉中叶的商业和商人不也是如此吗？只要商业有所扩大，有力者未必有资，有资者未必有力，出于合作的需要，出资者不必出力，出力者不一定出资。所以，单凭出资出力之分离不足以证成明清之际那种状况就是资本主义萌芽。再说马克思、恩格斯到过中国吗？对中国历史和现实了解很深入广博吗？他们能阅读中文第一手资料吗？人类的历史演变固有其共性，各民族更有其独特性。这种人类历史演变的共性和各个民族历史演变的独特性互相影响，才形成各民族历史演进的不同形态。

带着这些困惑，我看了一些关于社会发展和中国通史方面的著作，发现将中国历史划分为这五个阶段只是学术观点之一种；且这种观点在中国几千年的传统史学中难以找到其影子，中国新史学形成于二十世纪初，刚开始也没有这种观点。到二三十年代关于中国社会论战之后，这种观点开始在左翼阵营有了一定影响。新中国成立后，此种学说一统天下，直至今日仍然有相当大的影响。

据我所知，近些年史学界对此种五阶段论有过深刻的反思，机械运用它的严肃学者越来越少。但是它对我们思维的影响根深蒂固，我们一提到"封建"，就自然跟迷信、落后、愚昧挂钩。如果我们对历史上的封建社会了解得多一些，发现封建社会权利义务固定，秩序井然，一派田园风光，不无优美可取之处。在我所阅读的史学著述中，我认为以唐德刚先生为代表提出的社会转型说对中国历史演进的解释力很强，故本讲即借鉴该框架来概述中国历史之演进。唐德刚先生认为中国史经历了"三大阶段、两次转型"：自夏禹家天下以后有记录可征之国史，凡四千余年中，我民族之社会政治型态之发展，可综合之为三大阶段，亦即封建、帝制与民治是也。从封建转帝制，发生于商鞅与秦皇汉武之间，历时约三百年。从帝制转民治则发生于鸦片战争之后至今。①

第一节 中国国家的起源与周代封建制（—公元前八世纪）

夏、商、周被称为"三代"，标志着中国史前时代的结束和文明时代的开始。年湮代远，尽管有不少考古成果，但仍是"文献不足征"，难以准确肯定中国上古国家和法律的起源。这里仅根据传世文献略作追述，将重点放在华夏人本主义文化基本完成奠基的西周时期。

一、从"公天下"到"家天下"的转变

据司马迁《史记·五帝本纪》②记载，自黄帝开始，到尧舜禹时代，社会文明程度已较高。我们这里重点关注集团最高权力的转移方式。在尧舜禹时期，他们都没有将最高权力移交给自己的儿子，最高权力尚不为某个家族垄断。这种权力转移方式，后世称之为"禅让制"，即选择贤能之人来继承最高权力。这里就有三个问题：即（1）由哪些人来选择？（2）被选择人的范围为何？（3）贤能之人的标准是什么？细绎太史公的记载，可知：由在任"天子"和"四岳"共同会议，一致选择决定；被选择人的范围好像没明确限制，如尧对四岳说："悉举贵

---

① 参考唐德刚：《晚清七十年》（第一册），台湾远流出版股份有限公司1998年版，"自序：告别帝制五千年"，第8—9页。

② 这是司马迁《史记》的第一篇，写的是上古时代的五帝，黄帝、颛顼、帝喾、尧、舜。上古时代，一般是指文字记载出现之前的历史时期。既然没有文字，许多丰功伟绩只能通过口头传说。

戚及疏远隐匿者";舜本人"盲者子,父顽,母嚚,弟傲,能和以孝"。何谓贤能之人,即其人的道德声望能天与人归。

图5　山东沂南北寨墓出土东汉画像石尧舜禅让图

这种最高权力交接方式没能维持多久。在禹之后,"天子"之位为其子启所得,启又将其位传给其子。① 禹即天子位,建国号为夏,拟氏为姒。之后,天子之位在家族内部(以传弟或子为主)相承,"家天下"取代了为时较短的"公天下"。

这种"家天下"制度的正当性何在?尽管我们对尧舜禹和夏代的具体情况因为史料的缺乏弄不太清楚,但可根据既有的史料推测,在构成初期社会的各种社会关系中,血缘无疑是最重要的。尧以两女妻舜,以考察舜之品行,尧舜之间即有一定的亲缘关系。"家天下"的出现,恰恰是将血缘关系的重要性逐渐确定下来的制度举措。另外,我们也看到,启即天子位后,即讨灭不服的有扈氏,在战前发布了极具威慑性的《甘誓》。可见,暴力对"家天下"的确立发挥了很大作用。当时"公天下"还有较大影响,故不论是血缘还是暴力,皆不能为该制度确立稳固的正当性。这可从夏朝建立不久的"太康失国"事件中看出端倪。

商汤灭夏,开启了武力打天下这个实现最高权力转移的"非常"传统,当然"正常"的王权交接是在家族内进行的,其正当性完全建立在天命基础上。关于前一点,我将以后论述,这里专说第二点。在殷商人看来,商王之所以有天下,是因为天帝的保佑,也就是有天命。为什么商王有天命呢?原因在于他们的祖先就在天帝的身边,跟天帝关系非常亲近,因而,天帝就让他的子孙在人间进行统治。到商代晚期,商王取得了"下帝"位置,与"上帝"对称。② 按照这种理论,人间社会的秩序,并不是人统治的结果,而是天统治的结果,那么,统治的好坏,当然就不是人的问题,而是天的问题,但是,天怎么可能有问题呢?天不会有问题,但社

---

① "十年,帝禹东巡狩,至于会稽而崩。以天下授益。三年之丧毕,益让帝禹之子启,而辟居箕山之阳。禹子启贤,天下属意焉。及禹崩,虽授益,益之佐禹日浅,天下未洽。故诸侯皆去益而朝启,曰'吾君帝禹之子也'。于是启遂即天子之位……夏后帝启崩,子帝太康立。"(《史记》(第一册),中华书局1959年版,第83—85页。)

② 参考许倬云:《万古江河:中国历史文化的转折与开展》,上海文艺出版社2006年版,第45页。

会秩序并不见得是人所喜爱的,怎么办?这就引起了一个很大的问题,人类社会秩序到底取决于人的安排,还是遵从天的旨意?

另外,商王拥有天下,是因为其祖先跟天帝关系亲密。因此,所有商王的后代都可继承最高权力。故商王的继承,前期以"兄终弟及"为主,后期则代以"父死子继"。一则这种继承顺序没被确立为制度,二者合格候选人太多,谁都不具有确定性。最高权力交接不具确定性,就很容易引起争端,制造动荡。随着该问题引发的严重后果逐渐充分暴露出来,加以人类经验的累积,终究要从制度层面予以解决。这一历史性任务落到了以周公为代表的周初统治者身上。

二、周公"制礼作乐"与宗法制、封建制的确立

周与商,一个在西,一个在东,属于不同的部族。① 周灭商,为了稳固统治,在思想上必须解决周代商成为"天下共主"的正当性问题。据此,周公提出了"天命有德""以德配天"的观念。这即是说,人间秩序的根源在天,权力的获得和保持皆赖天命;但天命并不局限于某个狭隘的血族团体,而会随时转移到有德之人所属的血族团体内。周族祖先积德数代,天命因之从殷商转移到姬周。要保持天命不坠,则在位者及其后代必须保有忧患意识,切实修德,善待百姓。

如何才能切实修德?靠什么来修德?周公对过去的历史文化进行了总结和借鉴,认为按照礼乐的要求来切实修养,才能有效培育德行。礼的核心意义在"别",即社会分等级,等级以血缘而定,"亲亲、尊尊、长长、男女有别",社会成员各守其分。关于周乐,现已失传,但据记载,乐的精神是"和",即以典雅的音乐熏陶人趋于"中和"。

周朝要维持其长治久安,在制度层面必须解决两个问题:一是在周王继承方面确立固定的制度,减少纷争;二是超越鞭长莫及,解决广土众民的直接控制与治理难题。前者是为了促进周统治集团内部的团结,确立了嫡长子继承制;后者是要解决统治集团对民众的治理问题,设计了封建制。连接嫡长子继承制和封建制的是宗法制。下面分别予以介绍。

先来看嫡长子继承制。这要从周代的婚姻制度说起。为什么婚姻制度如此重要?《易经·序卦》云:"有天地然后有万物,有万物然后有男女,有男女然后有夫妇,有夫妇然后有父子,有父子然后有君臣,有君臣然后有上下,有上下然后礼仪有所错。夫妇之道不可以不久也,故受之以恒。"② 这即是说,没有婚姻制度所确立的夫妇关系,父子君臣上下尊卑礼仪法度的基础就不存在。一般而言,婚姻是宗族、亲属关系发生的根源,更是人伦之本。不仅如此,在周代宗法制下,家国一体,婚姻制度更是政治法律制度的基础。

周代一开始就确立了"立嫡以长不以贤,立子以贵不以长"③ 的嫡长子继承制。所谓"立嫡以长不以贤",就是说:继承人必须是正妻之子,正妻之子中又要立长子,其他儿子即使比长子贤也不行。一定要由嫡长子世袭王位,或者世袭诸侯。"立子以贵不以长",贵是母贵。周代贵族婚姻制度是一夫一妻多妾制,做继承人的只能是妻之子,而不能是妾之子。妻之子即使年纪比庶子小,也是法定继承人。这就是嫡长子继承制。嫡长子继承制是嫡长子继承

---

① 傅斯年很有创见地指出:自东汉以来的中国史,常分南北,但在三代及三代以前,中国的政治舞台……地理形势只有东西之分,而文化亦分为东西两个系统。故殷周之间的改朝换代,不仅是一个政治事件,同时也是一个文化事件。(傅斯年:《夷夏东西说》,载《中国古代思想与学术十论》,广西师范大学出版社2006年版,第1—2页。)
② 《周易译注》,周振甫译注,中华书局1991年版,第294页。
③ 《春秋公羊传·隐公元年》,载《十三经注疏·春秋公羊传注疏》,北京大学出版社1999年版,第13页。

父亲的身份,它是宗法制的核心。除嫡长子以外的兄弟为"别子",别子者,别于正嫡也;换言之,别子之"别",就是别于继嗣了父亲身份的兄弟。嫡长子对其他别子而言,为"大宗",别子对嫡长子而言是"小宗"。"大宗"与"小宗"的关系为"礼"所规范,简单来说,就是小宗服从大宗,大宗保护小宗;大宗继承其父之贵族身份,百世不迁;小宗由大宗分封后另为一支。嫡长继承制以及相应大宗、小宗的确立,最终使宗法思想系统化,并使宗法制度得以确立。

图 6　周代分封制示意图

所谓分封制,是以宗法制和婚姻制为基础,周天子将姬周王室和缔婚家族的重要人物,授予封爵,即"封邦建国"。"天子同姓,谓之伯父;异姓,谓之伯舅。"① 西周灭商以后,周武王和周公曾经在全国范围内进行大分封。那时是土地国有(或王有)制,"溥天之下,莫非王土,率土之滨,莫非王臣"②,全国的土地和臣民,名义上都归周王所有。周王把土地连同居住在土地上的臣民分封给诸侯。这叫做"封国土,建诸侯",或"封邦建国"。③ 京城周围的土地由国王直辖,叫做"王畿"。诸侯得到封地后,保留"公室"直辖的土地,则把其他的土地民众分封给属下的卿大夫。卿大夫的封地叫做"采地"或"采邑"。卿大夫下面有士,也由卿大夫封给食地。士是贵族最低层,不再分封。士的下面是平民和奴隶。经过这种分封以后,贵族内部形成从周王、诸侯、卿大夫到士的宝塔式等级,即所谓的"王臣公,公臣大夫,大夫臣士,士臣皂……"。④ 分封时,还规定了分封者和被分封者之间的权利、义务关系。下级要听从上级的命令,缴纳贡赋,定期朝觐或述职,提供劳役,接受军事调遣和指挥,服从裁判等;上级则有保护下级和排解纠纷的责任。土地不准买卖,只能由上级分封或赐予。但实际上贵族代代世袭而逐渐占为己有。"天子分封诸侯,再由诸侯各自分封其国内之卿大夫,而共戴一天子,这已是自上而下一个大一统的局面。"⑤

在这种封建制下,民的地位较高,周天子与各级贵族的地位亦不像后世君主制下君臣关系那么悬殊。《左传》有段话,可为封建制下君民关系之说明:

---

① 《礼记·曲礼下》,载《十三经注疏·礼记正义》(上册),北京大学出版社1999年版,第134页。
② 《诗经·谷风之什·北山》,载《十三经注疏·毛诗正义》(中册),北京大学出版社1999年版,第797页。
③ 僖公二十四年,周王欲以狄伐郑,富辰谏曰:"不可,臣闻之,大上以德抚民,其次亲亲,以相及也,昔周公吊二叔之不咸,故封建亲戚,以蕃屏周……周之有懿德也,犹莫如兄弟,故封建之,其怀柔天下也,犹惧有外侮。捍御侮者,莫如亲亲,故以亲屏周。"(《左传·僖公二十四年》,载《十三经注疏·春秋左传正义》(上册),北京大学出版社1999年版,第418—422页。)
④ 《左传·昭公七年》,载《十三经注疏·春秋左传正义》(下册),北京大学出版社1999年版,第1237页。
⑤ 钱穆:《中国历史研究法》,九州出版社2011年版,第20页。

> 师旷侍于晋侯。晋侯曰："卫人出其君,不亦甚乎?"对曰:"……夫君,神之主而民之望也。若困民之主,匮神乏祀,百姓绝望,社稷无主,将安用之,弗去何为?……天之爱民甚矣,岂其使一人肆于民上,以从其淫,而弃天地之性?必不然矣。"①

正是有此设计精妙的宗法、封建制度的成功运作,周王朝保持了很长时间的稳定和繁荣,西周也成为后世很多思想家推崇的时代,其宗法封建思想在中国历史上影响深远。

西周是中国封建制的典型代表,而欧洲古代社会也有长时期的封建制,两种封建制有什么样的相同和差别呢?我想这是同学们特别希望了解的。其实这个问题特复杂,牵涉中西两种文化、社会等方方面面的比较,难以说清楚,我这里姑且列举一个在我看来比较合理的观点:

> 若以西欧中古封建的契约关系来讨论西周分封的封建制度,二者有可以相比处,也有不须相比处。西周诸侯以典策与瑞玉代表相约的任务,以礼物与荣宠申明其责任。这自然已是约定的关系了。诸侯的子孙必须朝觐以再受命,正表示约定的关系仍是存在于王与诸侯个人之间。策命必称扬祖先功烈及双方祖先的关系,则又不外重申列代旧约了。西周分封,以姬、姜为主,其中已有血亲与婚姻的韧带,休戚相关,其来有自。天子与诸侯,诸侯与臣属,并不是新发展的投靠与依附。反之,西欧中古历史,异族一波一波的侵入,旧人与新人之间,及新来的异族彼此之间,原无君臣血亲姻娅诸种纠葛。在无秩序中,澄清混沌,建立新秩序,主从之间的权利与义务必须明白规定,也必须在神前立誓许愿,以保证彼此信守不渝。这点是西周历史相异之处,也因此导致两种封建制度各有其特殊的形式。当然,西周的封建社会也有确立个人间主从关系的制度,是即委质为臣的约束。因此,西周的封建制度,一方面有个人的承诺与约定,另一方面又有血族姻亲关系加强其固定性。二者相合,遂有表现于彝器铭文的礼仪,礼仪背后,终究还是策名委质的个人关系。上对下有礼,下对上尽忠。史官读命书,受命者受策。加之以赏赐,信之以瑞玉,正是为了确定双方的权利与义务。②

第二节　第一次社会大转型(公元前八世纪—前一世纪)

自后人视之,西周封建制确实是一构思精妙的制度,足以形成稳固的秩序。但此种稳固秩序之保持,起码要满足一些基本条件,比如说周天子有足够的权威和实力,得以裁断封国间的纷争,并执行裁决;周天子和封国国君、封国贵族之间要有密切关系。这些基本条件到西周晚期彻底动摇。周天子一方面用人不当,君昏臣庸,国力衰退;且自己不守礼,甚至招引蛮夷讨伐封国,导致权威和实力急剧下降,不足以在封国间"定分止争"。维系周天子与封国贵族之间和封国贵族内部关系最主要纽带是血缘关系,血缘关系随着世代的推移而渐趋疏远,势不可免。按照最初的制度设计,是通过朝觐聘享等礼节来对抗此种疏远之势。随着这种礼仪得不到有效地遵守,这种因疏远而生的离心倾向愈发明显。这种种因素交织在一起,封国之间"强凌弱,众暴寡"的纷争成为常态,思想家所称的"礼崩乐坏"局面出现了,且越来

---

① 《左传·襄公十四年》,载《十三经注疏·春秋左传正义》(中册),北京大学出版社1999年版,第926—927页。
② 许倬云:《西周史》(增订本),三联书店1993年版,第175—176页。

越剧烈,历史进入了春秋战国时期,中国开始了第一次社会大转型。①

周室东迁,封建制度濒临崩溃,乃有五霸乘时而起。据《春秋左传》记载,各地诸侯,为数不下两百。当时的霸主,还要打着"尊王攘夷"的旗号,多少遵守传统的周礼。② 到了战国,在兼并战争中,亡国弑君之事层出不穷,史不绝书,经田氏代齐、三家分晋,秦、楚以蛮夷崛起于西、南,形成战国七雄。此时,周已彻底沦为弱小的诸侯,终为秦所灭。司马光编《资治通鉴》,即始于"三家分晋",其理由是周天子承认此事实,作为周礼的维护者周天子自坏其礼,终至君不君臣不臣而天下大乱:

> 臣闻天子之职莫大于礼,礼莫大于分,分莫大于名。何谓礼?纪纲是也。何谓分?君、臣是也。何谓名?公、侯、卿、大夫是也……今晋大夫暴蔑其君,剖分晋国,天子既不能讨,又宠秩之,使列于诸侯,是区区之名分复不能守而并弃之也。先王之礼于斯尽矣!③

春秋战国虽同属第一次社会大转型期,但分属此大转型期的不同阶段,其间也有较大的变化,顾炎武即指出:

> 春秋时,犹尊礼重信,而七国则绝不言礼与信矣;春秋时,犹宗周王,而七国则绝不言王矣……邦无定交,士无定主,此皆变于一百三十三年之间。史之阙文,而后人可以意推者也。不待始皇之并天下,而文武之道尽矣。④

在这重大变化过程中,传统宗法制、封建制逐渐瓦解,新制度渐渐萌芽,司马迁对其核心内容有极其精练的归纳,即"废井田,开阡陌;废分封,立郡县。"我将对此略作阐述:

图 7 汉代画像砖"废井田开阡陌"

"废井田,开阡陌",用今天的话来说就是经济体制变革,是以土地私有制取代土地王(国)有制。在土地是最大、最重要财富的古代社会,这是何等重大的转变!最著名的是商鞅变法。商鞅为什么会有这个变法?是要剥夺各级贵族的财富,加强国家,也就是王的力量。商鞅废井田而开阡陌封疆,"阡陌"即是大田岸,"封疆"犹如大围墙,为古代贵族封建分割性

---

① 有学者从转型、变化的角度指出,"传统被切割为春秋和战国两个时期,然而,这两个时期的变化,其实是一直线的延续,中间不必如此分割。"(许倬云:《万古江河:中国历史文化的转折和开展》,上海文艺出版社 2006 年版,第 50 页。)
② 第一个由燕京大学派往哈佛大学的学生,后来成为著名史学家的齐思和于 1935 年在哈佛完成的博士论文"春秋时期中国的封建制度",即主要讲封土制、国家形态、经济社会状况等内容。
③ (宋)司马光编著:《资治通鉴》(第一册),胡三省音注,中华书局 1956 年版,第 2—6 页。
④ 顾炎武:《日知录》(卷十三),"周末风俗",载《日知录校注》(中册),陈垣校注,安徽大学出版社 2007 年版,第 715—716 页。

之主要标识。一方方的井地,相互隔绝在此种阡陌封疆之内。到春秋战国时期,政治上已由封建逐渐变为郡县,自可打开此种人为界限,铲除田岸围墙,化成一片。分封贵族之采邑渐次取消,则直属国家之耕地逐步扩大。国家不能直接耕种土地,只能把土地交给农民耕种,自己从土地上按单位面积和土地贫瘠征收赋税。国家只认田,不认人,于是土地可以自由买卖,而土地所有权,无形中转移,成为耕者所自有,于是兼并亦随之而起。与此相应,农民自由度的增加,土地兼并的出现,从事工商业的人渐渐多起来,民间自由经营的工商业慢慢也就代替了传统的"工商食官"。

"废分封,立郡县",用今天的话来讲是政治体制改革,是以郡县制代替封建制。土地私有,失去了按血缘分封各级贵族的经济基础,邦国消亡,立郡县就成了时代的必然选择。郡守县令受制于中央,不世袭,视实际服务成绩为任免进退,此为郡县制与宗法封建性质绝不同之点。自此贵族特权阶层主导之封建,渐变而为官僚治理之王权专制。

在由分封制到郡县制,由贵族宗法世袭制到官僚委任制的转变过程中,各诸侯国或为兼并天下或为救亡图存,"任人唯亲",让无能的血亲治理郡县,可能会带来灭国杀身之祸;"任人唯能""任人唯才",任命有能力的、没有血缘关系的官员治理郡县,便不可逆转。东汉王充对此有一形象的说法:"六国之时,贤才之臣,游楚楚重,出齐齐轻,为赵赵完,畔魏魏伤。"①士关系各诸侯国之重轻存亡如此之巨。这些人才从何而来呢?与贵族的衰败紧密相连,在贵族阶级逐渐堕落的过程中,往往知礼有学问的贵族在下位,而不知礼无学问的却高踞上层。前者开始自由讲学,在互相辩难和竞争中,学在官府的局面被打破,产生了诸子百家,一个新的"士"阶层得以出现,为各诸侯国君提供了能人贤才,满足了当时的需要。②

至此,帝制中国士农工商这个四民社会的基本构架已开始成型。到秦兼并天下,秦始皇确立皇帝制、中央的三公九卿制和地方的郡县制,车同轨、书同文,开运河、凿灵渠,筑长城,建造了一个庞大的帝国。但是:

> 秦朝官僚金字塔的建筑材料不是石头而是泥沙。毛病首先出在皇帝独断专行,缺少由他控制的可以经常运转的有力的枢轴以推动整个帝国的官僚大结构,丞相等等只是谋士、办事员,不是主持人……实际成为更加孤独的"独夫",于是亡国了。由此看来,皇帝是个虚衔,一个名位,至高无上,但不一定等于统治全国的实际权力。好比数学上的零,本身什么也没有,不过是表示一个不可缺少的位……一个零点可以显出数轴上的正、负,零发挥作用时力量无穷,失去作用时什么也不是。秦始皇开创了帝国的规模,但没有创造成功帝国运转的机制。③

汉朝建立,这些问题依然待解决。刘邦及其后继者吸取秦始皇的教训,无为而治,不敢轻举妄动,慢慢积累经验,终于在西汉中后期,尤其是汉武帝通过崇儒兴学、选拔官吏制度化等举措,使帝制中国在政治、经济、文化、社会等各方面皆有定制,从而完成了中国古代第一次社会大转型。

---

① (东汉)王充:《论衡·效力》,载黄晖撰:《论衡校释》(第二册),中华书局1990年版,第586页。
② 参考余英时:《古代知识阶层的兴起与发展》,载《中国知识人之史的考察》(《余英时文集》第四卷),广西师范大学出版社2004年版,第25—99页。
③ 金克木:《风流汉武两千年》,载金克木:《风烛灰——思想的旋律》,生活·读书·新知三联书店2002年版,第135—136页。

第三节　帝制中国(公元前三世纪—十九世纪中晚期)

毛泽东曾讲,"百代皆行秦法政"①,即中国史上所谓的"千年不变"。著名比较史家和文化史家雷海宗先生即认为秦汉以上的中国是"动的中国",秦汉以下的中国是"比较静止的中国"。②为什么帝制中国百代如此、"千年不变""比较静止"? 有学者认为其原因主要是这一时期的中国社会有个"超稳定结构"。③不论这种解释是否完全合理,但不可否认,自秦汉到明清的历代王朝,共同点很多。下面我将择要予以介绍。

一、"大一统"政治格局和观念

尽管秦始皇统一中国 15 年后秦王朝即灭亡,但它所开辟的大一统帝国模式却深刻影响了之后两千多年中国历代王朝。即便在像魏晋南北朝、五代十国、宋辽金对立等长短不一、程度有别的分裂割据时期,天下一统仍然是人心所向、大势所趋。之所以能长期维持这大一统的局面,尽管跟中国的地理环境、交通通讯设施的改进、郡县制度、文字货币度量衡的统一等物质要素密切相关,但我觉得不可忽视"大一统"文化价值观念所产生的巨大影响。

"大一统"观念源自先秦,针对梁襄王很关心的"天下乌乎定"问题,孟子斩钉截铁地回答"定于一",而且是由"不嗜杀人"的君主来"定于一"。④ 这为"大一统"观念赋予了道德内涵。老子《道德经》也讲:"天得一以清,地得一以宁,神得一以灵,谷得一以盈,万物得一以生,侯王得一以天下正。"⑤中国"大一统"一词的正式提出,较早见于《春秋公羊传》,"何言乎王正月? 大一统也。"⑥"大一统"强调王朝受命改制的根基,重在强调新王朝政统和法统的根本。也就是说,"大一统"最早是一种解释王朝更替的理论,后被引申为王朝在政治和文化上的高度统一。

这些思想因素,经董仲舒等人的努力,由神化的"天子"实现《春秋》"大一统",并将《春秋大一统》视为"天地之常经,古今之通谊"。⑦ 经朝廷和儒生协力、有制度化支持的官方儒学得以成型,给予了帝国精英统一的文化认同感,加强了"天下国家"的控制力和向心力。这是大一统局面在两千多年中能得以维持的重要原因。在分裂割据对峙或其他动乱时期,即便力所不逮,除了极少数无所作为偏安小朝廷外,帝王们的目标都是要"定于一";就是犯上作乱者,也是要"取而代之",而不以割据几块地方为满足。事实上,在大一统得以实现的时期,比较而言,往往是帝制中国政治清明、经济繁荣、天下苍生生活安定的年代。

但另一方面,凡事利之所在,弊亦随之。如王亚南先生所指出:在现代以前,中国人的政治辞典中,始终没有"分治""联治"那一类名词。"一统的江山"或"一统的政治"未曾实现,就称为"创业未半",已实现而后为人割裂,就称为"偏安"。每到一个朝代末期,群雄并起,互相

---

① 毛泽东:《读〈封建论〉呈郭老》(1973 年 8 月 5 日)。
② 雷海宗:《中国文化与中国的兵》,商务印书馆 2001 年版,第 1 页。雷先生对此还有进一步的阐释,"秦以上为动的历史,历代有政治社会的演化更革。秦以下为静的历史,只有治乱骚动,没有本质的变化,在固定的环境之下,轮回式的政治史一幕一幕的更迭排演,演来演去总是同一出戏,大致可说是汉史的循环发展。"(同书,第 102 页。)
③ 参考金观涛、刘青峰:《兴盛与危机:论中国社会超稳定结构》,香港中文大学出版社 1992 年版。
④ 《孟子·梁惠王上》。参考(宋)朱熹撰:《四书章句集注》,中华书局 1983 年版,第 206 页。
⑤ 《老子》,三十九章。参考陈鼓应:《老子注释及评介》,中华书局 1984 年版,第 218—222 页。
⑥ 这句话有如下注疏:"王者受命,制正月以统天下,令万物无不一一皆奉之为始,故言大一统也。"《春秋公羊传·隐公元年》,载《十三经注疏·春秋公羊传注疏》,北京大学出版社 1999 年版,第 10 页。)
⑦ (汉)董仲舒:《天人三策》,载《董仲舒集》,袁长江等校注,学苑出版社 2003 年版,第 28 页。

厮杀,直到最后有力有势者,混一宇内,才使那些为人忙着打天下的老百姓,得到一点喘息的机会。"真命天子"出现了,儒家"大一统"的理想,又实现一回。① 这种政治状况,由秦始皇一直延续到满清末造。时至今日,此一观念的影响仍然很大。

二、社会结构

帝制中国社会的三个基本元素是君、官和民。君主通过由朝廷中枢任免的官吏来临民,官吏秉承皇命来治民,民众纳税服役以奉养君主和各级官吏。韩愈这句话道出了三者关系的实质:"君者,出令者也。臣者,行君之令而致之民者也。民者,出粟米麻丝,作器皿,通货财,以事其上者也。君不出令,则失其所以为君。臣不行君之令而致之民,则失其所以为臣。民不出粟米麻丝,作器皿,通货财,以事其上,则诛。"② 君不直接临民,故改朝换代不致于对百姓生活和官僚队伍造成结构性破坏。

学界之所以将由秦至清的历代王朝称为帝制中国,主要就是这历代王朝都是君主专制于上。战国时,各诸侯国君在法术之士的帮助下,逐次消灭了封建制下的老贵族,大大强化了自己的权力。随着秦帝国一统天下,秦始皇即以尊君卑臣为主导思路创设了皇帝制度,历代大体上因袭未有根本性变化。当弟子问及为何秦始皇变法举措为后代所沿袭而未能改,大儒朱熹即一针见血地指出:"秦之法尽是尊君卑臣之事,所以后世不肯变。且如三皇称皇,五帝称帝,三王称王,秦则兼皇帝之号。只此一事,后世如何肯变?"③ 对于集权于上,历代人君不仅不肯放手,反而逐渐强化君主专制。其著者可略言之:汉武帝选择性接受董仲舒学说,将皇帝神话为"天子",并以"尚书"等内朝官架空以三公为首的外朝官以便集权。到宋代,设置枢密院,将军权从相权中分划出来,在朝仪上,改变了"三公坐而论道"的传统,宰相与群臣一起站着上朝,在地方上直接派中央官员来临时管理地方事务,皇权进一步强化;到明代,朱元璋彻底废除已实行千多年的丞相制度,由皇帝直接领导中央政府,之后设立的内阁,也不过是皇帝手下的秘书班子而已。到明亡之后,黄宗羲反思有明一代政制,沉痛指出:"为天下之大害者,君而已矣""有明之无善治,自高皇帝罢丞相始也"。④ 及至满清入主中原,通过民族征服建立的清王朝,其权力结构使得皇帝非但在制度上不受任何制约,而且在政治力量的对比中,没有任何集团能对其掣肘⑤;康熙君臣更将道统置于治统以下,使之服从和服务于治统,造成君师合一之局⑥,另外更辅以文字狱之威慑钳制,文人士夫稍有讥讽,即难逃

---

① 王亚南:《中国官僚政治研究》,商务印书馆2010年版,第68页。
② (唐)韩愈:《原道》,载《韩愈集》,严昌校点,岳麓书社2000年版,第146页。
③ 《朱子语类》卷一三四"历代一",载黎靖德编:《朱子语类》(第八册),中华书局1986年版,第3218页。
④ (明)黄宗羲:《明夷待访录》,中华书局1981年版,第2、7页。
⑤ 参考姚念慈:《康熙盛世与帝王心术》,生活·读书·新知三联书店2015年版,第58页。
⑥ 被康熙称为"理学名臣"的李光地于康熙十九年上书言治道政道合一,云:"窃谓皇上非汉唐以下之学,唐虞三代之学也……然臣之学,则仰体皇上之学也。近不敢背于程朱,远不敢违于孔孟,诵师说而守章句,佩服儒者,摒弃异端,则一拳之中或可以见区区之志焉。臣又观道统之与治统,古者出于一,后世出于二。孟子序尧、舜以来至于文王,率五百年而统一续,此道与治之出于一者也。自孔子后五百年而至建武,建武五百年而至贞观,贞观五百年而至南渡。夫东汉风俗一变至道,贞观治效几于成康,然律以纯王,不能无愧。孔子之生东迁,朱子之在南渡,天盖付以斯道,而时不逢。此道与治之出于二者也。自朱子而来,至我皇上,又五百岁,应王者之期,躬圣贤之学,天其殆将复启尧舜之运,而道与治之统复合乎?伏维皇上承天之命,任斯道之统,以升于大猷。臣虽无知,或者犹得依附末光而闻大道之要,臣不胜拳拳!"(李光地:《进读书笔录及论说序记杂序》,陈廷敬编:《皇清文颖》,吉林出版集团有限责任公司2005年版,第二册,第659—660页。)案:我以为此段文字在中国政法思想史上意义重大,即儒家士大夫主动向政治权威交出了自己据以批评政治和社会的思想资源,惟有沦为权力附庸一途。孔孟儒家所极力倡导的"以道事君""舍生取义""杀身成仁"等力争"变天下无道为有道"的担当和脊梁不再。康熙于是接过了这份大礼,于"日讲四书解义序"一文中明确讲:"天生圣贤,作君作师,万世道统之传,即万世治统之所系也。"(陈廷敬编:《皇清文颖》(第一册),吉林出版集团有限责任公司2005年版,第124页。)

诛戮之辱。到雍正、乾隆时期,因袭之余更变本加厉,君主专制登峰造极,万马齐喑势所必至。但物极必反,降及晚清,地方督抚势力膨胀,与清廷的离心力增加。至辛亥革命,清王朝及其所承载的君主专制制度终被推翻。

帝制中国的"民"乃编户齐民,有别于贱民和世袭贵族,占帝制中国人口的绝大多数。这编户齐民,正常情况下拥有自己的小块土地,或向地主租种土地,人身有很大自由。除向朝廷上交赋税,如租种地主土地还要向地主缴纳地租外,剩余的东西归自己所有,因此他们的劳动积极性较高,愿意投入劳力,尽力改善农具,提高土地的肥力,以求获得更好的收成。普通农民的生活常很艰辛,抗意外风险的水平极低。即便是在帝制中国少有的盛世也是如此,更不要说是乱世或末世了,只能是孟子所云"乐岁终身苦,凶岁不免于死亡"。① 汉初政论家晁错曾上书文帝,纪实农民的艰辛生活:

> 今农夫五口之家,其服役者不下二人,其能耕者不过百亩,百亩之收不过百石。春耕,夏耘,秋获,冬藏,伐薪樵,治官府,给徭役;春不得避风尘,夏不得避暑热,秋不得避阴雨,冬不得避寒冻,四时之间,无日休息。又私自送往迎来,吊死问疾,养孤长幼在其中。勤苦如此,尚复被水旱之灾,急政暴虐,赋敛不时,朝令而暮改。当具有者半贾而卖,无者取倍称之息;于是有卖田宅、鬻子孙以偿债者矣。②

五代时,后唐明宗曾问宰相冯道:今年年岁不错,不知百姓能否丰衣足食?出身于耕读之家、了解民间疾苦的冯道是这样回答的:

> 农家岁凶则死于流殍,岁丰则伤于谷贱,丰凶皆病者,惟农家为然。臣记进士聂夷中诗云:"二月卖新丝,五月粜新谷;医得眼下疮,剜却心头肉。"语虽鄙俚,曲尽田家之情状。农于四人之中最为勤苦,人主不可不知也。③

官员则是从民中通过制度化的渠道产生,由于官员有任期,来自民,归于民,故官民之间具有较高的流动性和同质性。由于农民生活的艰辛,且无自别于人的社会政治地位,故非常向往成为官员,得以改变现实处境、脱颖而出。"耕读传家"成为整个社会的治家格言:穷而耕读,显则仕宦;罢官致仕,转而归家,继续耕读以教子课孙。

编户齐民是良民,与此相对的是贱民。帝制中国有数量不等的贱民阶层,它在不同朝代有各异的名称或组成部分。以唐代为例,贱民可分为"官贱"和"私贱"。"官贱"包括官奴婢、官户、工乐户、杂户和太常音声人五类,"私贱"有奴婢、部曲两类。这里仅介绍一下最典型的奴婢和部曲。

奴婢在秦汉,主要来自罪犯的家属和因饥寒自卖或他卖者;到魏晋南北朝,因为战乱及其相随的灾荒、疾疫的原因,奴婢数量大幅度增加;到隋唐统一,社会较安定,朝廷采取了限奴措施,奴婢数量减少。在法律上,奴婢人格低下,几乎等同畜产,身份世袭,不能拥有自己的财产。《唐律》的官方解释"疏议"明确讲:"奴婢贱人,律比畜产";"奴婢既同资财,即合由主处分,辄将其女私嫁与人,须计婢赃,准盗论罪";"生产蕃息者,谓婢产子,马生驹之类"。④ 明清时期对待奴婢的态度,大致跟隋唐差不多。

---

① 《孟子·梁惠王上》,朱熹撰:《四书章句集注》,中华书局1983年版,第211页。
② (汉)晁错:《论贵粟疏》,载(汉)班固撰:《汉书》(第四册),卷二十四"食货志",中华书局1962年版,第1132页。
③ (宋)司马光编著:《资治通鉴》(第十九册),胡三省音注,中华书局1956年版,第9032页。
④ 《唐律疏议》,刘俊文点校,法律出版社1998年版,第97、143、294页。

部曲的地位较之奴婢略高。在汉末到魏晋南北朝时期,很多地主雇佣脱离本籍没有土地的流民从事耕作等劳动,慢慢地他们与地主之间存在人身依附关系,身份降低,成为不同于良民的"宾客"。本来部曲是汉代军队的编制,大将军营下有部,部下有曲。在这个时期,地方大族以私人宾客组织私兵,也称为部曲,久而久之,逐渐约定成俗,这种与主人具有依附关系的宾客获得了"部曲"之名。部曲与主人的人身依附关系相对松懈,像南朝的部曲,在主人死后可以选择离去,故部曲的地位,虽同为贱民,但较之奴婢为稍高。部曲并非主人的财产,可以有自己的资财,但受主人养育,在转事新主人时,新主人必须酌量偿还旧主人衣食之资。部曲身份世袭,其子孙仍然是部曲。① 到明清时期,除奴婢之外,还有雇工人,隶属家长,虽不为完全意义上的贱民,但与家长之间的关系,类似部曲,家长对之有教令权和惩戒权。

除了前述奴婢、部曲之外,还有一些从事特定职业的人,也被归入贱民之列,如倡优吏卒、浙江堕民、陕西乐籍、北京乐户、广东疍户等。如在清代,"四民为良,奴仆及倡优为贱。凡衙署应役之皂隶、马快、步快、小马、禁卒、门子、弓兵、仵作、粮差及巡捕营番役,皆为贱役,长随与奴仆等"。②

帝制中国的贱民占人口总数的比例不大,历代朝廷为示皇仁,打击豪强,多采取措施限制压良为贱的行为,甚且陆续开豁固有的贱民。如雍正认为贱民阶级的存在,是历代以来的社会弊端,遂谕令将乐户、堕民、丐户、世仆、伴当、疍户等开豁为良,凡习俗相沿不能削除者,俱给予自新之路,改业为良民③;降及晚清,沈家本等通过法律和司法改革,在预备立宪和保障人权的大背景下,要求禁止人口买卖,废除奴婢制度。④

所以,很多学者认为帝制中国并不是一个阶级对立和斗争的社会,而是一个四民社会。"四民"指的是士、农、工、商四个从事不同职业的民众。《春秋公羊传》对"四民"下了这样的定义:"古者有四民:一曰德能居位曰士;二曰辟土殖谷曰农;三曰巧心劳手以成器物曰工;四曰通财鬻货曰商。四民不相兼,然后财用足。"⑤士为"四民社会"中的领导阶层,农是基础阶层,工商则是辅助阶层。这四个阶层基于不同的职业分工,互相配合,共同维系了帝制中国千年不变的社会形态。⑥

三、田地

帝制中国是个农业社会,土地是最重要的资源。全国土地名义上都属于朝廷所有,其表现形态是朝廷征收土地税赋,但按照其实际使用、管理和受益等情况,大致可分为民间私田(简称民田,又可称为农田)、官田和屯田等类型。因为民田的特殊重要性,下面的介绍多集中于此。

民田实际上为个人、家族和乡里所有,可以自由买卖。私有之民田,大致有四个来源:先占、劫夺、兼并和将公产变为私产。⑦ 其中,先占的土地数量毕竟有限,劫夺乃非常时期的野

---

① 参考梁庚尧:《中国社会史》,东方出版中心2016年版,第112—121页。
② 赵尔巽等撰:《清史稿》(第十三册),卷一百二十"食货一",中华书局1977年版,第3481页。
③ 参考庄吉发编著:《雍正事典》,紫禁城出版社2010年版,第31页。
④ 参考李启成:《清末民初刑法变革之历史考察——以人口买卖为中心的分析》,载《北大法律评论》第12卷第1辑(2011年)。
⑤ 《春秋公羊传·成公元年》,载《十三经注疏·春秋公羊传注疏》,北京大学出版社1999年版,第368—369页。
⑥ 参考钱穆:《中国历史研究法》,九州出版社2011年版,第44页;吕思勉:《先秦史》,上海古籍出版社2006年版,第270—278页。
⑦ 吕思勉:《中国制度史》,上海教育出版社1985年版,第89页。

蛮暴力兼并,将家族、乡社公产变为私产也属特定范围内的兼并,所以帝制中国真正严重的土地问题主要是兼并(land annexation)。自商鞅变法开始,即允许民众自由买卖土地。民众可以自由买卖土地,即容易导致势要之家兼并贫民之土地。因为兼并存在,土地易主非常频繁,所以有这样的俗语:"千年田换八百主""贫富无定势,田宅无定主"。我们今天还能看到很多保留下来的明清时代的土地买卖、租赁契据,就是这方面的直接证据。①

王朝建立初期,通过将战乱中的无主地采取各种方式授予无地或少地的农民,培植一批自耕农,为王朝提供稳定的税赋之源,同时也是可靠的兵源。为了保护自耕农,朝廷采取打击豪强等各种举措,来抑制土地兼并。但因为社会等级的存在,个人勤惰境遇等不同,加以天灾人祸等影响,既然土地私有,允许自由买卖,则土地兼并势必渐渐突破朝廷的各种限制,最终完全失控,无地少地的农民成为饥民和流民,为改朝换代提供了生力军,最终促成新王朝的建立,开始了又一轮的均田、授田举措。为了王朝的长治久安,有些王朝的统治者力图推行以均田为导向的土地改革,其著者有:

(1) 王莽改制。其实,自春秋战国土地逐渐私有,土地兼并之害日益严峻。到汉武帝时,富者田连阡陌,贫者无立锥之地,于是大儒董仲舒首倡"限民名田"之论。惜武帝以征伐四夷、搜括民财为务,无太多精力及此。及至王莽篡汉当政后,看到因土地兼并导致整个社会动荡不安,力图进行根本改革:将天下田更名为"王田",不允许买卖,"其男口不满八,而田过一井者,分余田与九族乡党。"对违令不遵者,刑罚很重,甚至予以处死。由于刑罚苛酷,制度变革幅度过大且不够完善,导致官吏从中作奸舞弊,太多的人陷于刑网,天下嚣然。三年之后,王莽下令废除前述土地改革举措,回到允许民间私有买卖土地的老路上。② 由于有王莽的前车之鉴,尽管东汉时期土地兼并问题很严重,但统治者依然采取了放任政策。

(2) 西晋时期的占田制。西晋初建,因为长期战乱,人口减少七分之六,朝廷决然实施占田制,对私人占有土地的数量做出了具体限制,即"男子一人占田七十亩,女子三十亩。其外,丁男课田五十亩,丁女二十亩,次丁男半之,女则不课"。"其官品第一至于第九,各以贵贱占田,品第一者占五十顷,第二品四十五顷,第三品四十顷,第四品三十五顷,第五品三十顷,第六品二十五顷,第七品二十顷,第八品十五顷,第九品十顷。而又各以品之高卑荫其亲属,多者及九族,少者三世。宗室、国宾、先贤之后及士人子孙亦如之。"③ 西晋不久即陷于内乱,接着招致五胡之祸,偏安一隅的东晋和南朝因世家大族之巨大势力,都未能实行占田之制。

(3) 北魏均田制。西晋的占田制在北方奠定了基础,及至北魏统一北方并稳固了政权,太和九年(485年),孝文帝采纳汉人李安世的建议,在占田制的基础上颁布《均田令》,先立户口确定人数,按照人数授给田地,分为露田和桑田。露田即口分田,男夫十五岁以上朝廷给田四十亩,妇人二十亩;奴婢则比照良丁;牛一头,授田三十亩,限四头。授田者年老免除了赋税差役或死后,则把田地还给朝廷。桑田即永业田,朝廷给男夫一人二十亩,栽种桑榆,作为自己的财产,可以世袭或买卖。老百姓建造新居,三口给地一亩以为居室,奴婢五口给地一亩。老幼残疾无受田者,年十一以上及身有疾病者,各以半夫的标准受田;寡妇守志者,

---

① 比如张传玺先生主编的《中国历代契约汇编考释》(北京大学出版社1995年版)即搜集了数量众多的"买地券"、土地坟山房屋买卖契据等。
② 参考(汉)班固撰:《汉书》(第四册),卷二十四"食货志",中华书局1962年版,第1143—1144页。
③ 《晋书》(第三册),卷二十七"食货志",中华书局1974年版,第791页。

受妇田。①

（4）唐代均田制。唐代承继前朝的土地制度,于高祖武德七年(624年)颁布关于田制的律令,"五尺为步,步二百四十为亩,亩百为顷。丁男、中男给一顷,笃疾、废疾给四十亩,寡妻妾三十亩。若为户者加二十亩。所授之田,十分之二为世业,八为口分。世业之田,身死则承户者便授之。口分,则收入官,更以给人。"②一般而言,口分田原则上不准买卖,保证官府得以依法回收,土地再分配资源不致枯竭,故唐律有"卖口分田"之禁条:"诸卖口分田者,一亩笞十,二十亩加一等,罪止杖一百;地还本主,财没不追。即应合卖者,不用此律。"为了控制土地兼并,维护以额受田之均田制,唐律特立"占田过限"条:"诸占田过限者,一亩笞十,十亩加一等;过杖六十,二十亩加一等,罪止徒一年。若于宽闲之处者,不坐。"③由于土地私有与均田之间存在固有矛盾,随着唐王朝对社会控制力的下降,唐初的均田制到玄宗天宝年间已是荡然无存,买卖土地实际上没有了限制,兼并之风复燃。④

之后,帝制中国再无大规模推行均田制的动力。自宋朝开始,朝廷关于土地问题的重心从之前的"欲使土地分配平均,耕者有其田"转向"欲使土地充实,税收得其平"上面了。⑤

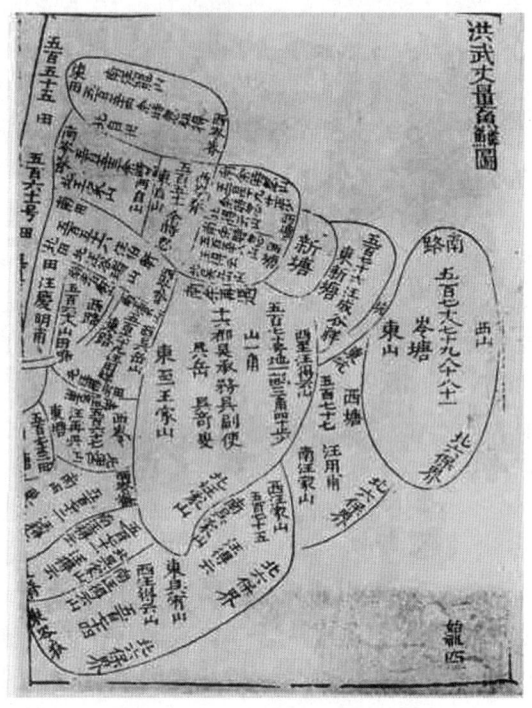

图8　明代洪武年间鱼鳞图册

---

① 参考《魏书》(第八册),卷一百一十"食货志",中华书局1974年版,第2853—2855页。
② 《旧唐书》(第六册),卷四十八"食货上",中华书局1975年,第2088页。
③ 《唐律疏议》,刘俊文点校,法律出版社1998年版,第263—266页;另参考钱大群撰:《唐律疏义新注》,南京师范大学出版社2007年版,第411—414页。
④ 到唐德宗时,著名政论家陆贽就描述了土地兼并之状况及其危害:"今京畿之内,每田一亩,官税五升,而私家收租,殆有亩至一石者,是二十倍于官税也。降及中等,租犹半之,是十倍于官税也。夫以土地王者之所有,耕稼农夫之所为,而兼并之徒居然受利,官取其一,私取其十,稽人安得足食？公廪安得广储？风俗安得不贪？财货安得不壅？"("均节赋税恤百姓六条·其六论兼并之家私敛重于公",载《陆宣公奏议注》,卷十五,十万卷楼丛书本。)
⑤ 参考陈顾远:《中国法制史概要》,商务印书馆2011年版,第276页。

宋朝时，土地买卖频繁，民间交易广泛，为土地管理起见，婺州等地官府编制了鱼鳞册，作为朝廷掌握各地土地状况的登记册，以及交易、征税之依据。鱼鳞图册因册内里绘制的田亩，挨次排列，状似鱼鳞而得名。① 到明初太祖洪武年间，命各州县分区编造。鱼鳞册又称鱼鳞图册，其实就是田地之图，它把田地分区分段，绘画区内的田形，记录田地种类和肥瘦，买卖情况及田主姓名，再编列字号，订成一册。②

民间土地转让，一般会签订书面的契据文书。根据该契据文书的内容，大致可将土地转让方式分为"典"和"卖"。典大致相当于活卖，可回赎。卖一般指绝卖，不能回赎，立契据文书时标题用"杜""绝""断"等字，契内书有"永无找赎""永断葛藤""听凭买主永远管业"等，所谓"一卖千休，寸土不留"。③ 典是帝制中国长期存在的一种独具特色的土地转让普遍方式，因土地随着人口增加成为稀缺资源且价值较为昂贵，中国人家族观念甚强，土地一般为祖遗，不会绝卖而予人以不肖子孙之讥，故到万不得已之时，设定一种随时或定期可赎回土地的制度，这就是"典"。所以典是出典人将土地出典于人，收取一定的典价，在约定期限内赎回，属于一种活卖。一般而言，在典契或活卖契中，附有时间，时间届满方能回赎；如无时间规定，则出典人或卖方随时可以回赎，而典人或买主不得阻挠。出典人过期不赎，则由承典人向出典人一次性支付"找贴"（土地时价与典价的差额）之后便获得土地的完全所有权。④

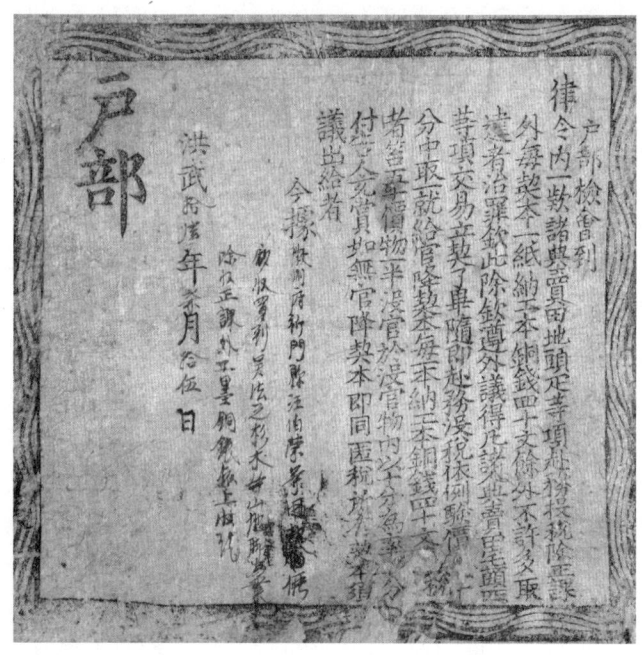

图9 明代洪武年间田契

---

① 参考蒲坚编著：《中国法制史大辞典》，北京大学出版社2015年版，第1391页。
② 《明史·食货志》载："洪武二十年命国子生武淳等分行州县，随粮定区。区设粮长四人，量度田亩方圆，次以字号，悉书主名及田之丈尺，编类为册，状如鱼鳞，号曰鱼鳞图册。"（《明史》（第七册），卷七十七"食货一"，中华书局1974年版，第1881页。）
③ "以田宅质人而取其财曰典，以田宅与人而易其财曰卖。典可赎，卖不可赎也。"（应檟：《大明律释义》，明嘉靖刻本，卷五"典卖田宅"。）
④ 由于明清时期的土地交易契约中，一般没有"绝卖"或"活卖""典卖"等字样，二者之间的界限难免模糊不清，易发生找价回赎上的争议。关于这种争议的解决，可参看〔日〕岸本美绪：《明清时代的"找价回赎"问题》，载杨一凡、〔日〕寺田浩明主编：《日本学者中国法制史论著选·明清卷》，中华书局2016年版，第350—380页。

土地转让的契据有红契与白契之别。官府加盖官印的契约,后代叫做红契、赤契或官契。民间私下订立的土地转让契据就是白契。为什么会有红契、白契的区别呢?因契约自产生之时起,官府出于稳定社会秩序和增加税收充实财政的考虑,对之较为关注,有所干预。官府干预的方式,一方面集中在契约的文字和内容上,促进了契约内容和格式的规范化;另一方面则是在已纳契税的契约上加盖红色官印。一则因为税负过重,加之吏役从中舞弊,二则土地买卖更多与家族和乡党等社会组织有较密切关系,与官府的关系较简单只有税负一项,土地买卖只不过是换人给官府纳税罢了。所以就有大量的民间私自订立的土地买卖协议,这种协议,与红契相对,被称为白契。历代官府对白契的限制时松时紧,但大致可以这么说,睁一只眼闭一只眼是帝制中国后期官府对白契的普遍态度。总体来看,白契的证明效力或者说安全性较红契为差。

既然宋代以后,朝廷将土地管理的重心由分配上的均田转向税负上的均平上来了,那土地兼并而导致的所有权集中就更加明显,越来越多的农民没有自己的小块土地,只能租种地主的土地,于是佃农的数量大幅度增加。故从宋代开始,出现了永佃制。

永佃制的出现,须满足下述条件之一:开垦荒地,投入工本;改良农田,提高土地收益;交纳押租钱;抵价典卖土地,而保留耕作权;长期"守耕",地主认定;通过"霸耕"等斗争形式。其内容大致包括:佃户负有按约定交租的义务;在履行义务的前提下,佃户能够"永远耕作",地主则不能"增租夺佃";地主的变动不影响佃户地位,即所谓"换东不换佃""倒东不倒佃";佃户可以随时退佃,但不得自行转佃。经过明清两代不断的发展与演变,帝制中国各地都实行过永佃制,只是普及程度有别。大体说来,东南和华南较为盛行。

在永佃制盛行的地方,还出现了"一田两主"习惯。在永佃制中,佃户私相转佃、转卖、转典,至后来地主亦予承认,即产生了该习惯。把一块田地分为上下两层,上地(称田皮、田面等)与底地(称为田根、田骨等)分属不同人所有,这种习惯上的权利关系就是"一田两主"。"底地所有人的权利,是每年可以从享有土地使用收益权的上地所有人那里收租(固定的得利),但是欠租一般不成为解约原因。而且,上地底地的所有人,各自处分其土地时,互相间没有任何牵制,这是通例。也就是说,即使对上地转让出租,也可以任意作为,底地所有人的同意不是转让出租的要件。从而上地底地所有人的异同变化,不会引起其他一方权益的任何消长。"①在永佃制及其与之相关的一田两主习惯,具有两项重要的功能,一是此种土地产权的分化,使得地权分配趋向平均,从而在一定程度了抑制了土地兼并的危害,多少弥补了朝廷将土地管理的重心转向税务均平而不是以前侧重均分土地的缺失;一是促进了农民对土地的开发和利用。因为田皮的买卖不需要跟官府和地主直接打交道,其交易市场比普通土地交易市场为灵活,交易手续更为简便,佃户一般是将买来的田面自己耕种,有动力对田地进行整合。②

在帝制中国,个人对团体的依赖性很大。在这些团体之中,与个人联系最密切、组织也最坚固的是宗(家)族和乡村,故民间田产除了家庭私有之外,还有宗(家)族公有的祭田和义

---

① 〔日〕仁井田陞:《明清时代的一田两主习惯及其成立》,载刘俊文主编:《日本学者研究中国史论著选译》(第八卷)"法律制度",中华书局1992年版,第411页。关于一田两主习惯形成和普及的原因,寺田浩明的近期研究认为,这"是通过个别的形成积累以及具有物权正当性的佃户耕作的固定化而存在。田面田底的买卖所有这种日常性的现象本身其实存在于各个田主佃户对不断经营的根据的主张与容忍的稳定之中。"〔日〕寺田浩明:《田面田底惯例的法律性——以概念性的分析为主》,载杨一凡、〔日〕寺田浩明主编:《日本学者中国法制史论著选·明清卷》,中华书局2016年版,第349页。

② 参考赵冈:《永佃制的经济功能》,载《中国经济史研究》2006年第3期。

田、乡村共有的公地。祭田是宗(家)族为祭祀祖先而专门提供物质基础的田产;义田是宗(家)族为赡养或救恤贫困老幼族人而经营的田产,经北宋名臣范仲淹的倡导而推广开来。祭田和义田都跟帝制中国影响深远的家族制度紧密相关。自明代中后期,因皇权专制日渐强化而走向反动,受阳明学说"觉民行道"的影响,士大夫开始注重乡村和宗(家)族的自我救济,祭田和义田逐渐普及、规模增大,几乎遍及南中国。① 帝制中国的乡村尽管有时由官府予以编制,但也是以自然村为基础而形成的团体,有些数量不等的公地,供乡村民众放牧、采薪等用途。② 一般而言,随着帝制中国的人口到后期日益增加,人多地少的矛盾越来越突出,乡村公地的面积总体趋势是越来越少。不论是祭田、义田还是乡村公地,对民众而言,都是民间用地之外的重要补充。

除了民田之外,还有官田和屯田。官田属于朝廷或职官所有。帝制中国历代几乎皆有之。自宋代之后,所占比例较之以前历朝为大,或是暴君所聚敛,或是异族入主中原之后的虐政,或是王公贵族掠夺,这种来源各异的各种公田,为害甚大。明代的皇庄、清代的圈地皆为其著者。屯田是屯戍士卒所垦之田,为寓兵于农政策之核心内容,一般都在边疆地区,不无可取之处。金、元以异族入主中原,为防范汉民族和提供军饷起见,于内地大量屯田,全国无不可屯之兵,无不可屯之田,侵夺民业,莫此为甚。

四、人口与户籍

(一)人口

帝制中国几千年没有确切真实的人口统计数字,学者们只能根据既有的史料(历代正史中的《地理篇》大多有人口记载,为研究人口变迁的重要资料,但错误也不少),估算出个大概。先秦时期,人口大致在 2000 万以上;秦代因灭六国的战争加上在短时期内筑长城、修建阿房宫等,人力大量消耗,大致在 2000 万上下;汉初人口大致在 1500—1800 万之间;西汉末大致增加到约 6000 万;经两汉之间的战乱,人口数量急剧下降到 3500 万左右;东汉人口最高峰值超过 6000 万;三国末期人口总数又减到 3000—3500 万之间;南北朝时期人口数大致在 5000 万左右;隋代人口最高峰大约在 5600—5800 万之间,也就是说,经过四百多年的反复,才基本恢复到东汉的水平。经隋唐之际的战乱,人口迅速下降到 2500 万左右;到唐代,因为较长时期的承平,朝廷制定了一系列奖励婚嫁、优待生育的措施,另有流民回归和境外部落的内迁,到玄宗天宝年间人口达到 8000—9000 万的高峰。晚唐和五代时期,经无数次残酷战争和野蛮破坏,帝制中国人口总数再次急剧下降,最低在 3000 万左右。

到北宋时期,人口大幅度增加,首次突破 1 亿,最高达到 0.94—1.04 亿;到 13 世纪初的宋金对峙时期,帝制中国的人口达到了 1.2 亿,当然这跟越南占城稻传入中国并普遍种植有一定关系。蒙古灭金、南宋统一中国,发动了连年不断的野蛮战争,造成空前的破坏,人口再次锐减,原来金统治区域和南宋的四川、两湖最为严重,其民众减少十之七八。例如四川在南宋时期约 1000 万人,到元军攻占后,剩下人口只有 62 万左右。元帝国疆域辽阔,远迈前代,但人口最高峰只有 8500 万左右。元明之际,人口再度下降到 6000 万左右。

明代长期承平,农业和手工业都有了快速发展,且早熟稻的传播,使得长江三角洲和两湖地区人口猛增,明代的人口最高峰绝对超过 1.5 亿,甚至可能达到 2 亿;明清之际,频繁残

---

① 参考李启成:《外来规则与固有习惯:祭田法制的近代转型》,北京大学出版社 2014 年版,第 1—78 页。
② 参考戴炎辉:《中国法制史》,台湾三民书局 1966 年版,第 304—305 页。

酷的战争和持续的自然灾害,人口锐减,最低时候可能只有1.2亿,比如四川先是成为农民军和明军反复争夺的场所,后来又成为清军和农民军的战场,其人口几近灭绝,所以有清初湖广填四川的大规模移民之举。

自晚明到清代,在世界范围内发生了影响深远的"食物革命",即来自美洲的高产作物得以在帝制中国大规模推广种植和普及,主要的如玉米、番薯、花生等,次要的蔬菜品种还有胡萝卜、菜豆、南瓜、西红柿和辣椒等。① 影响所及,这不仅丰富了中国人的养生资源,而且其生长环境也不一样。原先许多不能种植粮食作物的地方,也可生产食粮了。② 因此,大量山地被开发,粮食总产量大幅增加。税制摊丁入亩后,民间不再藏匿人口,朝廷认为滋生人口乃盛世象征,故18世纪中国人口大增,乾隆中期突破2亿,乾隆末年突破3亿,道光年间突破4亿。清代人口最高峰是道光三十年的4.3亿。后来经太平天国等战乱,人口再度锐减到3.18亿左右。直到清亡,人口都没有超过道光三十年,只有4.05亿左右。③

18世纪之前的中国,尽管从长期来看,人口略有增加之趋势,但总体来说,基本上控制在1亿以下。因改朝换代引发长期战乱,以及相伴随的灾荒、瘟疫等影响,人口锐减,十室九空绝非虚语。这方面的史料特别多,我这里举一个西晋末年的例子。永嘉年间,并州刺史刘琨有这样的记载:

> 臣自涉州疆,目睹困乏,流移四散,十不存二,携老扶弱,不绝于路。及其在者,鬻卖妻子,生相捐弃,死亡委危,白骨横野,哀呼之声,感伤和气。群胡数万,周匝四山,动足遇掠,开目睹寇。唯有壶关,可得告籴。而此二道,九州岛之险,数人当路,则百夫不敢进,公私往反,没丧者多。婴守穷城,不得薪采,耕牛既尽,又乏田器。④

乱世民众,迭遭饥荒瘟疫乱兵之害,死亡极多。天下大势,分合不定,有如循环。经多次乱世,人们有了"劫"之一说,认为天下大乱是老天爷降下劫运收人。如黄巢,据《资治通鉴》记载,他第一次入长安,"杀唐宗室在长安者无遗类。"韦庄咏史诗云:"天街踏尽公卿骨,甲第朱门无一半。"第二年又入长安,"怒民之助官军,纵兵屠杀,流血成川,谓之洗城。"⑤围陈州,竟以人肉为军粮,"时民间无积聚,贼掠人为粮,生投于碓硙,并骨食之,号给粮之处曰'舂磨寨'。纵兵四掠,自河南、许、汝、唐、邓、孟、郑、汴、曹、濮、徐、兖等数十州,咸被其毒。"⑥有人就将黄巢杀人与目连救母二事合并,说黄巢前身为目连,去地狱救母,无意中放出八百万饿鬼。故他要托生为收人的劫星,收回全部放走的饿鬼。凡该被收的人,无论逃在哪,都免不了一死。所以有"黄巢杀人八百万,在劫难逃"的民间说法。虽失之于荒诞,但战乱死人如麻,民众朝不保夕,应是事实。这是帝制中国最惨痛的事情。

经一次乱世,人口锐减,需要几代人的承平时间,又慢慢恢复到原有水平。比如东汉人口最高超过6000万,到三国时期只有3000万上下;后又经南北朝的长期战乱,到隋代统一

---

① 〔法〕布罗代尔:《15至18世纪的物质文明、经济和资本主义》(第一卷),顾良等译,生活·读书·新知三联书店1992年版,第188—189页。
② 番薯、玉米和花生,可在山地种植,亦可在沙地栽培,遂将过去无法使用的土地变成了农田。明清多垦植沙田,跟此不无关系。(参考许倬云:《万古江河:中国历史文化的转折和开展》,上海文艺出版社2006年版,第217页。)
③ 关于人口数据的统计,参考葛剑雄:《中国人口发展史》,福建人民出版社1991年版,第36—253页;何炳棣:《明初以降人口及其相关问题(1368—1953)》,葛剑雄译,生活·读书·新知三联书店2000年版,第42—84页。
④ 房玄龄等撰:《晋书》(第六册),卷六十二"刘琨传",中华书局1974年版,第1680页。
⑤ (宋)司马光编著:《资治通鉴》(第十七册),胡三省音注,中华书局1956年版,第8241、8250页。
⑥ 同上书,第十八册,第8269页。

时,疆域扩充,人口都还没达到东汉水平。

尽管维持人口的方法极其残忍,但人口大致保持在几千万的水准,帝制中国的整体结构能不致大变,当与此有关。自明代中期开始,中国人口大幅度增加,也是几千年未有之大变局。法律是规范人的,人口的增加势必会对法制产生影响。既往的研究在这方面可能注意不够,有兴趣的同学可留意相关材料及其论述,将来有机会做做该专题研究。

(二)户籍

三代之前,是否有户籍制度,限于资料,兹存疑。不过《周礼》一书已记载"司民"之职掌和权责,似乎当时有了较为完善和系统的户籍制度。① 征之于春秋战国之后的历史演进,这可能不是历史事实,而是儒生的理想国制度设计。春秋战国时期,各诸侯国为了加强对国内的管理和控制,大多进行了户口调查和登记工作。最著者为商鞅在秦国变法中"令民为什伍而相牧司连坐。不告奸者腰斩,告奸者与斩敌首同赏,匿奸者与降敌同罚。民有二男以上不分异者,倍其赋"。② 据《商君书·境内》记载:"四境之内,丈夫女子皆有名于上,生者著,死者削。"③其户籍制度主要是为了"告奸",同时也是官府征收赋税的最基本凭借。

史载:"沛公至咸阳,诸将皆争走金帛财物之府分之,何独先入收秦丞相御史律令图书藏之。沛公为汉王,以何为丞相。项王与诸侯屠烧咸阳而去。汉王所以具知天下阨塞,户口多少,强弱之处,民所疾苦者,以何具得秦图书也。"④这即证明秦王朝有较为完密的户籍制度,地方上报来的户口册籍,御史府或丞相府有副本保留。此后,户籍表册保存在史馆,成为历朝通例。

汉承秦制,户籍制度更见完密。户口调查的时间大致于每年八月进行,以自己申报为主,负责官吏审查虚实。有个例子可从侧面证明此点,"建武末年,(江革)与母归乡里。每至岁时,县当案比,革以母老,不欲摇动,自在辕中挽车,不用牛马,由是乡里称之曰'江巨孝'。"所谓"案比",即"案验以比之,犹今貌阅也。"⑤是官员查看被登记人的相貌来判断其所自报的年龄是否属实。户口调查登记的内容包括人口、土地、财产和赋税等内容。

魏晋南北朝时期,尽管战乱频仍,因为户籍的重要性,各国都非常重视。比如后赵的建立者石勒,当政只有十来年的时间,尚派人"循行州郡,核定户籍,劝课农桑"。⑥

隋唐时期,户籍制度进一步完善。以唐朝为例,一般民户的户口调查是每年年终举行一次,每三年根据"手实"来编造一次户籍,时间是该年正月上旬。人口的异动情况,如生、死、逃、徙、入丁、入老等,则要随时报告,官府予以更改。所谓"手实",就是每年年终,户主自己把户口、田宅等情况以书面形式交给里正,"里正之任,掌案比户口,收手实,造籍书",然后由其汇集送交县上缮写,力图做到"率土黔庶,皆有籍书"。州县主官刺史和县令还要对户主的"手实"进行"貌阅"。《唐律疏议》有"脱漏户口增减情状""里正不觉脱漏增减""州县不觉脱

---

① 《周礼》关于小司寇辖下"司民"的记载为:"司民掌登万民之数,自生齿以上皆书于版,辨其国中与其都鄙及其郊野,异其男女,岁登下其死生。及三年大比,以万民之数诏司寇。司寇及孟冬祀司民之日献其数于王,王拜受之,登于天府。内史、司会、冢宰贰之,以赞王治。"(李学勤主编:《十三经注疏·周礼注疏》(下册),北京大学出版社1999年版,第942—943页。)
② (汉)司马迁:《史记》(第七册),卷六十八"商君列传",中华书局1959年版,第2230页。
③ 蒋礼鸿撰:《商君书锥指》,中华书局1986年版,第114页。
④ (汉)司马迁:《史记》(第六册),卷五十三"萧相国世家",中华书局1959年版,第2014页。
⑤ (南朝)范晔撰:《后汉书》(第五册),李贤等注,卷三十九"江革传",中华书局1965年版,第1302页。
⑥ (唐)房玄龄等撰:《晋书》(第九册),卷一百五"载记第五·石勒下",中华书局1974年版,第2741页。

漏增减""里正官司妄脱漏增减"等条,对违反户籍管理的相关责任人分别予以处罚。① 户籍一般一式三份,一份送尚书省户部,州、县各保存一份。户部、州、县都有专门存贮籍帐(户籍文书)的库房,由专人负责,并明确规定了其保存期限。

明代户籍制度除沿袭前朝成法外,另有黄册之编纂。黄册制度于洪武十四年(1381年)正式推行。黄册是明代主要的户口册籍,据明人丘濬的介绍:黄册"首著户籍(若军、民、匠、灶之属),次书其丁口(成丁不成丁),次田地(分官民等则例)、房屋、牛支。凡例有四:曰旧管、曰开除、曰新收、曰实在……民以此定其籍贯,官按此以为科差……版籍既定,户口之或多或寡,物力之或有或无,批阅之顷,一目可尽。"② 因为黄册"以户为主,详具旧管、新收、开除、实在之数,为四柱式"③,所以它又有四柱册之名。

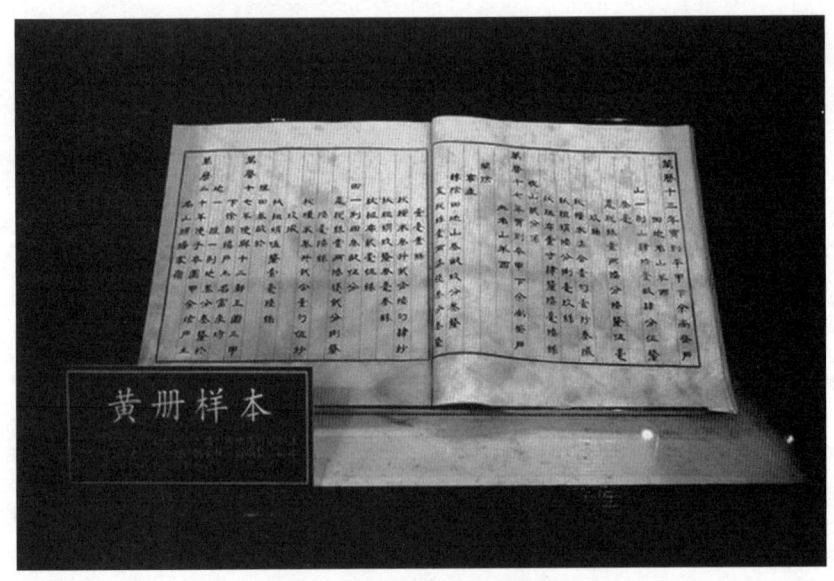

图10 明代万历年间黄册样本

为什么叫"黄册"呢? 一种说法是"男女始生曰黄",户口册是人之出生即登册,以此得名。王夫之有本书叫《黄书》,即取男女始生之引申义"幼稚",作者以此为书名表示自谦。另一种是《明史·食货志》的说法,上户部之册,封面用黄纸,故得名。④ 我以为第一种说法更可靠一些。因为黄册一式四份,一份上户部,另三份分别存在布政司、府和县,除了户部那份外,其他封面都不是黄色的。由于黄册十年编修一次,中间变化情况甚多,遂给吏役舞弊以可乘之机;且黄册以"里"为单位来编造,数目庞大,保管不易,很快即出了问题。尤其在张居正实行一条鞭法之后,朝廷税收与黄册所登记的户籍关系不大后,遂名存实亡。

---

① "诸脱户者,家长徒三年;无课役者,减二等;女户,又减三等。脱口及增减年状,以免课役者,一口徒一年,二口加一等,罪止徒三年。其增减非免课役及漏无课役口者,四口为一口,罪止徒一年半;即不满四口,杖六十。诸里正不觉脱漏增减者,一口笞四十,三口加一等;过杖一百,十口加一等,罪止徒三年。诸州县不觉脱漏增减者,县内十口笞三十,三十口加一等;过杖一百,五十口加一等。州随所管县多少,通计为罪。各罪止徒三年。知情者,各同里正法。诸里正及官司,妄脱漏增减以出入课役,一口徒一年,二口加一等。赃重入己者,以枉法论,至死者加役流;入官者坐赃论。"参见《唐律疏议》,刘俊文点校,法律出版社1998年版,第252—256页。
② 丘濬撰:《钦定四库全书荟要·大学衍义补》,卷三十一"制国用·傅算之籍",吉林出版集团有限出版公司2005年版,第426页。
③ 张廷玉等撰:《明史》(第七册),卷七十七"食货一",中华书局1974年版,第1881—1882页。
④ 同上书,第1878页。

清初的户籍制度大率沿袭明朝,"有黄册,岁记户口登耗,与赋役全书相表里"①,入关之后不久,清廷为了更准确地清查民间的户口和田产、更严格控制民众,推行编审法,"州县城乡十户立一牌长,十牌立一甲长,十甲立一保长。户给印牌,书其姓名丁口,出则注所往,入则稽所来……其客店令各立一簿,书寓客姓名行李,以便稽察。""外藩扎萨克所属编审丁档掌于理藩院。其各省诸色人户,由其地长官以十月造册,限次年八月咨送户部,浙江清吏司司之。而满洲、蒙古、汉军丁档则司于户部八旗俸饷处。年终,将民数汇缮黄册以闻。"②编审的期限起初为三年一次,后来定为五年一次。随着清廷统治日渐稳固,保甲法已经实行,编审法的意义下降,雍正年间即有大臣上疏请求废除编审。到乾隆三十七年(1772年),朝廷下令永远停止编审法。③ 停止编审法只是不再调查丁口,但清廷仍要求进行人口调查,由保甲组织调查人口上报给州县,然后逐层上报给朝廷。但因清廷推行了摊丁入亩之法,户口调查不再是赋税的根据,地方官也就虚应故事。尤其是到了清代中后期,保甲废弛,户口不实的情况愈发严重。到晚清预备立宪,更需准确了解人口数,以为选举之前提,民政部负责调查全国户口。直至清亡,亦未将全国人口数准确统计出来。

整体来看,帝制中国的户籍管理因为与税收、国防以及朝廷对社会控制紧密相关,历代都非常重视,形成了较为严密的户籍制度。④

五、赋税与财政

(一) 赋税

赋税的具体起源情况已不可考。孟子曾讲:"有布缕之征,粟米之征,力役之征。君子用其一,缓其二。用其二而民有殍,用其三而父子离。"这"或为古代赋税制度之真相"。⑤ 国有军旅大事,则向民众征收这三种赋税:布缕为军士缝制衣服铠甲所需,粟米为军粮之来源,力役乃为军队服厮养之役。孟子这段话的主旨是君子为政,应当轻敛以养民。赋敛必须考虑到民间之实际,征收当各以时,征收其一则应缓其二,一般而言,布缕取之于夏,粟米取之于秋,力役取之于冬。⑥ 前两者征收的标准是财产(主要是田宅),后者则是人口。在传统中国这个农业社会,土地和人口是征税的重要依据,故为节省篇幅起见,下面主要概述地税和人头税之沿革。

据说在夏商周三代,尤其是在周代井田制下,一般民众在井田中耕作公田,以力服役兼代纳税,税率一般是十分之一。⑦ 随着封建井田制的破坏,税赋制度相应发生了变化。但在春秋战国,因各国情况不同以及资料的缺乏,难以论定,但可以肯定的是因为各国征战不休,国用告急,新税种逐渐创设,人们负担加重了许多,其著者为初税亩和商鞅变法。宣公十五年(前594年)鲁国实行初税亩,从字面上解释,"初"者,开始;税亩是当政者按土地亩数对土

---

① 赵尔巽等撰:《清史稿》(第十三册),卷一百二十"食货二",中华书局1977年版,第3528页。
② 同上书,第3480—3481页。
③ "三十七年,停编审造册。时丁银既摊入地粮,而续生人丁又不加赋,五年编审,不过沿袭虚文,无裨实政,至是因李瀚言,遂罢。"(赵尔巽等撰:《清史稿》(第十三册),卷一百二十"食货二",中华书局1977年版,第3550页。)
④ 本节参考了宋昌斌:《中国古代户籍制度史》,三秦出版社1991年版,第36—134页。
⑤ 陈顾远:《中国法制史概要》,商务印书馆2011年版,第286页。
⑥ 参考李学勤主编:《十三经注疏·孟子注疏》,赵歧注、孙奭疏,北京大学出版社1999年版,第396—397页;朱熹撰:《四书章句集注》,中华书局1983年版,第371页。
⑦ 孟子云:"夏后氏五十而贡,殷人七十而助,周人百亩而彻,其实皆什一也。"(《孟子·滕文公上》,载(宋)朱熹撰:《四书章句集注》,中华书局1983年版,第254页。)

地征税,具体方法是:"公田之法,十取其一;今又履其余亩,复十收其一。"①即是在之前十亩取一之外,按照田亩之数再收取十分之一收成的新税,结果税收总额达到了十分之二。初税亩是在国家认可土地私有的前提下,向土地占有者征收重税的新举措。商鞅在秦国变法,废井田开阡陌,承认土地私有,以土地数量作为征税的标准。但在当时,承认土地私有即导致土地兼并;土地不能准确测绘,导致税负不公平,于是实际上可能施行了以户征税的办法。②这可能是帝制中国人头税之滥觞。秦统一中国后,商鞅改革举措得以推而广之。民众除田赋外,由于秦王朝征战频繁,多所兴作,力役成为难以忍受的负担,较之三代古制,激增数十倍。此种暴政,直接导致秦王朝被迅速推翻。

汉王朝建立后,对秦之赋税制度有所继承,更有所修正。朝廷对一般编户齐民所征税大致分两类:一是以人头为标准的,即口赋和算赋,前者针对老幼等,后者针对"丁",是后世户口税之滥觞;一是以财产(当然主要是土地)为标准,叫田租,按照定率结合田亩多少与产量高低征税,轻则三十税一,重则十五税一。汉代还对工商业课以重税,如算缗税(缗,成串的铜钱;按贾人所储藏的现钱课税)、盐铁税等。之所以如此,宋元之际学者马端临讲得很到位:"古人之立法,恶商贾之趋末而欲抑之;后人之立法,妒商贾之获利而欲分之。"③

盐铁税,在汉代争议很大,且影响后世极深远。这里略作解释。国家对盐铁征税,始于春秋时期管仲治齐。盐铁为百姓日常生活必需品,对之征税,颇有助于增加国家收入。故秦王朝承袭了此种盐铁税,并予以加重。到西汉中期,武帝内而好神仙方士且生活豪奢故大兴土木,外而征伐四夷致穷兵黩武,为了增加收入,无所不用其极,创设盐铁官营专卖制度为其中重要举措。武帝时期的盐铁专卖制度,简言之,即盐铁由官府生产并定价格销售,收益全归于官府。因盐铁官营专卖,导致官吏中饱、盐铁质量低劣,民间大受其疾苦。到昭帝始元六年(前81年)召开了盐铁会议,来自民间的贤良文学和代表朝廷的公卿公开辩论,检讨盐铁专卖制度的得失。此次争辩之内容,经汝南儒生桓宽整理为《盐铁论》一书。④此后,朝廷对盐铁之政策,时而专卖攫利,时而允许商卖而征税。此种政策之逡巡,实乃政治现实和理想之间的落差所致。就现实而言,盐铁,尤其是盐,影响于普通民众生活者甚大,对此征税,是官府最为稳定可靠的税源;在理想上,保障普通民众的生活,是当政者最起码的义务,故应将盐铁之利散于民间,而非汲汲于与民争利。

从西晋到唐初,乱世居多,治世无几。乱世之中,秉国者横征暴敛,民众苦不堪言。在少有的治世,主要的赋税制度无外乎两种,一是计户授田,以按户征税为主,西晋"户调"之制(丁男之户每年缴纳绢三匹、棉三斤,女及次丁男为户者交一半,边郡和蛮陌之户递减)是也;一是计丁授田,亦以按丁征税为主,初行于唐高祖武德二年(619年),颁行于唐玄宗开元八

---

① 李学勤主编:《十三经注疏·春秋左传正义》(中册),北京大学出版社1999年版,第665页。
② 商鞅变法,曾下令"民有二男以上不分异者,倍其赋",是其有丁税之证据。(司马迁:《史记》(第七册),卷六十八"商君列传",中华书局1959年版,第2230页。)杜佑则云:"秦孝公十二年,初为赋。纳商鞅说,开阡陌,制贡赋之法……夫夏之贡,殷之助,周之藉,皆十而税一,盖因地而税;秦则不然,舍地而税人,故地数未盈,其税必备,是以贫者避赋役而逃逸,富者务兼并而自若。"(杜佑:《通典》(第一册),卷四"食货四",中华书局1988年版,第77页。)
③ 马端临:《文献通考》,卷二十"市籴考一",中华书局1986年版,第194页。
④ 参见王利器校注:《盐铁论校注》,中华书局1992年版,全二册。

年(720年)的"租庸调"之制为其代表。①

唐中叶创两税法。德宗时,杨炎为相,鉴于户籍长久无更新,田亩换异,贫富升降,与户籍所载囧不相同;且征收种类繁多,手续复杂,于是合并租庸调为一,以钱输税,每年分夏秋两次征收,是为两税法。两税法是按照州县每年的开销和上贡之数,量出制入,以定纳税总额;在此基础上,依照每户之财产为标准征收赋税。虽然租庸调制度之精神在促进社会之安定与赋税分担之公平,两税法是朝廷从征收赋税的实际效果入手,理想高下有别,但均田制度终不能恢复,两税法手续便利,因此得以实行下去。但兼并之风得不到遏制,赋税负担全国不均,以致于韩愈即讲:"当今赋出于天下,江南居十九。"②

宋代赋税种类较多,但一年分两次征税的做法沿袭下来。宋初税额较唐为轻,不久即因边患冗兵而感国用不足,王安石改革即有方田均税法。改革失败后,朝廷的苛征赋税日趋严重。降及明初,以黄册、鱼鳞册和白册(黄册失修,官府赋税编徭,自为一册,以田从户)为依据行两税法,因弊病较多,张居正于万历九年(1581年)改革,推行一条鞭法。因为以前田赋丁役土贡方物,名目繁多,民不堪命。张居正所创设的一条鞭法,则总括之为一条,计亩征收银两。据此,丁役合并于田赋,独立的丁役至此消灭;朝廷税收征收手续简单,民间称便。与此制度相配套,朝廷还专门编订了《赋役全书》。③ 该制度对朝廷而言确为便利,但以地课税,难免增加农民的负担。因无田的富民可不用负担赋役;而有田之贫农,则不能免。赋役之不公,显而易见。

清廷自满洲入据中原,代明而奄有天下,鉴于元室之横征暴敛致于灭亡,乃一反所为,力取怀柔政策,以轻徭薄赋来收揽人心。它一方面借鉴了明朝将地丁两税合并征收的办法;另一方面在征收额度上,以万历之前为准,直接废除了明末私征滥派,如田赋以外所征收的辽饷、练饷、剿饷等附加税等;规定丁册五年一编,按户稽查。康熙时,以盛世滋生人丁,但报实数,不加丁税,以康熙五十年的丁额为准课税,丁税的地位彻底下降。到雍正时,干脆将丁税并入地税,是所谓"摊丁入亩",按亩征税,地丁终合而为一。"此种改革,使无田土者,无赋税之负担,而赋税皆出于有产者;且田土有定,丁则滋生愈多,赋额自亦因除丁税,较为确定。但力田者有义务,游惰者无负担,亦其一短。"④

降及晚清,内忧外患不绝,朝廷为增加收入,于咸丰三年(1853年)开始征收厘金。厘金是朝廷在全国水陆交通要冲设立关卡,对货物征收赋税。起初只在扬州等地设立,所收厘金分为活厘(又称行厘,为货物通过税)和板厘(又称坐厘,为交易税),各省相继仿效,遍及全国。厘金名为对商人征税,但商人实际上又将之转嫁于消费者。一物数征,路程越远,征收次数越多;税属地方,很多官府任意设关立卡,一方面增加了民众负担,另一方面阻碍了商品流通,实为恶税。但它有利于官府之聚敛,直至1931年南京国民政府才最终予以裁撤,改征

---

① 据载,租庸调制内容如下:"凡授田者,丁岁输粟二斛,稻三斛,谓之租。丁随乡所出,岁输绢二匹,绫、絁二丈,布加五之一,绵三两,麻三斤,非蚕乡则输银十四两,谓之调。用人之力,岁二十日,闰加二日,不役者日为绢三尺,谓之庸。"(欧阳修等撰:《新唐书》(第五册),卷五十一"食货一",中华书局1975年版,第1342—1343页。)《资治通鉴》载:"二年初定租庸调法……自兹以外,不得横有调敛。"胡三省注曰:"租、庸、调之法,以人丁为本。"((宋)司马光编著:《资治通鉴》(第十三册),胡三省音注,中华书局1956年版,第5840页。)

② (唐)韩愈:《送陆歙州俌序并诗》,载《韩愈集》,严昌校点,岳麓书社2000年版,第240页。

③ 《赋役全书》又名《条鞭赋役册》,是明清两代记载各地赋役数额的册籍,是官府公布征收赋税的税则。首次纂修约在万历十一年(1583年)。它以一省或一府、一州县为编制单位,开列地丁原额、逃亡人丁和抛荒田亩数,以及赋役的实征数、起运和存留数、开垦地亩和招徕人丁数等。每一州县发两部,一部存官衙备查;一部存学官,任士民查阅。该书是研究明清两代赋役制度的基本材料。(参考蒲坚编著:《中国法制史大辞典》,北京大学出版社2015年版,第322页。)

④ 参考陈顾远:《中国法制史》,民国丛书第一编,上海书店出版社1989年影印,第348—349页。

统税。

分析帝制中国赋税制度之沿革,有下述几点值得留意:

(1) 税种从复杂到简单,征税时间渐趋固定。

(2) 征税基准兼顾人丁和田地,因为人丁变化性大,田地不能移动,为征收方便起见,渐趋于田地为主,人丁的重要性下降,到明清时期终归于一。

(3) 平时税制固定,但动乱和王朝晚期,朝廷穷征暴敛,赋税是改朝换代的导火索。诚如学者所总结的,"或薄赋敛以沽民心,或严诛求以填欲壑,赋税之轻重,税制之良窳,举与此有关焉。"①

(4) 按时合法征税是地方官府的主要职责之一。如《唐律疏议·户婚》规定:

> 诸差科赋役违法及不均平,杖六十。诸部内输课税之物,违期不充者,以十分论,一分笞四十,一分加一等。州、县皆以长官为首,佐职以下节级连坐。户主不充者,笞四十。

《大清律例·户役·赋役不均》律条规定:

> [赋取于田产,役出于人丁]凡有司科征税粮及杂泛差役,各验籍内户口田粮,定立[上中下]等第科差。若放富差贫那移[等,则]作弊者许被害贫民赴控该上司,自下而上陈告。当该官吏各杖一百[改正]。若上司不为受理者,杖八十,受财者[兼官吏上言],计赃以枉法从重论。

(二) 财政

帝制中国财政的理想是节约政务费,减少征税额。这是评价一个君主为仁为暴的重要标准之一。苏东坡就讲:"人君之于天下,俯己以就人,则易为功;仰人以援己,则难为力。是故广取以给用,不如节用以廉取之为易也。"②朝廷要以节省费用为目标,在财政上确立了"量入为出"的原则,即以朝廷从民力之岁入为依据,来决定各项政费的岁出额度。这看似与近代国家的财政原则相反,但它作为教化主义系统下的施政方针,自有其价值。

帝制中国是个农业社会,丁税和田税成为财政收入的主体。财政之支出,主要可分为兵饷、百官俸禄、驿站费用等。下面是乾隆二十九年(1764)清帝国的主要财政收入③:

类别	数量(万两)	占赋税总数比例
地丁银	2938.194	74.87%
盐课银	384.352	9.79%
关税银	459.555	11.71%
其他	142.256	3.63%
全年额征银	3924.357	100.00%

---

① 吴兆莘:《中国税制史》,台湾商务印馆1965年版,第1页。
② 《苏轼文集》(第二册),"策别厚货财一",孔凡礼点校,中华书局1986年版,第267页。
③ 参考陈桦:《清代财政与社会经济发展》,载郭成康等著:《康乾盛世历史报告》,中国言实出版社2002年版,第97—101页。

乾隆三十年(1765)的主要财政支出：

	类别	数量(万两)	占赋税总数比例
中央	兵饷	660	75%
	百官俸银	108	12%
	其他	109	13%
	合计	877	100%
地方	兵饷	1500+	58%
	官吏俸银及养廉	660+	26%
	驿站用银	210	9%
	其他	130+	7%
	合计	2500	100%

在财政收入中，丁税和地税都不能太高，否则农民生活困难，引发社会动荡，危及王朝稳固。社稷成为江山的代称，皇帝皇后的籍田典礼非常重要，轻徭薄赋成为政治清明的象征和前提条件，原因就在这里。到了王朝末期，往往陷入恶性循环：要镇压内乱或抵御外患，势必增加赋税；增加赋税会导致更多人走向造反之途。这就决定帝制中国只能是小政府，将官吏数量控制在一个很小的范围内。以后我们谈到帝制中国的官制和司法制度的时候，大家就需联想到这个因素。

传统中国的财政，值得提出来讲的另一点就是皇室财政和国家财政在制度上划分得很清楚，各自有固定的收入来源和支出款项。早在汉代，两者即正式成为两个相对独立的收支系统。皇室财政由少府和水衡都尉管理，主要收入为山泽税、关市税、口赋、户赋和贡纳酎金；主要支出为皇室日常所需及赏赐费用。国家财政由大司农管理，主要收入为田赋、徭役、算赋、官田屯田和均输平准收入；主要支出为官吏俸禄、军事及各类经济社会性支出。但在汉代，因为皇帝为满足私欲，皇室财政所占比例太大。尤其是汉武帝，因好大喜功而征伐四夷以致穷兵黩武、为求得长生而大事兴作、为向臣下市恩而赏赐无节，就大开财源作为皇室收入。比如将征收口赋的对象由七岁降低到三岁，结果导致民间不堪重负而有残杀婴儿的惨剧。① 据记载，"汉宣以来，百姓赋敛一岁为四十余万万，吏俸用其半，余二十万万藏于都内为禁钱。少府所领园地作务之八十三万[万]，以给宫室供养诸赏赐。"② 对皇帝大肆从民间敛财的做法，历代多有批评之声。

尽管后来在制度上皇室财政和朝廷财政的划分有所反复，但在思想观念上，这两者应是要划分清楚的，因这两者的功能差异很大：朝廷财政是为天下之公服务的，在管理方面有相对严格的制度和公开程序；皇室财政主要是为了皇帝的私欲，其支配往往取决于皇帝的主观意志。即便到了清代，皇权专制登峰造极，但依然在制度上保留甚且完善了这种划分：二者分别有自己的机构，即专门管理皇室财政的内务府与主管国家公共财政的户部，各自保持相对的独立，互不干涉。户部通常只需每年向内务府拨一定数额银子，作为皇帝的私人开

---

① 汉元帝时，名臣贡禹上书云："古民亡赋算口钱，起武帝征伐四夷，重赋于民。民产子三岁则出口钱，故民重困，至于生子辄杀，甚可悲痛。宜令儿七岁去齿乃出口钱，年二十乃算。"((汉)班固撰：《汉书》(第十册)，卷七十二，中华书局1962年版，第3075页。)

② (汉)桓谭撰：《新论》，卷十一"离事篇"，载《新辑本桓谭新论》，朱谦之校辑，中华书局2009年版，第49页。案：朱谦之先生校正为"少府所领园地作务之八十三万"，认定《太平御览》"下重万字"，通观《盐铁论》中贤良文学与大夫的辩论，似以"八十三万万"为接近事实。(参见《盐铁论校注》(上册)，王利器校注，中华书局1992年版，第189—192页。)

销。此外,皇帝无权要求户部向其拨款。同时,皇帝为保持形象,一般也不会主动向户部要钱。

> 国家定制,既设户部,筹备军国之度,复设内务府,办理内廷之供应。原以示内府外库各有职掌,不相牵混之意。①

这一制度,对清代财政的正常运转发挥了重要作用。直到太平天国前,清代财政一直保持着相对稳定的状态,各项收支运转也都比较正常。尽管在实际上,二者之间有互相划拨帮补的情形,尤其到了晚清,户部帮补内务府成为经常之事。但这种宫中、府中财政应分开的理念和相关的制度设计,仍然很有价值。

六、邮驿、道路和交通

邮驿制度最初因战争和政务管理的需要而生,具有飞报军情、传递官方文书、接待宾客、转运物资等重要功能。中国的邮驿何时出现,尚未有确证。见于史籍记载的邮驿制度和邮驿的正式名称始于周代。到春秋战国时,诸侯国之间为了政治、军事活动的需要,邮驿制度有所发展。孟子曾引用孔子讲过的一句话足为证明:"德之流行,速于置邮而传命。"②

为了保证中央政令的畅通,收指臂之效,帝制中国基本完善了以邮驿为核心的交通通讯系统。步递为"邮",马递为"驿"。这是自秦始皇以来历代帝王都很重视的事情。据汉初贾山回忆,秦始皇:

> 为驰道于天下,东穷燕齐,南极吴楚,江湖之上,滨海之观毕至。道广五十步,三丈而树,厚筑其外,隐以金椎,树以青松。③

秦汉时期,形成了一整套驿传制度。特别是汉代,将所传递文书分出等级,不同等级的文书要由专人、专马按规定次序、时间传递。收发这些文书都要登记,注明时间,以明责任。和邮传关系最直接的是九卿中的卫尉,他的属下有一官员叫"公车司马令",负责接待由传车征召来上书的民间贤士,所以又叫"公车上书"。后来康有为等"公车上书",便得名于此。汉代地方邮驿系统由州、郡、县三级管理,比如郡太守府里最受重视的一个官吏便是"督邮",主要职责就是主管邮书,兼督察长吏,读过《三国演义》的同学对这个名词当不陌生。唐朝传驿事务归兵部驾部郎中、员外郎直接管理。驿站遍于全国,大致间隔三十里即设立一处,分为陆驿、水驿、水陆相兼三种。全国有 1639 个驿站,驿务人员约达 2 万人④,北方还有各游牧民族参与修建的"参天可汗道"的驿道。

宋代为了提高文书传递的效率,在驿站之外另设递铺,专门供传播信息之用,驿站则只负责提供食宿。据载,"驿传旧有三等,曰步递、马递、急脚递。急脚递最遽,日行四百里,唯军兴则用之。熙宁中,又有'金字牌急脚递',如古之'羽檄'也,以木牌朱漆黄金字,光明眩

---

① 《清内务府档案文献汇编》(第一册),全国图书馆文献缩微复制中心 2004 年版,第 253 页。
② 《孟子·公孙丑上》,载朱熹撰:《四书章句集注》,中华书局 1983 年版,第 229 页。
③ (汉)班固撰:《汉书》(第八册),卷五十一,中华书局 1962 年版,第 2328 页。
④ "若地势险阻及须依水草,不必三十里。每驿皆置驿长一人,量驿之闲要以定其马数;都亭七十五匹,诸道之第一等减都亭之十五,第二、第三皆以十五为差,第四减十二,第五减六,第六减四,其马官给。有山阪险峻之处及江南、岭南暑湿不宜大马处,兼置蜀马。凡水驿亦量事闲要以置船,事繁者每驿四只,闲者三只,更闲者二只。凡马三名给丁一人,船一给丁三人。凡驿皆给钱以资之,什物并皆为市。凡乘驿者,在京于门下给券,在外于留守及诸军、州给券。若乘驿经留守及五军都督府过者,长官押署。若不应给者,随即停之。"((唐)李林甫等撰:《唐六典》,陈仲夫点校,"尚书兵部卷第五",中华书局 1992 年版,第 163 页。)

目,过如飞电,望之者无不避路,日行五百余里,有军前机速处分,则自御前发下三省,枢密院莫得与也。"①宋高宗召回岳飞的十二道金牌,就是这种金牌急脚递。

元代疆域远迈前古,驿传制度非常发达,驿站(蒙古语称为"站赤"②)于历代为最盛,"元有天下,薄海内外,人迹所及,皆置驿传,使驿往来,如行国中"。③

图 11　明代万历三十七年刊本《三才图会》所绘邸驿图

明代在全国都建有驿站,称为驿递,每隔十里置铺,铺有铺长;六十里设驿,驿有驿丞。沿线每60—80里设一个驿站,全国共有驿站1936个,还设立了急递铺和递运所。明初驿站使用管理很严格,朝廷只给很少的军务和钦差人员发放使用驿递的证明信,允许他们持"官"牌或马牌使用公家的驿递。陆仲亨以侯爵之尊,因为违规使用了公家驿站的马匹,便被朱元璋切责,罚往代县捕盗。④ 明朝中叶以后,驿递管理开始混乱,没有使用驿递资格的人员大量非法使用驿站,很多管理官员借机损公肥私,驿政腐败非常严重。到崇祯初年,为了节省开支,打击驿站腐败,整饬吏治,崇祯下令大幅度地裁撤驿站,据此每年可节省30万两白银。可崇祯没想到,此举导致大批驿卒成为流民,其中最著名者就是李自成。历史的有趣之处,其中之一就是牵一发而动全身。如第一次鸦片战争之后,清廷战败,广州十三行的外贸垄断被打破,导致两广、湖南诸多地区的苦工(如挑夫、船夫、工匠等)失业,转而加入太平军,壮大

---

① (宋)沈括:《梦溪笔谈》,卷十一"官政一",侯真平点校,岳麓书社2002年版,第85页。
② 《元史·兵志》载:"元制站赤者,驿传之译名也。盖以通达边情,布宣号令,古人所置邮而传命,未有重于此者焉。"((明)宋濂等撰:《元史》(第九册),卷一百一"兵四",中华书局1976年版,第2583页。)
③ (明)宋濂等撰:《元史》(第五册),卷六十三"地理六",中华书局1976年版,第1563页。
④ 参见(清)张廷玉等撰:《明史》(第二十六册),卷三百八"奸臣",中华书局1974年版,第7907页。

了太平天国的力量。

清朝沿袭前代邮驿制度,"凡置邮,视道途远近,冲僻适中,设驿。邮递之事,州县官及驿丞掌之,以司道总其成。"①驿站计为1785处,规定日行三百里,如遇紧急情况,可日行四百里、五百里,甚至六百里不等,最快速达八百里。此俗称"六百里加急""八百里加急"。一般而言,相关费用由各省从田赋项下拨给。对于各类文书,尤其是较为重要的,按照路途之远近,清廷定有相应的程限,逾时者则有不等的惩罚。清盛时邮驿效率较高,降及晚清,吏治废弛,邮驿也因之腐败丛生,远不能切合当时的需要。晚清民初,随着社会经济的发展,人口和物资的流动规模扩大且更加频繁,帝制中国的驿传制度受到近代新式邮政的巨大冲击。光绪三十二年(1906年)晚清朝廷进行官制改革,新成立了邮传部作为交通行政主管机构,分设承政、参议两厅和船政、路政、电政、邮政、庶务五司。入民国后,交通部取而代之,1913年1月北洋政府宣布将全部驿站裁撤,帝制中国的驿传制度由此成为历史。

著名史学家许倬云曾回忆他小时候(抗战时候)在鄂北所见的驿道:

> 从荆州往北,就是上千年青石板的官马大道。旁边有亭子,里面有行人可以喝茶的地方,挂有草鞋,行人可以取一双草鞋走,但是当自己有钱的时候,要贡献一些,这是全国通例。茶都是当地老百姓奉的药茶,一个茶桶,一个竹勺,两个土碗,在夏天放了药,又能解暑,又能防疫。官马大道边两排高高的枣树,青石板上千百年来大车轧的痕迹都是清清楚楚。②

除了官方所修建的驿站官道之外,更有民间古道,"官道天下经行,古道民间共便,此可修而不可塞者"。帝制中国民间士绅民众以修桥补路为服务桑梓的慈善义举,相关记载史不绝书。一则因官府力量有限,再则修桥补路有助于地方治理,地方官对此多鼓励有加。如明朝中后期名儒吕坤在任山西提督、巡抚任上发布了诸多告谕性文字,后辑成《实政录》一书,在"民务·修理桥道"小节下有这么一条:"民间善人及积福僧道,有能捐赀化缘修桥补路,是佐有司为政者也。掌印官访知,即以花红旌赏。施五十金以上者,申报本院,另行优处"。③清代名臣魏象枢即告诫民众:"凡不义之财,不可以供神,不可以祭祖,不可以献亲,不可以贻子孙,不可以修家祠、置坟墓、买书籍,惟济贫救荒、施药埋骨、修桥补路,庶几可耳。"④尽管中国地理环境复杂,山川河流沟渠众多,但经过官府和民间的共同经营,帝制中国的交通尚基本能满足当时社会的需要。

帝制中国较为发达的交通通讯网络,保证了朝廷政令的上下传达,有助于信息的交流和传布、商品的集散和流通,人才也由此周流至中央和各地方,是历代王朝维持秩序的重要举措,也是帝制中国能保持大一统格局的重要条件。

这个交通网络还具有另一特点,即从干线到支线再到网络之间的空隙,其信息传递、商品流通和人才交流的能力递减。干线所经之地,掌握的资源、信息和人才最为丰富。相应地,离干线越远,资源就越少。穷乡僻壤,远离大路,即使地处中原,也与边地同样因资源不足而闭塞、贫困。这种穷乡僻壤,虽离干线和城市不远,却形同化外,往往为朝廷政令和官府教化所不及。这种地方,是帝制中国最不稳定之处。盖江湖草莽、农民起义皆在此起事。起

---

① 《大清会典》,卷六十六"兵部",文渊阁四库全书本。
② 《许倬云谈话录》,许倬云口述,李怀宇撰写,广西师范大学出版社2010年版,第13页。
③ 《吕坤全集》(中册),王国轩等整理,中华书局2008年版,第1054—1055页。
④ (清)魏象枢:《庸言》,载《寒松堂全集》,陈金陵点校,中华书局1996年版,第656页。

事之时,因信息不通,朝廷和官府可能一无所知;及至星火燎原,朝廷又难以措手。若起事者不能占据交通网络的干线,也难以成事,故重要决战,通常在交通干线附近的所谓战略要地展开,从而决定了起事之成败。

七、四民社会与重本抑末

帝制中国基本是一由士农工商所构成的四民社会。在这个社会里,四民的社会地位并不平等:掌握儒家经典的士乃四民之首,由官僚和绅士组成,是社会的领导者;农是社会的最主要基础;工商次之。有时,工商甚至被列入贱民等级中,衣食住行诸多方面受到限制。尽管四民社会地位不平等,但他们之间具有较强的流动性,并不构成阶级。以士为例,士与其他三民存在有机联系,代表其他三民参政议政以"通上下";传统中国士人多在乡间读书,然后到城市为官。而做官之人或候缺或丁忧或告老,终要还乡,以落叶归根,故传统社会崇尚"耕读传家久,诗书济世长"之说。农民弃农经商的亦很常见,朝廷之所以大力推行重本抑末的政策,一个很重要的原因不就是朝廷担心农民受工商业获利丰厚的影响不安于位转而从事工商业吗?帝制中国晚期异常活跃的晋商、徽商中就不乏这样的例子。到明代中后期,士人和商人的联系空前密切,二者之间的身份界限变得非常模糊,很多儒生"弃儒就贾",商人则通过财富以买卖头衔或者与士大夫的交往跑进儒生之阵营。[①]

春秋战国时期儒法两家都主张重本抑末之政策,本是农业,末指工商。司马迁在《史记·货殖列传》中扼要谈及了工商业对社会的作用:

> 周书曰:"农不出则乏其食,工不出则乏其事,商不出则三宝绝,虞不出则财匮少。"财匮少而山泽不辟矣。此四者,民所衣食之原也。原大则饶,原小则鲜。上则富国,下则富家。

既然工商业的作用不可忽视,为什么历代朝廷要对之严加打压呢?原因可能有以下几点:(1) 朝廷稳定的基础是自耕农。如鼓励工商业,工商业获利丰厚快捷,势必让农民不安于位;(2) 工商业滋生游民,且有物力支持,势必动摇朝廷的根基;(3) 朝廷打压工商业,可以为朝廷开辟富源。

朝廷要打压工商业,而工商业又为社会不可或缺,那重要稀缺生活必需品最好由官府垄断经营,这就是传统中国的盐铁官营制度。中央政府在盐、铁产地设置盐官和铁官,实行统一生产和统一销售,利润为朝廷所有。该制度使朝廷独占了于国计民生最重要的手工业和商业的利润,可以供给巨额的皇室花费和军事经费。表面上看,农民的赋税负担没有增加,但朝廷用度却得以充裕,但实际上,垄断必然带来这些生活必需品质量低劣,黑市猖獗,间接增加了民众负担。更严重的是,这种官营制度不仅在观念上与儒家所倡导的藏富于民,朝廷不该与民争利相抵触,且在施行过程中,必然产生一个巨大的官僚利益集团,其对民众的危害较之民间富商巨贾远大。关于这种制度所带来的危害,大家可以找来西汉桓宽所编辑整理的《盐铁论》,看一看来自于民间的贤良文学对朝廷盐铁官营政策的批评。[②]

---

① 参考余英时:《士商互动与儒学转向》,载余英时:《现代儒学的回顾与展望》,生活·读书·新知三联书店 2004 年版,第 187—252 页。

② 参考《盐铁论校注》(全二册),王利器校注,中华书局 1992 年版。

八、军事与国防

帝制中国军事力量的作用主要有二：一是对内威慑镇压地方分裂割据势力和各种动乱，二是对外消极抵抗外族入侵或积极开边拓土。就对外之国防而言，主要威胁来自西北的游牧民族，其内侵往往是中国改朝换代的动因。东南海疆，除了明代的倭寇和清初的郑氏台湾这两个短时期外，并不构成重大威胁。这与近代中国的威胁主要来自东南海疆截然不同。

中国的军制，西周封建制是贵族从军，到春秋战国时期是全民皆兵，秦更将其发展到极致，故史家有"军国民主义"之称。随着帝制中国疆域日广，征戍弥远，平民为兵，往返费时废业且有长途跋涉之苦，至为不便，于是有花钱雇贫民服兵役之制度，这就是西汉产生的"践更""过更"①，平民遂不常当兵，中国本部尚武精神逐渐衰退，开始募外族兵。从汉代开始，即产生了募兵制度，当时即多征发商贾、赘婿、刑徒、谪吏为兵。自汉末到魏晋，州郡之权重，夹辅王室、折冲御辱的重任多由州郡之兵（较著者如东晋的北府兵）承担，"外不能奏勘定之烈，内日在猜妨劫制之中"②，效果很差。自北周到唐初推行了以兵农合一为主要特点的府兵制，但中唐以后，因天下久不用兵，且均田制被破坏，府兵制渐渐不能维持，从玄宗时期又推行募兵制，外而藩镇之兵跋扈，内而宦官统领的禁军骄横。至五代，武人称王称帝，纪纲荡然，民生疾苦至于斯极。宋太祖为稳固江山，大力强化中央集权，于杯酒释兵权后，为了彻底解除武人的威胁，确定国家的政治权力依赖以儒家士大夫为主的文官系统的治国方略；收地方精锐之兵为禁军，移置京师，对北方威胁以守、以和为主，尽量避免劳师远征。之后，重文轻武，以内制外，成为治国理政的核心内容。这样一来，就导致朝廷花费大量财力养了庞大的军队，但这些军队并不能有效抵御外辱，多次导致北方游牧民族入主中原。

北方游牧民族入主，为了加强对中原、江南的有效控制，发展出驻兵制。如金的猛安谋克制，元的达鲁花刺制，清的八旗驻防制等。这些驻军自视优越，少事生产，渐染华风，日趋奢惰，不久即丧失原来较为强悍的战斗力。比如说清代的八旗驻防，自顺治年间开始清廷即派八旗兵丁固定驻防于新占领中原地区的战略要地，其重要者如西安、成都、太原、荆州、江宁、广州、杭州等地。为了防止驻防官兵沾染汉俗，走上前朝少数民族入主中原驻军被汉化的老路，清朝廷为这些八旗兵丁专门修筑了"满城"，实行旗、民隔绝政策；驻防八旗兵丁只能呆在满城里，无故离开按逃旗论处；他们及其家属生活单调，不准经营农工商业，平时训练，战时出征。久而久之，驻防八旗不仅丧失了战斗力，甚至连生计都成问题。降及晚清，不论是原有的八旗，还是稍后的绿营，都不足抵御空前严重的内忧外患，由团练而发展起来的湘淮军以及基本模仿西式军制的北洋舰队和新建陆军相继兴起，帝制中国的军制逐渐解体，国防和军事的近代化艰难历程肇端。

关于帝制中国的军事与国防，应留给专门的军事史学家来讲。书生谈兵，终归难免隔靴搔痒、言不及义。只是这个问题对帝制中国很重要，在这里把它提出来而已。

---

① 三国时期学者如淳于《汉书·昭帝纪·元凤四年》注云："古者正卒无常人，皆当迭为之，一月一更，是谓卒更。贫者欲得顾更钱者，次直者出钱顾之，月二千，是谓践更也。天下人皆直戍边三日，亦名为更，律所谓繇戍也。虽丞相子亦在戍边之调。不可人人自行。三日戍，又行者当自戍三日，不可往便还，因便住一岁一更。诸不行者，出钱三百入官，官以给戍者，是为过更也。"（（汉）班固撰：《汉书》（第一册），中华书局1962年版，第230页。）

② 吕思勉：《中国制度史》，上海世纪出版集团2002年版，第617页。

第四节　第二次社会大转型(十九世纪中叶至今)

自 1500 年全球航线开辟以后,世界遂成为不可分割的整体。在西方,尤其是英国,在初步完成产业革命后,外贸成为其国家发展最重要环节,非常重视与中国的贸易,1792 年、1816 年分别派马戛尔尼(George Macartney,1737—1806)和阿美士德(William P. Amherst,1773—1857)使团来华谈判,没有达到满意的结果。这里稍微谈一下马戛尔尼使团来华情形。马氏使团于 1793 年初到北京,此时是乾隆五十八年,当时乾隆宠幸和珅,他们正在筹划万寿盛典,英国使节远来,正好可用来证明外夷向化,万方来朝。清廷即将英使当成贡使,要求其行三跪九叩之礼,双方龃龉很久,最后以折中的礼仪完成朝廷接见大礼;清廷对于英使提出的通商要求则予以拒绝。这两次两国谈判没有结果,与双方皆自视甚高很有关系。一方面清廷自高自大,以天朝自居;另一方面英国也是过分自信,提出片面优惠的要求,希望清廷接受。盖英国朝廷,正当国势蒸蒸日上之时,有极严重的自大心理。双方以盲对盲,彼此误解甚深,交涉遂陷入僵局。英国两次使团来华的收获,是在京和沿途搜集了清廷的情报,看到了大清帝国长期盛世之后的衰败实质,因此增加了战而胜之的信心。比如在马氏使团中,有个少年斯当东(George Thomas Staunton,1781—1859),颇蒙乾隆喜爱。1810 年前后,他曾将《大清律例》译为英文,后成为国会议员。在鸦片战争前夕,他明白表示:中国已老迈,不堪一击,只需几艘三桅战舰就能摧毁中国的海岸舰队,清朝注定要在海岸上被撕成片片。① 既然谈不拢,英国下一步就是运用炮舰政策强迫清廷接受其片面优惠的贸易政策,从贸易中获得中国市场的利润。

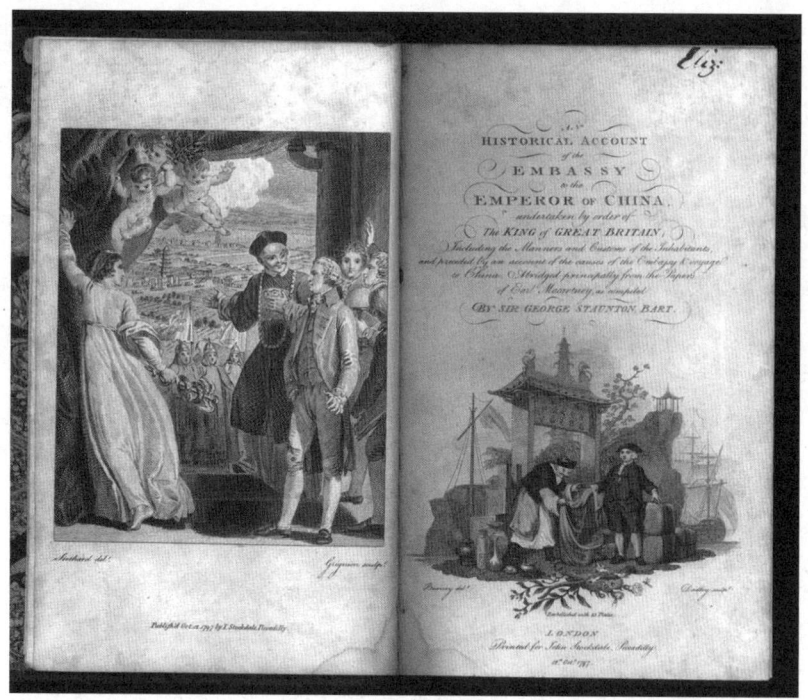

图 12　1797 年英国出版由乔治·斯当东所著《英使谒见乾隆纪实》

---

① 参考游博清、黄一农:《天朝与远人——小斯当东与中英关系(1793—1840)》,"中央研究院"近代史研究所集刊第 69 期(2011 年 9 月),第 1—40 页。

自从1840年被鸦片战争一棍闷打,中国被迫寻找自己要走的出路。较之其他被西方列强侵略的国家,中国走得非常辛苦,时间也很长。从那时至今快200年左右的时间,中国都在不惜代价寻找自己要走的路。其间经历了鸦片战争、洋务运动、中法中日战争、维新改良、清廷覆亡民国创建、北伐抗日、人民共和国创建、十年"文革"、重新改革开放直至今日,这段时间,都属中国的第二次社会大转型。尽管"变"是人类历史上最不变的"常",但在这"三千年未有的大变局"中,时局之变化常出人意表。国家多难,民生多艰,美梦全碎。关于这一艰辛历程,日本学者沟口雄三有过形象的比喻:

在中国最为混乱和迷惘的十九世纪中叶,一个非常不走运的情况是,来自外部的资本主义(帝国主义)这一从未正面交过手的大敌,以占有市场为目标侵入了中国,致使中国的政治、社会、经济更加陷入了混乱。并且,这种侵略同时伴随着异质文明的入侵,这就是具有对于中国来说完全不同质的原理(进化、弱肉强食),且使得中国感觉到自己处于劣势的西欧近代文明的入侵。这种令人悲伤的状况,就如同一条巨大的蟒蛇,由于两千年来的脱皮,本来应该在洞穴中栖身养生,从而使自身得以复苏以新的姿态展露于世,但在事实上这条巨蟒却没有得到瞬间喘息,反而因暴露于荒野而不断遭到猛兽袭击,被咬噬得千疮百孔。①

在这第二次社会大转型中,中国全面直接遭遇西方,其变化远远越出固有的改朝换代传统,国家和法律的转型是两个重要方面。国家转型,是要从"天下国家"转变为"民族国家",从"帝国"转变到"民国"。法律转型是要从"帝制法治"转向"民主法治",从法律和司法所要承担的职能方面来看,即从治吏治民以保障君权向治吏以保障民权方向转型。

近代中国国家和法律的转型既如是其复杂和艰难,因种种原因,我们在某个阶段走了弯路甚至是回头路,可能都是无法避免的事,但重要的是我们要在事后认识到我们曾经在哪个阶段、哪个方面走错了路。鉴往知来,尽量少走弯路,是我们这门课的主要任务所在。

思考题

1. 中国社会两大转型、三大定型分别指的是什么?你如何看待这种社会转型论的历史观?
2. 封建中国和帝制中国的主要区别何在?

参考阅读材料

《国史大纲·引论》节选

一

中国为世界上历史最完备之国家,举其特点有三。一者"悠久"。从黄帝传说以来约得四千六百余年。从古《竹书纪年》载夏以来,约得三千七百余年。二者"无间断"。自周共和

---

① 〔日〕沟口雄三:《俯瞰中国近代的新视角》,载《清史研究》2001年第1期。

行政以下，明白有年可稽。自鲁隐公元年以下，明白有月日可详。三者"详密"。此指史书体裁言。要别有三：一曰编年，二曰纪传，三曰纪事本末，其他不胜备举。又中国史所包地域最广大，所含民族分子最复杂，因此益形成其繁富。若一民族文化之评价，与其历史之悠久博大成正比，则我华夏文化，于并世固当首屈一指。

然中国最近，乃为其国民最缺乏国史智识之国家。何言之？"历史智识"与"历史材料"不同。我民族国家已往全部之活动，是为历史。其经记载流传以迄今者，只可谓是历史的材料，而非吾辈今日所需历史的智识。材料累积而愈多，智识则与时以俱新。历史智识，随时变迁，应与当身现代种种问题，有亲切之联络。历史智识，贵能鉴古而知今。至于历史材料，则为前人所记录，前人不知后事，故其所记，未必一一有当于后人之所欲知。然后人欲求历史智识，必从前人所传史料中觅取。若蔑弃前人史料而空谈史识，则所谓"史"者非史，而所谓"识"者无识，生乎今而臆古，无当于"鉴于古而知今"之任也。

今人率言"革新"，然革新固当知旧。不识病象，何施刀药？仅为一种凭空抽象之理想，蛮干强为，求其实现，鲁莽灭裂，于现状有破坏无改进。凡对于已往历史抱一种革命的蔑视者，此皆一切真正进步之劲敌也。惟借过去乃可认识现在，亦惟对现在有真实之认识，乃能对现在有真实之改进。故所贵于历史智识者，又不仅于鉴古而知今，乃将未来精神尽其一部分孕育与向导之责也。

且人类常情，必先"认识"乃生"情感"。人最亲者父母，其次兄弟、夫妇乃至朋友。凡其所爱，必其所知。人惟为其所爱而奋斗牺牲。人亦惟爱其所崇重，人亦惟崇重其所认识与了知。求人之敬事上帝，必先使知有上帝之存在，不啻当面觌体焉，又必使熟知上帝之所以为上帝者，而后其敬事上帝之心油然而生。人之于国家民族亦然。惟人事上帝本乎信仰，爱国家民族则由乎知识，此其异耳。人之父母，不必为世界最崇高之人物；人之所爱，不必为世界最美之典型，而无害其为父母，为所爱者。惟知之深，故爱之切。若一民族对其已往历史无所了知，此必为无文化之民族。此民族中之分子，对其民族，必无甚深之爱，必不能为其民族真奋斗而牺牲，此民族终将无争存于并世之力量。今国人方蔑弃其本国已往之历史，以为无足重视；既已对其民族已往文化，懵无所知，而犹空呼爱国。此其为爱，仅当于一种商业之爱，如农人之爱其牛。彼仅知彼之身家地位有所赖于是，彼岂复于其国家有逾此以往之深爱乎！凡今之断脰决胸而不顾，以效死于前敌者，彼则尚于其国家民族已往历史，有其一段真诚之深爱；彼固以为我神州华裔之生存食息于天壤之间，实自有其不可侮者在也。

故欲其国民对国家有深厚之爱情，必先使其国民对国家已往历史有深厚的认识。欲其国民对国家当前有真实之改进，必先使其国民对国家已往历史有真实了解。我人今日所需之历史智识，其要在此。

……

五

"一部二十四史，从何说起？"今将为国史写一简单扼要而有系统之新本，首必感有此苦。其将效记诵、考订派之所为乎？则必泛滥而无归。其将效宣传革新派之所为乎？又必空洞而无物。凡近代革新派所注意者有三事：首则曰政治制度，次者曰学术思想，又次曰社会经济。此三者，"社会经济"为其最下层之基础，"政治制度"为其最上层之结顶，而"学术思想"则为其中层之干柱。大体言之，历史事态，要不出此三者之外。今将轻重先后，分主客取舍于其间乎？抑兼罗并包，平等而同视之乎？

曰，姑舍此。能近取譬，试设一浅喻。今人若为一运动家作一年谱或小传，则必与为一音乐家所作者，其取材详略存灭远异矣。即为一网球家作一小传或年谱，则又必与为一足球家所作者，其取材详略存灭迥别矣。何以故？以音乐家之"个性"与"环境"与"事业"之发展，与运动家不同故；以网球家之个性与环境与事业之发展，又与足球家不同故；一人如此，一民族、一国家亦然。写国史者，必确切晓了其国家民族文化发展"个性"之所在，而后能把握其特殊之"环境"与"事业"，而写出其特殊之"精神"与"面相"。然反言之，亦惟于其特殊之环境与事业中，乃可识其个性之特殊点。如此则循环反复，欲认识一国家、一民族特殊个性之所在，乃并不如认识一网球家或足球家之单纯而简易。要之必于其自身内部求其精神、面相之特殊个性，则一也。

何以知网球家之个性？以其忽然投入于网球家之环境，而从事于网球之活动故。其他一切饮食、起居、嗜好、信仰，可以无所异于人。若为网球家作年谱，而抄袭某音乐家已成年谱之材料与局套，则某年音乐大会，其人既无预；某年歌曲比赛，某人又不列。其人者，乃可于音乐史上绝无一面。不仅了不异人，抑且有不如无。不知其人之活动与事业乃在网球不在音乐。网球家之生命，不能于音乐史之过程求取。乃不幸今日之治国史者，竟蹈此弊。

以言政治，求一屡争不舍、仅而后得之代表民意机关，如英伦之"大宪章"与"国会"之创新而无有也。又求一轰轰烈烈，明白痛快，如法国"人权大革命"之爆发，而更无有也。则无怪于谓"自秦以来二千年，皆专制黑暗之历史"矣。以言思想，求一如马丁路德，明揭"信仰自由"之旗帜，以与罗马教皇力抗，轩然兴起全欧"宗教革命"之巨波，而更无有也。则无怪于谓"自秦以来二千年，皆束缚于一家思想之下"矣。以言经济，求一如葛马、如哥伦布凿空海外，发现新殖民地之伟迹而渺不可得；求如今日欧、美社会之光怪陆离，穷富极华之景象，而更不可得。则无怪于谓"自秦以来二千年，皆沉眠于封建社会之下，长夜漫漫，永无旦日"矣。凡最近数十年来有志革新之士，莫不讴歌欧、美，力求步驱，其心神之所向往在是，其耳目之所闻睹亦在是。迷于彼而忘其我，拘于貌而忽其情。反观祖国，凡彼之所盛自张扬而夸道者，我乃一无有。于是中国自秦以来二千年，乃若一冬蛰之虫，生气未绝，活动全失。彼方目眩神炫于网球场中四围之采声，乃不知别有一管弦竞奏、歌声洋溢之境也则宜。故曰：治国史之第一任务，在能于国家民族之内部自身，求得其独特精神之所在。

六

凡治史有两端：一曰求其"异"，二曰求其"同"。何谓求其异？凡某一时代之状态，有与其先、后时代突然不同者，此即所由划分一时代之"特性"。从两"状态"之相异，即两个"特性"之衔接，而划分为两时代。从两时代之划分，而看出历史之"变"。从"变"之倾向，而看出其整个文化之动态。从其动态之畅遂与夭淤，而衡论其文化之为进退。此一法也。何谓求其同？从各不同之时代状态中，求出其各"基相"。此各基相相衔接、相连贯而成一整面，此为全史之动态。以各段之"变"，形成一全程之"动"。即以一整体之"动"，而显出各部分之"变"。于诸异中见一同，即于一同中出诸异。全史之不断变动，其中宛然有一进程。自其推动向前而言，是谓其民族之"精神"，为其民族生命之源泉。自其到达前程而言，是谓其民族之"文化"，为其民族文化发展所积累之成绩。此谓求其同。此又一法也。

故治国史不必先存一揄扬夸大之私，亦不必先抱一门户立场之见。仍当于客观中求实证，通览全史而觅取其动态。若某一时代之变动在"学术思想"，我即著眼于当时之学术思想而看其如何为变。若某一时代之变动在"政治制度"，我即著眼于当时之政治制度而看其如何为变。若某一时代之变动在"社会经济"，我即著眼于当时之社会经济而看其如何为变。"变"之所在，即历史精神之所在，亦即民族文化评价之所系。而所谓"变"者，即某种事态在前一时期所未有，而在后一时期中突然出现。此有明白事证，与人共见，而我不能一丝一毫容私于其间。故曰：仍当于客观中求实证也。革新派言史，每曰"中国自秦以来二千年"云云，是无异谓中国自秦以来二千年无变，即不啻谓中国自秦以来二千年历史无精神、民族无文化也。其然，岂其然？

……

八

姑试略言中国史之进展。就政治上言之，秦、汉大统一政府之创建，已为国史辟一奇迹。近人好以罗马帝国与汉代相拟，然二者立国基本已不同。罗马乃以一中心而伸展其势力于四围。欧、亚、非三洲之疆土，特为一中心强力所征服而被统治。仅此中心，尚复有贵族、平民之别。一旦此中心上层贵族渐趋腐化，蛮族侵入，如以利刃刺其心窝，而帝国全部，即告瓦解。此罗马立国形态也。秦、汉统一政府，并不以一中心地点之势力，征服四周，实乃由四围之优秀力量，共同参加，以造成一中央。且此四围，亦更无阶级之分。所谓优秀力量者，乃常从社会整体中，自由透露，活泼转换。因此其建国工作，在中央之缔构，而非四周之征服。罗马如一室中悬巨灯，光耀四壁；秦、汉则室之四周，遍悬诸灯，交射互映；故罗马碎其巨灯，全室即暗，秦、汉则灯不俱坏光不全绝。因此罗马民族震铄一时，而中国文化则辉映于千古。我中国此种立国规模，乃经我先民数百年惨淡经营，艰难缔构，仅而得之。以近世科学发达，交通便利，美人立国，乃与我差似。如英、法诸邦，则领土虽广，惟以武力贯彻，犹惴惴惧不终日。此皆罗马之遗式，非中国之成规也。

谈者好以专制政体为中国政治诟病，不知中国自秦以来，立国规模，广土众民，乃非一姓一家之力所能专制。故秦始皇始一海内，而李斯、蒙恬之属，皆以游士擅政，秦之子弟宗戚，一无预焉。汉初若稍稍欲返古贵族分割宰制之遗意，然卒无奈潮流之趋势何！故公孙弘以布衣为相封侯，遂破以军功封侯拜相之成例，而变相之贵族擅权制，终以告歇。博士弟子，补郎、补吏，为入仕正轨，而世袭任荫之恩亦替。自此以往，入仕得官，遂有一公开客观之标准。"王室"与"政府"逐步分离，"民众"与"政府"则逐步接近。政权逐步解放，而国家疆域亦逐步扩大，社会文化亦逐步普及。综观国史，政体演进，约得三级：由封建而跻统一，一也。由宗室、外戚、军人所组成之政府，渐变而为士人政府，二也。由士族门第再变而为科举竞选，三也。惟其如此，"考试"与"铨选"，遂为维持中国历代政府纲纪之两大骨干。全国政事付之官吏，而官吏之选拔与任用，则一惟礼部之考试与吏部之铨选是问。此二者，皆有客观之法规，为公开的准绳，有皇帝所不能摇，宰相所不能动者。若于此等政治后面推寻其意义，此即《礼运》所谓"天下为公，选贤与能"之旨。就全国民众施以一种合理的教育，复于此种教育下选拔人才，以服务于国家；再就其服务成绩，而定官职之崇卑与大小。此正战国晚周诸子所极论深觊，而秦、汉以下政制，即向此演进。特以国史进程，每于和平中得伸展，昧者不察，遂妄疑中国历来政制，惟有专制黑暗，不悟政制后面，别自有一种理性精神为之指导也。

谈者又疑中国政制无民权，无宪法。然民权亦各自有其所以表达之方式与机构，能遵循此种方式而保全其机构，此即立国之大宪大法，不必泥以求也。中国自秦以来，既为一广土众民之大邦，如欧西近代所运行民选代议士制度，乃为吾先民所弗能操纵。然诚使国家能历年举行考试，平均选拔各地优秀平民，使得有参政之机会；又立一客观的服务成绩规程，以为官位进退之准则，则下情上达，本非无路。晚清革命派，以民权宪法为推翻满清政府之一种宣传，固有效矣。若遂认此为中国历史真相，谓自秦以来，中国惟有专制黑暗，若谓"民无权，国无法"者已二千年之久，则显为不情不实之谈。民国以来，所谓民选代议之新制度，终以不切国情,一时未能切实推行。而历古相传"考试"与"铨选"之制度,为维持政府纪纲之两大骨干者,乃亦随专制黑暗之恶名而俱灭。于是一切官场之腐败混乱,胥乘而起,至今为厉。此不明国史真相,妄肆破坏,轻言改革所应食之恶果也。

中国政制所由表达之方式与机构,既与近代欧人所演出者不同。故欲争取民权,而保育长养之,亦复自有道。何者?彼我立国规模既别,演进渊源又不同。甲族甲国之所宜,推之乙族乙国而见窒碍者,其例实多。凡于中国而轻言民众革命,往往发动既难,收拾亦不易,所得不如其所期,而破坏远过于建设。所以国史常于和平中得进展,而于变乱中见倒退者,此由中国立国规模所限,亦正我先民所贻政制,以求适合于我国情,而为今日吾人所应深切认识之一事。若复不明国史真相,妄肆破坏,轻言改革,则又必有其应食之恶果在矣。

九

其次请言学术思想。谈者率好以中国秦以后学术,拟之欧洲之"中古时期"。然其间有难相比并者。欧洲中古时期之思想,以"宗教"为主脑,而中国学术界,则早脱宗教之羁绊。姑以史学言,古者学术统于王官,而史官尤握古代学术之全权。"史"者,乃宗庙职司之一员,故宗教、贵族、学术三者,常相合而不相离。孔子始以平民作新史而成《春秋》,"其事则齐桓、晋文",皆政治社会实事,不语怪力乱神,故曰:"知我者其惟《春秋》乎?"自有孔子,而史学乃始与宗教、贵族二者脱离。然西汉司马氏尚谓:"文史星历,近乎卜祝之间,主上以倡优畜之。"此非愤辞,乃实语。汉代太史属于太常,则为宗庙职司之一员。太乐、太祝、太宰、太卜、太医与太史,同为太常属下之六令丞。太乐之下,自有倡优。宗庙祭祠,太史与倡优同有其供奉之职。则史学仍统于皇帝、宗庙、鬼神之下。然司马氏不以此自限,发愤为《史记》,自负以续孔子之《春秋》;即对当朝帝王卿相种种政制事态,质实而书,无所掩饰。司马氏不以得罪。及东汉班氏,以非史官,为史下狱,然寻得释,所草悬为国史。自此以往,中国史学,已完全由皇帝、宗庙下脱出,而为民间自由制作之一业焉。

且王官之学,流而为百家,于是"史官"之外,复有"博士"。此二官者,同为当时政治组织下专掌学术之官吏。"史官"为古代王官学之传统,而"博士官"则为后世新兴百家学之代表。博士亦属太常,是学术仍统于宗庙也。然太史仅与星历卜祝为伍,而博士得预闻朝政,出席廷议而见咨询,则社会新兴百家学,已驾古代王官学而上之矣。然自秦以来,占梦、求仙之术,皆得为博士,犹在帝王所好。及汉武听董仲舒议,罢黜百家,专立《五经》博士,于是博士性质,大见澄清;乃始于方技神怪旁门杂流中解放,而纯化为专治历史与政治之学者,又同时肩负国家教育之责。而博士弟子,遂为入仕唯一正途。于是学术不仅从"宗教"势力下脱离,并复于"政治"势力下独立。自此以往,学术地位,常超然于政治势力之外,而享有其自由,亦复常尽其指导政治之责任。而政治亦早与宗教分离,故当时中国人所希冀者,乃为地上之王国,而非空中之天国也。孔子成《春秋》,前耶稣降生 480 年。马迁为《史记》,亦前耶稣降生 100 年。其时中国政治社会,正向一合理的方向进行,人生之伦理教育,即其"宗教",无所仰于渺茫之灵界;而罗马则于贵族与军人之对外侵略与对内奢纵下覆灭。耶教之推行,正因当时欧人无力建造合理之新国家,地上之幸福既渺不可望,乃折而归向上帝。故西洋中古时期之宗教,特承续当时政治组织之空隙而起,同时又替代一部分政治之任务。若必以中国史相拟,惟三国魏晋之际,统一政府覆亡,社会纷乱,佛教输入,差为近之。然东晋南北朝政府规模,以及立国之理论,仍沿两汉而来。当时帝王卿相,诚心皈依佛教者,非无其人;要之,僧人与佛经,特为人生一旁趋,始终未能篡夺中国传统政治社会之人生伦理教育而为代兴。隋唐统一政府复建,其精神渊源,明为孔子、董仲舒一脉相传之文治思想,而佛教在政治上,则无其指导之地位。西洋所谓"国家建筑于宗教之上"之观感,在中国则绝无其事。继隋唐统一盛运而起者,有禅宗思想之盛行。禅宗教理,与马丁路德之宗教改革,其态度路径,正有相似处。然西洋宗教革命,引起长期残酷的普遍相互屠杀,而中国则无之者,以中国佛教仍保其原来一种超世间的宗教之本色,不如西洋耶教已深染世法,包揽政治、经济种种俗世权利于一身,因此其教理上之改革,不得不牵连发生世态之扰动也。中国佛教虽盛极一时,而犹始终保全其原来超世间的本色者,则因中国政治社会一切世事,虽有汉末以及五胡之一段扰乱,而根本精神依然存在。东晋南北朝以迄隋唐,仍从此源头上演进,与西洋之自罗马帝国解体以后,政治社会即陷入黑暗状态者不同也。何以西洋自罗马帝国覆亡,即陷入一黑暗时期之惨运,而中国汉亡以后幸不然?则以罗马建国,本与汉代精神不同。罗马乃以贵族与军人之向外征服立国,及贵族、军人腐败堕落,则其建国精神已根本不存在。北方蛮族,在先既受不到罗马文化之熏陶,及其踏破罗马以后,所得者乃历史上一个罗马帝国躯壳之虚影,至于如何创建新国家之新精神,则须在其自身另自产生。要之,北方蛮族之与罗马帝国,乃属两个生命,前者已老死,后者未长成,故中间有此一段黑暗。至于汉代统一政府之创兴,并非以一族一系之武力征服四围而起,乃由常时全中国之文化演进所酝酿、所缔造而成此境界。换言之,秦、汉统一,乃晚周先秦平民学术思想盛兴后,伸展于现实所应有之现象;并不如西洋史上希腊文化已衰,罗马民族崛起,仍是两个生命,不相衔接也。汉代之覆亡,特一时王室与上层政府之腐败;而所由缔构此政府、推戴此王室之整个民族与文化,则仍自有其生命与力量。故汉末变乱,特如江上风起,水面波兴,而此滔滔江流,不为废绝。且当时五胡诸蛮族,中国延之入内地者,自始即与以中国传统文化之熏陶,故彼辈虽乘机骚动,而彼辈固已同饮此文化之洪流,以浇溉其生机,而浸润其生命。彼辈之分起迭兴,其事乃仅等于中国社会内部自身之一种波动。惟所缺者,在其于中国文化洪流中,究竟浇溉未透、浸润未深而已。然隋唐统一盛运,仍袭北朝汉化之复兴而起。如此言之,则渊源于晚周先秦,迁衍至于秦汉、隋唐,此一脉相沿之学术思想,不能与罗马覆亡后西洋史上之所谓"中古时期"之教会思想相比,断断然矣。

北宋学术之兴起,一面承禅宗对于佛教教理之革新,一面又承魏晋以迄隋唐社会上世族门第之破坏,实为先秦以后,第二次平民社会学术思想自由活泼之一种新气象也。若以此派学术与西洋中古时期之教会相比,更为不伦。元明以下,虽悬程朱经说为取士功令,然不得即目程朱为当时之宗教。明代极多遵陆王而反抗程朱者,清代尤盛以训诂考据而批驳程朱者。社会学术思想之自由,并未为政治所严格束缚,宗教则更不论矣。

若谓中国学术,尚未演进于西洋现代科学之阶段,故以兴西洋中古时期相比论;此亦不然。中国文化演进,别有其自身之途辙,其政治组织乃受一种相应于中国之天然地理的学术思想之指导,而早走上和平的大一统之境界。此种和平的大一统,使中国政制常偏重于中央之凝合,而不重于四围之吞并。其精神亦常偏于和平,而不重于富强;常偏于已有之完整,而略于未有之侵获;对外则曰"昭文德以来之",对内则曰"不患寡而患不均"。故其为学,常重于人事之协调,而不重于物力之利用。故西洋近代科学,正如西洋中古时期之宗教,同样无在中国自己产生之机缘。中国在已往政治失其统一,社会秩序崩溃,人民精神无可寄托之际,既可接受外来之"宗教",中国在今日列强纷争,专仗富强以图存之时代,何尝不可接受外来之"科学"?惟科学植根应有一最低限度之条件,即政治稍上轨道,社会稍有秩序,人心稍得安宁是也。而我国自晚清以来,政治骤失常轨,社会秩序,人民心理,长在极度摇兀不安之动荡中。此时难谋科学之发达,而科学乃无发达余地。论者又倒果为因,谓科学不发达,则政治、社会终无出路。又轻以中国自来之文化演进，妄比之于西洋之中古时期，乃谓非连根铲除中国以往学术之旧传统，即无以萌现代科学之新芽。彼仍自居为"文艺复兴"、"宗教改革"之健者，而不悟史实并不如是。此又不明国史真相，肆意破坏，轻言改革，仍自有其应食之恶果也。

十

请再言社会组织。近人率好言中国为"封建社会"，不知其意何居？以政制言，中国自秦以下，即为中央统一之局，其下郡、县相迁辖，更无世袭之封君，此不足以言"封建"。以学术言，自先秦儒、墨唱始，学术流于民间，既不为贵族世家所独擅，又不为宗教寺庙所专有。平民社会传播学术之机会，既易且广，而学业即为从政之阶梯，白衣卿相，自秦以来即尔。既无特殊之贵族阶级，是亦不足以言"封建"。若就经济情况而论，中国虽称以农立国，然工商业之发展，战国、秦、汉以来，已有可观。惟在上者不断加以节制，不使有甚贫、甚富之判。又政府奖励学术，重用士人，西汉之季，遂有"遗子黄金满籝，不如一经"之语。于是前汉《货殖》《游侠》中人，后汉多走入《儒林》《独行传》中去。所以家庭温饱，即从事学问，而一登仕宦，则束身礼义之中。厚积为富，其势不长，然亦非有世袭之贵人也。井田制既废，民间田亩得自由买卖，于是而有兼并。然即如前汉封君，亦仅于衣租食税而止。其封邑与封户之统治，仍由国家特派官吏。以国家法律而论，封君之兴与封户，实同为国家之公民。后世如佃户欠租，田主亦惟送官法办，则佃户之卖田纳租于田主，亦一种经济契约之关系，不得目田主为贵族、为封君，目佃户为农奴、为私属。土地既非采邑，即难"封建"相拟。然若谓中国乃资本主义之社会，则又未是。以中国传统政治观念，即不许资本势力之成长也。

西洋史家有谓其历史演变，乃自"封建贵族"之社会，转而为"工商资本"之社会者。治中国史者，以为中国社会必居于此二之一，既不为"工商资本"之社会，是必"贵族封建"之社会无疑。此犹论政制者，谓国体有君主与民主，政体有专制与立宪。此特往时西国学者，自本其已往历史演变言之。吾人反治国史，见中国有君主，无立宪，以谓是必"君主专制"，仅可有君主，无立宪，而非专制。中国已往社会，亦仅可非封建，非工商，而成一格。何以必削足适履，谓人类历史演变，万逃不出西洋学者此等分类之外？不知此等分类，在彼亦仅为一时流行之说而已。国人懒于寻国史之真，勇于据他人之说，别有存心藉为宣传，可以勿论；若因而信之，谓国史真相在是，因而肆意破坏，轻言改革，则仍自有其应食之恶果在矣。

（参见钱穆：《国史大纲》，商务印书馆1996年版，第9—22页。）

第二讲

周代分封制下的贵族法制

夏商及其更早的炎黄、尧舜禹时期,尽管存在些古籍和考古资料,但当时礼乐政刑制度的具体内容,仍不能确定,尽管它们对于形塑中华法制文明可能起到了非常重要作用,比如对理解后来西周、春秋战国、秦汉的法律发展提供了不可多得的线索,有兴趣的同学可参考著名考古学家张光直先生的著作。① 我在这里借鉴胡适先生写《中国哲学史大纲》"截断众流"的做法②,径自从周代讲起。当然在适当的地方,有材料和学术研究成果可据,也会进行相应的追溯。

前面已大致谈到,周朝建立,并不是中国历史上常见的朝代递嬗,而是整个政治秩序与文化系统的重新组合,奠定了中国文化和制度的基本方向和特点。

周以蕞尔小国,人力、物力和文化水平皆远逊于商,却能灭"大邦商",既不是因为生产更发达,也不是武器更先进,而在于战略运用得当,结合与国,一步步构成大包抄之势,乘着商人疲于外战,一战而胜。商纣虽在牧野之战失败后自杀,庞大的商王国解体,然而周人并不能轻易地继承商王国的地位,周人还需做一番努力,创立一个新的统治制度。③

这是历史学家事后的解释,在当时的周人看来,这样"克商"的结果太不可思议,只能以天命来解释。而在商代,上帝与祖神结合紧密,商人所供奉崇拜的神是族群专有的守护者,而不是对所有族群都一视同仁的超氏族神。武王克商之后,必须要把行之已久、影响甚大的商代正统观念接过来,自居"中国"合法的统治者,而不是外来的征服者,盖天命只能降于居住"中国"的王者。故他们就要说明商人独有的上帝居然会放弃对商的庇护,这就必须找到族群血缘以外的理由来解释周之继受天命。《诗经·大雅·皇矣》很好地描述了周人的上帝形象:他极关心四方人民的生活,一次又一次对已受命统治者的失望。最后上帝向西望,找到了西方的周国。④ 上帝之所以选中周,是因为其有德,商无德,商纣王就成了无德之君的代

---

① 张光直:《中国青铜时代》,生活·读书·新知三联书店 2013 年版。
② 胡适:《中国哲学史大纲》,载欧阳哲生编:《胡适文集》(第六册),北京大学出版社 1998 年版,第 156 页,"蔡元培序"。
③ 参考许倬云:《西周史(增订本)》,生活·读书·新知三联书店 1993 年版,第 86—109 页。
④ "皇矣"篇是站在上帝的角度来观察周取代商这一历史事件的,略云:"皇矣上帝,临下有赫。监视四方,求民之莫。维此二国,其政不获;维彼四国,爰究爰度。上帝耆之,憎其式廓。乃眷西顾,此维与宅……帝迁明德,串夷载路。天立厥配,受命既固……帝作邦作对,自大伯王季……比于文王,其德靡悔。既受帝祉,施于孙子……万邦之方,下民之王。帝谓文王:'予怀明德,不大声以色,不长夏以革。不识不知,顺帝之则。'"(《诗经译注》,周振甫译注,中华书局 2002 年版,第 382—387 页。)

表。故子贡曾说:"纣之不善,不如是之甚也。是以君子恶居下流,天下之恶皆归焉。"①周人由此产生了"天命靡常,惟德是依"的政治观和历史观,进而产生了忧患意识。这一观念,有助于当时社会秩序的安定,引导了西周政法制度的设计,开启了中国人文精神及道德主义政治传统。②

我们前面讲过,周代制定了以嫡长子继承制为核心的宗法制,并通过分封制将之推行到其所统治的中原各地。分封按宗法制度来进行,宗法制是封建制的基础,这是周代封建制的最主要特点。

除一部分因功受封的异姓诸侯外,周王首先分封自己的亲属,特别是血缘关系最近的亲属为诸侯,诸侯以下也如法炮制。国王、诸侯、卿大夫等职位,都由嫡长子世袭。嫡长子是土地和权威的法定继承人,地位最尊,成为"宗子"。周王是全族之主,奉祀全族的始祖,叫大宗。他的同母弟和庶兄弟则被分封为诸侯,称为"小宗"。在诸侯国内,诸侯也由嫡长子继承世袭,是"大宗",他的兄弟被封为卿大夫,是"小宗"。卿大夫同样由嫡长子继承,在封地内为"大宗",他的弟兄是"士",为"小宗"。"士"的嫡长子仍然为士,他的诸兄弟则变为平民。按照宗法规定,"小宗"要服从和尊敬"大宗","大宗"则要爱护"小宗"。

这种宗法制和分封制的结合,一方面保证了各级政权主要掌握在血缘最近的亲属手里,另一方面,天子、诸侯、大夫等各级贵族之间,除政治上下级关系外,更加上了"小宗"服从"大宗"的宗法关系,从而达到以血缘来巩固统治,用族权来加强政权的效果。对于异姓贵族,则通过婚姻来加强联系。异姓诸侯在自己的分地内,也有自己的"大宗""小宗"。这样一来,宗法关系直接同整个国家制度结合起来,使亲族组织与政权组织合二为一,这一套制度,就是西周的宗法等级制。在这个制度下,贵族一般说来始终是贵族。发展到后来,不但周王、诸侯和各级士大夫是世袭的,周王和诸侯手下的重要职官"卿"也成了世袭,这就是西周的"世卿世禄"制。在这个制度下,周代的官制如何组织?这就是下面要讲的内容。

第一节　周代的设官分职

周代官制有一个由简单到复杂的发展演变过程,逐步往制度化方向发展。历来介绍周代设官分职情况,大致呈两种不同的面貌:一是以《周礼》为依据,将其文本内容作为周代官制之现实,注重制度化和系统化这一维度;一是以《尚书》《诗经》和金文资料为主要依据,结合文献时代和内容来考察,侧重官制的历史演变。

先来看《周礼》这部书。它是战国儒生通过搜集周王室官制和战国时代各国制度,添附儒家政治理想,增减排比而成的官制书籍。作为中国最早的系统化官制记录,该书共分6篇,即《天官冢宰》《地官司徒》《春官宗伯》《夏官司马》《秋官司寇》《冬官司空》,各篇分为上下卷,共12卷。这6篇中的《冬官司空》早佚,到汉时补以《考工记》。这就是我们今天能看到的文本。关于《周礼》的作者,历来聚讼纷纭。古文经学家认为是周公旦所作③;今文经学家

---

① 《论语·子张》,载朱熹撰:《四书章句集注》,中华书局1983年版,第191—192页。
② 在徐复观先生看来,此种忧患意识集中体现于《易经·系辞》,如"《易》之兴也,其于中古乎?作《易》者其有忧患乎?"它是人类精神开始直接对事物发生责任感的表现,也即是精神上开始有了人的自觉的表现。周人的哲学,可以用一个"敬"字为代表。周初文诰,没有一篇没有"敬"字。"敬"经常与"德"连用,"德"原为"惪",是直心而行负责任的行为。(参见徐复观:《中国人性论史·先秦篇》,上海三联书店2001年版,第18—22页。)
③ 比如启蒙读物《三字经》就认定《周礼》为周公所作:"我周公,作《周礼》,著六官,存治体。"

认为它出于战国,或为西汉末刘歆所伪造。① 近人从周秦铜器铭文所载官制,证证该书中的政治、经济制度和学术思想,多数人认为是战国时的作品;也有人认为它成书于汉初。按照《周礼》的记载,周朝的中央政权的组织是以冢宰为首的天地四时六官制度。由于它所述的周朝官制精密、宏大,因此受到学者的质疑,认为是后人托古所作。② 也正是由于其体大精深,吸引了不少有理想的政治家,将之作为改革的目标,而忽略了政治现实历来都是不完美的,结果坏了事。著名的如二王,即王莽和王安石的变革,都受到了《周礼》一书的较大影响。

从《尚书》《诗经》和金文资料来看,在周初,若干领袖人物担任了朝廷中最重要的工作,其职务为太师、太傅和太保三公官职。在天下平定后,因为广土众民导致政务繁多,官制日趋复杂化和制度化。在令尊、令彝铭文中,周王命召公奭"尹三事四方,受卿事寮"③,可见,卿事寮已成为重要机构。同时,因封建而生的世官制更给了贵族共享政权的机会,凭借专业知识掌理仪式、档案和记录的史官越来越重要,太史寮得以出现。到西周晚期,获得与卿事寮同等甚至更重要的地位。共和时期毛公鼎即有这方面的记载。许倬云先生即把太史寮和卿事寮类比为汉代的内朝官和外朝官,认为在西周官制制度化过程中,"中国历史上内朝与外朝的区分,列朝都有之。整个中国政治制度演变的趋势,常由内朝渐渐夺取了外朝的权力。宫中与府中的分野,及宫中的得势,其实在西周中期已经肇始"。④ 在西周分封制下,各诸侯国的官制大致模仿周王朝的中央官制,只不过不如后者那么发达罢了。

为了理顺宗法封建制下各级贵族之间的各种复杂关系,必须有一套成体系的规范,这就是"礼"。如果有贵族严重违反了"礼"的规定,还要有基于强力之上的"刑"。在周代,"礼"与"刑"两者互相配合,共同构成了贵族法制。

第二节 周代法制(一):礼

一、礼仪的内容

周代的礼很繁多,"礼有大有小,有显有微……故《经礼》三百,《曲礼》三千"。⑤ 今天探究周代的礼,其所凭借的材料除了地下发掘以青铜器为主的考古文物外,主要集中在三种礼书,即《仪礼》《礼记》和《周礼》。这三部书,历代研究汗牛充栋,尤其是乾嘉学者,做了很多精深的考据研究。简单来说,《仪礼》侧重于描述礼的具体制度内容,《礼记》集中在阐述礼的基本道理原理,《周礼》主要是关于周代官制具体规划。当然,其他先秦典籍也有一些相关内容的介绍,兹不赘述。

这纷繁复杂的礼也并非毫无规律可寻。在《礼记》及其历代学者的权威注释中,我们发现对礼的不同分类:

---

① 《周官》是在孔壁中所发现的古文经,到刘歆始改称《周礼》,以致于后代有人怀疑它是刘歆所伪造,康有为即是持此论点最著名者,认为在刘歆为辅佐王莽篡汉所撰诸伪经中,《周礼》为首。(参见康有为:《新学伪经考·汉书艺文志辨伪》(第三上),载姜义华等编校:《康有为全集》(第一册),中国人民大学出版社 2007 年版,第 393—394 页。)
② 钱穆先生曾严密运用古籍互证方法,尤其是其关于法制部分的考证,认为:"《周官》出战国晚世,似属晋人作品,远承子悝、吴起、商鞅,参以《孟子》,而与《管子》《老子》相先后。"(参见钱穆:《周官著作时代考》,载《两汉经学今古文平议》,商务印书馆 2001 年版,第 405 页。)
③ 参考陈梦家:《令彝新释》,载《考古社刊》1936 年第 4 期。
④ 许倬云:《西周史》,生活·读书·新知三联书店 1994 年版,第 230 页。
⑤ 《礼记·礼器第十》,载《十三经注疏·礼记正义》(中册),北京大学出版社 1999 年版,第 740 页。

祭祀之说，吉礼也；丧荒去国之说，凶礼也；致贡朝会之说，宾礼也；兵车旌鸿之说，军礼也；事长敬老执贽纳女之说，嘉礼也。①

朝觐之礼，所以明君臣之义也。聘问之礼，所以使诸侯相尊敬也。丧祭之礼，所以明臣子之恩也。乡饮酒之礼，所以明长幼之序也。昏姻之礼，所以明男女之别也。②

六礼：冠、昏、丧、祭、乡、相见。③

把纷繁的礼归纳为吉、凶、军、宾、嘉五类，称为"五礼"。《周礼》的编纂者即以五礼为纲，对传统的各种礼仪进行分类。后经东汉郑玄、唐代孔颖达等经学家的认可，影响即大。后世修订礼典，虽对具体礼仪有所因时损益之处，但五礼的分类法却被固定下来，成为国家礼制的总称，对后代礼制有着深远影响。④ 我就以这种分类来简述周代礼制的具体内容。

吉礼是祭祀天地鬼神山川祖宗之礼，要求虔诚敬侍鬼神；凶礼是哀吊死伤灾祸之礼，应哀痛忧思，如士丧礼等；宾礼是君臣以及各色人等相见的礼仪，要礼貌和节，如朝觐聘问等；军礼是与军旅活动有关的礼仪，应果毅；嘉礼是喜庆活动的礼仪，要有发自内心的愉悦。在所有这些礼仪中，属于嘉礼的冠礼，被称为"礼之始"，《仪礼》17篇的第一篇就是《士冠礼》，足见冠礼的重要程度。冠礼即男子成年礼，于男子20岁时举行。与之相对应，女子的成年礼被称为笄礼，一般在女子15岁时举行。冠礼通常在祖庙中举行，主持者为受冠者的父亲，主要步骤有：(1) 卜筮：通过占卜可以决定冠礼举行的日期和参与冠礼的宾客。这不一定是迷信，它表达了对冠礼一种"敬"。(2) 挽髻：将受冠者的头发聚束于头顶挽成发髻，此项多由辅佐加冠的来宾完成。(3) 加冠：由来宾中最有威望的人遵循一定的步骤给受冠者戴冠，加冠者人选由占卜结果决定。(4) 表字：加冠完毕后，负责加冠的来宾会授予受冠者"表字"，这是亲友们根据其"名"的字义而取的别名。"冠而字之"以后，整个冠礼就算基本结束了。在冠礼结束后，该男子即已成年，就应按照礼仪的规定来切实践履。⑤

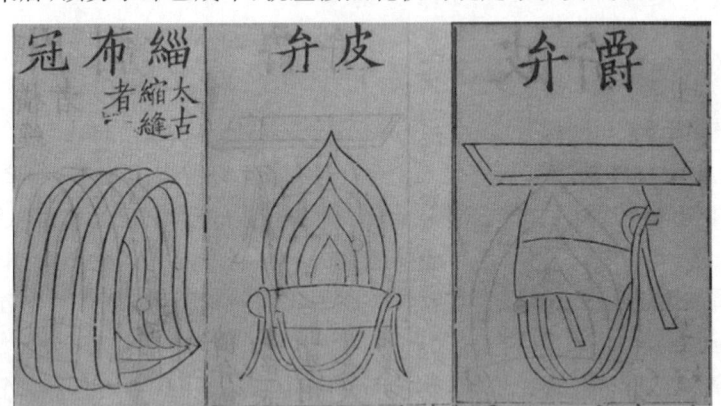

图13　康熙十二年通志堂刊本《新定三礼图》所绘男子冠礼所加冠制

---

① 《十三经注疏·礼记正义》（上册），北京大学出版社1999年版，第6页。案：此为郑玄对《礼记》的注释。
② 《礼记·经解第二十六》，载《十三经注疏·礼记正义》（下册），北京大学出版社1999年版，第1371页。
③ 《礼记·王制》，载《十三经注疏·礼记正义》（上册），北京大学出版社1999年版，第435页。
④ 如《钦定大清通礼》的篇目次第为吉礼、嘉礼、军礼、宾礼和凶礼。（参见《钦定四库全书荟要·钦定大清通礼》，吉林出版集团有限责任公司2005年版，"目录"。）
⑤ 关于冠礼的意义，《礼记·冠义》说得很明白："凡人之所以为人者，礼义也。礼义之始，在于正容体、齐颜色、顺辞令。容体正、颜色齐、辞令顺，而后礼义备。以正君臣、亲父子、和长幼。君臣正，父子亲，长幼和，而后礼义立。故冠而后服备，服备而后容体正、颜色齐、辞令顺。故曰：'冠者，礼之始也。'是故古者圣王重冠……敬冠事所以重礼，重礼所以为国本也。"《十三经注疏·礼记正义》（下册），北京大学出版社1999年版，第1614—1615页。）

男女行了冠笄礼后,即可成婚。周代贵族男女成婚有"父母之命,媒妁之言",是"合二姓之好,上以事宗庙,而下以继后世也"。同姓之间不能婚配,"娶妻不取同姓,故买妾不知其姓则卜之"。贵族男女缔结婚姻须履行"六礼"聘娶程序,即纳采、问名、纳吉、纳征、请期和亲迎。为什么婚姻制度如此重要,因男女结成夫妇是人伦之始,"敬慎重正,而后亲之,礼之大体,而所以成男女之别,而立夫妇之义也。男女有别,而后夫妇有义;夫妇有义,而后父子有亲;父子有亲,而后君臣有正。故曰:'昏礼者,礼之本也'"。①

礼仪的内容包罗万象,从生老病死到家国天下,无所不在:"道德仁义,非礼不成。教训正俗,非礼不备。分争辨讼,非礼不决。君臣、上下、父子、兄弟,非礼不定。宦学事师,非礼不亲。班朝治军,涖官行法,非礼威严不行。祷祠祭祀,供给鬼神,非礼不诚不庄。是以君子恭敬撙节退让以明礼。"②可见,礼仪是当时社会生活的基本规范,虽不称为法,但从其所发挥的作用来观察,却是实实在在的法。

二、礼的基本精神

周代的礼仪如此繁多,但其背后有共通的精神,即"礼义",这就是常说的"亲亲、尊尊、长长、男女有别",③其中尤以"亲亲、尊尊"最重要。何谓"亲亲"? 它指的是一个人必须亲爱自己的亲属,尤其是自己的以父系为中心的尊亲属;子弟必须孝顺父兄。反映在宗法制上,就是小宗必须服从大宗。反映在国家政治层面上,那就是要遵循嫡长子继承制,在分封和任命官吏时要任人唯亲,不要唯才是举,而是要让亲者贵、疏者贱。何谓"尊尊"? 就是下级必须服从上级,尤其是要服从周天子;其目的是要严格维护等级制度,防止僭越,消弭犯上作乱于无形。"亲亲"是宗法原则,故"亲亲父为首",强调的是孝;"尊尊"是等级原则,故"尊尊君为首",强调的是"忠"。这两个原则在宗法封建制下又是紧密联系在一起的,"古人于亲亲中寓贵贵之意,宗法与封建相维。诸侯世国,则有封建;大夫世家,则有宗法"。④ 它们对后世影响很大,构成了中国传统伦理价值两块基石。与礼仪相类,以"亲亲""尊尊"为核心内容的礼意实际上就是当时的法律原理,亦即"法意"。

礼,不管是礼义还是礼仪,都重在切实实践遵循。郑玄曾云:"礼者,体也,履也。统之于心曰体,践而行之曰履。"⑤古人所讥讽的"学礼三年归而名其母"⑥就是不曾真正践履。但践履不是机械的礼仪模仿,而是要内在的敬,发于内心之诚。如果没有这种诚和敬,只是模仿仪节,那不叫懂礼行礼,因"不诚无物"。行礼也不是一时之事,而是终身行之,不可有间断。我这里举个例子:启功先生晚年,安徽人民出版社请他为《陈垣全集》题写书名,先生婉拒,他的理由是,如果他这样写,就是直呼老师的名字,故不敢这样做,最后只同意在扉页上书"陈援庵先生全集,受业启功敬署"字样。

---

① 《礼记·昏义》,载《十三经注疏·礼记正义》(下册),北京大学出版社1999年版,第1618—1620页。
② 《礼记·曲礼上》,载《十三经注疏·礼记正义》(上册),北京大学出版社1999年版,第14—15页。
③ 《礼记·大传》说得剀切明白:"圣人南面而治天下,必自人道始矣。立权度量,考文章,改正朔,易服色,殊徽号,异器械,别衣服,此其所得与民变革者也。其不可得变革者则有矣:亲亲也,尊尊也,长长也,男女有别,此其不可得与民变革者也。"(《十三经注疏·礼记正义》(中册),北京大学出版社1999年版,第1001页。)
④ 沈垚《与张渊甫》,载《落帆楼文集》卷八外集二,民国吴兴丛书本;转引自陈寅恪:《陈寅恪集·隋唐制度渊源略论稿》,生活·读书·新知三联书店2001年版,第7页。
⑤ 《十三经注疏·礼记正义》(上册),北京大学出版社1999年版,第3页。
⑥ 参见《战国策》"魏策三";《战国策全译》,王守谦等译注,贵州人民出版社1992年版,第739页。

第三节　周代法制(二):刑

周代的"礼"多是一些正面规范,要求一个人应该怎么做。如果有人违犯了礼的规定经教育而不改,或有人严重反礼,遇到这类情形,刑罚就成为必要。东汉律学家陈宠曾对西周礼与刑的关系有这样的概括:"礼经三百,威仪三千,故《甫刑》大辟二百,五刑之属三千。礼之所去,刑之所取。失礼则入刑,相为表里者也。"① 既然西周有如此发达的"礼",那当然也有较完备的"刑"。

一、周代的刑书

周代的刑书主要有《九刑》和《吕刑》,下面分别予以简介。

《左传·昭公六年》记载了晋国贵族叔向曾讲:"夏有乱政而作《禹刑》,商有乱政而作《汤刑》,周有乱政而作《九刑》。三辟之兴,皆叔世也。"② 按照叔向的说法,周代有名为《九刑》的刑书,制定于西周衰世。《左传·文公十八年》亦记载了鲁国太史克说过:"先君周公……作《誓命》曰:'毁则为贼,掩贼为藏,窃贿为盗,盗器为奸。主藏之名,赖奸之用,为大凶德,有常无赦。在《九刑》不忘!'"③ 据太史克的主张,周公时即有《九刑》。因同书这两则材料关于《九刑》的记载很简略且有矛盾之处,《九刑》早已佚亡,故究竟《九刑》制定于何时,内容为何,长期以来学界存有争议。综合各种观点,我较赞同沈家本等人的观点,即周初成王时制定有刑书九篇,到西周中晚期,周室君臣以此为基础进行了修订"本此为书,故谓之《九刑》"。④ 其具体内容不详,考虑到早期刑书以刑统罪的编排体例,它很可能是以墨、劓、刖、宫、大辟和流、赎、鞭、扑九种刑罚为其篇目名称的。⑤

《吕刑》产生于西周中叶的穆王时期,此时国势虽强盛但兵革四起,导致王道衰微,财政困难,司法腐败。吕侯受命修订周朝刑书,其成果由穆王昭告四方诸侯,称为《吕刑》。由于吕侯改封为甫侯,该刑书在一些文献中被称为《甫刑》。由于作为法典的《吕刑》久已失传,《尚书》中有"吕刑"篇,是周穆王发布的用以说明法典《吕刑》的文告,成为我们今日了解法典《吕刑》的较可靠史料。《尚书·吕刑》篇首先说明了制作《吕刑》的缘由,接着追述五刑的起源,认为五刑来自于南方的苗民。进而通过对刑罚演变历史的追述,总结出"以教祗德"(运用刑罚,重在教化百姓敬重德行)这一实施刑罚的教训。重点阐述了以"祥刑"(善用刑之道)为目标的一系列用刑原则,其重要者,如刑罚本身应随着时代环境的差别而世轻世重、司法者在量刑的时候要轻重适当("刑之中")、在审判方法上要注意"五听"(辞、色、气、耳和目)等。《吕刑》作为西周中晚期最重要的刑书,对后世产生了重要影响:在法思想方面,帝制中国的明刑弼教、乱世重典及贤人执法理念与之有渊源关系;在法制度方面,《吕刑》所论及的五刑、五听与赎刑等制度亦是后世同类制度的嚆矢。⑥

---

① (南朝)范晔撰:《后汉书》(第六册),李贤等注,中华书局1965年版,第1554页。
② 《十三经注疏·春秋左传注疏》(下册),北京大学出版社1999年版,第1228页。
③ 同上书,中册,第576页。
④ 沈家本撰:《历代刑法考》(第二册),邓经元等点校,中华书局1985年版,第833页。
⑤ 参考李力:《〈九刑〉、"司寇"考辨》,载《法学研究》1999年第2期。
⑥ 《尚书·吕刑》原文参见《尚书今注今译》,屈万里注译,新世界出版社2011年版,第149—156页;相关研究参考马小红:《〈吕刑〉法律思想初探》,载《法学研究》1990年第1期;梁凤荣:《〈吕刑〉在中国法律史上的地位与影响》,载《法学研究》2009年第1期;胡留元、冯卓慧:《夏商西周法制史》,商务印书馆2006年版,第337—343页。

二、周代的刑罚制度

上古时期,刑罚与战争紧密相关,故有"刑起于兵"之说。中国历代正史中的第一篇《刑法志》,也就是《汉书·刑法志》,它开篇以较大的篇幅记叙早期战争来引出周代的刑罚制度,其背后的逻辑是"鞭扑不可弛于家,刑罚不可废于国,征伐不可偃于天下。用之有本末,行之有逆顺耳。"①因"刑起于兵",早期战争的残酷性自不待言,故刑罚的严酷亦属事理之当然,商代即以刑罚严酷著称于后世,商纣的炮烙之刑更是耳熟能详。西周代商而兴,宣称"偃武修文,归马于华山之阳,放牛于桃林之野"②,刑罚的严酷稍有缓解。及至中晚期,社会矛盾趋于尖锐,刑罚又趋于严酷。为了解释此种刑罚变化的合理性,周代统治者归纳出"三典",即"大司寇之职,掌建邦之三典,以佐王刑邦国,诘四方。一曰刑新国用轻典(用轻法者,为其民未习于教),二曰刑平国用中典(用中典者,常行之法),三曰刑乱国用重典(用重典者,以其化恶,伐灭之)。"③其背后的道理就在于《吕刑》中以周穆王之口所讲的:"刑罚世轻世重,惟齐非齐,有伦有要"。《吕刑》中所规定的刑罚制度为"刑乱国"所用的"重典",较之以前周代所用的"中典",其刑罚种类大致相同,皆为五刑,轻重之别在于刑书条文之多寡。据《汉书》所说,"中典"指导下的刑书是 2500 条,以"重典"为特征的《吕刑》达 3000 条,多出了 500 条。

周代的五刑是墨、劓、剕(或刖)、宫和大辟。墨刑是用黑墨刺字于额头的刑罚,劓刑是处以割鼻的刑罚,剕刑是挖去膝盖骨的刑罚(刖刑是切掉脚趾的刑罚),宫刑是破坏犯人生殖机能的刑罚,大辟是处死刑的刑罚。墨刑罪犯行刑后令他们当禁卫去守城门;劓刑罪犯因为已毁容,就让其守卫远处的关卡;剕刑或刖刑罪犯令其看守园囿,驱御禽兽;宫刑罪犯可令其守卫内宫;死刑在执行完毕后则要陈尸示众,以儆戒和威慑。④ 这五刑,基本上都可归于肉刑之范畴。

图 14　西周青铜器刖人守囿车,塑有一左脚被施以刖刑的守园人

---

① (汉)班固撰:《汉书》(第四册),卷二十三"刑法志",中华书局 1962 年版,第 1091 页。
② 《尚书·武成》,载《十三经注疏·尚书正义》,北京大学出版社 1999 年版,第 288 页。
③ 《周礼·秋官·司寇》,载《十三经注疏·周礼注疏》(下册),北京大学出版社 1999 年版,第 903 页。
④ 参考《汉书·刑法志》,载《中国历代刑法志(一)》,谢瑞智等注译,台湾文笙书局 2002 年版,第 39—40 页。

《吕刑》中还规定了赎刑制度。因周穆王时战事频繁,财政困难,为增加朝廷收入,规定凡应属五刑之罪犯,如用刑官员经"两造具备,师听五辞"的审理后,仍不能完全确定其罪,即依然还有疑问时,则要求罪犯缴纳罚款以免除可能要适用的五刑。其罚款都是罚铜入官,其数量"以倍相加,序五刑先轻后重,取事之宜",最低的墨刑,罚铜 600 两(百锾);最高的大辟,罚铜 6000 两(千锾)。① 据此,陈顾远先生讲:"吕刑有罚锾之科,为罪之疑者而设,自汉以后之所谓赎刑,即系宗之于此。"②

早期的刑书之编排为以刑统罪(即罪系于刑下),而非如后世之以罪统刑,既然西周的刑罚主要为五刑,其所包含的罪名,当然种类繁多,但限于具体资料之缺乏,这里略微举"不孝不友罪"一例,以窥斑见豹。周代刑书将"不孝不友"视为最严重的犯罪并对之严惩不贷。《尚书·康诰》乃武王告诫康叔治国之道,主要内容是如何用刑以保民、新民,其中有这么一句话:"不孝不友"属于"元恶大憝"。儿子不能恭敬地治理他父亲的事,因而大大地使他父亲伤心;做父亲的不能爱护他的儿子,反而厌恶他的儿子。做弟弟的不顾天理,而不能尊敬他的哥哥;做哥哥的也不顾小孩子的可怜,而对弟弟极不友爱。到了这地步,虽然他们对于我们官员们不曾得罪;然而老天给予我们民众的法则就大大地混乱了。那么你就赶快用文王所定的刑罚,惩罚这种人而不要赦免他们。③ 可见,周代统治者认为不孝不友的行为灭乱了上天赋予下民的彝伦,影响极其恶劣,须杀之不赦。④

周代还规定了老幼犯罪减免刑罚的制度。据史籍记载,西周时期有"三赦"之法,即"一赦曰幼弱,二赦曰老耄,三赦曰蠢愚",凡此三者皆赦免其罪。《礼记》亦云:"悼与耄,虽有死罪不加刑焉。"⑤古代人年龄 80 岁、90 岁称为"耄",7 岁称为"悼",这说明西周时期 80 岁、90 岁以上的老人及 7 岁以下的年幼者犯罪都可减免刑罚。

三、周代的用刑制度

上面已经谈到,周代用刑的重要目标是"祥刑"(善用刑之道),周王遂告诫用刑官员要慎重,须轻重适当("刑之中"),由此周代产生了一些对后世有重要影响的用刑制度。

(一)"五声"听狱

西周司法者⑥在总结以前司法经验的基础上,形成了"五声"听狱的审判方法。《周礼》云:用刑官员"以五声听狱讼、求民情"。所谓五听,"一曰辞听,二曰色听,三曰气听,四曰耳听,五曰目听"。东汉经学家郑玄有这样的注释:"观其出言,不直则烦;观其颜色,不直则赧然;观其气息,不直则喘;观其听聆,不直则惑;观其眸子视,不直则眊然。"⑦事实调查是用刑的基础,案件事实作为过往的历史事实不可重现,这就决定了查清案件事实的复杂性和困难

---

① 参考《十三经注疏·尚书正义》,北京大学出版社 1999 年版,第 545—549 页。
② 陈顾远:《中国法制史概要》,商务印书馆 2011 年版,第 191 页。
③ 原文为:"元恶大憝,矧惟不孝不友。子弗祗服厥父事,大伤厥考心;于父不能字厥子,乃疾厥子。于弟弗念天显,乃弗克恭厥兄;兄亦不念鞠子哀,大不友于弟。惟吊兹,不于我政人得罪,天惟与我民彝大泯乱,曰:乃其速由文王作罚,刑兹无赦。"译文参见《尚书今注今译》,屈万里注译,新世界出版社 2011 年版,第 85 页。
④ 参考金兆梓:《尚书诠释》,中华书局 2010 年版,第 84—86 页。
⑤ 《十三经注疏·周礼注疏》(下册),北京大学出版社 1999 年版,第 947 页。
⑥ 在西周,周王是最高司法官,掌握着最高司法审判权。凡是重要案件,周王掌握最终裁判权。到西周中后期,逐渐发展出司寇这个专门的司法官署,其首脑为大司寇一名,小司寇两名,其下设置士师等官职,各有其职掌。与此相应,各诸侯国的司法机构,大致与周王室相同,只是不如周王室发达。诸侯是境内最高司法官,其下设有司寇和士师等,各自履行职责。
⑦ 《十三经注疏·周礼注疏》(下册),北京大学出版社 1999 年版,第 914—915 页。

性。在周代,认识手段非常有限,司法官通过"五声"察言观色,获取并辨别两造供述之真伪,从而为查明案情提供依据,故特别重要。

(二)"刑不上大夫"的用刑原则

西周乃一宗法等级社会,为了维护此种严格的社会等级,各级贵族犯罪,用刑者自会予以优待,以此有别于庶人。这就是"刑不上大夫"的用刑原则,在制度上主要表现在:"八议"之法。西周规定,如亲(五服内亲属及外亲有服制者)、故(旧知)、贤(有德行)、能(有道艺)、功(有大功)、贵(大夫以上各级贵族)、勤(憔悴以国事)、宾(三代君主之后嗣)等八种人犯罪,"其犯法则在八议,轻重不在刑书",轻罪则由周王予以宽宥,"重罪则改附轻比,乃有刑也"。这是后来帝制中国八议制度之滥觞。周代还规定贵族犯罪,不用亲自到法庭去与庶民对质,即"凡命夫(其男子之为大夫者)命妇(其女子之为大夫之妇者也)不躬坐(为治狱吏褒尊者,必使其属若子弟也)狱讼。"还规定,王之同族犯有死罪,不在闹市公开行刑,所谓"凡王之同族有罪,不即市"。① 这类规定,一方面防止以卑犯尊,另一方面希望能激起贵族的廉耻羞愧之心,盖尊者是整个社会之榜样和导向,风行草偃,社会向化。

(三)区别"讼""狱"

西周在审理案件时,把"讼"和"狱"分为两种不同的诉讼类别:讼为争财,狱为告罪。两者在分别缴纳不等的诉讼费用之后,争财者双方到庭,告罪者必须出示诉状,然后等待裁决。官府对裁决告罪之狱更为慎重,三天之后才正式审理。小司寇处理刑案,判决之后在行刑当时,要读刑书罪状。不论是讼还是狱,在审判时都要用"五声"断案。②

(四)周代的监狱制度

周人以"明德慎罚"为指导思想,运用刑罚惩罚罪犯的重要目的之一是要人改恶向善,与此相应,周代有"圜土"或"囹圄",类似后来的监狱,即将罪犯关押于此,使之劳作而知愧悔改过。监狱之所以称为"圜土",据郑玄讲,其用意是"聚罢民于其中,困苦以教之为善也";又称为"囹圄",是"令人幽闭思愆,改恶从善"。③ 犯人"夜入圜土,昼则役之司空",故"圜土之刑人也不亏体,其罚人也不亏财"。周代狱制重视刑罚与教化的结合,是中国古代监狱制度演进到新阶段的标志,对后世缓解刑罚的严苛有一定的影响。

总之,在周代,礼与刑是两种最重要的行为规范,礼主要是规定行为应如何如何,侧重于正面的积极预防;对于不服从且不悔改者则适用刑,刑侧重于犯罪后的消极处罚。那自然是礼为主刑为辅,礼在先刑在后,二者密切联系,共同构成周代贵族法制,此其一。其二,礼与刑都具有明显的等差性,在适用上即集中体现为"礼不下庶人,刑不上大夫"④,这被许多法制史学者视为周礼的原则或精神。关于这句话,可从两个层面来理解:(1)礼本身是一种按照身份地位之别各有等差的规范,也就是说庶人、大夫各有其礼,庶人守庶人之礼,大夫守大夫之礼,庶人不能僭越。而且讲礼是要有物质条件的,适用于贵族的礼,像我们讲过的士冠礼和婚礼,庶民想按照这个礼来行为,要守礼,也办不到。(2)周代对于贵族犯罪和执行刑罚有些特殊规定,这些规定则不适用于庶人。简言之,在周代,可以说礼与刑都是差等性规范,

---

① 《十三经注疏·周礼注疏》(下册),北京大学出版社1999年版,第913—914页。
② 《周礼·秋官·大司寇》载:"以两造禁民讼,入束矢于朝,然后听之。以两剂禁民狱,入钧金。三日,乃致于朝,然后听之。"(《十三经注疏·周礼注疏》(下册),北京大学出版社1999年版,第905—906页。)
③ 参见《十三经注疏·周礼注疏》(下册),北京大学出版社1999年版,第905页;沈家本:《历代刑法考》(第三册),邓经元等点校,中华书局1985年版,第1160页。
④ 《礼记·曲礼上》,载《十三经注疏·礼记注疏》(上册),北京大学出版社1999年版,第78页。

大夫和庶人都应各守其礼、各守其法、各处其刑。非常突出的差等性特征,是周代贵族法制别于其后帝制法制的精神内核所在。

思考题

为什么"礼"是周代贵族法制的重要组成部分?如何看待礼与刑之间的关系?

参考阅读材料

《礼记·大传》

礼:不王不禘。王者禘其祖之所自出,以其祖配之。诸侯及其大祖,大夫、士有大事,省于其君,干袷,及其高祖。

牧之野,武王之大事也。既事而退,柴于上帝,祈于社,设奠于牧室。遂率天下诸侯,执豆笾,逡奔走;追王大王亶父、王季历、文王昌;不以卑临尊也。

上治祖祢,尊尊也;下治子孙,亲亲也;旁治昆弟,合族以食,序以昭缪,别之以礼义,人道竭矣。

圣人南面而听天下,所且先者五,民不与焉。一曰治亲,二曰报功,三曰举贤,四曰使能,五曰存爱。五者一得于天下,民无不足、无不赡者。五者,一物纰缪,民莫得其死。圣人南面而治天下,必自人道始矣。立权度量,考文章,改正朔,易服色,殊徽号,异器械,别衣服,此其所得与民变革者也。其不可得变革者,则有矣:亲亲也,尊尊也,长长也,男女有别,此其不可得与民变革者也。

同姓从宗,合族属;异姓主名,治际会。名著而男女有别。

其夫属乎父道者,妻皆母道也;其夫属乎子道者,妻皆妇道也。谓弟之妻"妇"者,是嫂亦可谓之"母"乎?名者,人治之大者也,可无慎乎?

四世而缌,服之穷也;五世袒免,杀同姓也。六世,亲属竭矣。其庶姓别于上,而戚单于下,昏姻可以通乎?系之以姓而弗别,缀之以食而弗殊,虽百世而昏姻不通者,周道然也。

服术有六:一曰亲亲,二曰尊尊,三曰名,四曰出入,五曰长幼,六曰从服。从服有六:有属从,有徒从,有从有服而无服,有从无服而有服,有从重而轻,有从轻而重。

自仁率亲,等而上之至于祖,名曰轻。自义率祖,顺而下之至于祢,名曰重。一轻一重,其义然也。

君有合族之道,族人不得以其戚戚君,位也。

庶子不祭,明其宗也。庶子不得为长子三年,不继祖也。别子为祖,继别为宗,继祢者为小宗。有百世不迁之宗,有五世则迁之宗。百世不迁者,别子之后也;宗其继别子之所自出者,百世不迁者也。宗其继高祖者,五世则迁者也。尊祖故敬宗。敬宗,尊祖之义也。

有小宗而无大宗者,有大宗而无小宗者,有无宗亦莫之宗者,公子是也。

公子有宗道:公子之公,为其士大夫之庶者,宗其士大夫之适者,公子之宗道也。

绝族无移服,亲者属也。

自仁率亲,等而上之至于祖;自义率祖,顺而下之至于祢。是故人道亲亲也。亲亲故尊

第二讲　周代分封制下的贵族法制

祖,尊祖故敬宗,敬宗故收族,收族故宗庙严,宗庙严故重社稷,重社稷故爱百姓,爱百姓故刑罚中,刑罚中故庶民安,庶民安故财用足,财用足故百志成,百志成故礼俗刑,礼俗刑然后乐。《诗》云:"不显不承,无斁于人斯",此之谓也。

参考白话译文:

根据礼的规定,不是王者就不能举行禘祭。王者的禘祭是崇拜那诞育他们始祖的天帝,所以以祖配天。诸侯之祭,得推及始得封国的那个祖先。至于与他同为祖先的支族庶子为大夫士者,要比诸侯简省,最多只能联合其同高祖以下的族人,祭及高祖为止。

牧野之战,是武王一生的紧要事件。当这场战争胜利之后,武王就退而祭告于上帝,祈祷土地之神,还临时在牧野搭起祖庙祭祀祖先。那时候,他率领了各地的国君,大家端着祭祀用品,战战兢兢地追随着这个战胜者而跟着祭拜他的祖先。但他的祖先本非王者,所以要追尊古公亶父、季历、西伯姬昌为王,目的是避免后辈大于前辈。

这样地订立了上代祖祢的次序,是尊重辈分的大小;订立了后代子孙的次序,是爱护血统的传承,从旁又订立亲堂兄弟的关系,联合同一血统的支族,会食于宗庙之中,排列父辈子辈的昭穆位置,而制定彼此之间最合理的礼节,要说做人的道理,就都在这里面了。

圣明的人,站在统治者的地位,必先注意五项事情,而人民的事还不在内。这五项是:第一,订立亲属的关系;第二,酬报有功的人;第三,选拔善良;第四,任用有能力者;第五,审察所擘爱者。这五件事,如果能统统做到,则人民没有不满意而富足;如果这五件事,有一件做错了,则人民都无从保全性命了。所以圣明的人,站在统治的地位,第一就是从人与人的关系做起。

制定度量衡,整理文献,改订时历,变更所尊重的彩色,使用不同徽章旗号,改良用具武器,区别等级和职业不同者的衣服,这些事情,因时代不同,都可以跟人民变换或改良的。但亦有不可变改的,如家族血统的关系,社会组织的关系,年辈的大小,男女的区别,这些都不可以跟人民变革的。

凡是同姓的人,皆追随着他们的宗子,会合成一个族属。至于异姓的人,就靠"称呼"而订立彼此之间的关系。称呼既经标明,则男方女方就有区别了。

凡是一个异姓的女子嫁给一个属于"父"辈的人,则她应属于"母"的一辈。如果嫁给儿子一辈的,则她应属于"媳妇"一辈。如果称呼弟的妻子为媳妇,那么亦可称呼哥哥的妻子为"母亲"吗?那么人伦就要大乱了。所以"名分"是讲究人伦中最重要的一回事,不可不特别注意。

人们对于高祖的族人,只穿缌麻的丧服,这是丧服中最后一级了。对于五服以外,五世同祖的人之丧,只须袒免示哀,这是要逐渐减轻同姓的关系;对于六世同祖的人,可以说是族属的关系已经没有了。这许多支族,由他们的上代开始分枝,后代就没有亲情,和异姓的人相似,照理是可以通婚的。但是,既属同姓,而在大祠堂里又以父子兄弟的辈分合在一块聚餐,因此,周代制定的办法:只要是同姓的人,不管是一百世代的本家,亦不可以通婚。

表示亲戚关系的丧服制度,可大别为六种:第一种是依血统关系之亲疏而订立的。第二种是依社会关系,因人能力之大小而订立的。第三种就像上文所说的,依名分而订立。第四种则为女子而订立的,因她既是自己家里的人,后来又变作异姓家里的人,这就有出入。第五种是为未成年人者之丧而特别制定的。第六种则为间接的关系而订立的,叫做"从服"。

从服的制度,亦可约为六项,第一项是属从,例如儿子为母亲的家族服丧。第二项是徒从,例如臣子为国君的家属服丧。第三项是本来有服而变作没有服,例如贵人之子怕犯禁忌，不能为其妻子的父母服丧。第四项是本来没有服而变作有服，例如贵人的媳妇要为她丈夫的外兄弟服丧。第五项是本来应挂重孝，但因非亲属而减轻，例如丈夫不能为妻子的父母挂重孝。第六项是从轻服而加重，例如公子之妻要为公子的大母而加重丧服。

循着人们天性中的恩情，是愈接近于自己的就愈亲热，这样一级一级地往上推去，到了愈远的祖先，恩情就愈轻了。但循着理智的判断，没有祖先就没有自己，这样一代一代的顺下来推算，到了父亲的祠堂，则愈早的祖先就愈重要。这里面，一边是轻，一边又是重，在宗法庙祭的意义上必然如此。

宗法社会，国君等于宗子，同姓从宗，所以国君可以统领全族。然而同族的人却不能利用宗法的关系来对待国君，把他看做自己的子弟。关于这一点，则是根据社会地位了。

庶子所以不祭祖，是欲使宗法很清楚。譬如庶子不为长子服斩衰，即因其不是继承祖祢的人。以别子为祖的，继承别子者则为宗，而继承别子之子辈的则为小宗。有百世而不迁易的大宗，也有五世就要迁易的小宗。百世不迁易的大宗，是别子的后代，以别子继承者，就是百世不迁易的。小宗传至五世就要迁易，那就是继承高祖以下的一支系。为着尊崇祖先所以要敬循宗法，而敬循宗法亦即是尊崇祖祢的行为。有一种是只有小宗而没有大宗的公子，又有一种是只有大宗而没有小宗的公子，更有一种是上面没有宗统而下面亦没有统属的公子。公子有宗道的，是公子的国君，可以替那些做士大夫的异母兄弟，立个同母弟为他们的宗子，那就是公子的宗道。

像上文说的，《仪礼·丧服传》有言：族属已断绝的，即不施及丧服，唯其亲者才相统属。

循着人们天性中的恩情，是愈接近于自己的就愈亲热，这样一级一级地往上推去；循着理智的判断，没有祖先就没有自己，这样一代一代的顺下来推算，到了父亲的祠堂。这就明白人人的天性是爱其所亲，因为爱其所亲，推而上之，即亦尊重及于始祖了。尊重始祖并扩及同祖发展下来的宗族，即亦敬宗了。有此敬爱的亲情在，故能团结自己的族人。族人团结，所以宗庙的事极庄严，则须保重自己的国土。保重国土，就得爱护百姓，为着爱护百姓，则刑罚必须公平。刑罚能够公平，则一般人都能安居乐业。人人皆能安居乐业，则资产丰裕。资产既已丰裕，则一切愿望都能达成。一切愿望都能达成，则礼俗有规模了。有了规模的礼俗，然后人人都可享福了。《清庙》之诗有言："文王能发扬光大而承继先人的事业，所以永远有人喜欢他那样伟大的人物啊！"正是说的这个意思。

选自王梦鸥注译：《礼记今注今译》，台湾商务印书馆1979年版，第449—456页。

第三讲

帝制法制之演变

自秦始皇武力统一天下,中国进入帝制时期,法制亦因此由封建贵族法制转变为帝制法制。从秦汉到清末这个漫长的历史过程中,历经多次改朝换代,皇帝轮流做。但是变换这个"帝国"的只是"帝",而不是"国"。而且"帝"的变换也只是秦皇帝、汉皇帝一直到唐皇帝、清皇帝,而不是变成汉总统、唐主席。所以,不论是汉帝国还是唐帝国,直至最后的清帝国,治理帝国、转动帝国这部庞大的国家机器,使这部庞大的国家机器有序运转的主要靠的是这帝制法制。在由秦至清的两千多年中,帝制法制本身也经历了一些重要的演变,逐渐由初创到成熟,最后随帝制的过度强化而弊端重重,不得不发生根本性变革。本讲即对此扼要介绍。

帝制中国法制的形成是随着中国社会第一次社会大转型而逐步奠基的。面对春秋战国时期"礼崩乐坏"之局,固有的贵族法制不能有效应对。抱有强烈忧世之念的思想家、欲有所作为的政治家相继提出自己的救世方案。其中,尤以儒、法两家的影响最大。在当时,儒家由于目标高远,难切于现实,其主张多被时君世主视为迂阔,根本没有实施的机会;法家人物多直接从事政治,其做派直接而现实,尽管失于残酷但能在短时间内见效,故得到了实施机会。随着秦国一统天下,君主明用法,暗用术,以巩固势,通过"治吏"建立起一支高效率的官僚队伍,驱民于耕战之途。法家思想就这样为帝制法制奠定了基石。但法家学说尊君有余,漠视百姓之苦痛,故其政法设施缺乏生命力。几经社会大震荡,到汉武帝时,确立了儒家思想在治国理政方面的主导地位。随着儒家思想法制化实践的展开,儒家思想为帝制法制赋予了灵魂,帝制法制得以与君主专制王朝相适应而基本成型。正因如此,陈顾远先生有这样的论断:"中国法系之体躯,法家所创造也;中国法系之生命,儒家所赋予也。"[①]

第一节 帝制法制的奠基:秦代法制

秦代法制主要是法家思想制度化的结果。春秋时期,孔子以布衣之身,"有教无类",后世"学者宗之"[②],原先封建制下"学在官府"局面成为历史,学术渐渐及于民间,士阶层因之兴起,法术之士应时而生,建设法制于是有人。各诸侯国公布成文法,士人研习法术遂有所本。

[①] 陈顾远:《中国法制史概要》,商务印书馆2011年版,第3页。
[②] 司马迁在《史记·孔子世家》中对孔子有这样的赞语:"《诗》有之:'高山仰止,景行行止。'虽不能至,然心向往之。余读孔氏书,想见其为人。适鲁,观仲尼庙堂车服礼器,诸生以时习礼其家,余祗回留之不能去云。天下君王至于贤人众矣,当时则荣,没则已焉。孔子布衣,传十余世,学者宗之。自天子王侯,中国言六艺者折中于夫子,可谓至圣矣!"((汉)司马迁撰:《史记》(第六册),中华书局1959年版,第1947页。)

有这两个最重要的前提条件，秦代法制才得以产生。

一、春秋时期铸刑书、刑鼎及其争议

公元前536年，郑国执政子产将郑国的法律条文铸刻在鼎上，向全社会公布。史称"铸刑书"。

《左传·昭公六年》载：

> 三月，郑人铸刑书。叔向使诒子产书，曰："始吾有虞于子，今则已矣。昔先王议事以制，不为刑辟，惧民之有争心也。犹不可禁御，是故闲之以义，纠之以政，行之以礼，守之以信，奉之以仁，制为禄位，以劝其从，严断刑罚，以威其淫。惧其未也，故诲之以忠，耸之以行，教之以务，使之以和，临之以敬，泣之以强，断之以刚。犹求圣哲之上，明察之官，忠信之长，慈惠之师，民于是乎可任使也，而不生祸乱。民知有辟，则不忌于上，并有争心，以征于书，而徼幸以成之，弗可为矣。夏有乱政，而作《禹刑》。商有乱政，而作《汤刑》。周有乱政，而作《九刑》。三辟之兴，皆叔世也。今吾子相郑国，作封洫，立谤政，制参辟，铸刑书，将以靖民，不亦难乎？《诗》曰：'仪式刑文王之德，日靖四方。'又曰：'仪刑文王，万邦作孚。'如是，何辟之有？民知争端矣，将弃礼而征于书。锥刀之末，将尽争之。乱狱滋丰，贿赂并行。终子之世，郑其败乎！肸闻之，'国将亡，必多制。'其此之谓乎！"复书曰："若吾子之言，侨不才，不能及子孙，吾以救世也。既不承命，敢忘大惠？"士文伯曰："火见，郑其火乎？火未出而作火，以铸刑器，藏争辟焉。火如象之，不火何为？"①

公元前513年，晋国赵鞅、荀寅把范宣子所著刑书浇铸在祭祀所用的鼎上，公布了晋国成文法律。《左传·昭公二十九年》载：

> 冬，晋赵鞅、荀寅帅师城汝滨，遂赋晋国一鼓铁，以铸刑鼎，著范宣子所为刑书焉。仲尼曰："晋其亡乎！失其度矣。夫晋国将守唐叔之所受法度，以经纬其民，卿大夫以序守之，民是以能尊其贵，贵是以能守其业。贵贱不愆，所谓度也。文公是以作执秩之官，为被庐之法，以为盟主。今弃是度也，而为刑鼎，民在鼎矣，何以尊贵？贵何业之守？贵贱无序，何以为国？且夫宣子之刑，夷之蒐也，晋国之乱制也，若之何以为法？"蔡史墨曰："范氏、中行氏其亡乎！中行寅为下卿，而干上令，擅作刑器，以为国法，是法奸也。又加范氏焉，易之，亡也。其及赵氏，赵孟与焉。然不得已，若德，可以免。"②

以上两则材料，一是子产铸刑书，一是晋国铸刑鼎。为什么在这段时间内郑国和晋国的执政者有公布成文法的做法。这有其时代背景。盖因当时礼崩乐坏，亡国弑君现象经常出现，诸侯国的武力变得尤其重要，其国内的平民是武力和财力的重要来源，这些平民不满于法律由少数贵族垄断的秘密状态，有公布成文法的强烈要求。郑国处于四战之地，要在晋、秦、齐、楚等大国之间求生存异常艰难，因此有更为强烈的公布成文法动机。晋国原本长期是中原霸主，但此时公室腐败，权归六卿，也是处于"叔世"，为了获取平民的支持，当权者有铸刑鼎的举措。

黄源盛教授对这两则材料的内容有很详明深入的解析，抄录如下：

---

① 《十三经注疏·春秋左传正义》（下册），北京大学出版社1999年版，第1225—1230页。
② 同上书，第1512—1514页。

鲁昭公六年三月，郑国执政子产将刑法铸在鼎上，使其内容确切，以取信于民。但是晋国大臣叔向却深不以为然，写了一封信给子产，指陈子产的错误。信的内容大致包含下述四点：(1) 从前先王临事依制，不预先公布法律，凡遇到破坏社会安宁秩序的事件，执政者应该"议事以制"，仔细地度量了该事的因果、轻重，以及一切有关的规范，才作判断，而不是机械地适用法律的条文就算了事。(2) 为了防卫社会的安全，维持安宁的秩序，法律之上应该还有一套仁、义、忠、信、礼、敬等条目所组成的高阶规范。不可将刑法树立为一套固定不变的准则，因为法条有限，人事无穷，无论怎样细密的立法，总不能网罗诸罪，而这些缺陷便是争端之所在。(3) 不可过分重视法律，因为如果一般民众知道有法条可循，也会援引法条，根据法条行为，并可据"法"力争，而不再畏惧执"刑"者。当然就将礼、义等高阶规范置诸不顾，也不再尊敬社会权威，而只是一味地抱着一套法条，斤斤计较其中规定的权利和义务；法条既多缺陷，大家便尽力相争，希望侥幸得逞，自然就发生了许多诉讼，而且难免就有人想以贿赂的手段去影响判决，使得司法败坏，整个社会因而趋于危亡。(4) 昔夏作《禹刑》、商作《汤刑》、周作《九刑》，皆属乱政，非属盛世之事。如蔑弃礼教，征诸刑书，以为防止，民知趋避，虽锥刀之小事，亦必争之，从此讼狱滋丰。春秋晚期正值"大夫遏长断狱不平、轻重失中"殃及国运的时代，子产为"救世"，坚持他的改革，并没有接受叔向的来教，但也没有提出反驳，只是谦虚而又无奈地回信，谢其训诲，释明所以铸刑书之理，"侨不才，不能及子孙，吾以救世也。"可见，他也觉得叔向这番重德轻刑的说法是有其道理的，只是他没有能力施行德化去达到长治久安的效果，只能依赖法律以应一时之急，挽救当世的祸乱而已。申言之，叔向的"危机意识"，子产未尝没有，叔向发掘的问题，子产亦非无识，但他显然对世变有更深刻的体认。

鲁昭公二十九年（前513年），晋国大臣赵鞅、荀寅等将刑法铸在鼎上。孔子与蔡墨听说这件事后，为之大大感慨了一番。孔子忧心的是：(1) 如此一来，"贵贱失其度矣"。晋国本来有始封先祖唐叔受之于周天子的一套崇高妥善的规范，乃系以先王之礼法为习惯法与上位法，不容现世掌实权者，另以当世所颁的实定法侵犯其法权或破坏其法度内容。倘现在抛弃了传统这一套规范，将刑律铸在鼎上，人民便不免认为只要遵守这几条刑律就够了；事事以"鼎"为据，贵族乃失去了酌情循理、断狱解纷的职守，因而也失去了治理的权威，社会结构和秩序不免随之崩溃，国便不成其为国了。(2) 有了刑鼎，晋将亡其原有的礼法制度，亡其礼者亡其国；为了防止刑法典取代礼法制度，乃加以反对。申言之，"度"是"贵贱不愆"的，而"鼎"是"贵贱无序"的象征。"愆"和"序"的关键点乃在于"尊贵"，有"鼎"之后，民可以不"尊贵"而"在鼎"；因而，孔子发出了"贵何业之守"和"何以为国"的忧虑。另一方面，或许孔子认为刑鼎应由君王而非由大臣加以制定公布，争的是制法权力的正当性问题。(3) 刑鼎上所铸者，乃是鲁文公六年（前612年），晋国在夷地阅兵后由范宣子所定的法律，而当时晋国多乱，曾一蒐而三易军中主帅，所以孔子反问：乱时的制度怎么可以用来作为垂诸后世、谋求长治久安的规范呢？(4) 从文献中看来，孔子并没有反对法律的存在，反而在此明白宣示晋文公作执秩之官，为"被庐之法"的正当性。毋宁说，他在意的是，范宣子之刑乃"蒐夷之法"，虽然这部法律内容不得而知，但可以推测，恐属残酷严苛，缺少人文关怀的一部律典。(5) 孔子反对"民在鼎矣"，看似反对法律成文化，藉此避免人民游走于法律条文边缘，进而废弃道德教化。惟深入以观，子产曾铸刑书，孔子在论及子产时，却从未对这件事有过批评，反而肯定子产是为政者的典范。显然，是否"铸刑书"建立成文法并非孔子关注的重点，他在意的，是这部律法的内容，能否体现人伦道德的规范精神。惟有具备这样的内涵，才是孔子认可人类应该追求的规范与秩序。①

其实,在郑国铸刑书、晋国铸刑鼎之前,就已经有了公布法律的做法。《周礼》中记载了周代有"悬法象魏"的做法,即在每年正月大司徒把当年有助于教化的法律悬挂在城楼上。②当然,我们可以就《周礼》的成书过程提出质疑。因《周礼》一书所记载的制度太过整齐和理想,学界多认为该书乃春秋战国乃至秦汉时期的儒者所编撰,其内容并非周代制度的实录,而是对周代辉煌往昔的怀念和对未来制度的规划和构想。不过,"悬法象魏"一事与绝大多数《周礼》所记载的制度不一样,即它在《左传》里即得到了证明:哀公三年(前492年),鲁国发生了大火,执政的季文子"命藏象魏","曰:'旧章不可亡也。'"③即下命令将象魏藏起来,避免旧的法律规章被大火烧掉。"象魏"的本义,是"城楼"的意思,是悬挂法律的地方。但城楼是藏不起来的,故这里的"象魏",是指代旧章。这是因为法律世世代代地悬挂于象魏之上,于是,象魏便成为法律的代称。既然之前就有"悬法象魏"的做法,那说郑、晋两国铸刑书、刑鼎是开成文法公布先河之举,可能不是特别准确。

那《左传》所记载的郑国铸刑书、晋国铸刑鼎这两件事以较大篇幅记载下来,其意义何在呢?大致归纳起来,主要是:

其一,郑国铸刑书,增加了所公布刑律的确定性;晋国铸刑于鼎,鼎为祭祀之物,赋予了所公布刑律的神圣性和永久性。美国联邦最高法院建筑入口主台阶两侧的大理石雕塑之一的AUTHORITY OF THE LAW("法律的权威或守护者")左手拿的是刻有拉丁文LEX(即法律)字样的石板,该石板即象征法律。据说这传统与摩西密不可分。根据《出埃及记》,摩西从西奈山上背着两块刻着"十诫"的石板下来。其重要寓意是当法律写在石头上,法律就有了永久性。西方刻法于石与中国古代铸刑于鼎不无相通之处。

其二,开启了刑律公布的潮流,为法术之士登上政治舞台创造了条件。以前虽有"悬法象魏"之制度或事实,但毕竟法律公布的期限较短,仪式化色彩比较浓厚,能否达到法律公布的效果值得怀疑。如果能达到此效果的话,郑、晋两国的做法就不致遭到叔向、孔子等当世闻人的强烈非议和责难。自郑、晋两国当政者顶住压力坚持铸刑书、刑鼎之后,诸侯国公布成文法成为其治国理政的重要举措,甚至有了私家公布法律的事例:前501年,郑国大夫邓析曾将所订刑书写在竹简上,后世称之为"竹刑"。据说邓析本人还指导民众诉讼,"与民之有讼者约,大狱一衣,小狱襦裤。民之献衣裤而学讼者,不可胜数。以非为是,以是为非,是非无度,而可与不可日变。所欲胜因胜,所欲罪因罪"④,从而被后人视为讼师之祖。执政驷歂以邓析不受君命、私造刑法为由,"杀邓析,而用其竹刑。"⑤。在这种情况下,民众"弃礼而征书"遂"不忌于上",贵族原先"议事以制"的司法特权被剥夺,司法权力慢慢集中于国君一人之手,从而有助于强化国君的集权,为国君任用法术之士以获得其辅佐提供了前提条件。所以,该事件在中国法制史上具有重大影响:(1)彻底结束了以前的刑律秘密状态,摧毁了贵族对刑律的垄断,限制了他们在司法上的专擅,对固有的"礼治"传统产生了巨大冲击。(2)这些公布的成文法,其内容多趋向于弃礼而用刑,刑逐渐取代礼成为主要的治理规范。

---

① 黄源盛:《中国法史导论》,台湾元照出版有限公司2012年版,第156—160页。
② "正月之吉,始和,布治于邦国都鄙,乃县治象之法于象魏,使万民观治象,挟日而敛之。"《十三经注疏·周礼注疏》(上册),北京大学出版社1999年版,第41—42页。
③ 《十三经注疏·春秋左传正义》(下册),北京大学出版社1999年版,第1626页。
④ 《吕氏春秋·审应览·离谓》,载《吕氏春秋新校释》(下册),陈奇猷校释,上海古籍出版社2002年版,第1188页。
⑤ 《十三经注疏·春秋左传正义》(下册),北京大学出版社1999年版,第1579页。

礼和刑的重大差别体现在：前者强调因适用对象的不同而规范有差等，后者则是一种齐一性规范；前者注重教化，后者趋向威慑。成文法公布成为潮流，为法家理论登台创造了条件，意味着周代贵族法制的逐渐瓦解，法制开始转型。①

从围绕铸刑鼎等事件的争议来观察，叔向和孔子也给后来的立法者提了个醒，即公布的成文刑律应是体现"人伦道德"的良法，而不能是"乱制"。叔向并不反对公布成文法，只是反对弃礼而用刑的成文法。孔子对晋国铸刑鼎的批评重点在晋国公布的成文法不是良法，是"晋国之乱制"，从而放弃了唐叔以来就有的祖宗良法"议事以制"。② 简言之，就是叔向和孔子都是反对执政者把非良法的成文刑律予以公布。可惜的是，接下来的法术之士，似乎没能注意及此，而是走上了重刑威慑民众一途，声名狼藉，其来有自，可不引以为鉴戒哉？

二、李悝的《法经》与商鞅变法

到战国时期，列国争雄，或为一统天下，或为追逐霸业，或为救亡图存，各诸侯国国君选贤任能，先后进行变法改革。这一时期，法术之士李悝所编撰的《法经》和商鞅主持在秦国的变法为其著者，下面略作叙述。

1. 李悝的《法经》

李悝，即李克（前455—前395），曾被魏文侯③尊为师相，主持魏国变法，成效卓著，使魏国成为战国初期的强国。其变法举措主要有三：在经济上推行"尽地力之教"，即让农民尽可能充分利用土地资源，达到富国之目的；在政治上以官僚制代替之前的世卿世禄制，将那些靠父祖余荫得富贵的贵族子弟斥为"淫民"，主张"夺淫民之禄，以徕四方之士"。另外，他总结既有各诸侯国立法经验，大致于前406年搜集编撰了中国历史上第一部比较系统的刑法典——《法经》④，励行法家"法治"。

《法经》原书早已失传，长期以来，学者只能从《晋书·刑法志》、《唐律疏议》、明代董说《七国考》等文献记载中，了解其大概内容。据《晋书·刑法志》记载：

> 悝撰次诸国法，著《法经》。以为王者之政，莫急于盗贼，故其律始于《盗》、《贼》。盗贼须劾捕，故著《网》、《捕》二篇。其轻狡、越城、博戏、借假不廉、淫侈逾制，以为《杂律》一篇。又以《具律》具其加减。是故所著六篇而已，然皆罪名之制也。商君受之以相秦。⑤

《法经》包括盗、贼、网（囚）、捕、杂、具六篇。

前四篇为"正法"："窃货为盗，害良为贼"。"盗"篇规定的是关于窃盗、劫掠、赇赃之类的

---

① 钱穆先生指出："今邓析之所为，即是叔向之所料。是驷歂之诛邓析，正为其教讼乱制。然必子产刑书疏阔，故邓析得变易是非，操两可，设无穷，以取胜。亦必其《竹刑》较子产《刑书》为密，故驷歂虽诛其人，又不得不舍旧制而用其书也。时晋亦有刑鼎，仲尼曰：'鼎在民矣，何以尊贵！'盖自刑之有律，而后贱民之赏罚，不得全视夫贵族之喜怒，而有所征以为争。邓析之《竹刑》，殆即其所以教民为争之具，而当时之贵者，乃不得不转窃其所以为争者以为治也，此亦当时世变之一大关键也。其后不百年，魏文侯用李克，著《法经》，下传吴起、商鞅，然后贵族庶民一统于法。而昔者'礼不下庶人，刑不上大夫'之制，始不可复。"（钱穆：《邓析考》，载《先秦诸子系年》，商务印书馆2001年版，第22页。）
② 参考俞荣根：《儒家法思想通论》，广西人民出版社1992年版，第61—89页。
③ 钱穆先生指出："魏文以大夫僭国，礼贤下士，以收人望，邀誉于诸侯，游士依以发迹，实开战国养士之风。于先秦学术兴衰，关系綦重。"（钱穆：《魏文侯礼贤考》，载《先秦诸子系年》，商务印书馆2001年版，第149页。）
④ 有学者结合出土文献与思想观念的演进，经考证，认为《法经》一词，并不是李悝所作法律的原名，其原名可能称为'某法'"，把法律尊称为"经"是从汉开始的，《晋书·刑法志》的作者按照当时人们对法律的尊称，惯称新发现的李悝之法为《法经》。（李力：《从几条未引起人们注意的史料辨析〈法经〉》，载《中国法学》1990年第2期。）
⑤ （唐）房玄龄等撰：《晋书》（第三册），中华书局1974年版，第922页。

犯罪,相当于现行刑法的窃盗罪、抢夺罪、恐吓取财罪、和诱略诱罪、侵占罪、受贿罪等侵犯财产法益的犯罪类型。"贼"篇主要规范的是危害国家和个人的犯罪,如谋反谋逆、谋杀人命等犯罪。"网"字怀疑为"囚"字所误,该篇大多是收禁、裁判、执行等方面的规定。"捕"篇是关于追捕囚犯、犯人逃亡、藏匿犯人的犯罪事项的处罚。该四篇"正法"的重点在惩治盗、贼重犯,以维护魏国社会秩序。

杂律是关于前四篇以外的所有其他犯罪的法律规定,是拾遗补缺,将不能归纳于某一类的犯罪行为,单独汇成一篇。按照董说《七国考》的记载,"杂篇"的主要内容为:

> 夫有一妻二妾其刑聝(guó),夫有二妻则诛,妻有二夫则宫,曰淫禁。盗符者诛,籍其家;盗玺者诛;议论国法令者诛,籍其家及其妻氏,曰狡禁。越城,一人则诛,自十人以上夷其乡及族,曰城禁。博戏,罚金三币;太子博戏则笞,不止则特笞,不止则更立,曰嬉禁。群相居,一日以上则问,三日四日五日则诛,曰徒禁。丞相受金,左右伏诛;犀首以下受金则诛,金自镒以下,罚不诛也,曰金禁。大夫之家有侯物,自一以上者族。①

将上引材料中"淫禁""狡禁""城禁""嬉禁""徒禁""金禁"等内容与"轻狡、越城、博戏、借假不廉、淫侈逾制"等内容对照勘比,可知:"轻狡"即"狡禁",指的是盗窃官符宫玺、议论法令等狡诈犯罪行为;"越城"即"城禁",是翻越城墙、偷渡关津;"博戏"是赌博嬉戏这一类犯罪类型;"借假不廉"指的是官吏贪污受贿;"淫侈"指淫靡奢侈,如违犯当时婚姻规定;"逾制"是僭越等级享有特权或器物服饰。

具律主要是定罪量刑中的刑罚加减原则,为后世律典"名例"篇章之滥觞。关于其内容,董说《七国考》略云:"罪人年十五以下,罪高三减,罪卑一减;年六十以上,小罪情减,大罪理减。"该部分之名称,秦汉仍叫《具律》,魏改为《刑名》,晋分为《刑名》《法例》,且被置于律首;到北齐,合为《名例》,依然在律首。至此,《名例》的名称和位置被固定下来,成为中华传世律典的总则性规定,类似于现今的刑法总则。

《法经》还有一重要特点是"罪名之制",意味着法律编纂技术的巨大进步。之前的法律大多为"以刑统罪",如《吕刑》是"墨罚之属千,劓罚之属千,剕罚之属五百,宫罚之属三百,大辟之罚其属二百。五刑之属三千。"②这种法律编排方式表明人们的罪名概念还很淡漠,对犯什么罪,用什么刑,尚无明确的规定。与之相对应的审判方式就是"断事以制",要"议罪",具有很大的恣意性。随着社会的发展,犯罪增多,人们对犯罪的认识更加深化,关于犯罪的思维逐渐由具体上升到抽象,如将侵犯公私财产的犯罪概括为"盗罪",将各种危害国家和个人的犯罪称为"贼罪",于是确定了"以罪统刑"的法律编纂新方式。这就是史书评价《法经》"罪名之制"的含义。

据此,有学者这样高度概括《法经》在法制史上的地位:

> 李悝改"刑"为"法",《法经》开始以罪定刑,把犯罪与刑罚有机的统一起来,大大强化了法的规范性和稳定性,这是立法技术的重大突破,从而使《法经》真正成为名符其实的刑法典。但是另一方面,《囚法》、《捕法》中也掺杂着诉讼审判方面的内容,《杂法》中也包含有行政规范与民事规范,从而形成了规范混同以刑为主的法典编纂体例,奠定了

---

① 董说:《七国考》,中华书局1956年版,第366—367页。
② 《十三经注疏·尚书正义》,北京大学出版社1999年版,第546页。

传统中国法典编纂的原型。①

2. 商鞅变法

商鞅(前390—前338)②携李悝的《法经》入秦,改法为律。在秦孝公支持下,商鞅先后进行了两次变法,其主要内容大致包括:

(1) 废井田、开阡陌,重农抑商;《史记》记载:商鞅"为田,开阡陌封疆,而赋税平"。所谓"阡陌",指井田中间的灌溉渠道以及与之相应的纵横道路,纵者称"阡",横者称"陌"。"封疆"就是贵族受封井田的界限。"开阡陌封疆"就是把标志贵族封邑的阡陌封疆去掉,从法律上废除了井田制度。③ 法令规定,允许人们开荒,土地可以自由买卖,赋税则按照各人所占土地的多少和肥瘠来平均负担。

(2) 废除"世卿世禄制",奖励军功,在很大程度上达到了尊君卑臣之效果。《史记》记载,秦国规定"宗室非有军功论,不得为属籍。明尊卑爵秩等级,各以差次名田宅,臣妾衣服以家次。有功者显荣,无功者虽富无所芬华",即依军功大小定贵族身分之高低,结果"商君相秦十年,宗室贵戚多怨望者"。

(3) 严格户籍制度,实行连坐法。居民以五家为"伍"、十家为"什",编入户籍,责令互相监督。一家有罪,九家必须连举告发,若不告发,则十家同罪连坐,告发"奸人"与斩敌同赏,旅店不能收留没有官府凭证者住宿,否则店主连坐。

(4) 普遍推行县制,以中央派遣的官僚代替原有的封君。"集小都乡邑聚为县""凡三十一县"。县设县令、县丞、县尉等官吏。

商鞅本人虽被车裂,但其变法举措多被保留下来,且经后代国君增订和修改,不断充实和完善。秦国经商鞅变法,在短时期内达到了富国强兵的目标,大有功于秦王朝之后的统一天下伟业。他的"废井田开阡陌""废分封立郡县"之主张有力地推进了中国社会第一次大转型,为帝制中国奠定了基本的经济和政治制度基础。但因其过分急功近利,以太过严苛之刑律对待所有臣民,且将伦理道德放逐于刑律之外。这些极端举措,不仅殃及自身,且流毒于天下后世,值得今人深思反省。

三、从《睡虎地秦简》看秦代法制

秦始皇统一天下后,汲汲以求长治久安之策,对于以法家立国的秦王朝,法制到底该如

---

① 黄源盛:《中国法史导论》,台湾元照出版有限公司2013年修订版,第167—168页。
② 司马迁对商鞅有这样的评价:"商君,其天资刻薄人也。迹其欲干孝公以帝王术,挟持浮说,非其质矣。且所因由嬖臣,及得用,刑公子虔,欺魏将卬,不师赵良之言,亦足发明商君之少恩矣。余尝读商君开塞、耕战书,与其人行事相类。卒受恶名于秦,有以也夫!"关于商鞅之生平事迹,可参《史记·商君列传》((汉)司马迁撰:《史记》(第七册),中华书局1959年版,第2227—2239页。)和钱穆的"商鞅考"(《先秦诸子系年》,商务印书馆2001年版,第263—267页。)
③ 朱熹有"开阡陌辨"一文,论述较深刻,略云:"《汉志》言秦废井田,开阡陌。说者之意,皆以'开'为'开置'之'开'言秦废井田而始置阡陌也……按阡陌者,旧说以为田间之道。盖因田之疆畔,制其广狭,辨其横纵,以通人物之往来……则阡陌之名疑亦因其横纵而命之也……此其水陆占地,不得为田者颇多,先王之意,非不惜而虚弃之也,所以正经界、止侵争、时畜泄、备水旱,为永久之计,有不得不然者,其意深矣。商君以其急刻之心,行苟且之政,但见田为阡陌所束,而耕者限于百亩,则病其人力之不尽,但见阡陌之占地太广,不得为田者多,则病其地利之有遗;又当世衰法坏之时,其归授之际,必不免有烦扰欺隐之奸,而阡陌之地切近民田,又必有阴据以自私而税不入于公上者。是以一旦奋然不顾,尽开阡陌,悉除禁限,而听民兼并买卖,以尽人力,垦辟弃地,悉为田畴,而不使有尺寸之遗,以尽地利;使民有田即为永业,而不复归授,以绝烦扰欺隐之奸;使地皆为田,而田皆出税,以核阴据自私之幸……所谓开者,乃破坏铲削之意,而非创置建立之名;所谓阡陌,乃三代井田之旧,而非秦之所置安。"(《晦庵先生朱文公文集》,卷第七十二,见朱杰人等主编:《朱子全书》(第二十四册),安徽教育出版社、上海古籍出版社2010年版,第3444—3445页。)

何规划或运作,是他考虑的重要内容。秦以严刑峻法维持其统治,仅二世十四年而亡,其档案图籍几乎全付之一炬,关于其法制资料保留下来的极少。幸好1975年,在湖北云梦睡虎地发掘秦简1155支和残片80支,以法律和公文书为主体,是研究秦代法制的第一手资料。

该竹简出土后,经考古学家的整理,将之分为十类,其中《秦律十八种》《效律》《秦律杂抄》《法律答问》《封诊式》《为吏之道》等都是秦律或相关内容。① 据竹简内容可知,墓主名喜(前262—前217),曾任安陆(今云梦一带)御史、安陆令史、鄢令史以及鄢的狱吏等与司法有关的职务。这座墓以大批法律文书殉葬,是墓主生平经历的一种反映。

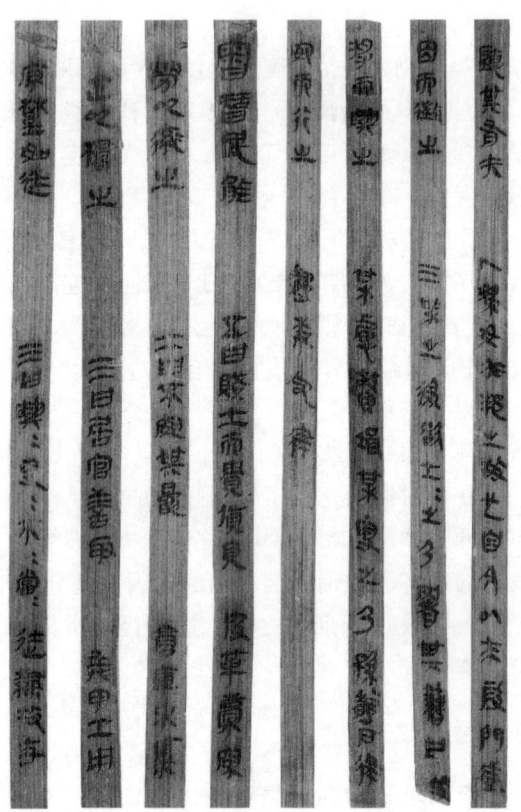

图15 湖北云梦睡虎地出土秦简

(一)秦代的法律形式

在秦简出土之前,学界认为秦朝的法规范形式大致有律、令、制、诏等。到秦简被发现后,得知除了前面这几种外,还有法律答问、式、例等多种形式。

1. 律

律是秦代法律的最重要形式,其作用主要是"定分止争"。在秦简中,律包括《秦律十八种》、《秦律杂抄》和《效律》等共30种,分别简介如下:

《秦律十八种》:共二百零一简。内容包括:《田律》《仓律》《厩苑律》《金布律》《关市》《工律》《工人程》《均工》《徭律》《司空》《置吏律》《效》《军爵律》《传食律》《行书》《内史杂》《尉杂》

---

① 整理成果,见睡虎地秦墓竹简整理小组编:《睡虎地秦墓竹简》,文物出版社1990年版。

《属邦》①等十八种,可以说秦代的政治、军事、赋税、关市、仓储、厩苑、郡县、外邦有关的法均备具其中。每种律文均为摘录,非全文。

《效律》:规定了对核验县和都官物资账目作了详细规定,律中对兵器、铠甲、皮革等军备物资的管理尤为严格,也对度量衡的制式、误差作了明确规定。

《秦律杂钞》:内中有《除吏律》《游士律》《除弟子律》《中劳律》《藏律》《公车司马猎律》《牛羊课》《傅律》《敦表律》《捕盗律》《戍律》等。墓主人生前抄录的11种律文,其中与军事相关的律文较多。

2. 令

《史记》中即明确记载秦代有"令"这种法律形式。其比较著名者,如"秦始皇本纪"记载焚书坑儒事件时即明言:"令下三十日不烧,黥为城旦。"《商君书》有"垦令"篇。② 秦简中也有关于"令"的记载。如《语书》:"法律未足,民多巧诈,故后有间令下者。"《法律答问》:"可(何)如为'犯令'、'法(废)令'?律所谓者,令曰勿为,而为之,是谓'犯令';令曰为之,弗为,是谓'法(废)令'(也)。廷行事皆以'犯令'论。"可见,"令"是一种具有强制性的规范。

3. 式

式类似于今天的"程序法",秦简中的《封诊式》即为秦代法规范"式"的一种。它位于墓主头部右侧,标题写在最后一支简的背面。简文分25节,每节第一简简首写有小标题,包括:《治狱》《讯狱》《封守》《有鞫》《覆》《盗自告》《□捕》《盗马》《争牛》《群盗》《夺首》《告臣》《黥妾》《迁子》《告子》《疠》《贼死》《经死》《穴盗》《出子》《毒言》《奸》《亡自出》等,还有两个小标题字迹模糊无法辨认。《封诊式》是关于审判原则及对案件进行调查、勘验、审讯、查封等方面的规定和案例。它具体规定了对司法官吏审理案件的要求和对案件进行调查、检验、审讯等文书程序。在里面搜集了不少案例,但这些案例并非实际案件,只是此类案件的格式和样本,供官吏学习之用。

4.《法律答问》

官方以问答方式对法律进行解释,与律文具有同样的法律效力,可以在判案时作为法源。考虑到它所涉及的内容十分广泛,实际上是对律文的补充规定,是一种较灵活的法规范形式。秦简所见之《法律答问》,可说是迄今所见最早的官方法律解释,是后代"疏议""律疏"之滥觞。

现存《法律答问》,观其内容,李悝《法经》盗、贼、囚(网)、捕、杂、具六篇,大致均有涉及。整理本大致按照以上顺序加以编辑,其中个别内容应是对于律文的解释。下面试举几例:

---

① 《田律》:农田水利、山林保护方面的法律;《厩苑律》:畜牧饲养牛马、禁苑林囿的法律;《仓律》:国家粮食仓储、保管、发放的法律;《金布律》:货币流通、市场交易的法律;《关市律》:管理关、市的法律;《工律》:公家手工业生产管理的法律;《均工》:手工业生产管理的法律;《工人程》:手工业生产定额的法律;《徭律》:徭役征发的法律;《司空》:规定司空职务的法律;《军爵律》:军功爵的法律;《置吏律》:设置任用官吏的法律;《效》:核验官府物资财产及度量衡管理的法律;《传食律》:驿站传饭食供给的法律;《行书》:公文传递的法律;《内史》:掌治京城及畿辅地区官员的法律;《尉杂》:廷尉职责的法律;《属邦》:管理所属少数民族和邦国职务的法律。

② 《商君书》在过去的两千多年间经过了历史变化,据陈启天先生考证,"在战国末期为所谓'商之法'。汉代经刘向等的改编,始定名《商君》,共二十九篇。三国始称《商君书》。隋唐又有人分为五卷。宋至明多称《商子》。宋代佚去一篇至三篇,元代又佚去二篇,现仅二十四篇,外加佚文一篇"。《商君书》作为先秦古籍,学界有真伪之争议。其实《商君书》是真伪掺杂,虽说大部分是真的,但也有小部分是假的,故在引用时,需要根据引用之目的,考订其中每篇的真伪。陈启天先生在综合学界研究的基础上,制作了"《商君书》各篇分析表",非常重要。同样是"令,"他认为"垦令"为商鞅自撰,"靳令"是西汉人在抄袭《韩非子》基础上的假托商鞅之作。(陈启天:《商鞅评传》,台湾商务印书馆1995年版,第129—138页。)

1. "公室告"何(也)? "非公室告"可(何)(也)? 贼杀伤、它人为"公室";子盗父母,父母擅杀、刑、髡子及奴妾,不为"公室告"。

参考译文:什么叫公室告?什么叫非公室告?杀伤或盗窃他人,是公室告;子盗窃父母,父母擅自杀死、刑伤、髡剃子及奴婢,不是"公室告"。

2. "子告父母,臣妾告主,非公室告,勿听。"可(何)谓"非公室告"?主擅杀、刑、髡其子、臣妾,是谓"非公室告",勿听。而行告,告者罪。告者罪已行,它人有(又)袭其告之,亦不当听。

参考译文:"子控告父母,奴婢控告主人,非公室告,不予受理。"什么叫"非公室告"?家主擅自杀死、刑伤、髡剃其子或奴婢,这叫"非公室告",不予受理。如仍行控告,控告者有罪。控告者已经处罪,又有别人接替控告,也不受理。

3. 论狱何谓"不直"?可(何)谓"纵囚"?罪当重而端轻之,当轻而端重之,是谓"不直"。当论而端弗论,及其狱,端令不致,论出之,是谓"纵囚"。

参考译文:判案怎样称为"不直"?怎样称为"纵囚"?罪应重而故意轻判,应轻而故意重判,称为不直。应当论罪而故意不论罪,以及减轻案情,故意使犯人够不判罪标准,于是判他无罪,称为"纵囚"。①

因为其"早",所以其内容不是特别完善,"不外乎词义界定或判断然否,未决之疑也只并陈异说,并未陈述立法意旨或法理依据"。②

5. "廷行事"

"廷"乃宫廷、郡廷或县廷,指的是官府;"行事"指的是"已行已成之事","廷行事"是官府作或者官府的实际行事。秦简《法律答问》多处指出司法官吏在论罪科刑时可参考"廷行事"为准,说明秦时除以律令断案外在律文无明确规定时,可以参照官府之前处理类似事宜的做法。③

6. 地方官发布的文告

秦简《语书》的内容表明,秦王朝除了朝廷颁布法令之外,地方郡守可以在本辖区发布某些教诫性文告。《语书》有下述内容:

> 廿年四月丙戌朔丁亥,南郡守腾谓县、道啬夫:古者,民各有乡俗,其所利及好恶不同,或不便于民,害于邦。是以圣王作为法度,以矫端民心,去其邪僻,除其恶俗。法律未足,民多诈巧,故后有闲令下者。凡法律令者,以教导民,去其淫僻,除其恶俗,而使之之于为善也。今法律令已具矣,而吏民莫用,乡俗淫泆之民不止,是即废主之明法也,而长邪僻淫泆之民,甚害于邦,不便于民。故腾为是而修法律令、田令及为闲私方而下之,令吏明布,令吏民皆明知之,毋拒于罪。今法律令已布,闻吏民犯法为闲私者不止,私好、乡俗之心不变,自从令、丞以下知而弗举论,是即明避主之明法也,而养匿邪僻之民。

---

① 睡虎地秦墓竹简整理小组编:《睡虎地秦墓竹简》,文物出版社 1990 年版,第 267—270 页。
② 黄源盛:《中国法史导论》,台湾元照出版公司 2013 年修订版,第 174 页。
③ 关于"廷行事"的性质,睡虎地秦汉墓竹简整理小组认为是"法廷成例"或"判例",指出《法律答问》中很多地方以'廷行事',即办案成例,作为依据,反映出执法者根据以往判处的成例审理案件,当时已成为一种制度……当法律中没有明文规定,或虽有规定,但有某种需要时,执法者可以不依法律,而以判例办案。"这种观点成为法史学界通行观点。2007年刘笃才、杨一凡撰文,从先秦、秦汉典籍中关于"行事"的用法和含义分析入手,进而分析《法律答问》中关于"廷行事"的相关记载,认为"廷行事其实就是官府行事,或称官府的实际做法。这种实际做法和法律规定不一致,则是自由裁量权存在的结果。"(刘笃才、杨一凡:《秦简廷行事考辨》,载《法学研究》2007 年第 3 期。)

如此，则为人臣亦不忠矣。若弗知，是即不胜任、不智也；知而弗敢论，是即不廉也。此皆大罪也，而令、丞弗明知，甚不便。今且令人案行之，举劾不从令者，致以律，论及令、丞。又且课县官，独多犯令而令、丞弗得者，以令、丞闻。以次传；别书江陵布，以邮行。

参考译文：二十年四月初二日，南郡郡守腾通告各县、道负责官吏：过去，百姓各有不同的习俗，他们所爱好和厌恶的都不一样，有的不利于百姓，有害于国家。因此圣上制定了法律用以纠正百姓的思想，去掉邪恶的行为，清除坏的习俗。由于法律不够完备，百姓中多诡诈取巧，所以后来有干扰法令的。所有法律令，都是教导百姓，去掉淫恶的行为，清除坏的习俗，使他们能够行善。现在法令已经具备了，仍有一些官吏、百姓不加遵守，习俗淫佚放恣的人未能收敛，这是不执行君上的大法，助长邪恶淫佚的人，很有害于国家，不利于百姓。所以我把法律令、田令和惩办奸私的法规整理出来，命令吏公布于众，使官吏、百姓都清楚了解，不要违法犯罪。现在法令已经公布，听说官吏、百姓犯法有奸私行为的尚未敛迹，私自的爱好和旧有的习俗仍不改变，从县令、丞以下的官员明明知道而不加检举处罪，这是公然违背君上的大法，包庇邪恶的人。这样，作为人臣就是不忠。如果不知道，是不称职、不明智；如果知道而不敢处罪，就是不正直。这些都是大罪，而县令、丞还不清楚了解，是很不应该的。现在我要派人去巡视，检举是不服从法令的人，依法论处，对令、丞也要处分。还要考核各县官吏，哪一县官吏有犯令而令、丞没有察处的，要将令、丞上报处理。本文书在各县依次传阅；另抄送江陵公布，由驿站派送。①

（二）秦代的刑罚

秦代以刑罚残酷为后世谴责，其刑罚种类繁多，但体系性较欠缺，大致列表分类如下：

类型	名称	解释
死刑②	腰斩	普遍、正式的死刑，以斧钺斩其腰
	弃市	在民众聚集的"市"将罪犯处死，处死的方式有处斩、绞两种。
	具五刑	多种刑罚迭加处死。据《汉书·刑法志》载：先后对受刑者执行黥、劓、斩左右趾、笞、枭首等五种刑罚。
	磔	剖胸断肢致死
肉刑	黥	脸上刺字
	劓	割鼻
	斩左趾	由刖刑演变而来，在肉刑中仅次于宫刑
	宫	又称"腐刑"、"淫刑"。
徒刑	城旦或城旦舂	徒刑中最重一种，男子筑城，女子舂米，刑期5—6年。
	鬼薪和白粲	男子为祭祀砍伐柴木，女子为祭祀择米备食，刑期4年。
	隶臣和隶妾	从事杂役劳作的苦役刑，刑期3年。
	司寇	强制守护边关，防止寇盗入侵，刑期2年。
	候	强制发往边地充当斥候，徒刑中最轻者，刑期1年。
羞辱刑	髡	受刑者被剪去头发、胡须。
	耐	受刑者被剔去胡须。

---

① 睡虎地秦墓竹简整理小组编：《睡虎地秦墓竹简》，文物出版社1990年版，第165—167页。
② 注：秦代死刑繁多，还有枭首、车裂、抽肋、镬烹、囊扑等。

(续表)

类型	名称	解释
财产刑	赀刑	小罪以财自赎,如赀甲、赀盾、赀布等。
	赎刑	缴纳一定数量的赎金或提供劳役来替代所受刑罚,如赎死、赎黥、赎宫、赎耐等。
其他	废、免、收	废是针对官员,不能重新担任官职;免在符合一定条件可重新任职;收是从平民降为奴婢,至用于连坐重大犯罪者之家属。

综上,秦王朝在商鞅、韩非等法家思想的指导下,希望能通过重赏重罚来进行有效管理,初步形成了一个严密的法律网。这个法律网,以律、令为主体,辅之以式、例以及对法律的解释,地方郡守亦可发布某些地方性法规。形式多样,条目繁杂,涉及社会生活的方方面面,诚如汉代贤良文学所批评的那样:"繁于秋荼,而网密如凝脂。"①但它并不是特别精致,有法律条文过多、处罚偏重、内容琐碎欠缺严谨等缺点,看似严密,实际上欠缺弹性,碰到外力,难免撕裂而无所用。②

第二节　中国帝制法制的初步形成:两汉法制

秦王朝厉行法家严酷政治,二世而亡,群雄逐鹿,几经征战,刘邦终于建立汉王朝。为了新帝国的长治久安,自高祖开始,西汉诸帝即在继承秦代法制的基础上加以修正创造,形成了两汉法制。

一、汉初立法

高祖初入关,即向关中父老宣布:

> 父老苦秦苛法久矣,诽谤者族,偶语者弃市。吾与诸侯约,先入关者王之,吾当王关中。与父老约,法三章耳:杀人者死,伤人及盗抵罪。余悉除去秦法。诸吏人皆案堵如故。凡吾所以来,为父老除害,非有所侵暴,无恐……乃使人与秦吏行县乡邑,告谕之。③

刘邦抓住人们憎恶严苛秦法的心理,主动表示与民更始,废弃秦法,而代以十个字的简约规则,史称"约法三章"。此种法制变革的政治意义大于法律意义,是刘邦集团在打天下阶段的权宜之计,并非是刘邦与关中父老共同缔结的一种特别规范。观察其内容,属于"百王所同"的天下大义或习惯法则,不是具体法规范的代替物;其有效期也仅限于项羽等其他反秦诸侯进入关中为止。故它在法制层面并不具备特别意义,只是在政治、政策层面上体现法律要简明的理念,否定秦法的正当性,为西汉建立新法制打了基础。

毕竟《约法三章》不具长远意义,打江山易治天下难,刘邦创立汉王朝后,还是需要一套面对现实的法制。这个任务就由萧何制定《九章律》得以初步完成。据载,萧何在刘邦进军咸阳之时,即表现了他是有心人,见识远超凡人:

> 沛公至咸阳,诸将皆争走金帛财物之府分之,何独先入收秦丞相御史律令图书藏

---

① 《盐铁论·刑德》,载《盐铁论校注》(下册),王利器校注,中华书局1992年版,第627—628页。
② 本部分内容参考了刘海年:《云梦秦简的发现与秦律研究》,载《战国秦代法制管窥》,法律出版社2006年版,第57—70页。
③ (汉)司马迁撰:《史记》(第二册),卷八"高祖本纪",中华书局1959年版,第362页。

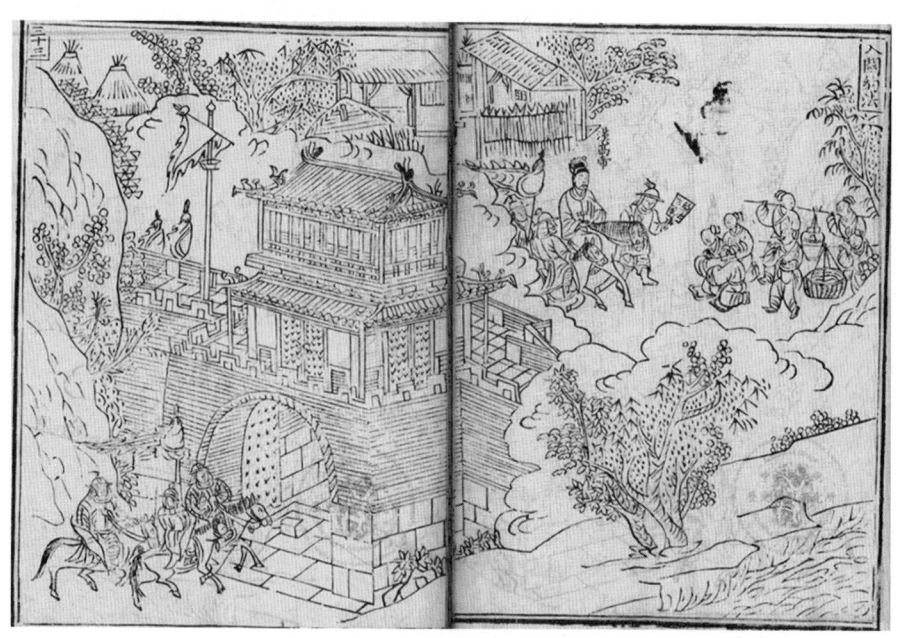

图 16　明万历元年纯忠堂刊本《帝鉴图说》所绘汉高祖"入关约法图"

之……汉王所以具知天下阸塞,户口多少,强弱之处,民所疾苦者,以何具得秦图书也。①

萧何收存了"秦丞相御史律令图书",不仅使得这些珍贵资料免于项羽咸阳大火,为刘邦争天下提供了重要信息,更是他创制汉朝新法制的最宝贵资源。

当其时也,"四夷未附,兵革未息,三章之法不足以御奸",汉二年(前205年),萧何借鉴秦王朝法制,"取其宜于时者,作律九章。"②其篇目,除李悝《法经》六章外,增加了户(以赋役之事为最要)、兴(关于土木营造、征发徭役、边关守备和狱政等事宜)、厩(关于厩牧、驿传等马政事宜,盖当时马政特别重要)三章。

尽管《九章律》不能代表汉律,乃至汉代法制的全貌,也不是像唐律那样的综合性单一性法典,但它对汉代法制的开创性贡献非常大。不仅如此,《九章律》的影响并不限于汉代,由于它包含了历代法律所不可或缺的内容,故能为后来的法典所继承吸收。历代法典和刑法志在追述立法史时,萧何的《九章律》都是绕不过去的。

《九章律》制定于汉初草创之时,及至天下大定,社会情势发生变化,其内容难以完全切合实际。所以,后来者陆续制定单行律、令加以修正补充。举其要者,如叔孙通制定《旁章》十八篇、张汤《越宫律》二十七篇、赵禹《朝律》六篇等。《九章律》辅以单行律令,构成了汉代法制的主体。

二、文帝刑制改革

虽然汉初在政策上对秦初严苛法制有所批判,但一时积习难改,仍然采用了大量秦法,尤以刑制最为显著,且司法官吏绝大多数是秦时刀笔吏,故汉初刑制依旧严苛异常。这就与文帝务以宽大无为而治相矛盾。到文帝十三年(前169年),发生了一起少女缇萦上书的事

---

① (汉)司马迁撰:《史记》(第六册),卷五十三"萧相国世家",中华书局1959年版,第2014页。
② (汉)班固撰:《汉书》(第四册),卷二十三"刑法志",中华书局1962年版,第1096页。

件,成为文帝改革刑制的契机。事情经过,在《汉书·刑法志》里有较详实的记载:

即位十三年,齐太仓令淳于公有罪当刑,诏狱逮系长安。淳于公无男,有五女,当行会逮,骂其女曰:"生子不生男,缓急非有益也!"其少女缇萦,自伤悲泣,乃随其父至长安,上书曰:"妾父为吏,齐中皆称其廉平,今坐法当刑。妾伤夫死者不可复生,刑者不可复属,虽后欲改过自新,其道亡繇也。妾愿没入为官婢,以赎父刑罪,使得自新。"书奏天子,天子怜悲其意,遂下令曰:"制诏御史:盖闻有虞氏之时,画衣冠、异章服以为僇,而民弗犯,何治之至也!今法有肉刑三,而奸不止,其咎安在?非乃朕德之薄,而教不明与!吾甚自愧。故夫训道不纯而愚民陷焉。《诗》曰:'恺弟君子,民之父母。'今人有过,教未施而刑已加焉,或欲改行为善,而道亡繇至,朕甚怜之。夫刑至断支体,刻肌肤,终身不息,何其刑之痛而不德也!岂称为民父母之意哉?其除肉刑,有以易之;及令罪人各以轻重,不亡逃,有年而免。具为令。"

丞相张苍、御史大夫冯敬奏言:"肉刑所以禁奸,所由来者久矣。陛下下明诏,怜万民之一有过被刑者终身不息,及罪人欲改行为善而道亡繇至,于盛德,臣等所不及也。臣谨议请定律曰:……当劓者,笞三百;当斩左止者,笞五百;当斩右止,及杀人先自告,及吏坐受赇枉法,守县官财物而即盗之,已论命复有笞罪者,皆弃市……"制曰:"可。"是后,外有轻刑之名,内实杀人。斩右止者又当死,斩左止者笞五百,当劓者笞三百,率多死。

景帝元年,下诏曰:"加笞与重罪无异,幸而不死,不可为人。其定律:笞五百曰三百,笞三百曰二百。"犹尚不全。至中六年,又下诏曰:"加笞者,或至死而笞未毕,朕甚怜之。其减笞三百曰二百,笞二百曰一百。"又曰:"笞者,所以教之也,其定棰令。"丞相刘舍、御史大夫卫绾请:"笞者,棰长五尺,其本大一寸,其竹也,末薄半寸,皆平其节。当笞者笞臀。毋得更人,毕一罪乃更人。"自是笞者得全,然酷吏犹以为威。死刑既重,而生刑又轻,民易犯之。①

图17 清道光五年阮氏摹刊南宋建安余氏本《新刊古列女传》所绘"齐太仓女"

---

① (汉)班固撰:《汉书》(第四册),卷二十三"刑法志",中华书局1962年版,第1097—1099页。

废除肉刑,作为中国刑罚史上著名的改革措施而引人注目,是刑罚制度演进过程中的一项重大历史进步。沈家本即认为,"汉文帝除肉刑,千古之仁政也"。① 作为此次刑制改革之契机,上书救父的缇萦不仅成为中国孝道的典范,而且对于推动古代刑罚制度的变革作出了巨大贡献。②

三、张家山汉简所见汉初法制

1983年前后,考古学家在湖北江陵(现荆州市荆州区)张家山遗址第247号汉墓发现了大批法律文书,此乃张家山竹简法律文献。墓主人大致在吕后二年(前186年)或之后过世,生前为下级官吏,但对法律、医术、导引和计算很喜好,有一定造诣。该汉墓竹简包含1236枚竹简(不计算残片),有《历谱》《二年律令》《奏谳书》《脉书》《算数书》《盖庐》《引书》《遗策》八种简书,内容涉及西汉早期的律法、司法诉讼、医学、导引、数学、军事理论等方面,为汉代历史研究提供了重要的新史料。其中,《二年律令》和《奏谳书》是研究汉初法制的重要资料。它们自发掘并初步整理后,引起了国内外诸多学者,尤其是法律史学者的注意,有大量的研究成果出现,广泛涉及汉律的内容、秦汉律令之间的关系、汉初诉讼程序、法律推理等多方面。下面分别予以简介。

《二年律令》共有竹简526枚,简文包括28种律和1种令,律、令之名称与律、令之正文分简抄写。简文中有优待吕宣王及其亲属的法律条文,而吕宣王是吕后于其元年(前187年)赠予她父亲的谥号;且与《二年律令》在同一墓中发掘出来的"历谱"所记最后时间是吕后二年。因为这些有力证据,学者将《二年律令》定性为汇集西汉初期到吕后二年之前所颁定律令的抄本。《二年律令》的发掘,使得亡佚甚久的部分《汉律》重见天日,对于秦汉法制史乃至整个传统中国法史的研究都具有极大的资料价值。

《奏谳书》共有竹简228枚,其得名是因为这批竹简的最后一支背面刻有这三个字。《奏谳书》从内容上看,它是供墓主个人学习之用,故有些案件内容并不完整。《奏谳书》大致包含"奏书"和"谳书"两种。为什么会有这两种司法文书呢?这跟汉初的诉讼程序有关。

汉代的诉讼程序大致包含以下步骤:(1) 告劾。告是吏民向官府告发犯罪,劾是负有专责的官员对具有犯罪嫌疑官吏提起诉讼。(2) 讯。是官员对被告所进行的诘问,到被告人回答"无解"(被告人承认犯罪或对诘问之问题回答不出)而结束。(3) 鞫。"鞫"主要是经审理所确认犯罪事实,"读鞫"即是审判官员向被告人宣读关于事实部分的文字,如被告人没有异议,即由官员写上"审"表示"鞫"的结束。(4) 论。即是审判官员根据"鞫"所确定的事实适用法律所进行的判决。普通案件到此结束。(5) 报。对于特殊的案件,如被告人是官员,则需要报上级官府核准。还有就是针对疑难案件的"谳"。③ 县、道官员遇到疑难案件,应请

---

① 沈家本:《历代刑法考》(第一册),中华书局1985年版,第179页。沈氏在晚清主持变法修律,删繁就简改重为轻,故对汉文帝此次刑制改革推崇有加,云:"举千数百年相沿之成法,一旦欲变而易之,此非有定识以决之,定力以行之,则众议之淆乱足以惑其聪明,众力之阻挠足以摇其号令,故变之难也。文帝因一女子之书发哀矜之念,出一令而即施行,其定识、定力为何如? 后之议者,犹主张复古之肉刑,断断如也,何所见之固乎? 文帝言有肉刑三而奸不止,一言蔽之矣。止奸之道,在于教养,教养之不讲而欲奸之格也难矣哉!"(同前书,第166页。)
② 史学家班固尽管不完全赞同废除肉刑,但对缇萦救父所表现出的至诚孝心赞赏不已,其《咏史》云:"三王德弥薄,惟后用肉刑。太苍令有罪,就递长安城。自恨身无子,困急独茕茕。小女痛父言,死者不可生。上书诣阙下,思古歌鸡鸣。忧心摧折裂,晨风扬激声。圣汉孝文帝,恻然感至情。百男何愦愦,不如一缇萦。"(张守节:《史记正义》,转引自(汉)司马迁撰:《史记》(第九册),中华书局1959年版,第2795—2796页。)
③ 参考张建国:《汉简〈奏谳书〉和秦汉刑事诉讼程序初探》,载《中外法学》1997年第2期。

示上级官府郡的指示,郡级官府要告诉下级如何定罪科刑;如果郡级官员亦不能决,即请示朝廷的廷尉;如廷尉也拿不准,则奏请皇帝决定。①《奏谳书》竹简是当时官府对案件的议罪案例文书,共22则。其中,20则为司法审判的真实记录,是各地郡县向中央奏、谳的司法文书,内容涉及通奸、杀人、渎职、逃亡及财产犯罪等方面,既包含官员犯罪案件审判衙门向上级请求批准的"报书",也包括针对疑难案件请求上级官府予以答复的"谳书";另有2则为拟制的《春秋事例》。②

四、春秋决狱与"亲亲得相首匿"

春秋决狱,是用《春秋》经典的事例作为刑事判决的法源依据,尤其是碰到特别疑难的刑案,以《春秋》等儒家经义来比附论罪科刑;观其本义,是"原心定罪",亦即"略迹诛心",以行为人的主观犯意来决定其罪责的刑事断案方法。我们知道,中国历史,到秦汉时期,律令已较发达,但两汉以经义,尤其是《春秋》中的经义来决狱的风气很盛行,一直延续到六朝之末,是一个值得注意的现象。

为什么两汉春秋决狱之风如此之盛?一方面与汉代大儒董仲舒为了缓解秦汉法制的残酷而提倡有关;另外它本身是儒家思想法制化的重要阶段。因当时朝廷已宣布要确立儒家思想独尊地位,其所适用的汉律主要还是沿袭秦律,显然需要变革。但汉王朝宣誓以孝治天下,祖宗之法不能轻易更动,就只好在司法领域进行春秋决狱,以司法方式渐渐推进立法改制,达到法制领域与整个社会意识基本相适应之目的。关于春秋决狱,台湾法制史学者黄源盛教授的研究最为精到,其内容可归入法律思想史范畴,故在这里从略,有兴趣的同学可参考黄教授的论述。③下面仅举"亲属容隐"一例,以见经义决狱之一斑。

秦代法制主要建立在法家理论之上,推行连坐,奖励告奸。到汉初,虽然对秦朝严刑峻法政策有所反思,但汉代法制沿袭的成分较多,虽然不能确定连坐、告奸是其法制的构成部分,但立法中尚未充分体现"亲属相隐"。与法家思想相对立,儒家主张人世伦理具有特殊的重要性,亲属之间,尤其是最近的父子之间,伦理价值本身即体现了社会的正义,不应轻易毁弃。孔子曾言:"父为子隐,子为父隐,直在其中矣。"④

自儒家思想在庙堂的地位越来越重要,这种要求亲属之间有"证"之义务的法规范需要作出相应地调整。在董仲舒所拟制的春秋决狱案例中,即有"拾儿道旁"一案,以阐明亲族伦理之重要性:

> 时有疑狱曰:甲无子,拾道旁弃儿乙,养之以为子。及乙长,有罪杀人,以状语甲,甲藏匿乙,甲当何论?仲舒断曰:"甲无子,振活养乙,虽非所生,谁与易之。《诗》云:'螟蛉有子,蜾蠃负之。'《春秋》之义,父为子隐。甲宜匿乙,而不当坐。"

---

① 据《汉书·刑法志》,高皇帝七年(前200年)颁诏:"狱之疑者,吏或不敢决,有罪者久而不论,无罪者久系不决。自今以来,县道官狱疑者,各谳所属二千石官,二千石官以其罪名当报之。所不能决者,皆移廷尉,廷尉亦当报之。廷尉所不能决,谨具为奏,傅所当比律令以闻。"((汉)班固撰:《汉书》(第四册),卷二十三"刑法志",中华书局1962年版,第1106页。)
② 参考张家山二四七号汉墓竹简整理小组编:《张家山汉墓竹简〔二四七号墓〕:释文修订本》,文物出版社2006年版;彭浩等主编:《二年律令与奏谳书——张家山二四七号汉墓出土法律文献释读》,上海古籍出版社2007年版。
③ 黄源盛:《汉唐法制与儒家传统》,台湾元照出版公司2009年版,第7—174页;精炼概述参见《中国法史导论》,台湾元照出版公司2013年版,第191—220页。
④ 《论语·子路》。朱子对于这句话有这样的注释:"父子相隐,天理人情之至也。故不求为直,而直在其中。"((宋)朱熹撰:《四书章句集注》,中华书局1983年版,第146页。)与此相对,法家将家国对立起来,偏重国而轻忽家,重"尊尊"而轻"亲亲",主张大义灭亲。

案情为拟制,很简单:甲只有养子乙,乙长大杀了人,回家告诉了养父甲,甲将乙藏匿起来。问甲是否应被科罪。董仲舒认为甲不应当被科罪,其推理分两步:(1)引证《诗经》螟蛉子一诗,证明甲、乙之间的养父子关系应被视为亲子关系;(2)引《春秋》父为子隐之义,证明父为子隐无罪。结合(1)、(2),得出甲不应被科罪的结论。

儒家主张亲亲为人伦之本,家国一体,"人人亲其亲,长其长,而天下平"。孔子强调"父为子隐",无关乎其父攘羊一事是否当罚,而是强调为人子者应顺应父子伦理之大,为父"隐"而已。汉廷既要以儒术治国,又标榜圣朝以孝治天下。如法沿袭秦而不变,岂非教、法对立:教之所加为法之所禁?结果不免教、法两伤,殊非所以治国之道。如改教而从法,是回到秦王朝,不可取,只有变法而从教。再者,董仲舒"拾儿道旁"案未解决子为父隐和父为子隐的区别,因为在儒家伦理,父尊子卑,二者必然有别。故到汉宣帝地节四年(前66年)夏五月下"子首匿父母等勿坐"诏:

> 父子之亲,夫妇之道,天性也。虽有患祸,犹蒙死而存之。诚爱结于心,仁厚之至也,岂能违之哉!自今子首匿父母,妻匿夫,孙匿大父母,皆勿坐。其父母匿子,夫匿妻,大父母匿孙,罪殊死,皆上请廷尉以闻。①

该条诏令所规定之内容,为日后的律典吸收而法制化,此乃"亲亲得相首匿"或"同居相为隐"条。《唐律》"同居相为隐"条规定:

> 诸同居,若大功以上亲及外祖父母、外孙,若孙之妇,夫之兄弟及兄弟妻,有罪相为隐;部曲、奴婢为主隐;皆勿论。即漏露其事及擿语消息亦不坐。其小功以下相隐,减凡人三等。若犯谋叛以上者,不用此律。②

该条历经宋明清诸朝,皆无大的变更。即便经晚清变法修律,仍得以保留下来。至中华人民共和国成立后才因废除六法全书而被废,以亲属间的作证义务取而代之。

经义决狱自董仲舒以大儒身份提倡后,事例越来越多。但结果渐趋于两极:循吏断案,本仁人君子孝悌敦厚之风,能缓解汉代成文法之严苛;但更有酷吏利用"经义",以掩盖其在案件审理中上下其手之做法,导致后人的非难。到六朝之末,随着儒家思想大致进入法典被制度化,经义决狱之风得以偃息。不过,因儒家思想在帝制中国的崇高地位,直到清代,还有零星的经义决狱个案存在。

第三节　帝制法制的成熟:唐代法制

自东汉灭亡,中国即陷入了长达三四百年的分裂动荡时期。按理说,在这样的时代,法制所需要的秩序不能保证,法制自然受挫。一般而言,这没问题,但对传统中国法制演变而言,似不能一概而论。因为汉代成文法和相关司法经验累积的限制,自西汉中后期开始的儒家思想法制化到东汉末年尚未完成;分裂动荡时期的各个政权为争正统势必抓住法统;因分裂而带来的失序使得人们特别渴望秩序,儒家在创建稳定秩序的价值得以凸显。这种种原因综合到一起,就是在这一时期,儒家思想法律化获得了充分的发展,尽管同时儒家在整个社会意识和思想层面相对式微。随着隋唐统一帝国的建立,逐渐形成了《唐律疏议》为核心

---

① (汉)班固撰:《汉书》(第一册),卷八"宣帝纪",中华书局1962年版,第251页。
② 《唐律疏议》,刘俊文点校,法律出版社1998年版,第141页。

文本的"东亚法文化圈",《唐律疏议》的代表作则是唐高宗时期由太尉长孙无忌等人所撰的《永徽律》和《永徽律疏》。本节即以这《唐律疏议》的代表作为据来概论唐代法制。①

一、唐律之渊源

作为中华法系最有代表性的法典,唐律之问世并非偶然,而是继承了自战国以来律典立法综合成果的基础上而有所创制的产物。关于其渊源,我们先来看《唐律疏议》的制定者是怎么说的:

> 周衰刑重,战国异制,魏文侯师李悝,集诸国刑典,造《法经》六篇:一、《盗法》;二、《贼法》;三、《囚法》;四、《捕法》;五、《杂法》;六、《具法》。商鞅传授,改法为律。汉相萧何,更加悝所造《户》、《兴》、《厩》三篇,谓《九章之律》。魏因汉律为一十八篇,改汉具律为《刑名》第一。晋命贾充等,增损汉、魏律为二十篇,于魏《刑名律》中分为《法例律》。宋齐梁及后魏,因而不改。爰至北齐,并《刑名》、《法例》为《名例》。后周复为《刑名》。隋因北齐,更为《名例》。唐因于隋,相承不改。②

仅《名例》篇,唐律就参酌了战国《法经》以降的各代律典。就整个《唐律》综合考察,其律典渊源主要包括《法经》《九章律》《泰始律》《北齐律》和《开皇律》。其中《法经》和《九章律》我们前面已讲过,这里重点谈一下后三种律典。

1.《泰始律》

《泰始律》是西晋初年制定颁布的一部法典。晋文帝(司马昭)作晋王时,鉴于前代律令"未可承用",令贾充等十四人制定新律。至晋武帝泰始三年(267年),新律制定完成,次年正月正式颁行天下,史称《泰始律》。该律现已失传,据《晋书·刑法志》记载,它分20章620条27000多字,"蠲其苛秽,存其清约,事从中典,归于益时。"它前七章用的是《九章律》旧名,后十三章篇名乃是从汉魏旧律中析出或新增,可见它是以汉律为本,参酌魏律而成。故《泰始律》对汉魏以来的法规范做了一次大整理,大大精简了规范条文。

从内容上观察,《泰始律》一大特点是推进了儒家思想法律化。《晋书·刑法志》载:"重奸伯叔母之令,弃市。淫寡女,三岁刑。崇嫁娶之要,一以下娉为正,不理私约。峻礼教之防,准五服以制罪也。"③著名史学家陈寅恪因此有这样的评价:"古代礼律关系密切,而司马氏以东汉末年之儒学大族创建晋室,统治中国,其所制定之刑律尤为儒家化,既为南朝历代所因袭,北魏改律,复采用之,辗转嬗蜕,经由(北)齐隋,以至于唐,实为华夏刑律不祧之正统。"④《泰始律》在传统中国儒家思想法律化过程中占据非常重要的地位,很多法史学者将之定性为中国第一部儒家化的法典。

在继承了汉律注释的传统,且吸取了汉律注释繁多的教训之后,晋武帝在《泰始律》颁行后命明法掾张斐、河南尹杜预为新律作注,经晋武帝批准后,注释和律文具有同等的法律效力,一起颁行天下。故后人又把张杜二人的注解同《泰始律》视为一体,称之为《张杜律》。

---

① 关于《唐律疏议》文本的整理、注释和研究,最有代表性的是刘俊文:《唐律疏议笺解》,中华书局1996年版,上下册;戴炎辉:《唐律通论》,台湾元照出版公司2013年版;戴炎辉:《唐律各论》,台湾成文出版有限公司1988年版;钱大群:《唐律疏义新注》,南京大学出版社2007年版。
② 刘俊文:《唐律疏议笺解》(上册),中华书局1996年版,第2页。
③ 《晋书·刑法志》,载房玄龄等撰:《晋书》(第三册),中华书局1974年版,第927页。
④ 陈寅恪:《隋唐制度渊源略论稿·唐代政治史述论稿》,生活·读书·新知三联书店2000年版,第111—112页。

张、杜二人的注解博采前代各家之长,代表了当时律学发展的最高水平,有助于司法官对法律的理解和运用;唐律中的"律疏"即直接受此启发。

2.《北齐律》

北齐高洋称帝之后,以东魏《麟趾格》"未精",始命群臣议造齐律,到武成帝河清三年(564年)完成。该律12篇,949条,史称《北齐律》。

它确立了"重罪十条",为后来律典所规定的"十恶"之直接渊源。它还确定了死、流、徒、鞭、杖五刑,为后代五刑制度之滥觞。关于《北齐律》在中国律典沿革中地位,法史学者程树德这样说:"南北朝诸律,北优于南,而北朝尤以齐律为最……今齐律虽佚,尚可于唐律得其仿佛。盖唐律与北齐律,篇目虽有分合,而沿其十二篇之旧;刑名虽有增损,而沿其五等之旧;十恶名称,虽有歧出,而沿其重罪十条之旧……故读唐律者,即可因之推见齐律,而齐律于是乎不亡矣。"①

3.《开皇律》

杨坚受北周之禅,建立隋朝,以北周律繁冗芜杂难以为用,于开皇元年(581年)颁布新律,是为《开皇律》。开皇三年(583年),采魏晋、北齐、南梁历代律典,损益折衷,又重加刊定,计12篇500条,其篇目分别为:名例、卫禁、职制、户婚、厩库、擅兴、盗贼、斗讼、诈伪、杂律、捕亡、断狱。这是一部集南北朝诸律之长的一部律典。至此,帝制中国律典的篇目基本定型,唐、宋刑律之篇目与之完全相同,直到明律才有所变动,但变化亦属有限。

《开皇律》至宋以后不传,但根据其他史料,我们可以零星发现其内容。据学者研究,五刑、十恶、八议、官当等制度在《开皇律》中正式出现,为《唐律》所继承。精于律条考证的程树德先生据此认为,"今所传唐律,即隋开皇律旧本。"②其对唐律影响之大,于此可概见。刘俊文先生曾列有下面的图表,简明扼要地道出了唐律的律典渊源:③

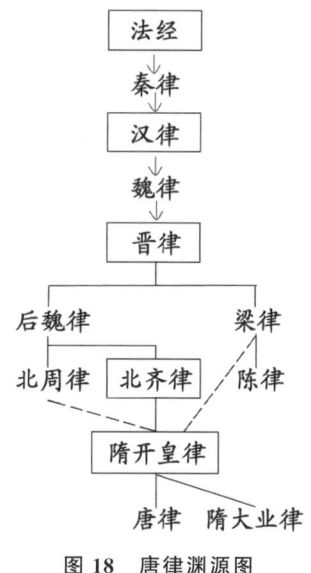

图 18　唐律渊源图

---

① 程树德:《北齐律考序》,载《九朝律考》,中华书局1963年版,第393页。
② 同上书,第425页。
③ 刘俊文:《唐律疏议笺解》(上册),中华书局1996年版,第11页。

二、唐律的结构和重要内容

唐律与其解释《律疏》合编在一起,被称为《唐律疏议》。唐高宗永徽四年(653年),即《永徽律》颁行后的第三年,朝廷撰写的唐律注释书《律疏》完成。《律疏》以律文为准,按照十二篇的顺序,逐条逐句进行解说,包括诠释关键字词,疏通章句,条分缕析,推原法意,设置问答。《律疏》与律文之关系,从总体、理念上来观察,是一致的;但《律疏》绝对不是律文之附庸、可有可无的。《律疏》在疏解律意的同时,常常根据司法实践的需要,对律文进行补充,有时甚至加以变通乃至修正,从而使得律文的内容更为全面准确,同时也更有弹性,增加了律文的生命力。除此之外,《律疏》在对律条疏解之时,注意到唐律的整体性,在需要的时候会列举相关各律条的规定,甚至会适当征引唐代其他法律形式即令、格、式的相关规定。故《律疏》不仅是正确理解和适用唐律的关键,且其本身即是与唐律并行的有效法典,是整个唐代法律制度的有机组成部分。

《唐律》十二篇,502条,《律疏》30篇,简略列表如下:

篇名	篇目释义	条文总数	重要条款举例
名例	规定全律通用的刑名和法例,类似于现今刑法总则部分	57	五刑、十恶、八议、化外人相犯、断罪无正条
卫禁	侵犯皇宫卫戍和国家关津要塞保卫之罪	33	阑入宫门、应出宫殿辄留、关津留难
职制	官吏职务、有关行政公务之犯罪	59	置官过限、贡举非其人、刺史县令私出界、泄漏大事
户婚	破坏户籍、婚姻家庭、田地的轻微犯罪	46	脱漏户口增减年状、子孙别籍异财、居父母丧生子、立嫡违法、差科户役违法、同姓为婚、嫁娶违律
厩库	违犯牲畜放牧、仓库管理规定之罪	28	养饲大祀牺牲不如法、故杀官私马牛、官司有印封擅开
擅兴	军事征发和工程营造之罪	24	擅发兵、主将临阵先退、非法兴造、私有禁兵器
贼盗	危害国家生命财产和基本秩序的犯罪	54	谋反大逆、口陈欲反之言、谋叛、谋杀制使府主、谋杀期亲尊长、劫囚、造妖书妖言、盗官文书印、发冢、强盗、窃盗
斗讼	关于斗殴和诉讼之规定	60	斗殴伤人、保辜、主杀奴婢、妻殴詈夫、诬告反坐、子孙违反教令、越诉、告祖父母父母
诈伪	诈冒、伪造之罪	27	诈为官文书、保任不如所任、诈疾病及自伤残
杂律	除以上规定之外无法涵盖的其他犯罪	62	坐赃致罪、街巷人众中走车马、负债违契不偿、博戏赌财物、违令式、不应得为
捕亡	追捕犯罪嫌疑人的程序规定	18	罪人拒捕、从军征讨亡、浮浪他所、在官无故亡、知情藏匿罪人
断狱	审判之程序及其罚则	34	因应禁不禁、因妄引人为徒侣、据众证定罪、依告状鞫狱、决罚不如法、断罪不具引律令格式、官司出入人罪

下面选择几个重要制度简要介绍:

1. 服制:五服

在中国古代,服饰历来被看做是区分等级差别的重要标志。自晋律开始"准五服以治罪",历代相沿,唐律更是"一准乎礼"。有学者对《唐律》进行过精确统计,指出:

在总数502条中,直接以丧服服叙等级(期亲、大功、小功、缌麻、袒免)表述者达81条,加上虽不以服叙等级表述但涉及亲属关系而量刑不同者,共为154条。也就是说,《唐律疏议》中涉及家族主义法的条文占全律总条数的31%,而直接涉及服叙法(涉及服叙等级者)的条文占全律总条数的16%。①

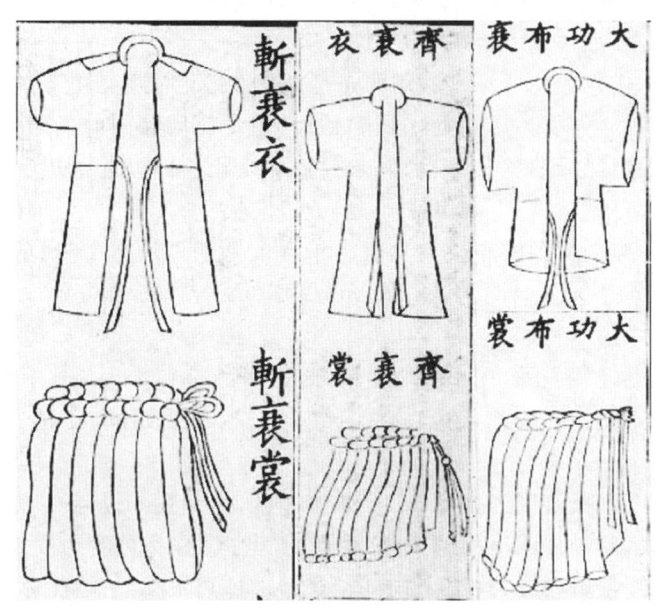

图19　康熙十二年通志堂刊本《新定三礼图》所绘几种丧服形制

古代男子丧服分为衰、裳两部分,上身丧服称为"衰"。衰之本义为垂坠于丧服胸前的一块麻布,引申为上身丧服,这就跟平时吉服之"衣"区别开来。"衰"读"cui"音,有极度悲哀之意。裳指的是下身丧服,类似于今日之"裙"。古代丧服均以麻布制作,元代以后大功以下丧服改以棉布制作,斩衰、齐衰仍用麻布。所谓"披麻戴孝"就是斩衰、齐衰的重孝。古代丧服等级在服饰原料上以崇尚粗恶、原始之原则,原料越是粗恶,就表明丧服愈重,等级愈高。换言之,丧服等级越低即亲属关系越疏远,服饰就越精细,越接近于日常穿着,人为加工的痕迹越明显。丧服崇尚原始,故均不染色,保持麻之原始白色。在颜色上有别于西方的黑色丧文化。服制按照丧服服饰分为五等,称为"五服",分别简述如下:

(1)斩衰

五服中最重的丧服。"斩,不缉也",指的是衣服不缝边。丧期为三年,子为父、父为长子、臣为君、妻妾为夫、未嫁的女子为父都服斩衰丧。

东汉以后,服斩衰之丧者如是现任官员,必须离职,归家守制,称为丁艰或丁忧。父丧称丁外艰或丁外忧,母丧称丁内艰或丁内忧。至丧期结束,才能复职。在特殊情况下,皇帝以处理军国大事的需要为由,不让官员离职守制,称为夺情,但遵旨依旧任职视事者往往被攻击为有悖人伦,要承受极大的舆论压力。在科举时代,士子遇斩衰之丧,在丧期内也不得应考。如得到父母亡故消息故意隐瞒,不离职奔丧,叫做匿丧,被发现后,会受到严厉处分,而且为人所不齿。

---

① 丁凌华:《五服制度与传统法律》,商务印书馆2013年版,第5页。

(2) 齐衰

"齐"音"zī",因丧服缝边略微整齐而名。分为四等:其一,齐衰三年,这是父卒为母、母为长子的服叙①;其二,齐衰一年,用杖,这叫"杖期",这是父在为母、夫为妻的服叙;其三,齐衰一年,不用杖,这叫"不杖期",这是男子为伯叔父母、为兄弟的服叙,已嫁的女子为父母,媳妇为舅姑(公婆)②,孙和孙女为祖父母;其四,齐衰三月,这是为曾祖父母的服叙。

(3) 大功

功,指织布的工作。大功所穿丧服用的布是指稍经锻治的熟麻布,较齐衰用的生麻布细密。大功丧期为九月。男子为出嫁的姊妹和姑母、为堂兄弟和未嫁的堂姊妹所服之丧都是大功,女子为丈夫的祖父母伯叔父母、为自己的兄弟所服之丧也是大功。

(4) 小功

为五月丧期,所穿丧服用的布较大功服为精致。男子为从祖父母、外祖父母、姨母等所服之丧即属小功。

(5) 缌麻

缌麻是五服中最轻的一种,比小功服更精细,丧期是三个月。当时用来制作朝服的最细的麻布每幅十五升,如抽去一半麻缕,就成为缌。因为其细如丝,正适宜用作最轻一等的丧服。

五服之外的同五世祖亲属为袒免亲,袒是露左臂,免是用布从项中向前交于额上,又后绕于髻。《礼记·大传》云:"四世而缌,服之穷也,五世袒免,杀同姓也,六世亲属竭矣。"

服饰以宗法血缘亲属划分,故根据"五服"之名称即可见宗法血缘关系之亲疏远近。服叙制度在整个帝制中国的法制中都特别重要,它在司法上的适用,就是"准五服以治罪"。在亲属相犯、亲属特权、亲属株连、亲属婚姻等犯罪类型上,司法官定罪量刑即必须考虑当事人间的服叙关系。

2. 十恶

《唐律》第六条"十恶"云:"一曰谋反;二曰谋大逆;三曰谋叛;四曰恶逆;五曰不道;六曰大不敬;七曰不孝;八曰不睦;九曰不义;十曰内乱。"《唐律》以上述十种犯罪类型刑责最为重大,名为"十恶"。《唐律疏议》明确说:"五刑之中,十恶尤切,亏损名教,毁裂冠冕,特标篇首,以为明诫。其数甚恶者,事类有十,故称'十恶'。"简言之,之所以这十种罪被称为"十恶",是因为它们直接违反了人伦之大的"三纲"及其他宗法伦理道德,刑以弼教,当然应予严惩。

《唐律疏议》对各条的内容有详尽阐释,摘引如下:

---

① 丁凌华指出:服叙,也称"叙服"、"服纪"。叙者,序也;纪者,准则也。五服服叙制度,是规定各类亲属关系在服制中之等级序位的准则。古人的聪明在于,将亲属等级序位与五服服饰等级相联系起来。何等服饰即何等服叙,直截明了。如以父服斩衰服饰,父即为斩衰亲,余下的可以此类推。就重要性而言,亲属等级序位无疑是五服制度的主要内容与主干部分,而作为五服制度本义内容的服饰制度与守丧制度,反退居次要地位。后世研究五服制度着力点均在服叙,服叙制度实际就是中国古代亲属等级计算的标准。(参考丁凌华:《五服制度与传统法律》,商务印书馆2013年版,第110页。)

② 自先秦到明清,具体的服叙制度有些变化。其著者如子对母亲的服叙,妇对舅姑的服叙。自先秦到唐初,子为母之服依父之生卒而不同,父在子为母齐衰一年,父卒为母齐衰三年。到唐高宗上元元年(674年),武则天已大权在握,上表高宗请求"父在,子为母终三年之服",得到高宗认可,成为制度,宋元相沿未改。到明初,太祖朱元璋对为父斩衰、为母齐衰的服叙很不以为然,改为子为母服斩衰三年,与为父之服同。从先秦至唐,妇为舅姑服齐衰一年,到后唐明宗时期,改为妇与其夫同,为舅姑斩衰三年,为姑服齐衰三年;到明初朱元璋将子为母之服由齐衰改为斩衰,故妇为舅姑皆服斩衰三年。关于具体服叙制度变化沿革,可参看丁凌华:《五服制度与传统法律》,商务印书馆2013年版,第134—189页。

一曰谋反,谓谋危社稷……为子为臣,惟忠惟孝。乃敢包藏凶慝,将起逆心,规反天常,悖逆人理,故曰"谋反"。

案:社稷在古代是君主和朝廷的代称。

二曰谋大逆,谓谋毁宗庙、山陵及宫阙……此条之人,干纪犯顺,违道悖德,逆莫大焉,故曰"大逆"。

案:就是图谋毁坏君主宗庙、先帝陵寝和宫殿的犯罪。为什么将之归入十恶之次,是因为宗庙、山陵和宫阙乃君主权威之神圣象征。

三曰谋叛,谓谋背国从伪…谋背本朝,将投蕃国,或欲翻城从伪,或欲以地外奔。

四曰恶逆,谓殴及谋杀祖父母、父母,杀伯叔父母、姑、兄姊、外祖父母、夫、夫之祖父母、父母。父母之恩,昊天罔极。嗣续妣祖,承奉不轻。枭镜其心,爱敬同尽,五服至亲,自相屠戮,穷恶尽逆,绝弃人理,故曰"恶逆"。

五曰不道,谓杀一家非死罪三人,支解人,造畜蛊毒、厌魅。安忍残贼,背违正道,故曰"不道"。

案:该犯罪灭绝人道、无辜杀害一家没犯死罪者三人,或者杀人碎尸,用蛊毒厌魅手段欲致人死地。汉武帝晚年的巫蛊之祸就是一个有名的例子。① 在古代,据说将很多毒虫放在一个器皿中,使之互相残杀吞食,能最后生存下来的毒虫即是蛊,放入食物害人可使人疯狂;厌魅是假借鬼神符咒以害人。这些办法在古代社会让人非常害怕,将之纳入十恶中的"不道",予以严厉禁止。

六曰大不敬,谓盗大祀神御之物、乘舆服御物;盗及伪造御宝;合和御药,误不如本方及封题误;若造御膳,误犯食禁;御幸舟船,误不牢固;指斥乘舆,情理切害及对捍制使而无人臣之礼……礼者,敬之本;敬者,礼之舆……责其所犯既大,皆无肃敬之心,故曰"大不敬"。

七曰不孝,谓告言、诅詈祖父母父母,及祖父母父母在,别籍、异财,若供养有阙;居父母丧,身自嫁娶,若作乐,释服从吉;闻祖父母父母丧,匿不举哀;诈称祖父母父母死……善事父母曰孝。既有违犯,是名"不孝"。

八曰不睦,谓谋杀及卖缌麻以上亲,殴告夫及大功以上尊长、小功尊属……睦者,亲也。此条之内,皆是亲族相犯,为九族不相协睦,故曰"不睦"。

九曰不义,谓杀本属府主、刺史、县令、见受业师,吏、卒杀本部五品以上官长;及闻夫丧匿不举哀,若作乐,释服从吉及改嫁。礼之所尊,尊其义也。此条元非血属,本止以义相从,背义乖仁,故曰"不义"。

十曰内乱,谓奸小功以上亲、父祖妾及与和者……若有禽兽其行,朋淫于家,紊乱礼

---

① 从《资治通鉴》这段所载即可见巫蛊危害之一斑:"是时,方士及诸神巫多聚京师,率皆左道惑众,变幻无所不为。女巫往来宫中,教美人度厄,每屋辄埋木人祭祀之。因妒忌恚詈,更相告讦,以为祝诅上,无道。上怒,所杀后宫延及大臣,死者数百人。上心既以为疑,尝昼寝,梦见人数千持杖欲击上,上惊寤,因是体不平,遂苦忽忽善忘。江充自以与太子及卫氏有隙,见上年老,恐晏驾后为太子所诛,因是为奸,言上疾祟在巫蛊。于是上以充为使者,治巫蛊狱。充将胡巫掘地求偶人,捕蛊及夜祠、视鬼,染污令有处,辄收捕验治,烧铁钳灼,强服之。民转相诬以巫蛊,吏辄劾以为大逆无道;自京师、三辅连及郡、国,坐而死者前后数万人。"((宋)司马光编著:《资治通鉴》(第二册),胡三省音注,中华书局1956年版,第728页,"武帝征和二年"。)

经,故曰"内乱"。①

对十恶犯罪略微分类,即可知:谋反、谋大逆、谋叛和大不敬,是直接危害皇帝人身、尊严和权力的行为,严重有悖君臣大义;恶逆、不孝、不睦是亲属间以卑犯尊的行为,内乱是家族内有如禽兽之行,和前三者都严重违背家族伦理;不道与不义,或以邪恶卑鄙的手段实施犯罪行为,或以下犯上,有违人之所以为人之人伦大义。对这十种犯罪,较之其他类型的犯罪,当然要予以更严重的惩罚:一般会处以斩、绞、流等重刑;为"常赦所不原";不得申请"议""当"等;不能援用"同居相为隐"和"犯罪存留养亲"等条款来减轻处罚或免予处罚。

追溯"十恶"之渊源,其部分罪名在秦汉时期已出现,《北齐律》有了重罪十条,《开皇律》正式用了十恶之名,唐律因之。② 直到清代,相沿未改,成为帝制中国法制的核心组成部分。

3. 八议

八议制度可追溯到《周礼》之"八辟"。③ 在唐代,这八种人犯死罪,皆先奏请,议其所犯,故曰"八议"④:

> 一曰议亲,谓皇帝袒免以上亲及太皇太后、皇太后缌麻以上亲,皇后小功以上亲。
>
> 二曰议故,谓故旧。《疏议》曰:谓宿得侍见,特蒙接遇历久者。
>
> 三曰议贤,谓有大德行。《疏议》曰:谓贤人君子,言行可为法则者。
>
> 四曰议能,谓有大才艺。《疏议》曰:谓能整军旅,莅政事,盐梅⑤帝道,师范人伦者。
>
> 五曰议功,谓有大功勋。《疏议》曰:谓能斩将搴旗,摧锋万里,或率众归化,宁济一时,匡救艰难,铭功太常者。
>
> 六曰议贵,谓职事官三品以上,散官二品以上及爵一品者。
>
> 七曰议勤,谓有大勤劳。《疏议》曰:谓大将吏恪居官次,夙夜在公,若远使绝域,经涉险难者。
>
> 八曰议宾,谓承先代之后为国宾者。

《唐律》第八条规定:

> 诸八议者,犯死罪,皆条所坐及应议之状,先奏请议,议定奏裁;议者,原情议罪,称定刑之律而不正决之。

《疏议》曰:

> 八议人犯死罪者,皆条录所犯应死之坐及录亲、故、贤、能、功、勤、宾、贵等应议之

---

① 《唐律疏议》,刘俊文点校,法律出版社1998年版,第6—17页。
② 周东平指出,《开皇律》首创的"十恶之条"的罪名,不仅有从《北齐律》重罪十条发展而来的实质(即具体内容)的来源,而且还有素来为人们所忽视的形式(即其名称借用自佛教所谓的"十恶")的来源。(周东平:《隋〈开皇律〉十恶渊源新探》,载《法学研究》2005年第4期。)
③ 《周礼·秋官司寇·小司寇》云:"以八辟丽邦法,附刑罚:一曰议亲之辟,二曰议故之辟,三曰议贤之辟,四曰议能之辟,五曰议功之辟,六曰议贵之辟,七曰议勤之辟,八曰议宾之辟。"郑玄注云:"辟,法也。其犯法则在八议,轻重不在刑书。"(《十三经注疏·周礼注疏》,北京大学出版社1998年版,下册,第915—916页。)《唐律疏议》明确道出了二者之渊源关系:"《周礼》云:'八辟丽邦法。'今之'八议',周之'八辟'也。"(《唐律疏议》,刘俊文点校,法律出版社1998年版,第17页。)
④ 《疏议》云:"其应议之人,或分波天潢,或宿侍旒扆,或多才多艺,或立事立功,简在帝心,勋书王府。若犯死罪,议定奏裁,皆须取决宸衷,曹司不敢与夺。此谓重亲贤,敦故旧,尊宾贵,尚功能也。以此八议之人犯死罪,皆先奏请,议其所犯,故曰'八议'。"(《唐律疏议》,刘俊文点校,法律出版社1998年版,第17页。)
⑤ 刘俊文注释云:贤能之人辅佐帝王犹如盐梅和羹。(《唐律疏议笺解》(上册),第108页。)

状,先奏请议。依令,都堂集议,议定奏裁……流罪以下,减一等。其犯十恶者,不用此律。①

这也就是说,凡八议之人犯了死罪,负责官员不能直接处理,只能开具犯罪事实、所触犯的刑律以及该罪犯的八议具体身份,上奏皇帝,由皇帝交给有关大臣集体议决,议完之后由皇帝最后裁决。一般而言,八议者犯死罪,经"议"之后,都能得到减轻;犯流罪及其以下,确定减一等。但如八议者犯十恶重罪,则不再适用该条予以议减。以后历代律典皆有此规定,只是在细节上略有出入而已。

4. 五刑

《唐律》所规定的刑罚为以下五种,从轻到重依次为笞、杖、徒、流、死,称为"五刑"。下面分别具体言之:

(1) 笞刑

分五等,从笞十到五十,每加十笞为一等。其意在于人有小过错,予以薄惩,以激起其羞愧之心而不再犯,期于无刑而已。

(2) 杖刑

分五等,从杖六十到一百,每加十杖为一等。《唐律》规定,累决笞、杖不能超过二百。

(3) 徒刑

分五等,从徒一年到三年,每加半年为一等。"徒者,奴也,盖奴辱之",意思是当奴隶那样来承受羞辱。

(4) 流刑

分三等,流二千里、二千五百里和三千里。"谓不忍刑杀,宥之于远也。"

(5) 死刑

分两等,绞和斩。《疏议》云:"古先哲王,则天垂法,辅政助化,禁暴防奸,本欲生之,义期止杀。绞、斩之坐,刑之极也。"②

将此五刑作为法定刑,之后历代相沿,最多有细节变化。如清代因为有秋审制度,死刑又分为监候和立决。所谓监候,是将罪犯关押在牢房,等到秋天,看是否执行死刑;所谓立决,是立即执行死刑。所以可以说,清代死刑有四等,从轻到重分别为绞监候、斩监候、绞立决和斩立决。

5. 六赃

张斐在《律注》中讲:"货财之利谓之赃。"③赃指非法取得的财物。《唐律》在总结前代立法经验的基础上,对赃罪在法律上进行了综合归纳,其类有六,故称"六赃",计算赃物,以绢的价格为单位,皆按照市场管理机构每旬公布的百货价格来评估。其内容见《唐律》名例"以赃入罪"条及其"疏议":

> 诸以赃入罪,正赃见在者,还官、主;
> 《疏议》曰:在律,"正赃"唯有六色:强盗、窃盗、枉法、不枉法、受所监临及坐赃。自外诸条,皆约此六赃为罪。但以此赃而入罪者,正赃见在未费用者,官物还官,私物

---

① 《唐律疏议》,刘俊文点校,法律出版社1998年版,第17—19页。
② 同上书,第3—6页。
③ 《晋书·刑法志》,载(唐)房玄龄等撰:《晋书》(第三册),中华书局1974年版,第928页。

还主。①

(1)"强盗",唐律根据得财多寡、伤人程度及是否执有凶器为主要因素来量刑,规定,未抢得财物的,徒二年;已抢得财物的,一尺徒三年,每二匹加一等,得财十匹以及伤害人的,处绞刑;杀人的处斩刑。如果手持凶器,得财五匹处绞刑,伤人的处斩刑。

(2)"窃盗",唐律按照得财多寡予以量刑,规定,凡已实施窃盗行为而不得财物的,笞五十;已得财物一尺的,杖六十;每一匹加一等,五匹徒一年;每五匹加一等,五十匹加役流。贪污自己经管的官有财物,叫做"监守自盗",按上述盗窃加二等处刑,三十匹绞。对于频繁窃盗者,采取"累而倍"的方式计赃,即多次累加之后减半量刑科罪。

(3)"枉法",指官吏收受财物贿赂,对行贿人作出枉法裁判的犯罪。凡官吏受财枉法,一尺杖一百、一匹加一等、十五匹,绞。

(4)"不枉法",指官吏收受财物但未枉法裁判的犯罪。受财不枉法者,三十匹也处仅次于死刑的加役流刑。

(5)"受所监临",是指官吏利用职权非法收受所辖范围内百姓或下属财物的犯罪。官吏出差,不得在所到之处,接受礼物。主动索取或强要财物的,加重处罚。监临主守官盗取自己所监临的财物或被监临之财物,比窃盗加二等处罚,赃满三十匹即绞。主官在辖区内役使百姓,借贷财物,私自役使下属人员或利用职权经商牟利,违者以坐赃论处,依情节处以笞杖或徒刑。官吏应约束其家人不得接受被监临人的财物。若家人有犯,比照官吏本人减等治罪。

(6)"坐赃",指官吏或一般人非因收受贿赂或盗窃等原因,而是为公或为私收取不应该收取的财物,在六赃中分属最轻。例如财产受人侵损,受损害一方从侵害一方所得到的赔偿超过实际损害,超过部分按"坐赃"处罚。唐律规定,赃一尺笞二十;每一匹加一等,十匹徒一年;每十匹加一等,至多徒三年。给予超额财物的人比受财人减五等处罚。

《唐律》六赃之名称为后代所沿用,但内容有一些变化。到明清两代,"六赃"为监守盗、常人盗、窃盗、受财枉法、受财不枉法、坐赃,律典中均有《六赃图》。这主要是因为明代为维护秩序,对强盗重惩,规定窃盗不得财,罪犯杖一百流三千里,得财都处斩刑,不再计赃论罪,故不入"六赃"之中。为了整饬官僚队伍,保护公家财物,将"监守盗"和"常人盗"一分为二。

"六赃"乃以赃定罪,仅仅注意赃物的价值和数量,基本忽略了犯罪情节和危害,在后代引起了一些批评。比如宋代曾布即讲:"盗情有重轻,赃有多少。今以赃论罪,则劫贫家情虽重,而以赃少减免,劫富室情虽轻,而以赃重论死。是盗之生死,系于主之贫富也",主张要根据实际的犯罪手段来对赃罪量刑。② 王夫之则认为此种"一切之法",尤其是关于官吏的赃罪,非但不能达到"治吏"的效果,反而会走到其反面。因为他认为,靠这种"一切之法"来威慑官吏,使得官吏人人犯罪,进而"免而无耻"。上司为了推脱责任,反而帮下级开脱。结果是法越严厉就越要隐瞒,从而事与愿违。另外,受贿之数量和危害并不必然相关。比如一个吏部官员受贿五十贯就把一个昏官派到要害岗位,导致"激变"或"丧师";而另一位吏部官员受贿两百贯,把昏官委派一个相对轻闲待遇优惠的位置。按照计赃定罪的法律,前者徒刑后

---

① 《唐律疏议》,刘俊文点校.法律出版社1998年版,第97页。另《唐律疏议·杂律》"坐赃致罪"条亦有类似规定。
② 《宋史·刑法志》,载脱脱等撰:《宋史》(第十五册),中华书局1977年版,第4978—4979页。

者处死,岂非事理之平?① 到清末修订法律,才删去以赃定罪的条文。

6. 六杀

《唐律》贼盗、斗讼篇中主要依犯罪人主观意图分杀人罪为六种,即故杀、谋杀、斗杀、戏杀、误杀和过失杀等,合称"六杀"。② "谋杀"指预谋杀人;"故杀"指事先虽无预谋,但情急杀人时已有杀人的意念;"斗杀"指斗殴中因为激愤失手而把人杀死的杀人犯罪;"误杀"指由于种种原因错置了杀人对象;"过失杀"指"耳目所不及,思虑所不至",即出于过失杀人;"戏杀"指"以力共戏"而导致杀人。基于上述区别,唐律规定了不同的处罚。谋杀根据不同情况减杀人罪数等处罚③;故意杀人,一般处斩刑;误杀和斗杀则减杀人罪一等处罚;戏杀则减斗罪二等处罚;过失杀,一般"以赎论",即允许以铜赎罪。"六杀"理论的出现,反映了唐律对传统杀人罪理论的发展与完善。

7. 保辜

保辜是官府根据被害人伤情之轻重予以法定保证期限,要求伤害人对被害人予以照看、治疗,若被害人在期限内因伤死亡,则对伤害人以杀人罪论处;若伤处平复或限内未死,则处以伤人罪。《大清律例》对该制度的内容及其背后意涵有简要的归纳:"保,养也;辜,罪也。保辜,谓殴伤人未至死,当官立限以保之。保人之伤,正所以保己之罪也。"④唐承汉法,详定保辜。《唐律》中的保辜,主要适用于三种情形:(1) 凡殴人无论伤与不伤,各须保辜;(2) 凡有伤害事实,无论原因,皆须保辜;(3) 一切斗殴、伤人和因斗殴而杀人的案件,无论是故意、过失,是否造成结果,均适用保辜。保辜皆有法定期限:"手足殴伤人限十日,以他物殴伤人者二十日,以刃及汤火伤人者三十日,折跌肢体及破骨者五十日。"保辜的结果直接影响到对加害人的处罚:受害人在保辜期限内死亡的,对加害人按照杀人法予以定罪量刑;受害人在保辜期限外或者虽在保辜期限内但因其他缘故死亡的,依照殴伤法定罪量刑。一般情况下,按照唐律的相关规定,斗殴杀人处绞、斩一类死刑;斗殴伤人或处杖刑、或处徒刑。加害人最终应定为何种罪名,通常待保辜期限期满后视被害人存亡和伤势的情况来加以确定。

唐律的保辜制为后代所继承,只是有些细节的变化,最后在清末修律活动中被废除。它蕴含了合理性因素,比如它对被害人和加害人的人性关怀、朴素的修复性司法理念等。

总之,《唐律》是中华法系最具代表性的法典,在帝制中国法制史上占有特别重要的地位。从时间上看,它继前开往;从空间上看,影响直接及于日本、韩国、越南等东亚诸国。著名唐律研究学者戴炎辉将它与欧陆划时代刑法典《加罗利那刑法典》(Cnstitutio Criminalis

---

① 原文为:"赃以满贯抵重罪,刻法绳人,此所谓一切之法也。抑贪劝廉,唯在进人于有耻,画一以严劾之,则吏之不犯者鲜,更无廉耻之可恤而唯思巧为规避,上吏亦是重以锱铢陷人于重罚而曲为揜盖。上愈严而下愈匿,情与势之必然也……其枉法也,则所枉之大小与受赃之多少,孰为重轻? 假令一兵部官滥授一武职,以致激变丧师,或因情面嘱托,实所受贿仅得五十贯;令一吏部官滥授一仓巡河泊,其人无大过犯,而得贿二百贯;又令一问刑官受一诬告者之贿而故入一人于死,仅得五十贯;其一受诬告者之贿而故入人于杖,得二百贯;岂可以贯之多少定罪之重轻乎? 则无如不论贯而但论其枉不枉,于枉法之中又分所枉之重轻,但除因公科敛,因所剥削之多少,分等定罪。其他非黄白狼藉,累万盈千者,苟非枉法,但吏部记过,全士大夫之名节于竿牍饮食之中,而重於箕敛渔猎之条。唯宽也,乃能行其严,恶用此一切之法为!"(王夫之:《噩梦》,载《思问录 俟解 黄书 噩梦》,王伯祥点校,中华书局2009年版,第162—163页。)

② 另外,也有"七杀"一说,即"六杀"加上"劫杀"。案:《唐律》有"劫囚"条,规定"诸劫囚者,流三千里;伤人及劫死囚者,绞;杀人者,皆斩。(但劫即坐,不须得囚。)",此即为"劫杀"。(《唐律疏议》,刘俊文点校,法律出版社1998年版,第357页。)

③ "谋杀人"条规定:谋诸杀人者,徒三年;已伤者,绞;已杀者,斩。从而加功者,绞;不加功者,流三千里。造意者,虽不行仍为首。(《唐律疏议》,刘俊文点校,法律出版社1998年版,第356—357页。)

④ 《大清律例》,田涛等点校,法律出版社1998年版,第446页。

Carolina,1532)相比较,认为:"当时东西刑法之发达,相距千余年之久。唐律之发达,叹为观止。"进而感慨后人不肖,晚清修律,竟主要是模范西法,"所惜,后代唯知墨守,未能及时改善推进,致清末变法时,反而籍重欧洲近代刑法思想及其制度。惟细绎之下,唐律与近代刑法之距离不远"。①

第四节 君权强化引起的帝制法制再变化:宋明法制

中唐以后,藩镇坐大,宦官骄横,朝纲不振,终至社稷倾覆,节镇遍于东南,陵夷至于五代十国。骄兵悍将,肆意妄为;立国纲维,扫地殆尽。宋太祖受后周之禅,鉴于时弊,力图强化君主集权,右文治武。宋代法制较之唐代发生了很大变化。

一、宋代法制

1. 宋代立法

北宋甫一建立,赵匡胤作为雄才伟略之主,鉴于五季衰乱,苛法无度……为巩固割据分裂后的统一,加强君主专制,以集权中央,汲汲于制定本朝法典。建隆三年(962年),命工部尚书判大理寺窦仪等人修订刑律。为什么是修订呢?因宋太祖是受后周禅让而兴,后周的《显德刑统》仍然有效。故窦仪在《唐律疏议》和《显德刑统》的基础上,重加编排,修成《建隆重详定刑统》一书,简称《宋刑统》。为什么称"刑统"呢?它是"刑律统类"的省称,即"刑名之要,尽统于兹"。②

从内容来看,《宋刑统》沿袭《唐律》这一特点较为明显。但也有一些变化:在编纂体例上,它按照唐律的篇章结构,在每条律后附有相关的敕、令、格、式,与律文具有同样的效力,使得《宋刑统》更成为综合性法典;《宋刑统》在篇和法条之间加入"门"(按律条之性质归门别类的产物),增加了律典的体系性,便于检索。整个《宋刑统》共分213门。在刑制上,除了沿袭《唐律疏议》的五刑体系外,增加了"决杖"这一常刑之外的代用刑,即处笞、杖、徒、流的犯人可以折成"臀杖"或"脊杖"。之所以有此代用刑,是太祖注重宽仁之风,革除五代刑法苛滥之弊,做到立法之制严而用法之情恕。③ 有了"决杖"之后,又产生了新问题,即死刑和决杖之间刑差太大。于是宋代新产生了"刺配"刑。"刺配"是"刺字"和"配役"之合称,乃"贷死之刑"。④

需要补充的是,宋代实际上还有凌迟之酷刑。凌迟又称"陵迟",俗称"千刀万剐",即杀人者,欲其死但缓慢行其刑,以便犯人临死前多受痛苦。据说这种刑罚在五代时才出现。宋太宗在镇压川陕农民暴动时用之,但真宗以"五刑自有常制,何为惨毒"而予以摒弃。天圣年

---

① 戴炎辉编著:《唐律通论》,戴东雄、黄源盛校订,台湾元照出版有限公司2010年版,第4页。
② 据沈家本考证,"《显德刑统》,《宋刑统》之所本也",因"刑名之要,尽统于兹,目之为《大周刑统》"。(沈家本:《历代刑法考》(第二册),邓经元等点校,中华书局1985年版,第963页。)
③ 折杖法施行以后,效果却差强人意,熙宁三年中书上陈"刑名未安"之处五条,第二条为:"徒、流折杖之法,禁纲加密,良民偶有抵冒,致伤肌体,为终身之辱;凶顽之徒,虽一时创痛,而终无愧耻。"《宋史·刑法三》,载(元)脱脱等撰:《宋史》(第十五册),中华书局1977年版,第5008页。
④ 丘濬对刺配有这样的评价:"宋人承五代为刺配之法,既杖其脊又配其人而且刺其面,是一人之身、一事之犯而兼受三刑也。宋人以忠厚立国,其后子孙受祸最惨,意者以其刑法太过。杖人以脊、刺人之面,皆汉唐所无者欤!故其末世子孙,生者有系累之苦,死者遭暴露之祸。后世用刑者,宜以为戒。"(明)丘濬撰:《大学衍义补》(第二册),吉林出版集团有限责任公司2005年版,第1215页。

间两湖地区有杀人祭鬼之俗,仁宗一怒下诏:"自今首谋若加功者,凌迟斩之。"鉴于宋代皇帝诏敕的特殊重要性,凌迟渐成一种事实上的法定刑。《庆元条法事类》即将凌迟与斩、绞同列为法定死刑之一。据此,学者指出:"宋朝凌迟的入律,五刑外酷刑的增多,对其后明清两代的立法种下了不良的遗传基因。"①

除《宋刑统》作为基本法典外,宋代为了增加皇帝对法律的掌控,特别注重编敕和编例。关于编敕和编例的具体内容,我将在后面"法律形式"部分再讲。

宋代特别是中后期以后频繁编敕和编例,不可避免导致法令的繁琐。过于强化的君主专制势必更加严密地防范各级官吏,导致法令如牛毛,最终法制失控而走向反面,信然!

2. 宋代皇帝对司法控制的加强

宋朝的司法制度有其特色。据此,有学者将宋代法制视为中国法制发展的高峰,一些海外学者更以宋代司法制度的这些特色作为宋代为近世社会开端之证据。如不少日本学者认为宋代是中国近世之开端,有"崖山之后无中华"的说法。如果我们把近世简化为都市化和个人的抬头,这种说法不无根据。今天我们观察张择端的《清明上河图》即可获得一些直观印象。但在法制方面,我以为这值得商榷,单纯从这些有特色的司法制度内容来看,确实与很多近代司法的特征相符合,但在这些制度的背后,却是皇帝对司法控制的强化,可能与所谓的"高峰""近世"不相吻合。

宋太祖鉴于唐末五代藩镇跋扈不臣,大力强化君主集权。表现在司法领域,就是加强对司法机构的控制。主要表现在四个方面:

(1)弱化中央正式法司。作为中央正式法司的大理寺、刑部和御史台,常不设或虚设长官和次官,而增设临时性的"判某某事"职位,来负责管理该机构事务。

(2)增设特别司法机构。最著者如宋太宗时期,皇帝以刑部、大理寺不称职,特于宫中设审刑院,作为皇帝审判案件的咨询机构,行使中央司法审判职能。其主官由皇帝直接任命,皇帝权威得以加强。凡狱讼之应行奏闻者,先将相关司法文书送到审刑院,经其盖印后由大理寺审判,再交审刑院详议申覆,再经由中书奏闻。② 审刑院到神宗元丰年间才废除。皇帝更屡兴诏狱。所谓"诏狱",是皇帝直接下诏特派官员或内侍直接审理重大案件。尽管实际上审判官员多由三法司中的御史担任,但理论上皇帝指派谁没有明确限制。神宗时期,在废除审刑院之后,又设置了"制勘院"。它是诏狱的一种,如有重大案件发生,皇帝即派钦差官员就案发地临近州县设置院司审理案件。

(3)皇帝更多亲自审办案件。皇帝经常亲自审办案件,表明皇帝才是最高司法官员,对臣民的生杀予夺有最高控制权。史载:太祖"每亲录囚徒,专事矜恤";太宗"常躬听断,在京狱有疑者,多临决之,常能烛见隐微"。太祖、太宗如此,祖制所及,作为其子孙的后世皇帝,多喜欢亲自断案。

(4)强化对司法官员的牵制。除了我们在前边所讲特别司法机构的设置外,宋代亦发

---

① 黄源盛:《中国法史导论》,台湾元照出版有限公司2013年版,第275页。
② 《宋史·职官三》载:"淳化二年,增置审刑院,知院事一人,以郎官以上至两省充,详议官以京朝官充,掌详谳大理所断案牍而奏之。凡狱具上,先经大理,断谳既定,报刑部,然后知院与详议官定成文草,奏记上中书,中书以奏天子论决。"(脱脱等撰:《宋史》(第十二册),中华书局1977年版,第3858页。)又《宋史·刑法一》载:宋太宗"虑大理、刑部吏舞文巧诋,置审刑院于禁中,以枢密直学士李昌龄知院事,兼置详议官六员。凡狱上奏,先达审刑院,印讫,付大理寺、刑部断覆以闻,乃下审刑院详议申覆,裁决讫,以付中书省。当,即下之;其未允者,宰相覆以闻,始命论决。盖重慎之至也。"((元)脱脱等撰:《宋史》(第十五册),中华书局1977年版,第4972页。)

展了正式司法官员之间在职权上的互相牵制制度。宋代首创"鞫谳分司"制度,即将"审"和"判"分开,"审"即"审问","判"即"检法议刑",分别由不同的官员负责,使之相互牵制,以防专断之弊。又推行"翻异别勘"制度,即在录问或行刑之时,犯人推翻原供或申诉冤情,案件必须更换审判官员或由其他司法机关审理。更有司法官员互察制度,分为同僚互察、上下级官府之间的互察等。为加强对地方司法的监督,在太宗淳化年间还于各路专门设立了"提点刑狱司",规定:"凡管内州府十日一报囚帐,有疑狱未决,即驰传往视之。州县稽留不决、按谳不实,长吏则劾奏,佐史、小吏许便宜按劾从事。"①

二、辽、金、西夏和元代法制简介

(一)辽代法制

由于契丹文字失传已久,至今尚未完全解读,契丹人的后裔模糊,故学界对契丹法制研究有限。这里仅略作介绍,以免疏漏。后面关于金代和西夏法制的介绍亦仿此。

辽以武立国,重刑轻礼,法制简陋。辽太宗耶律德光之时,"以国制治契丹,以汉制待汉人"。②这里的"国制",是契丹的习惯法;"汉制"是以《唐律》为核心的汉法。后来,随着契丹人汉化程度的加深,为缓解民族矛盾,先后制定了《重熙条制》和《咸雍条制》。《咸雍条制》以其条文繁多,导致民无所适从而废止。前后只施行了十几年,所以辽代的主要法典是《重熙条制》。

《重熙条制》是辽兴宗重熙五年(1036年)前后编成的《重熙新订条例》,"纂修太祖以来法令,参以古制。其刑有死、流、杖及三等之徒而五,凡五百四十七条。"③

辽代法制多受宋代法制影响,如宋有凌迟、刺配之刑,辽亦有之。

关于辽代法制,多有不尽人意之处,《辽史·刑法志》有段话值得玩味:

> 辽之先代,作法尚严。使其子孙皆有君人之量;知所自择,犹非祖宗贻谋之道;不幸一有昏暴者,少引以借口,何所不至。然辽之季世,与其先代用刑同,而兴亡异者何欤?盖创业之君,旋立于法未定之前,民犹未敢测也;亡国之主,施之于法既定之后,民复何所赖焉。此其所为异也。《传》曰:"新国轻典",岂独权事宜而已乎?④

(二)金代法制

金代初期立法,与辽略有区别的是它对本族习惯法更重视,"多依本朝旧制"。到熙宗即位后,为了改变多种法制并存的混乱状况,加快了法制的汉化。其标志是《泰和律义》,《金史·刑法志》称其"宜无遗憾",下面略作介绍:

> 凡十有二篇……实《唐律》也,但加赎铜皆倍之,增徒至四年、五年为七,削不宜于时者四十七条,增时用之制百四十九条,因而略有所损益者二百八十有二条,余百二十六条皆从其旧。又加以分其一为二、分其一为四者六条,凡五百六十三条,为三十卷,附注以明其事,疏义以释其疑,名曰《泰和律义》。

金代法制,盖沿旧习殊深,失之于猛,没能与教化融汇。《金史·刑法志》作者为之慨

---

① 《宋史·刑法一》,载脱脱等撰:《宋史》(第十五册),中华书局1977年版,第4968—4972页。
② (元)脱脱等撰:《辽史》(第二册),中华书局1974年版,第685页。
③ 同上书,第944页。
④ 同上书,第946—947页。

叹,云:

> 金初,法制简易,无轻重贵贱之别,刑、赎并行,此可施诸新国,非经世久远之规也……金法以杖折徒,累及二百,州县立威,甚者置刃于杖,虐于肉刑。季年,君臣好用筐箧故习,由是以深文傅致为能吏,以惨酷办事为长才……考满,校其受决多寡以为殿最。原其立法初意,欲以同疏戚、壹小大,使之咸就绳约于律令之中,莫不齐手并足以听公上之所为,盖秦人强主威之意也。是以待宗室少恩,待大夫士少礼。终金之代,忍耻以就功名,虽一时名士有所不免。至于避辱远引,罕闻其人。殊不知君子无耻而犯义,则小人无畏而犯刑矣。是故论者于教爱立廉之道,往往致太息之意焉。①

(三) 西夏法制简介

党项族于宋初在河西建立地方政权之后,中原王朝的法律制度和本族习惯法并行。李元昊对法制很重视,据史书记载:

> 晓浮图学,通蕃汉文字,案上置法律……既袭封,明号令,以兵法勒诸部……自制蕃书,命野利仁荣演绎之,成十二卷,字形体方整类八分,而画颇重复。教国人纪事用蕃书,而译《孝经》、《尔雅》、《四言杂字》为蕃语。②

元昊之后,历代西夏国王不断修律,仁宗天盛年间颁布的《天盛改旧新定律令》是其代表律令。

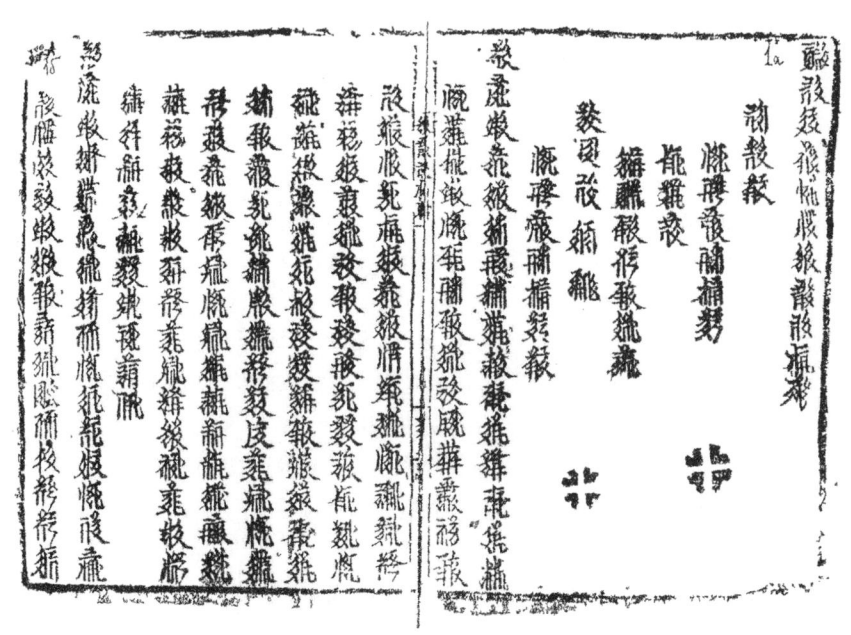

图 20 西夏文《天盛改旧新定律令》

西夏灭亡后,保留下来文献很少。1909 年俄国人科兹洛夫率领的探险队在西夏故地黑水城遗址(今属内蒙古自治区额济纳旗)发现了大批西夏文献,后运到圣彼得堡,现藏于俄罗斯科学院圣彼得堡东方学研究所。这批文献除大量佛经外,有相当数量的文学、辞书、法律

---

① (元)脱脱等撰:《金史》(第三册),中华书局 1975 年版,第 1013—1024 页。
② (元)脱脱等撰:《宋史》(第四十册),中华书局 1977 年版,第 13993 页。

和汉文经典译著,《天盛改旧新定律令》就是其中最重要的一种。经中俄学者长时间辛苦整理,得以翻译成汉文出版。

《天盛改旧新定律令》,简称《天盛律令》或《西夏法典》,原文以西夏文写成,共20卷150门,1460条,约20余万字。它将律、令、格、式统一编入其中,没有注释,没有案例,全部是律令条文。它是一部综合性法典,吸收了很多《宋刑统》的内容,同时结合西夏社会的具体情况增设许多唐、宋律中所没有的条文。①

总之,西夏与宋王朝联系紧密,汉化程度较深,能用自己的语言颁布高质量的法典,足见其法律程度达到较高的水平。《宋史·夏国传》的撰写者对其文治武功有精当评述,云:

> 元昊结发用兵,凡二十年,无能折其强者。乾顺建国学,设弟子员三百,立养贤务;仁孝增至三千,尊孔子为帝,设科取士,又置官学,自为训导。观其陈经立纪,《传》曰:"不有君子,其能国乎?"②

西夏法制能有此成就,与其养士兴学、陈经立纪紧密相关,同属君子谋国之正途。

(四)元代法制

明初所修的《元史·刑法志》对元代法制有这样的概述和总评:

> 元兴,其初未有法守,百司断理狱讼,循用金律,颇伤严刻。及世祖平宋,疆理混一,由是简除繁苛,始定新律,颁之有司,号曰《至元新格》。仁宗之时,又以格例条画有关于风纪者,类集成书,号曰《风宪宏纲》。至英宗时,复命宰执儒臣取前书而加损益焉,书成,号曰《大元通制》……君臣之间,唯知轻典之为尚,百年之间,天下乂宁,亦岂偶然而致哉!然其弊也,南北异制,事类繁琐,挟情之吏,舞弄文法,出入比附,用谲行私,而凶顽不法之徒,又数以赦宥获免;至于西僧岁作佛事,或恣意纵囚,以售其奸宄,俾善良者喑哑而饮恨,识者病之。然而元之刑法,其得在仁厚,其失在乎缓弛而不知检也。③

元代法律的制定大致可分为两个时期,一是蒙古时期,一是元王朝。在前一阶段,成吉思汗于1203—1205年间颁布了《大扎撒》,"扎撒"是蒙古语,法律、规则或良好组织制度之意。《大扎撒》未形成系统化的法典,主要适用于蒙古人;随着蒙古帝国征服区域的扩大,采用了金朝的《泰和律》以治理北方金人和汉人,形成蒙汉法规混用分治南北的局面。元朝建立后,开始制定自己的法典,《大元通制》是其中比较完整系统者,下面略作介绍:

元英宗至治三年(1323年)正式颁行,共两千多条,《元史·刑法志》将之分为制诏、条格、断例三部分,《元文类》分为四部分,增加了"令类"577条。"制诏"是皇帝诏令,共94条;"条格"主要是经皇帝裁定或直接由中书省等中央机关颁发给下属衙司的政令以及处理各种具体事件的指令性文书,共1151条;"断例"分"断案事例"和"断案通例","断案通例"又称"科断通例",其性质近似于律,分为十一目,其篇目大致与《泰和律》相同。综观《大元通制》,"规模宏大,内容繁富,超过以往各代法典,但在科学性与系统性上,则不及唐宋法典。"

《大元通制》全书今天已看不到,仅流传"条格"部分,是为《大元通制条格》,共27篇,传世至今的是19篇。"大体上是一事一例,或者一事一令,用以补充诏制等不足,并据此解决民、刑等方面的具体纠纷问题。值得注意的是,《大元通制条格》不但保留了本民族传统法律

---

① 参考史金波等译注:《天盛改旧新定律令》,法律出版社2000年版,第1—4页,"前言"。
② (元)脱脱等撰:《宋史》(第四十册),中华书局1977年版,第14030页。
③ (明)宋濂撰:《元史》(第九册),中华书局1976年版,第2603—2604页。

习俗乃至语言习惯,而且融汇了唐、宋各代的法律内容,并适应元朝社会生活变化的需要制定而成,具有鲜明的特色。"①

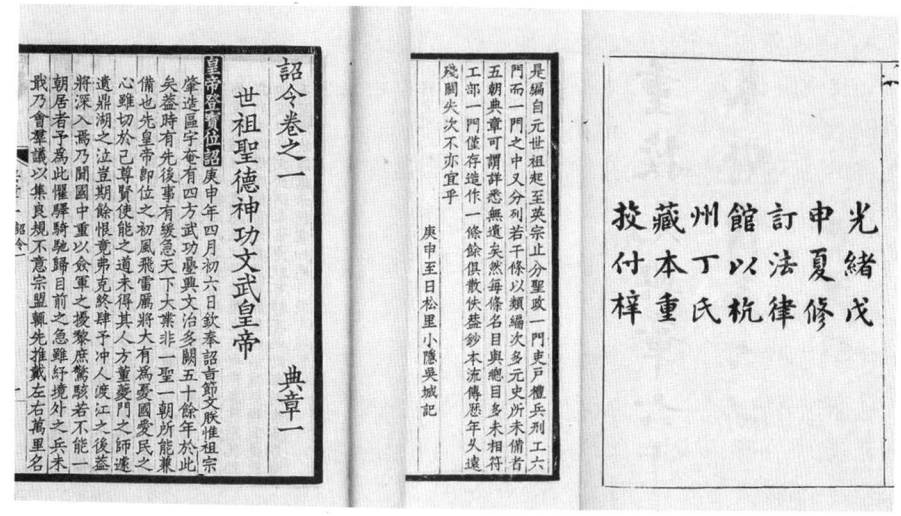

图21　清光绪三十四年修订法律馆精刻本《重校元典章六十卷附新集》

元代的重要法令书籍还有《元典章》,其全称为《大元圣政国朝典章》。这是元代前中期法令汇编,搜集了自太宗六年(1234年)到英宗延祐七年(1320年)间有关诏旨、条画和案例,共60卷,分诏令、圣政、朝纲、台纲、吏部、户部、礼部、兵部、刑部、工部十门373目,每目分列条格、断例。典章后增附《新集》,(原称《新集至治条例》)两册,不分卷,记事止于英宗至治二年(1322年)。

该书由地方官府吏胥与民间书坊商贾合作编纂。因元朝长期没有法典,官府日常行政和司法工作主要使用历年积累下来的单行法规、条例和案例。随着时间推移,需要对这些单行条文进行汇集、节选、分类,编辑成书,便于使用。2011年3月,中华书局和天津古籍出版社联合出版了《元典章》(点校本),全书一共四册,由元史学家陈高华等点校,是迄今最好的本子。

该书史料丰富,著名历史学家陈垣先生在沈刻《元典章》校补中评价该书:"于当年法令,分门胪载,采掇颇详……尤详于刑律。"它是研究元代法制的重要一手材料。就编纂体例而言,它突破了《唐六典》生搬硬套《周官》的做法,直接以六部为纲进行编撰,增加了其实用性,开创了编修会典的新体例,为明清两朝编撰会典所沿用。②

蒙古族入主中国,时间不算长;早在之前即受西域文化的影响;统治中国期间以征服民族自居,对汉民族采取歧视政策,故其汉化程度较浅。元代法制的基本特点可归纳为:按照民族身份差等立法;中国传统法制与蒙古习惯法并存。

元朝法制最为后人诟病的是它基于民族身份差等立法,在法律待遇上将民众分为蒙古、色目、汉人和南人四等级,并贯穿于其各种法规和判例中,人为制造不平等。比如同犯杀伤

---

① 参考《大元通制条格》,郭成伟点校,法律出版社2000年版,"点校说明";〔日〕安部健夫:《〈大元通制〉解说——兼介绍新刊本〈通制条格〉》,载杨一凡、〔日〕寺田浩明主编:《日本学者中国法制史论著选·宋辽金元卷》,姚荣涛译,中华书局2016年版,第132—163页。

② 参考陈高华等点校:《元典章》(第一册),中华书局、天津古籍出版社2011年版,"前言"。

人罪,律文虽规定杀人者死,但蒙古诸王杀人,仅判处杖刑或流放;蒙古人因争斗或醉酒杀死汉人,征烧埋银,断罚出征;反之,汉人殴打蒙古人,即处以死刑;更有甚者,蒙古人殴打汉人,汉人不能还报,只能陈述,否则予以严惩。依据民族属性,公然将其划分不同等级,予以不同的法律待遇,唯有元朝一家。如此强大的王朝,最终不到百年即被驱逐塞外,自非无因。

关于元代法制,究竟是继承中国传统法制为主还是自己的特色为主,学界有不同的看法。认为以继承为主的观点,其根据在唐宋法律中的五刑、十恶、八议等基本原则被吸收到元朝法规范中,元朝对中国古律是"暗用明不用",最有名的是吴澄的论述:

> (《大元通制》)颁降于天下,古律虽废而不用,而此书为皇元一代新律矣。以古律合新书,文辞各异,意义多同。其于古律暗用而明不用,名废而实不废。何也?制诏、条格,犹昔之敕、令、格、式也,断例之目……一循古律篇题之次第,而类辑古律之必当从,虽欲违之而莫能违也,岂非暗用而明不用,名废而实不废乎?①

元代法制以自己特色为主的观点,也有过硬的证据,除了前面谈到的民族差等立法外,还有就是元代法律的形式和名称迥异唐宋,其内容也通常是将各种犯罪之类型,简单罗列排比,绝大多数法条仅具有解释性作用,散漫杂陈,缺乏统括整合。在刑罚方面,虽用五刑,但有烧埋银制度广泛应用。这是将蒙古习惯法变为全国普遍适用的法律,是一种由国家决定赔偿数额的"征偿"制度,即罪犯为弥补罪行,向受害人及其亲属物质赔偿,包括丧礼和埋葬费用。笞、杖等刑罚的数量较唐宋刑制减少了三,其尾数为七,据说其寓意在于宽厚,即"天饶他一下,地饶他一下,我饶他一下。"又如元代司法机构,虽设刑部、御史台二法司,但基于其民族差等立法,对蒙古人、色目人另设专门的审判机关"大宗正府"。我们知道,历代大宗正府都是掌理皇族宗室事务,其审理案件仅限于皇族,而元朝却以大宗正府兼理蒙古和汉人交涉事件。大宗正府设断事官,称为"札鲁忽赤"。以大宗正府掌刑名,势必侵夺刑部、御史台等法司之职掌。

综上,元代法制的民族差等立法是其最大之缺失,但其崇尚宽厚的政策却不无可取之处。

三、明代法制

明太祖朱元璋本淮右布衣,在元末动乱中脱颖而出,率军驱逐蒙元,重整汉家河山,建立大明王朝。在朱元璋等明朝开国集团看来,元朝之所以败亡,在法制上,主要是失之于宽,且没有系统化的法典,不能很好地约束各级官吏,客观上放纵官吏欺压百姓,以致民不堪命,揭竿而起。前事不忘后事之师,他们认识到新王朝必须运用"刑乱国用重典"的儒家理论,以严刑重法来重振纲纪。

朱元璋认为,经过胡元近百年的异族统治,汉族已沾染不少胡人恶俗,在光复汉家河山之后,应尽可能恢复中华传统的治国之道。具体到政法领域,就要强调"明刑弼教"。该词来源于《尚书·大禹谟》"明于五刑,以弼五教"一语,从字面上看,与"德主刑辅"没什么实质差别;但"德主刑辅"强调"德主",一般与轻刑相关;"明刑弼教"重点在"明刑",为重典治世提供依据。朱元璋将"明刑弼教"具体阐释为"明礼以导民,定律以绳顽",一则从正面申明礼教;同时运用刑罚严惩冥顽不灵之徒,从反面来推进教化。以"明刑"达到"弼教"之目的,是明代

---

① 吴澄:《大元通制条例纲目后序》,载李修生主编:《全元文》(第十四册),江苏古籍出版社1999年版,第333页。

诸帝立法的重要原则。朱元璋既通过严刑治吏整肃了各级官吏,让他们战战兢兢为官;又废除了对皇权威胁很大的宰相制度,"刑乱国用重典"之目的已然达到;且经过其"刑乱国用重典"之后,民生凋敝,需改弦更张。故他对太孙朱允炆讲:我治理的是乱世,刑罚不得不重;你将来治理的是平世,当然应该以《大明律》为指针,减轻刑罚,这就是古人所告诫的"刑罚世轻世重"了。尽管如此,立法、行法尚严,是明代法制之特点。

1.《大诰》

《大诰》一词来源于《尚书·大诰》篇,是周公东征平定管叔、蔡叔叛乱时所发布的布告,重点是说明此次武力镇压之必要性。作为一种特别法,《大诰》是明太祖在1385—1387年间所陆续发布的文告之总称,共236条,包括《御制大诰》(74条)、《御制大诰续编》(87条)、《御制大诰三编》(43条)和《大诰武臣》(32条)。从结构上看,它大体包括案例、法令和朱元璋的训诫三部分,按照"取当世事善可为法,恶可为戒"的原则编辑而成。《大诰》中规定了很多为历代法典所无的酷刑,如剥皮实草、族诛、凌迟等刑罚;还规定了历来法典所没有的新罪名,如"寰中士大夫不为君用"罪等;即使是以前的律典有此罪名,《大诰》也把处罚加重。《大诰》以残酷著称,且内容庞杂,涉及到了社会生活的方方面面,具有下述特色:

首先是重典治吏而非直接治民。《大诰》236条,有155条左右是直接针对官吏的,有26条是惩治官民共同犯罪的。所以《大诰》主要矛头所向,最主要的是各级官吏,其次是豪强富户和无业游民。[①]

其次是律外用刑,用的还是严刑。《大诰》以"杀人为威",大谈特谈律外用刑的必要性和正确性,其理由主要有下述三点:一是刑用重典是在"乱世"和"民不从教"的情况下不得已而为之的;二是说施加酷刑于罪犯是神的意志,因为恶顽者之犯罪行为是"神人共怒",天理不容,其所受酷刑是罪有应得;三是运用严刑峻法是让臣民引以为戒,是为了保全臣民。

《大诰》的普及性非常高。朱元璋把《大诰》当做对臣民进行教育的教科书,采取了很多措施,强迫全体臣民讲读和一体遵守。朝廷规定,每家每户都要有一本《大诰》。有人触犯死罪之外的刑罚,如果其家中藏有《大诰》,可以减刑一等;反之,家里没有《大诰》,则要将其处罚加重一等。甚至还规定,如果家里不收藏《大诰》、不遵守《大诰》,要"迁居化外,永不令归"。还要求读书人要在民间向普通百姓宣讲《大诰》,并把《大诰》作为各级学校的必修课程,科举考试也要从中出题。据《明史·刑法志一》记载,"于时,天下有讲读《大诰》师生来朝者十九万余人,并赐钞遣还。"[②]事实上,当时也确实有人因尊崇、背诵和讲读《大诰》而得到好处。如常熟县陈寿六带头持《大诰》擒拿恶人,朱元璋敕令都察院将其事迹榜谕全国市村,陈寿六本人不仅由此受到"免杂犯差役三年"的优待,而且被赋予"倘有过失,不许擅勾"、"捏词诬陷陈寿六者,亦族诛"等法外特权。

到洪武三十年(1397年),朱元璋认为天下已基本太平,遂将《大诰》中的147条死罪条款编为《大明律诰》,和《大明律》一起颁行天下,废除了《大诰》中的种种酷刑和罪名。总之《大诰》盛行于洪武,延续于永乐,之后不再具有法律效力。在整个有明一代,《大诰》唯一的效力就是家中藏有《大诰》,罪犯只要不犯死刑,皆可获得减刑一等的优待。

---

① 参考杨一凡:《明大诰研究》,江苏人民出版社1988年版,第19—22页。
② 《明史·刑法志一》,载《历代刑法志》,群众出版社1988年版,第513页。

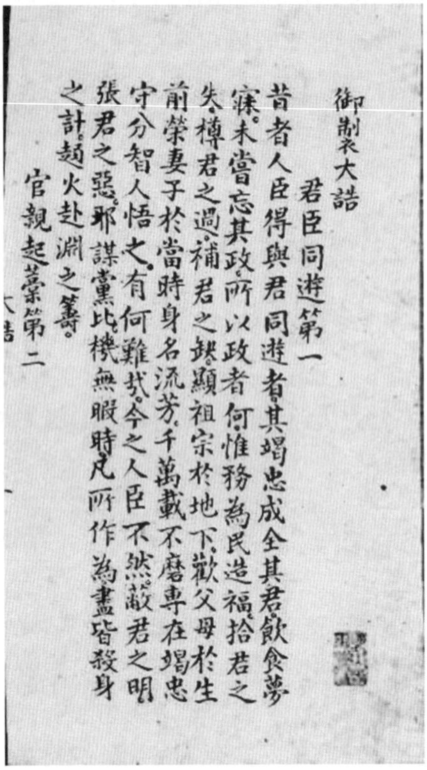
御製大誥
君臣同遊第一
昔者人臣得與君同遊者其竭忠成全其君飲食夢寐未嘗忘其政所以政者何惟務為民造福拾君之失樽君之過補君之缺顯祖宗於地下歡父母於生前榮妻子於當時身名流芳千萬載不磨專在竭忠守分智人悟之有何難哉今之人臣不然蔽君之明張君之惡邪謀黨比幾無暇時凡所作為盡皆殺身之計趨火赴淵之籌
官親起稾第二

图 22　明初《大诰》钞本

2. 廷杖和充军

宋代君主对士大夫较礼遇，据载，赵匡胤曾勒石子孙，不得诛杀士大夫。① 这一宋代家法，导致朝廷能较为优礼大臣言官，有助于养成士大夫的自尊心，并承认朝廷是与士大夫“共治天下”。到明代，朱元璋、朱棣父子虽雄才伟略但心胸狭隘，猜忌心重，故他们只承认士大夫对治国理政有用，不再认可士大夫治理天下的主体地位。他们将官员视为仆人和佣工，任意奖励和黜陟。一旦得罪，即有当朝“廷杖”之野蛮制度。

廷杖是帝王在朝廷上当众责杖大臣的做法。作为常刑，始于明初。朱元璋为巩固政权，强化皇权专制，尽杀功臣宿将，并以严酷刑罚控制臣下，始有廷杖大臣之举。据《明史·刑法志》记载：洪武十三年（1380 年）永嘉侯朱亮祖因事获罪，其父子皆被鞭死，其后工部尚书薛祥亦被毙杖下。洪武以后，明朝历代帝王相沿不改，而且愈演愈烈，更加残酷。英宗正统年间，宦官王振擅权，“殿陛行杖，习为故事”。宪宗成化年间，宦官汪直诬陷侍郎马文升、都御史牟俸等，诏责给事御史李俊、王浚辈五十六人容隐，廷杖每人二十，开廷臣集体受杖之先例。正德、嘉靖、天启年间，皆有集体廷杖大臣之事例。

大臣被廷杖，往往无须具体罪名，只要皇帝觉得这些大臣们冒犯了自己威严即可。一般程序是：先由皇帝发出“驾帖”，载明应责打大臣名单和应杖责的数目，经刑科给事中签押登记，下令锦衣卫行刑。锦衣卫将“驾帖”上列名的大臣带到皇宫前，大臣在面向宫殿叩头谢恩

① 较早有陆游的记载，见其《避暑漫抄》。王夫之云：“太祖勒石，锁置殿中，使嗣君即位，入而跪读。其戒有三：一、保全柴氏子孙；二、不杀士大夫；三、不加农田之赋。呜呼！若此三者，不谓之盛德也不能……自太祖勒不杀士大夫之誓以诏子孙，终宋之世，文臣无欧刀之辟。”（清）王夫之：《宋论》，中华书局 1964 年版，第 4—6 页。

后,再解衣趴下受杖,完毕再谢恩。甚至有个别残暴的皇帝,不解大臣朝服则杖责,斯文扫地。在执行廷杖时,皇帝另派东厂太监到场监刑。在廷杖时还经常杖毙大臣。比如前面所说武宗廷杖谏阻南巡的大臣146人,打死11人;嘉靖时大礼仪风潮中,一次廷杖大臣134人,打死17人。

通过野蛮的廷杖制度,士大夫(当然主要是作为士大夫精英的朝廷臣僚)的尊严以及与此相伴的廉耻荡然无存。"士可杀不可辱"之传统被明代极端专制皇权摧毁殆尽。有明一代法制之弊政,莫甚于此。

明代酷刑除廷杖外,还有充军。它指的是把不杀的重罪犯押解到边远地区补充军伍罚作苦役的刑罚。唐代有加役流,但无充军之制。宋沿五代制度,于流罪配役之外,其罪重者,刺配充军。元制,盗贼应流者,有充军之例。但"充军"刑名的确定,则始自明朝。① 明代的充军一开始仅适用于军人,将犯重罪的军人流放到边远部队中服苦役,后来也适用于老百姓犯重罪的情况。根据期限之不同,充军分为两种,一是终身,一是永远。所谓终身,是终罪犯本人之身;所谓永远,是罪犯世代相袭,即罪犯本人及其子孙永远在军队服苦役。明代的充军刑适用得非常广泛:在《大明律》中,适用充军的条款有46条,而到明代后期万历年间制定的《问刑条例》中,适用充军的条款已达189条,差不多占到一半的条款,罪名也已达到252种。充军的罪名多了,等级划分也越来越细,明初《大明律》中只有附近和边远两个等级;到《问刑条例》就有了附近、近卫、口外、沿海、边远、烟瘴和极边等七个等级。充军既残酷,且在执行该刑罚的过程中扰民太甚,弊端颇多。《明史·刑法志》指出:

> 军有终身,有永远。永远者,罚及子孙,皆以实犯死罪减等者充之。明初法严,县以千数,数传之后,以万计矣。有丁尽户绝,止存军产者,或并无军产,户名未除者,朝廷岁遣御史清军,有缺必补。每当勾丁,逮捕族属、里长,延及他甲,鸡犬为之不宁。论者谓既减死罪一等,而法反加于刀锯之上,如革除所遣谪,至国亡,戍籍犹有存者,刑莫惨于此矣。
>
> ············
>
> 明制充军之律最严,犯者亦最苦。亲族有科敛军装之费,里递有长途押解之扰。至所充之卫,卫官必索常例。然利其逃走,可乾没口粮,每私纵之。其后律渐弛,发解者不能十一。其发极边者,长解辄贿兵部,持勘合至卫,虚出收管,而军犯顾在家偃息云。②

总之,朱明王朝自太祖朱元璋起,历经15帝,到思宗朱由检亡国,前后将近三百年,基本实现了长治久安之目的,其法制有诸多值得借鉴和检讨之处。

第五节　变革前夕的帝制法制:清代法制

一、清承明制与晚明思想启蒙被斩断

有学者指出,"虽然传统上,我们都将明清帝国五个多世纪的专制统治,当成一个同质性甚高而又延续性不断的历史时期,其实,两代之间的法文化,仍各自有其不同的风貌"③。所

---

① 《北京大学法学百科全书》"法史"卷,北京大学出版社2000年版,第85页,"充军辞条"(蒲坚)。
② 《明史·刑法志一》,载《历代刑法志》,群众出版社1988年版,第528—529页。
③ 黄源盛:《中国法史导论》,台湾元照出版有限公司2013年版,第299页。

谓延续性高,就是我们通常所说的"清承明制";为什么仍有其不同,其主要思想根源是清统治者以高压政策斩断了晚明逐渐发展起来的启蒙思潮,君主专制更加强化。

先来看"清承明制"。历史上新旧政权嬗替之际,为保证国家机器迅速恢复运转、发挥其统治效力,新王朝往往继承或沿袭前一朝代的政法体制,并根据需要逐渐对其进行改革和完善,像清朝的许多制度就基本沿袭了明朝的制度,这被称为"清承明制"。这是我们在制度上观察获得的印象。

但如果我们从思想上来观察,可能情况就有所差别。从明代中期王阳明悟道讲学开始,思想界出现了新发展。这种新发展对社会影响尤大者,一是士农工商四民之间的界限进一步模糊,所谓"古者四民异业而同道",在原先地位悬殊的士商之间表现得更明显;一是有些士大夫带着对皇权专制的失望将改造社会的希望由寄托于庙堂转向民间。随着阳明学说的风行,此种观念的影响与日俱增。王艮、李贽、黄宗羲为其代表。① 尤其在黄宗羲那里,对皇权专制政体进行了有体系性的深刻反思和批判,主张君应为天下谋利益,否则不成其为君;臣是辅助君主为天下谋利之人,而非一姓一人之家奴;法也是要为天下兴利制暴,否则是非法之法,不成其为法;要求公是非于天下,学校书院应有议论朝政得失促使朝廷实行之权。这就是我们通常所说的晚明启蒙思潮。这种启蒙思潮,仍其发展下去,有可能会成为制度变革的契机。

但随着清军入关,迅即在北方稳固了统治,却在江南人文经济发达之地受到了顽强的反抗。及至平定之后,清廷震惊于江南士气民风对其统治之威胁,采取了严厉的摧抑措施,比如兴起科场案和文字狱等手段、重新确立程朱理学的正统地位、塑造政统道统合二为一的圣君形象等。

顺治十四年(1657年)发生丁酉江南科场案,是中国自有科举以来最血腥的作弊处罚事件。被迫害的文人甚多,最著者如吴兆骞、方拱乾等被流放到宁古塔,处境凄苦。吴汉槎给顾贞观的信中写道:"塞外苦寒,四时冰雪。鸣镝呼风,哀前带血。一身飘寄,双鬓渐星。"著名明清史学家孟森先生即一针见血指出:"至清代乃兴科场大案,草菅人命,甚至弟兄叔侄,连坐而同科,罪有甚于大逆,无非重加其网民之力,束缚而驰骤之。"②

顺治曾下令禁止文人士子会盟结社聚众讲学,但光有这些禁令和科场案不足以钳制言论,打击反清排满思想,于是大兴文字狱。清朝的文字狱,主要集中在所谓盛世的康雍乾三朝,前后百多年,大小案件一百多起,两百多人被判处死刑,受到株连的更不可胜数。其数量之多,规模之大,在历史上都是空前的。朝廷之政策,是揭发有功,隐匿不报或办理不力者有罪,告密诬陷之风因而大盛。有人牵强附会、断章取义,从而告密邀功;有人挟嫌诬陷,凭空捏造,以图报复。文网密布,冤狱迭起,文人士子人人自危,惟恐一不小心陷入文网,或是受到株连,祸从天降。③

除了严厉打击外,康熙更重新确立程朱理学为官学,一时风行草偃,"今之论学者无他,亦宗朱子而已。宗朱子者,为正学;不宗朱子者,即非正学"。④ 还将自己视为"圣君",政体道统合而为一。他曾公开宣言:"朕惟天生圣贤,作君作师,万世之道统,即万世之治统所系

---

① 参考余英时:《儒家伦理与商人精神》,载《余英时文集》(第三卷),广西师范大学出版社2004年版,第155—212页。
② 孟森:《心史丛刊一集》,中华书局2006年版,第24页。
③ 参考孔立:《清代文字狱》,中华书局1980年版,第2—5页。
④ 唐鉴:《国朝学案小识》,上海中华书局1936年版,卷一,第13页。

也……道统在是,治统亦在是矣。"①康熙纳道统于治统之中,君师一体,权力与真理合一,无论政治还是文化领域,皇帝都已成为至高无上的权威,从而君主专制达到其巅峰。士大夫无论在朝在野,都彻底失去了评议朝政之正当性。结果本作为四民之首有引导社会风气之厚责的士绅团体大变,晚清龚自珍即感慨士大夫:"避席畏闻文字狱,著书皆为稻粱谋",不复有"先天下之忧而忧"的担当和勇气,造成一人为刚,万夫为柔,"积百年之力,以震荡摧锄天下之廉耻"之结局。② 著名学者刘师培曾讲:

> 清代之学迥与明殊,明儒之学用以应事,清儒之学用以保身;明儒直而愚,清儒智而谲;明儒尊而乔,清儒弃而湿。盖士之朴者,惟知诵习帖括以期弋获,才智之士惮于文网,迫于饥寒,全身畏害之不暇,而用世之念汨于无形,加以廉耻道丧,清议荡然,流俗沈昏,无复崇儒重道,以爵位之尊卑,判己身之荣辱,由是儒之名目贱,而所治之学亦异。③

士习既因严酷摧残而变得世故、猥琐乃至下流,整个制度的良性革新即无从发生。故明清之间,不论是静态的"清承明制"还是动态的"清代变革",基本都是乏善可陈。晚清变法改制之前的清代法制的变与不变大体可作如是观。

二、行政系统双轨制与满汉矛盾

清朝行政系统实行双轨制。中央部院的正副长官(堂官),分为满汉两班,共同管事;时有亲王或军机大臣管部,位在该部堂官之上。各省督抚,在清代中叶以前,多为满人担任;汉人出任封疆大吏,仅为少数。驻防要地的"将军",例由满人担任,非但汉人不能担任,就是汉军旗人都不行。尚不止此,位于清朝廷权力中心的辅政大臣,不论是早期的内阁,或是雍正以后的军机处,一般都由亲王负责。

清代的行政区划也奉行双轨制。关内十八行省主要是汉人居住区,按照传统官制治理。关外地方为"龙兴之地",遍地是皇室亲贵、旗下人员的庄园,由主人委派庄头经管。关外不对汉人开放,仅有少数地方作为汉人罪犯的流放地。到清代晚期,因日俄对关外的巨大威胁,才有大量山东移民闯关东,很大程度上改变了东北的人口格局。总之,在清代,由将军、都统管理关外广大地区,成为封闭的国中之国。

这种情况,到太平天国起事,湘、淮军相继而兴,曾国藩、李鸿章、左宗棠、张之洞、袁世凯等汉人官员外任封疆、内为宰辅,这种双轨制的情况才有所改变。但不久,满洲亲贵又以新政为名,集权中央,激化满汉矛盾,直接导致清廷灭亡。

清代的满汉矛盾自清军入关即已存在。清军入江南之时,于顺治二年(1645年)颁布剃发改服命令,受到激烈抵抗,遂有扬州十日、嘉定三屠、江阴八十三日抵抗等惨剧。及至统治稳定下来,黎民百姓生活稍微安定,但民间反清复明的心理和情绪仍在。反清起事多以"朱三太子"为号召,吕留良弟子曾静曾游说岳钟琪以岳飞后代身份为兴复之举。民间还传播诸多清皇室的流言,比如孝庄下嫁、顺治与董小宛的恋情和出家、雍正得位不正、吕四娘刺杀雍正、乾隆为汉人陈氏之子等等。这些故事扑朔迷离、真伪难知,但反映了汉人对清廷统治之讥讽。与此相对,清廷心怀疑忌,又没有文化自信,不忘强迫压制汉人的反清意识,遂在盛世之下大兴文字狱。毕竟盛世经济较繁荣,乾隆后文字狱也减少,满汉矛盾一度不是那么激

---

① (清)康熙:《日讲四书解义序》,载《圣祖仁皇帝御制文集》,吉林出版集团有限公司2005年版,卷十九。
② (清)龚自珍:《古史钩沉论一》,载《龚自珍全集》,上海人民出版社1975年版,第20页。
③ 刘师培:《清儒得失论》,载《刘师培史学论著选集》,上海古籍出版社2006年版,第417—418页。

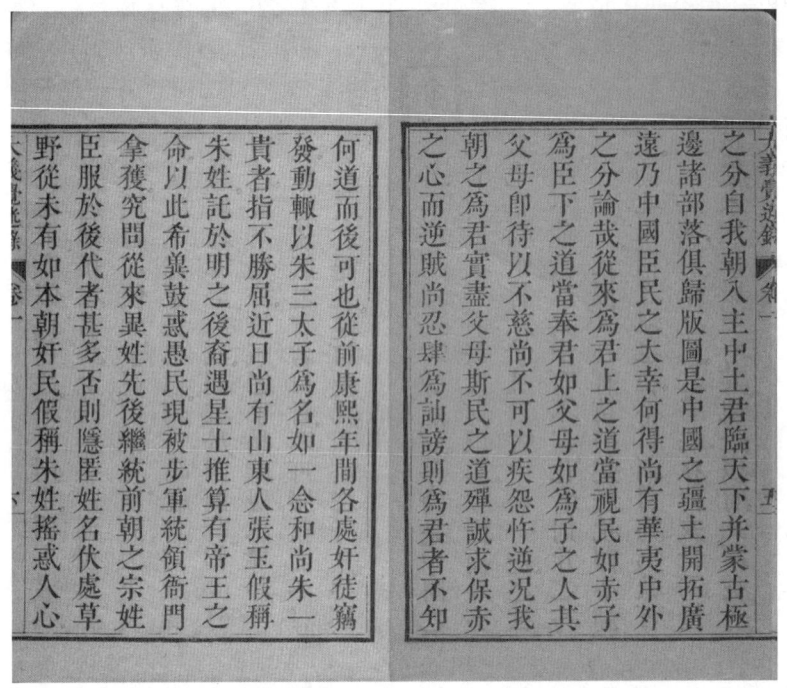

图 23　清雍正年间刊刻《大义觉迷录》，记载雍正论辩清朝正统性及自己得位之正等内容，图中可见"我朝入主中土……乃中国臣民之大幸"等语句

烈。及至太平天国起事，满汉矛盾再起。到晚清，朝廷在对外事务上的屡次失败，其"无能"形象在民族主义视野中越发明显，革命派的宣传再度唤起了早年的满汉仇恨，满汉矛盾之无解，直接导致晚清新政以失败告终。

三、法律对旗人的特殊待遇

基本上在整个有清一代，绝大多数皇帝以天下共主自居，但改变不了满洲入主中原之事实，一直采取种族主义法律政策，赋予旗人以法律特权。旗人包括满洲八旗、蒙古八旗和汉军八旗，是清廷统治的基础。

和汉人相比，旗人享有的法律特权较多，这里仅举刑罚和司法审判机构两个方面：

先来看刑罚。《大清律例》虽同样适用于满人与汉人，但为优待满人，专列"犯罪免发遣"条，规定："凡旗人犯罪，笞杖照数鞭责，军流徒免发遣，分别枷号。徒一年者枷号二十日，每等递加五日；总徒准徒，亦递加五日。流二千里者枷号五十日，每等亦递加五日；充军附近者枷号七十日，近边者七十五日，边远沿海边外者八十日，极边烟瘴者九十日。"除此之外，甚至杂犯死罪者也可以枷号。这种"易刑"之规定，旗人可免于服苦役、离乡流放发遣。又如旗人有"消除旗籍"的处罚，即将旗人降为汉民，是旗人特有的处罚方式，可见这种旗汉之间的不平等。

在司法方面，旗人案件由特定机关审理。京师平民旗人由步军统领衙门审理，贵族由宗人府审理。地方官员可以审理地方涉及旗人的案件，但无权判决，只能提出审理意见，交由相应的满人审判机关理事厅处理。

这种法律面前民族不平等政策一直延续下来，直到沈家本主持晚清变法修律，才开始大刀阔斧改革,力图统一满汉法律。

综上,变革前夕的清代法制,因强化君主专制,以强力方式摧残士风士气,自晚明以降的新思潮停滞,政法改革失去了思想凭借而趋于停滞僵化;另一方面作为少数民族入主中原的统一王朝,为维护满族利益,政治上施行以满族为主的满汉双轨制,法律上赋予旗人以特权,使得满汉矛盾终归无法消除,最终力图自救的十年新政亦以失败收场。

思考题

1. 中国历代法制的变迁与君主专制的强化之间有什么关系?
2. 如何评价《唐律疏议》和《大清律例》?

参考阅读材料

《唐律疏议·名例》节选

【疏】议曰:夫三才肇位,万象斯分。禀气含灵,人为称首。莫不凭黎元而树司宰,因政教而施刑法。其有情恣庸愚,识沈愆戾,大则乱其区宇,小则睽其品式,不立制度,则未之前闻。故曰:"以刑止刑,以杀止杀。""刑罚不可弛于国,笞捶不得废于家。"时遇浇淳,用有众寡。于是结绳启路,盈坎疏源,轻刑明威,大礼崇敬。《易》曰:"天垂象,圣人则之。"观雷电而制威刑,睹秋霜而有肃杀,惩其未犯而防其未然,平其徽纆而存乎博爱,盖圣王不获已而用之。古者大刑用甲兵,其次用斧钺;中刑用刀锯,其次用钻笮;薄刑用鞭扑。其所由来,亦已尚矣……尧舜时,理官则谓之为"士",而皋陶为之;其法略存,而往往概见,则《风俗通》所云"皋陶谟:虞造律"是也。律者,训铨,训法也。《易》曰:"理财正辞,禁人为非曰义。"故铨量轻重,依义制律。《尚书大传》曰:"丕天之大律。"注云:"奉天之大法。"法亦律也,故谓之为律。昔者,圣人制作谓之为经,传师所说则谓之为传,此则丘明、子夏于春秋、礼经作传是也。近代以来,兼经注而明之则谓之为义疏。疏之为字,本以疏阔、疏远立名。又,《广雅》云:"疏者,识也。"案疏训识,则书疏记识之道存焉。《史记》云:"前主所是著为律,后主所是疏为令。"《汉书》云:"削牍为疏。"故云疏也。昔者,三王始用肉刑。赭衣难嗣,皇风更远,朴散淳离,伤肌犯骨。《尚书大传》曰:"夏刑三千条。"《周礼》"司刑掌五刑",其属二千五百。穆王度时制法,五刑之属三千。周衰刑重,战国异制,魏文侯师于里悝,集诸国刑典,造法经六篇:一、盗法;二、贼法;三、囚法;四、捕法;五、杂法;六、具法。商鞅传授,改法为律。汉相萧何,更加悝所造户、兴、厩三篇,谓九章之律。魏因汉律为一十八篇,改汉具律为刑名第一。晋命贾充等,增损汉、魏律为二十篇,于魏刑名律中分为法例律。宋齐梁及后魏,因而不改。爰至北齐,并刑名、法例为名例。后周复为刑名。隋因北齐,更为名例。唐因于隋,相承不改。名者,五刑之罪;例者,五刑之体例。名训为命,例训为比,命诸篇之刑名,比诸篇之法例。但名因罪立,事由犯生,命名即刑应,比例即事表,故以名例为首篇。第者,训居,训次,则次第之义,可得言矣。一者,太极之气,函三为一,黄钟之一,数所生焉。名例冠十二篇之首,故云"名例第一"。大唐皇帝以上圣凝图,英声嗣武,润春云于品物,缓秋官于黎庶。今之典宪,前圣规模,章程靡失,鸿纤备举,而刑宪之司执行殊异:大理当其死坐,刑部处以流刑;一州断以徒年，一县将为杖罚。不有解释，触涂睽误。皇帝彝宪在怀，纳隍兴轸。德礼为政教之本，刑罚为政教之用，犹昏晓阳秋相须而成者也。是以降纶言于台铉，挥折简于髦彦，爰造律疏，大明典式。远则皇王妙旨，近则萧、贾遗文，沿波讨源，自枝穷叶，甄表宽大，裁成简久。譬权衡之知轻重，若规矩之得方圆。迈彼三章，同符画一者矣。

1. 笞刑五：笞一十。赎铜一斤。笞二十。赎铜二斤。笞三十。赎铜三斤。笞四十。赎铜四斤。笞五十。赎铜五斤。

【疏】议曰：笞者，击也，又训为耻。言人有小愆，法须惩诫，故加捶挞以耻之。汉时笞则用竹，今时则用楚。故《书》云"扑作教刑"，即其义也。汉文帝十三年，太仓令淳于意女缇萦上书，愿没入为官婢，以赎父刑。帝悲其意，遂改肉刑：当黥者髡钳为城奴令舂，当劓者笞三百。此即笞、杖之目，未有区分。笞击之刑，刑之薄者也。随时沿革，轻重不同，俱期无刑，义唯必措。《教经援神契》云："圣人制五刑，以法五行。"《礼》云："刑者，侀也，成也。一成而不可变，故君子尽心焉。"《孝经钩命决》云："刑者，侀也，质罪示终。"然杀人者死，伤人者刑，百王之所同，其所由来尚矣。从笞十至五十，其数有五，故曰"笞刑五"。徒、杖之数，亦准此。

2. 杖刑五：杖六十。赎铜六斤。杖七十。赎铜七斤。杖八十。赎铜八斤。杖九十。赎铜九斤。杖一百。赎铜十斤。

【疏】议曰：《说文》云"杖者持也"，而可以击人者欤？《家语》云："舜之事父，小杖则受，大杖则走。"《国语》云："薄刑用鞭扑。"《书》云："鞭作官刑。"犹今之杖刑者也。又蚩尤作五虐之刑，亦用鞭扑。源其滥觞，所从来远矣。汉景帝以笞者已死而笞未毕，改三百曰二百，二百曰一百。奕代沿流，曾微增损。爰泊随室，以杖易鞭。今律云"累决笞、杖者，不得过二百"，盖循汉制也。

3. 徒刑五：一年。赎铜二十斤。一年半。赎铜三十斤。二年。赎铜四十斤。二年半。赎铜五十斤。三年。赎铜六十斤。

【疏】议曰：徒者，奴也，盖奴辱之。《周礼》云"其奴男子入于罪隶"，又"任之以事，寘以圜土而收教之。上罪三年而舍，中罪二年而舍，下罪一年而舍"，此并徒刑也。盖始于周。

4. 流刑三：二千里。赎铜八十斤。二千五百里。赎铜九十斤。三千里。赎铜一百斤。

【疏】议曰：《书》云："流宥五刑。"谓不忍刑杀，宥之于远也。又曰："五流有宅，五宅三居。"大罪投之四裔，或流之于海外，次九州之外，次中国之外。盖始于唐虞。今之三流，即其义也。

5. 死刑二：绞。斩。赎铜一百二十斤。

【疏】议曰：古先哲王，则天垂法，辅政助化，禁暴防奸，本欲生之，义期止杀。绞、斩之坐，刑之极也。死者魂气归于天，形魄归于地，与万化冥然，故《郑注礼》云："死者，澌也。消尽为澌。"《春秋元命包》云："黄帝斩蚩尤于涿鹿之野。"《礼》云："公族有死罪，磬之于甸人。"故知斩自轩辕，绞兴周代。二者法阴数也，阴主杀罚，因而则之，即古"大辟"之刑是也。

问曰：笞以上，死以下，皆有赎法。未知赎刑起自何代？

答曰：《书》云："金作赎刑。"注云："误而入罪，出金以赎之。"甫侯训夏赎刑云："墨辟疑赦，其罚百锾；劓辟疑赦，其罚唯倍；剕辟疑赦，其罚倍差；宫辟疑赦，其罚六百锾；大辟疑赦，其罚千锾。"注云："六两曰锾。锾，黄铁也。"晋律："应八议以上，皆留官收赎，勿髡、钳、笞也。"今古赎刑，轻重异制，品目区别，备有章程，不假胜条，无烦缕说。

选自刘俊文：《唐律疏议笺解》，中华书局1996年版，第1—56页。

第四讲

皇帝制度与传统法制

第一节 皇帝制度的建立与变迁

一、秦始皇创建皇帝制度

在周代封建制下,周天子作为天下之大宗,与各诸侯(贵族)之间的地位不甚悬殊。经过春秋战国时期剧烈社会变革,诸侯国君地位日隆,贵族日渐消灭。到战国,随着官僚制代替贵族制,诸侯国君在法术之士辅佐之下,其地位独居众人之上,盖无家世凭借的官僚完全依附于国君,根本没有与国君抗衡的资本。同样是诸侯国君,大国之君和小国之君地位亦差别很大。战国中晚期,秦、齐、楚等大国之君尽管没能一统中国,但却互相称王、称帝,而这些名号无关于其他国君,即是明证。[1] 随着秦始皇一统天下,其功业远超之前的齐楚之君,当然需要新的尊号来匹配其功业。这就有了皇帝之称谓和相关制度的建立。

据《史记·秦始皇本纪》载:

> 秦初并天下,令丞相、御史曰:"……寡人以眇眇之身,兴兵诛暴乱,赖宗庙之灵,六王咸伏其辜,天下大定。今名号不更,无以称成功,传后世。其议帝号。"丞相绾、御史大夫劫、廷尉斯等皆曰:"昔者五帝地方千里,其外侯服夷服诸侯或朝或否,天子不能制。今陛下兴义兵,诛残贼,平定天下,海内为郡县,法令由一统,自上古以来未尝有,五帝所不及。臣等谨与博士议曰:'古有天皇,有地皇,有泰皇,泰皇最贵。'臣等昧死上尊号,王为'泰皇',命为'制',令为'诏',天子自称曰'朕'。"王曰:"去'泰',著'皇',采上古'帝'位号,号曰'皇帝'。他如议。"制曰:"可。"追尊庄襄王为太上皇。制曰:"朕闻太古有号毋谥,中古有号,死而以行为谥。如此,则子议父,臣议君也,甚无谓,朕弗取焉。自今已来,除谥法。朕为始皇帝。后世以计数,二世三世至于万世,传之无穷。"[2]

盖天下已经统一,一切制度文物皆应归于一律,故普遍推行了郡县制和流官制,划一度量衡,车同轨,书同文,缴天下械,修驰道,徙富豪等举措。政权完全统一,应操于皇帝一人之

---

[1] 《资治通鉴》卷四载:周郝王二十七年(前288年)冬十月"秦王称西帝,遣使立齐王为东帝,欲约与共伐赵。苏代自燕来。齐王曰:'秦使魏冉致帝,子以为何如。'对曰:'愿王受之而勿称也。秦称之,天下安之,王乃称之,无后也。秦称之,天下恶之,王因勿称,以收天下,此大资也……今王不如释帝以收天下之望……是我以名尊秦而令天下憎之,所谓以卑为尊也。'齐王从之,称帝二日而复归之"。((宋)司马光编著:《资治通鉴》(第一册),胡三省音注,中华书局1956年版,第122页。)

[2] (汉)司马迁撰:《史记》(第一册),卷六"秦始皇本纪",中华书局1959年版,第235—236页。

图24 秦代泰山琅琊台刻石拓片局部,可见篆文"皇帝"字样

手。皇帝即是朝廷和国家,朝廷和国家即是皇帝。之后整个帝制中国时期,皇帝制度除了强化之外,少有变化。

辛亥革命推翻了皇帝制度以后,还有两次复辟,才使得中国政客明白不能再公然称帝。即便在此之后,还有很多政治人物仍以皇帝的心态来当其总理、总统、总裁等要职。时至今日,我们还是称呼被长辈过分溺爱的孩子为"小皇帝"嘛!从制度到思想观念,皇帝制度的影响可谓极大。

二、皇帝在观念上被神化——"天子"

秦王朝被推翻,秦始皇创立的皇帝制度并未受到反秦领袖的质疑。楚汉战争刚结束,列国诸王即上表汉王刘邦即皇帝尊位,《汉书·高帝纪》载:

> 诸侯上疏曰:"楚王韩信、韩王信……昧死再拜言大王陛下:先时,秦为亡道,天下诛之。大王先得秦王,定关中,于天下功最多。存亡定危,救败继绝,以安万民,功盛德厚。又加惠于诸侯王有功者,使得立社稷。地分已定,而位号比拟,亡上下之分,大王功德之著,于后世不宣。昧死再拜上皇帝尊号。"汉王曰:"寡人闻帝者贤者有也,虚言亡实之名,非所取也。今诸侯王皆推高寡人,将何以处之哉?"诸侯王皆曰:"大王起于细微,灭乱秦,威动海内。又以辟陋之地,自汉中行威德,诛不义,立有功,平定海内,功臣皆受地食邑,非私之地。大王德施四海,诸侯王不足以道之,居帝位甚实宜,愿大王以幸天下。"汉王曰:"诸侯王幸以为便于天下之民,则可矣。"于是诸侯王及太尉长安侯臣绾等三百人,与博士稷嗣君叔孙通谨择良日二月甲午,上尊号。汉王即皇帝位于氾水之阳。①

---

① (汉)班固撰:《汉书》(第一册),卷一"高帝纪",中华书局1962年版,第52页。

第四讲　皇帝制度与传统法制

刘邦称帝不久,叔孙通制朝仪,通过特定的礼仪让刘邦找到了做皇帝的感觉。大儒朱子看透了此种朝仪的实质:"不过尊君卑臣,如秦人之意而已。"①既要尊君卑臣,那就要在属性上把皇帝与臣下(当然更包括民众)区分开来,即皇帝是不同于普通人的"神"。所以,神化皇帝,为尊君卑臣所必需。汉初就走出了重要一步,即立庙祭祀故去的皇帝和后妃。高帝时即令各诸侯王在国都建太上皇庙,惠帝时令郡国诸侯立高祖庙,以岁时祠。稍后,在生的皇帝也成为神,有庙祭祀。如文帝自立顾成庙、景帝自立德阳庙是也。为了防止民间非议,汉初有"擅议宗庙"令:"初,高后时患臣下妄非议先帝宗庙寝园官,故定著令,敢有擅议者弃市。"沈家本曾感慨该制度于古不合,却难以废除,"甚矣,习俗之难移也。"②其实,这是神化皇帝的重要步骤。只要对皇帝的神化没有完成,要废除谈何容易!明乎此,各级官吏为魏忠贤建生祠,其来有自,只不过可恶的是魏忠贤作为太监,八佾舞于庭,僭越如此,是可忍孰不可忍!

到汉武帝时期,董仲舒以《公羊春秋》为据,为大一统奠定正当性。他论证出:"《春秋》之法,以人随君,以君随天……故屈民而伸君,屈君而伸天,《春秋》之大义也。"③我很赞同徐复观先生的分析,在董仲舒所承认的大一统专制皇帝之下,为了要使他的"屈君而伸天"的主张能得到皇帝的承认,便先说出"屈民而伸君"这句话,即先迎合统治者心理,再说出自己的主张。④关于"屈民而伸君",董仲舒讲得不少。"君"在世俗已经够"伸"的了,还要怎么"伸"呢?那只能是在超世俗层面将之神化。故他讲:"古之造文者,三画而连其中,谓之王;三画者,天地与人也,而连其中者,通其道也。取天地与人之中以为贯而参通之,非王者孰能当是?"⑤"德牟天地者,称皇帝;天佑而子之,号称天子。"⑥尽管其用心如此,但理论学说的采择权不在董仲舒,而在当政者。故在董仲舒及身之时,乃至整个汉代,其学术影响最大者,乃在"屈民而伸君"一语,而非他所意欲的"屈君而伸天"。

经过长时间对皇帝的神化,一般百姓对皇帝之态度与敬鬼神无异了。我这里讲个小故事。东汉和帝时,大将军窦宪击败匈奴归来,威震天下,当时自尚书以下诸多官员"议欲拜之,伏称万岁",尚书令韩棱正色说:"夫上交不谄,下交不黩,礼无人臣称万岁之制。"这件事才终止下来。在这里,万岁成为皇帝的专用语。不知韩棱所讲"礼无人臣称万岁之制"的根据何在。我们倒是在《诗经》里发现"万岁"或"万年"本是任人可用的敬祝词语。如《诗经·豳风·七月》有"跻彼公堂,称彼兕觥,万寿无疆"之句,它描写人们经过一年的辛勤劳作后,举行欢庆仪式的场面。

到东汉末,蔡邕《独断》云:

> 汉天子正号曰皇帝,自称曰朕,臣民称之曰陛下,其言曰制诏,史官记事曰上,车马衣服器械百物曰乘舆,所在曰行在,所居曰禁中,后曰省中,印曰玺,所至曰幸,所进曰御,其命令一曰策书、二曰制书、三曰诏书、四曰戒书。

---

① (宋)黎靖德编:《朱子语类》(第八册),王星贤点校,中华书局1986年版,第3222—3223页。
② 沈家本:《历代刑法考》(第三册),中华书局1985年版,第1731—1732页。
③ 《春秋繁露·玉杯》,载苏舆撰:《春秋繁露义证》,钟哲点校,中华书局1992年版,第31—32页。
④ 徐复观:《两汉思想史》(第二卷),华东师范大学出版社2001年版,第212页。
⑤ 《春秋繁露·王道通三》,载苏舆撰:《春秋繁露义证》,钟哲点校,中华书局1992年版,第328—329页。
⑥ 《春秋繁露·三代改制质文》,载苏舆撰:《春秋繁露义证》,钟哲点校,中华书局1992年版,第201页。

帝制中国皇帝所使用的专有名词尚不止此,如汉代的"国家""县官"即指称皇帝。① 我们将之与秦始皇时期皇帝所独用语词比较一下,就会发现这些语词越来越多,更加系统化,从一个侧面表明皇帝地位越来越高。

三、皇帝集权的逐步强化

自秦始皇建立皇帝制度之后,一直都有尊君卑臣的趋势。秦始皇只是创立了皇帝专制的大框架,但并没有来得及进行较精细的中央政权制度设计。到汉初,帝制慢慢创设起来。这就有了皇权和相权的划分。皇帝是整个国家的唯一领袖,但实际治理国家的权力掌握在以宰相为首的政府手里。皇帝是国家元首,象征此国家之统一;宰相是政府的领袖,负政治上一切实际的责任。"皇权"与"相权"之划分,成为帝制中国政治的重大问题。皇帝要集权,必定要跟丞相作斗争,将"相权"逐步置于"皇权"之内。关于皇权与相权的的斗争,我将在中央政府部分予以介绍,这里仅线索式提及,以便大家有个初步印象。

汉武帝时,设置大将军、尚书等内朝官,参与政治决策,逐渐剥夺了三公的决策权,九卿直接从皇帝那里接受命令和指示。为什么这种事情能够发生且没有受到太强有力的抵制,钱穆先生的解释较有说服力:

> 皇权、相权是分开的,皇室和政府也是分开的。这话固不错。但中国一向似乎看重不成文法,往往遇到最大关节,反而没有严格明白的规定。这也可以说是长处,因为可以随宜应变,有伸缩余地;但也有坏处,碰着一个能干有雄心的皇帝,矜才使气,好大喜功,常常要侵夺宰相的职权。并不像现代的西方国家,皇帝私人,无论怎样好,宪法上规定他不能过问首相的事。汉武帝雄才大略,宰相便退处无权。②

降及东汉,尚书台权重,三公彻底沦为荣誉头衔。经魏晋南北朝到隋唐,中央政府的三省六部制正式建立。到北宋开国,赵匡胤亦是雄才伟略之主,鉴于中唐以后到五代间的因藩镇跋扈导致的政治乱局,极力强化以皇权为中心的中央集权。主要表现在将军权、财权和人事权等政府核心权力从宰相那里分割出来;在朝仪上取消了"坐而论道"予以特殊尊崇的照顾;将监察权独立出来,不论是台官还是谏官,都由皇帝任命,事实上造成台谏不分之局,再无专人纠绳天子;将地方的民事、司法、财赋、救济等重要政务分别交给不同的官员行使,使其相互牵制,且没有正式的地方官,皆临时派中央官员去地方任职。如此一来,皇帝对中央和地方政府的控制力度空前。此种制度设计主要是为了满足皇帝的专权心理,对内注重监视防范,故王夫之将宋代贬称为"陋宋"。③

到明代,雄才伟略的朱元璋,猜忌心极重,以胡惟庸谋反案为契机,彻底废除了宰相制度,规定中央六部直接向皇帝负责;将军队日常管理权和调动指挥权分别由五军都督府的大都督和兵部负责。经过这样的制度改革,政府一切大权都可集中到皇帝手中。后来发展出来,由大学士组成的内阁,只不过是皇帝的秘书处。因为明朝皇帝的懒惰荒淫,秘书(大学士)和老板(皇帝)不能经常见面,于是太监得以替代皇帝行使权力,造成宦官专权之弊端。

---

① 《资治通鉴》卷四十一载:建武五年,光武帝给大将冯异诏书云,"将军之于国家,义为君臣,恩犹父子,何嫌何疑,而有惧意?"(司马光撰:《资治通鉴》(第三册),中华书局 1956 年版,第 1336 页。)《汉书·霍光传》载大司马霍禹云:"县官非我家将军,不得至是。"(班固撰:《汉书》(第九册),卷六十八"霍光金日磾传"中华书局 1962 年版,第 2953 页。)
② 钱穆:《中国历代政治得失》,九州出版社 2011 年版,第 32—33 页。
③ 参考(清)王夫之:《思问录 俟解 黄书 噩梦》,王伯祥点校,中华书局 2009 年版,第 104—106 页。

以部族政权入主中原的清代皇帝,早先权力主要受制于宗室觉罗内的贵族共同议政传统,汉族政制对其没有任何理论上的约束力。经开国几代君主的努力,到康雍乾盛清之际,君主专制在满洲内部得以确立,同时借鉴明代制度中有利于君权独断之部分,更将道统整合进政统,造成君师合一之局,君主专权登峰造极。以至于乾隆皇帝曾自大无比地讲:"乾纲独断乃本朝家法,自皇祖、皇考以来,一切用人听言大权,从无旁假。即左右亲信大臣,亦未有能荣辱人、能生死人者。盖与其权移于下,而作福作威,肆行无忌;何若操之自上,而当宽而宽,当严而严。此朕所恪守前规不敢稍懈者。"①

凡事物极必反。皇权登峰造极,也就意味着它已经走向了全面反动。生活于明清之际的黄宗羲对此特痛心疾首,批评云:

> 古者君之待臣也,臣拜,君必答拜。秦、汉以后,废而不讲,然丞相进,天子御座为起,在舆为下。宰相既罢,天子更无与为礼者矣。遂谓百官之设,所以事我,能事我者我贤之,不能事我者我否之。设官之意既讹,尚能得作君之意乎?古者不传子而传贤,其视天子之位,去留犹夫宰相也。其后天子传子,宰相不传子。天子之子不皆贤,尚赖宰相传贤足相补救,则天子亦不失传贤之意。宰相既罢,天子之子一不贤,更无与为贤者矣,不亦并传子之意而失者乎?②

黄宗羲幸未能见到清王朝登峰造极的君权,否则不知当作何感想! 降及晚清,反对皇权专制与民族排满紧密结合在一起,通过革命,终于推翻了帝制。从制度上推翻帝制很难,但更难的是在思想观念上除旧布新,彻底消解各级当政者的帝王专断思维,这是我国家民族在转型期所面临的大难题。

四、皇位继承制度的演变

帝制中国皇位继承制度仍然遵循西周宗法制的"父死子继"和"立嫡以长",其中"父死子继"把皇位继承人限定在现任皇帝的子辈,"立嫡以长"就把皇位继承人限定为唯一的嫡长子,保证了其确定性,有利于最高权力的和平交接。

随着君权强化、相权削弱,皇帝选定继承人的自由度增加,自我破坏皇位继承制度的几率大增。"立嫡以长"的原则在现实政治中经常遭到破坏。秦汉28帝,以皇后嫡子继位者仅3人;两宋18帝,仅3人嫡出;明代16帝仅5人嫡出。

鉴于皇位继承不定,皇子之间势同水火,大臣之间欲成拥立之功,各树朋党,雍正发明了公开的秘密立储制度。据《雍正朝起居注册》雍正元年(1723年)八月十七日载:

> 是日巳时,上御乾清宫西暖阁,召总理事务王大臣、满汉文武大臣、九卿人,面谕曰:"……今身膺圣祖付托神器之重,安可怠忽,不为长久之虑乎? 当日圣祖因二阿哥之事,身心忧瘁,不可弹述。今朕诸子尚幼,建储一事,必须详慎,此时安可举行? 然圣祖既将大事付托于朕,朕身为宗社之主,不得不预为之计。今朕特将此事亲写密封,藏之匣内,置之乾清宫正中、世祖章皇帝御书'正大光明'匾额之后,乃宫中最高之处、以备不虞。诸王大臣咸宜知之。或收藏数十年、亦未可定。"……于是诸王大臣九卿等皆免冠叩首。上曰:"尔诸臣既同心尊奉谕旨,朕心深为慰悦。"乃命诸臣退,仍留总理事务王大臣,将

---

① 王先谦:《东华续录(乾隆朝)》,乾隆二十八。
② 黄宗羲:《明夷待访录》,中华书局1981年版,第8页。

密封锦匣收藏于乾清宫正大光明匾额后乃出。①

这种新的皇位继承制度的确立,意味着(1)皇位选择,由皇帝乾纲独断,他人不得亦不能参与和插手;(2)改变既往的立嫡、立长原则为立贤原则;(3)储君在登基为帝之前,只能辅佐政务,而不能分享皇帝的权力。另外,不可讳言,它亦有优点:因为是秘密建储,皇帝可慎重且从容选择接班人;发现人选不妥,可以随时更易而不会影响政局,且仓猝之间不会导致国家无主。但这个看似严密的制度到晚清慈禧当国时也被破坏。

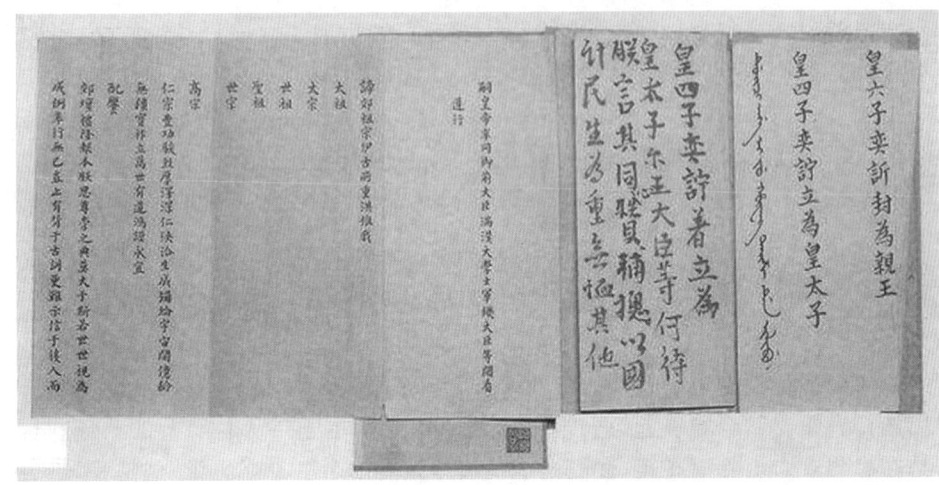

图25　清代道光皇帝秘密立储朱笔谕旨及遗旨

皇位世袭继承制度的最大好处是在一定程度上将继承人的范围予以限定,朝廷最高权力的交接所生的动荡可能被限制在一定范围内;其最大的弊端是不能保证继承人的品质。海瑞从权责相称角度讲过一句话:"君者,天下臣民万物之主也。惟其为天下臣民万物之主,责任至重,凡民生利瘼一有所不闻,将一有所不得知而行,其任为不称。"②如我们承认这句话讲得有道理,那不能保证继位君主之素质,岂不危害巨大?

在整个帝制中国,最高权力的交接从来没有充分的制度化。为了国族的秩序、安宁与和平发展,该问题随着国族转型的完成终究会充分制度化,宪政国家的做法值得我们借鉴和思考。

五、皇权的附属物——诸王、后妃外戚与宦官

在帝制中国,皇帝掌握庞大帝国的最高权力,必须要有相应的能力才能正常行使此权力而不致旁落。皇位继承被限定皇帝诸子之中,且诸子之中又择其长者,应该说还是考虑得较充分。一般而言,人之昏明,视其所习,所习由其所处。历代皇帝,除创业之君之外,继位之君多生于深宫之中,成于妇人宦寺之手,接近师傅士大夫的时间和机会不多,对民生疾苦缺乏体验,关于人之情伪更是茫然。故很多时候他们需要周围的亲近之人帮助其行使权力。

在皇帝周围,与其关系密切者,主要有基于血缘的宗室诸王、基于婚姻的后妃外戚和侍候皇帝身边的宦官集团。如皇帝不能正常行使其职权,那势必借助此等亲近之人。

---

① 《雍正朝起居注册》(第一册),中华书局1993年版,第83—84页。
② (明)海瑞:《治安疏》,载《海瑞集》(上册),陈义钟点校,中华书局1962年版,第217页。

皇帝不能正常行使职权的情况很多，比如皇帝本人年幼或年迈，智力能力低下等个体资质问题是导致皇权旁落的直接原因。另外，皇权一旦旁落，纵是至亲父子、母子之间，亦难以顺利收回。已成年的或新即位的皇帝不甘于皇权旁落，又会借助其他力量。皇帝身处九重，所能相信或接触到的人有限，只能在前述三类人中寻求依靠力量。

所以，帝制中国伴随皇帝大权旁落，经常出现太后临朝、外戚专权、王爷主政和宦官干政。一旦这些力量掌握了废黜现任皇帝或确立新帝的实力，宫廷政变的出现即不可避免，这些力量就可能交替行使皇权，王朝正常的政治秩序就会被打破，甚至引发外族入侵或改朝换代，最终受苦遭罪的还是老百姓。这种皇权旁落的现象几乎每个朝代都难以避免，尤以汉、唐、明最为严重。清朝看似很好地解决了该问题，但到晚清却出现太后临朝、宦官受宠，从而变乱祖制，最终亡于幼帝溥仪。这些都是家天下握有实权的帝制之痼疾。

六、对皇权的几种制约方式和效果

帝制中国的皇帝较之封建制下的天子，权力确实集中了许多。帝制中国越到后来，皇权越来越强化，这也是不争的事实。但在整个帝制中国，皇帝的权力还是受到了一些制约。这种制约大致可分为四个方面，即天、祖宗成法、官僚集团和改朝换代的现实威胁。前两个是理论上的约束，即"敬天法祖"；后两个是事实上的约束。下面分别予以简要说明。

1. "天"

这个"天"不是自然界物质性的"天"，而是宇宙流行中的最高主宰，属超越性范畴。但由于中国古代将这类超越性的东西拟人化，因此这个"天"具有人格化特征。同时，中国古代思想家又将"天"作为道德的依据或根源，故这个"天"还具有道德特征。因这个天同时兼具超越性、人格化和道德特征，在经董仲舒等人将世俗皇帝神秘化为"天子"，将"天"与"天子"赋予感应关系后，"天"对"天子"的行为就有了一些约束。"天子"虽不必向百姓负责，但一定要向"天"负责，要承"天道"治理天下。

天子需要在特定地点祭天，乃至封禅。这就是我们熟悉的天坛祭天、泰山封禅。"此泰山上筑土为坛以祭天，报天之功，故曰封。此泰山下小山上除地，报地之功，故曰禅。"[①]如"天子"妄行，"天"就要以天灾人祸等方式对"天子"予以儆诫。"天子"为了表示诚心尊重"天意"，面对天灾人祸之时，归责于己，发布"罪己诏"以为改过自新之意，希望获得"天"的原谅。这里举个例子，汉武帝反击匈奴，巩固汉帝国国防，不无功绩，"但是他竭天下民力资财以奉其政，数十载无宁日，加之以重刑罚，穷奢丽、弄鬼神，终使民怨沸腾，社会后果极其严重"[②]，有鉴于自己举措乖谬，于前89年三月见群臣时明确承认："朕即位以来，所为狂悖，使天下愁苦，不可追悔。自今事有伤害百姓，糜费天下者，悉罢之。"于同年六月下诏公开反省其过错，这份诏书被称为"轮台罪己诏"，略云：

> ……乃者贰师败，军士死略离散，悲痛常在朕心。今又请远田轮台，欲起亭隧，是扰劳天下，非所以优民也。今朕不忍闻……当今务在禁苛暴，止擅赋，力本农，修马复令，以补缺、毋乏武备而已。[③]

这份罪己诏是中国古代帝王罪己以收民心的一次尝试，较为成功。随后出现"昭宣中

---

① 张守节《正义》，载司马迁撰：《史记》（第四册），卷二十八"封禅书"，中华书局1959年版，第1355页。
② 田余庆：《论轮台诏》，载《秦汉魏晋史探微（重订本）》，中华书局2011年版，第30页。
③ （宋）司马光编著：《资治通鉴》（第二册），胡三省音注，中华书局1956年版，第738—741页。

兴",西汉王朝得以再延续近百年之久,与此不无关系。受此激励,据统计,汉代23位皇帝共发布罪己诏59次。祭天和向天罪己,是皇帝"敬天"的重要内容。

2. 祖宗成法

帝制中国历代王朝,尊祖敬宗观念影响甚大,上到庙堂下到黎庶,无不如此。本来,儒家就主张"法先王",将前代令主作为时君效法的榜样。《孝经》肯定孝乃"德之本也,教之所由生也","天之经也,地之义也,民之行也",规定了"天子之孝"的内涵,"爱敬尽于事亲,而德教加于百姓,刑于四海。盖天子之孝也"。①

每个朝代,主要祖宗成法的订立者都是该朝第一、二代皇帝,所谓"开国君主"或"亚开国君主"。这些皇帝,绝对不是平庸之辈。他们对如何夺取天下、治国平天下以保持本朝长治久安有自己的心得。这种心得或成文或口耳相传,或以法律或以训示等方式流传下来,对后世君主有相当约束力。

两宋时代,对祖宗家法的重视与强调,达到了前所未有的程度。如不了解祖宗家法,即很难理解其政法制度。② 太祖曾对宰相赵普讲:"朕与卿定祸乱,以取天下,所创法度,子孙若能谨守,虽百世可也"③;太宗亦云:"纪律已定,物有其常,谨当遵承,不敢逾越。"④太祖所立下的祖宗法度内容之一就是"太祖誓碑":

> 艺祖受命之三年,密镌一碑,立于太庙寝殿之夹室,谓之誓碑,用销金黄幔蔽之,门钥封闭甚严。因敕有司,自后时享及新天子即位,谒庙礼毕,奏请恭读誓词……靖康之变,犬戎入庙,悉取礼乐祭祀诸法物而去。门皆洞开,人得纵观。碑止高七八尺,阔四尺余,誓词三行,一云:"柴氏子孙有罪,不得加刑,纵犯谋逆,止于狱中赐尽,不得市曹刑戮,亦不得连坐支属。"一云:"不得杀士大夫及上书言事人。"一云:"子孙有渝此誓者,天必殛之。"后建炎中,曹勋自虏中回,太上寄语云,祖宗誓碑在太庙,恐今天子不及知云云。⑤

较早研究宋太祖誓碑的近代史学名家张荫麟即指出:"太祖不杀大臣及言官之密约所造成之家法,于有宋一代历史影响甚巨……神宗变法之不能有大成,此其远因矣。此就恶影响言也。若就善影响言,则宋朝之优礼大臣言官实养成士大夫之自尊心,实启发其对于个人人格尊严之认识。此则北宋理学或道学之精神基础所由奠也。"⑥

又如明太祖即专门编写了训诫子孙的书籍《皇明祖训》。关于编写缘起、过程和作用,朱元璋自己说:

> 朕观自古国家建立法制,皆在始受命之君。当时法已定,人已守,是以恩威加于海内,民用平康。盖其创业之初,备尝艰苦,阅人既多,历事亦熟。比之生长深宫之主,未谙世故,及僻处山林之士,自矜己长者,甚相远矣……开导后人,复为《祖训》一编,立为家法。大书揭于西庑,朝夕观览,以求至当。首尾六年,凡七誊稿,至今方定,岂非难哉! 盖俗儒多是古非今,奸吏常舞文弄法,自非博采众长,即与果断,则被其眩惑,莫能有所

---

① 《十三经注疏·孝经注疏》,北京大学出版社1999年版,第1—7页。
② 参考邓小南:《试论宋朝的"祖宗之法":以北宋时期为中心》,载《朗润学史丛稿》,中华书局2010年版,第1页。
③ 李心传:《建炎以来系年要录》,卷六十一。
④ 李焘:《续资治通鉴长编》,卷十七。
⑤ 《秘史》,载《丛书集成新编》(第86册),台湾新文丰出版公司1985年影印版,第668页。
⑥ 张荫麟:《宋太祖誓碑及政事堂刻石考》,载《文史杂志》1941年第1卷第7期。

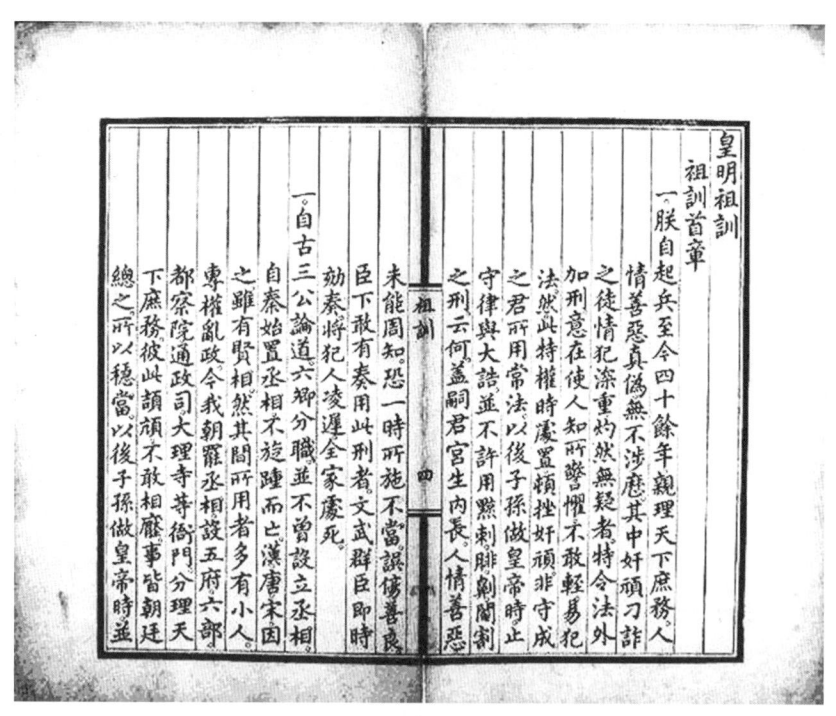

图 26　明代洪武年间内府刊本《皇明祖训》

成也。今令翰林编辑成书,礼部刊印,以传永久。凡我子孙,钦承朕命,无作聪明,乱我已成之法,一字不可改易。非但不负朕垂法之意,而天地、祖宗亦将孚佑于无穷矣。呜呼！其敬诫之哉！①

这就是皇帝之"法祖"。当然,世变不已,后代继体之君不可能也不愿事事株守祖宗成法,实际上会有所变通。即便如此,他们也不会公然宣称要变更祖宗之法,要么沉默,可能更常见的是打着尊重祖宗成法之名但实际上悄悄变更。这实际上从反面印证了祖宗之法的约束力。

3. 官僚阶层

西周封建制崩溃后,官僚制取代了世卿世禄制。自从汉代儒家在思想领域逐渐取得统治地位、以太学与各级学校培养人才以来,庙堂之上多是一群文官。这些文官固然帮助、辅佐皇帝处理政务,有依赖甚至寄生于皇权的属性,但他们因为较相似的经历、教育背景等,从而形成了一个基于治国平天下的理想和现实利益的官僚集团,在一定程度上能对皇权产生制约作用。

这个文官集团的首领是丞相,帝制中国长达一千五六百年的皇权与相权之争就是这种制约作用的重要表现。在这个过程中,文官集团主要是通过在执行皇帝命令过程中的裁量和对皇帝进行谏诤来制约皇权,他们经常使用的理论根据就是我们前面提到的在肯定皇帝是天下臣民万物之主的同时,希望皇帝能"敬天法祖"、顾惜天下苍生。

在皇权与相权斗争中,皇权的优势不断扩大,最终废除了丞相制度,但文官集团并未因之消亡,其实力也未减少多少,反而在某些方面还有所加强。主要是无论如何皇帝不能撇开

---

① 朱元璋:《皇明祖训序》,载《皇明制书》(第三册),杨一凡点校,社会科学文献出版社 2013 年版,第 783 页。

文官独治天下,科举制度的长期运行,文官和候补文官的数量不断壮大,生生不息;另外丞相制度的废除,只是皇帝控制作为文官之首的丞相揽权干政,并没有反对文官制度本身。之后,更有一些士大夫见朝政不可为,转而在民间花功夫,希望能创造一个能尽量少受专制皇权干扰的相对自治空间。这种思路和做法无形之中亦对皇权有所制约。黄仁宇在《万历十五年》一书中就给我们生动描述了在万历期间,文官集团对皇权的制约情况,尽管我认为作者对这种制约程度有所夸大。①

不过,到了清代,情况有所变化:以亲贵和皇室的家奴掺杂在文官体系内,以至文官体系不能有理智的约束,而造成了赏罚不明、效率不彰。明代官多吏少,清代更是倚重私人的幕友,政府的运作功能也因此并不能符合文官制度的基本原则。

需要指出的是,以文官集团为主的官僚阶层在事实上对皇权构成了一定制约,但其约束力的强弱大小更取决于皇帝本人的性格、权威、统治策略等个体因素,当然也跟文官集团的团结程度、领袖人物等因素在内的实力有关。这就决定了文官集团并不能对皇权构成刚性约束。

4. 改朝换代之现实威胁

自秦末各路豪杰联合反秦、楚汉争霸建立汉朝之后,中国皇帝万世一系之美梦破灭。不论贵贱,只要条件允许,皆可称帝于天下。自此,形成了帝制中国的"打天下"或者说"逐鹿中原"的习惯。故帝制中国的任何王朝都希望能长治久安,哪个皇帝都不希望成为亡国之君。王朝的基础在于天下百姓能过上较为安定的生活,不致于铤而走险揭竿而起,让各类野心家无所施其技。

为了避免改朝换代的发生,安抚百姓就必然成为皇帝治理天下不能不重点考虑的事情。比如说皇帝会督促各级官吏临政不苟,宣布朝廷的德意,以纲常名教为核心内容加强教化,公正裁断案件,禁止土地兼并,在天灾人祸之际尽力予以救济,以达到有效维护秩序的目的。

观察这些约束皇权的因素,会发现:关于"敬天法祖"的理论约束,皇帝本身就能对此施加决定性影响,从而导致其客观性因素欠缺。比如天意究竟为何,当然是天子最清楚了;祖宗之法到底算什么,当然作为其后代的当今皇上最明白。官僚群体和改朝换代这两个因素对皇权只有事实上的约束力,无法为限制皇权提供理论上的正当性。综合来看,帝制中国终究没能在理论上解决对皇权的有效制约问题,从而更没能产生一套有效的制度。既有制约皇权的这几种因素,其功效的发挥在很大程度上取决于皇帝的自我认识和道德自觉。

第二节 皇帝与立法

儒家《中庸》有言:"非天子,不议礼,不制度,不考文。"法家《管子·任法》云:"生法者,君也。"这即表明,到战国末期,儒、法两家都肯定"君"或"天子"是唯一的立法者。到了帝制中国时期,外儒内法,都完全承认皇帝是唯一的立法者,其他的立法机构和人员不过是辅助皇帝行使立法权。我们通常所用的"王法"一词即表达了"法为王所立""法为王所有"的内涵。

一、开国之初颁布本朝之法——"天与人归"的重要象征

打天下不易,治天下更难,这是历代帝王们的共识。如何能有效治理天下,维持王朝的

---

① 参考黄仁宇:《万历十五年》,生活·读书·新知三联书店2008年版,第一章和第五章。

长治久安,是这些帝王们关注的重要问题。他们解决这个问题的办法是在借鉴前人经验教训基础上,逐渐由粗疏走向成熟。这个办法,可概括为"偃武修文"四个字。武如何偃,文怎么修,其具体举措,虽因各个王朝具体情况各异,难以一概而论,但大体还是有章法可循。其中较为重要的一条,就是在王朝建立伊始,即颁布本朝之大法——律。

颁布本朝之律于天下,其功能大致可归纳为:(1)宣告本朝代前朝抚育华夏,实乃天与人归,以前夺取天下乃顺天应人之举;警告其他野心家天下已有真命天子,不要希图犯上作乱,只有坦诚归附之一途。(2)宣布与民更始,前朝苛法弊政已然废除,黎民百姓需拥戴新朝,遵行新法。(3)该律已是吸收了前代之经验教训,实乃天理人情之至,已为子孙后代为君者建立起了行之久远的立朝规模,避免他们自作聪明变乱成法祖制。所以律的效力较之其他法律形式,更为长久,道理就在于此。

作为中华法系代表性法典的《唐律疏议》制定完成之后,主事者长孙无忌在向唐太宗进陈时写了"进律疏表",在阐述制定背景时说:

> 大唐握乾符以应期,得天统而御历……伏惟皇帝陛下,体元纂业,则天临人,覆载并于乾坤,照临运于日月……日旰忘餐,心存于哀矜;宵分不寐,志在于明威。一夫向隅而责躬,万方有犯而罪己……(派臣下)撰律疏三十卷,笔削已了。实三典之隐括,信百代之准绳。铭之景钟,将二仪而并久;布之象魏,与七曜而长悬。①

又如,清朝以异族入主华夏,其面临的正当性危机较之汉族王朝为大,他们制定颁行《大清律》的自觉性更强,不厌其烦地强调颁布《大清律》的正当性。顺治三年(1646年)五月发布的关于颁行《大清律》的上谕中有这样的话:

> 朕惟太祖、太宗创业东方,民淳法简,大辟之外,惟有鞭笞。朕仰荷天休,抚临中夏,人民既众,情伪多端,每遇奏谳,轻重出入,颇烦拟议……乃允刊布,名曰《大清律集解附例》……以昭我祖宗好生之德。子孙臣民,其世世守之。②

乾隆在《御制大清律例序》中亦云:

> 我列祖受天明命,抚绥万邦,颁行大清律例,仁育义正,各得其宜。③

颁行本朝之律,成为各王朝当政者论证其统治合法性的最重要举措之一。历代相沿,因循不改。

二、皇帝因时、地制宜的立法

帝制中国每个朝代面临的具体环境有别,就在同一个王朝的不同时期,情况也有所不同。古代经典即有明训:"刑新国用轻典,刑乱国用重典,刑平国用中典。"④根据不同的社会情况,运用轻重宽严不同的法律进行治理,乃理之当然。还有,对继体之君来说,面对祖宗制定的律典,不便频繁更改,免得落下不孝之名声,但它可能随时代的变化而难以适用于当下,为了解决这个困境,最方便的办法就是针对一事一例发布特别法。这种特别法,就是誓、诰、令、诏、敕、格、例等法律形式。其具体内容和沿革,我们将在帝制中国立法部分再讲。作为

---

① 《唐律疏议》,刘俊文点校,法律出版社1998年版,第620页。
② 《大清律例》,田涛等点校,法律出版社1998年版,"卷首","世祖章皇帝御制大清律原序(顺治三年)"。
③ 《大清律例》,田涛等点校,法律出版社1998年版,"卷首","御制大清律例序(乾隆五年)"。
④ 《周礼·秋官·司寇》,载《十三经注疏·周礼注疏》(下册),北京大学出版社1999年版,第903页。

一代大法的律与其他特别法律形式之间的这种关系,就可很好解释为什么传统律典中保留了很多"具文"。

关于因时而以特别立法治国,明太祖朱元璋特别突出。他认为当时民众受"胡"风熏染已深,狡诈有余,淳朴不足;且前朝在法律上失之于宽,故他要"纠之于猛""刑乱国用重典",尤其要"重典治吏",本来中国传统思想中即强调"明主治吏不治民",加强对官吏之管束与监察,并严格惩处贪官污吏,乃王朝长治久安之必要举措。但明太祖的做法却是独出心裁,如将犯法官吏的画像和名字挂在申明亭上以示众;命令刑部把其过误写下来,悬挂在曾犯罪但已被宽宥复职官员的门上,让这些官员时刻自省;如果没有改正,即按律严办。① 另一方面是以"谋反"的罪名株杀数以万计的官吏,且手段之残忍,前所罕见。如洪武年间的空印案、胡惟庸谋反案、蓝玉谋反案,所诛杀的官吏都在数万以上。对有些贪官污吏,甚至采用"剥皮实草"的酷刑。所谓"剥皮实草",就是把贪官的皮剥下来罩在草人上,悬挂在官员公座旁,以为警惕官员之用。

在朱元璋看来,要保持好的吏治,必须从其源头抓起,而官吏之来源就是知识分子——士;同时,"明太祖则觉胡元出塞以后,中国社会上比较可怕的只有读书人",但政治治理又不能不用读书人,"遂不惜时时用一种严刑酷罚,期使士人震慑于王室积威之下,使其只能为吾所用而不足为吾患。"② 除了传统王朝对读书人的笼络、威慑措施外,朱元璋还别出心裁,发明了特别针对读书人的"寰中士夫不为君用"罪。按照《明史·刑法志》的说法,"贵溪儒士夏伯启叔侄断指不仕,苏州人才姚润、王谟被征不至,皆诛而籍其家。'寰中士夫不为君用'之科,所由设也。其《三编》稍宽容,然所记进士监生罪名,自一犯至四犯者犹三百六十四人。"③ 本来儒家有"穷则独善其身,达则兼济天下"的传统,历代士大夫皆有根据时势来选择是入世或出世的自由。到朱元璋这里变了,想在新朝做隐士而拒绝朝廷征召,就是灭族之重罪。只有朝廷拒用士大夫的自由,而无士大夫拒绝朝廷之自由。君权之残暴且蛮横无理,至于斯极。

就空间上而言,帝制中国广土众民,不同地方之间风土民情差别极大,而律法又是根据一般性的"天理人情"所制定出来的国法。在某些情况下,机械适用此种国法可能不仅达不到预期的效果,甚至会适得其反。这就需要皇帝针对特定地域或事件发布特殊的法令,以为有效处理应对之方。比如别籍异财是历代法律的要求,违反者一般处以徒刑。宋代初平川陕地区,鉴于这里父子别籍异财的现象很多,为了纠正此"浇薄"风俗,宋太祖要求遵守《宋刑统》之规定,但效果很不理想,故而于开宝二年(969年)下诏,加重处罚致死,"令川峡诸州,察民有父母在而别籍异财者,其罪死"。这种重刑一直延续到宋太宗太平兴国八年,"诏川峡民祖父母、父母在别籍异财者,前诏并弃市,自今除之,论如律"。④ 也就是说,为了改变川峡地区别籍异财之习俗,宋朝廷在这里实行了17年的特别加重刑法。

皇帝虽要受祖宗成法、儒家经义之制约,但在制度上他行使最高立法权,只要愿意,也有起码的能力,基本上能主导立法。

---

① 《明史·刑法志二》,载《历代刑法志》,群众出版社1988年版,第541页。
② 钱穆:《国史大纲》(下册),商务印书馆1996年修订版,第668—669页。
③ 《明史·刑法志二》,载《历代刑法志》,群众出版社1988年版,第541页。
④ 沈家本:《历代刑法考》(第二册),邓经元等点校,中华书局1985年版,第971页。

第三节　皇帝与司法

在帝制中国,皇帝总揽司法权,理论上对所有司法案件有最终决定权。各级司法官员都是受皇帝的委托行使相应的司法权能。严复经比较中西司法,指出:"从中国之道而言之,则鞫狱判决者,主上固有之权也。其置刑曹法司,特寄焉而已。故刑部奏当,必待制可,而秋审之犯,亦天子亲勾决之。凡此皆与欧洲绝异而必不可同者也。"①皇帝不可能做到事必躬亲,绝大部分司法权被委托给各级官员按照一定的程序行使。② 皇帝行使司法权的实际范围大致包括:死刑奏报与秋审、控制由亲信掌管的诏狱和特殊司法机构、发布赦令、亲自审理特定案件等。

一、死刑奏报与秋审制度

在帝制中国,从理论上说,只有皇帝才最终掌握每个臣民的生杀大权。秦朝的情况不太清楚,汉代"刺史守令杀人不待奏"。③ 正是地方官员能决定其辖区内民众之生死,侵夺了皇帝应有的权力。随着汉代皇权的加强,开始出现了"报囚"的规定。所谓"报囚",即奏请处决囚犯。这对习惯于生杀予夺在手的地方官来说非常不便,尤以分裂动荡时期为然。皇帝一方面为了慎刑,因人死不可复生,另一方面为了集权,不放心地方官掌握此权力,即便在分裂动荡时期,也反复下令死刑须奏报。如三国时期魏明帝青龙四年(236 年)六月下诏:除谋反、亲手杀人罪外,其余死刑案件必须上奏皇帝。④ 南朝宋武帝大明七年(463 年)四月颁诏:"自非临军战阵,一不得专杀。其罪甚〔应〕重辟者,皆如旧先上须报,有司严加听察,犯者以杀人罪论。"⑤北魏太武帝时期,规定:"当死者,部案奏闻。以死者不可复生,惧监官不能平,狱成皆呈,帝亲临问,无异辞怨言者乃绝之;诸州国之大辟,皆先谳报,乃施行。"⑥当时南北对立征战不已,死刑奏报制度实际执行效果势必很不理想。及至隋复归一统,开皇十二年(592 年)隋文帝重申"诸州死罪,不得即决,悉移大理案覆,事尽然后上省奏裁";开皇十五年(595 年)定制,死刑须"三奏而后决",史称"三复奏"。⑦ 唐代将隋代的"三复奏"确立为定制,《唐律疏议·断狱》规定:"死罪囚,谓奏画已讫,应行刑者,皆三覆奏讫,然始下决。"之后,历代都推行了死刑复奏制度,只是具体制度内容上略有分别。

既然死刑需要皇帝批准,那皇帝之批准应有什么样的程序? 历代皆有所区别,但发展得最完善的当属清代的秋审制度。

---

① 严复:《法意案语》,载王栻主编:《严复集》(第四册),中华书局 1986 年版,第 952 页。
② 帝制中国早期即形成了关于皇帝、大臣和各级官吏分别在司法中的职能差异之认识,即西晋三公尚书刘颂所总结的:"君臣之分,各有所司。法欲必奉,故令主者守文;理有穷塞,故使大臣释滞;事有时宜,故应人主权断。主者守文,若释之执犯跸之平也;大臣释滞,若公孙弘断郭解之狱也;人主权断,若汉祖戮丁公之为也……人主轨斯格以责群下,大臣小吏各守其局,则法一矣。"(《晋书·刑法志》,载《历代刑法志》,群众出版社 1988 年版,第 57 页。)
③ 赵翼:《陔余丛考》,商务印书馆 1957 年版,第 303—305 页。
④ 诏曰:"往者按大辟之条,多所蠲除,思济生民之命,此朕之至意也。而郡国毙狱,一岁之中尚过数百,岂朕训导不醇,俾民轻罪,将苛法犹存,为之陷阱乎? 有司其议狱缓死,务从宽简,及乞恩者,或辞未出而狱以报断,非所以究理尽情也。其令廷尉及天下狱官,诸有死罪具狱已定,非谋反及手杀人,亟语其亲治,有乞恩者,使与奏当文书俱上,朕将思所以全之。"(陈寿:《三国志》(第一册),中华书局 1959 年版,第 107 页。)
⑤ (梁)沈约:《宋书》(第一册),中华书局 1974 年版,第 132 页。
⑥ (北齐)魏收:《魏书》(第十册),中华书局 1974 年版,第 2874 页。
⑦ 《隋书·刑法志》,载《历代刑法志》,群众出版社 1988 年版,第 241 页。

从思想渊源上来说，之所以要把这个时间放在秋天，是受古代"天人合一"思维影响的结果。《礼记·月令》即有对于"秋冬行刑"的记载，董仲舒在他的"春秋大一统"的框架中对之更做了体系化的论证："天有四时，王有四政，庆赏刑罚与春夏秋冬以类相应"，故圣王应春夏行赏，秋冬行刑。如刑赏失时，则会招致灾祸，受到上天惩罚。"秋冬行刑"的思想影响到制度建设就出现了秋审。

从制度来说，秋审在清代成为重要制度，应该是借鉴了明代的朝审。朝审是朝廷最高级别的官员会审已被判秋后处决的死囚犯制度。根据《明史·刑法志》的记载，明英宗天顺三年（1459年），朝廷规定在每年霜降节气之后，由三法司奏请复审所有在押经判处秋后处决的囚犯，皇帝在批准奏请后，下旨召集公侯伯爵、驸马、内阁学士、六部尚书、侍郎、都御史、大理寺卿、通政使司、五军都督、锦衣卫指挥使等最高级官员，由刑部尚书主持，在承天门（今天安门）外举行会审。如果会审官员认为案件有可疑或死囚有可矜之情节，可奏请皇帝暂时不处决，再加详细审讯。如认为判决无误，就在当年秋后处决。

关于朝廷罪囚之范围，以关押在京师监狱的为限。大致包括两类：一是案件发生在京畿附近的，一是重大疑难案件，经刑部和都察院将案犯由各省提到京师来讯问因此而被关押在京师监狱里的。所以朝审的案件和人犯众多，要在一天的时间内完成，难免仓促就事，流于形式。因此就有官员要求皇帝延长朝审时间，但有明一代，并未就延长时间形成制度。

到清代，将死刑犯人分为立决和监候两种。立决就是立即执行（重罪立即处决的有凌迟、斩立决、绞立决），监候则缓决（罪行较轻或案情可疑的判为斩监候、绞监候），等待当年秋审再决定是否执行死刑。

明初，死罪尚无监候、立决之别，孝宗弘治十年（1497年）始有此区别，到顺治四年（1647年）的《大清律》正式有此规定。所有死刑案件，经三法司复核，内阁票拟或军机大臣会商拟办后，皇帝须加以裁决。皇帝对题本或奏折的裁决主要有以下几种：依法司定拟判决之裁决、依督抚所拟判决完结之裁决、法司再行复核之裁决、九卿会议之裁决和另行处置的裁决。在这里，皇权对死刑案件的权威表现最充分的是另行处置之裁决，即皇帝认为法司所拟判决并不妥当，得另行处置，加重、减轻其刑皆可，法外施恩或加重均为妥当。在理论上，皇帝可依其意志无所拘束地裁决。经皇帝决定为监候的案件，即进入秋审程序。

秋审是针对已判处斩、绞监候的案件，由三法司每年一度对斩、绞监候案犯，在全国范围内进行复核，主要程序包括：（1）初审：对各省奏报的秋审题本，先由刑部审录，摘叙案件原由，写出具体结论。（2）会审与题报：由大学士、九卿、詹事、科道等在京三品以上官员齐集，进行会审，然后由刑部领衔分情实、缓决、可矜、留养承祀四本向皇帝题报。秋审仪式一般持续三天时间，审理男犯是在金水桥外搭棚子，审理女犯是在午门外搭棚子。（3）皇帝批示：奉旨缓决、可矜、留养承祀案犯的秋审程序即告结束，奉旨情实者，仍要复奏。（4）复奏和勾决：死刑执行前复审官员向皇帝复奏，以示慎重。复奏本上，由皇帝用朱笔在应立决案犯名上打勾，称为"勾决"，意思是"一旦勾到，即行处决"。勾决仪式由皇帝亲自主持，以示"生杀予夺之权操之自上"。

"秋审"最主要的工作就是把在押监候死囚分为情、缓、矜、留等几大类，决定哪些罪囚的死刑应执行，哪些可以减等或免除。清初秋审还有"可疑"一项，即"罪名已定而情节可疑者"。雍正后正式确定为实、缓、矜、留四项，"情实"，情真罪当，可执行死刑；"缓决"，罪行较轻，继续监候，留待下年秋审再行复核；"可矜"，罪行属实，但情有可原者，可减等免死发落；"留养承祀"，斩绞重囚法无可贷者，因独子而父母老疾无人奉养，可特恩免死。在实际审判

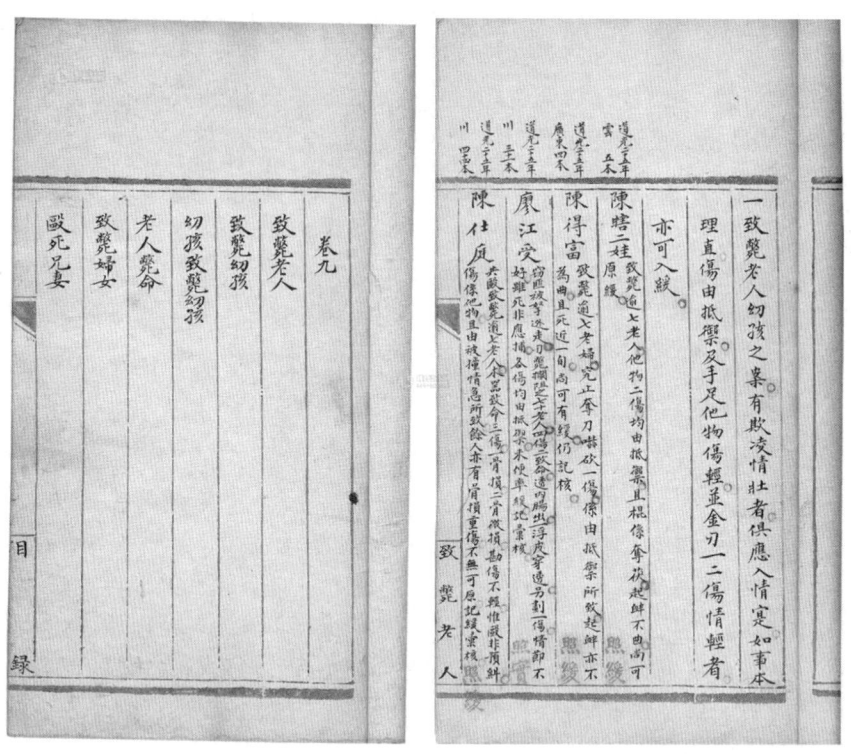

图 27　清代道光年间刑部登记《秋审实缓比较成案》稿钞本，可见朱笔"照缓""照实"等字样

中，矜、留两类情况较少。自理论方面言，缓决案犯本年就不执行死刑，仍然监押，等待明年再次秋审决定命运，如再次缓决就监押至来年秋审，直至减等改判或改情实为止，最终处罚才确定下来；但实际上已形成惯例，经三次缓决的案犯可得减等发落。但也有例外，如官犯、贪赃等，经三次缓决亦不能获减。

清代皇帝非常重视秋审。在勾决之时，皇帝和百官皆素服，事先皇帝还要斋戒，一般是在名字旁划一个类似于繁体中文引号那样的符号，最后还要在题本头几页上用红笔把勾决的名字抄录一遍，以免误勾，昭示慎重。勾决之前，先由钦天监决定具体时间，所以勾决有时也于行在举行。

乾隆曾于十四年（1749 年）发布上谕："秋审为要囚重典，轻重出入，生死攸关。直省督抚，皆应详慎推勘，酌情准法，务协乎天理之至公，方能无枉无纵，各得其平。朕于情实招册，皆反复审览，再三究极情状，毫不存从宽从严之成见。所勾者必其情之不可恕，所原者必其情之有可原。惟以一理为权衡，而于其人初无爱憎好恶之见者存也。"二十七年（1762 年）又谕云："国家秋谳大典，上系刑章，下关民命，虑因时设情法未衷于至当，何以昭钦恤之用心？每岁刑部进呈各省情实招册，朕必将逐案事由，一一披览，使狱情毫无遗漏，而各案适轻适重，又详为称量比拟。有其迹虽涉疑似，而情尚一线可原者，既于册内折角存记；即情罪重大，于法万无可贷，不得已而予勾之案，亦反复推勘，于所犯实款，随其节目次第折角。及勾到前一日与临勾之时，必三经检核，务俾毫发无疑，然后予勾。所谓求其生而不得，则死者皆无憾也。"①乾隆所说，难免有溢美夸张之处，各个皇帝对秋审的尽心程度也未必相同，但清代

---

① 《钦定大清会典》（第二十册），新文丰出版公司据光绪二十五年刻本 1976 年影印版，第 15622、15629 页。

皇权在秋审中发挥了较大作用,对死刑的执行更为慎重,则为不争之事实。

因之前的各级审理多严格按照法律规定进行,故秋审就不再是一种简单的法律审查,主要是根据特定的时势,注重政策的调整,力争在综合天理、国法和人情的基础上作出最妥当的判决。"乾隆中叶法家老手"①名幕王又槐对秋审有这样的总结:

> 盖秋谳世轻世重,非律例一成不易者可比,此外尚有管见数条附入备考……秋审缓实有一定不易之成法,而又当合时、地以相参,所谓惟齐非齐、并行不悖也。即如僧人杀人与私铸钱文二项,当(乾隆)三十三、四年间,多入情实;不过三、四年,犯者渐稀,仍复入缓。又如回民之案严于陕甘,抢夺之案严于啯匪,械斗之案严于八蛮,牛马之案严于蒙古,斗杀之案严于新疆。近日(乾隆五十年前后)江海窃盗严于粤省,窝、窃、赎、赃之案,皆因地制宜,久则必变,当推类详审……"情""理"二字并称,究宜分别。如愚鲁不肖,未经教训,难以理论,而情则愚智同具,故情凶更重于理屈。若士夫案,又当以理法为衡,不得原情,至于入仕者,更当加严。②

秋审制度使死刑复核被纳入了前所未有的严格法律程序中,保证了皇帝对死刑的控制权,在全国最大可能地做到了司法的统一,限制了地方各自为政和擅杀滥杀。据统计,大致有四分之三的死刑监候犯人,在经历一次或若干次秋审后,被免于死刑处罚。③ 清代皇帝对死刑案件的审断较少发生历史上曾经有过的君主随意杀人现象,很重要的原因是皇权在高度制度化的审判模式里受到事实上的制约。

秋审为清代重要的司法制度,经顺治、康熙和雍正三朝的渐次发展,到乾隆朝以后乃成定制。《大清律》中并无有关秋审的律文,关于秋审的规定附于《大清律》第411条"有司决囚等第"律下的例文中。随着就地正法的不可遏止,经晚清变法修律,秋审受到严重冲击。及至中华民国建立,皇帝不再存在,在三权分立制度框架下,秋审失去了根据而被废除。这一制度所体现出来的天人合一理念与对执行死刑的慎重做法,给我们留下了诸多值得思考的空间。④

二、诏狱与厂卫

诏狱本来是关押、囚禁钦命人犯的监狱,后引申为皇帝钦命办理的刑案。诏狱究竟始于何时,已不可确考。《汉书·文帝纪》载,汉文帝四年(前176年)"绛侯周勃有罪,逮诣廷尉诏狱"。⑤ 据明代学者丘濬的考证,"诏狱之名始于此"。⑥ 在关于汉代的文献中,"诏狱"一词屡

---

① 王又槐的《办案要略》被收入《入幕须知》,作为很重要的幕学书籍被重刊,张廷骧于1883年在"办案要略序"中指出:"王荫庭先生为乾隆中叶法家老手,著有《刑钱必览》《钱谷备要》《政治集要》等书,行世迄今九十年来,《必览》《备要》尚有售者……《办案要略》一种,人不尽睹读,其议论精确,颠扑不破,用特摘出,与诸先辈幕学各书合为全璧,亦足为初学准绳也。"(杨一凡编:《古代折狱要览》(第十六册),社会科学文献出版社2015年版,第3—4页。)
② 王又槐辑:《刑钱必览》,嘉庆十九年刻本,卷十。
③ 孙家红:《视野放宽:对于清代秋审结果的新考察》,载《清史研究》2007年8月。
④ 关于秋审制度的较深入研究,可参考孙家红:《清代的死刑监候》,社会科学文献出版社2007年版。
⑤ (汉)班固撰:《汉书》(第一册),卷四"文帝纪",中华书局1962年版,第121页。
⑥ 丘濬生活于明中叶,且一度为朝廷重臣,亲见诏狱之惨烈,对其痛心疾首,云:"诏狱之名始于此,然其狱犹属之廷尉,则典其狱者犹刑官也。其后乃有上林诏狱,则是置狱于苑囿中。若卢诏狱,则是置狱于少府之属,不复典于刑官矣。夫人君奉天讨以诛有罪,乃承天意以安生人,非一己之私也,有罪者当与众弃之,国人皆曰可杀然后杀焉,何至别为诏狱以系罪人哉?后世因之,往往于法狱之外别为诏狱,加罪人以非法之刑,非天讨之公矣,亦岂所谓与众弃之者哉!"(丘濬撰:《大学衍义补》(第二册),吉林出版集团有限责任公司2005年版,第1204页。)

见。如《汉书·刑法志》载：文帝十三年（前167年），"齐太仓令淳于公有罪当刑，诏狱逮长安"①，著名的提萦救父即肇端于此。两汉之际，赤眉军立刘盆子为帝，其兄长刘恭自以为罪恶深重，故"自系诏狱"。② 东汉灵帝熹平五年夏四月，因大旱求雨，派遣侍御史"行诏狱亭部，理冤枉，原轻系，休囚徒"。③ 汉代诏狱刚建立时属于廷尉，管理者还是刑官。其后皇帝则在自己的苑囿中设了上林诏狱，在内朝少府之下设置了若卢诏狱。汉以后，历代皆有诏狱。诏狱关押的主要是重大案件的人犯，多为政治犯及为官犯罪者。《宋史·刑法志》讲：（诏狱）"本以纠大奸慝，故其事不常见"。④ 就宋朝而言，宋初诏狱很少，到神宗以后，就逐渐泛滥了。按说，中央朝廷有正式的法司和相应的监狱，完全可以处理这类案件，为什么皇帝还要设立诏狱呢？其主要原因是制度化的中央司法有一定的规则可循，皇帝之喜怒好恶等主观意志难以直接在这个司法过程中体现出来。皇帝为了超越此正规司法机构和程序，就另外设置了诏狱，亲自审判案件，或派亲信审理案件与管理诏狱，以方便行其私。

作为正式法律体系之外的诏狱，与皇帝个人关系最大。如皇帝是勤政爱民仁贤之君，对诏狱的运用则较为节制，可望将其负面作用严加控制；如君主昏庸、权臣近臣秉政之际，这些人对诏狱的运用则完全不加节制，严重干扰正常司法，泄私愤，逞淫威，打击异己，祸害无穷。《宋史·刑法志》虽然说的是宋代的情况，但对整个帝制中国的诏狱可能都适用："诏狱之兴，始由柄国之臣藉此以威缙绅，逞其私憾，朋党之祸遂起，流毒不已。"⑤更有像秦桧这样的权臣，"屡兴大狱以中异己者，名曰诏狱，实非诏旨也。"有鉴于此，宋人张方平痛言汉、唐两代之衰，诏狱之弊为乱政之首：

> 盖一成之法，三尺具存。而舞文巧诋之人、曲致希合之吏，犹或高下其手，轻重在心，钩摭锻磨，罔用灵制。又况多张网罟，旁开诏狱。理官不得而议，廷臣不闻其辨。事成近习之手，法有二三之门哉！是人主示天下以私而大柄所以失于下，乱所由生也。汉唐之覆车轨迹犹在，汉有乱政而立黄门北寺之狱，唐有乱政而起神策北军之狱，二辟之兴，皆弊世也。大凡强臣擅命、女君临朝，率多作为刑狱以威制天下，而官有二辟，流虐尤甚。⑥

要论诏狱危害之大，莫过于明。锦衣卫镇抚司狱即监狱意义上的诏狱，厂卫本是承皇帝命令而设，大权由皇帝亲信执掌，其所办案件，亦可称为诏狱。下面将重点谈一谈，以见其危害之烈，为后世鉴戒。

因君主专制主义加强，明代皇帝对司法干预越来越大，除了加强对常规司法制度的控制外，更创设一些特务机构，参与到司法审判中来。厂卫制度即因此而出现，成为有明一代抹不去的司法污点。《明史·刑法志》的评价是：廷杖、东西厂、锦衣卫、镇抚司狱，"创之自明，不衷古制。是数者，杀人至惨，而不丽于法。踵而行之，至末造而极。举朝野命，一听之武夫、宦竖之手，良可叹也！"⑦

那我们先来看看到底什么是厂卫？厂，即是东厂、西厂和内行厂；卫是锦衣卫。因为它

---

① （汉）班固撰：《汉书》（第四册），卷二十三"刑法志"，中华书局1962年版，第1097页。
② （南朝）范晔撰：《后汉书》（第二册），卷十一"刘玄刘盆子传"，中华书局1965年版，第475页。
③ （南朝）范晔撰：《后汉书》（第二册），卷八"孝灵帝纪"，中华书局1965年版，第338页。
④ （元）脱脱等撰：《宋史》（第十五册）：中华书局1975年版，第4997页。
⑤ 同上书，第4999—5002页。
⑥ 张方平：《乐全集》，卷十二"诏狱之弊"。
⑦ 《明史·刑法志三》，载《历代刑法志》，群众出版社1988年版，第549页。

们都是常规法司之外、直接受命于皇帝的特务机构,且对案件的侦查、缉捕、审讯等方面皆有相近之处,因此习惯上合称为"厂卫"。

按照设立时间来看,是卫在前,厂在后。明初设立了警卫京师和宫廷的22卫,锦衣卫是其中之一,负责保护皇宫安全,隶属于皇帝亲兵系统,自洪武十五年(1382年)创立,一直存在到明亡。其长官为指挥使,由皇帝亲自任命,下有千户、百户、校尉力士等,俗称"缇骑"。按照《明史·职官志》所载,锦衣卫"掌侍卫、缉捕、刑狱之事"。跟司法直接相关者,是"缉捕"和"刑狱"。从朱元璋开始即经常派遣锦衣卫来监视臣民,故锦衣卫侦查、缉捕的对象是除皇帝以外的所有人,以重罪为主。本来侦查、缉捕有一定的程序性限制,比如规定"凡缉事,必行贿受贿有人,现获有赃,获赃有地,谓之'四角全',而后打入事件,有一不全,不敢行,恐反坐也"。① 但实际上,锦衣卫作为皇帝心腹,是为皇帝打探贼情,即便出错,容易得到皇帝宽免,因此弊端累累,甚至引起天下骚乱。据《明史·刑法志》记载:明代中后期,"缇骑四出,海内不安"。

图28　明代锦衣卫朝参官牙牌式样

东厂是太监统领的特务机构,设立于永乐十八年(1420年),由负责皇帝日常事务、整理传递文书的"司礼监"派出提督太监掌管之。提督太监因为持有"钦差总督东厂官校办事太监"关防,故可随时向皇帝报告。东厂设有掌刑千户、理刑百户等,并有内外勤役长数百人,分别率领12班"番役"轮流出动,监视文武百官的日常生活,刺探社会各阶层的动态。这种做法的专业名称叫"打事件"。② 通过"打事件"所获得的情报不分昼夜送入宫内汇报给皇帝。虽然其工作性质与锦衣卫大致相同,但东厂之设立乃提防包括锦衣卫在内的外官之间相互

---

① 佚名《谀闻续笔》,卷四;转引自张显清、林金树主编:《明代政治史》(下册),广西师范大学出版社2003年版,第731页。

② 《明史·刑法志三》云:"每月旦,厂役数百人,擎签庭中,分瞰官府。其视中府诸处会审大狱、北镇抚司考讯重犯者曰听记。他官府及各城门访缉曰坐记。某官行某事,某城门得某奸,胥吏疏白坐记者上之厂曰打事件。至东华门,虽食夜,投隙中以入,即屏人达至尊。以故事无大小,天子皆得闻之。家人米盐猥事,宫中或传为笑谑,上下惴惴无不畏打事件者。"《历代刑法志》,群众出版社1988年版,第552页。)

瞻徇,且太监离皇上更近,更容易获得信任,故在多数时候,东厂的地位高于锦衣卫。到晚明,"官校纷纷而出,所在有如豺虎,破家亡身者,郡县相望"。①

东厂以外,明代还曾设立过西厂和内行厂。西厂在宪宗和武宗年间几度存废,总共存在了大约10年左右的时间。在宦官刘瑾当权时期,还设立了内行厂,"虽东、西厂皆在伺察中"。西厂和内行厂虽存在时间不长,但因为太监专权,无所不为,酷烈甚厉。

以上两大特务机构合称"厂卫",虽然从制度上只有侦查和缉捕的权力,但是在锦衣卫下设了俗称为"诏狱"的北镇抚司。本来,明代的卫所都设有镇抚司,专门受理本卫的刑狱。因为锦衣卫地位特殊,永乐年间,在本有的镇抚司之外,又设立了新的镇抚司。原有的镇抚司被称为南镇抚司,专理本卫的刑狱;新设的镇抚司被称为北镇抚司,专门审理钦犯。厂卫侦缉破获的案件,逮捕的人犯,直接送到北镇抚司进行预审。在朱元璋时,他就经常将镇抚司作为自己亲自审理案件的预审法庭,设置了监狱和各种刑具。到他统治末期,曾下令关闭此监狱、焚毁刑具。到成祖时期设立了北镇抚司后,即把他父亲的这一套老办法又恢复并制度化了。到宪宗成化年间,又规定北镇抚司审理案件直接向皇帝报告,锦衣卫指挥不得插手,这样北镇抚司就获得了自己作为"诏狱"的独立地位。尽管在理论上北镇抚司在预审结束后,应将案卷、人犯等移交三法司,以便其做出正式判决,但实际上三法司又如何敢得罪作为皇帝亲信的北镇抚司,多数情况下只能按照北镇抚司所拟定的预审意见正式宣判。而且,北镇抚司有时可以直接根据皇帝的旨意,完全绕过三法司处置罪犯,执行皇帝的判决。

厂卫特务机构罪恶累累,也有不少臣工剀切上言,要求废除它。如《明史·刑法志》载:嘉靖时,詹事霍韬上言,"刑狱付三法司足矣,锦衣卫复横挠之。昔汉光武尚名节,宋太祖刑法不加衣冠,其后忠义之徒争死效节。夫士大夫有罪下刑曹,辱矣。有重罪,废之、诛之可也,乃使官校众执之,脱冠裳就桎梏。朝列清班,暮幽犴狱,刚心壮气,销折殆尽。及覆案非罪,即冠带立朝班,武夫捍卒指目之曰:'某,吾辱之,某,吾系执之。'小人无所忌惮,君子遂致易行。此豪杰所以兴山林之思,而变故罕仗节之士也。愿自今东厂勿与朝仪,锦衣卫勿典刑狱。士大夫罪谪废诛,勿加笞杖锁梏,以养廉耻,振人心,励士节。帝以韬出位妄言,不纳。"臣工们说得如此有道理,且一片忠诚之心,为什么皇帝还是置之不理呢?因为它的副作用只是对臣民而言,对皇帝而言,是一个好用的工具。皇帝借助这类特务机构,更有利于其操控臣工之举动,更准确、更方便地施其生杀予夺之权。

三、赦免制度

经常化、制度化由皇帝下诏赦免犯罪行为的做法,被称为"赦",是帝制中国法制的重要特点,是"恩自上出"的重要表现形式,所谓"雷霆雨露,莫非君恩"。赦免分为大赦、曲赦和别赦等种类。

赦罪的重要思想根据来自于儒家"仁政"观念,原先的赦罪范围较小,《尚书·尧典》有"眚灾肆赦"一语,指的是犯罪者出于过失或不幸犯了罪,非其本心,故赦免其惩罚。《尚书·吕刑》有"五刑之疑者有赦,五罚之疑者有赦",则是将赦的对象限定在罪行和处罚有疑问的情况下。这都是用赦免"以济法之穷",非但无可厚非,且在一定时空之中,非常必要。

大赦确如杨鸿烈所评论的,自秦汉以降,"君主滥作威福,常常不加分别的大赦天下因人,如登位有赦,死葬有赦,郊祀有赦,灾异有赦,寿庆有赦,诞生有赦,甚至一年里头就有好

---

① 韩邦奇:《慎刑狱以光新政事》,载陈子龙等编:《皇明经世文编》,卷一百六十,中华书局1962年版,第1612页。

几次的大赦,这样差不多将整个司法机构的权能破坏得干干净净,使善恶不分,社会的秩序扰乱,所以两千多年来的学者文人都反对君主不分青红皂白的滥行大赦。"① 比如南宋洪迈在《容斋随笔》中有"多赦长恶"条,言之剀切:

> 熙宁七年旱,神宗欲降赦,时已两赦矣。王安石曰:"汤旱,以六事自责,曰政不节与?若一岁三赦,是政不节,非所以弭灾也。"乃止。安石平生持论务与众异,独此说为至公。近者六年之间,再行覃霈。婺州富人卢助教,以刻核起家,因至田仆之居,为仆父子四人所执,投置杵臼内,捣碎其躯为肉泥,既鞠治成狱,而遇己酉赦恩获免。至复登卢氏之门,笑侮之曰:"助教何不下庄收谷?"兹事可为冤愤,而州郡失于奏论。绍熙甲寅岁至于四赦,凶盗杀人一切不死,惠奸长恶,何补于治哉?②

又如发生在东汉末年的第一次党锢之祸,其直接导火索就是因大赦而起。河内有个名叫张成的方士,与当政的宦官往来密切,甚至连桓帝都召他去讲学。他推算到将有大赦,便唆使其子杀人。当时的党人领袖李膺担任河南尹,职责所在,立即派人将张成的儿子抓捕归案。这时,大赦令果然下来,按例应该将罪人释放。但李膺不顾赦令,毅然将其子处死。这一事件触怒了宦官集团,他们唆使张成的弟子牢修上书,控告李膺养太学游士,结党诽讪朝政,扰乱风俗。于是,桓帝下令逮捕李膺等二百余人,随后下诏在全国各地逮捕"党人",入狱者受尽折磨,逃脱者被通缉,各级官吏为了邀功,乱捕无辜,第一次党锢之祸因此发生。③

根据现有史料,发现在春秋时期即有大赦行为。"大赦"这个词即见于秦统一天下之前庄襄王元年(前 250 年)的"大赦罪人"。秦始皇时期以法家治国,讲求"刑九赏一",没有赦免一事。及至将亡,秦二世才临时大赦天下。到汉王朝,总结秦速亡之教训,认为大赦可以缓解严酷政治。自此以后,大赦成为帝制中国法制的重要项目。

据统计,两汉平均 2.24 年大赦一次;魏晋南北朝时期最频繁,平均一年多一次,南朝又频繁于北朝;唐宋时期大致一年半一次,元朝大致恢复到汉的程度,两年多一次;明朝五年多一次,清朝十四年左右一次。在两千年的帝制中国,皇帝大赦达一千多次。大赦的理由大致包括改朝换代、皇帝践祚、改元、立皇后或太子、帝冠、封禅、巡狩、祥瑞、灾异等。盖改朝换代表示"与民更始",新君登基宣示"荡涤积弊",皇帝成年娶妻生子当然要"普天同庆",有了祥瑞、祭祀了山川鬼神预示着"奉天承运",打了胜仗彰显了帝国武功,发生灾异表示上天对皇帝的警告皇帝当然要罪己爱民。发生了这些情况,怎能不大赦?一般而言,乱世多赦,治世少赦。

大赦仪式大致包括三步:(1) 树金鸡。(2) 集合百官、父老和囚徒听赦令。(3) 争夺金鸡。为什么大赦要以金鸡为标志呢?梁朝任昉《述异记》记载:"东南有桃都山,上有大树,名曰桃都枝,相去三千里,上有天鸡。日初出照此木,天鸡即鸣,天下鸡皆随鸣之。"④ 天鸡先鸣,

---

① 杨鸿烈:《中国法律思想史》(下册),上海书店 1984 年影印本,第 231 页。
② (宋)洪迈撰:《容斋随笔》(下册),孔凡礼点校,中华书局 2005 年版,第 618 页。
③ "时河内张成善说风角,推占当赦,遂教子杀人。李膺为河南尹,督促收捕,既而逢宥获免,膺愈怀愤疾,竟案杀之。初,成以方伎交通宦官,帝亦颇谇其占。成弟子牢修因上书诬告膺等养太学游士,交结诸郡生徒,更相驱驰,共为部党,诽讪朝廷,疑乱风俗。于是天子震怒,班下郡国,逮捕党人,布告天下。使同忿疾,遂收执膺等,其辞所连及陈寔之徒二百余人,或有逃遁不获,皆悬金购募。使者四出,相望于道。明年,尚书霍谞、城门校尉窦武并表为请,帝意稍解,乃皆赦归田里,禁锢终身。而党人之名,犹书王府。"((南朝)范晔撰:《后汉书》(第八册),卷六十七"党锢列传",中华书局 1965 年版,第 2187 页。)
④ 任昉:《述异记》,中华书局 1985 年版,第 29 页。

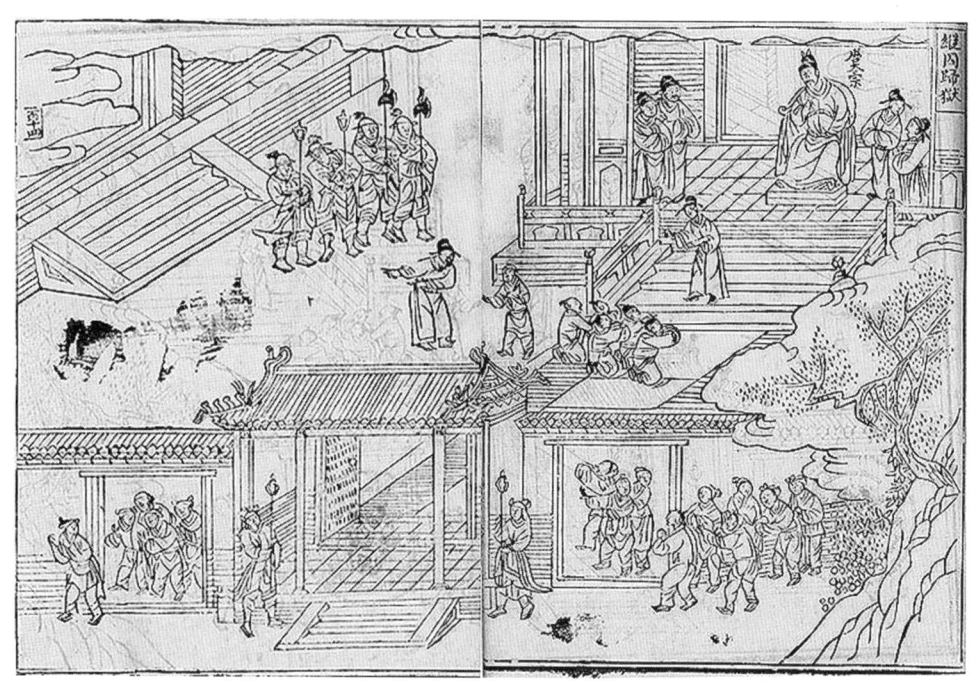

图 29　明万历元年纯忠堂刊本《帝鉴图说》所绘唐太宗"纵囚归狱"图

预示新的一天之开始;鸡属阳鸟,人君治国,德刑兼用,赦免属德。鸡在五行属金,古称金鸡;金鸡于是成为大赦的标志物。因大赦是皇帝的专有权力,故金鸡又成为皇权的象征。据《隋书·五行志一》记载北周初年有民谣云:"白杨树头金鸡鸣,只有阿舅无外甥。"暗示外族杨坚当代周为帝。在宣赦之日,皇帝亲自出席,百官、首善之区的父老、囚犯出席,将金鸡置于七尺长杆之上,击鼓千声然后释放囚徒,最后由众人争夺金鸡以志庆贺。

大赦是皇帝的重大恩德,不光是仅仅惠及囚徒,而是广泛施恩,比如为百官赐荣衔官阶,减免百姓赋税。不仅减免百姓对官府的负债,有时更进而放免民间的私债。这实际上否定了民间契约的法律地位,导致民间经济活动缺乏保障,反映了皇帝无视公私领域事实上存在的界限,任意干涉纯粹私人事务。

当然大赦亦非漫无限制,一般而言,对赦免对象的限定大致包括以下几类罪行的犯罪:(1)十恶犯罪;(2)官吏犯罪,如官吏的赃罪,监守自盗等。(3)严重的社会犯罪。一般而言,它包括故杀人、持杖抢劫、合造贩卖毒药、发塚、劫囚等。清律规定:"凡犯十恶、杀人、盗系官财物及强盗、窃盗、放火、发塚、受枉法不枉法赃、诈伪、犯奸、略人略卖、和诱人口,若奸党及谗言左使杀人、故出入人罪,若知情故纵、听行藏匿、引送、说事过钱之类一应实犯,[皆有心故犯],虽会赦并不原宥。"①这些犯罪的罪犯,属于"常赦所不原"。为什么要有这个限制呢?盖皇帝大赦罪囚,损害了刑律的尊严,对秩序构成了一定的威胁,为了在刑与赦、国法与皇恩之间维持平衡。既然为"常赦所不原",那也就意味着非常赦即能原,赶上特殊的大赦,这类罪犯有可能获得宽免,这就为皇帝曲法施恩留下了活动空间。总体来说,那些得到赦免的罪犯多为对王朝统治秩序威胁不大的。

除了大赦之外,还有针对特殊地域罪犯的"曲赦"和针对特殊犯罪类型的"别赦"。

---

① 《大清律例》,田涛等点校,法律出版社1998年版,第97页。

需要注意的是,君主大规模赦免犯罪,通常来说是破坏法制,非常不合理。在帝制中国,皇权至上,君主要施恩于臣民,亦无可避免。当时比较有效的举措是将君主的赦免纳入制度化范畴,使君权有所约束。但赦免又是皇帝专属恩德,终究无法充分法制化,皇帝不顾相关赦免的法制而任意赦免的情况所在多有。这是君权对传统法制冲击的一个重要表现。①

四、皇帝亲自问案断狱

很多皇帝喜欢亲自断案,因这一方面是人主掌握臣民生杀予夺大权的直接体现,有很强的现实感;另一方面则体现了朝廷对狱讼的高度重视。名声较著者,如秦始皇即"任刑罚,躬操文墨,昼断狱,夜理书,自程决事,日悬石之一"②;魏明帝太和三年(229年)"冬十月,改平望观为听讼观。帝常言'狱者,天下之性命也',每断大狱,常幸观临听之"。③ 晋武帝泰始四年十二月,"帝临听讼观,录廷尉洛阳狱囚,亲平决焉"。④ 历代皇帝类似的记载在史料中还有很多。

综合来看,皇帝亲自参与审理判决的案件主要是牵涉朝廷亲贵重臣的政治性大案要案、有重大社会影响的案件以及与朝廷重大政策直接相关的特定类型案件。牵涉亲贵重臣的重大案件,尤其是关于谋反大逆谋叛的案件,直接关系王朝乃至皇帝本人的安全,皇帝过问并亲自审理乃是意料中事。那些有重大社会影响的案件,更多的时候是皇帝委任法司或重臣审理,而让自己在背后施加影响,但也有少数情况,皇帝直接提审案犯,作出判决。

还有就是皇帝本人认为特定种类的案件跟朝廷重大政策或存亡相关,需要亲自过问。清代康雍乾三朝的文字狱就是典型例子。因满族以异族入主中原,在士大夫群体中遇到了激烈抵抗,需要震慑,防止他们擅自议论朝政。在这上百起文字狱中,一般都是在案发之后,从其著述中找到"罪证",比如私修史书、指斥本朝、妄议朝政、谤讪君上、隐喻讥讽、心怀怨恨,诋毁程朱、倡为异说、捏造妖言、狂放不经、收藏禁书、隐匿不首、妄为著述、不避圣讳等,不一而足。这些罪犯,最后皆以"大逆"定罪。帝制中国的"文祸",至此而极。

我这里举个例,即雍正痛惩杨名时一案。

本来,雍正与杨名时⑤君臣关系密切,通过密奏,"君臣万里谈心"。雍正为整饬吏治,重才轻德,点了杨名时等六位地方大员之名,"朕深望尔等为明达体用之全才,而深惜尔等为同流混俗之乡愿"。杨名时以理学名身立世,最反对"纸上圣贤、口角道德",不能接受雍正"乡愿,德之贼"的判断,上折申辩云:"圣贤之所恶非一,而于恶乡愿尤甚……此足不可立于圣人之门,身不可立于圣人之世。臣自今以往,惟有切省不违,内则整肃身心,外则厘饬政事,期无蹈于悠忽因循,以无负训迪惓惓至意也。"因杨名时有抵触之心,当其指斥田文镜、李卫之时,雍正在给杨名时的朱批中说:"朕已悉汝所识指之人。但可以不必。即此不免自蹈于佞与利口、无礼、不逊及徽讦为智直矣!乡愿之咎除与否未定,如何又干许多由您也?凡此等居心行事皆不必,一切静听朕之指训,竭力为之,有则改之,无则加勉,不在此舞唇舌、弄讥讽,徒自取轻于朕耳……朕岂好辩,乃不得已。指迷之论,卿等当熟读以增识见。可谓君臣

---

① 陈俊强:《皇权的另一面:北朝隋唐恩赦制度研究》,北京大学出版社2007年版,第110、231—233页。
② 《汉书·刑法志》,载《历代刑法志》,群众出版社1988年版,第14页。
③ (晋)陈寿撰:《三国志》(第一册),中华书局1959年版,第96页。
④ (唐)房玄龄等撰:《晋书》(第一册),中华书局1974年版,第58页。
⑤ 杨名时,李光地门生,名儒,时任云南巡抚,曾手录、校订《徐霞客游记》12卷,并作序。

万里谈心,亦属人间乐事。"①

如何与科甲出身、以道学自重且声望一直很高的汉大臣相处,雍正心理极其复杂。尽管他是满文化优越论的坚定信奉者,对汉文化不无鄙视和轻蔑;但内心深处又潜藏着身为"夷狄"的自卑,惟恐被饱学硕儒所轻视,尤其畏惧被居心叵测者暗中讥讽。作为夷狄君主,其微妙心理值得重视,如雍正在批复杨绂的奏折中说:"你实不及朕远矣,何也?朕经历处多动心忍性,非止数年几载。若与朕一心一德,心悦诚服,朕再无不教导玉成你的理;若自以为记载数篇腐文,念诵几句史册,以怀轻朕之心,想将来悔之不及!当敬而慎之,五衷感佩可也。朕非大言不惭,纵情傲物,以位以尊胜人之庸主,莫将朕作等闲皇帝看,则永获益是矣。"②如何把这些大儒名儒驯化成对自己心悦诚服的忠实奴仆,一直是雍正须臾不能释怀的大难题。杨名时的辩解使雍正意识到必须打断他的道学脊梁。

等到雍正解决了最危险的政敌后,因处理文字狱案,使他对汉人的民族敌对情绪估计得过于严重,随着李卫的告密,雍正决心痛惩杨名时。恰在稍后,被雍正誉为"督抚标榜"的李卫挟嫌密奏杨名时有"偏徇"和"欺罔"之迹,雍正遂让非科甲出身的新任云南巡抚朱纲与钦差侍郎黄炳会审杨名时一个来月,以收受贿赂贪污等罪名拟处杨名时绞刑。雍正在给总督鄂尔泰的朱批上谕中说:"此辈假道学,实系真光棍,诚为名教罪人,国家蛊毒,若不歼其渠魁,恶习万不能革;但此种类,若不治其名而治其身,反遂伊之愿也,况伊等亦不畏无文之罚也。"当刑部以别项罪名将杨名时加重拟处为斩监候上奏时,躲在幕后指使的雍正在达到揭露杨名时假道学并予以羞辱的目的后最后降旨:"杨名时俟各案清结之后,再降谕旨。"雍正还令总督鄂尔泰将其"罪行"通行晓谕,"使滇省之人共知杨名时平素之虚诈巧饰,于伊奉旨起身之时相率而贱辱之"。③ 杨名时案件审理基本完结后,由于牵涉李卫等人,雍正有个朱批,很有意思:"此事尔等另折奏闻,又不隐瞒,料理甚属可嘉。但原因杨名时可恶起见。此事高其倬、李卫三人之罪等,若牵扯一处,高其倬、李卫皆朕倚任之人,面上不好看,况亲朋情面,又不关公帑,尚有可恕。所以此事朕未发出,尔等亦当密之。"④选择性执法,于斯可见。最后是勒限一年,追还银五万八千两。雍正深知,以杨名时为官之清,一时绝对拿不出那么多钱。果然不出所料。据说,雍正开恩减为三千两后,杨名时"先取邸中物,并脱夫人之簪珥以充数,估直不满二百金也"⑤,仍旧差得远。所以,杨名时终雍正之世,一直"待罪"。⑥

皇帝亲自断狱反映了皇权的进一步加强,其缺陷有三个:(1)不严格遵守法律,难免任意喜怒于其中;(2)皇帝断案后成为定案,如当事人被冤枉,很难翻案。(3)有时,皇帝对某个案件最后越过法律审理程序而自作决定,并谕示今后照此办理,既与法不溯及既往原则相背,亦有不教而诛之嫌。

五、京控

对帝制中国的臣民而言,皇帝是现世间最终的正义源泉。在各级官府有冤不能伸的情

---

① 《雍正朝汉文朱批奏折汇编》(第八册),档案出版社1984年影印版,第51—52页。
② 同上书,第512—513页。
③ 第一历史档案馆编:《雍正朝起居注册》,中华书局1993年版,六年正月二十三日。
④ 《雍正朝汉文朱批奏折汇编》(第十一册),档案出版社1984年影印版,第80—81页。
⑤ 《江阴杨文定公行述》,载《鲒埼亭集外编》卷十一;《全祖望集汇校集注》(中册),朱铸禹汇校集注,上海古籍出版社2000年版,第953页。
⑥ 参考郭成康:《政治冲突与文化隔阂:杨名时案透视》,载《清史研究》2002年第4期。

况下,可通过特定的方式直接向皇帝申诉。

1. 击"登闻鼓"与"邀车驾"

在古代,一般百姓因为受到冤屈向皇帝直接申诉主要有两种方式,一是击打"登闻鼓",一是"邀车驾"。

先来看击打"登闻鼓"制度。据《周礼·秋官司寇》载:"以肺石达穷民,凡远近茕独老幼之欲有复于上而其长弗达者,立于肺石三日,士听其辞,以告于上而罪其长。"肺石是红颜色的石头,以此警示告诉者必须"赤心,不妄告"。① 周代是否有此制度,不敢妄下结论,但至少在春秋战国时期即有此理想。汉朝时,在皇宫外设路鼓,主要用于"上变事"和"驿马军书当及闻者",亦可供人鸣冤。② 至魏晋南北朝时改名为"登闻鼓",专供人击鼓喊冤。③ 历代因之。宋朝还设立了"登闻鼓院"和"登闻检院"。元朝在中书省下设"登闻鼓院"。明清两朝,登闻鼓由都察院管理,御史轮值。

所谓"邀车驾",指的是当皇帝出巡之时,有冤枉的老百姓跪在路旁,请求皇帝伸冤。《唐律疏议》"邀车驾挝鼓诉事不实"条规定:"诸邀车驾,若上表,以身事自理诉,而不实者,杖八十";"车驾行冲队仗"条规定:"车驾行幸,皆作队仗。若有人冲入队间者,徒一年;冲入仗间,徒二年。误者,各减二等。"④综合来看,"邀车驾"喊冤只能在道旁喊冤而不得擅自进入队仗之中,如所诉为实,处罚尚轻。在明代,关于违反"邀车驾"规定在"越诉"条内,其处罚较唐为严,重点是要求申诉人据实申诉以及保卫皇帝之安全:"若迎车驾及击登闻鼓申诉,而不实者,杖一百;事重者,从重论;得实者,免罪。"明律"冲突仪仗"条规定,"凡有申诉冤抑者,止许于仗外俯伏以听。若冲入仪仗内而所诉事不实者,绞。得实者,免罪"。⑤ 到清代,对百姓"邀车驾"定例甚严,"圣驾出郊,冲突仪仗,妄行奏诉者,追究主使教唆捏写本状之人,俱问罪,各杖一百,发近边充军。所奏情词,不分虚实,立案不行";"凡车驾行幸瀛台等处,有申诉者,照迎车驾申诉律拟断。车驾出郊行幸,有申诉者,照冲突仪仗律拟断"。⑥ 至此,因将保卫皇帝安全和尊严视为立法中压倒一切的中心,小民"邀车驾"不论得实与否,皆面临严重处罚,故沿袭数千年的"邀车驾"制度名存实亡。由于民众遇到冤狱有向皇帝伸冤的强烈愿望,故京控盛行。

2. 清代京控

京控,俗称"上京城告御状",在历史上较著名的,如晚清四大奇案之首的"杨乃武与小白菜"案,最后是由杨乃武的姐姐和发妻上京告御状而得昭雪。

清朝初年皇帝经常出巡,比较多的是"邀车驾"申诉,康熙对此常予优容。到乾隆时,"邀

---

① 《十三经注疏·周礼注疏》(下册),北京大学出版社1999年版,第907页。
② 同上书,第828页。
③ "时廷尉奏殿中帐吏邵广盗官幔三张,合布三十匹,有司正刑弃市。广二子,宗年十三,云年十一,黄幡挝登闻鼓乞恩,辞求自没为奚官奴,以赎父命。尚书郎朱映议以为天下之人父,无子者少,一事遂行,便成永制,惧死罪之刑,于此而弛。坚亦同映议。时议者以广为钳徒,二儿没入,既足以惩,又使百姓知父子之道,圣朝有垂恩之仁,可特听减广死罪为五岁刑,宗等付奚官为奴,而不为永制。坚驳之曰:'自淳朴浇散,刑辟仍作,刑之所以止刑,杀之所以止杀,虽时有赦过宥罪,议狱缓死,未有行小不忍而轻易典刑者也……臣以为王者之作,动关盛衰,嚬笑之间,尚慎所加,况于国典,可以徒为。今之所以宥广,正以宗等耳。人之爱父,谁不如宗?今既显然许宗之请,将来诉者,何独匪民!特听之意,未见其益;不以为例,交兴怨仇。此为施一恩于今,而开万怨于后也。'成帝从之,正广死刑。"(《晋书·范坚传》,载(唐)房玄龄等撰:《晋书》(第七册),中华书局1974年版,第1989页。)
④ 《唐律疏议》,刘俊文点校,法律出版社1998年版,第481、178—179页。
⑤ 《大明律》,怀效锋点校,法律出版社1999年版,第103、174页。
⑥ 《大清律例》,田涛等点校,法律出版社1998年版,第304、473页。

车驾"则因"冲突仪仗"而受到严惩。嘉庆以后,很少再有人"邀车驾",大都改为京控。清代的京控制度在嘉庆以后逐渐成熟,成为独立于州县司法体系以外的又一个司法体系,完备程度为历代之最。

嘉庆五年定例:"军民人等,遇有冤抑之事,应先赴州县衙门具控。如审断不公,再赴该管上司呈明;若再有屈抑,方准来京呈诉",否则先治以越诉之罪。① 这即允准百姓在适当情况下京控。据《清史稿·刑法志》,京控的受理机关是都察院、通政司或步军统领衙门。

京控案件的数量在清代达到一个高峰。这与清代对京控者较为优容有关,也说明清朝廷严于治吏,反向表明州县吏治之大成问题。平民百姓要伸冤,往往选择漫长艰辛的京控路。

皇帝对京控的态度很微妙。作为最高统治者,看到臣民不远万里,来到京城伸冤,表达对皇帝的信任,皇帝自然感觉很好,尤其是以异族入主中原的清朝诸帝。但当京控者纷至沓来,案件堆积如山时,皇帝又难免心生厌烦。清朝前期,大多京控案件尚能到达皇帝面前。乾隆时,则多交大臣和有关部门处理,或派钦差大员赴地方审理京控案件。嘉庆后,直接将京控案件交由地方督抚大员审理的情况越来越多。督抚政务繁忙,不可能事必躬亲,遂设立发审局,聘请一些退休官员和刑名师爷审理京控案件。因缺乏有效监督,发审局也弊窦丛生,于是常有控告"局员"审理不公的事发生。

有研究者指出,实际上,京控制度未能有效地改善清朝审判制度的弊端。甚至可以说,京控制度自清初至清末的发展,是当时司法实践与社会问题逐步加重的体现。"个体"问题的解决并不意味着"整体"问题的消失。② 即便如此,京控仍然是老百姓寄托他们对公正期盼的重要制度设计,对维护帝制中国王朝的稳定、约束各级官吏有一定作用。

在整个帝制中国,皇帝对法制产生了重大影响:皇帝首先是这一时期法制的源泉和根据所在,当然反过来,法制对皇帝也在事实上发挥了一些制约作用。从本质上来说,法制是皇帝治吏临民的重要手段。

思考题

1. 如何理解皇帝作为帝制法制发动机或原动力的作用?
2. 如何评价秋审制度?
3. 分析皇帝亲自断案的利弊。

参考阅读材料

《秋审条款讲义序》

吉同钧

古律无秋审之名,唐宋元明律中言斩绞死罪者,均系立决,并无监候秋后处决之制。然

---

① (清)薛允升著述:《读例存疑重刊本》(第四册),黄静嘉编校,成文出版社1970年版,第984页。
② 参考李典蓉:《清朝京控制度研究》,上海古籍出版社2011年版;相关研究亦可见胡震:《晚清京控案件研究——以《光绪朝朱批奏折》为中心》,北京大学法学院博士学位论文(2006年)。

考之《月令》,孟秋之月,审决断,始用戮。唐律亦有立春、秋分前不决死刑之条。可见古者行刑必于秋冬,所以顺天地肃杀之气也。

有明中叶,始定有朝审之法,英宗天顺二年(1548年)奉旨:"人命至重,死者不可复生,自明年始,霜降后该决重囚,著三法司奏请,会同多官人等,从实审录,永为定例。"此秋审所创始也。国朝因之,顺治十年(1653年),京师设朝审,直隶设秋审。十五年(1658年),各省遍设秋审,由刑部差司官二员会同该抚按审奏,后改差三法司堂官会审。康熙五年(1666年)停止差遣,由各省巡抚举行。其办法止酌按情节,分实、缓、矜、疑四项,尚无条款可据。至乾隆三十二年(1767年),因各司定拟实、缓每不画一,始定条款四十则,颁行各省,其后递次增加,渐归完备。考其办理之法,在外为秋审,统归督抚;在内为朝审,统归刑部。

其在内者,刑部每年正月,书吏摘录死罪原案节略,先列案身,次列后尾,订为一册,分送学习司员,先用蓝笔勾点,酌拟实缓可矜,加以批语。谓之初看。次由堂派资深司员,复用紫笔批阅,谓之覆看。复由秋审处坐办、提调各员取初看、覆看之批,折衷酌议,又用墨笔加批,谓之总看。总看后呈堂公阅,各加批词,注明实缓。此刑部办理之次第也。

在外者,每年二三月,先由臬司拟定实缓可矜,详由督抚覆勘,勘后督抚会同藩臬两司、各道,择日同至臬署亲提人犯,当堂唱名,然后确加看语,于五月以前具题咨部,谓之外尾。刑部接到各省外尾,仍依前看朝审之法,历经司堂阅后,与部定朝审合为一处,刷印成帙,谓之招册,亦谓之蓝面册。其有内外意见不同,实缓互异者,提出另为一册,谓之不符册。七月间择日公同商议,先由秋审处各司员公议决定,谓之司议。[司议]后定期齐集白云亭,按班列座,堂司合议,谓之堂议。议定,标明实缓可矜,再由秋审司员拟定简明理由,谓之方笺。

其朝审人犯,刑部议定后又由部奏请钦派大臣十人,取刑部所定,各加详阅,谓之覆核。朝审如覆核有疑义者,由大臣签商,刑部据笺解明理由,然后统将内外招册分送部院九卿、詹事、科道。于八月下旬择日在金水桥西朝房,刑部堂官合大学士、九卿科道,按次席地而坐,将外省秋审名册逐一唱名,并将朝审人犯提至朝房,按名分别实缓,唱令跪听,谓之朝审上班。上班以后,各部院科道俱无异议,然后备本具题,请旨定夺。情实并有关服制人犯,由刑部缮写名册,纸用粉敷,墨书粉上,谓之黄册,以备御览。候至霜降以后,奏请钦天监择选分定勾到日期,先远省而后近省,末后始及京师。每届勾到之期,刑科给事中前五日覆奏三次,后改为一次,前三日刑部将黄册进呈,皇上素服御懋勤殿,阅看黄册,酌定降旨,命大学士一人照勾,由御史恭领送部。如系外省,即由部钉封分递各省,到日行刑,并刊印黄榜,颁发各府州县,以昭炯戒。同治以后暂停御览,派大学士在内阁依拟照勾,然每年仍奏请规复旧制。此办理秋审、朝审之先后次第也。

夫由刑部初看、覆看以至堂阅,已历数十人之手矣,又必会同各部院、九卿、詹事、科道等公同审定,方始勾决,其曲折繁重、礼节如此周密者,岂不知简易之为便哉!良以人命关系重大,非此不足以防冤滥,此可见我朝慎重民命、以固邦本之至意,洵足以驾汉唐而媲三代矣。自刑部改为法部,一切法律舍旧趋新,删繁就简,举从前详细章程概从芟刈。凡外省死罪,其情轻者改为随案酌缓,秋审止列清单,不入招册。去年奏请删除钦派覆核及朝房会审各节,朝审亦改为秋审。本年又奏请删除先期覆奏、内阁具题,而黄册概归简易,其服册并情实声叙各案均不列入,又止列勘语,而各省外尾并法部后尾亦概从删削,此亦时会所趋,不得不然,然历期良法美意从此荡然无存矣。

至于《条款》一书,创自乾隆三十二年(1767年),后来递次增入,至光绪年间增至一百八十五条,《条款》而外,又有阮吾山司寇《秋谳志稿》、王白香《秋审指掌》、谢信斋《秋谳条款录》

与各条款互相发明,均称善本。近来沈司寇又著《秋审条款附案》一书,备载历年成案,详细靡遗,尤为秋审秘钥,惟均原本旧律。上年《现行律》颁行,罪名半从轻减,而旧日条款与现律诸多凿枘,复奉命修改《条款》。同钧蒙派纂修之役,与共事诸君按照现律参酌新旧,去其重复,补其阙略,共得一百六十五条,较旧款少二十条。惟当时需用甚急,限期所迫,审察未易精密,且出众手,其中轻重权衡亦间有参差不齐之处。书成之后,始行核对,然亦修改不及矣。同钧不揣固陋,思所以救正之而未有暇也,比年主讲律学馆,乃与诸学员逐日讨论,遂成《秋审条款讲义》一册,逐条详述原委。其中完善平允与现律轻重适均者,发明所以修改之故;间有与现律不甚吻合者,亦略加驳正,指明其失,非敢妄议定本也。良以一字一句之间,关系生死出入,故不惮反复辩论,期于允当而止。

夫秋审一事,较之定案尤为切要。定案不妥,秋审尚可补救;秋审一误,则死者不可复生,虽欲挽回而已无及。故从前部中司官学习,必先从看秋审入手,而堂官用人,亦以看秋审之成绩为升迁之地步。盖其章法精细,起伏照应,夹叙夹议,全以《史》、《汉》古文之法行之。秋审之法精通,则奏稿、驳稿并一切公牍直可行所无事,此律学馆功课所以添入此门也。

同钧庚寅分部,时值乡先正薛、赵二公先后为长官,谆谆以多看秋审相告语,并为摘要指示。后入秋审处办事,距今已十年矣,每年二月至七月,日无暇晷,分看之后又加总阅,所拟批词、说帖多蒙堂长采纳施行。上年有逯荣淋、李五巴及蒙古瓦其尔各起,业已堂议定实,经同钧援案力争,均改声叙,得以不死,此亦看秋审之效果也。现在新律将行,旧法一切变易,惟此秋审一节,将来尚不能废,故乐与律学馆诸友讲解,以求实效。讲义既成,爰述旧章之原委以及关系之重要而为之序,当亦有心斯道者所不弃也。

(选自吉同钧撰:《乐素堂文集》,闫晓君整理,法律出版社2014年版,第88—90页。)

第五讲

帝制法制的目标：以"治吏"实现"吏治"

在帝制中国，法制是皇帝治理帝国的重要工具。古人讲治人与治法不可偏废，即透露了此层意思。皇帝运用法制，是通过"治吏"实现"吏治"目标。这里所讲的"吏"是"选贤任能"的各级官僚。要治理好官僚，首先要从官僚来源上下功夫，这就是选官制度。

第一节 选官制度

官吏世袭制度被废除之后，必须选拔贤能之人做官出仕。在广土众民的大帝国，必须将官吏选拔方式予以制度化。按照王亚南先生的说法：

> 世卿世官之制既废，官吏的产生一定要有一些举官的方法。秦代相沿有三个举官方法：一是荐举，如魏冉举白起为太尉……一是辟除……如吕不韦辟李斯为郎；一是征召，士有负盛名的，皇帝可征召拔用，如叔孙通以文学被征。但无论荐举也好，辟除也好，征召也好，都得有个标准。不错，财产、德行、学问、能力，曾在当时分别当做诠衡标准。但其中除较有客观性的财产一项，极易引起不平流弊外，其余如德行，如学问，甚至如与德行、学问有关的能力，似都需要一个最后的公认的准绳，以资鉴别，而且鉴别的方式，亦大费斟酌。秦代创制伊始，对于这方面的历练自嫌不够……几经汉代君臣的揣摩与深思远虑，作为人才鉴别准绳的儒家学说被崇尚了，其后中经魏晋的九品中正制，到隋唐开其端绪的科举制，鉴别的有效方法亦被发现了。在这种创造并选用官吏方式的演变过程中，中国官僚制度才逐渐达到完密境地。①

一、秦代法吏

秦国在商鞅变法后初步建立官僚制度，在统一天下之后又有所完善。据载："古者诸侯治民。周以上千八百诸侯，其长伯为君，次仲、叔、季为卿大夫，支属为士、庶子，皆世官位。秦始皇帝灭诸侯为郡县，不世官，守、相、令、长以他姓相代，去世卿大夫士。"②秦代实行"以吏为师"，任用法术之士为吏。在睡虎地出土的秦简中有《置吏律》和《除吏律》两篇专门任免官吏的法律。从其内容可知：官吏必须通过正式委任，方能任职视事；如不经任用而敢先行使

---

① 王亚南：《中国官僚政治研究》，商务印书馆2010年版，第60页。
② （汉）卫宏：《汉官旧仪》（卷下），载孙星衍等辑：《汉官六种》，中华书局1990年版，第83—84页。

职权,以及私相谋划派往就职的,要依法论处。为了防止官吏结党营私,禁止官吏带属员。国家官吏一经正式任命,必须服从派遣。郡守、县令有权任命本官署之属官,一般在十二月至三月任免。应在壮年才能担任官吏,不许任用"废吏"、罪犯为官;担任官吏,需要保举,保举者与被保举者互相连坐;朝廷对于郡县长官有定期的"上计"考核制,据此决定其奖惩任免;官吏免职后应交代工作;普遍实行任官赐印制度,官印成为官员权力象征;实行官员俸禄制,以粟计数。①

秦代初创的这类官制对后世影响甚大,但它侧重从法术之士中选择官吏的做法在后世得到修正。

二、两汉的察举制

汉初的选士制度,仍属草创阶段,慢慢摸索出察举制度。察举因先考察后荐举而得名,为两汉主要的选官制度。它分两类:一是经常举行之科目,称常科或岁举,即每年定时由各州郡长官按规定名额向朝廷举荐人才;另一为特科,即根据需要临时确定选士科目。常科有察举孝廉和察举茂才两种。

孝廉是孝子廉吏的简称。孝子,即未为官而有德行者,主要看重个人言行;廉吏则指有德行的僚佐级官员,察选廉吏必须由地方长官保举,重视吏的政绩。孝廉由地方官察选,经朝廷审核后,授以郎官,在朝廷服务数年后,再授以正式的朝廷官职或地方官。此制源于文帝十三年(前167年)诏举的"孝悌"与"廉吏",至武帝时被定为常制。察举制有一定配额。东汉和帝永和四年(92年),规定"郡国口二十万以上,岁察一人,四十万以上二人,六十万以上三人……不满二十万,二岁一人,不满十万,三岁一人"。② 至于沿边州郡,则略有优待。这一条关于名额地区分配的规定,表明察举制的意义并不仅仅在于选拔人才,其更深一层的用心则是全国各地区优秀的"士"必须平均而不断地进入统一帝国的权力系统,是政府与整体社会之间的重要联系渠道,从而有助于各地区增加对帝国的凝聚力。

察举孝廉的标准,以个人德行为主,汉室有意藉此鼓励淳朴风气。到东汉,"孝""廉"并为一项,成为纯粹的参政资格,失去原有淳化风俗的美意。顺帝时,采纳尚书令左雄的建议,规定孝廉限年课试的法则,应举年龄必须在四十岁以上,在被荐举后,还须参加考核甄选。自此,察举制引入考试甄选,取才较有保障。这是一次很重要的制度变革,已具备科举考试的基本形式。明、清时代,社会上都称"举人"为"孝廉",即由此而来。汉代设"孝廉"一科,顾名思义,自然是以道德操行为重,但道德操行是无法由考试来决定的,因此最后只能转而以知识才能为录取的唯一客观标准了。这也是后世科举所遇到的两难问题。

察举茂才,始于武帝时期。元封五年(前106年)下诏:"盖有非常之功,必待非常之人……其令州郡察吏民有茂才异等可为将相及使绝国者。"③可知武帝时察举秀才为"特举"。东汉时,因避光武帝刘秀的讳,改称"茂才"。光武帝下诏,定出察举茂才的四种标准,即"四行":(1)德行高妙,志节清白。(2)明经行修,经中博士。(3)明达法律,足以决疑,能案章覆问,文中御史。(4)刚毅多略,遇事不惑,明足以决,才任三辅令。皆有孝悌廉公之行。④至此,茂才必须如孝廉一般,成为常科,也按人口多寡每年进行。

---

① 参考高恒:《秦汉简牍中法制文书辑考》,社会科学文献出版社2008年版,第30—44页。
② (唐)杜佑:《通典》(第一册),卷十三"选举一",中华书局1988年版,第311页。
③ (汉)班固:《汉书》(第一册),卷六"武帝纪",中华书局1962年版,第197页。
④ 孙星衍等辑:《汉官六种》,中华书局1990年版,第125页。

孝廉与茂才同为常科,略微存在差别,主要表现在:(1)孝廉重视孝道及廉洁等道德品行,故东汉顺帝开始,规定被举者年龄不可过于年轻;而茂才则重特别才能,故不限被举者的年岁。(2)孝廉以郡为单位,茂才则是以州为单位,州较郡为大,故茂才的地位亦较孝廉为高,被选者多可授为县令。

特科大致包括诏举和征辟两项。

诏举是国家遇大事或灾异,例如皇帝驾崩、大婚,或碰着荒年、瘟役、日月蚀或地震等,朝廷下诏征求贤人来解决问题或提供意见;亦有因某些特殊问题而征求某类人才的情形。文帝时出现日蚀,文帝认为是上天对其治国不善的警告,遂下诏举"贤良方正,直言极谏"之士,以补其"不德"、平上天之愤。武帝时要出使西域,需要精通外语、能应变之才,于是张骞便自荐。宣帝本始四年(前70年),因郡国地震,诏举"贤良方正"。"贤良方正"简称"贤良",是个统称,大致包括"贤良方正直言极谏者""文学高第者""明阴阳灾异者""有道之士"等。有学者统计,汉代名臣有29人以诏举出身,如晁错、公孙弘、董仲舒等。①

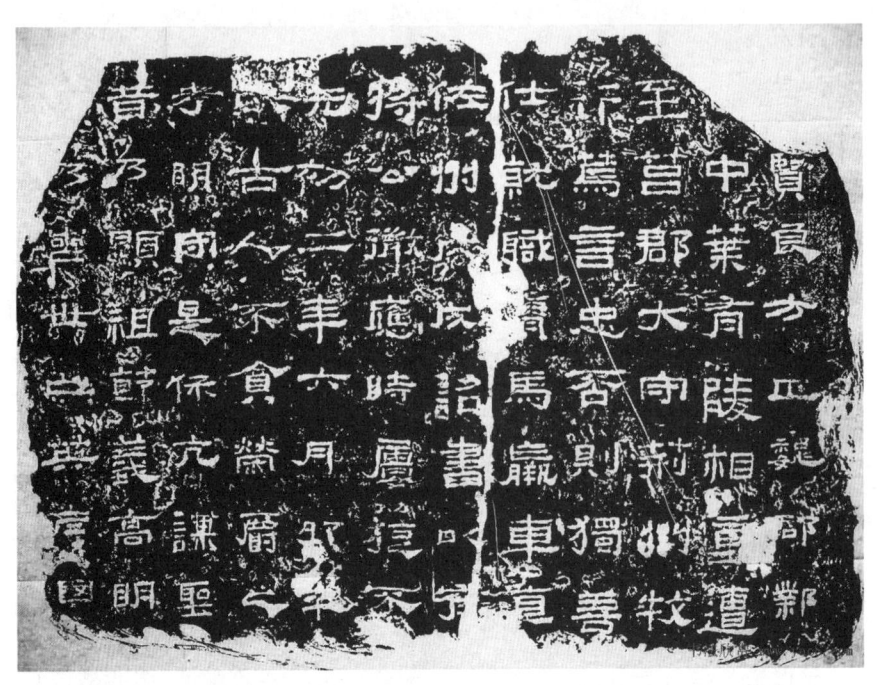

图30　东汉元初二年"贤良方正残碑"拓片,碑首镌刻有"贤良方正"字样

征辟之"征",指皇帝仰慕某人的才德而指名征聘,是最尊荣的入仕途径。朝廷为示隆重,往往派车到地方迎接人才上京,谓之"公车",如武帝便曾用公车迎接大儒鲁国申公和辞赋家枚乘。辟是官吏自行委任属僚。汉代规定三公九卿及地方刺史、太守等可自选属吏。这些属吏日后可再经雇主推荐,升任其他官职,成为一重要之出仕途径。

中国选士制度,成功奠基于汉代,自有可足述之处:主要在于选拔的人才众多。察举的精神是选贤任能,常科和特科并存,使人才辈出,最大程度做到"野无遗贤",富强之基得以奠定。试想,在察举制下,一个青年历经艰辛到太学求学,毕业后派到地方为补吏,待服务地方有了成绩,再经长官察选到中央,又须经过中央一番规定的考试,然后才正式入仕。那是当

---

① 沈兼士:《中国考试制度史》,台湾商务印书馆1980年版,第13—14页。

时入仕从政的唯一正途。汉代从昭、宣以下的历任宰相,几乎全是读书人,他们的出身也都是经由地方选举而来。这一情形,造成一个"崇尚文治的政府",也就是士人政府。且参与政治的机会向社会开放,郡县长官回避本籍的做法促进了各地文化的融合与交流。汉武帝开创平民知识分子入仕之途,遂使民间优秀分子有进身之阶,而朝廷亦可随时与民间接触,使社会基础亦因之而巩固,这种入仕途径促成社会之流动性。且孝廉、茂才来自四方,虽边远荒地,皆可自达京师,向心于中央朝廷,这样增加了地方四裔对中央的向心力。汉代有纵的社会基础,又有横的地理基础,所以能统一达四百年,此为一重要因素,而中国二千年之统一政府,亦由此而植基。察举重视德行,尤其是光武帝提倡气节,尤重"孝廉",由此出身者,多有强烈使命感。东汉和帝以后,外戚、宦官互相倾轧,朝政衰败,士人为匡济时弊,酿成党锢之祸,实在是件很悲哀的事,但由此可证长期培养出的士人气节。

然行之既久,流弊丛生。最直接者是它欠缺公允,滥举成风,初步形成门阀政治。地方官察举人才,多凭一己主观之好恶,请托舞弊多有发生,结果所举者多名不副实,而为当时童谣所讥:"举秀才,不知书,举孝廉,父别居;寒素清白浊如泥,高第良将怯如鸡。"地方长官察举时,往往"率取年少能报恩者",被荐举者多成为荐主的故吏、门生。如历年举人,则门生故吏遍布天下,门第私人观念牢不可破:与累世公卿相对,寒微之家难以入仕。举孝廉本重品行,但孝廉要由州郡长官推荐,士人为博得孝廉,遂极力奉承高官,流于无耻;且为求名声,虚伪矫饰,致造成社会诃谀虚伪之风。①

三、魏晋的九品中正制

东汉末年滥举成风,利禄诱人,终激成士人诃谀虚伪之风、门第之隔,且人才选拔权归于地方豪门。其后,曹操用人,不计德行,唯才是举,亦只是一时之计,非长久方法;加上天下大乱,一切制度完全废弃,乡举里选,亦无从进行。魏文帝黄初元年(220年),尚书陈群乃建议改行九品中正制,以改变汉末选士之颓风。

郡设小中正,州设大中正,负责评定辖区人物之品第。司徒从现任的二品官员中委任中正官,中正官必须是本辖区之原籍人士。中正下设"访问",负责调查人物之工作。中正官会根据调查所得,依一定的标准把人物分为三等九品(即上、中、下三等,上上、上中、上下、中上、中中、中下、下上、下中、下下九品)。标准包括该人的家世数据(簿世)、未入仕者另观其个人德行(品)、已仕者观其个人德行及才能政绩(状)。小中正把品级呈上大中正,核实后交中央司徒,司徒交吏部选用。规定人口在十万以上的郡,每年察一人,如该郡有异能之士,则不在此限。吏部待官位空缺时,便挑选合适者出任,通常品级高者出任高职。在仕之官员亦可因品级之升降而升贬官职。

在九品中正制下,把评品人物之权从名士大族手中夺回朝廷,使朝廷全面掌握选官大权,有利于建立和加强中央集权。另外,中正的设立,标志着地方上有了专门负责选举的官员,这比起两汉由三公九卿及地方郡国长官兼管,有其进步之处。九品中正制是阶梯式的选举方法,先由与民众较亲近的郡中正访问品第,再由州中正审核,最后送往司徒与尚书,经复核后才授官,而小中正所定的品第,规定每三年检定一次,可见程序之严谨。九品中正制初行,的确起到了积极作用。西晋大臣卫瓘虽认为曹魏所创九品中正是"权时之制,非经通之道,宜复古乡举里选",但还是指出:"其始造也,乡邑清议不拘爵位,褒贬所加,足为劝励,尤

---

① 参考钱穆:《中国历代政治得失》,九州出版社2011年版,第18—22页。

有乡论余风。"①

九品中正制以家世、才德并列,而综合二者定品,故家世一环,已成为定品时的一项重要依据。因中正官几全属世族,故世族顺理成章把持选举。本来九品中正制设计的初衷是朝廷要从士族大族中夺回官员选择权,加强朝廷的权威,但此时在实际上已走向反面。择官不重德才而只看门第,魏晋时期形成了"上品无寒门,下品无势族"②的门阀政治,这在本质上与逐渐走向强化的皇权专制矛盾,蕴含着制度改革的动因。③

四、隋唐至清末的科举制

1. 隋唐科举制的初创

鉴于九品中正制的流弊,开皇十八年七月,隋文帝诏"京官五品以上,总管、刺史,以志行修谨、清平干济二科举人"④,这是隋王朝设科选举之始。隋炀帝继位后,继续推行分科选举的办法,明确设立孝悌有闻、德行敦厚等"十科"或学业该通、才艺优洽等"四科"特科(或称制科);"置明经、进士二科",后演变为常科。隋朝分科选举制度建立后,效果较好,史称"隋氏罢中正,举选不本乡曲,故里间无豪族,井邑无衣冠,人不土著,萃处京畿"。⑤唐代继承和发展了隋代科举制,明确分常科和制科。

先来看常科。唐朝每年一次科举考试,考生有两个来源:一是来自中央学校国子监、弘文馆、崇文馆和地方州县学校的学生,称为"生徒",经学校考试,合格者直接送尚书省参加省试;一是不在学校学习,或读于私塾,或自学成才者,在州县"投牒自举"(即书面申请),经考试合格后,亦由州县送尚书省应试,此类考生,称为"乡贡"。⑥在唐代科举中,应试者通过考试,取得进士及第或明经及第的出身,仅是得到了做官的资格,尚不能正式入仕。只有再通过吏部的"释褐试"(又称"关试"),合格者才能得官。吏部试主要以"身、言、书、判"选人,身指体貌丰美,言指言辞辩正,书指书法遒美,判指文理优长。在众多的科目中,"进士尤为贵,其得人亦最为盛焉"。⑦

除常科外,唐朝还不定期地举办制举考试,为制科。制举是由皇帝特旨召试,考试科目据需要而定,名目繁多。而以直言极谏、贤良方正、博学宏词、才堪经邦、武足安边等科较为常见。⑧制科不像常科那样需要参加事前的考试,应试者范围广,包括常科及第者、低级官吏,乃至平民百姓。常科应试及第者需通过吏部的"释褐试"方能做官,而制科应试及第者

---

① (唐)房玄龄等撰:《晋书》(第四册),中华书局1974年版,第1058页。
② 同上书,第1274页。
③ 日本学者宫崎市定主张将该制度称为"九品官人法"更妥当,因它是按照九品选任官员的办法。如按照学界通行的称呼九品中正制,使得对该制度的研究"重心过于偏向中正,以致出现其本质的官人法反而被忽视的倾向。"([日]宫崎市定:《九品官人法研究:科举前史》,韩升等译,中华书局2008年版,第56页)国内学者对九品中正制的研究可参考唐长孺:《九品中正制度试释》,载《魏晋南北朝史论丛》,三联书店1955年版。
④ (唐)魏征等撰:《隋书》(第一册),中华书局1973年版,第43页。
⑤ 《选举论》,载董诰等编:《全唐文》,卷三百七十二。
⑥ 《新唐书·选举志上》:"每岁仲冬,州、县、馆、监,举其成者送之尚书省;而举选不由馆者,谓之乡贡。"((宋)欧阳修等撰:《新唐书》(第四册),中华书局1975年版,第1161页。)
⑦ (宋)欧阳修等撰:《新唐书》(第四册),中华书局1975年版,第1166页。
⑧ "唐兴,世崇儒学,虽其时君贤愚好恶不同,而乐善求贤之意未始少衰,故自京师外至州县,有司常选之士,以时而举。而天子又自诏四方德行、才能、文学之士,或高蹈幽隐与其不能自达者,下至军谋将略、翘关拔山、绝艺奇伎,无不兼取。其为名目,随其人主临时所欲,而列为定科者,如贤良方正、直言极谏、博通坟典达于教化、军谋宏远堪任将率、详明政术可以理人之类,其名最著。"((宋)欧阳修等撰:《新唐书》(第四册),中华书局1975年版,第1169页。)

"中者即授官"。据南宋学者王应麟的比较,唐朝制科之得人,较宋代为优。①

唐代科举制值得称道者有三:与察举不同,应试者因不需官员荐举故较少有门第之限制;自武则天"策问贡人于洛成殿"开始,科举中便有了殿试这一最高层次;自玄宗朝始,科举考试之主持由吏部改为礼部,主考官由吏部考功司官员改为礼部侍郎,表明其重要性得到提升。

唐代科举留有察举痕迹。如士子在应试前,可把自己作品呈送社会名流、向主考推荐,曰"行卷"。试卷多数时候没有糊名,考官评卷时,考生的名声是重要考虑因素。制度设计原意是希望能兼顾考生平时表现。但因利之所趋,实际上难免舞弊。到唐末吏治败坏时,弊病尤甚。

2. 科举制在宋代的发展

赵宋立国,倡导"文治天下",对科举制度有较大的革新,略述如下。

宋代科举分贡举与制举两种。贡举分进士、诸科(包括九经,五经,三传,三礼,三史,学究,明法等)等。自唐中叶后,进士为世人所重,人们所称科举,多指进士科而言。两宋科举,自英宗治平二年(1065年)正式确立了三年一开贡举之法。其考试分为三级,投考者须先经本州道或开封府或国子监考试及格,保送至礼部,称"发解",如因获某种资格而不需要经此考试的,称之为"免解";再经礼部考试,也称"省试";及格者参加天子主持的殿试,成为"天子门生"。殿试及格者按成绩等要素划分等第,最多分为五甲,第一、二甲赐进士及第,第三甲赐进士出身,第四、五甲赐同进士出身。进士及第可即刻领官俸,有官衔,但却不一定有差遣,故很多及第进士需要待选,即通过吏部铨选才可得一差遣。

制科,是皇帝亲自主持的一种科举,"天子之命为制",故称作制科;因不定期举行,又称特科。宋代制科,制度设计之初衷"为拔举非常之才",随意性较强,考试内容以策论为主,以考察应试者的见识和学问。"殊不知,能言者未必能行,而笃行者每不好多言。策士衡材,亦不过取其言之是否成理,至能否力行,则决非由几千文字所得体识。"制举以策论取人,没有宋人自我评价的那么高,效果不过尔尔,只不过是为读书人多开一进身之阶而已。②

宋代是科举制发展的关键时期。主要表现在:(1)科举成为官员出身之正途,建立了一文治政府。自宋太宗为贯彻"兴文教抑武事"之国策,大幅扩充合格进士数量,并授予进士官职,且进士出身的官员升职特快,进士一科独秀,有"焚香礼进士"之说。据统计,太祖时期17年产生进士不到200名,太宗时期22年产生进士1500名以上,更有4000名以上的合格"诸科",而太祖时期"诸科"只举行了两次,合格者仅百余人。③ 科举出身的官员成为最庞大、有实力的阶层,文官统治完全确立,文治时代真正到来,像"朝为田舍郎,暮登天子堂"所描述的社会流动可通过应举而实现。(2)科举考试更为规范。其三年一次贡举的做法被确定下来,考试当年被称为"大比之年"而千年沿袭。为了使考试更公平,减少舞弊的机会,自宋代开始,建立了糊名和誉录制度。糊名,就是把考生考卷上的姓名、籍贯等密封起来,又称"弥封"或"封弥"。糊名之后,还可以认识字画,就将考生的试卷另行誉录。考官评阅试卷时,不仅不知道考生的姓名,连考生的字迹也无从辨认。这种制度,可防止主考官徇情取舍。

还需提及的是,庆历四年(1044年)三月所重订的《贡举条例》,其中有条规定:"身是工、

---

① "唐制举之名,多至八十有六,凡七十六科,至宰相者七十二人。本朝制科四十人,至宰相者,富弼一人而已。中兴复制科,止得李垕一人。"王应麟:《困学纪闻》(下册),翁元圻等注,栾保群等点校,上海古籍出版社2008年版,第1612页。

② 参考聂崇歧:《宋代制举考略》,载《宋史丛考》(上册),中华书局1980年版,第171—203页。

③ 参考贾志扬:《宋代科举》,东大图书股份有限公司1995年版,第284—285页。

商杂类及曾为僧、道者并不得取。"这一新规定明白禁止正在经营的商人参加考试,但商人的子弟已不在禁止之内,更进而言之,商人可弃商参加科举考试。宋朝皇帝还经常以"势家不当与孤寒争进"①为由,限制大臣子弟报考,违者即使登第也罢之,以更广泛地让平民子弟入仕。

3. 科举制在明清时期的变化

明朝模仿宋代,建立了以儒生为文官的制度。洪武三年(1370年)朱元璋颁布了《开科取士诏》,希望通过科举选取名实相称的贤才。但他很快发现,通过科举入仕的,并不是他所希望的贤才,于是下令暂罢科举,转而寄希望于察举。不久发现察举的弊端比科举更多,在科举停罢10年之后又恢复了科举。绕了一圈子又回到原地之后,他更加相信科举取士是最佳选择。

成祖时,朝廷钦定《四书大全》《五经大全》和《性理大全》,作为科举命题作答的依据。到宪宗成化年间,为了防止考官之舞弊,将科举考试及其答案标准化,即要求考生写八股文,这就是八股取士。何谓八股取士?翰林出身的蔡元培先生有个通俗的解释,"八股文的作法,先作破题,止两句,把题目大意说一说。破题作得及格了,乃试作承题,约四五句。承题作得合格了,乃试作起讲,大约十余句。起讲作得合格了,乃作全篇。全篇的作法,是起讲后,先作领题,其后分作八股(六股亦可)。每两股都是相对的。最后作一结论。由简而繁,确是一种作文的方法。"②八股文题目、内容、格式都限制太严,考生们只是按照题目的字义敷衍成文,因此扼杀了作者的创意,只是为了考取功名而研析八股文,结果造成八股文内容空洞,专讲形式,成了文字游戏。程朱义理之学,在科举制度的引导下逐渐僵化导致思想和思维的僵化。这一点就成为后人对八股取士,乃至整个科举激烈批判的主要根据。

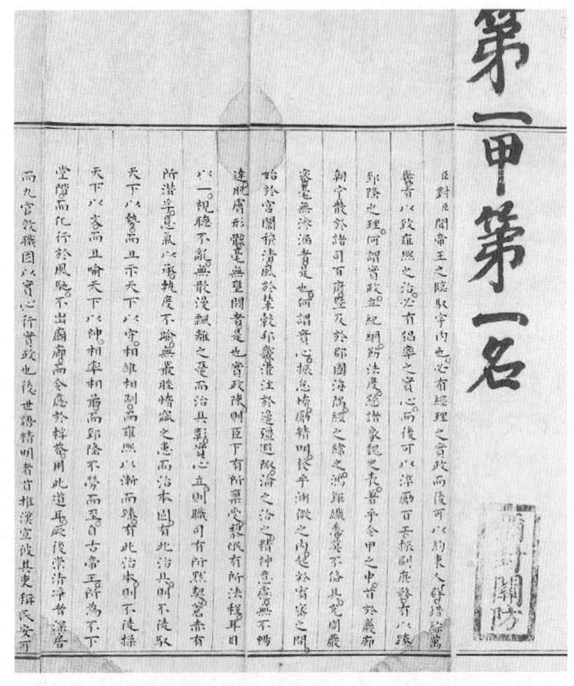

图31 明代万历二十六年状元赵秉忠殿试试卷

---

① 徐松辑:《宋会要辑稿》,中华书局1957年版,第4297页。
② 蔡元培:《我在教育界的经验》,载高平叔编:《蔡元培全集》(第七册),中华书局1989年版,第194页。

明末顾炎武即讲:"自八股行,而古学弃;《大全》出,而经学亡。"①到清中叶,吴江布衣徐灵胎有《刺时文》,云:"读书人,最不济;背时文,烂如泥。国家本为求才计,谁知道,变做了欺人技。三句承题,两句破题,摆尾摇头,便道是圣门高弟。可知道'三通'、'四史',是何等文章?汉祖、唐宗,是那一朝皇帝?案头放高头讲章,店里买新科利器:读得来肩背高低,口角嘘唏,甘蔗渣儿嚼了又嚼,有何滋味?辜负光阴,白白昏迷一世。就教他骗得高官,也是百姓朝廷的晦气!"②后来从这方面对八股取士的批评更多更尖锐。

这问题可能存在,但更多的属于制度僵化难以避免的问题,需要具体分析。任何制度设计不可能只有优点而无缺点,其价值随时空环境而变。以《四书》或程朱理学来命题,在那个获取书籍极为困难的时代,有利于贫寒子弟的上进,保证社会流动性、促进社会公平。《四书》作为古代传承经典之精华,应试者掌握了它,也就大致理解了帝制中国的理论体系和治理方式,具备了自我学习和完善的能力,故不宜对此全盘否定。

明清科举考试分三级,即院试、乡试、会试和殿试。院试在府城或直属省的州治所举行,由本省学政任主考官,俗称考秀才。中了秀才,享有一定特权,如见知县不用下跪,官府不能随便动以刑罚,以养其廉耻。仕途即由此开始。

图32　清代江南贡院全景

乡试俗称考举人,在京城及各省省城的贡院举行,每三年一次,一般在子、卯、午、酉年举行,考期多在秋季八月,所以又称"秋闱"。主考官一般由进士出身的在京翰林或部院官担任。发榜在九月,正值桂花开放,所以又称为"桂榜",也称"乙榜",其第一名称解元。会试和殿试是考进士,乃最高一级的考试,其中会试具有决定性,因殿试只定名次,不存在黜落的问题。会试由礼部负责,在京城贡院举行。一般在乡试的第二年,也就是丑、辰、未、戌年,考期多在春季,故称"春闱",主考官多由内阁大学士或六部尚书担任。发榜在四月,正值杏花开放,所以称"杏榜"。会试取中的称贡士,第一名叫会元。会试之后还要举行殿试,由皇帝亲

---

① (清)顾炎武:《日知录校注》(中册),陈垣校注,安徽大学出版社2007年版,第1010页。
② 袁枚:《随园诗话》(上册),卷十二,第50条,人民文学出版社1982年版,第411—412页。

自主持,考策问一场。所发之榜称"甲榜",因在黄纸上书写,又称"金榜"。分三甲:一甲为赐进士及第,即状元、榜眼、探花,合称三鼎甲;二甲赐进士出身,三甲赐同进士出身,皆泛称进士。凡是通过乙榜中举人,再通过甲榜中进士而做官的人,称"两榜出身";一身兼有解元、会元、状元的,叫做"连中三元"。历史上"连中三元"的人是少之又少,明清两朝约五个半世纪仅四人获此殊荣。①

明、清进士考试分南、北、中卷,或分省录取。明初开科取士并无南北之分,但洪武三十年(1397年)所取"进士"53名中,绝大多数是南方人,北方举子下第者都抱怨取士不公。这件事引起太祖的关注,下令重阅落卷,增加了61名,多为山东、山西、河南、陕西举子,使南北取士得到了平衡。到仁宗洪熙元年(1425年)会试正式建立了南北卷分别录取的规定,10名之中南卷取6人,北卷4人。北方进士名额从此有了制度性保障。不久,南北卷又修改成南、北、中三卷,南卷取55%、北卷35%、中卷10%。中卷主要包括边远诸省,如四川、广西、云南、贵州等。既然分卷,考试难易自然有别,为求取功名,考生冒籍现象出现,明清两朝为确保考试秩序,对之严厉打击。

明清两代,多数高层官员乃科举出身。据学者统计,在万历、崇祯两朝,都察院官员、六部尚书侍郎全部为进士出身而无例外。六部郎中以下官员,在万历朝进士占总数的94.3%,举人占4.7%;崇祯朝进士占总数的68.8%,举人占总数的2.7%。到清代,尚书744人,其中进士出身339人;都御史430人,进士出身221;总督585人,进士出身181人;巡抚989人,进士出身390人。② 考虑到满汉双轨制,而满员入仕,照例不由科举,所以这个比例仍然很可观。何炳棣先生根据明清两代进士登科录、进士三代履历、同年齿录等原始资料进行实证研究,指出:明代进士中出身三代平民之家者竟占总数之半,即以明清五个半世纪而论,进士之出身于三代平民之家者也还占31%,出身于普通及书香平民之家者总共占全体之40%……三品以上能享有"荫"的特权家族的子弟所占进士尚不足总数之6%。③ 可见,科举在促进社会阶层之间的流动、保证社会公平方面功不可没。

科举是朝廷通过公开考试的方式,在全国选拔人才,纳入整体的行政系统,担任从地方到中央的各级职务,每一王朝为了"长治久安"之计几乎无不把"开科取士"当作第一等大事,对科考舞弊惩罚尤其严重。

晚清人士,愤列强之侵凌,痛朝政之腐败,认为科举制度不能造就出适应新时代的人才,遂予以激烈批评。清朝廷于1905年废止了延续达1300多年的科举。此后100多年,大体上可以说是将科举妖魔化或盲目批判的时代。科举制承负了许多本不该由其承担的罪责。古往今来的实践一再证明,实行考试制度有其弊病,但废止考试制度必将造成更大的祸害。理论上说考试不一定是最好的选才方式,但实际上却找不到更好的可操作的公平竞争方式,而考试的办法至少可以防止最坏的情况出现。科举除考试职能外,更重要还是参与政治的制度设计,促进了社会阶层之间的流动和地方对中央的向心力与凝聚力。

---

① 他们是明代的黄观、商辂,清朝的钱棨、陈继昌。
② 王戎笙:《科举考试与明清政治》,载中国社会科学院历史研究所明清史研究室编:《清史论丛》(2002年号),中国广播电视出版社2002年版,第176—177页。
③ 参考何炳棣:《读史阅世六十年》,广西师范大学出版社2005年版,第311—312页。其研究见 Ping-Ti Ho, *The Ladder of Success in Imperial China: Aspects of Social Mobility, 1368—1911*, Columbia University Press, 1964.

五、辅助渠道:恩荫、捐纳与军功

在帝制中国,除了前面所谈的由察举经九品中正制到科举这条主要入仕渠道外,一直还有别的渠道。这类渠道主要包括恩荫、捐纳和军功。

恩荫,又称任子、门荫、荫补、世赏等,是父辈为高官,朝廷为酬功而给予其子弟以入学或入仕之特权。汉代的任荫制规定,凡二千石以上的官员,任职满三年者得荫子弟一人为郎。郎官是皇帝的侍从,追随左右,和天子接触的机会很多,故易为天子赏识而擢升出任高位,任郎官是出仕的重要阶梯。这种恩荫,历代皆不同程度存在。

捐纳,通俗来说就是花钱买官。是朝廷为弥补财政困难,允许士民向国家捐纳钱粮以取得爵位官职的一种方式。捐纳自战国商鞅变法买卖爵位开始,历代皆有。用钱财粮食买官爵,汉代谓之赀选。如武帝时因连年用兵,国库空虚,定武功爵,每级十七万钱。灵帝时,每级官吏更可明买,如二千石官价值二千万,四百石官值四百万等。捐纳因人数多,缺额少,大多仅能取得候补之衔,难以实补;捐纳者多只希望提高自己的社会地位,大多并不寄望能获得正印官职以临民,故其危害不宜过分夸大。

军功在乱世亦是入仕的重要渠道,盖帝制中国有打天下之传统。为酬其功,朝廷亦与其官职。其著者如湘军镇压太平天国之时,朝廷没法拨给饷银,就授权颁给湘军将领空白札状,以官职名衔博取捐输,这实际上就是捐纳卖官。总体而言,以军功入仕,乱世多,盛世少;宋以前较多,宋以后提倡文治,以文制武,军功入仕较少,地位亦不甚重要。

总之,在帝制中国,入仕的主要途径是选拔读书人,读书人所读主要是儒家经典,虽有恩荫、捐纳、军功等其他渠道,但一直没威胁到这个读书人入仕的主流地位,社会流动和社会公平在一定程度上得到保障,有助于王朝的安定和统一。

第二节 官制设置与监察制度

中国的专制官僚政治开始于秦国。秦首创的许多官制,都影响及于后代。但秦仅传及二世而亡,其致亡原因多端,部分理由可归之于它所创官制不够周密,或缺乏弹性,以致实行起来,格外苛暴。盖任何一种制度得以顺利运行,都有待于时间经验的积累,而为"尝试错误"的结果。纵观中国官僚制度,由秦代以至于清之中叶,每经一个朝代,表面上看好像是多一次重复,多一次"再生产",但仔细观察起来,其内容是代有变更,或者说,每个王朝都曾惩前毖后下过一番因时制宜的功夫。[①] 下面我将兼顾这种常与变来阐述帝制中国官制设置之特点。

一、中央政府——以宰相为中心

皇帝承受天命治理天下,在废除世官世禄制之后,需要一个官僚体系来执行政令,治理全国。这个官僚体系的领袖就是宰相(或丞相、相)。丞是副贰之意,相也是副,故丞相就是一副官,是皇帝的副官。皇帝受命于天,是天下臣民的当然最高主宰,但实际上他不能什么都管,而是任命德高望重的人出任宰相,由宰相来"佐天子,总百官,治万事"。[②] 这一方面是

---

① 王亚南:《中国官僚制度研究》,商务印书馆 2010 年版,第 57—58 页。
② (宋)欧阳修等撰:《新唐书》(第四册),中华书局 1975 年版,第 1182 页。

由帝制中国地广人多、政务繁杂的实际情况所决定的,另一方面这也为儒法两家的治国理念所倡导。荀子曾言:"主好要则百事详,主好详则百事荒。"①韩非子更提出"明主治吏不治民"。②

为什么将百官之长称为"宰相"呢?在封建时代,贵族家庭最重要的事情是祭祀,在祭祀活动中最重要的事是宰杀牺牲,故称贵族管家为宰。到了秦、汉统一,化家为国,皇帝家里的宰,即变成百官之长。

1. 秦汉的三公九卿制度

秦汉实行三公九卿制度。三公分别为丞相、御史大夫和太尉。丞相管行政,是文官首长;太尉专管军事,是武官首长,不预闻其他政务;御史大夫管监察,辅助丞相来监察一切政治设施,是副丞相。故三公之中,丞相为尊。

在周代封建制下,在内管家称宰,出外作副官称相,积习相沿,秦汉时代的宰相,不但管朝廷政务,还管皇帝宫中事务。为了管宫中事务,在御史大夫下设有副职御史中丞专门负责。一般而言,在传统官制里,带"中"字的官,都跟宫内事务相关。皇室的一切事,照例都归御史中丞管。皇帝与宰相间有制度联系渠道:皇帝将要办事件交待御史中丞,由御史中丞报告御史大夫,御史大夫再转报宰相。宰相与皇帝的沟通,也照这个手续进行。

丞相之印章

御史大夫

图 33 汉代"丞相之印章"及"御史大夫"封泥

西汉初期,丞相具有选用官吏之权,有弹劾百官和执行诛罚的权力,有总领百官朝议和奏事之权,有封驳皇帝诏令和谏诤之权。丞相权重如此,当不为皇帝所喜。汉武帝即开始大力削弱丞相的权限,开始重用周围的文学侍从之臣,而有中、外朝之分立。中朝又称内朝,外朝又称外廷。"中朝,内朝也。大司马、前后左右将军、侍中、常侍、散骑、诸吏为中朝,丞相以下至六百石为外朝也。"③及至霍光以大将军大司马名义辅政,权兼内外,丞相权力进一步削弱。

到东汉,光武帝刘秀鉴于西汉末年皇权旁落于贵戚大臣,故竭力集权于君主,凡机密之事全交给尚书,以此制约三公,因而加重了尚书的职权,三公实际上成为虚职和荣誉衔。因尚书官署在宫禁内而称为台阁,故有尚书台之称。尚书台长官尚书令一人,秩一千石;副长官尚书仆射一人,秩六百石。下设三公、吏部、民、客、两千石、中都官等六曹。东汉尚书台权

---

① 王先谦撰:《荀子集解》(上册),中华书局1988年版,第224页。
② 王先慎撰:《韩非子集解》,中华书局1998年版,第332页。
③ (汉)班固撰:《汉书》(第十册),卷七十七"盖诸葛刘郑孙毋将何传",孟康注,中华书局1962年版,第3253页。

力极大,如发布诏令政令、选举朝臣、纠察举劾百官等,对朝政有着重大影响。可见,丞相之权绝大多数移到了尚书台。尚书台长官尚书令官秩不过千石,由皇帝亲任干练之士充任,虽位卑但权重,便于皇帝控制。

九卿为丞相属官,分别为太常、光禄勋、卫尉、太仆、廷尉、大鸿胪、宗正、大司农、少府,秩中二千石。太常,原名奉常,景帝时改今名,掌宗庙事,九卿之首;光禄勋,前身为秦郎中令,主管宫内的警卫,各种郎官集中于此;卫尉职掌宫门卫屯兵;太仆掌管宫廷车马及牲畜事务;廷尉主管刑法、监狱和审判案件;大鸿胪,原称典客,主管百夷事务和王侯朝聘事务;宗正主管皇室的宗室事务;大司农主管全国的赋税钱财;少府主管皇室的财钱、皇帝衣食住行及山海池泽之税。

2. 唐宋的三省六部制

在魏晋南北朝时期,尚书长官终演变为宰相,取代了原来的三公,皇帝在审批尚书之奏请时,又不得不在更接近自己的禁中,设立更高档次的秘书咨询机构,这就是中书和门下。它们类似于西汉中后期和东汉时期的尚书。① 到唐代,宰相职权由三省长官集体行使。

三省分别为中书、尚书和门下,其长官分别为中书令、尚书令和侍中,因李世民在当皇帝前担任过尚书令,之后唐代一般不授尚书令,尚书省实际长官为左右仆射。三省长官皆为三品官,在所有负实际行政责任的官吏中官阶最高。因唐分官阶为九品,第一、二品官,均以处元老,不负实际行政责任。

中书主发令。政府一切最高命令,皆由中书省发出。此种最高命令,名义上是皇帝的诏书,在唐代叫做"敕",但实际上皇帝自己并不拟"敕",而是由中书省拟定。中书省有中书令、中书侍郎为正、副长官,下设七八位中书舍人。中书舍人官位并不高,而他们却有拟撰诏敕之权。中书舍人拟稿,同时其他舍人亦各自拟撰,是谓"五花判事"。然后再由中书令或中书侍郎就此许多初稿中选定一稿,或加补充修润,成为正式诏书,然后再呈送皇帝画一敕字。经画敕后,即成为皇帝的命令,然后行达门下省。所以唐代政府定旨出命之权,操于中书省,皇帝只同意画敕而止。待门下省主管长官侍中及副长官侍郎接获此项诏书后,即加予复核再审查。门下省侍中、侍郎之下设有"给事中"。给事中官位并不高,但对皇帝诏书亦得参加意见。若门下省反对此项诏书,即将原诏书批注送还,称为"涂归"(或称"封驳""封还""驳还"等),意为将原诏书涂改后送还中书省重拟之意。门下省所掌,在效力上类似今日之副署权。每一命令,必须门下省副署始生效。如门下省不同意副署,中书命令便不得行下。诏敕自中书定旨门下复审手续完成后,即送尚书省执行。尚书省则仅有执行命令之权,而于决定命令则无权过问。故三省在功能上基本实现了决策、复核与执行之分立。

中书与门下分掌的草拟和复核权,在实际发布政令的过程中较繁复、效率不高。如中书省拟好命令送达门下省,遇门下省反对,即予涂归封还,则此道命令等于白费,连皇帝所画之敕亦无效。为提高效率,唐代朝廷决策时,便先由门下省和中书省举行联席会议,会议场所称为"政事堂"。原先常在门下省举行,后来改在中书省召开。会议时,中书、门下两省长官及侍郎皆出席。若尚书省长官不出席政事堂会议,即事先不获预闻命令。故中书、门下长官才是真宰相。尚书左右仆射若得兼衔,如"同中书门下平章事"或"参知机务"等名,即可出席政事堂会议,获得真宰相之身份。最先尚书仆射都有此职衔,所以三省长官全是真宰相。但到开元以后,即尚书仆射不再附有出席政事堂之职衔了,则他们只有执行命令之权,而无发

---

① 参考祝总斌:《两汉魏晋南北朝宰相制度》,中国社会科学出版社 2007 年版,第 379—385 页。

布命令及参与决定命令之权,不得认为是真宰相。唐制除三省长官外,也有其他较低级官员而得附参知机务或同三品平章事等职衔的,如是则此人亦得参与政事堂会议。此等人必是官位虽低而早负时望的,始得加此职衔。政府最高机构在政事堂,参与政事堂议政的才是真宰相。唐代参加政事堂会议的,多时有至十几人,最少则只有两人,即中书令及门下侍中。开会时有一"执笔",由他综合记录讨论结果,决定文字。"执笔"由参加政事堂会议的诸人轮流充任,有时十天一轮,有时一天一轮。可见,唐代实行的是集体宰相制度。

凡属皇帝命令,在敕字之下,须加盖中书、门下之印,亦即要在政事堂会议正式通过,然后再送尚书省执行。若未加盖中书、门下之印,而由皇帝直接发出的命令,在当时被认为是违法的,不能为下面各级机关所承认,故刘祎之即理直气壮地讲"不经凤阁鸾台,何得为敕?"(案:武则天改中书省为凤阁,门下省为鸾台)。但事实上,唐代皇帝确有不经中书、门下而随便下命令的。如唐中宗不经两省而径自封拜官职,但究竟心怯,装置诏敕的封袋,不敢照常式封发,而改用斜封。所书"敕"字,也不敢用朱笔,而改用墨笔。当时称为"斜封墨敕",即表示此项命令未经中书、门下两省,而要请下行机关马虎承认之意。当时唐中宗私下所封之官,时人称之为"斜封官",因其未经正式敕封手续而为一般人所看不起。又如宋朝太祖赵匡胤建德二年(964年),恰逢三个宰相相继去职,太祖欲派赵普为宰相,但皇帝诏敕一定要经宰相副署,此刻旧宰相既已全体去职,一时找不到副署人,该项敕旨即无法行下。宋太祖乃召集群臣会商办法,当时有人献议:唐代皇帝曾有一次下敕未经宰相副署,今可仿此方式办理。当时即有人反对,那是乱时变通权宜之法,不宜为宋采用。再次商讨,才决定由开封府尹副署盖印行下。①

宋代的相权,较唐代低落得多。宋代也有三省,实际上只有中书省在皇宫里,门下、尚书两省都移在皇宫外面了,故亦只有中书省单独取旨,称政事堂。中书省长官则为丞相,地位独重,门下、尚书两省长官不再预闻政府之最高命令。中书省和枢密院同称两府,相互制衡,有利于皇帝集权。枢密院长官为枢密使和枢密副使,多由文人出任,掌士兵名册、边防机密、军队招募、调动之事。中书和枢密对立,意味着宰相管不着军事。

相权低落之反面,即是君权之提升。以朝仪而言,唐代群臣朝见,宰相得有座位,并赐茶,所谓"三公坐而论道"。到宋代,宰相上朝,也一同站着不坐。另一个证明相权低落的例子是皇帝诏书之拟订。在唐代由中书省熟状拟定,送呈皇帝,皇帝只在纸尾批几句,用皇帝御印可其奏,便降出奉行。此项手续,其实是宰相出旨,只求皇帝表示同意就算。到宋初,宰相为避嫌,为推尊皇帝,先拟一札子,即意见节要,送由皇帝决定,称"面取进止",然后宰相再照皇帝意见正式拟旨。可见,宋代最高政令的最后决定权在皇帝而不在宰相,宰相不过是奉命行事。②

六部起源于西汉九卿之少府尚书之下,分五曹:尚事曹、二千石曹、民曹、客曹、三公曹。东汉、魏晋代有损益,至隋始定六部(吏户礼兵刑工),受尚书省节制,每部4司,共24司,施行政令;元废尚书省,六部归中书省管辖;明废中书省后,六部各自独立,设尚书一人,左右侍郎各一人;清末改制,吏部并入内阁,礼部改为典礼院,户部分为民政部、度支部,兵部改为陆军部,后增设海军部,刑部改为法部,工部改为农工商部,理藩院改为理藩部,总理各国事务衙门改为外交部,增学部、邮传部。

---

① 钱穆:《中国历代政治得失》,九州出版社2011年版,第46—47页。
② 同上注书,第78—82页。

宋代以前宰相制度的演进特点,王亚南先生论述非常精道:

> 同是丞相、太尉、御史大夫,在秦虽代皇帝分掌政治、军事、监察大权;到了汉代先把异姓功臣分别铲除,后又把同姓诸侯分别削弱之后,觉得三公权力太大,怕太阿倒持,或靠不住,于是把信心缩小到朝夕共处的内臣。武帝时奏请机事已以宦者主之,延及光武之世,因宰相例为德高望重之人,督责指挥,诸多不便,于是崇以虚名,将政事悉委之于尚书,所谓"事归台阁,三公论道而已"。其后同属台阁,尚书又不若中书亲近,到了唐代,索性以中书、门下及尚书三者为相职。这就是说,国家行政大权,愈来愈集中到帝王更亲近的人手中了。①

3. 明清时期丞相制度的变异

明朝立国之初,借鉴宋元制度,有中书省左、右丞相之设。洪武十三年(1387年),朱元璋以左丞相胡惟庸谋反被诛杀一案,随即废除宰相制度;为了防止宰相制度死灰复燃,他在令后世子孙"一字不可改易"的《皇明祖训》中立下规矩:

> 自古三公论道,六卿分职,并不曾设立丞相。自秦始置丞相,不旋踵而亡。汉、唐、宋因之,虽有贤相,然其间所用者多有小人,专权乱政。今我朝罢丞相,设五府、六部、都察院、通政司、大理寺等衙门,分理天下庶务,彼此颉颃,不敢相压,事皆朝廷总之,所以稳当。以后子孙做皇帝时,并不许立丞相。臣下敢有奏请设立者,文武群臣即时劾奏,将犯人凌迟,全家处死。②

明代废除丞相后,一切事由皇帝最后总其成。但皇帝一人事实上管不尽这许多事,就有秘书班子的设立,当时称为内阁,秘书便是内阁大学士。其办公地点在宫内中极、建极、文华、武英四殿和文渊阁、东阁两阁。因政务繁忙,皇帝便把日常政务决定权交付与内阁,阁权慢慢地重起来。内阁大学士官阶只五品,而六部尚书是二品,朝位班次在尚书之下,故内阁大学士通常由尚书兼。本官为尚书,大学士只是兼职。上朝时,他以尚书身份而兼大学士,位于其他尚书之前。

皇帝处理政务,要咨询大学士意见。先由大学士看章奏,拿一张小签条,写出他们意见,附贴在公事上,送进宫里,由皇帝细阅决定。这条在当时叫做"条旨",又称"票拟"。待皇帝看过之后,把这小条销毁,亲用红笔批下,名为"批红",又称"朱批"。批好拿出去,这便是正式的谕旨。在唐代,一切政令由宰相拟定,送皇帝画敕。在宋代,是宰相向皇帝上札子,先得皇帝同意或批改,再正式拟旨。而在明代,则一切诏令,皆出皇帝亲旨,大学士只替皇帝私人帮忙,全部责任在皇帝,可说是由皇帝独裁了。

明初皇帝亲自来内阁议决政事,慢慢有些皇帝就不常来,再到后来,皇帝与阁臣常年不见面。于是皇帝和内阁中间的接触,就需要太监这一中间人。皇帝有事交付与太监,再由太监交给内阁。内阁有事,也同样送太监,再由太监上呈与皇帝。这样,太监得以弄权。甚至皇帝嫌麻烦,自己不批公事,私下叫太监批。批红的实权,也落到太监手里,太监变成了真皇帝,掌握政府一切最高最后的决定权。

清初沿袭了明代的内阁制。到雍正时,又在内阁之外的南书房另添军机处。最初皇帝为要保持军事机密,有许多事不经内阁,径由军机处发出。后来变成习惯,政府实际重要政

---

① 王亚南:《中国官僚政治研究》,商务印书馆2010年版,第59—60页。
② 《皇明祖训》"首章",载《皇明制书》(第三册),杨一凡点校,社会科学文献出版社2013年版,第784页。

令,都在军机处,不再在内阁。军机大臣由皇帝从内阁大臣里挑选出来,到南书房协同皇帝办事。所以实际上清代的军机处,大致与明朝内阁相似,皇帝不出宫来办事,只在里面找几个私人商量。不过清代皇帝鉴于明代太监当权的教训,不给太监上下其手的机会,而是把军机大臣调入宫内议事,保持君臣之间交流的畅通。

明太祖彻底废除丞相制度,于是皇帝与文官之间,再没有像汉朝和宋朝所维持的制衡。一方面绝对的皇权严厉压制了质疑当时制度设计的新思想,另一方面皇帝自己无力或无能行使权力时,这种绝对的权力就落到了近侍和宦官手中。有明一代,宦官专权成为难以去除的痼疾,其制度上的根源即在于此。

这样一来,文官系统只能为君权所奴役,不能以其儒家意识形态,有效地制衡君权,甚至不能抵抗狐假虎威的宦官弄权。文官们虽然强烈抗议,甚至为坚持理念置性命于度外,但在绝对君权下没有对抗的能力。这种无力感,付出了人的尊严这一巨大代价。高压且绝对的君权,窒息了寻求调节的可能性,制度和文化遂慢慢僵化。尽管在晚明清初,有些人在思考变革的可能出路,虽留下了令人钦佩的著作或记录,但对中国的整个制度架构来说,影响和改变终归有限,给我们后人留下了深思的空间。

二、地方政府——以州县官为中心

秦于孝公十二年,商鞅"并诸小乡聚,集为大县",在全国推行县制。后又在新占领地区设立郡。于秦始皇二十六年(前221年)在全国普遍实行郡县制,《史记》描述了此决策过程:

> 丞相绾等言:"诸侯初破,燕、齐、荆地远,不为置王,毋以填之。请立诸子,唯上幸许。"始皇下其议于群臣,群臣皆以为便。廷尉李斯议曰:"周文武所封子弟同姓甚众,然后属疏远,相攻击如仇雠,诸侯更相诛伐,周天子弗能禁止。今海内赖陛下神灵一统,皆为郡县,诸子功臣以公赋税重赏赐之,甚足易制。天下无异意,则安宁之术也。置诸侯不便。"始皇曰:"天下共苦战斗不休,以有侯王。赖宗庙,天下初定,又复立国,是树兵也,而求其宁息,岂不难哉!廷尉议是。"分天下以为三十六郡,郡置守、尉、监。①

因对秦代速亡的反思,汉初设立了郡县与封国并存的"一国两制",但由于"七国之乱"对中央朝廷所带来的巨大威胁,除了西晋等极少时期外,②帝制中国基本实行的是郡县制,间或在边境施行封建制。

中国历代行政区划的变迁要点略述如下:西汉实行郡县二级制,到东汉变为州郡县三级制,魏晋南北朝大体因之,隋唐变为道州县三级制③,宋为路州县三级制,明代实行三司府县制,清代大致因之,只是于某些地方在省与府州之间增加了"道"。

地方官制度之设计,是服务或者说服从于中央集权,尤其是皇帝集权,所以随着宋以后皇权越来越集中,地方官,尤其是高层级地方官多为朝廷临时针对特事的差使,久而久之,变成了真正的地方官;及至此时,朝廷又会派新的临时针对特事的差使。如此循环往复,目的是避免尾大不掉,为君主集权所需。

---

① (汉)司马迁撰:《史记》(第一册),卷八"秦始皇本纪",中华书局1959年版,第238—239页。
② 汉末黄巾起义,时论以刺史权轻为病,灵帝出朝廷重臣为"州牧",开地方割据之局。晋武帝大封宗室,以刺史监察郡县,引发八王之乱,外患乘之而亡国。
③ 隋朝因地制宜,设立一些称为"道"的行台,是中央机构的临时延伸。到唐太宗时期,因山川形势将全国规划为十道,道遂成为州县之上的一级地方行政单位。

第五讲 帝制法制的目标:以"治吏"实现"吏治"

唐以监察使监临各道,以分郡县势力。"安史之乱"以后,节度使遍置,武臣兼摄地方政务,方镇之祸,至五代而极。宋代君主有鉴于此,将地方政府分为路、州、县三级,每路分置数司,将地方权力分散,中央统一选官派任。一曰漕,即转运使,掌漕运与财赋;二曰宪,即提点刑狱金事,后改提刑按察使,掌司法复按;三曰仓,初由转运使兼理,后置提举常平使,掌常平义仓坊场及水利,兼察官吏贤否;四曰帅,即安抚使或经略安抚使,兼骑军都总管。诸府州间有置节度使,留于京师遥领,而以文臣代之权知其事,称知府事或知州事。复置通判一人或二人,由朝廷简命,凡兵民财刑诸政,皆需通判签署。南渡后,漕宪仓帅四司成为府州之长,帅司地位特隆,为一路之长官,地方势力渐隆。到明代,行省一级设立三司:承宣布政使司(藩司),掌政事财赋;提刑按察使司(臬司),掌刑狱审断;都指挥使司(都司),掌兵伍。

为应付特别情况,如平乱平叛、抵御外敌入侵,已分权的地方政府事权不一,遂临时有特别大员的设置,前面所讲的唐代节度使、宋代安抚使即属此类。明代由朝廷六部尚书以"总督"之名,侍郎或御史以"巡抚"之名,统领数省或一省事务。到清代,总督、巡抚成为常设之官,巡抚为一省之长官,总督则监管数省。

在各级地方衙署的地方官中,其最要者是直接临民的州县长官。他们由中央任命,有一定任期。人们俗称"州县官"为土皇帝,其重要性可见。我以清代为例,略作介绍。

清帝国共有100多个州、1200—1300个县。正印官(又称"正堂")为知州(从五品)和知县(首府知县正六品,一般正七品)。其佐贰官包括县丞、主簿和典史,一般不全配置,以一名佐贰官为常见。

州县官虽然在地方官序列中品秩较低,但其扮演的角色很重要。州县官因其直接临民,是真正直接负责实际事务的行"政"之官,(百姓称呼他们为"父母官"。)其上司,包括知府、道台、布政使、按察使、督抚都只是监督官,即治官之官。方大湜有不做督抚即为州县之说:

> 士君子心存利济,不能为督抚,即须作州县。以督抚近君,州县近民也。然兴利除弊,不特藩、臬、道、府能说不能行,即督抚亦仅托空言,惟州县则实见诸行事,故造福莫如州县。前明章枫山先生由翰林谪为临武知县,未之任,改南京大理寺丞,尝叹曰:"吾恨不作临武知县!"盖知县正好做事,正好救百姓,岂得以官小为嫌也!枫山本理学名儒,尚且以不作知县为恨事,可见宰官一身,众生托命,果能事事存心,时时留意,必能造福斯民。汝曹如有命作州县,切不可妄自菲薄。①

曾担任县学教谕的谢金銮把这个道理讲得更透彻:

> 天下真实紧要之官,只有两员,在内则宰相,在外则县令。学者果有修己治人之术,痌瘝在抱,不为宰相,必为县令。盖宰相所措置者在天下,而县令所措置者在一方。至于目击生民之疾苦,亲见其利害,则宰相有不如县令者矣。天之所以立帝王者以为民也,帝王不能以一人之耳目手足遍及天下,必分立官府以治之,其实政、实治则在县令。帝王者,天下之主;县令者,一邑之主也。一县令坏,则一邑之民心去矣;众县令坏,则众邑之人心去矣。其祸将谁归哉!②

雍正年间,朝廷将全国州县分为冲、繁、疲、难四类,以便选用官吏。"冲"指的是交通频繁,"繁"意味着行政业务多,"疲"指的是税粮滞纳过多,"难"是风俗不纯、犯罪事件多。该

---

① 方大湜:《平平言》,光绪十八年资州官廨刊本,卷一。
② 谢金銮:《居官致用》,载徐栋辑:《牧令书》,道光戊申刻本,"治原"卷一,第52页。

县占的字数越多,其等第就高,反之亦然。在一般情况下,凡四字俱有者为最要缺,占三字者为要缺,二字为中缺,只占一字或连一字也不占的称为简缺。以官之资历、能力对应"缺"之繁简、以官补"缺"。多处做过州县官的人一般有这个经验,即繁缺、要缺难为。

州县官的任期为三年,期满后根据考核成绩定其应否升职、调任或连任。但也有这种情况,州县官经考核本应升迁,百姓可以请求连任,为使连任官员不致因连任而失去应升的级别和增加的俸禄,即在原职上加级或改衔。

州县官的职责,从理论上说,辖区内一切事情都归他负责。《清史稿·职官三》云:"知县掌一县管理,决讼断辟,劝农赈贫,讨猾除奸,兴养立教。凡贡士、读法、养老、祀神,靡所不综。"在这些职责中,最主要的是维持秩序和征收赋税。

要维持好秩序,就要负责教化百姓、公平听讼断狱。① 因教化功在平时之累积,其效果可通过征税和诉讼而体现,故可说州县官最重要职责是后两者,即"钱谷"和"刑名"。孙宝瑄即据官场"常识"讲:"三代以后,官家与民所交涉之事,以敛赋税、决狱讼二者为最大。"②当今有学者经慎密研究指出:"承平之时,除灾荒救治外,地方政务大多以刑名钱谷为要项。"③

图 34　清代江西省浮梁县县衙大堂遗址

孟子善治必须人法兼重之论为很多帝制中国士大夫所崇奉。征税是朝廷得以存在的经济前提,当然很重要,故历代皆有较严密的赋税法制。除有良好法制外,征税还须州县官在执行时有抚恤、教养之意,至少不能因征税而破坏秩序。如吕坤在乡间居病期间担任乡官,向巡按条陈地方利弊时即剀切陈词:"夫有美意而无良法,则美意反为恶意;有良法而无良吏,则良法反成弊法。"④针对有门生问及如何做好州县官这一问题时,袁枚明确指出征税与教化息息相关:"钱谷,役侵者多,民负者少……催科中寓抚字也。"⑤

---

① 瞿同祖运用清代的《钦颁州县事宜》和黄六鸿的《福惠全书》等资料,对于州县官职责有类似结论:"除了维护治安这一首要职责外,最重要的是征税和司法。至于二者孰轻孰重,大致取决于州县官'处理问题的态度和方法,究竟他是从司法还是从政府税收的角度考虑问题。"(瞿同祖:《清代地方政府》,范忠信等译,法律出版社 2003 年版,第 31 页。)
② 孙宝瑄:《忘山庐日记》(上册),上海古籍出版社 1983 年版,第 670 页。
③ 关晓红:《从幕府到职官:清季外官制的转型与困扰》,三联书店 2014 年版,第 111 页。
④ 《吕坤全集》(上册),王国轩等整理,中华书局 2008 年版,第 257 页。
⑤ 袁枚:《小仓山房诗文集》(第三册),上海古籍出版社 1988 年版,第 1527 页。

州县官除收税外,更需在辖地代表君主承担教化百姓之责。在传统治道中,讲究自上而下,以风吹草偃的方式化民成俗。作为民之父母,州县官所承担的教化职责至重。官箴书告诫尤多,如清代人讲,"只一'亲'字,则内外上下诸弊皆绝。州县乃亲民之官,为之者别无要妙,只一'亲'字认得透,做得透,则万事沛然,无所窒碍矣"。① 事实上,州县官不一定都能善体天理人情,做到教化得当;民乃蚩蚩者氓,未必皆能教化。教化不行,民与民间自有争竞。争竞不已,则可能向官府兴讼,故裁决争讼成了州县官的重大职责。

教化与争讼之关系,大致可分两层。第一,州县官治民,以教化为主、为先;教化因人因时因事而穷,遂有争讼。教化大行自然会减少讼争,尽管不能完全无讼。历代都有些大儒出任州县官,极力教化百姓,力争将讼端消弭于无形。如程明道先生任晋城县令时,"民以事至邑者,必告之以孝弟忠信,入所以事父兄,出所以事长上……诸乡皆有校。暇时亲至,召父老而与之语。儿童所读书,亲为正句读。教者不善,则为易置……乡民为社会,为立科条,旌别善恶,使有劝有耻。邑几万室,三年之间,无强盗及斗死者。"②反过来说,争讼少则是风俗醇厚的表现,争讼多则意味着民风浇薄。很多文献把某地某时段内诉讼多定性为民众"好讼""健讼"之结果,赋予其贬义,朝廷和官府反复向百姓告诫"兴讼"之危害,以"息讼"来教化百姓,其主要道理即在于此。第二,州县官裁决民间争讼,固然要着眼于解决眼前的讼争,更需尽可能根除讼争之源,使得涉讼两造不再争讼。止争才是目的,定分须服从和服务于止争。换言之,州县官决讼也是一种教化。

决讼与教化之关系紧密如斯,足见其重要。且教化功夫多在平时,其效以积累而致,非立时可见,上司考核较难;争讼乃非常事件,能否妥当裁决,实效立竿见影,上司易于考察。在各类职掌之中,州县官在刑名方面受到处分或升迁的概率较大。清代律例更规定只有正印官可审理词讼,其任专,其责亦重。州县官"在司法方面,稍有疏失、过犯,便有种种处分,甚至是其下属佐贰、杂职、幕友、门丁、书吏、衙役的过犯,仍要知县负其总责,而受失察或纵容的处分"。③ 上司考核既严,加之州县官能妥当裁断案件,尤其那种别人不能很好裁断的疑难案件,是他作为父母官爱民实政之最形象表现,从而声誉鹊起,大有助于升迁,故州县官尤为重视处理争讼。到清代,刑名幕友地位较高,出现了像汪辉祖那样的名幕,与官府重视讼案这个大背景有关。

清代州县官出身有正途和异途之别。正途出身,指的是州县官以进士、举人、监生等科举渠道入仕,异途出身指的是靠捐纳或军功等其他途径来做官。瞿同祖先生曾根据《缙绅全书》做过统计,知州科举正途出身者将近一半,捐纳占40%左右,大致相差不大。知县科举正途出身者占将近70%,捐纳者在15%左右,两者差距较悬殊。为什么知州与知县来源存在着明显的差别呢?瞿同祖先生没有直接解释,但他做了另一个统计,可能对我们思考有启发:即知州旗人比例为15%左右,知县只有5%多一点,而旗人能获得正式功名的比例远较汉人为低。④ 清朝规定,凡正途出身授任知县的一般为实授,而异途出身充任知县的,则一般先试授,经试验称职者方可改为实授。此外,如县官在任期间因种种原因而离职,朝廷往往

---

① 谢金銮:《居官致用》,载徐栋辑:《牧令书》,道光戊申刻本,卷一,第55页。
② 《二程集》(上册),中华书局1981年版,第632页。案:此文乃弟为兄所撰"行状",难免让人觉得有溢美虚词,但鉴于明道、伊川兄弟皆为理学家,讲究"诚",律己以严,待人以恕,不至于在行文中公然作伪;当时党争剧烈,也不会作伪予人以攻击之口实;伊川先生撰此文时,相关当事人多健在,自不容其作伪。故该文基本事实当较可靠。
③ 张伟仁辑著:《清代法制研究》,"中央研究院"历史语言研究所专刊之七十六,第164页。
④ 参考瞿同祖:《清代地方政府》,范忠信等译,法律出版社2003年版,第35—39页。

先选一人暂时代理,待有合适的人选再予实授,职衔相当或高官代理低官职务的称为"署理";低级官临时充任高于本官的称为"护理"。

在借鉴前代制度基础上,加以异族入主,受较严重的"非我族类其心必异"的猜忌防范思想之影响,清代官员任职回避制度规定得更为细密,大致包括籍贯、亲族、师生三项。关于籍贯回避,为防止州县官借助地缘、血缘关系结党营私,尾大不掉,干扰州县治理,清朝廷对于州县官籍贯回避规定相当严密,条文巨细靡遗。最初只规定州县官任职回避本省籍,后越来越严格,籍贯与任所在五百里以内的地域,不论官塘大路或乡僻小径,不管是祖籍还是寄籍,都要回避。州县官任职之亲族回避指的是任官之人,若在同地、同机关中遇有亲族,位卑者必须回避位高者。在清代地方官任职需要回避的亲族,在一省范围内,包括血亲和姻亲都在内,而以儿女姻亲的回避为最重点。为预防植党营私之流弊,清朝廷对正途出身的州县官任职在一段时间内还推行了师生回避制度。因"师"的界限模糊,难以确定,遂于嘉庆八年在吏部和礼部的奏请下废除了官员任职师生回避之规定。①

三、帝制中国的监察官制

帝制中国自秦朝开始,即逐渐形成了较为完备的监察制度,主要有三部分:御史纠察、言官谏诤、地方监察。言官谏诤主要是根据君道向皇帝提出劝谏,御史纠察主要监察中央官员,地方监察侧重监察地方官员。如何发挥这三个职能,是历朝设计监察制度的主要考虑。秦始皇在中央有御史大夫之设,以监督百官;鉴于疆土广大,中央的权力对于郡县,渐觉有些鞭长莫及,乃令御史出监诸郡,名"监御史",这就是以后"部刺史"的渊源。② 同时,汉代自定官制起朝仪开始,即以"御史执法举不如仪者辄引去"③,开始注重监察中央官员;又在光禄勋下设置谏官(又称"谏议大夫"),以匡正皇帝之言行;武帝时设十三州部刺史,监察二千石长吏和强宗豪右的违法乱制行为,以加强地方监察。④ 至此,监察制度已渐次成形。⑤ 到东汉晚期,刺史变为郡之上的地方行政长官,改称州牧,州也由监察区变为行政区,地方监察制度有待重建。

到隋唐时期,监察制度有了新发展。唐代设御史台这一不属于三省的独立机构,意味着监察权脱离相权而独立,这是唐代监察制度与汉代很不相同的地方。唐中宗后,御史台分左右御史,左御史监察中央百官,右御史监察州县地方,监察中央的称为"分察",监察地方的称为"分巡"。中央方面最要者为监察尚书省六部,中书、门下两省不在监察之列。唐德宗时,设分察御史三人,每人监督两个部;分全国为十道,分别派一分巡予以监察,称为监察使,后称观察使,意即观察地方行政。它名义上是观察使,是中央官员临时派到该地监察,但实际上则常川停驻地方,成为地方更高一级之长官。后来成为藩镇的节度使就是从设置于边远地方的观察使演变而来的。武则天垂拱元年(685年)设置作为谏官的补阙、拾遗,分左右,

---

① 参考魏秀梅:《清代之回避制度》,"中央研究院"近代史研究所专刊(66),1992年,第235—250页。
② (汉)班固撰:《汉书》,卷十九"百官公卿表上",中华书局1962年版,第741页。
③ (汉)司马迁撰:《史记》(第八册),卷九十九"刘敬叔孙通列传",中华书局1959年版,第2723页。
④ 当时明确规定刺史以"六条问事":一条,强宗豪右田宅逾制,以强凌弱,以众暴寡;二条,二千石不奉诏书,遵承典制,倍公向私,旁诏守利,侵渔百姓,聚敛为奸;三条,二千石不恤疑狱,风厉杀人,怒则任刑,喜则淫赏,烦扰刻暴,剥截黎元,为百姓所疾,山崩石裂,妖祥讹言;四条,二千石选署不平,苟阿所爱,蔽贤宠顽;五条,二千石子弟恃怙荣势,请托所监;六条,二千石违公下比,阿附豪强,通行货赂,割损正令。(汉)班固撰:《汉书》,卷十九"百官公卿表上",中华书局1962年版,第742页。
⑤ 徐式圭:《中国监察史略》,上海中华书局1937年版,第7页。

左属门下省,右属中书省,主要职责是向皇帝进谏,保荐人才。大诗人杜甫就做过拾遗。这些官,阶位并不高,亦无大权,但很受朝廷尊重。大抵是挑选年轻后进,有学问,有气节,而政治资历并不深的人充任。这样的人有"致君尧舜上,再使风俗淳"的理想,敢于对皇帝讲话。这批谏官,是宰相用于监督皇帝的,有助于维护君权和相权之间的平衡。所以,唐代监察官,有台、谏之别,从理论和制度设计上来说,台官是天子之耳目,谏官是宰相之喉舌。

宋代设御史台和谏院。御史台掌监察百官,以监察宰相为要务,其长官为御史中丞。谏院掌谏诤,对象为天子,长官为"知谏院事"。谏院在唐代隶属于中书、门下,乃宰相之属官,到宋代从丞相那里独立出来;谏官又是由皇帝所亲擢,不得用宰相所荐举,于是谏官遂不再是宰相之喉舌以纠绳皇帝,反而成为皇帝纠绳宰相之机关。钱穆先生遂感慨,"谏官、台官渐渐变成不分。台官监察的对象是政府,谏官诤议的对象还是政府,而把皇帝放在一旁,变成没人管。"①

明朝将御史台改为都察院,以十三道监察御史监察地方,设六科给事中监督六部。六科给事中与都察院不相统属并可相互纠举,有助于皇帝集权并监督各级官吏。都察院与六部并列,其御史分为两类:一是左右都御史、副都御史和佥都御史,他们是都察院的主管官员,常在本院中任事,谓之坐堂官;一是监察御史,是都察院直接行使监察的专职监察官,"主察纠内外百司之官邪,或露章面劾,或封章奏劾。"监察御史虽隶属都察院,但具有较强的独立性,有事可单独进奏,可收互相纠绳监察之效,值得一提的是监察御史充任巡按之制度。《明史·职官志二》载巡按御史"代天子巡狩,所按藩服大臣、府州县官诸考察,举劾尤专,大事奏裁,小事立断……凡政事得失,军民利病,皆得直言无避。有大政,集阙廷预议焉。"②六科给事中对应六部,分吏、户、礼、兵、刑、工六科,各科设都给事中、给事中等官职,其人数和品秩有所变化。六科给事中为独立机构,直属皇帝,有进谏、封驳和纠弹之大权。当六部奏请实行之事或是内廷旨下,均要经六科给事中的审核,如有违误,则可驳回修正,如无误,则分发六部执行,圣旨或票拟亦不能例外。如问题未达到驳回的程度,就以"科参"的形式使旨章通过,但六部在施行过程中必须注意"科参",并按其指示执行;六科给事中还利用注销大权检查诏旨批文下达后的执行情况。给事中和监察御史权力如此之重,但品秩很低,多为七品小官,这使得他们能更勇敢地进行纠察、弹劾和劝谏。总之,明代监察权相对独立、监察范围极广,对百官和地方的监察权力很大,有利于皇权的集中,但它对皇权的监督较之前朝,则有所弱化。

清代监察制度跟明朝相比,发生了三个重大变化,一是将六科给事中合并于都察院,与十五道监察御史构成都察院的主体,被统称为"科道官";二是取消了监察御史的巡按制度;三是总督巡抚变成了最高级地方官员,即封疆大吏,另外还设置了道台来监督州县。同时,清代也发展了一些有利于监察权行使的制度,如清朝非常重视御史之选拔,凡曾降级、革职的官员概不选取,必须是科举考试正途出身,京官三品以上以及总督、巡抚子弟不准考选科道官等。又如,肯定科道官可风闻言事,即便所奏不实,纠弹不当,只要出于公心而不是别有用心,亦不坐罪;为防被人打击报复,允许科道官密折上奏;科道只要称职,升迁较之其他官员为快。总之,清代的监察权较明代为弱,这与皇权专制的强化相一致。

综观帝制中国的监察官制度,可发现几个鲜明的特点:第一,与皇权专制强化相应,皇权

---

① 钱穆:《中国历代政治得失》,九州出版社 2011 年版,第 85 页。
② 张廷玉等撰:《明史》(第六册),中华书局 1974 年版,第 1768—1769 页。

对监察的影响越来越大,由唐代之前宰相之喉舌和天子之耳目相互维系演变成单纯的天子耳目,对天子之纠绳和谏诤作用越来越弱。第二,负责地方监察的监察官逐渐由监察官变为行政官,由京官变成地方官,中央对地方的控制越来越强,由此强化了中央集权。这些特点充分体现了皇帝运用监察制度治官治吏,希望达到吏治清明之目的。

第三节 官箴书与《戒石铭》

历代帝王为了有效治吏,达到吏治清明之目的,除了在官员选拔上创设制度予以规范、加强对官员的监督和惩罚违法行为外,还注重对官员的教育,以期达到激发官员的内在良知良能、自动增强其责任感,从而更好地履行其职责之目的。官箴书和戒石铭就是两个教化官员的重要举措,下面分别予以介绍。

一、官箴书

官箴书是讲从政经验与为官道德的书。帝制中国有大量这样的书籍。所谓官箴,原系百官对国王所进的箴言,秦汉以后演变成对百官的劝诫,即做官的箴言。这类官箴书源远流长,较早可以追溯到睡虎地秦墓竹简中的《为吏之道》。到宋代,官箴书已颇为流行;至明清,则达于极盛,这些官箴书更传播到海外如日本、朝鲜等国。今天保存下来的清代官箴书即有500多种。这些官箴书,其作者有皇帝、大臣、州县基层官员和幕僚,他们一般具有长期仕宦经验,所著官箴书就是综合先贤之告诫结合自己经历之作品,包括训诫格言、公牍选编、州县官入门、幕学书、传记汇编、从政自传和统治艺术汇编等多种形式。它们一般有"宦海指南""牧民宝鉴"之称,乃古代官员的百科全书。

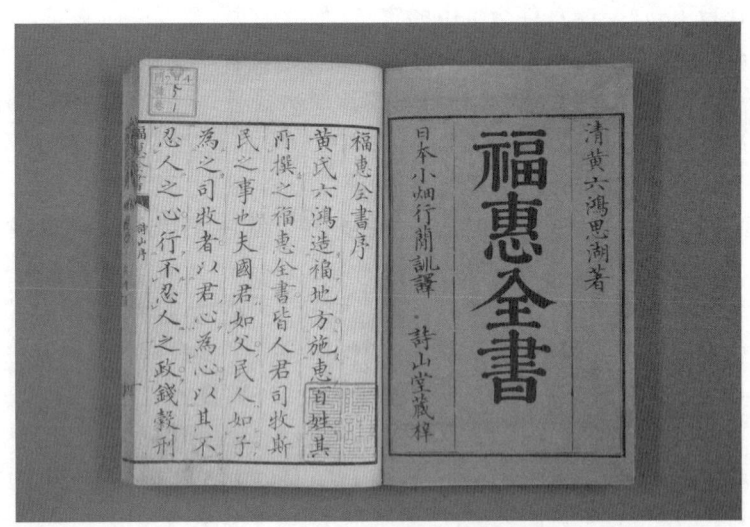

图35 日本诗山堂藏版清代官箴书《福惠全书》

官箴书中对官员的箴言极多,其中要求为官"清慎勤"被誉为第一官箴,可见一斑。清人方大湜云:

晋司马炎居官三字诀,曰清,曰慎,曰勤。真西山先生云,士大夫万分廉洁,止是小善,一点贪污,便为大恶,三字之中,自以清为第一要义。官如不清,虽有他美,不得谓之好官。然廉而不慎,则动静云为,必多疏略;廉而不勤,则政事纷繁,必多废弛,仍不得谓之好官。①

孟子讲"徒善不足以为政,徒法不足以自行",人与法不可偏废,实乃明道之言。要吏治清明,除了以法治吏外,教化官吏或候补官吏也很重要。官箴书就是对官员进行教化的重要载体,对帝制中国的治吏发挥了重要作用。

二、《戒石铭》

《戒石铭》为官箴书的语录体,因其影响很大,故专门介绍一下。据载:

> 戒石铭"尔俸尔禄,民膏民脂,下民易虐,上天难欺"。太宗皇帝书此以赐郡国,立于厅事之南,谓之《戒石铭》。案:成都人景焕,有《野人闲话》一书,乾德三年所作,其首篇《颁令箴》,载蜀王孟昶为文颁诸邑云:"朕念赤子,旰食宵衣。言之令长,抚养惠绥。政存三异,道在七丝。驱鸡为理,留犊为规。宽猛得所,风俗可移。无令侵削,无使疮痍。下民易虐,上天难欺。赋舆是切,军国是资。朕之赏罚,固不逾时。尔俸尔禄,民膏民脂。为民父母,莫不仁慈。勉尔为戒,体朕深思。"凡二十四句。昶区区爱民之心,在五季诸僭伪之君为可称也,但语言皆不工,唯经表出者,词简理尽,遂成王言,盖诗家所谓夺胎换骨法也。②

五代时期,武人专政,民生憔悴,后蜀主孟昶即位之初,颇思励精图治,曾撰写《颁令箴》24句96字,后经宋太宗从中节选出4句16字,命令各郡国刻石于官署之南,称之为《戒石铭》,从此风行天下。南宋高宗绍兴二年(1132年)朝廷下令将著名书法家黄庭坚所写的太宗御制《戒石铭》刻石于各郡县,作为郡县长官的座右铭。

图36 宋代黄庭坚手书御制《戒石铭》拓片

明太祖朱元璋称帝后,明令各府州县俱立戒石于衙署堂前并建亭保护,故有"戒石亭"之称。到了清代,因戒石亭位于衙署甬道正中,出入不便,遂改建为牌坊。据说州县官在上任时,要在《戒石铭》下举行祭拜仪式,并带领僚属宣读《戒石铭》内容。

《戒石铭》之所以有这么大的影响,主要在于其文字。它表达了两层意思:"官员为百姓所养,理应为百姓尽心力办事;这是浅显易见的天理,官员若不遵从此天理,不要光看到百姓好欺负,同时上天也在监督着,会对州县官有所劝惩。"这几句生动朴素的语言,情理交融,既满足了皇帝治吏的要求,更为百姓所乐见,故影响至今。

---

① 《平平言》,光绪十八年资州官廨刊本,卷一"清慎勤"。
② (宋)洪迈:《容斋随笔》(上册),孔凡礼点校,中华书局2005年版,第220—221页。

第四节 帝制法制的"简"与"繁"

一、法制理想的"简"

帝制中国地域辽阔,人口众多,识字率很低。历代官府为了让百姓知法懂法,想了很多办法宣讲法律。律法的内容当然以简明扼要为佳。

秦代法律繁琐,被后世视为反面典型;刘邦入关,约法三章,奠定王业。《汉书·刑法志》云:

> 秦始皇兼吞战国,遂毁先王之法,灭礼谊之官,专任刑罚,躬操文墨,昼断狱,夜理书,自程决事,日县石之一。而奸邪并生,赭衣塞路,囹圄成市,天下愁怨,溃而叛之。汉兴,高祖初入关,约法三章曰:"杀人者死,伤人及盗抵罪。"蠲削烦苛,兆民大说。其后四夷未附,兵革未息,三章之法不足以御奸,于是相国萧何攈摭秦法,取其宜于时者,作律九章……及孝文即位……惩恶亡秦之政,论议务在宽厚,耻言人之过失。化行天下,告讦之俗易。吏安其官,民乐其业,畜积岁增,户口浸息。风流笃厚,禁罔疏阔。选张释之为廷尉,罪疑者予民,是以刑罚大省,至于断狱四百,有刑措之风。①

立法时求"法令省略",司法时"几于刑措",是帝制中国历代王朝治吏临民之理想。每当王朝初建,统治者与民更始颁布新法令,基本上都有荡除繁苛、归于简易等类似话语,宣告于天下百姓。

历朝法制之演变,似乎有与王朝兴衰周期相应的循环:王朝新建,颁布条文简省的新律令;随之社会繁荣安定,法条渐多,王朝进入兴盛期;盛极而衰、法网日密,讼狱繁多;百姓动辄陷入法网,不教而诛,愁苦异常,因之步入衰世。新一轮涤除繁苛之法、与民更始即将到来。

律法简明扼要,是帝制中国法制的理想状态,其理由主要在于:可以让老百姓更好地了解律法之内容,在知法的基础上用法,能较好地避免不教而诛,有助于实现宽仁之政;可以让各级主官在平衡天理、国法和人情之后更好地断案,尽量减少各类司法辅助人员对案件的干预。晋代主持修律的杜预将这个道理讲得很透彻:

> 法者,盖绳墨之断例,非穷理尽性之书也。故文约而例直,听省而禁简。例直易见,禁简难犯。易见则人知所避,难犯则几于刑厝。刑之本在于简直,故必审名分。审名分者,必忍小理。古之刑书,铭之钟鼎,铸之金石,所以远塞异端,使无淫巧也。今所注皆网罗法意,格之以名分。使用者,执名例以审趣舍,伸绳墨之直,去析薪之理也。②

《新唐书·刑法志》亦云:

> 盖法令在简,简则明,行之在久,久则信,而中材之主,庸愚之吏,常莫克守之,而喜为变革。至其繁积,则虽有精明之士不能遍习,而吏得上下以为奸,此刑书之弊也。③

---

① (汉)班固撰:《汉书》(第四册),卷二十三"刑法志",中华书局1962年版,第1096—1097页。
② (唐)房玄龄等撰:《晋书》(第四册),卷三十四"杜预传",中华书局1974年版,第1026页。
③ (宋)欧阳修等撰:《新唐书》(第五册),中华书局1975年版,第1414页。

二、法制现实的"繁"

法制简约的理想状态在各个朝代初期可能多出现过,但一般而言,不能持久。法条随着时间的推移越来越繁杂,终至法多为患。我们试举几例:

(1) 西汉成帝时期,下诏:

> 大辟之刑千有余条,律令烦多,百有余万言,奇请它比,日以益滋,自明习者不知所由,欲以晓喻众庶,不亦难乎!于以罗元元之民,夭绝亡辜,岂不哀哉!其与中二千石、二千石、博士及明习律令者议减死刑及可蠲除约省者,令较然易知,条奏。(《汉书·刑法志》)

(2) 魏文帝时承用东汉法律,

> 世有增损,率皆集类为篇,结事为章。一章之中或事过数十,事类虽同,轻重乖异。而通条连句,上下相蒙,虽大体异篇,实相采入……若此之比,错糅无常。后人生意,各为章句。叔孙宣、郭令卿、马融、郑玄诸儒章句十有余家,家数十万言。凡断罪所当由用者,合二万六千二百七十二条,七百七十三万二千二百余言,言数益繁,览者益难。天子于是下诏,但用郑氏章句,不得杂用余家。(《晋书·刑法志》)

(3) 晚清变法修律前夕,

> 嘉庆以降,按期开馆,沿道光、咸丰以迄同治,条例乃增至一千八百九十有二。盖清代定例,一如宋时之编敕,有例不用律,律既多成虚文,而例遂愈滋繁碎。其间前后抵触,或律外加重,或因例破律,或一事设一例,或一省一地方专一例,甚且因此例而生彼例,不惟与他部则例参差,即一例分载各门者,亦不无歧异。展转纠纷,易滋高下。(《清史稿·刑法志》)①

随着时间的推移,法制趋于繁琐,成为帝制中国法制历朝历代难以避免的演变走势。历代开国之君皆颁行简易律法,应为后世之君所仿效,且很多有识之士把其中的道理讲得很明白,理当不会一再重复犯错。其原因为何,实值得推究。

三、问题之根源与解决的出路

在帝制中国,原本简易之法制走向繁琐现实之现象,之所以一再周而复始,其根本原因在于帝制本身。历经多次改朝换代,帝制中国形成了打天下传统,王亚南先生讲得好:

> 到了官僚政治的封建阶段,就是对于被宣扬矫饰得神圣不可侵犯的帝王,因为他自身,或者他的乃祖乃父取得统治地位,并不是凭什么叫人一见了无异议的客观标准,于是一个极微贱的野心者,也可对他发生"大丈夫当如是耶""彼可取而代之"的念头;至若他以下的公卿大夫,由宰相以至于小小吏丞,权之所在,利之所在,自然要分别成为大家营谋攘夺的目标。②

皇位既然被人觊觎,君主把权力集中到自己手上,但是地域辽阔、郡县众多的天下,皇帝

---

① 《历代刑法志》,群众出版社1988年版,第19、46—47、567页。
② 王亚南:《中国官僚制度研究》,商务印书馆2010年版,第58页。

一个人治理不过来,必须委任各级官吏,挑起治民的重任,皇帝的主要任务就是治吏。官并不好治,因为他们是有能有才的人,可能还是野心家,时刻在窥视皇帝的宝座。皇帝就要制定规范去约束官吏,这些规范又要人去执行,因此又要制定相应的规则去管那些治官之人,防止既有规则的漏洞。如此循环往复,律令安能不繁琐?

就断案而言,帝制中国的法律尽量细化、予以确定,各级官吏最好是不要有裁量的空间,只是机械的把既有法律恰好适用于当下案件就行。法条和案件之间恰吻合的情况只是少数,在很多情况下都有这样那样需要裁量细化的地方,故有了疑狱。这种疑狱因为有较大的裁量空间,自然要由皇帝首肯。所以从汉代开始,即规定:"县道官狱疑者,各谳所属二千石官,二千石官以其罪名当报之。所不能决者,皆移廷尉,廷尉亦当报之。廷尉所不能决,谨具为奏,傅所当比律令以闻。"①这类由皇帝认可的案件,又成了今后断案的依据。如此,律条想不繁琐都难。

因为问题出在帝制本身,所以只要帝制不改变,治理逻辑自然还是如此,法律繁琐的糟糕情况终究不能克服,成为帝制中国的痼疾。

思考题

1. 为什么帝制法制的目标是"治吏"?主要体现在哪些方面?
2. 如何看待帝制法制的简与繁之间的关系?

参考阅读材料

《读通鉴论》节选

【卷八·二】

读崔寔之政论,而世变可知矣。譬德教除残为梁肉治疾,申韩之绪论,仁义之蟊贼也。其后荀悦、钟繇申言之,而曹孟德、诸葛武侯、刘先主决行之于上,君子之道诎,刑名之术进,激于一时之诡随,而启百年严酷之政,亦烈矣哉!

司马温公曰:"慢则纠之以猛,残则施之以宽,宽以济猛,猛以济宽,斯不易之常道。"是言也,出于左氏,疑非夫子之言也。夫严犹可也,未闻猛之可以无伤也。相时而为宽猛,则矫枉过正,行之不利而伤物者多矣。能审时而利用之者,其唯圣人乎!非激于俗而毗于好恶者之所得与也。若夫不易之常道,而岂若此哉!

宽之为失,非民之害,驭吏以宽,而民之残也乃甚。汉之季世,驭委其辔,马骋其衔,四牡横奔,皇路倾险者,岂民之遽敢尔哉?外戚奄人作威福以钳天下,而任贪人于郡邑,使虔刘赤子,而民日在繁霜积雪之下,哀我惮人,而何忍言猛乎!严者,治吏之经也;宽者,养民之纬也;并行不悖,而非以时为进退者也。今欲矫衰世之宽,益之以猛,琐琐之姻亚,伈伈薿薿之富人,且日假威以蹙其贫弱,然而不激为盗贼也不能。犹且追咎之曰:未尝束民以猛也。憔悴之余,摧折无几矣。故严以治吏,宽以养民,无择于时而并行焉,庶得之矣。而犹未也。

---

① 《历代刑法志》,群众出版社1988年版,第21页。

以汉季言之,外戚奄人之族党肆行无惮,是信刑罚之所不赦也;乃诛殛以快一时之众志,阳球用之矣,范滂、张俭尝用之矣,卒以激乎大乱而不可止。然则德教不兴,而刑罚过峻,即以施之殃民病国之奸而势且中溃。寔乃曰:"德教除残,犹以粱肉治疾。"岂知道者之言乎?上之自为正也无德,其导民也无教;宽则国敝而祸缓,猛则国竞而祸急;言治者不反诸本而治其末,言出而害气中于百年,申、韩与王道争衡而尤胜。鄙哉寔也,其以戕贼天下无穷矣。

且夫治病者而恃药石,为壮而有余、偶中乎外邪者言也。然且中病而止,必资粱肉以继其后。若夫衰老羸弱而病在府藏者,禁其粱肉而攻以药石,未有不死者也。当世之季叶,元气已渗泄而无几,是衰老羸弱之比也。而寔尚欲操砭石、擣五毒以攻其标病乎?智如孟德,贤如武侯,而此之不审,天其欲以此时刘子遗之余民乎!夫崔寔者,殆百草欲衰而鶗鴂为之先鸣乎!

【卷二十八·一七】

严下吏之贪,而不问上官,法益峻,贪益甚,政益乱,民益死,国乃以亡。群有司众矣,人望以廉,必不可得者也。中人可以自全,不肖有所惮而不敢,皆视上官而已。上官之虐取也,不即施于百姓,必假手下吏以为之渔猎,下吏因之以雠其箕敛,然其所得于上奉之余者亦仅矣。而百姓之怨毒诅呪,乃至叩阍号愬者,唯知有下吏,而不知贼害之所自生。下吏既与上官为鹰犬,复代上官受缧绁,法之不均,情之不忍矣。

将责上官以严纠下吏之贪,可使无所容其私乎?此尤必不可者也。胥为贪,而狡者得上官之心,其虐取也尤剧,其馈献也弥丰;唯琐琐笾豆之阘吏,吝纤芥以封殖,参劾在前而不恤,顾其为蠹于民者,亦无几也。且有慎守官廉,偶一不捡而无从置辩者矣。故下吏之贪,非人主所得而治也,且非居中秉宪者之所容纠也,唯严之于上官而已矣。严之于上官,而贪息于守令,下逮于簿尉胥隶,皆喙息而不敢逞。君无苛核之过,民无讼上之怨,岂必炫明察以照穷簷哉?吏安职业,民无怨尤,而天下已平矣。

下吏散于郡邑,如彼其辽阔也,此受诛而彼固不戢,巧者逃焉,幸者免焉。上官则九州之大,十数人而已,司宪者弗难知也;居中司宪者,二三人而已,天子弗难知也。顾佐洁身于台端,而天下无贪吏,握风纪之枢,以移易清浊之风者,止在一人。慎之于选任之日,奖之以君子之道,奚必察于偏方下邑而待小民之讦讼其长上乎?杨廷式按县令之受赇,请先械系张崇,而曰"崇取民财,转献都统",归责于徐知诰也。可谓知治本矣。

(清)王夫之:《读通鉴论》,中华书局1975年版,第207—208,886—887页。

第六讲

帝制法制的功能：教化与威慑

我在上一讲谈到帝制法制的目标是通过治吏达到吏治。这一讲我将谈帝制法制的功能，也就是它实现目标所利用的主要手段，即教化和威慑。本来，古今中外的法制，皆有其教化和威慑这两方面的作用，但在帝制中国，这种教化与威慑的内容和发挥作用的方式却有其独特性。这就先得谈到儒家思想对帝制法制的巨大影响，我这里用"儒家思想法制化"一词予以概括。

第一节 儒家思想法制化

帝制中国自汉武帝独尊儒术开始，即形成了思想意识上的外儒内法格局，两千年没什么根本性变化。这种思想格局对帝制中国法制的影响，法史学界通常将之概括为"法律儒家化"。"法律儒家化"这一说法是瞿同祖先生于1948年在《中国法律之儒家化》一文中明确提出的。① 这一概念的提出，一般认为是受陈寅恪先生《隋唐制度渊源略论稿》中相关论述影响的结果。② 我以为综观帝制中国的历代律令体系，绝对没有达到"法律儒家化"的程度，更不用说其他社会规范了。陈顾远先生的论断可能更中肯一些："中国法系之体躯，法家所创造也；中国法系之生命，儒家所赋与也。"③ 既然儒家对帝制中国法制影响甚大，但又未达到排斥诸家，尤其是法家的程度，故我以为用"儒家思想法制化"来概括儒家思想对帝制中国法制的巨大影响可能更妥当一些。

任何一种思想要内化于制度之中都有个过程，"儒家思想法制化"自不能例外，大致经历了从西汉中期到唐代前期七八百年时间。按照儒家思想进入法制领域的不同方式，这段时间大致可分为两汉的经义决狱及引经注律、魏晋南北朝时期纳礼入律、隋唐时期的一准乎礼和出礼入刑三个阶段。这个过程实际上很艰难，因为儒家强调伦常名分，社会中每个个体皆有其特定身份，在这多个个体所构成的社会中，个体之间产生冲突，如何妥当确定各个个体之"分"（权利义务之内容），实在需要多方斟酌，在实际事例中也需要不断修正完善。我这里

---

① 瞿同祖先生在该文中明确指出："《四库全书提要》谓唐律一准乎礼，为法律儒家化以后最扼要的结语。"（《瞿同祖法学论著集》，中国政法大学出版社1998年版，第362页。）

② 陈寅恪先生经研究得出结论，"古代礼律关系密切，而司马氏以东汉末年之儒学大族创建晋室，统制中国，其所制定之刑律尤为儒家化，既为南朝历代所因袭，北魏改律，复采用之，辗转嬗蜕，经由（北）齐隋，以至于唐，实为华夏刑律不祧之正统"。（陈寅恪：《隋唐制度渊源略论稿 唐代政治史述论稿》，生活·读书·新知三联书店2001年版，第111—112页。）

③ 陈顾远：《中国法制史概要》，台湾三民书局1977年版，"序"，第3页。

举个例子,以明其繁难:

> 窦瑗,孝武帝时,为廷尉卿……上表曰:"臣伏读《麟趾新制》至三公曹第六十六条:'母杀其父,子不得告,告者死。'三返覆之,未得其门。何者? 案律:'子孙告父母、祖父母者,死。'又汉宣云:'子匿父,孙匿大父母,皆勿论。'盖谓父母、祖父母小者攘羊,甚者杀害之类,恩须相隐,律抑不言,法理如是,足见其直,未必指母杀父,止子不言也。今母杀父而子不告,便是知母而不知父,识比野人,义近禽兽。且母之于父,作合移天,既杀己之天,复杀子之天,二天顿毁,岂容顿默? 此母之罪,义在不赦;下手之日,母恩即离。仍以母道不告,鄙臣所以致惑。如或有之,可临时议罪,何用豫制斯条,用为训诫? 恐千载之下,谈者喧哗,以明明大朝,有尊母卑父之论。以臣管见,实所不取。"诏付尚书。三公郎封君义立判云:"母杀其父,子复告母,母由告死,便是子杀。天下未有无母之国,不知此子,将欲何之? 既于法无违,于事非害,宣布有司,谓不宜改。"瑗复难云:"局判云'母由告死,便是子杀。天下未有无母之国,不知此子,将欲何之。'瑗案典律,未闻母杀其父而子有隐母之义。既不告母,便是与杀父同。天下可有无父之国,此子独得有所之乎?"事遂停寝。①

按照儒家亲属相隐原则,父母犯罪,子当容隐。但如果父母相杀,子应否容隐? 在儒家那里,父母之间有尊卑之别,父杀母和母杀父又不一样。故前面这个问题实质上又可分解为两个问题:父杀母,子应不应该容隐? 母杀父,子是否应容隐? 观察窦瑗的论述,父为母之天,父杀母,子当容隐,盖无疑义。母杀父,因母有恩于子,情形就更复杂,于是就有了窦瑗对成文法"母杀其父,子不得告,告者死"的质疑和辩难。窦瑗的核心观点是"母之于父,作合移天,既杀己之天,复杀子之天,二天顿毁,岂容顿默? 此母之罪,义在不赦;下手之日,母恩即离",子无容隐之义。成文法乃根据一般容隐原则直接推理得出的结论,这个一般原则面对母杀父这个特殊情况,是否当然有效,颇成疑问。这是窦瑗考虑和论辩的重点。可见,要把较为抽象的儒家思想变为有效的法律制度,需要深入细致的思考辨析,非短时间和个别人可竟其功。

到唐代,经过几百年无数人的努力,成就了"一准乎礼"的《唐律疏议》,标志着儒家思想法制化已臻成熟。它的名例卷之"疏议"云:"德礼为政教之本,刑罚为政教之用,犹昏晓阳秋相须而成者也。"②据此,有学者即将《唐律》的立法指导思想归纳为"礼本刑用"。③ 之后,历代法典,基本上继承了这种儒家思想法制化的成果,有的只是细节、程度和强调角度的变化。下面我就从中华历代传世法典中选出几例予以解说,以明儒家思想法制化的一般情形。

1. 亲属相隐:

> 同居相为隐:诸同居,若大功以上亲及外祖父母、外孙,若孙之妇、夫之兄弟及兄弟妻,有罪相为隐;
>
> 部曲、奴婢为主隐:皆勿论。
>
> 即漏露其事及擿语消息亦不坐。
>
> 其小功以下相隐,减凡人三等。

---

① (唐)李延寿撰:《北史》(第九册),"循吏列传",中华书局1974年版,第2871—2872页。
② 《唐律疏议》,刘俊文点校,法律出版社1998年版,第3页。
③ 参考黄源盛:《中国法史导论》,台湾元照出版公司2014年版,第253—262页。

若犯谋叛以上者,不用此律。①

此条已在汉代法制部分讲过,兹不赘述。列于此,因它与干名犯义相为表里,构成了儒家思想法制化一重要面相,故被晚清修律中的保守者视为旧律精义之所在。

2. 干名犯义

> 凡子孙告祖父母、父母,妻妾告夫及告夫之祖父母、父母者,(虽得实亦)杖一百,徒三年。(祖父母等同自首者,免罪。)但诬告者,(不必全诬,但一事诬,即)绞。若告期亲尊长、外祖父母,(及妾告妻者)虽得实,杖一百。(告)大功,(得实,亦)杖九十。(告)小功,(得实,亦)杖八十。(告)缌麻,(得实,亦)杖七十。其被告期亲、大功尊长及外祖父母,若妻之父母,(及夫之正妻)并同自首,免罪;小功、缌麻尊长得减本罪三等。若诬告罪重(于干犯本罪)者,各加所诬罪三等。
>
> 其告(尊长)谋反、大逆、谋叛、窝赃奸细,及嫡母、继母、慈母所生母杀其父,若所养父母杀其所生父母……不在干名犯义之限。②

这是子孙卑幼违反亲属容隐之义务而告发尊长,法律根据所告情节轻重及告诉者与所告对象之服制关系,分别予以处罚。从内容上观察,该条起源甚早。至少在秦代,即有子告父母、臣妾告主视为不孝而予以治罪之规定。到唐代,则有告祖父母父母绞、告期亲尊长、告缌麻卑幼、奴婢告主四条。到明代合并为干名犯义一条,清朝沿袭下来,直到晚清变法修律才引起关于其存废的激烈争论。

3. 子孙别籍异财

> 诸祖父母、父母在,而子孙别籍、异财者,徒三年。(别籍、异财不相须。)若祖父母、父母令别籍及以子孙妄继人后者,徒二年;子孙不坐。【疏】议曰:但云"别籍",不云"令其异财",令异财者,明其无罪。③

商鞅主持秦国变法,"民有二男以上不分异者倍其赋",奖励"别籍异财"。到汉代,民谣有"举秀才,不知书,察孝廉,父别居"之语,可见当时风俗以同居共财为美。《礼记》中有多处明确提及在父母尚存期间禁止子孙拥有私财。④ 受此一儒家思想之影响,历代法律为了防止子孙私自动用或处分家产,对于同居卑幼不得家长之许可而私自擅用家财予以刑罚加以制止。刑罚之轻重,按照所动用或处分财产之价值,从笞刑到杖一百不等。父母在而卑幼别立户籍、分异财产,不仅有亏侍养之道,且大伤慈父之心,较私擅用财罪过更大,对违犯者处分当然更重。禁止"别籍异财"至迟于隋唐时期入律,《唐律》十恶排名第七的"不孝"即包括子孙别籍异财,处罚为徒三年。唐以后历代法律均有别籍异财之禁的规定,但处罚范围越来越窄,刑罚越来越轻,到明代处罚为杖一百或杖八十。清代则以不告不理原则,规定必须由尊长亲告,卑幼才会受到相应的制裁。

---

① 《唐律疏议》,刘俊文点校,法律出版社1998年版,第141页。
② 《大清律例》,田涛等点校,法律出版社1998年版,第486—487页。
③ 《唐律疏议》,刘俊文点校,法律出版社1998年版,第257—258页。
④ 《礼记·曲礼》云:"父母存,不许友以死,不有私财。"《礼记·内则》云:"子妇无私货,无私畜,无私器,不敢私假,不敢私与。"《礼记·坊记》云:"父母在,不敢有其身,不敢私其财,示民有上下也。"(《十三经注疏·礼记正义》,北京大学出版社1999年版,第31、840、1414页。)

4. 犯罪存留养亲

> 凡犯死罪非常赦不原者,而祖父母(高、曾同)、父母老(七十以上)、疾(笃废),应侍(或老或疾),家无以次成丁(十六以上)者(即与独子无异,有司推问明白),开具所犯罪名(并应侍缘由),奏闻,取自上裁。若犯徒、流(而祖父母、父母老疾无人侍养)者,止杖一百,余罪收赎,存留养亲。①

较早的司法案例可溯及于晋咸和二年(327年),句容令孔恢罪弃市,诏曰:"恢自陷刑网,罪当大辟,但以其父年老而有一子,以为恻然,特原之。"②但此只出于人主一时之见,并未入律。北魏时期,皇帝下诏将存留养亲定为律令:"犯死罪,若父母、祖父母年老更无成人子孙又无期亲者,仰案后列奏以待报。著之令格。"③其立法意旨,当为奖励孝道。之后历代皆有此条。清代犯罪存留养亲的范围较唐为窄,《唐律》规定十恶以外的死罪皆可存留养亲,《大清律例》则规定为"凡犯死罪,非常赦不原者。"盖犯罪存留养亲,有较大的问题:一是犯罪者之父母与被害者无直接关系;二是父母不能好好教育儿子,自身即有重大责任,尽管年老有冻饿之忧,亦属咎由自取。

从以上这些制度,我们能够观察到,儒家思想要充分法制化,势必遭遇重要法律价值之间的严重冲突,哪些部分应该法制化,应如何法制化,需要考虑的地方实在太多,有时牵一发而动全身,更应谨慎。如对现实人情照顾不充分,过多注重理想层面的儒家思想法制化,那时足以导致相关法制和儒家思想双双受损。

第二节 教化:追求"无讼"理想

儒家思想首重教化,刑罚只是教化失败后不得已而用之。在儒家思想法制化过程中,这种重教化的做法集中表现为追求"无讼"理想。为了尽可能接近这个理想,因"礼之所去,刑之所取",明白了刑之内容,自然也就懂得了教化之方,故历代朝廷多要求官府向百姓讲读律令,到明清两代还要求各级官府宣讲皇帝的圣谕,让黎民晓然朝廷教化之良苦用心和着力方向。

一、无讼理想

无讼思想由来已久,《论语·颜渊》中记载有孔子的话:"听讼,吾犹人也,必也使无讼乎!"这句话后又被《大学》再度引申,随着作为四书之首的《大学》在宋代以后地位的上升,这句话影响就更大了。④ 在《史记》里,司马迁把大禹和周文王都描绘成能发挥巨大的榜样作用、引导周围百姓达到"无讼"境界的圣人。

历代有些大儒出任州县官,在治理本州县之时,极力教化百姓,力争将讼端消弭于无形。如明道先生任晋城县令时,"民以事至邑者,必告之以孝弟忠信,入所以事父兄,出所以事长

---

① 《大清律例》,田涛等点校,法律出版社1998年版,第99—100页。
② 李昉等编:《太平御览》,卷六百四十六,刑法部十二,四部丛刊三编影宋本。
③ 转引自沈家本:《历代刑法考》(第四册),邓经元等点校,中华书局1985年版,第1797页。
④ 《大学》"传之四章,释本末"云:"子曰:'听讼,吾犹人也。必也使无讼乎!'无情者不得尽其辞,大畏民志。此谓知本。"朱熹是这样注释的:"引夫子之言,而言圣人能使无实之人不敢尽其虚诞之词。盖我之明德既明,自然有以畏服民之心志,故讼不待听而自无也。观于此言,可以知本末之先后矣。"按照朱子的说法,司法官的德行是本,民众无讼是末,司法官的修德是民间无讼的前提条件。((宋)朱熹撰:《四书章句集注》,中华书局1983年版,第6页。)

上。度乡村远近为伍保,使之力役相助,患难相恤,而奸伪无所容。凡孤茕残废者,责之亲戚乡党,使无失所;行旅出于其途者,疾病皆有所养。诸乡皆有校。暇时亲至,召父老而与之语。儿童所读书,亲为正句读。教者不善,则为易置。俗始甚野,不知为学。先生择子弟之秀者,聚而教之,去邑才十余年,而服儒服者盖数百人矣。乡民为社会,为立科条,旌别善恶,使有劝有耻。邑几万室,三年之间,无强盗及斗死者。"①

为"循吏"立传是中国史学之传统,从司马迁的《史记》开始,即专辟"循吏列传",专门记载表彰那些历史上的"本法循理之吏"②,他们是重农宣教、清正廉洁、所居民富、所去见思的地方官。除了上述像明道先生那样怀抱"致君尧舜上,再使风俗淳"理想的大儒外,就是那些历代都为数不少的循吏,很多人都在尽力做好教化事业,力图在本辖区内做到"无讼"。

但是没有争讼的社会是不存在的,无讼只能是一种道德理想。清代知县崔述讲了大实话:"自有生民以来,莫不有讼。讼也者,事势之所必趋,人情之所断不能免者也。"③诉讼既然不可免,但在无讼理想的指导下,诉讼应尽量减少。在某个地域,诉讼少则被视为风俗醇厚的表现,诉讼多则意味着风俗浇薄。所以,在很多官方文献中,即将某地某时段内诉讼多定性为民众"好讼""健讼",赋予其贬义。早在宋代,"兴讼""健讼""嚣讼"等语词就大量出现于历史文献之中,成为朝廷和官府谴责民间讼习的常用语。明清以降,这种情况依然如故,甚且越发严重。

朝廷和官府受无讼理想的影响,自然要尽力"息讼"。他们反复向百姓告诫"兴讼"之危害,这方面的材料数不胜数。如康熙皇帝有次出巡,见沿途叩阍的人很多,即感言:"有天下者惟贵以德化民,使之无讼。即贤能官吏,亦当求政简刑清,与民相安无事。若以多讼为喜,开其争竞之风,俗敝民困,皆由于此。"④知县章获鹿曾讲:"讼告一事,最能废业耗财……无论呈状入公门,每为贪墨居奇,即使清官廉吏听断无私,而提解待审,道路之跋涉,居停之守候,断不能免;在未审之前,胜负难料,忧惧谋画,不但自己焦劳,凡系亲属皆累挂念;乃临审之际,处处仰面事人,凡胥书役隶,无不输情尽礼,嘱托帮衬照管;到既审之后,幸而偶胜,则前此焦心劳身,费财失业,将来家道,定就艰窘。若理亏坐罪,则破家荡产,身受刑系,玷辱家声,羞对妻子,虽悔无及,良可悯恨。"⑤搜集古训、流传甚广的《增广贤文》,劝人"气死莫告状,饿死莫做贼。衙门八字开,有理无钱莫进来"。

面对此种诉讼繁多的情况,在劝诫百姓的同时,州县官不仅多以调解的方式来处理属于自身权限内的"细故"案件,更鼓励乡党、宗族的调解,同时将民间"兴讼""好讼"归结于小民无知而受到讼棍的挑唆,故有教唆词讼等罪名,以严厉打击讼棍,官府亦有查禁讼师之义务。清代乾隆年间加大了对失察官员和讼棍的处罚力度,为此制定了专门条例:"讼师教唆词讼,为害扰民,该地方官不能查拿禁缉者,如止系失于觉察,照例严处;若明知不报,经上司访拿,将该地方官照奸棍不行查拿例交部议处。""审理词讼,究出主唆之人,除情重赃多实犯死罪

---

① (宋)程颐:《明道先生行状》,载《二程集》(上册),中华书局1981年版,第632页。案:此文乃弟为兄所撰"行状",难免让人觉得颇多溢美之语,但鉴于明道、伊川兄弟皆为理学家,讲究"诚",律己以严,待人以恕,不至于在行文中公然作伪,因当时党争剧烈而给以攻击之口实;且伊川先生撰此文时,相关当事人多健在,自不容其作伪。故该文基本事实当较为可靠。
② "太史公曰:法令所以导民也,刑罚所以禁奸也。文武不备,良民惧然身修者,官未曾乱也。奉职循理,亦可以为治,何必威严哉?"((汉)司马迁撰:《史记》(第十册),卷一百一十九"循吏列传",中华书局1959年版,第3099页。)
③ 顾颉刚编订:《崔东壁遗书》,上海古籍出版社1983年版,第701页。
④ 中国第一历史档案馆整理:《康熙起居注》(第二册),中华书局1984年版,第1241页。
⑤ 黄六鸿:《福惠全书》,1893年文昌会馆刻本,卷十一"刑名部一"。

及偶为代作词状情节不实者,俱各照本律查办外,若系积惯讼棍,串通胥吏,播弄乡愚,恐吓诈财,一经审实,即依棍徒生事扰害例问,发云贵两广极边烟瘴充军。"①

上述官府的这些息讼措施尽管也可收到一定的效果,但终究难以真正"无讼",不过无讼理想对帝制中国的法律和司法、乃至整个治国之道都产生了深远影响。

二、讲读律令

儒家经典中有"不教而杀谓之虐;不戒视成谓之暴;慢令致期谓之贼;犹与之人也,出纳之吝,谓之有司"②之教导,故颁布法令之后,一定要想办法让老百姓了解它。为了让百姓明了法令之内容,古人想了不少办法。《周礼》记载了一套繁密的象魏布宪、木铎口宣和属民读法的制度安排,帝制中国的士大夫通常将之视为一种理想的制度设计,影响很大③;商鞅更有法官之设,其主要任务就是保证法令准确传达到民间让百姓知晓④;韩非也强调君主所立之法应简明易懂,"布之于百姓"。

汉唐时期,官府往往用"粉壁"或"板榜"或"刻石"张挂的方式来宣传法律,地点通常是人口流动比较密集的地方———衙署、城门、通衢和寺观等。即使到了印刷技术比较发达的宋代,依然保留着"粉壁"或"板榜"或"刻石"张挂法律的传统。为了达到宣传之目的,以使民众知晓,张挂法令的地点,似乎要比汉唐更为广泛———衙署、城门、市曹、通衢、津度、驿铺、邸店,甚至乡村聚落等人群易于聚集的场所。

明清两代也很强调官府向百姓讲解律令。《大明律》和《大清律》都有"讲读律令"条,后者基本上沿袭了前者的规定,仅作了些微的文字变动。⑤《大明律》规定:

> 凡国家律令,参酌事情轻重,定立罪名,颁行天下,永为遵守。百司官吏务要熟读,讲明律意,剖决事务。每遇年终,在内从察院,在外从分巡御史、提刑按察司官,按治去处考校。若有不能讲解、不晓律意者,初犯罚俸钱一月,再犯笞四十附过,三犯于本衙门递降叙用。其百工技艺,诸色人等,有能熟读讲解,通晓律意者,若犯过失及因人连累致

---

① 薛允升著述:《读例存疑重刊本》(第四册),黄静嘉编校,成文出版社1970年版,第1020—1021页。相关研究可参考邱澎生:《十八世纪清政府修订〈教唆词讼〉律例下的查拿讼师事件》,载"中央研究院"历史语言研究所集刊2008年第97本第4分册;龚汝富:《明清讼学研究》,商务印书馆2008年版;夫马进:《明清时代的讼师与诉讼制度》,载〔日〕滋贺秀三等:《明清时期的民事审判与民间契约》,法律出版社1998年版;陈景良:《讼学、讼师与士大夫——宋代司法传统的转型及其意义》,载《河南省政法管理干部学院学报》2002年第1期;尤陈俊:《法律知识的文字传播——明清日用类书与社会日常生活》,上海人民出版社2013年版,第82—115页。
② 《论语·尧曰》。朱子注释云:"缓于前而急于后,以误其民,而必刑之,是贼害之也;"并引尹和靖先生的评论:"告问政者多矣,未有如此之备者。故记之以继帝王之治,则夫子之为政可知矣。"((宋)朱熹撰:《四书章句集注》,中华书局1983年版,第194—195页。)
③ 《周礼》中关于法令宣讲的内容较多,散见于天官冢宰、地官司徒、秋官司寇等诸多部分,可参考丘濬撰:《大学衍义补》(第二册),吉林出版集团有限责任公司2005年版,第1181—1183页。清代名臣陈廷敬讲:"历代以来,有讲读律令之法,皆《周礼》之遗意,为教民之要务也。夫欲教民以道,必先信上之令以实致乎民。"(陈廷敬:《请严督抚之责成疏》,载《午亭文编》,卷三十一,文渊阁四库全书本。)
④ 《商君书·定分》云:"天子置三法官:殿中置一法官,御史置一法官及吏,丞相置一法官。诸侯郡县皆各为置一法官及吏,皆此秦一法官。郡县诸侯一受宝来之法令,学问并所谓。吏民知法令者,皆问法官。故天下之吏民无不知法者。吏明知民知法令也,故吏不敢以非法遇民,民不敢犯法以干法官也。遇民不修法,则问法官,法官即以法之罪告之。民即以法官之言正告之吏,吏知其如此,故吏不敢以非法遇民,民又不敢犯法。如此,天下之吏民虽有贤良辩慧,不能开一言以枉法。虽有千金,不能以用一铢。故知诈贤能者皆作而为善,皆务自治奉公。"(蒋礼鸿:《商君书锥指》,中华书局1986年版,第143—144页。)据研究商鞅的权威学者陈启天先生考证,"定分"篇是后人追述商鞅对答孝公所问如使吏民明知法令而用之如一而无私的答辞。此种办法,商鞅实行时是否完全如此,以史实不全,无从考证。本篇所记,大约是战国末年作品。(陈启天:《商鞅评传》,台湾商务印书馆1967年版,第152—153页。)
⑤ 参见《大清律例》,田涛等点校,法律出版社1999年版,第157页。

罪,不问轻重,并免一次。其事干谋反、逆叛者,不用此律。若官吏人等,挟诈欺公,妄生异议,擅为更改,变乱成法者,斩。①

图 37　清代康熙二十年承宣堂刊本《圣谕像解》,以绣像故事解读"讲法律以儆愚顽"等圣谕

官员不但要讲读律例,而且还要通晓律意;否则,将受制裁。老百姓如能通晓律例,在普通犯罪时,即可免罪一次。明太祖曾对大理寺卿周桢讲:"律令之设,所以使人不犯。今田野之民,岂能悉晓其意,尔等所定,凡民间所行事宜,可类聚成编,直解其义,颁之郡县。至是书亦成,帝览之而喜曰:'吾民可以寡过矣'。"②周桢等奉命所编的这本书即为《律令直解》。永乐二年(1404 年)成祖在听取大理寺臣奏称"市民以小秤交易者,请论违制律"后,有一段话耐人寻味:"上向工部臣曰:'小秤之禁已申明否?'对曰:'文移诸司矣。'曰:'榜谕于市否?'对曰:'官府虽有令,民固未悉知之,民知令则不犯,令不从则加刑。不令而刑之,不仁。其释之。'"③雍正二年(1724 年),雍正帝"披览奏章,其中故杀、谋杀者尚少,而以斗殴伤人者甚多。或因口角相争,或因微物起衅,挥拳操戈,一时殒命;及至抵罪,虽悔何追。此等愚贱乡民,不知法律,因一朝之忿,贻身命之忧,可为悯恻……但律法包举甚广,一时难以遍喻。今将殴杀人命等律,逐条摘出,疏解明晰,令地方有司刊刻散布,处处张挂,俾知斗殴之律尚如此,则故杀、谋杀更可知矣。时存提撕警觉之心,以化其好勇斗狠之习,庶命案可以渐少,以副朕好生慎罚之至意"。④清代统治者大力提倡的圣谕宣讲中,康熙的"圣谕十六条"其中有一条就是要讲读律令,即"讲法律以儆愚顽"。各地官府在宣讲圣谕的时候,自然会编写出讲解范本。其中有本书是这样写的:

这一条圣谕是皇上教尔等百姓通晓律例,知所趋避的意思。禁奸防恶,惩暴除邪,

---

① 《大明律》,怀效锋点校,法律出版社 1999 年版,第 36 页。
② (清)万斯同:《明史》,卷一百二十六,清抄本。
③ (明)余懋学:《仁狱类编》,明万历直方堂刻本,卷二十九"宥小民违制"。
④ 《清文献通考》,卷一百九十七"刑考",文渊阁四库全书本。

律例开载最为明晰,奈乡间愚民平日不曾讲究,往往自以为是,冒昧而行,及罹刑辟,不可解脱……所以皇上教尔等百姓讲明律例,将故误之条、首从之科、亲疏之别、轻重之等,悬象著令,朝夕启迪,务使人人皆知,家家咸喻……诚恐尔等百姓不能领略,特将讲法律应行事宜条分缕析具于后项:(1)宜熟读律文。村中愚民不能遍读全律,先择切于日用如户婚、田产、骂詈、斗殴之类,令乡老里长抄写传示,家喻户晓,有司官或于省耕到村,考验村民能晓与否,以为乡老、里长之殿最。(2)宜通晓律意。律之大纲在于惇人伦、守法纪,诛造意、宥过失,使斯民型仁讲让,化俗成美,原与礼文相为表里,读者先明此意而后讲究法律,自不至于假托科条以操持长短。(3)宜恪守新例。律为一定之法,例为因时之制,尔等百姓尤须于颁行新例抄写传谕,使深山穷谷罔不周知,庶乎遵道遵路,同为良民,刑罚不及,身家可保。(4)城市宜讲法律。城市最近官长,定于每月初二日、十六日传集居民共诣公所听讲圣谕,或有不到,地保人等按簿查报,其能仰理者书于记善簿,给赏花红,不遵者书于记恶簿,量加惩责。(5)乡村宜讲法律。深山穷谷官长不能时至,定于每年四季首月初二日亲临课讲,余月约正、约副同地保人等共集公所宣讲圣谕,亦分两类书簿举报,以凭赏罚,其地保人等务秉公正,不得借端生事。(6)童稚宜讲法律。各村蒙馆举报教读一名,发给《圣谕衍义》各一本,既课经书,并读法律,务使童年讲习,咸通大义,亦照前例分别书簿以俟查考。宋名臣苏文忠公轼尝言:"读书万卷不读律,致君尧舜终无术。"虽是激词,亦是至理,不可不知。(7)妇女宜讲法律。妇女无知,乘一时愤气,往往有服断肠草或悬梁自缢者,以为可借此命案以破人身家,而不知律有明禁,原无问罪之条,徒尔伤生舍命,岂不可惜?今择老妪自六十以上或年老瞽目每村一人,令讲究法律并述贤孝故事,转相传告,期于通晓,季终量加赏给,似亦有补于阴教。①

上引材料都表明:法令在统治者心目中不只是"纳民轨物"之具,更是官府教化百姓的规则,是宣示皇仁之重要举措。但这种"讲读律令"的效果怎么样呢?实际上并不理想。其原因,当然有各级官员的懈怠,民众缺乏了解的动力,但最根本的,可能还是如有学者所指出的,朝廷和官府将此种法令宣传"作为政治统治的策略和知识控制的手段,并向民众表达一种意欲建构和维护社会秩序的理想蓝图"②,难免不走入强制和有选择性灌输之途,当然会遭到百姓的消极抵制甚至是积极抗拒了。

三、圣谕宣讲

在明清两代出现了圣谕宣讲制度。这是皇权强化的表现,表明朝廷很重视对各级官吏和百姓的强制教化。

洪武三十年(1397年)朱元璋颁布《教民榜文》,为表示重视,次年三月,朱元璋命令户部将之再次晓谕天下。其中很重要的一条就是在乡里设置木铎老人宣讲朱元璋的"圣谕六条":

> 每乡每里,各置木铎一个。于本里内选年老或残疾不能生理之人,或瞽目者,令小儿牵引,持铎循行本里。如本里内无此等之人,于别里内选取。俱令直言叫唤,使众闻

---

① 周振鹤撰辑:《圣谕广训:集解与研究》,顾美华点校,上海书店出版社 2006 年版,第 79—80 页。
② 徐忠明:《明清国家的法律宣传:路径与意图》,载《法制与社会发展》2010 年第 1 期。

知,观其为善,勿犯刑宪。其词曰:"孝顺父母,尊敬长上,和睦乡里,教训子孙,各安生理,毋作非为。"如此者,每月六次。其持铎之人,秋成之时,本乡本里内众人随其多寡,资助粮食。如乡村人民住居四散遥远,每一甲内置木铎一个,易为传晓。①

这六条圣谕简明扼要,易懂易记,朱元璋希望通过此种伦理规范的教育和遵行,一般民众得以各安其业,守法守纪,从而大大有助于社会秩序的安定和国家的治理。

这种由木铎老人讲解圣谕的制度是里甲制度的一部分,随着明代中期里甲制度的崩坏,圣谕讲解旋归于衰落。到明代晚期,乡约制度盛行,有在乡约内讲解圣谕的情形。事实上,明代由朱元璋开创的圣谕宣讲,首开以政治力量强迫人民诵读皇帝圣谕教条的传统②,这种做法后来被清朝皇帝发扬光大。

康熙亲政后,于康熙九年(1670年)颁布《圣谕十六条》,通行全国,使庶民日常诵记。士子考试,定须默写。《圣谕十六条》的具体内容是:

> 敦孝弟以重人伦,笃宗族以昭雍睦;
> 和乡党以息争讼,重农桑以足衣食;
> 尚节俭以惜财用,隆学校以端士习;
> 黜异端以崇正学,讲法律以儆愚顽;
> 明礼让以厚风俗,务本业以定民志;
> 训子弟以禁非为,息诬告以全善良;
> 诫匿逃以免株连,完钱粮以省催科;
> 联保甲以弭盗贼,解仇忿以重身命。

康熙颁布《圣谕十六条》的主要用意就是希望能以此化民成俗,维护王朝的长治久安。康熙在颁行谕旨中讲:

> 朕惟至治之世,不专以法令为事而以教化为先,其时人心醇良,风俗朴厚,刑措不用,比屋可封,长治久安,懋登上理。盖法令禁于一时而教化维于可久,若徒恃法令而教化不先,是舍本而务末也。近见风俗日敝,人心不古,嚚陵成习,僭滥多端,狙诈之术日工,狱讼之兴靡已,或豪富陵轹孤寒,或劣绅武断乡曲,或恶衿出入衙署,或蠹棍诈害良善,崔苻之劫掠时闻,雠怨之杀伤迭见,陷罹法网,刑所必加,诛之则无知可悯,宥之则宪典难宽。念兹刑辟之日繁,良由化导之未善,朕今欲法古帝王,尚德缓刑,化民成俗。③

到雍正二年(1724年)雍正对《圣谕十六条》逐条予以申解,形成达一万多字的《圣谕广训》,并将之颁行全国④,规定每逢初一、十五,都要由官方集会宣讲。下至知书之士,上至朝廷高官,均需亲身倡率。降及晚清,朝廷派遣第一批留美学生,每星期日都要由留学生正副监督向这些学生讲解"圣谕十六条"和《圣谕广训》。自康雍年间直至清末二百余年间,"圣谕十六条"和《圣谕广训》在理论上都是全体百姓的行为准则。

---

① 《皇明制书》(第二册),杨一凡点校,社会科学文献出版社2013年版,第728页。
② 余英时:《史学与传统》,时报出版公司1982年版,第143页。
③ (清)素尔讷:《学政全书》,卷七十四,清乾隆三十九年武英殿刻本。
④ 雍正"以各条(指《圣谕十六条》)遵行日久,虑民或怠,宜申告诫,以示提撕,乃寻绎其义,推衍其文,共得万言,名曰《圣谕广训》,并制序文,刊刻成编,颁行天下"。(王先谦:《东华录》,"雍正四",光绪十年长沙王氏刻本。)

图38　清代雍正时期满汉文《圣谕广训》

　　民间宣讲圣谕,形成一定的仪节,虽简单而未尝歧异。每月朔望前后,官方在府学、州学和县学的明伦堂宣讲圣谕,成为地方官府施政的一项要目。宣讲仪式大致为:场地简略布置后,设香案供奉孔子神位,同时放置《圣谕》,先由主事者礼敬叩首,请取《圣谕》宣读条文,再由主讲者详细加以解说。主讲者亦须先向孔子神位叩头,再行登上另备的案桌开讲,听者则自由站立听讲。乡镇村里亦有知书小儒向民众宣讲《圣谕》,仪式较简约。

　　讲解"圣谕十六条"和《圣谕广训》既然被视为朝廷和官府的要务,故讲解时就要有范本。早在康熙年间就已有专门讲解"圣谕十六条"的著作出现。到雍正的《圣谕广训》颁行天下以后,又增加了很多讲解《圣谕广训》的通俗著作。① 这些著作中,基本上都有劝诫百姓止争息讼的内容。这里姑引用嘉兴方言写就《圣谕广训通俗》中的一段讲词以窥斑见豹:

　　　　世界上最不好的事体是打官司,一打了官司便有十样害。第一坏心术。凡打了官司,无谎不成状,一心要想伊倒照,一心要想伊败亡,岂不是坏心术么? 第二败风俗。凡打官司个地方,必定刁滑的人多,正经的人少,弄得来男人叫屈、女人喊冤,岂不是败风俗么? 第三伤和气。一经打了官司,各家弟兄叔侄恨如切齿,亲眷朋友绝不往来,老小男女互相咒骂,岂不是伤和气么? 第四误正事。士、农、工、商各有行业,一经打了官司,那有不荒工废业? 两边都要用心计,还要常到衙门前等批等审,一日两日、一年两年,弄到三头五载也无啥希奇,岂不是误正事么……②

　　"《圣谕广训》在清代历朝帝王利禄之制约引诱,官绅士庶之推广,实深入各地,下及于乡村闾里,无处不到。对于平民生活信持,信仰习惯,有浸渍之功力,当已发生重大社会安定功

---

① 关于这类著作的辑录和相关研究,可参考周振鹤撰辑:《圣谕广训:集解与研究》,顾美华点校,上海书店出版社2006年版。

② 周振鹤撰辑:《圣谕广训:集解与研究》,顾美华点校,上海书店出版社2006年版,第228—229页。

能。"①宣讲圣谕的方式,到近代为西洋传教士所吸收,成为传教的重要形式。甲午战后,国族危机深重,为推广新知、唤醒民众,知识分子也借用了此种宣教手法。蒋介石于1935年讲《国父遗教概要》即介绍评论了清帝讲解《圣谕十六条》之事:

> 本团长想顺便将自己对于教育根本方针的意见说一说:总理曾经对我们说过:满清入关以后,其建国规模最伟大而为汉唐以后所未有的,就是教育。他的第一个方针就是要把汉人的民族思想完全消灭,所以根本上不许人民讲国家民族。第二个方针则是在正人心,厚风俗,使人民安分守己,都做好人。他根据这个教育方针曾有种种教育上的设施。即如康熙所定的《圣谕十六条》,在当时便是全国国民家喻户晓的教人的准则,解释这十六条准则所成的一部书叫《圣谕广训》。这本书就是清代全国人民的教本,而且定为科举考试的基本知识。凡考取童生和秀才的人,就负有对一般民众讲解《圣谕广训》,使之普及于社会的义务。《圣谕广训》中最可注意的一个要点。就是其中十六条,凡普通修身做人的道理,都讲到了,而独独不讲"忠"的道理;亦不提"耻"的观念。这就因为满清恐怕我们汉人知耻尽忠的时候,就会起了汉人国家民族的思想与爱国复仇的精神……但其方法和推行之普遍,则有为民国初年教育宗旨游移不定时代所不及的。我们要建设新国家,对旧有的一切文物制度,亦不可以一笔抹杀毫不研究,必须视其时代,考其用意,而从新估定其价值,舍其所短,取其所长,变更其内容,也尽不妨参考其办法,譬如《圣谕广训》这部书,只就当时社会的环境来观察他所提出来的十六条,也不失为安定社会巩固组织的基本要则……中国的社会虽然保其安宁,而中国人的国家民族思想,果然便消沉下去。这就是满清用教育的方法,改变人民的心理,从根本上来巩固其统治权!②

帝制中国朝廷要求各级官吏带领督促民众讲读律令;到明清两朝,更发展出圣谕宣讲这种强制教化制度,大力宣传无讼理念,希望以教化为主,尽可能少用刑罚即可更好地维护王朝长治久安。

第三节 现实威慑:刑网的编织

帝制中国的专制君主对臣民的教化无所不在,违反教化的处罚,也就是威慑也应该无所不在,这才符合"昏晓阳秋相须而成"③之义,故他们为臣民编织了一张无所不包的法律巨网,可谓天罗地网。从理论上,君主们可以"合法"地处罚臣民的任何行为。那这张无可逃于天地之间的刑网是怎么编织而成的呢?

一、"断罪引律令"

自春秋时期,官府向百姓公布成文法呈不可逆转之势,为之后历代所遵循。法既成文公布,法之内容亦随之发生变化,即法的明确性、确定性加强,法不再是大纲、原则性规定,而是

---

① 参考王尔敏:《清廷〈圣谕广训〉之颁行及民间之宣讲拾遗》,载《中央研究院近代史研究所集刊》1993年6月,第22期(下),第254—256页。
② 蒋中正:《蒋总统言论汇编》(第二册),正中书局1956年版,第118—119页。
③ 语出《唐律疏议》"名例疏",原文为:"德礼为政教之本,刑罚为政教之用,犹昏晓阳秋相须而成者也。"《唐律疏议》,刘俊文点校,法律出版社1998年版,第3页。

第六讲　帝制法制的功能：教化与威慑

能让百姓产生确定预期、能直接指引百姓行为的具体规范。由此，在审判活动中，自然会产生"断罪引律令"的要求。要求司法官员"断罪引律令"，无形中当然限制了他们的权力，更是要求从严"治吏"的君主们所希望的。正是有了法律自身演进的内在要求，且这一要求与作为帝制中国政治发动机的君主们之需要相吻合，"断罪引律令"成为一种制度性要求，成为帝制中国司法审判之常态。该制度的形成、完善，其演进过程大体如下：

《汉书·刑法志》载："高皇帝七年，制诏御史：'狱之疑者，吏或不敢决，有罪者久而不论，无罪者久系不决。自今以来，县道官狱疑者，各谳所属二千石官。二千石官以其罪名当报之。'"沈家本根据这则材料，认为"比附律令之法实始见于此"①，该材料亦从反面证明：绝大多数非疑狱则由各级官员引律令断罪而不存在淹滞之弊端，或者说不如疑狱之严重。只不过此时"断罪引律令"未能成为强制规定的制度，更多的是习惯使然、思想使然。自汉武以后，社会经多次动荡，司法官员多于成文法之外决狱，危害甚大，到西晋时，有刘颂上疏，强烈要求将"断罪引律令"正式作为制度，强迫司法官员遵守。据《晋书·刑法志》所引刘颂疏云：

> 宜立格为限，使主者守文，死生以之，不敢错思于成制之外，以差轻重，则法恒全。事无正据，名例不及，大臣论当，以释不滞，则事无阂。至如非常之断，出法赏罚，若汉祖戮楚臣之私己，封赵氏之无功，唯人主专之，非奉职之臣所得拟议。然后情求傍请之迹绝，似是而非之奏塞，此盖齐法之大准也。

又云：

> 律法断罪皆当以法律令正文。若无正文，依附名例断之。其正文名例所不及，皆勿论。法吏以上，所执不同，得为异议。如律之文，守法之官，唯当奉用律令。至于法律之内，所见不同，乃得为异议也。今限法曹郎令史，意有不同为驳，唯得论释法律，以正所断，不得援求诸外，论随时之宜，以明法官守局之分。②

刘颂的这种思想是否变为法律条款？《晋律》亡佚，不得而知。但至迟到唐代，已正式形成制度。《唐律》"断狱"有"断罪不具引律令格式"和"辄引制敕断罪"条：

> 诸断罪皆须具引律、令、格、式正文，违者笞三十。若数事共条，止引所犯罪者，听。
> 诸制敕断罪，临时处分，不为永格者，不得引为后比。若辄引，致罪有出入者，以故失论。③

之后历朝皆有相近条文。自近代西方法学思潮进入中国，受法文化比较之影响，学者们将之称为传统中国的"罪刑法定"。

各级官吏断案，确定罪与非罪、轻罪重罪，必须依据法律，援引相关的法律条款。这种"罪刑法定"，是皇帝为更好治吏所采取的必要手段。君主要严格治吏，就要尽力约束各级官吏在既有的制度轨道下行事，拥有越少的权力运作空间越好，因此各级官吏断罪就要"具引律令"，不得于律令之外擅自行事，而于君上大权有碍。这种罪刑法定，与西方的罪刑法定相较，虽然在"依法断罪"这种形式上有相通之处，在价值取向上则截然相反：

> 不论是为统一司法意志和行为，或为保护百姓正当权利，都有采用罪刑法定主义的

---

① 沈家本：《断罪无正条》，载《历代刑法考》（第四册），邓经元等点校，中华书局1985年版，第1810页。
② （唐）房玄龄等撰：《晋书》（第三册），中华书局1974年版，第937—938页。
③ 《唐律疏议》，刘俊文点校，法律出版社1998年版，第602—604页。

必要。可见这个罪刑法定主义原则实是近代法治和民主思想在刑法上的表现。过去的罪刑法定主义都是对官吏强调君权；这次的罪刑法定主义却是破天荒第一次对君和官强调民权。刑法是立法机关通过一定的程序制定的法律，不再是统治者恣意的命令，实际上成了保护犯人的大宪章。①

帝制中国的君主通过确立"断罪引律令"制度严格约束了各级官吏，当然就更有利于其运用律令以"治民"。

二、比附援引

按刑法适用原则，当法有明文，司法衙门应直接适用；如法无明文，则需运用一定的技术或原则来发现法律，以适用于当下案件。帝制中国据此发展出了比附援引制度。

汉高祖七年即出现了比附律令之法。《唐律·名例》则有以轻重相举为主要内容的"断罪无正条"律文②，《宋刑统·名例律》"断罪本条别有制与例不同"条下有"举重明轻"款，其内容乃完全沿袭唐律。③ 到明代，则明确规定"比附"，《大明律·名例律》"断罪无正条"云：

> 凡律令该载不尽事理，若断罪而无正条者，引律比附。应加应减，定拟罪名，转达刑部，议定奏闻。若辄断决，致罪有出入者，以故失论。④

清承明制，但更明确指出"引律比附"是"援引他律比附"，《大清律例·名例律》"断罪无正条"律：

> 凡律令该载不尽事理，若断罪而无正条者，（援）引（他）律比附。应加应减，定拟罪名，（申该上司）议定奏闻。若辄断决，致罪有出入者，以故失论。

另有条例一，云：

> 引用律例，如律内数事共一条，全引恐有不合者，许其止引所犯本罪。若一条止断一事，不得任意删减，以致罪有出入，其律例无可引用援引别条比附者，刑部会同三法司公同议定罪名，于疏内声明"律无正条，今比照某律、某例科断，或比照某律、某例加一等、减一等科断"，详细奏明，恭候谕旨遵行。若律例本有正条，承审官任意删减，以致情罪不符，及故意出入人罪，不行引用正条，比照别条，以致可轻可重者，该堂官查出即将该承审之司员指名题参，书吏严拿究审，各按本律治罪。其应会三法司定拟者，若刑部引例不确，许院、寺自行查明律例改正。倘院、寺驳改犹未允协，三法司堂官会同妥议。如院、寺扶同朦混，或草率疏忽，别经发觉，将院、寺官员一并交部议处。⑤

以上是帝制中国"比附援引"法条的主要内容。虽然唐律有"比附"一词，但把"比附"作

---

① 蔡枢衡：《中国刑法史》，广西人民出版社1983年版，第131—132页。
② 该条文内容为："诸断罪而无正条，其应出罪者，则举重以明轻；（[疏]议曰：断罪无正条者，一部律内，犯无罪名。'其应出罪者'，依贼盗律：'夜无故入人家，主人登时杀者，勿论。'假有折伤，灼然不坐。又条：'盗缌麻以上财物，节级减犯盗之罪。'若犯诈欺及坐赃之类，在律虽无减文，盗罪尚得减科，余犯明从减法。此并'举重明轻'之类。）其应入罪者，则举轻以明重。（[疏]议曰：案贼盗律：'谋杀期亲尊长，皆斩。'无已杀、已伤之文，如有杀、伤者，举始谋是轻，尚得死罪；杀及谋而已伤是重，明从皆斩之坐。又例云：'殴告大功尊长、小功尊属，不得以荫论。'若有殴告期亲尊长，举大功是轻，期亲是重，亦不得用荫。是'举轻明重'之类。）"（《唐律疏议》，刘俊文点校，法律出版社1998年版，第145页。）
③ 《宋刑统》，薛梅卿点校，法律出版社1998年版，第110—111页。
④ 《大明律》，怀效锋点校，法律出版社1998年版，第23页。
⑤ 《大清律例》，田涛等点校，法律出版社1998年版，第117—118页。

为一种法无正条的量刑原则,则始于明代。比附制度指的是在法律没有明文规定的情况下,司法官可比照最相类似的律例来定罪量刑的做法。

明代比附,先由初审官根据比附原则定拟罪刑,然后转达刑部,由刑部确认后上报皇帝圣裁,基本上否定了官吏擅断罪刑,而使比附之权完全操控于皇帝,适应了君主专制日渐强化之需。但物极必反,由于每个比附案件都要上报朝廷,让皇帝圣裁,可能会让皇帝不胜繁难。故朝廷逐渐将一些具有典型意义的比附方式编排在一起,下发给各级官府作为比附案件定罪量刑的参考。嘉靖年间的《问刑条例》即收录了六十多条的"比引律条"。

比附援引制度的长期存在,背后的思想因素,主要是帝制中国的政治逻辑使然。

韩非子讲了一句为历代君主所信奉的名言"明主治吏不治民"。它并不是说君主不需要"治民",而是说君主要更好地"治民",必须先"治吏",而且要将心思重点放在"治吏"上。大致可以这样说:真正的明主是通过"治吏"而吏民兼治。如因"治吏"而放弃"治民",那是循表面字义而实际上是断章取义,故明主"治吏不治民"与直接"治民"并不是全然排斥的关系。皇帝为"治吏",必须尽可能严格压缩官吏在司法过程中的自由裁量空间。这样,最好的办法就是在成文法律的编纂中采取绝对确定法定刑,杖一百就是杖一百,绝对不能在杖六十到杖一百这个范围内任司法官员裁量。以《大清律例》为例,律例每条都定有绝对明确的处罚,如"谋杀人"律第一款规定:"凡谋[或谋诸心或谋诸人]杀人,造意者斩[监候],从而加功者绞[监候],不加功者杖一百、流三千里。"①《大清律例》中不少条款有加几等、减几等之具体规定,主要是照顾律例文字表述的精简。如"滥设官吏"条规定:"凡内外各衙门官有额定员数,而多添设者,当该官吏[指典选者]一人杖一百,每三人加一等,罪止杖一百、徒三年。"②假设某官员滥设官员 7 人,则处罚为杖一百,加二等。且加减方法亦有完全确定的规定,《大清律例》有"加减罪例"律条,按照其规定,某种犯罪之处罚,经加减之后,结果依然完全确定。③ 正因每个条款的刑罚完全确定,所以清律自雍正朝开始,为了司法官查找科刑的便利,有《大清律总类》的编纂,即按笞杖徒流死五种刑名,将各种应得刑罚之罪行分别归门入类。乾隆五年颁行的《大清律例》卷 40—47 即为这种编排方式的"总类"。如前面的例子,杖一百加二等,其处罚为杖七十、徒一年半。这种绝对确定刑的好处是皇帝能控制各级司法官员,达到"主者守文"之效果。

大凡一种制度,有其利必有其弊。如有多种制度可供立法者选择,立法者选择何种制度,端赖其利弊权衡。绝对确定刑之好处在此,弊端亦显然,最显著者为罪行多为具体,难以归纳抽象,否则即会破坏罪刑均衡的规律,处罚有失公正。这样一来,律例条文难免失于繁琐,且其规范对象有限;表现在,"在适用上不无窒碍,不能切合实际。故要用各种方法,对律文与以弹性"。④ 轻重相举、比附援引等制度即因此而生。所以,比附援引的主要功能不在类

---

① 田涛等点校:《大清律例》,法律出版社 1998 年版,第 420 页。
② 同上书,第 144 页。
③ "加减罪例"条规定:"凡称'加'者,就本罪上加重[谓如人犯笞四十,加一等,即坐笞五十。或犯杖一百,加一等,则加徒减杖,即坐杖六十、徒一年。或犯杖六十、徒一年,加一等,即坐杖七十、徒一年半。或犯杖一百、徒三年,加一等,即坐杖一百、流二千里。或犯杖一百、流二千里,加一等,即坐杖一百、流二千五百里之类]。称'减'者,就本罪上减轻[谓如人犯笞五十,减一等,即坐笞四十。或犯杖六十、徒一年,减一等,即坐杖一百。或犯杖一百、徒三年,减一等,即坐杖九十、徒二年半之类。惟二死、三流各同为一减[二死谓绞、斩,三流谓流二千里、二千五百里、三千里,各同为一减。如犯死罪减一等,即坐流三千里;减二等,即坐徒三年。犯流三千里者,减一等亦坐徒三年]。加者,数满乃坐[谓如赃加至四十两纵至三十九两九钱九分虽少一分亦不得科四十两罪之类]。又加罪止于杖一百、流三千里,不得加至于死。本条加入死者,依本条[加入绞者不加至斩]。"(田涛等点校:《大清律例》,法律出版社 1998 年版,第 123 页。)
④ 戴炎辉:《中国法制史》,台湾三民书局 1966 年版,第 22 页。

推适用以扩大罪的范围,而是保证具体案件的"情罪允协",即通过比附某条律例,以确定当前案件罪犯的具体刑罚。换句话讲,与其说比附援引是破坏罪刑法定的类推解释,不如说是帝制中国一种特殊的寻求罪刑均衡的法律发现和运用技术。再换句话说,它是传统法制的一种量刑方法。

传统"断罪引律令"和"比附援引"在多数时候处于并存状态,可以说是一个铜板的两面,都是帝制中国的君主为了更好地临下治民而采取的必要手段:"断罪引律令"重在通过"治吏"来"治民",在司法审判中是主要的,是常态;"比附援引"重在"治民",在司法审判中是居于辅助补充地位的变态。二者共同服务于将君主专制完全落到实处这一目标,是传统帝制法治的一体两面。

三、不应得为

断罪所引的律令和通过比附援引的律令,虽为帝制中国的臣民编织了一个巨大严密的法网,但对专制君主们来说,这个法网还不足以笼罩一切,臣民不时会有逸出法网的可能,故还要进一步编织它,让其合丝无缝。这最后一步就是学界常说的兜底条款,即历代都有的"不应得为"条。

《唐律·杂律》"不应得为"条规定:

> 诸不应得为而为者,笞四十;事理重者,杖八十。

《疏议》是这样解释的:

> 杂犯轻罪,触类弘多,金科玉条,包罗难尽。其有在律、在令无有正条,若不轻重相明,无文可以比附。临时处断,量情为罪,庶补遗阙,故立此条。①

之后历朝律典皆有此条。它是帝制中国刑律中一条抽象概括性罪名,指的是律令等国家成文法虽无专条禁止,但根据"理"不可为的行为,都可援照此条予以惩罚。那就自然引发我们的疑问:本条立法的正当性何在?应与不应的判定标准是什么?事理重不重的区分在哪里?其立法的主要理由,按照《疏议》的解释,有限的法条不能规范无穷的人事,立法的抽象性亦难准确涵盖具体之犯罪事实,故有此"不应得为"条。《疏议》亦明确说明,不应得为条的适用,是限定在律令无正条、难以进行轻重相举等比附的情况下,换句话说,它只适用于"杂犯轻罪"案件,与命盗重案无关,其处罚也较轻,即一般情况笞四十、重者杖八十。

官府要对民众处以不应得为罪,一般而言须具备下述四个要件:(1)必须是"杂犯轻罪"案件;(2)关于此种行为,律文、令文皆无明确规定,官府无法直接根据既有的成文律令条文断罪科罚;(3)律文中找不到与该种行为相类似的规定,无法做轻重相举的当然解释,也无法比附律文中的有关罪名以断罪;(4)该种行为确实违反了伦理义务或基本的生活秩序,若不加刑事处罚,无法因应世间的正义要求。

尽管在立法上官府对适用"不应得为"条文有限制较为严格的要件,但因帝制中国一直坚持以刑罚处罚的办法来处罚各式犯罪,故实际上"不应得为"条的实际运用还较为广泛。到明清时期,"不应得为"条被广泛运用到讨债、追租、负欠拖延、分家不公、劝解不力、强赎绝产、自力救济、冒昧作保和从中说和等领域,从而处罚了那些极其琐细而为律典所不必也不

---

① 《唐律疏议》,刘俊文点校,法律出版社1998年版,第561页。

能一一予以规范的行为。据此,有学者指出,"不应得为"条的适用范围如此之广,或许足以说明它存在填补传统律典在"民事行为"规定方面缺漏的功能。①

降及晚清变法改制,清廷为模范列强编纂的新式刑法典《大清新刑律》出台,同"比附援引"条一样,因为该等条文在直观上与西方的罪刑法定原则相悖,"不应得为"条才在刑事法典中消失。

综上,"断罪引律令""比附援引"和"不应得为"三个法律条文互相配合和补充,帝制中国的君主得以为普天下的臣民成功构筑了一张无所不包的法律天罗地网。从理论上,君主们可以"合法"地处罚臣民的任何行为。教化无所不在,违反教化的处罚亦无所不在,刑罚与教化得以完全配合。

第四节 教化和威慑之关系

教化与刑罚是帝制中国法制所要发挥的两种重要职能,但这两种职能却不是并列的,而是有先后主从之别,即教化在先为主,威慑于后是从。但针对某一具体的法律制度,这两种职能的发挥却有难以克服的内在矛盾,让当时的立法者和司法官都大伤脑筋,复仇制度即是一例。这即充分表示,不论在何种社会和文化里面,妥当立法和司法都是件难度颇高,尤其要谨慎对待的事业。

一、先后主从关系

孔子曾讲"为政以德,譬如北辰,居其所而众星共之"。又说:"道之以政,齐之以刑,民免而无耻;道之以德,齐之以礼,有耻且格。"②在比较"政刑"威慑和"德礼"教化这两种治理手段上,孔子虽然没有排斥和否定前者的作用,但肯定用"德礼"进行教化更优越。因教化是深入人的内心进行改造,使人心良善而知耻,从而根本不会去犯罪,即能使民"有耻且格"。儒家重教化,在成为帝制中国占统治地位的思想后,帝制法制亦非常重视教化,视教化为威慑之前提,威慑为教化之辅助。

教化在先威慑于后,教化为主威慑为从,是帝制中国"治道"的重要内容。其著者,如朱元璋即明确讲,他治国要"明刑弼教"。这来源于《尚书·大禹谟》"明于五刑,以弼五教",经后人概括为"明刑弼教"。"明刑弼教"的重点是明刑,强调的是刑罚对于教化的必要性和前提条件,所谓"刑罚立而后教化行"。"明刑弼教",按照朱元璋的说法,即"明礼以导民,定律以绳顽";先从正面申明礼教,对臣民百姓实施正确的引导;再运用法律和刑罚严惩冥顽不灵之徒,从反面来推进教化。太强调刑罚的威慑作用,他自己也认为不是治国之常道,只是在乱世不得已而为之。

在《大明律》制定和修改的过程中,太孙朱允炆即向太祖朱元璋请求,说"明刑所以弼教,凡与五伦相涉者,皆宜屈法以伸情。"太祖亦数宣仁言,不欲纯任刑罚。他曾对刑部尚书刘惟

---

① 参考黄源盛:《唐律中的不应得为罪》,载《汉唐法制与儒家传统》,台湾元照出版有限公司2009年版,第213—260页。

② 朱熹有这样的注释:"政之为言正也,所以正人之不正也。德之为言得也,得于心而不失也。""政者,为治之具。刑者,辅治之法。德礼则所以出治之本,而德又礼之本也。此其相为终始,虽不可以偏废,然政刑能使民免罪而已,德礼之效,则有以使民日迁善而不自知。故治民者不可徒恃其末,又当深探其本也。"((宋)朱熹撰:《四书章句集注》,中华书局1983年版,第53—54页。)

谦讲:"仁义者,养民之膏粱也;刑罚者,惩恶之药石也。舍仁义而专用刑罚,是以药石养人,岂得谓善治乎?"①从朱元璋在行省一级所设置的机构名称,亦可见其教化与威慑的先后主从关系,三司首为承宣布政使司,次为提刑按察使司,即教化承宣在先,威慑提刑在后。

到清代,以圣君为毕生追求的康熙,在颁布《圣谕十六条》给礼部的上谕中讲得更明白:"朕惟至治之世,不以法令为亟,而以教化为先……盖法令禁于一时,而教化维于可久。若徒恃法令而教化不先,是舍本而务末也……朕今欲法古帝王、尚德缓刑、化民成俗。"②延至乾隆时期修《四库全书》,纪昀等纂修官秉承乾隆意旨,在《四库全书》序文中明确讲:(刑名之)"术为圣世所不取,然浏览遗篇,兼资法戒。观于管仲诸家,可以知近功小利之隘;观于商鞅、韩非诸家,可以知刻薄寡恩之非。鉴彼前车,即所以克端治本……然立义不同,用心各异,于虞廷钦恤,亦属有裨"。③盛世所取的是什么,当然是教化主要所从出之礼或理。

这种以教化为主、威慑为辅的治道,在帝制中国的成文法体系中,当然有所反映,主要表现为:令正面规定百姓、各级官吏应如何行为方为正当,侧重教化;律则是规定违反令的各种行为,按照其情节轻重,其罪名和相应的刑罚为何,侧重威慑。

在司法中,我们也常常发现有些律例中的条文根本不曾在实际案例中运用,法史学者称之为"具文",是因为法律与社会的失调,法律进而采取了不干涉主义,故它是帝制法制不合理的象征。到底是不是如此,值得深入探究。比如说在明清很多户婚田土等细故案件中,寺田浩明注意到:

> 地方官受理人民的诉讼,并不是按照某种客观的规范来判定当事者双方谁是谁非,而是揭示一定的解决方案来平息争执,进而谋求双方的互让以及和平共处。当时人经常高唱的"情理"这一用语所以重要,是因为其代表了对调和当事者人际关系的重视和一种衡平的感觉,而非强调遵循某种预先客观存在的严格规则。其实,在针对围绕民事利益而发生的争执进行裁决时,能够作为一整套具有具体内容、且在程序上得到了实定化的规则而被予以适用的实体规范本身,无论在国家还是在民间都是不存在的。④

州县官之所以如此判决,是因为:如他们将法条虚置为具文,准情酌理加以裁决远较具体适用法条,以刑罚处罚的方式,对于实现族内和谐,达到教化目的更有效。在这种治理逻辑之下,作为"法"的具体表现形式的成文规条是不完全需要对号入座进入具体案件之中充当法源,只需要发挥其威慑和教化职能为已足。但这种将成文规条以对号入座的方式运用到具体案件之中充当法源的做法又并非与其威慑教化功能的发挥毫无关系。一般来说,运用得越充分,其威慑功能就发挥得越明显,因此案件越严重,案件当事人就越需要威慑,这些规条在案件中对号入座的程度就越高;反之,不严格对号入座,则更有利于发挥该规条的教化功能。大体上而言,在命盗重案里,成文规条直接运用频率较高,依法断案的特征较为明显;在"细故"案件中,成文规条以间接运用,但能在判决背后或其字里行间体会到其存在。

---

① 《明史·刑法志一》,载《历代刑法志》,群众出版社 1988 年版,第 513、542 页。
② 《大清圣祖仁皇帝实录》,华文书局影印本,卷 34,第 10—11 页。
③ 四库全书研究所整理:《钦定四库全书总目(整理本)》(上册),中华书局 1997 年版,第 1313 页。
④ 〔日〕寺田浩明:《权利与冤抑——清代听讼和民众的民事法秩序》,载王亚新、梁治平编:《明清时期的民事审判与民间契约》,法律出版社 1998 年版,第 194 页。

二、所面临的困境:以复仇为例

抽象而言,教化与威慑这两个功能可在主从先后关系中实现互补之效果,即通过教化尽量少用威慑,以威慑来促进教化。但在具体制度中,这两者的矛盾关系可能得以凸显,趋于紧张。这样的例子不少,帝制中国的复仇法制就是其中之一。

复仇指的是一个人或团体用私力对加害自己及其亲属和团体的人以相应程度损害的一种报复性行为,本质上属自力救济之范畴,在人类社会初期阶段非常普遍,可说是一种"生物性本能"。儒家经典本君臣、父子、夫妇大义,强调臣、子、妇为君、父、夫复仇之义务。如《礼记》讲"父之仇弗与共戴天,兄弟之仇不反兵,交游之仇不同国"。①《公羊春秋》更揭示了"君弑,臣不讨贼,非臣也。子不复仇,非子也"的春秋大义。②

图39　明代万历二十八年环翠堂刊《人镜阳秋》,据傅玄《秦女休行诗》所绘"庞孝女复仇",
诗中对于庞孝女复仇行为,"县令解印绶,令我伤心不忍听。
刑部垂头塞耳,令我吏举不能成"。

能克服困难复仇成功的人,在提倡纲常伦理的帝制中国,往往为社会舆论所重。为君主复仇是效忠,为父母复仇是尽孝,为丈夫复仇是守节,为朋友复仇是有义,完全符合儒家道德标准。如东汉时期:

阳球字方正,渔阳泉州人也。家世大姓冠盖。球能击剑,习弓马。性严厉,好申韩之学。郡吏有辱其母者,球结少年数十人,杀吏,灭其家,由是知名。③

但单纯强调复仇义务而漫无限制,定会严重威胁起码的社会秩序,所以儒家经典以血缘

---

① 《礼记·曲礼上》,载《十三经注疏·礼记正义》(上册),北京大学出版社1999年版,第84页。
② 《十三经注疏·春秋公羊传注疏》,北京大学出版社1999年版,第65页。
③ (南朝)范晔撰:《后汉书》(第九册),卷七十七"酷吏列传",中华书局1965年版,第2498页。

的亲疏和以地缘距离的远近来决定复仇责任的大小。基于自力救济基础上的复仇行为,因与以维护秩序为重要职责之国家法制相矛盾、甚至严重冲突,国家法令自然要予以限制。《唐律》规定:

> 诸祖父母、父母为人所殴击,子孙即殴击之,非折伤者,勿论;折伤者,减凡斗折伤三等;至死者,依常律。(谓子孙元非随从者。)①

《大清律》亦有:

> 凡祖父母、父母为人所殴,子孙即时(少迟即以斗殴论)救护,而还殴,(行凶之人)非折伤,勿论;至折伤以上,减凡斗三等;(虽笃疾,亦得减流三千里,为徒二年)至死者,依常律。

> 若祖父母、父母为人所杀,而子孙(不告官)擅杀行凶人者,杖六十;其即时杀死者,勿论。(少迟即以擅杀论。若与祖父母、父母同谋共殴人,自依凡人首从法。又祖父母、父母被有服亲属殴打,止宜救解,不得还殴,若有还殴者,仍依服制科罪。父祖外其余亲属人等,被人杀,而擅杀行凶人,审无别项情故,依罪人本犯应死而擅杀律,杖一百。)②

这种复仇行为与法制之间的紧张关系,即韩愈所说教化与威慑的两难:"盖以为不许复仇,则伤孝子之心,而乖先王之训;许复仇,则人将倚法专杀,无以禁止其端矣。"韩愈讲这段话,是因为下面这个案件而起:

唐宪宗元和六年(811年),富平县人梁悦,为报父仇杀死仇人秦果,投县请罪。皇帝为此案发布敕书,云:"复仇杀人,固在彝典。以其申冤请罪,视死如归,自诣宫门,发于天性。志在殉节,本无求生之心,宁失不经,特从减死之法。宜决一百,配流循州。"对此,时任职方员外郎的韩愈上疏提出这样的解决办法:"凡有复父仇者,事发,具其事由,下尚书省集议奏闻。酌其宜而处之,则经律无失其指矣。"在韩愈看来:"夫律虽本于圣人,然执而行之者,有司也。经之所明者,制有司也。丁宁其义于经,而深没其义于律者,其意将使法吏一断于法,而经术之士,得引经而议也。"因为复仇案件千差万别,律条难以详密规定,各级执法官员只能是依照律条断案,难以对复仇案件准确定拟,故需要经术之士在尚书省就案件的具体情况探究经意,集体议决,庶几经意、律条两全。③ 韩愈这个办法是否可行呢?有评价说它是"空洞模棱,并非根本的解决办法"。④ 为什么呢?尽管参与"集议"都是"经术之士",他们对儒家经典关于复仇的文本理解也不能一致。宋代的王安石,同为儒家著名学者,他的看法就与韩愈差别很大。王氏即认为,儒家经典关于复仇的记载和相关教导,是天下大乱时期法令不行的非常态行为,如果天下太平,各级有司能妥当履行职责,自能将罪犯绳之于法,如此就不需要个人间的复仇了。⑤

历代司法官面对千差万别的复仇案件,可谓伤透了脑筋。下面这个案件又是一例:

> 安丘男子毋丘长,与母俱行市,道遇醉客辱其母,长杀之而亡,安丘追踪于胶东得之。佑呼长谓曰:"子母见辱,人情所耻。然孝子忿必虑难,动不累亲。今若背亲逞怒,

---

① 《唐律疏议》,刘俊文点校,法律出版社1998年版,第455页。
② 《大清律例》,田涛等点校,法律出版社1998年版,第468页。
③ 《旧唐书·刑法志》,载《历代刑法志》,群众出版社1988年版,第302页。
④ 杨鸿烈:《中国法律思想史》(下册),商务印书馆1998年影印版,第186页。
⑤ 王安石:《复仇解》,载《王荆公文集》,唐武标校,上海人民出版社1974年版,第383—384页。

白日杀人,赦若非义,刑若不忍,将如之何?"长以械自系,曰:"国家制法,囚身犯之。明府虽加哀矜,恩无所施。"佑问长:"有妻、子乎?"对曰:"有妻未有子也。"即移安丘逮长妻,妻到,解到桎梏,使同宿狱中,妻遂怀孕。至冬尽行刑,长泣谓母曰:"负母应死,当何以报吴君乎?"乃啮指而吞之,含血言曰:"妻若生子,名之'吴生',言我临死吞指为誓,属儿以报吴君。"因投缳而死。①

要处理好这两难,就需要司法官无私心,能识大体,为民众所信服。这本身又何其难!帝制中国的法制要在具体案件中很好实现教化和威慑功能,对司法官提出了太高的要求。这即证明通过"治吏"达到"吏治"是帝制法制的关键所在,在这一点上,帝制中国的司法遇到了真正的难题。

思考题

1. 帝制法制的教化和威慑功能主要体现在哪些方面?二者关系为何?
2. 比附援引制度的主要功能是什么?它与"断罪引律令"是一种什么样的关系?

参考阅读材料

《明道先生行状》节选

先生名颢,字伯淳,姓程氏……踰冠,中进士第,调京兆府鄠县主簿。令以其年少,未知之。民有借其兄宅以居者,发地中藏钱。兄之子诉曰:"父所藏也。"令曰:"此无证佐,何以决之?"先生曰:"此易辨耳。"问兄之子曰:"尔父藏钱几何时矣?"曰:"四十年矣。""彼借宅居几何时矣?"曰:"二十年矣。"即遣吏取钱十千视之,谓借宅者曰:"今官所铸钱,不五六年即遍天下。此钱皆尔未居前数十年所铸,何也?"其人遂服。令大奇之。

南山僧舍有石佛,岁传其首放光,远近男女聚观,昼夜杂处,为政者畏其神,莫敢禁止。先生始至,诘其僧曰:"吾闻石佛岁现光,有诸?"曰:"然。"戒曰:"俟复见,必先白吾,职事不能往,当取其首就观之。"自是不复有光矣。府境水害,仓卒兴役,诸邑率皆狼狈,惟先生所部饮食芨舍无不安便。时盛暑泄痢大行,死亡甚众,独鄠人无死者。所至治役,人不劳而事集,常谓人曰:"吾之董役,乃治军法也。"当路者欲荐之,多问所欲。先生曰:"荐士当以才之所堪,不当问所欲。"再期,以避亲罢,再调江宁府上元县主簿。田税不均,比他邑尤甚。盖近府美田,为贵家富室以厚价薄其税而买之,小民苟一时之利,久则不胜其弊。先生为令画法,民不知扰,而一邑大均。其始,富者不便,多为浮论,欲摇止其事,既而无一人敢不服者。后诸路行均税法,邑官不足,益以他官,经岁历时,文案山积,而尚有诉不均者,计其力比上元不啻千百矣。

会令罢去,先生摄邑事。上元剧邑,诉讼日不下二百。为政者疲于省览,奚暇及治道?先生处之有方,不阅月,民讼遂简……

再期,就移泽州晋城令。泽人淳厚,尤服先生教命,民以事至邑者,必告之以孝弟忠信,

---

① (南朝)范晔撰:《后汉书》(第八册),卷六十四"吴佑传",中华书局1965年版,第2101页。

入所以事父兄,出所以事长上。度乡村远近为伍保,使之力役相助、患难相恤,而奸伪无所容。凡孤茕残废者,责之亲戚乡党,使无失所;行旅出于其途者,疾病皆有所养。诸乡皆有校。暇时亲至,召父老而与之语。儿童所读书,亲为正句读。教者不善,则为易置。俗始甚野,不知为学。先生择子弟之秀者,聚而教之。去邑才十余年,而服儒服者盖数百人矣。

乡民为社会,为立科条,旌别善恶,使有劝有耻。邑几万室,三年之间,无强盗及斗死者。秩满,代者且至,吏夜叩门,称有杀人者。先生曰:"吾邑安有此?诚有之,必某村某人也。"问之果然。家人惊异,问何以知之?曰:"吾常疑此人恶少之弗革者也。"

……先生为令,视民如子,欲辨事者,或不持牒,径至庭下,陈其所以。先生从容告语,谆谆不倦。在邑三年,百姓爱之如父母。去之日,哭声振野。

……以御史中丞吕公公著荐,授太子中允,权监察御史里行。神宗素知先生名,召对之日,从容咨访。比二三见,遂期以大用。每将退,必曰:"频求对来,欲常相见尔。"一日,论议甚久,日官报午正,先生遽求退。庭中中人相谓曰:"御史不知上未食耶?"前后进说甚多,大要以正心窒欲、求贤育材为先。先生不饰辞辨,独以诚意感动人主。神宗尝使推择人才,先生所荐者数十人,而以父表弟张载暨弟颐为首。所上章疏,子侄不得窥其稿。尝言:人主当防未萌之欲。神宗俯身拱手曰:"当为卿戒之!"及因论人才,曰:"陛下奈何轻天下士?"神宗曰:"朕何敢如是!"言之至于再三。

时王荆公安石日益信用,先生每进见,必为神宗陈君道以至诚仁爱为本,未尝及功利。神宗始疑其迂,而礼貌不衰。尝极陈治道,神宗曰:"此尧、舜之事,朕何敢当?"先生愀然曰:"陛下此言,非天下之福也。"荆公浸行其说,先生意多不合,事出必论列。数月之间,章数十上。尤极论者:辅臣不同心,小臣与大计,公论不行,青苗取息,卖祠部牒,差提举官多非其人及不经封驳,京东转运司剥民希宠不加黜责,兴利之臣日进,尚德之风浸衰等十余事。荆公与先生虽道不同,而尝谓先生忠信。先生每与论事,心平气和,荆公多为之动。而言路好直者,必欲力攻取胜,由是与言者为敌矣。

先生言既不行,恳求外补。神宗犹重其去,上章及面请至十数,不许,遂阖门待罪。神宗将黜诸言者,命执政除先生监司差权发遣京西路提点刑狱。复上章曰:"臣言是愿行之。如其妄言,当赐显责。请罪而获迁,刑赏混矣。"累请得罢。既而神宗手批,暴白同列之罪,独于先生无责,改差签书镇宁军节度判官事。

为守者严刻多忌,通判而下,莫敢与辨事。始意先生尝任台宪,必不尽力职事,而又虑其慢己。既而先生事之甚恭,虽笔库细务,无不尽心,事小未安,必与之辨,遂无不从者,相与甚欢。屡平反重狱,得不死者,前后盖十数。

……先生为治,专尚宽厚,以教化为先,虽若甚迂,而民实风动。扶沟素多盗,虽乐岁,强盗不减十余发。先生在官,无强盗者几一年。广济蔡河出县境,濒河不逞之民,不复治生业,专以胁取舟人物为事,岁必焚舟十数以立威。先生始至,捕得一人,使引其类,得数十人,不复根治旧恶,分地而处之,使以挽舟为业,且察为恶者。自是邑境无焚舟之患。

……内侍都知王中正巡阅保甲,权宠至盛,所至凌慢县官,诸邑供帐,竞务华鲜,以悦奉之。主吏以请,先生曰:"吾邑贫,安能效他邑?且取于民,法所禁也。令有故青帐,可用之。"先生在邑岁余,中正往来境上,卒不入。邻邑有冤诉府,愿得先生决之者,前后五六。有犯小盗者,先生谓曰:"汝能改行,吾薄汝罪。"盗叩首愿自新,后数月,复穿窬。捕吏及门,盗告其妻曰:"吾与太丞约,不复为盗,今何面目见之邪?"遂自经。

……先生资禀既异,而充养有道:纯粹如精金,温润如良玉;宽而有制,和而不流。忠诚贯于金石,孝悌通于神明。视其色,其接物也,如春阳之温;听其言,其入人也,如时雨之润。胸怀洞然,彻视无间;测其蕴,则洁乎若沧溟之无际;极其德,美言盖不足以形容。

先生行己:内主于敬,而行之以恕;见善若出诸己,不欲弗施于人;居广居而行大道,言有物而动有常。

先生为学:自十五六时,闻汝南周茂叔论道,遂厌科举之业,慨然有求道之志。未知其要,泛滥于诸家,出入于老、释者几十年,返求诸六经而后得之。明于庶物,察于人伦。知尽性至命,必本于孝悌;穷神知化,由通于礼乐。辨异端似是之非,开百代未明之惑。秦、汉而下,未有臻斯理也。

谓孟子没而圣学不传,以兴起斯文为己任。其言曰:"道之不明,异端害之也。昔之害近而易知,今之害深而难辨。昔之惑人也,乘其迷暗;今之入人也,因其高明。自谓之穷神知化,而不足以开物成务。言为无不周遍,实则外于伦理;穷深极微,而不可以入尧、舜之道。天下之学,非浅陋固滞,则必入于此。自道之不明也,邪诞妖异之说竞起,涂生民之耳目,溺天下于污浊。虽高才明智,胶于见闻,醉生梦死,不自觉也。是皆正路之蓁芜,圣门之蔽塞,辟之而后可以入道。"

先生进将觉斯人,退将明之书;不幸早世,皆未及也。其辨析精微,稍见于世者,学者之所传尔。先生之门,学者多矣。先生之言,平易易知,贤愚皆获其益,如群饮于河,各充其量。

先生教人:自致知至于知止,诚意至于平天下,洒扫应对至于穷理尽性,循循有序;病世之学者舍近而趋远,处下而窥高,所以轻自大而卒无得也。

先生接物:辨而不间,感而能通。教人而人易从,怒人而人不怨。贤愚善恶咸得其心。狡伪者献其诚,暴慢者致其恭,闻风者诚服,觌德者心醉。虽小人以趋向之异,顾于利害,时见排斥,退而省其私,未有不以先生为君子也。

先生为政:治恶以宽,处烦而裕。当法令繁密之际,未尝从众,为应文逃责之事。人皆病于拘碍,而先生处之绰然;众忧以为甚难,而先生为之沛然。虽当仓卒,不动声色。方监司竞为严急之时,其待先生,率皆宽厚,设施之际,有所赖焉。先生所为纲条法度,人可效而为也;至其道之而从,动之而和,不求物而物应,未施信而民信,则人不可及也。

……元丰八年八月日弟颐状。

选自《二程集》(上册),王孝鱼点校,中华书局2004年版,第630—639页。

第七讲

帝制中国的立法制度

帝制中国幅原辽阔、人口众多，皇帝必须运用制度、规则，充分发挥其作用，才能更好地"治吏""治民"，经历代斟酌损益，发展出了一套高度发达的法律体系。皇帝作为最高的立法者，不可能独自一人行使立法权，故以他为中心，有专门立法机构的设立，也有特定官员受其委托来进行某些特殊立法。这种种法律形成了一结构严密、层次分明的法律体系。其中，律处于核心位置，法律体系的结构大体有一个从律令体系到律例体系的演变。

第一节 立法机构

帝制中国的法律，从理论上来讲，都是帝王临民理政的重要工具，故皇帝掌握着最高立法权。但日理万机的皇帝不可能事必躬亲，且立法修法需要专门知识和素养，绝非皇帝一人所能胜任。君上无为臣下有为才能保证君上无不为，故皇帝都会命令臣下辅佐其立法修法。为集思广益起见，皇帝与这些辅佐其立法修法的臣下共同形成了或短暂或长久的立法机构。

一、梁启超关于古代中国立法机构之论述

梁启超于1902年2月写过一篇法律方面的宏文《论立法权》，在追溯中国传统的立法制度和机构沿革时，他认为古代中国立法最大的问题是缺乏专门的立法机构：

> 泰西政治之优于中国者不一端，而求其本原，则立法部早发达，实为最著要矣……吾中国建国数千年，而立法之业，曾无一人留意者也……盖自周公迄今三千余年，惟王荆公创设制置条例三司，能别立法于行政，自为一部，实为吾中国立法权现影一瞥之时代。惜其所用非人，而顽固虚憍之徒，又群焉掣其肘，故斯业一坠千年，无复过问者。呜呼！荀卿"有治人无治法"一言，误尽天下，遂使吾中华数千年，国为无法之国，民为无法之民，并立法部而无之，而其权之何属更靡论也；并法而无之，而法之善不善更靡论也。

在他看来，中国古代无专门的立法部，导致中国法律几千年没什么大变化，与社会严重不适应，是中国腐败频出之根源：

> 夫立法者国家之意志也。就一人论之，昨日之意志与今日之意志，今日之意志与明日之意志，常不能相同。何也？或内界之识想变迁焉，或外界之境遇殊别焉，人之不能以数年前或数十年前之意志以束缚今日，甚明也。惟国亦然。故必须常置立法部，因事势，从民欲，而立制改度，以利国民。各国之有议会也，或年年开之，或间年开之，诚以事

势日日不同,故法度亦屡屡修改也。乃吾中国,则今日之法沿明之法也,明之法沿唐宋之法也,唐宋之法沿汉之法也,汉之法沿秦之法也。秦之距今,二千年矣,而法则犹是……此其敝皆生于无立法部。君相既因循苟且,惮于改措,复见识谄陋,不能远图;民间则不在其位,莫敢代谋。如涂附涂,日复一日,此真中国特有之现象,而腐败之根原所从出也。①

到底梁启超讲得对不对?还是他为了主张当时中国应大力变法改制而不得不如此讲?下面我将根据历代史书之记载略作讨论。

帝制中国受儒家的重要影响,尊祖敬宗、敬天法祖蔚为风气,变更祖制往往被视为不肖,所以重大立法创制一般都集中在朝代初建之时。但古人也并非意识不到随着时代的推移和相应的社会变迁,祖制难免会有不适应之处,于是又引用"刑罚世轻世重"的理论加以救济。随着君权的强化,皇帝针对特定事件和案件发布的命令越来越多,难免出现前后抵触的情形,因此在承平时期也会设立专门机构来编纂整理修订既有的成文规条。故要论及帝制中国的立法机构,可分初创期制作律典的机构和承平期的修订机构。

二、王朝初创期君臣集体制作律典

帝制中国各王朝初建,为昭告本朝建立乃天与人归、与民更始之举,必废除前朝苛法弊政,精心制定本朝一代律典。在制定本朝律典的过程中,皇帝(主要是开国君主,还有少数几位的亚开国君主)在其中发挥了举足轻重的作用,比如确定制定律典的具体指导思想、遴选具体的制定人员、决定修律的时间、发布上谕颁行律典于天下等。

要制定一部内容恰当、结构合理、用语准确且经久可行、能传于子孙后代的律典,需要具备深厚的学养、丰富的阅历,绝非一人所能竣事。且在帝制中国打天下的格局中,开国之君多为长于韬略和武勇之枭雄,制定律典非其所长。换句话说,律典一定是集体智慧的结晶。下面我们就以朱元璋主持制定《大明律》的过程为例来加以说明。

朱元璋立国之初,把健全法制看作是调整各种社会关系、恢复和巩固社会秩序的根本,所谓"纪纲法度为治之本"。他在位31年期间,亲自过问了《大明律》的编纂,前后颁行至少5次,最终完成《大明律》洪武三十年定本。据《明史·刑法志一》记载:"太祖之于律令也,草创于吴元年,更定于洪武六年,整齐于二十二年,至三十年始颁示天下。日久而虑精,一代法始定。"②

明建国前一年即朱元璋吴王元年(1367年)冬十月,命左丞相李善长等据唐律撰律285条,于洪武元年(1368年)同《大明令》一起刊布天下。朱元璋认为洪武元年律"尚有轻重失宜,有乖中典",为制定一个"轻重适宜""百世通行"的《大明律》,从洪武元年起"又命儒臣四人,同刑官讲唐律,日进二十条",作为他制定明律的参考。洪武六年(1373年)冬,诏刑部尚书刘惟谦等详定大明律,"每成一篇,辄缮写以进。上命揭于两庑之壁,亲加裁定"。次年二月完成,颁行天下遵守。此后十多年间,朱元璋曾诏令大臣对《大明律》的部分条款进行修订。洪武二十二年(1389年),朱元璋又命翰林院同刑部官再次更定《大明律》。二十二年律以《名例》冠于篇首,下按六部官制,分吏、户、礼、兵、刑、工六律,计30卷,460条。洪武三十年,又将二十二年律中少数条款加以改定,对数十处律文欠严密之处按照规范化要求进行加

---

① 梁启超:《饮冰室文集点校本》(第二册),吴松等点校,云南教育出版社2001年版,第924—925页。
② 《历代刑法志》,群众出版社1988年版,第513—514页。

工润色,于洪武三十年五月颁布天下,命子孙守之,永世不得更改。①

历代帝王对创制一代之律典非常重视,一般会在充分借鉴前朝立法经验基础上,根据本朝的具体社会情势,适当调整制定律典的指导方针,主要考虑律典制定的权威性和专业性,从重臣、大臣,有时也包括品级较低的专业人士中,确定参与人选,共同制定律典草案。在草案制定出来后,皇帝又会多次与相关臣下讨论,最后确定将法典颁布于天下,为全国臣民所共守;一般还会要求子孙后代不要擅自更改,变乱祖制,从而保证律典作为一代大典之时空效力。

三、王朝承平期的法令修订机构

在帝制中国,历代多意识到要在遵守祖制和保持与社会演变相衔接之间维持平衡,需要在承平时期适当增修法律。一般而言,并无专门立法机构的设置,多由中央司法审判机构承担此项职能。这自有某种合理性,因中央司法机构负责综合运用律令来定罪量刑,最能明白一代律典在实际适用过程中所出现的问题,且其工作人员有相关专业知识来确保其高质量完成此一工作。但这没有专门机构负责法令修订,也有严重的问题,如流于形式,欠缺约束力较强的修订程序,难免敷衍塞责等。只有在宋代和清代有专门机构,即编敕所和律例馆之设置。

据史料记载,宋仁宗天圣五年(1027年)设立"详定编敕所"(又称"修敕局""编修敕令所""详定重修敕令所"),由提举、同提举、详定官、删定官及若干文吏组成,通过对"宣敕"的删、润、编,进行编敕。② 在编敕过程中,每个立法官都可以对草案提出意见,但提举与详定官拥有对法律草案定稿的权力。③ 作为承平时期的专门法令编修机构,编敕所修订法律一个很重要的特色是普通百姓的意见可能被吸纳进来。神宗熙宁"二年五月十七日,中书门下言:'勘会《嘉佑编敕》断自三年以前,后来续降条贯已多,理须删定。自来先置局,然后许众人建言,而删定须待众人议论,然后可以加功,故常置局多年,乃能成就。宜令内外官及诸色人言见行条贯有不便及约束未尽事件,其诸色人若在外,即许经所属州府军监等处投状缴申中书。俟将来类聚已多,即置局删定编修,则置局不须多年,而编敕可成。仍晓示诸色人,所言如将来有可采录施行,则量事酬赏,或随材录用。'从之。"④不论施行效果如何,到底有多少百姓的意见被采纳,在宋代出现专门的法令修订机构,且有采纳民间意见之条文规定和意思表示,皆属难能可贵之事。

在宋代神宗时期,出于变法之需,还有制置三司条例司之短暂设立。熙宁二年(1069年)设立,以陈升之、王安石领其事。该司在王安石的主持下,成为变法者制定新法、发布各种法令的枢纽机关。因该机构的设立属于"非常相权"的范畴,破坏了宋朝君权和相权之间存在相互制衡的中枢制度⑤,遭到激烈反对,该司于1070年5月被废除,仅存在十六个月,其

---

① 参考杨一凡:《明太祖与洪武法制》,载《东方法学》2006年第2期。
② 有学者根据《宋会要·刑法》真宗《大中祥符编敕》及《天禧在京及三司敕》皆系编敕所删定的记载,将编敕所的时间上推到真宗时期。(郭东旭:《宋代法律史论》,河北大学出版社2001年版,第90—91页。)
③ 参考孔学:《宋代专门编敕机构——详定编敕所述论》,载《河南大学学报》2007年第1期。
④ 徐松:《宋会要辑稿》,刑法一之七,中华书局1957年影印版,第6465页。
⑤ 参考余英时:《朱熹的历史世界——宋代士大夫政治文化的研究》(上册),三联书店2004年版,第234—241页。

主要职掌改由司农寺承担,部分功能则划归中书条例司。①

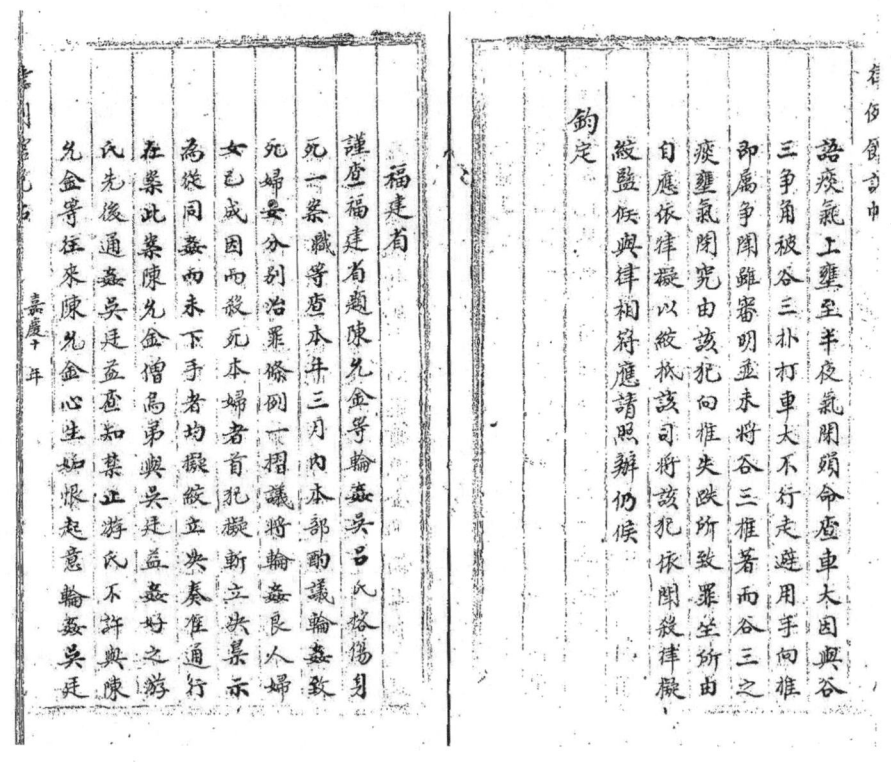

图40 清代嘉庆年间律例馆说帖

清代中央朝廷有专门的法律修订机构律例馆。顺治二年(1645年)设,每次修订皆特别任命王、大臣为总裁,以各部院通习法律者为提调官及纂修官。当时还不是一常设正式机构,完成特定的工作任务后即告撤销。乾隆七年(1742年)成为刑部下属的一个机构,总裁以刑部尚书、侍郎兼任,提调官与纂修官以刑部司员充任。因乾隆五年修律之后,确立了五年小修、十年大修的修律安排,在修订律例的间歇期间,律例馆的主要任务是将刑部最新判决中有关例文改动部分编成"通行章程",待到修例时候再分别纂入,故而此时律例馆有必要作为常设机构存在下来。②《大清会典》规定其设置和职掌如下:

  律例馆,(常年由堂官设提调满汉各四人,任稽核律例之事。凡各司案件,有应驳及应更正者,呈堂交馆稽核)掌修条例,五年则汇辑,十年则重编,(凡钦奉谕旨,及议准内外臣工条奏,除止系申明例禁无关拟议罪名者,毋庸编辑外,若关系罪名轻重,应行修改。及新旧条例不符,应修应删者,必悉心参校,照奏定章程分修、改修并移改、续纂、删除各名目,开列本例之首,粘贴黄笺,并于本条之下各加按语,分晰陈明。有原例者,先叙原例于前,次叙新例于后,使眉目粲然不紊。)皆予以限,(五年小修,限十月告成;十年

---

① 《宋史·职官志一》载:"制置三司条例司掌经画邦计,议变旧法以通天下之利。熙宁二年置,以知枢密院陈升之、参知政事王安石为之,而苏辙、程颢等亦皆为属官。未几,升之相,乃言:'条例者有司事尔,非宰相之职,宜罢之。'帝欲并归中书,安石请以枢密副使韩绛代升之焉。三年,判大名府韩琦言:'条例司虽大臣所领,然止是定夺之所。今不关中书而径自行下,则是中书之外又有一中书也。'五月,罢归中书。"(脱脱等撰:《宋史》(第十二册),中华书局1977年版,第3792页。)

② 参考陈煜:《清末新政中的修订法律馆》,中国政法大学2007年博士学位论文,第21页。

大修,限一年告成。如应修条例较多,开馆时即申请展限。)既成,恭候钦定命下乃颁行。(既进黄册,复将新例翻译清文,另缮清汉黄册进呈,乃分写清汉样册,咨呈武英殿刊刻颁发,仍先刊草本,通行内外衙门一体遵照。)[①]

1904年,为改革旧律起见,修订法律大臣沈家本上奏,将律例馆改为修订法律馆。到1907年,经部院权限之争,修订法律馆重组,脱离刑部独立出来,成为晚清变法修律的重要机构。

帝制中国自宋代以后陆续出现像编敕所、律例馆等专门的法律修订机构,固然一方面反映出随着社会生活的变化导致法律日渐繁琐,另一方面也表明朝廷对立法事业越来越重视。

第二节　法律形式

帝制中国存在着多种法律形式,各朝代的法律形式也有不小的差异。从先秦至明清,就主要的法律形式而言,秦有律、命、令、制、诏、程、式、课、法律答问、廷行事等;汉为律、令、科、比;晋为律、令、故事;隋唐为律、令、格、式;宋于律、令、格、式外,重视编敕,并有断例和指挥;元代主要是条格和断例;明清于律之外,注重编例,并有地方法规、乡规民约等。综合来看,历代法律形式中,最重要的是律典与令典。随着君权的膨胀,皇帝针对特定事例所发布的敕令经整理编辑亦成为重要的法律形式。另外,司法离不开经验的累积,为保持司法的统一性和连贯性,较高层级尤其是最高司法机构在对案件的判决中发展出的较抽象规则,从秦汉的决事比到明清的条例等,一脉相承,成为帝制中国另一类型的重要法律形式。

一、秦汉到隋唐时期的律令体系

"律",按照通说,本指律管,截竹而成,十二个长短不同的律管可以吹出不同的音高以定调,因而律字引申为音律,后来即演化为法律之律。也有学者持不同观点,认为"律"字的主要组成部分是"聿","律"字的意义应从"聿"字探求,"聿"字象征由手握笔以刻画甲骨器物之状,引申指刻画工具的笔,逐渐有了区分之义,因而由聿所构成的字,有界限、规矩、标准之义,"律"字与"聿"字很可能本为一字,"律"是"聿"之繁文。[②] 但无论起源如何,在秦汉时期,律即成为法之通称,有权衡轻重之功能。

在战国至秦汉时期,律的体例结构和内容甚为纷杂。如秦代于正律之外又有许多职官、经济、军事方面的单行律,汉代于正律《九章律》之外,《傍章律》包含了礼仪与律令,《越宫律》是有关警卫宫禁的法律规定,《朝律》是关于诸侯百官朝会的制度规定。同时,也有大量的令,是仅次于律的重要法律形式,其体例结构依内容之不同,既有综合编纂的方式,也有大量的单行法。而综合类的令,有以甲、乙、丙为名者,如《令甲》《令乙》《令丙》等[③];有以地区为名者,如《北边挈令》《乐浪挈令》等;有以官署为名者,如《廷尉挈令》《大尉挈令》《大鸿胪挈令》等。

在这一时期,律令本身之内容还在发展中,人们对律令关系的认识还处于模糊状态。汉

[①] (清)昆冈等撰:《钦定大清会典》(第一册),新文丰出版公司1976年影印版,第606页。
[②] 祝总斌:《"律"字新释》,载祝总斌:《材不材斋史学丛稿》,中华书局2009年版,第509—516页。
[③] 按照如淳、颜师古等人的注释,"令有先后,固有令甲、令乙、令丙""甲、乙者,若今之第一、第二篇耳"。((汉)班固撰:《汉书》(第一册),中华书局1962年版,第253页。)

人对律令关系的认识,大致有两种:一是认为前代君主颁布的法为律,时君因应社会情势颁布的法为令;如汉武帝时期的酷吏杜周有句为后人多所引用的话:"前主所是著为律,后主所是疏为令。"①又《汉书·宣帝纪》引文颖注有云:"萧何承秦法所作为律令,律经是也。天子诏所增损,不在律上者为令。"②另一种观点是从功能上来区分,律乃刑罚,令乃教化。这个观点最典型的出自《盐铁论》,其"诏圣"篇载文学曰:"春夏生长,圣人象而为令。秋冬杀藏,圣人则而为法。故令者教也,所以导民人;法者刑罚也,所以禁强暴也。""刑德"篇载大夫曰:"令者所以教民也,法者所以督奸也。令严而民慎,法设而奸禁。"③这里的"法",可视为"律"的代称。可见,尽管贤良文学与大夫在国家治道上观点分歧,但他们关于律令关系的看法实有相近之处,可见这一观点已为当时社会精英所认同。

随着儒家思想法制化,其关于威慑教化的法理念对法制的影响逐渐加深,从功能上区分律令关系的观点得到了强化并影响了这一时期法律形式的发展,到西晋时期,律令关系得以定型并明确下来,晋律令已从三个方面将律令加以区分:(1) 律为主,令为权宜之法,为从;(2) 律以正罪名,令以存事制;(3) 晋以前令也附有罚则,晋将罚则从令中剔除,归入律,两者的分工更加明确。因此,晋律令具有划时代意义。

魏晋以后,大量制令,"令"愈显独立,数量也越来越多。令与规定如何处刑的律典不同,一般不直接规定具体的刑罚。正如《晋书·刑法志》云:"军事、田农、酷酒……不入律,悉以为令。施行制度,以此设教,违令有罪则入律。"④这即逐渐迎来了令的黄金时期。

到唐代,其法律形式为律、令、格、式。《新唐书·刑法志》讲:"唐之刑书有四,曰:律、令、格、式。令者,尊卑贵贱之等数,国家之制度也;格者,百官有司之所常行之事也;式者,其所常守之法也。凡邦国之政,必从事于此三者。其有所违及人之为恶而入于罪戾者,一断以律。"⑤律是定罪科刑的大法,只有违法犯罪,方一断以律;令规定等级名分和国家各项规章制度;式是有关国家机构的办事细则和公文程序。格的渊源是皇帝因人因事之需临时颁布的"制、敕"。因制、敕内容庞杂,执行中难免前后矛盾,或失时效,故唐朝定期由(尚书)省(刑)部把增删后的格汇编成相对固定、普遍适用的成制,谓之"永格"。格以适用范围分为"散颁格""留司格"两种,散颁格颁行天下,留司格留在官府,不公开颁布。

日本自"大化革新"后,处处学习唐朝制度,668年颁行了《近江令》22卷,表明日本接受唐朝的法律形式是从令开始的。其中原因,有学者是这样解释的:"在中国,律在保持社会秩序、维护统治上更受重视,而在日本,为国家运营而制定的令更加重要。相当于律的东西,原来就存在于各国的固有法之中。但在国家形成而需要整建机构时,向中国学习而制定令就成为当务之急。"⑥尽管如此,可见令作为一种法律形式在唐代法律体系中的重要地位。

总之,在从魏晋到隋唐这一律令法时期,律是刑法典,所调整的仅仅是刑事法律关系,注重其威慑职能;令采取"应为""不应为"的方式,从正面规定国家的基本制度和社会生活规范,侧重其教化功能之发挥。令与律的内容和适用范围,已各有独立体系,但又互相配合,共

---

① (汉)司马迁撰:《史记》(第十册),卷一百二十二"酷吏列传",中华书局1959年版,第3153页。
② (汉)班固撰:《汉书》(第一册),卷八"宣帝纪",中华书局1962年版,第253页。
③ 《盐铁论校注》(下册),王利器校注,中华书局1992年版,第661、627页。
④ 《历代刑法志》(上册),群众出版社1988年版,第50页。
⑤ 同上书,第307页。
⑥ 〔日〕堀敏一:《隋唐帝国与东亚》,韩升等编译,云南人民出版社2002年版,第132页。

同达成治理社会的作用。① 如北魏修定律令官孙绍即上书云:"先帝时,律令并议,律寻施行,令独不出,十余年矣……律令相须,不可偏用。今律班令止,于事甚滞。若令不班,是无典法,臣下执事,何依而行?"②

宋以后,由于皇权独裁倾向大大加强,门阀士族社会解体,敕、律成为行事依据,而令典逐渐褪色。③ 陈顾远先生勾勒了唐代中期至元明令的逐渐衰落过程,指出自中晚唐后,"帝王临时设制布法,律令同其命运而渐衰微。五代敕更为主,令愈处于劣势……宋对于令,亦不重视,盖一面'后主所是'既见于敕,一面'事制之存'又见于典,而例之源亦始于宋,其中亦有合于令者,令遂不振……元无独立之令,以之入于《典章》及《条格》中"。④ 到明初,制定了《大明令》,是令这种法律形式在帝制中国的回光返照。

《大明令》于洪武元年(1368年)颁行,按六部分篇,条文简略,只有145条。它是传统社会最后一部,同时也是唯一保存至今的令典。按中国令典编纂传统,令典一般由积极性规范构成,很少涉及刑事处罚规范。朱元璋在颁行《大明令》的敕书中讲:"朕惟律、令者,治天下之法也。令以教之于先,律以齐之于后。"⑤ 但观察《大明令》,既有刑法通则性内容,也有如何定罪量刑之规定。同以前的令典相比,内容较杂乱,是编制体例和技术的退步。一主要原因是制定令典之时,计划编制中的律典无"名例"篇之安排,一些相关规范被放置于此。后来正式颁布《大明律》有"名例"篇,《大明令》相关条文即失效,但其他条文仍有效。《大明令》只是一部临时性法典,乃开国之初的权益之作,与前代令典的作用,不能等量齐观;它在明代的地位,无法与《大明律》相比。

二、宋代的编敕与编例

唐代中叶以后,法律形式发生了变化。皇帝颁布的制敕不具备法律的永久效力,只有经过一定的立法程式,将制敕加以删定整理,去其重复抵牾,才能成为正式法律。开元以后制定的格后敕,是以开元二十五年所纂修的律、令、格、式为基准而制定的法,是一种综合性法律规范。宋代承袭了唐代的做法,保持律的形式不变,而用外在的法律形式敕对其补充修正。北宋前期,编敕作为律、令、格、式的补充和修正而存在。元丰以后,综合性的敕不复存在,敕仅是刑事法律,只对律作补充修正,律保持不予改动。⑥

一般法史教科书都认同编敕是宋代法制一大特色。我们先来看一下什么是"敕"。按照唐代制度,皇帝发布政令的公文形式有制、诏、册、敕等名目,其中,制和诏用于重大典礼和国务活动,册用于封赏,敕则用于处理日常政务。敕又分为日敕、敕旨、论事敕书和敕牒四种。日敕是按日发布的敕书,可用于处流以上罪。唐代为避女皇武则天之讳而改诏为敕。到宋代,敕书的应用更加广泛,皇帝经常用敕书来处断案件,敕逐渐成了一种重要的法规范。在程序上,宋朝皇帝命令经中书门下审核颁发者被称为敕,以与御笔、墨敕、手诏等未经中书门下审核的区别开来。

---

① 关于律令互相配合关系之具体表现可详参刘广安:《令在中国古代的作用》,载《中外法学》2012年第2期。
② (北齐)魏收:《魏书》(第五册),中华书局1974年版,第1724—1725页。
③ 参考高明士:《从律令制的演变看唐宋间的变革》,载《台大历史学报》2003年12月,第32期。
④ 陈顾远:《中国法制史上的法与令》,载范忠信等编校:《中国文化与中国法系——陈顾远法律史论集》,中国政法大学出版社2006年版,第432页。
⑤ 《皇明制书》(第一册),杨一凡点校,社会科学文献出版社2013年版,第3页。
⑥ 戴建国:《唐宋时期法律形式的传承与转变》,载《法制史研究》2005年6月第7期。

963年宋太祖下诏颁布《宋刑统》12篇502条,沿袭《唐律疏议》为多。同时,"别取旧削出格令宣敕及后来续降要用者凡一百六条,为《编敕》四卷",与《刑统》并行。由于唐宋之间发生社会变革,基本沿袭唐律的《刑统》与社会难免隔膜,故宋代诸帝即以编敕补充律之未备、变通律之僵化。一方面,由于敕书发布频繁,久而久之,难免矛盾歧异;另一方面,为了让于特定时间针对特定的人和事发布的散敕在全国具有普遍、稳定的效力,有必要进行汇编整理,删除过时的,保留有效的,将前后不一致的地方整齐划一。这种立法活动,就是编敕。到宋代中后期,编敕活动愈加频繁,新帝登基乃至改元都要详行编敕。从内容上看,既有通行全国的综合性编敕,也有通行某个部院省寺的机构编敕和一路一州一县的地方编敕。故编敕是宋代修订法律的主要形式,也最具特色。

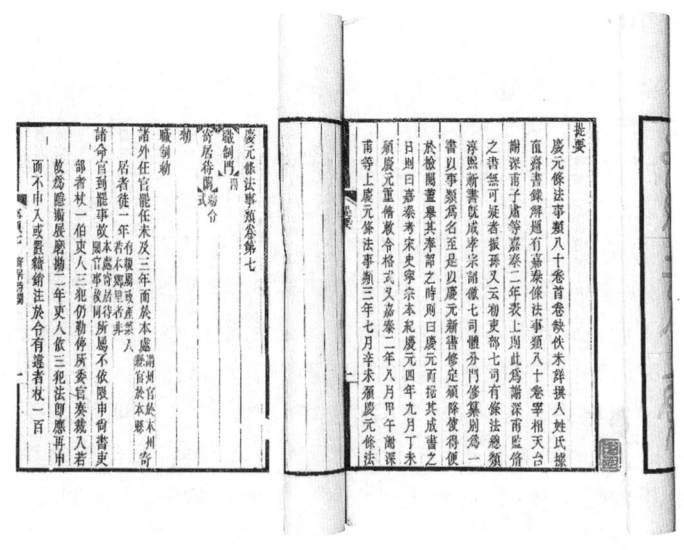

图41　民国燕京大学图书馆刻本《庆元条法事类》

关于编敕的情况和内容,可从现今保留下来的《庆元条法事类》之一部见其一斑。"庆元"是南宋宁宗的年号,所以它是宋宁宗时的编敕汇集,全书80卷,现只部分保留下来。它主要收录了南宋初期到庆元年间前后70多年的敕、令、格、式,还包括北宋时期的一些法规范。它是宋代一部综合性法规汇编,内容极为丰富,"两宋典章制度多赖其记载,得以保存。它是研究宋史乃至中国法律制度史的重要典籍"。①

随着宋代皇权专制的强化,散敕和编敕越来越多,当然也更庞杂。按照当时法令以敕令格式统类合编的编排体例,同一事类,因敕令格式不同而散见于多处,非常不便。为方便检索和准确适用法律,神宗时期开创以事为经、敕令格式为纬的这一统类合编的法典编纂体例。到南宋时期,出现了以"条法事类"命名的法书名称。

在宋代,还有编例这一立法活动。它是对大理寺、刑部的案例进行汇编整理,经皇帝批准后颁布,遇到无法可依的案件时,法司可援引编例作为裁断依据。北宋中期以前,用"例"较少,自无编例之活动。仁宗庆历年间,诏"刑部、大理寺集以前所断狱及定夺公事编为例",附于编敕之后,此为北宋编例之始。以后,宋代的编例活动较为频繁,例的适用范围也越来

---

① 戴建国:《〈庆元条法事类〉点校说明》,载杨一凡、田涛主编:《中国珍稀法律典籍续编》,黑龙江人民出版社2002年版。

越广。到南宋初期,叶适即批评例之繁琐导致书吏弄法:"国家以法为本,以例为要。其官虽贵也,其人虽贤也,然而非法无决也,非例无行也。骤而向之,不若吏之素也;足而居之,不若吏之久也。知其一不知其二,不若吏之悉也,故不得不举而归之吏。官举而归之吏,则朝廷之纲目,其在吏也何疑!"①例按其调整对象不同,可分为定罪量刑的断例和处理行政事务的事例。

有宋一代,尽管有频繁的编敕和编例等立法活动,但被收进《刑统》中的律依然是最重要的,敕辅律而行,补律所未备;例则补律、敕、令、格、式之不足。令的数量依然很多,但相较于宋代规模庞大的法律体系,其地位和作用已呈下降之势,其内容很多已为敕、例所涵盖,之前的律令法体系开始动摇。

三、明清的律例体系

元代没有正式的律典。明清两代创建之初,都有律典之编撰颁布。

1367年,朱元璋称吴王,即下令定律。及至明朝建立,左丞相李善长认为:历代律典皆以九章律为宗,唐律则集其大成,明代制定法典应遵循唐律。②在法律上恢复汉家故物,朱元璋自然感兴趣。他让人将唐律写成大字条幅挂在宫里,召集儒臣和刑部官员讲解唐律,一起讨论如何参照唐律为本朝定律。经几年准备,1374年正式颁布了以唐律为蓝本的《大明律》。之后又进行几次修订,到1397年,朱元璋认为其"刑乱国用重典"可告一段落,遂正式颁行《大明律》。今天所见《大明律》即是此版本。朱元璋在颁布《大明律》时,曾对继位为君的子孙下令,必须严格遵守这部律典,若有大臣建议修改,即按"变乱祖制"罪处罚。

和之前的历代律典比较,《大明律》在编排体例上,它适应了明代废除宰相制度后,将中央政务分属六部的政治体制,吸收了《唐六典》《元典章》以职官分类编制法典的长处,改变了自《法经》起一直相沿的结构体系,创立了以六部分类的新体例。《大明律》共七篇,"名例"以下,分别为吏律、户律、礼律、兵律、刑律和工律六篇。律后还附有包括"五刑之图""狱具之图""丧服总图"等一系列跟适用法律紧密相关的图表。《大明律》是唐律和清律外,又一部具有代表性的中华传世法典,在编排体例、定罪量刑上有其特点,且文字浅显、通俗易懂,实用性较强。关于《大明律》之得失,清代律学家薛允升认为评价律好坏之标准,是遵守君臣、父子、夫妇之经,而使事事物物各得其宜。理想的法典是既要尊君,又知礼臣,明律是只知尊君,而不知礼臣,失之于偏:不应宽者故意从宽,不应严者恣意从严。③

条例是单行法规,往往可简称为"例",指的是司法机构在案例基础上抽象出来拟定的单行法条,经皇帝批准而颁布。作为法律形式的"例",其前身可追溯到秦代的"廷行事"、汉代的"决事比"、魏晋的"故事"。"廷行事"在秦代法律部分已讲过,兹从略。"比",一般称"决事比",是指用来作为比照的典型案例。作为法律形式,"比"在适用上较律为灵活,可以补律之不足。但随着时间的推移,"比"的数量越积越多,到武帝时的"死罪决事比"即达一万多件,导致法令繁琐,欠缺统一性和确定性,吏不知所守,民无所措手足,以至于奸吏"因缘为市,所欲活则傅生议,所欲陷则予死比"。④到西晋,贾充等编撰《晋律》同时,将有关制、诏条文编为《故事》三十卷,与律令并行。"故事"成为这一时期的法律形式之一。南朝梁代的蔡法度主

---

① 叶适:《上殿札子》,载《叶适集》(第三册),中华书局1961年版,第834—835页。
② 徐世昌:《唐明律合编序》,载薛允升:《唐明律合编》,怀效锋等点校,法律出版社1998年版。
③ (清)薛允升:《唐明律合编》,怀效锋等点校,法律出版社1998年版,第821—822页。
④ 《汉书·刑法志》,载《历代刑法志》,群众出版社1988年版,第18页。

持制定律令时,改"故事"为"科",制定《梁科》,由梁武帝颁行天下。唐宋时期,典型案例被称为例。如唐高宗时详刑少卿赵本仁即编撰《法例》三卷,作为司法官断案之依据。在宋代,更有编例之举。

《大明律》乃祖制,不能变更,到明代中期,它的许多条文已不能适应变化了的社会环境,条例作用越来越大。鉴于"法司问囚,近来条例太多,人难遵守",孝宗于弘治十一年(1498)下令群臣集中讨论修订条例,"中间有可行者,三法司查议停当,条陈定夺。其余冗琐难行者,悉皆革去"。到弘治十三年(1500 年)三月,将此次修订的条例以《问刑条例》之名颁行天下。① 《问刑条例》,以"六部"分类,且规定这次制定的《问刑条例》以后不得废除,条例遂变为和律一样具有效力的"常法"。弘治《问刑条例》在嘉靖、万历年间先后有所修改,并与《大明律》一起编排刊刻,称为《大明律附例》。

清入关不久,即将明律译为满文,将明律略加修订,即成为自己的律典。顺治四年(1647 年)第一部清代法典《大清律集解附例》颁布,从体例到内容,模仿《大明律附例》的色彩极浓,仅有少量改动。该法典在康熙、雍正朝都做过一些修订,到乾隆五年(1740 年)颁布《大清律例》,这是我们今天常见的清代律例文本,共 47 卷,436 条律文,附例 1042 条。它在每条律文之后按照其内容将相应的条例附在后面,完善了律例合体的编纂方式。至此清律完全定型,并且规定对条例"五年一小修,十年一大修",以因应时代之变化。

图 42　道光五年刊刻《大清律例重订会通新纂》,并附有"比引条例""督部则例""洗冤录"等内容

就法律形式而言,整个元代,其法律体系化程度较低,之前源远流长的律令体系受到前所未有的冲击。及至明朝恢复旧制,律的地位保持下来,令则成为一时权宜之计;且原来令

---

① 《皇明制书》(第四册),杨一凡点校,社会科学文献出版社 2013 年版,第 1519 页。

典的相关内容,很多被其他法律形式所规定,如《诸司职掌》等。到清代,原来令典的内容被条例、则例和事例等吸收。也由于《会典》这类综合性法规汇编的编纂,令典作为一种法律形式退出了历史舞台。总之,自明代中叶开始,以前的律令体系慢慢转变为律例体系。

作为一种法律形式,例的前身是秦汉的比和故事;魏晋至唐、五代时期,例由法律用语演变为一种法律形式;宋代有编例这种立法活动。明代注重制例、编例,于律典之外,形成了以条例、则例、事例、榜例为内容的完整的例的体系,例的法律地位得到提升。不仅刑例进一步完善,又制定了吏、户、礼、兵、工诸例。清代在沿袭明制的基础上多有新创,特别是在则例制定方面成绩斐然。清代的例,在广义上主要包括条例、则例和事例;狭义上专指条例。

"条例"一词出现于汉代,最早被用于经学研究。南北朝时期,条例开始作为法律用语,首先被运用于礼制领域,作为律条的代称。到明代,作为法律形式的条例主要是指经精心修订、内容由多个条款或事项组成的规范性文件,除《问刑条例》外,国家行政、军政、教育管理方面的重大立法通常是以条例形式制定的。清代沿袭明制,又有所变革,其条例主要用以表示刑事法规,当时人们把《大清律例》中的附例和续纂的刑例称为条例。

"则例"之名起于唐、五代时期,"则"是法则、准则或规则之意,"例"是指先例、成例或定例。明代以前,则例不是主要的法律形式。明代时,则例作为国家各项事务管理中与钱物和财政收入、支给、运作相关的法律实施细则,被广泛适用于行政、经济、军政管理等领域。当时朝廷颁行的则例种类甚多,有赋役则例、商税则例、捐纳则例、赎罪则例、宗藩则例、军政则例、官吏考核则例及钱法、钞法、漕运、救荒等方面的则例。到清代,则例的适用范围更为广泛,其法律地位更有所提高,成为国家机关运行和重大事务管理的规则,不仅有《六部则例》、各部院则例,中央机构各司制定的各类细则也多以则例为名。它成为规范清代中央各衙门活动规则的主要法律形式。①

"事例"作为法律用语,其确切起源尚不明确。到明代,在例的体系中,以事例制定最多,变革最繁,围绕着事例的立法和执法活动也最为活跃。事例是经皇帝裁定、颁布的作为有司行事规范的某一具体事项或单个的案例,条例即是在事例的基础上编纂的。事例的产生和颁布都有严格的程序:刑事事例多通过司法审判活动产生,其他涉及广泛社会生活的事例则是经官府的治理活动生成的;无论事例是通过朝臣奏请方式提出,还是中央衙门议定的,都必须由皇帝批准。② 清代在事例的制定方面,基本沿袭了明代的做法。

大体而言,作为重要的法律形式,清代例的存在形态有四种。定例是其第一种形态,立法中最初制定的事例或因一时急需制定的单个则例、条例,一般是分条而未必成册,是例的原生形态。定例汇编是例的第二种形态,由中央机构或者地方官府纂辑成册,但编纂体例尚不统一。会典事例是第三种形态,其在例的编选方面有所取舍,自成体系,但对于不同时期形成的定例的内容未加修改。经朝廷精心修订的则例、大清律纂修条例是例的第四种形态,它们是经整理和删改定例而成的,编纂体例比较严谨,内容更为规范。③

关于律例之关系,学界大致有两个观点,一是在清代,实际上是以例破律,有例不用律。另一种观点是例以辅律,补律之不足不备。我赞成后一种观点。明代永乐初至弘治年间,曾围绕律例关系问题进行了长达近百年的争论,最后形成一套有时代特色的律例关系理论。

---

① 参考杨一凡:《清代则例纂修要略》,载《重新认识中国法律史》,社会科学文献出版社 2013 年版,第 297—346 页;王旭:《则例沿革稽考》,中国民主法制出版社 2016 年版,第 37—304 页。
② 参考杨一凡:《明代例考》,载杨一凡等:《历代例考》,社会科学文献出版社 2012 年版,第 182—185 页。
③ 同上书,第 300 页。

它的基本观点是:既重律,又重例,律例并行:"例以辅律,非以破律也。"①清王朝继承和发展了明代的律例关系理论,并把其作为立法和司法的指导思想。清代制例的基本要求是,"立例以辅律,贵依律以定例"②,例一方面当与律义相合,另一方面应可补律所不备。清末薛允升把清代律例的关系概括为:"律为一定不易之成法,例为因时制宜之良规。凡律所不备,必藉有例,以权其小大轻重之衡。使之纤悉比附,归于至当。"③由于明清两朝基本上坚持按照这一立法原则制例,进一步完善了当时的法律制度。

清代还有作为地方法规的省例。"省例"一词作为法律用语始于清代。在乾隆时期的法律文书中,已有"省例"的称谓出现。一般而言,"省例"指的是清代行省一级官府制定的以地方性事务为规范对象的成文法规汇编,其中也包含了少量朝廷颁布的地区性特别法规,今天保存下来的《省例》,较著名者如《湖南省例》《江苏省例》《广东省例》等。

明清两朝还有会典的编纂。会典是综合记载某个朝代官署职掌制度的书。其起源可上溯至《周官》(《周礼》)。关于《周官》,学界对其真伪有较大争议,但其以汇编方式编纂国家典章制度的做法对后世产生了重要影响。南宋的《庆元条法事类》和元朝的《元典章》,虽未用会典之名,但都是综合性法律汇编,从实质内容上皆可归入会典之范畴。《大明会典》的编纂始于孝宗弘治年间,武宗正德四年告成,史称《正德会典》,全书共 180 多卷,详细记载了明太祖到孝宗时期的各项法规和典章制度,创建了《大明会典》之基本体例。《正德会典》在世宗嘉靖朝经过两次续修,史称"嘉靖续纂会典",然未颁行。到神宗万历朝,对原有会典予以重修,史称"万历重修会典",题为申时行等修,共 228 卷。学界一般运用的《大明会典》,指的就是万历朝的这部会典。它"辑累朝之法令,定一代之章程,鸿纲纤目,灿然具备"。④清代继承了明代编纂会典的做法,于康熙、雍正、乾隆、嘉庆、光绪五朝都有会典之编纂和续修。其中,康熙、雍正两朝会典,在体例上基本沿袭了《大明会典》,典、例合一,两者未分开,即将有关制度的具体事例附于该制度之后。到乾隆朝修会典时,认为应区别"纲"和"目":会典正文是纲,记述基本制度;会典的例是目,按年编排,以考察该制度的递嬗沿革。乾隆朝所编成的会典,乾隆《大清会典》100 卷,乾隆《大事会典则例》180 卷。嘉庆时期编纂会典,将"则例"改成"事例",有《会典事例》920 卷。光绪朝会典有《会典事例》1220 卷。这些卷帙浩繁的事例,主要来自皇帝的谕旨、中央各衙门和督抚所上条陈以及历年成例。关于作为法律形式会典之性质,学术界有不同看法。其中主流的观点认为它是典制体史书,或者说是系统的行政法典。最近,有学者将之视为朝廷治国理政的"大经大法"。⑤

第三节 法律解释

除前述由皇帝或相关机构制定颁行的各种法律形式外,在立法和司法过程中,出现了官方机构或民间律学家对这些法律形式,尤其是律典所进行的解释,也具有一定的法律效力,发挥着说明、补充乃至完善立法的作用,具有重要意义。按照解释所具有的权威性来划分,

---

① 舒化:《重修问刑条例题稿》,转引自沈家本撰:《历代刑法考》(第二册),邓经元等点校,中华书局 1985 年版,第 1137 页。
② 沈家本:《万历大明律跋》,载沈家本撰:《历代刑法考》(第四册),邓经元等点校,中华书局 1985 年版,第 2263 页。
③ (清)薛允升:《读例存疑总论》,载《读例存疑重刊本》(第一册),黄静嘉编校,成文出版社 1970 年版,第 68 页。
④ 《拟御制重修大明会典序》,载黄洪宪:《碧山学士集》,卷二十,明万历刻本。
⑤ 参见杨一凡主编:《中国法制史概要》,中国社会科学出版社 2014 年版,第 105—109 页。

帝制中国的法律解释可分为官方解释和律学家的民间解释。

一、官方解释

在秦代奉行"以吏为师",其法律解释当为官方解释。睡虎地秦墓竹简中的"法律答问"即是较高层级的官府针对下级适用法律的疑问所做的解释,对于下级官府理解进而适用法律具有指导性意义。

两汉时期,学术以家学相授的方式传承,私家注律蔚为风气。东汉著名儒学大家多有注律成果。为了解决诸家注律学说混乱冲突的状况,朝廷曾规定以郑玄的解释为唯一的合法注释。但综合来看,这一时期法律的官方解释没能发展起来。

西晋时期,杜预、张斐参与了《泰始律》的制定。由于该律言辞简约,实施中难免产生歧义,他们二人分别为律作注,"兼采汉世律家诸说之长,期于折衷至当"①,旋经晋武帝批准,下诏颁行天下,与《泰始律》具有同等的法律效力。二人的律学著述和注释虽已失传,但从保存在《晋书·刑法志》中张斐的"注律表"一篇可见一斑。"注律表"是张斐在注释《泰始律》后向晋武帝说明其注释要点所上的奏表,浓缩了部分注释精华。它强调"刑名"篇在律典中的重要地位,对律典所涉及的二十个重要名词进行了意义疏解,今天看来都十分精当,为我国传统律学的重要成就,兹将张斐对律学名词的解释摘录如下:

> 其知而犯之谓之故,意以为然谓之失,违忠欺上谓之谩,背信藏巧谓之诈,亏礼废节谓之不敬,两讼相趣谓之斗,两和相害谓之戏,无变斩击谓之贼,不意误犯谓之过失,逆节绝理谓之不道,陵上僭贵谓之恶逆,将害未发谓之戕,唱首先言谓之造意,二人对议谓之谋,制众建计谓之率,不和谓之强,攻恶谓之略,三人谓之群,取非其物谓之盗,货财之利谓之赃。②

张斐、杜预的法律解释成就以及立法解释形式,为唐代《律疏》这一帝制中国最经典的法律解释文本的产生,奠定了坚实的基础。

《唐律》是中华法系代表性法典,对其进行的官方解释《律疏》,则是传统法律解释的经典。唐朝在高祖时即颁行了武德律,经太宗贞观时期直至高宗永徽年间,都没有一种对律的权威解释,导致各级司法机构对《唐律》的理解存在分歧,适用不能统一;在"明法科"的科举考试中亦缺乏权威明确的标准。有鉴于此,高宗永徽三年(652年),朝廷下令,由长孙无忌等主持对唐律进行官方解释。书成后被称为《律疏》,共分30卷,于永徽四年(653年)颁行,与《唐律》正文具有同等效力。

《律疏》分"议解"和问答两种形式。《律疏》和《唐律》相匹配,都是12篇,在每一篇的律文之前,《律疏》都有一段关于该篇历史渊源追溯和次序排列原因解释的文字,即取"议曰……"之形式。有学者即鉴于该段疏文"在关系上属于各个律篇,而不属于律篇的任何一个律条,实际是各律篇的序文,如《名例》篇律条前的大段疏文,实际是整部《律疏》兼《名例》的序文",将之命名为各篇之"序疏"。③ 每条律文后面的《律疏》,也多以"议曰……"开头。有的《律疏》则采取了设置问答的形式。如关于《唐律·名例·十恶》条第七不孝,律文列举"诅詈祖父母、父母"的行为属不孝,《律疏》先在"议曰……"部分解释:"诅犹祝也,詈犹骂也。依

---

① 程树德:《九朝律考》,中华书局1963年版,第225页。
② (唐)房玄龄等撰:《晋书》(第三册),卷三十刑法志,中华书局1974年版,第928页。
③ 钱大群撰:《唐律疏义新注》,南京师范大学出版社2007年版,"例言"。

本条'诅欲令死及疾苦者,皆以谋杀论',自当'恶逆'。唯诅求爱媚,始入此条。"为了保持律内条文的统一,《律疏》以问答的形式继续解释:

> 问曰:依《贼盗律》:"子孙于祖父母父母求爱媚而厌、祝者,流二千里。"然厌魅、祝诅,罪无轻重。今诅为"不孝",未知厌入何条?
> 答曰:厌、祝虽复同文,理乃诅轻厌重。但厌魅凡人,则入"不道";若祝诅者,不入十恶。名例云:"其应入罪者,则举轻以明重。"然祝诅是轻,尚入"不孝";明知厌魅是重,理入此条。①

在问答里,解释者在很多地方运用拟制案例及其相应的处理办法来阐释律意。如"同谋不同谋殴伤人"条,《律疏》有:

> 问:甲乙二人,同谋殴人,甲是元谋,又先下手,殴一支折;乙为从,后下手,殴一目瞎,各合何罪?
> 答曰:据上条:"折跌人支体及瞎其一目者,徒三年。即损二事以上及因旧患,令至笃疾者,流三千里。"此即同谋共殴人伤损二事,甲虽谋首,合徒三年;由乙损二事,合流三千里。若不同谋,各损一事,俱得本罪,并徒三年。②

通读此条律文之律疏,读者就能更深入理解《唐律》关于共殴罪的处罚原则:当以同谋与否区分。若属同谋,不论明殴伤或乱殴伤,各就其在共同行为中之地位,对行为之全部后果负责;如不同谋,则各人对自身行为负责。在同谋情况下,"各以下手重者为重罪"。乙虽然"殴一目瞎",但是在甲致其"一肢折"以后又"致一目瞎",性质属于"损二事以上",依照《唐律》第305条,要处流三千里;又依本条,乙是下手重者,流三千里,甲则减一等,徒三年。③

唐代《律疏》最开始以单行本的形式出现,旋即因使用便利起见,与《唐律》合编,称为《唐律疏议》,这就是今天我们常见的唐律版本。《律疏》借鉴了前朝的法律解释技术和经验,集汉魏律学注释之大成,是现存最早最完整的法律解释著作,对后世产生了重要影响。如《宋刑统》多原封不动照搬了唐代《律疏》。

此后,可能是因中国律典的发展都受到了唐律的影响,《律疏》的成就又那么高,官方的法律解释陷入沉寂。清代雍正五年颁布的《大清律集解》,于每条律文后列有"总注",称为"集解",可被视作官方的立法解释。但行之未久,到乾隆五年颁布《大清律例》,"集解"即被删除,行之也就十来年时间。此后直到晚清法律改革之前,帝制中国再无官方法律解释问世。

二、私家解释

除了官方法律解释外,帝制中国还有私家进行法律解释的传统。两汉和明清时期是私家法律解释较活跃的时期。

两汉律典沿袭秦律,而自武帝以降,以儒学为尊。至东汉,大儒居家授徒,世代传学,弟子众多,经学昌明。同时,法律形式众多,律令繁琐已极,前后矛盾抵触之处,所在多有,颇有疏通解释之必要。因此,大儒据经解律,蔚为大观。所谓据经解律,指的是当时大儒以儒家

---

① 刘俊文撰:《唐律疏议笺解》(上册),中华书局1996年版,第61—62页。
② 同上书,第1487页。
③ 参考钱大群撰:《唐律疏义新注》,南京师范大学出版社2007年版,第673页。

经典中的大义作为解释法律条文的依据。这些大儒据经解律的成果被称为"章句",篇幅巨大,可见当时私家注律之发达。但章句更增加了法令的繁琐,朝廷下诏以郑玄所撰章句为准。据载:

> (律令)错糅无常,后人生意,各为章句。叔孙宣、郭令卿、马融、郑玄诸儒章句十有余家,家数十万言。凡断罪所当由用者,合二万六千二百七十二条,七百七十三万二千二百余言,言数益繁,览者益难。天子于是下诏,但用郑氏章句,不得杂用余家。①

明清时期,私家注律盛行,有大量律学著作流传下来。据有的学者统计,明代保存下来的律学著作在一百部以上,有代表性的,如雷梦麟的《读律琐言》、王肯堂的《律例笺释》、吴讷的《祥刑要览》等。明代的法律解释,较之以往,明显特征在于运用律例关系理论,将例也纳入了解释范围;更重视律例在司法实践中的运用,作者在解释时在律例条文后附上相关司法案例,从而增强注释作品的综合性和应用性。清代私家法律解释较之明代更为发达,保留下来的律学著述更多,最具代表性的像王明德的《读律佩觿》、吴坛的《大清律例通考》、沈之奇的《大清律辑注》、薛允升的《读例存疑》等,这些律学注释著作,对当时的司法实践产生了一定的影响。

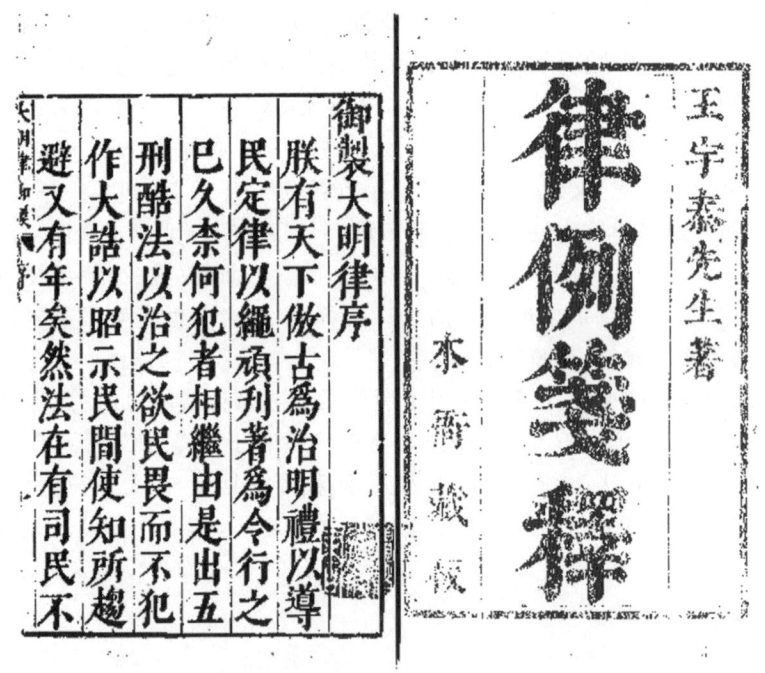

图 43 明代万历四十年序刊本王肯堂著《律例笺释》

从理论上讲,私家所做的法律解释只是他们根据自己对律学的见解所做的学理解释,不像官方解释那样具有正式的约束力。但两汉是大儒撰写章句,明清多是刑部官员或刑名幕友根据自己长期对律学的钻研和实践心得写出来的,其见解自有其合理性,其法律解释成果不仅直接推动了律学发展,事实上亦能对司法实践和律例修订产生一定的影响。

帝制中国的历代君臣,尤其王朝的创建者,对立法创制非常重视,发展出了较为系统的

---

① (唐)房玄龄等撰:《晋书》(第三册),卷三十刑法志,中华书局 1974 年版,第 923 页。

法律体系,法律形式较丰富,即秦汉到隋唐时期的律令体系,经宋代编敕编例,进而到明清时期的律例体系。在这个过程中,不论是官府的,还是私人的法律解释都得到了相应的发展。

思考题

1. 帝制中国主要法律形式有什么重大的演变?
2. 清代的律例关系是什么?
3. 私家法律解释在帝制的中国起到了什么样的作用?

参考阅读材料

"御制大明律序"与"进大明律表"

御制大明律序

朕有天下,仿古为治,明礼以导民,定律以绳顽,刊著为令,行之已久。奈何犯者相继,由是出五刑酷法以治之,欲民畏而不犯。作《大诰》以昭示民间,使知所趋避,又有年矣。然法在有司,民不周知。特敕六部、都察院官,将《大诰》内条目,撮其要略,附载于律。其递年一切榜文禁例,尽行革去。今后法司只依律与《大诰》议罪。合黥刺者,除党逆家属并律该载外,其余有犯,俱不黥刺。杂犯死罪并徒、流、迁徙、笞、杖等刑,悉照今定《赎罪条例》科断。编写成书,刊布中外,使臣民知所遵守。

洪武三十年五月

进大明律表

臣闻天生蒸民,不能无欲。欲动情胜,诡伪日滋。强暴纵其侵陵,柔懦无以自立。故圣人者出,因时制治,设刑宪以为之防,欲使恶者知惧而善者获宁。《传》所谓狱者万民之命,所以禁暴止邪,养育群生者也。譬诸禾黍,必刈稂莠而后苗始茂;方于白粲。必去沙砾而后食可餐。苟梗化败俗之徒:不有以诛之,虽尧舜不能以为治。夫自轩辕以来,代有刑官,而五刑之法渐著,其详弗可复知。逮魏文侯师于李悝,始采诸国刑典,造《法经》六篇。汉萧何加以三篇,通号九章。曹魏刘劭又衍汉律为十八篇。晋贾充又参魏律为二十篇。唐长孙无忌等又取汉魏晋三家,择可行者,定为十二篇。大概皆以九章为宗。历代之律,至于唐亦可谓集厥大成矣。洪惟皇帝陛下,受亿兆君师之命,登大宝位,保乂臣民,慈孳弗息。其训迪群臣,谆复数千言,唯恐其有犯。慈爱仁厚之意,每见于言外,是大舜惟刑之恤之义也。矜悯愚民无知,陷于罪戾,法司奏谳,辄恻然弗宁,多所宽宥,是神禹见辜而泣之心也。唯贪墨之吏,承踵元弊,不异白粲中之沙砾,禾黍中之稂莠也。乃不得已,假峻法以绳之。是以临御以来,屡诏大臣,更定新律,至五六而弗倦者,凡欲生斯民也。今又特敕刑部尚书刘惟谦,重会众律,以协厥中。而近代比例之繁,奸吏可资为出入者,咸痛革之。每一篇成,辄缮书上奏,揭于西庑之壁,亲御翰墨,为之裁定。由是仰见陛下仁民爱物之心,与虞夏帝王同一哀矜也。《易》曰:"山上有火,旅。君子以明慎用刑,而不留狱。"言狱不可不谨也。《书》曰:"刑期于无刑。"言辟以止辟,而民自不敢犯也。陛下圣虑渊深,上稽天理,下揆人情,成此百代之准绳,实有易书之奥旨,行见好生之德,洽于民心,凡日月所照,霜露所坠,有血气者,莫不上承神化,改过迁善,而悉臻雍熙之治矣。何其盛哉!臣惟谦以洪武六年冬十一月受诏,明年二月书成,篇目一准之于唐。曰名例,曰卫禁,曰职制,曰户婚,曰厩库,曰擅兴,曰贼盗,曰斗讼,曰诈伪,曰杂犯,曰捕亡,曰断狱。采用已颁旧律二百八十八条,续律百二十八条,旧令改律三十六条,因事制律三十一条,掇唐律以补遗一百二十三条,合六百有六,分为三十卷。其间或损或益,或仍其旧,务合重轻之宜云。谨俯伏阙廷投进,奉表以闻。臣等诚惶诚恐,稽首顿首,谨言。

洪武七年刑部尚书等官臣刘惟谦等上表。

(选自《皇明制书》(第三册),杨一凡点校,社会科学文献出版社2013年版,第811—813页。)

第八讲

帝制中国的司法制度

在帝制中国,司法裁断案件是整个国家治理,也就是行政的重要组成部分,几乎所有的国家机构都承担了部分的司法职能。在中央,基本上所有的部院府寺各机构都与司法事务相关,但因为审断事务较多,涉及的法律专业问题较深,有专门的司法机构。在地方,基本上是由行政机关审断司法事务,行政首长即是司法主官。法史学者多将这种现象称为"行政兼理司法",也有部分学者认为,中国古代司法组织,与其谓以行政官兼理司法,毋宁谓以司法官兼理行政之更切实际。① 这种兼理的做法,因与近代以来中国开始学习西方的司法独立相悖,受到的批评较多。但在帝制中国官员数目有限、社会较简单的背景下,这种兼理可能表达了国家对司法的重视,对这种兼理制度的评析有值得深入思考的空间。②

第一节 中央专门司法机构

一、秦汉的廷尉

秦汉廷尉乃九卿之一,是中央主要司法官,其职责有二:一是审理皇帝指定办理的案件,即"诏狱";一是各级地方官府依照司法审判程序移送来的疑难案件。在汉代,由于朝廷慎重断狱与行刑,廷尉一职在当时很重要,担任廷尉的人一般都有较高的社会声望。如张释之即在汉文帝时任廷尉,以公正执法称于世。据载:

> 上行出中渭桥,有一人从桥下走出,乘舆马惊。于是使骑捕,属之廷尉。释之治问。曰:"县人来,闻跸,匿桥下。久之,以为行已过,即出,见乘舆车骑,即走耳。"廷尉奏当,一人犯跸,当罚金。文帝怒曰:"此人亲惊吾马,吾马赖柔和,令他马,固不败伤我乎?而廷尉乃当之罚金!"释之曰:"法者,天子所与天下公共也。今法如此而更重之,是法不信于民也。且方其时,上使立诛之则已。今既下廷尉,廷尉,天下之平也,一倾而天下用法皆为轻重,民安所措其手足?唯陛下察之。"良久,上曰:"廷尉当是也。"

> 其后有人盗高庙坐前玉环,捕得,文帝怒,下廷尉治。释之案律盗宗庙服御物者为奏,奏当弃市。上大怒曰:"人之无道,乃盗先帝庙器,吾属廷尉者,欲致之族,而君以法

---

① 谢冠生:《弁言》,载汪楫宝:《民国司法志》,商务印书馆2013年版,第3—5页。
② 对此种兼理制度的分析及其对近代中国司法制度变革所产生的影响,可参考李启成:《法律继受中的"制度器物化"批判——以近代中国司法制度设计思路为中心》,载《法学研究》2016年第2期。

奏之,非吾所以共承宗庙意也。"释之免冠顿首谢曰:"法如是足也。且罪等,然以逆顺为差。今盗宗庙器而族之,有如万分之一,假令愚民取长陵一抔土,陛下何以加其法乎?"久之,文帝与太后言之,乃许廷尉当……张廷尉由此天下称之。①

廷尉属下有左右正、左右监、左右平等官佐,负责审理具体案件。汉景帝曾一度将廷尉改为大理,到北齐时正式改名大理寺。在西汉,遇有重大疑难案件,有由丞相、御史大夫和廷尉等高级官吏共同审理的"杂治"制度。

汉成帝时,因为内朝官势盛,在尚书台下设置三公曹,负责审断案件,开始掌握中央部分司法权。到东汉时,"事归台阁",尚书台下设两千石曹,实际负责中央司法审判实务,慢慢架空了廷尉之职权,此乃隋唐刑部之先声。

二、唐宋刑部、大理寺和御史台

唐朝沿袭隋制,实行三省六部制,中书、门下省也不同程度参与到司法事务中来,他们主要是奉皇帝命令参与重大案件的审理和死刑案件的复核。一般而言,唐代中央行使国家司法权主要的是刑部、大理寺和御史台。

刑部负责审核大理寺流刑以下及州县徒刑以上的案件,发现可疑,流徒以下案件驳令原审机关重审,或迳行复判;死刑案则转送大理寺重审。刑部设尚书(正三品)、侍郎(正四品下)为长官,下分刑部、都官、比部、司门四司,其长官为郎中和员外郎。职权最重者为刑部司,综合行使审核职能;都官司主要是管理被判处徒流刑的罪犯和官奴婢;比部司掌财务的审计监督和参与相关案件的审理;司门司管理边境和国内关津之出入。

大理寺为中央最高审判机关,审理中央百官犯罪与京师徒刑以上案件,以及重审地方移送的死刑案件。对徒刑、流刑案件的判决,须报刑部复核;对死罪案件判决,直接奏请皇帝批准。大理寺设有卿(从三品)和少卿(从四品上)为长官,其下有大理正、大理丞(判官)、司直和评事等。

御史台为中央最高监察机关,负责监督大理寺和刑部的司法活动,也参与某些重大疑难案件的审判,并可受理职官案件。

唐代为慎重刑狱,还发展出三司推事制度,即由刑部、大理寺和御史台派人共同审理重大案件。三司推事按照参与官员级别高低,有"大三司使"和"三司使"之别。前者指的是由该三个机构的长官亲自出席审理案件,后者指的是由该三机构的中层官员参与案件审理。史载:"有大狱,即命中丞、刑部侍郎、大理卿鞫之,谓之'大三司使'。又以刑部员外郎、御史、大理寺官为之,以决疑狱,谓之'三司使'。皆事毕日罢。"②

唐人极重视大理寺、刑部和御史台司法官员的人选,相应地唐代出现了不少司法良吏。贞观元年(627年),唐太宗曾对尚书仆射封德彝讲:"大理之职,人命所悬,此官极须妙选"③,亲自挑选任命大理寺卿和少卿,进而规定:"凡吏曹补署法官,则与刑部尚书、侍郎议其人之可否,然后注拟。"④像唐太宗时的戴胄、武则天当朝时的徐有功,不仅在唐代,就是在整个帝制中国司法史上都较著名。当时朝廷选拔官吏,有许多官员捏造假的履历骗取重要官位。

---

① (汉)司马迁撰:《史记》(第九册),卷一百二"张释之冯唐列传",中华书局1959年版,第2754—2755页。
② (宋)王溥撰:《唐会要》,卷七八,清武英殿聚珍版丛书本。
③ (宋)王溥撰:《唐会要》,卷六六,清武英殿聚珍版丛书本。
④ (唐)李林甫等撰:《唐六典》,陈仲夫点校,中华书局1992年版,第502页。

唐太宗命令这些官员自首,不自首的查出来就处死。"未几,有诈冒事觉者,上欲杀之。胄奏:'据法应流。'上怒曰:'卿欲守法而使朕失信乎!'对曰:'敕者出于一时之喜怒,法者国家所以布大信于天下也。陛下忿选人之多诈,故欲杀之,而既知其不可,复断之以法,此乃忍小忿而存大信也!'上曰:'卿能执法,朕复何忧!'胄前后犯颜执法,言如涌泉,上皆从之,天下无冤狱。"① 徐有功在则天当政时历任司刑丞、司刑少卿。他因娄德妃母亲庞氏案被免官后,"太后思徐有功用法平,擢拜左台殿中侍御史,远近闻者无不相贺。鹿城主簿宗城潘好礼著论,称有功蹈道依仁,固守诚节,不以贵贱死生易其操履。设客问曰:'徐公于今谁与为比?'主人曰:'四海至广,人物至多,或匿迹韬光,仆不敢诬,若所闻见,则一人而已,当于古人中求之。'客曰:'何如张释之?'主人曰:'释之所行者甚易,徐公所行者甚难。难易之间,优劣见矣。张公逢汉文之时,天下无事,至如盗高庙玉环及渭桥惊马,守法而已,岂不易哉!徐公逢革命之秋,属惟新之运,唐朝遗老,或包藏祸心,使人主有疑。如周兴、来俊臣,乃尧年之四凶也,崇饰恶言以诬盛德;而徐公守死善道,深相明白,几陷囹圄,数挂网罗,此吾子所闻,岂不难哉!'客曰:'使为司刑卿,乃得展其才矣。'主人曰:'吾子徒见徐公用法平允,谓可置司刑;仆睹其人,方寸之地,何所不容,若其用之,何事不可,岂直司刑而已哉!'"②

宋代的中央司法机构沿袭唐代的成分为多。不同之处主要有两点:一是设立审刑院,二是大理寺的地位有所降低。审刑院已于前面谈及皇帝加强对司法干预时已论及,兹不赘述。大理寺地位的降低,主要体现在北宋前期,大理寺仅为慎刑机关,无须直接受理案件,只负责对各地上报案件的书面审理,然后送审刑院复审,大理寺长官和审办具体案件的"详断官"常由其他京朝官兼任。直到宋神宗变法改制之后,才将大理寺地位略微恢复到旧制。

三、明清的三法司

明清中央常规司法机构被称为"三法司",是刑部、都察院和大理寺,刑部行使审判权,是中央审判机关;都察院审判文武官员犯罪案件;大理寺行使复审权,是中央司法复核机关或慎刑机关。明代都察院略等于唐代御史台,明代刑部的职责大致相当于唐代大理寺,明代大理寺大致相当于唐代刑部。

1384年明廷建三法司于金陵太平门外钟山之阴,命名为贯城。因太平门在京城之北,在方位上属水,主阴肃、刑罚,故建于此。可见朱元璋是要承天道而建三法司,希望通过三法司对案件的审理,最终达到刑无枉滥、刑期无刑之目的。自明成祖迁都北京,明代遂有二都,三法司也有两套机构,但北京三法司才是真正的中央司法机构,南京三法司管辖地区仅限于南京及应天府所属。

刑部主要职能包括司法审判和司法行政两方面,在司法审判方面,刑部复审各省徒罪以上案件、审理京师笞罪以上案件、复核各省及京师斩绞监候案件;在司法行政方面,刑部负责徒、流、充军等刑的执行和监督、死罪重囚之处决以及监狱之管理监督。刑部设正二品尚书一名、正三品侍郎二名;下辖按省份设立的十三个清吏司,负责各该省上报案件的复审;另设司狱司,负责监狱之管理。

都察院是职官犯罪案件的司法审判机构。监察御史充任巡按,负责审理直隶及各省职官犯罪,如涉五品以上官,须奏闻皇帝裁决;如六品以下官,巡按御史得直接逮问,审理完结

---

① (宋)司马光编著:《资治通鉴》(第十三册),胡三省音注,中华书局1956年版,第6031—6032页。
② 同上书,第十四册,第6510—6511页。

后,申报都察院或大理寺复核,奏闻皇帝裁决。至于民人案件,或亲自审录,或交由提刑按察司等衙门审理。除职官犯罪案件外,都察院得委任官员复核京师、直隶及各省的斩绞监候案件。在明代,刑部和都察院是两个平行的司法审判机构,刑部审理完结的案件无需送都察院复核;都察院审理完结的亦无需送刑部复核,只是在三法司会审案件时例外。

洪武年间,大理寺时存时废,到永乐初年固定设置直到明末,基本上是一个慎刑复审机关,主要是平反冤狱。大理寺主要是复核刑部及都察院移送过来的直隶、各省及京师案件,同刑部、都察院共同复核京师斩绞监候案件。

清代三法司基本继承明代制度,但亦有一些不同之处,主要表现在:第一,清代推行任官的满汉复员制,各个机关的堂官人数增加,集体负责特点突出;第二,三法司各机构之间的权限划分不如明朝清晰。

清朝以少数民族入主中原,为维持满蒙民族的特殊地位,推行满汉复员制(或称满汉双轨制),即中央部院实行满汉双首长制。以刑部为例,设满汉尚书各一人、满汉侍郎各二人,这样刑部堂官即有6人之多。凡以刑部名义上奏的公文均需全体堂官会签。康熙之后实行奏折制度,每个堂官皆有权给皇帝单独上折陈述自己的意见。在刑部堂官之上,雍正以后渐渐确立了大学士管理部务的制度,称为管部大臣。这样刑部负责人就有管部大臣和六位堂官了,由此集体负责特点明显,同时大家互相牵制,防止专断之弊,有利于皇帝集权。

在三法司中,因刑部主要负责司法审判,且管部大臣的存在,导致"部权特重"。① "刑部之上,清代君主对国家刑名事务的影响范围与参与力度空前巨大。在面对政治大案时,刑部话语权的多寡与君主的独裁英察程度密切相关。在办理一般刑案时,刑部作为'天下刑名之总汇',其相对于地方、中央其他法司的强势地位由皇帝赋予,又随时接受皇帝的监督。"② 但由于各种会审制度的存在,皇帝往往将比较重要的案件交"三法司核议",使得刑部不能专擅审判权。据此,学者指出:"清代之三法司合议审判系数司法机关之合议审判,中国传统司法审判制度采行三法司合议审判,一则为避免司法审判大权集中于一衙门,使其权力过大;二则期望三法司相互制衡,防止营私舞弊。"③

除了三法司会审外,清朝皇帝还往往将更重要的案件交九卿议、交大学士议和交军机大臣议等。这都与皇权强化大有关系。清代形成定制的九卿会审是一种重要的会审制度。"九卿"包括六部尚书、大理寺卿、都察院左都御史、通政司通政使等九个重要的官员,由他们共同参加朝廷每年举行的秋审大典,即每年判决的斩监候、绞监候案件,需要由九卿组成高级别的会审机构会同审理,以示重视。关于秋审,我们将在后面相关部分详谈。除了九卿会审之外,清代还发展出了九卿定议制度,指的是针对某些特别种类的命盗重案,在三法司核拟具题后,因案情有可矜之处,或有法外量刑的需要,需再经内阁奉旨交"九卿定议",九卿定议出结果具题上奏后,奉旨将案犯减等监候,归入秋审办理。④

---

① 《清史稿·刑法志》,载《历代刑法志》,群众出版社1988年版,第582页。
② 郑小悠:《清代刑部研究:刑名、政务与官员》,北京大学2015年历史学系博士学位论文。
③ 那思陆:《清代中央司法审判制度》,北京大学出版社2004年版,第220页。
④ 参考俞江:《论清代九卿定议——以光绪十二年崔霍氏因疯砍死本夫案为例》,载《法学》2009年第1期。

第二节　地方司法机构

一、秦汉时期

秦朝实行郡县制,地方司法机构分郡、县、乡(里)三级,郡守、县令、啬夫分别为其司法官员。在郡一级,郡守拥有重要案件的审判权,对上要呈报朝廷,对下可批准各县的上报案件。它有法曹等助手,协助其审理辖区内各项案件。县令或县长负责本县重要案件的审理工作。其下设有县丞、功曹和令史等,负责案件之具体审理,但最终审判结果要由县令决定。乡、里是秦代的社会基层组织。乡有啬夫负责调解邻里纠纷,游徼、亭长还有缉捕盗贼之职责。

汉代郡县制度多沿袭秦朝,只是组织稍微复杂一些而已。郡守在景帝年间改为太守,一般秩二千石,与朝廷里的九卿平级。秩是官员级别,在汉代以俸禄来表示,俸禄又是以粮食来体现,每石约重120斤。太守重要职务之一就是平断狱讼。汉代太守地位很高,自置属吏,专行刑赏,是替皇帝巡守一方的大吏,除无权任免县令(长)外,太守权力可说是威震一方。汉代吏治最重太守,宣帝常言天子与两千石共治天下,"庶民所以安其田里而亡叹息愁恨之心者,政平讼理也。与我共此者,其唯良二千石乎!"①太守的属官包括阁下和列曹,前者是其秘书处,后者是专职办事机构,分为户曹、兵曹、贼曹、决曹等,其中贼曹和决曹是太守在司法方面的重要辅助机构。督邮也是太守的重要属官,分部监察诸县,故汉代常有"三部督邮""五部督邮"等说。汉初虽实行封建、郡县并行的"一国两制",但景帝之后,封国的地位基本于郡无异,故不单独讲述。县、乡、里之官府职责与设置同秦代无大差别,兹从略。

汉代有一百多个郡,一个郡管辖十个到二十个县。大概汉代县数,总在一千一百到一千四百之间。中国历史上讲到地方行政,一向推崇汉朝,所谓两汉吏治,为后世称美,司法亦不例外。

二、唐宋时期

唐代实行州县二级制。唐之"州"在级别上类似于汉之"郡",是最高一级的地方行政机构。与州平级的,还有府(首都、陪都乃至皇帝驻跸过的州)、都督府和都护府。州设刺史,在汉最先本为监察官,唐刺史则为地方高级行政首长。刺史的属官有别驾、长史、司马、录事参军以及诸曹参军(司功、司仓、司户、司兵、司法、司士),其中录事参军统领诸曹参军,实权仅次于刺史。刺史每年巡视属县一次,录囚徒、察狱讼,对疑狱、冤狱则申报尚书省或皇帝。司户参军和司法参军分别主管民、刑审判事宜。这里举个例子:

> (李)元纮少谨厚。初为泾州司兵,累迁雍州司户。时太平公主与僧寺争碾硙,公主方承恩用事,百司皆希其旨意,元纮遂断还僧寺。窦怀贞为雍州长史,大惧太平势,促令元纮改断,元纮大署判后曰:"南山或可改移,此判终无摇动。"竟执正不挠,怀贞不能夺之。②

唐代有三百五十八州,较汉代郡数多两倍余,遂与中央政府更悬隔,刺史以进入中央任职为尚,致有五日京兆之心,有碍地方治理,当然会对地方司法有所妨碍。唐玄宗时,全国有

---

① (汉)班固撰:《汉书》(第十一册),卷八十九"循吏列传",中华书局1962年版,第3624页。
② (后晋)刘昫撰:《旧唐书》(第九册),中华书局1975年,第3073页。

1753个县,比汉代多出200多个,差别不是很大。县令为长官,负有"审察冤屈,躬亲狱讼"①之责。下面有县丞、县尉、主簿等僚佐,名义上还要设与州相对应的诸曹,实际上不设的情况较多。相较于由郡太守县令长自行辟属任用的汉代,唐代则将任用之权集中于中央之吏部,州县长官无权任用部属,全由中央分发。与汉代基层组织类似,唐代乡里负有调解轻微刑事和民事纠纷之责,但重大刑事案件则必交到县里审断。

宋代地方司法继承唐代的为多,但有自己的一些发展,主要表现在两个方面:一是加强了对州县司法的监督,在路这一级设置了转运司、提点刑狱司等监督机构;一是州县司法分工更细化。

宋代地方有路这一级监察区机构的设置,设有转运司(漕司)和提点刑狱司(宪司)。宋朝廷为削夺藩镇权力,必须控制其钱谷这个经济命脉,所以转运司的最初职能是负责一路财赋,以足上贡和州县开销。到太宗时期,以京官出任转运使,其职权遂"无所不总",开始负责一路之司法诉讼事务。鉴于转运使有成为新节度使之危险,真宗时期又设立提点刑狱司以分转运司之权,其长官为"提点某路刑狱公事",简称提点刑狱或提刑,其主要职责是"凡管内州府十日一报囚帐,有疑狱未决,即驰传往视之。州县稽留不决,按讞不实,长吏则劾奏,佐史、小吏许便宜按劾从事"。②提点刑狱的属官有检法官等。到北宋中后期,提刑司拥有除奏谳案件外一切案件的终审权,成为地方最高司法机构。

宋代在州一级设有知州和通判互相牵制。知州负责审断、复核经县判决的民刑案件,但一切政事可否裁决,当然包括司法,需要与通判会签。古代童蒙书籍《龙文鞭影》里有个"钱昆嗜蟹"故事,云:"钱昆字裕之,五代时吴越人。后归宋,官至秘书监,为政宽简便民,性嗜蟹,曾经申请到地方任职,曰:'但得有蟹,无通判处,足慰素愿也。'"州一级司法还实行"鞫谳分司"制度,即将"审"和"判"分开,"审"即"审问","判"即"检法议刑",分别由录事参军和司法参军负责,使之相互牵制,以防专断之弊。宋代规定县级长官知县必须亲自坐堂问案,县丞、主簿和县尉负有协助知县、从事司法方面辅助工作之责。

三、明清的地方司法机构

明代的地方司法机构大致可分为省、府、州县三级。

全国分为13个行省,均设置提刑按察使司,作为一省最高的司法审判机构,长官为正三品的按察使,有权终审徒刑案件。该机构的副长官是正四品的按察副使,其下还有正五品的金事等,他们按"道"(由若干府州县组成的监察区域)提审、复审所巡视区域内的一切案件,被称为"分司"或"分巡道"。在省一级,除了专门负责司法审判事务的提刑按察使司之外,主要负责行政、民政的承宣布政使司也设有理问所,审理那些关于赋税、田土钱债等方面的诉讼案件。

明代全国有159个府,每府一般下辖7—8个县,设有正七品的推官一员辅佐知府审理司法案件。按照明代法律所规定,府一级本身并没有任何种类案件的终审权,所以它的司法职能仅限于承上启下、复审州县上报的案件。

和其他朝代一样,州县是明代的最基层政府机构,当然也就是最基层的司法机构。明代

---

① 《唐六典》规定:"京畿及天下诸县令之职,皆掌导扬风化,抚字黎氓,敦四人之业,崇五土之利,养鳏寡,恤孤穷,审察冤屈,躬亲狱讼,务知百姓之疾苦。"((唐)李林甫等撰:《唐六典》,陈仲夫点校,中华书局1992年版,第753页。)
② 《宋史·刑法志一》,载《历代刑法志》,群众出版社1988年版,第340页。

全国共有234个州,分为直属于省的"直隶州"和受府管辖的"属州",知州都是从五品;有1171个县,县的长官为知县,正七品。作为正印官的知州、知县,负责辖区的司法审判工作,且不得推给其他副职。其工作非常繁重,从案件之受理、勘验现场、侦查、审讯、判决,都要亲历亲为,责无旁贷。①

清代地方司法机构以沿袭明代居多,不同的主要在于下述两点:一是督抚实际成为地方最高司法审判负责机构,另一个是强调各级地方正印官的司法审判专属权。按察司虽综理一省刑名,但还要呈报督抚。督抚的司法权能主要体现在督促省内各司法机构依照限期结案,批复执行按察司复核过的徒刑案件,复核军流刑案件并咨报刑部,死刑案件由督抚进行当堂亲自复审,之后专案向皇帝具题。清朝为了表示对司法审判的重视,严禁"佐杂擅理词讼",坚持"官非正印者,不得受民词"。②

第三节 司法人员

孟子云:"徒善不足以为政,徒法不足以自行。"③司法制度能顺利运作,必定与司法人员紧密相连。在整个帝制中国的司法人员,尽管各朝代之间有共性,但差异还是存在,鉴于资料和既有研究方面的原因,考虑到对近代向司法独立转型的影响,本节将讲述的重点集中在清代。

一、司法官员

帝制中国一直将司法审判视为官府治理地方的核心职能,故在地方上由各级行政主官承担司法审判重任,而没有独立的司法官员。在中央,有时在较高层级的地方官府,因为审判事务的繁巨,才有专门的司法官署和相应的专门司法人员。

有学者指出国人对于帝制中国的司法官员有两种笼统且极端的认识,要么是清官要么是贪官,其实都不能当真,司法官员和立法者一样,都是平凡普通的人。为什么国人会对司法官员有这种极端印象,而对立法者就没有呢?原因在于司法工作与立法工作不同:就立法工作而言,传统社会变化较少,统治者如果庸碌无能,可以不必在立法工作上有所创制,只要萧规曹随亦可尸位素餐混日子。他们除了享受特权会令人忿恨以外,其他的作为对一般人们所生的影响极为有限,留在人们心目中的印象也很模糊。司法工作则不然,因为其功能在于解决纠纷,所以司法者不能无所作为,而其作为对于人们的权益有明确而直接的影响,因此人们对司法者的看法比对立法者的看法更受情绪左右。除此之外,人们还因向往理想和不满现实,而将很多想象优点和缺点在大肆渲染后,添加在他们认为好的和坏的司法者身上,塑造出了青天和昏官的夸张形象。所谓青天,一般都有过人之智,能明察秋毫,且能明辨事理,有坚定地维护公平正义的决心,故能刚毅廉洁,不受威逼利诱,能锄强扶弱。昏官则昏聩奸邪,因其昏聩,不能分辨是非,一味刑求;因为奸邪,所以贪污受贿,屈从权势,不愿明辨是非,对法令及其背后的公平正义没有丝毫敬畏之心。④

---

① 参考(清)张廷玉等撰:《明史》(第六册),卷七十五"职官四",中华书局1974年版,第1840—1851页。
② 参考文孚纂修:《钦定六部处分则例》,载沈云龙主编:《近代中国史料丛刊》第三十四辑,光绪十三年奉吏部重修颁行,文海出版社据光绪十八年上海图书集成印书局本影印,第973—974页,嘉庆《大清会典》,卷五十二。
③ 《孟子·离娄上》,载朱熹撰:《四书章句集注》,中华书局1983年版,第275页。
④ 参考张伟仁:《磨镜——法学教育论文集》,清华大学出版社2013年版,第260—261页。

既然青天和昏官的形象皆不甚可靠,那人们对司法官的观感从何而来?主要是直接亲民的州县官。在官吏群体里,州县官被称为亲民官,地位尤其重要。清代名幕汪辉祖指出,"国家布治者,职孔庶矣,然亲民之治,实惟州县。州县而上,皆以整饬州县之治为治而已。"①鉴于州县官在司法中的特殊重要性以及州县以上的各级司法主官职责的同质性(即以审转复核为主),故这里仅述及州县官。

先来看州县官的职责。乾隆在一份上谕中即讲:"所谓知州知县者,欲其周知一州一县之庶务,悉心经理,四境即是一家,精神必须贯注。有事则在署办理,无事则巡历乡村。所至之处,询民疾苦,课民农桑,宣布教化,崇本抑末,善良者加以奖励,顽梗者予以戒惩。遇有争角细事,就地剖断,以省差拘守候之苦。烟乎牌甲,随便抽查,使不敢玩法容隐。乡愚无知,则面加开导,庶几上下之情通达无阻,而休戚相关亲爱之诚油然自生,而提撕易入。如此从容岁月,始可以收循良之实效,不愧为民父母之称。"②汪辉祖亦云:"知县知州,须周一县一州而知之。有一未知,虽欲尽心而不能。"③辖区里的一切政务,无论大小种类,皆归知州知县负责。仅就司法职责而言,大致包括:查勘检验、缉捕人犯、管押或监禁人犯、审理词讼和执行判决。知县一人承担如此繁重的职责,力所未逮,在所难免,势必有所荒废。在忙不过来情况下,他可能容易荒废什么样的职责呢?

一般而言,州县官对所有的案件都要经其审理。不同的案件对其知识、素养的要求不一样。就一般的户婚田土和轻微刑事等"细故"案件而言,属于州县官自理词讼范围,因在传统社会,社会关系相对简单,州县官在基本查清案情的基础上按照人际生活所需和人生阅历所培养的"常识"即能妥当判决这类案件。④ 如果是较严重的刑案,罪犯被判处徒刑或以上的案件,要经过自动复审制度,那需要州县官进行更细致的查勘检验,且还要能综合运用包括成文律例基本内容等方面的律学专业知识。就官员群体而言,自隋唐科举发达后,州县官多致力儒家经典之研读体悟而不太熟悉国家律令。故可想见,州县官当然会避难就易,从而荒废其司法职能。

但坐堂问案事关考成,直接影响着州县官的升迁黜陟。所以对于个别出类拔萃的州县官来讲,有动力通过上任后系统阅读相关书籍,主动获取这方面的知识;对一般州县官而言,聘请精通刑名钱粮的幕友以帮助本人更好地履行相关职责,就是顺理成章的选择。

作为清代"天下刑名总汇"的刑部,确实聚集了一批精通律学的专业人才,以致于清末几十年出现了刑部出身的律学专家成为该部当家堂官的事实。⑤ 按照清代司法制度,流刑以上的案件都要送到刑部复核。为了不被刑部驳回,当然从州县初审之时,其所作看语,都需要很专业的律学知识为支撑。从判决较为复杂的刑案以及因细故案件而引发的刑案,各级地方政府主官,包括州县官、知府、道台、臬司、督抚等,其知识结构都难以达到审判所需。王朝中后期所造成的律例繁琐更增加了难度。科举出身的官员是如此,那通过捐纳、荫补和军功等其他渠道而获得职务的司法官员就更难以达到要求了。这是百姓对司法官员形成昏庸印象在知识上的原因。

关于司法官员的贪腐、凶恶和趋炎附势,也有一些制度上的根源。如贪腐就跟官员的俸

---

① 汪辉祖:《学治臆说·序》,载杨一凡编:《古代折狱要览》(第九册),社会科学文献出版社 2015 年版,第 417 页。
② 王先谦:《东华续录(乾隆朝)》,"乾隆六",清光绪十年长沙王氏刻本。
③ 汪辉祖:《学治臆说·尽心》,载杨一凡编:《古代折狱要览》(第九册),社会科学文献出版社 2015 年版,第 421 页。
④ 参考李启成:《"常识"与传统中国州县司法——从一个疑难案件展开的思考》,载《政法论坛》2007 年第 1 期。
⑤ 李贵连:《专家与当家》,载《近代中国法制与法学》,北京大学出版社 2002 年版,第 487—493 页。

禄低下有关。以州县官为例,一个中等县的知县,其俸禄和养廉不过一千两上下,除了养家之外,还要雇用幕友、门丁,要迎来送往,要孝敬上司。这必然会入不敷出,当然就要索取陋规和受贿了。其凶恶则跟传统专制社会,官员是代表皇帝治理一方子民,由此导致官民悬隔相关。其趋炎附势除了人性弱点和修养等方面的原因外,亦跟制度有些关系。还是以州县官为例,尽管在辖区内可谓大权独揽,但在整个官僚体制内,州县官却地位低下,且诸多治吏律条使得处分无所不在,汪辉祖即道出州县官苦况:"语有之,'州县官如琉璃屏,触手便碎。'诚哉是言也。一部《吏部处分则例》,自罚俸以至革职,各有专条。"①这就使得州县官在断案之时,难免多有顾忌,多少会考虑皇帝、上司、乡绅、富豪等的意向和厉害。

综上所述,从帝制中国司法官员在百姓心目中留下昏庸的恶劣印象,虽未必都是实情,但也并不都是空穴来风,实在跟当时司法制度很有关系。本来清朝廷充分认识到司法对维护秩序实现公正的重要性,要求各级主官亲理词讼,坐堂问案,可谓对司法重视有加,但其效果却不尽人意,实在值得后人深思玩味。

二、幕友

一般地方官因为律学知识的欠缺以及自身事务的繁多,需要找人帮助其承办司法案件,尤其是处理那些较严重、需要送上级复审的刑案。这类人在清代被称为刑名幕友,在清代衙门中很特殊。

清代幕友的渊源可追溯到古代将军出征,聘请谋士到其幕中助其出谋划策。清代幕友主要不在军中,而是在各级地方衙门中,应主官之聘请,作为主官的私人顾问,帮其处理公务。这种聘请幕友的做法,在清代特别盛行,一个地方官上任,必聘请幕友,少则三五人,多则十多人,督抚之幕府往往聘请数十人。如晚清曾国藩幕府即集一时人才之盛,幕僚多达百数十人。清代幕友又称师爷。师爷大多来自于浙江绍兴,俗称"绍兴师爷",民间有"无绍不成衙"之说。② 幕友既是受聘,当然需要主官付给其薪水。幕友是主官的宾客,与主官共进退。既然与主官为友,当然合则留,不合则去。

在清代,学幕作幕友是一种职业。他们必须经过专门的学习,具备他人所没有的律学专长。这种学问,在父子师友中传授,俗称"幕学"。除了专业的律学知识外,幕友还需具备其他一些知识或阅历:久居官府,熟谙官场规矩;来自民间,洞察人情世故;机灵善变,老谋深算;对复杂的事务性工作得心应手,游刃有余。总之,要做一个好的幕友不容易,只要稍微浏览一下清代名幕汪辉祖的《学治臆说》《佐治药言》即可知。民国刘禺生的笔记小说《世载堂杂忆》有"绍兴师爷的妙计"一则:

> 曾国荃为两江总督时,江西奉新许仙屏振袆为江宁藩司,国藩已逝,许故国藩大营门生也。国荃与振袆交恶,两方门客,多造蜚语,致国荃必去振袆以快意,乃具折特参振袆。向例总督奏参三司,廷议无不准者,况国荃为有大功之重臣,被参者更难幸免。折稿拟就,尚未拜发,事闻于振袆,亟求策于藩署聘理刑钱之绍兴师爷某。某曰:"事已急,非可以言解,只能以情动也。"爰与许定计,迅购金陵大府第一所,一面日夜动工修葺,为

---

① 汪辉祖:《学治臆说·公过不可避》,载杨一凡编:《古代折狱要览》(第九册),社会科学文献出版社2015年版,第524页。
② 关于清代幕僚与"绍兴师爷"的研究,可参考郭润涛:《官府、幕友与书生——"绍兴师爷"研究》,中国社会科学出版社1996年版。

书院式;一面会集当地绅者,及国藩门下在南京者,设立文正书院,教诲诸士,俾不忘国藩功德学行,即所以报先师于万一。即日书院落成,行上额开院礼,恭请国荃莅临。国荃以乃兄之故,又因地方耆宿及国藩门下多人均参与其事,虽怨许,义不能不至。当日群请国荃上书院匾额,振祎自为对联,悬国藩遗像左右,并伏地痛哭,情极哀挚。联曰:"瞻拜我惟余涕泪,生平公本爱湖山。"国荃在场,亦为之堕泪太息。礼毕,振祎曰:"予受先师教诲知遇之恩,毕生难报,先师已矣,愿两江人士,不忘先师功德在民,刻志求学,继先师之学行。制军为先师介弟,见制军,如见先师也。"国荃归,罢拟参稿。有以谗言进者,国荃曰:"振祎虽不理于人口,参之,使我对先兄有凄歉之意。"此段公案,鹤亭前辈曾亲见之,谓绍兴师爷真能出奇计以拯人之厄也。①

幕友不是国家官吏,没有品秩俸禄,但因为主官之聘请礼遇,得自由出入衙门,襄助主官办理地方公务。地方事务以钱谷、刑名为重,幕友亦以钱谷师爷和刑名师爷为尊。尤其是刑名师爷,办理刑案,其所作为关系人命,故位置最重要。

刑幕虽然名义上只是地方官刑名方面的参谋或助理,但因地方官一般没有充足的时间精力,也无专业律学知识,故辖区内发生较重大刑案,不能不格外倚重刑幕师爷,利用其所学专业律学知识,代理地方官行使司法权,他们常常以主官的名义写作批语和判词。从保存下来的巴县档案、顺天府档案来看,案卷上的判牍批词,多为幕友代拟,主官在上面画个"行"字予以签发。

因此幕友的道德操守和专业素养就直接影响到清代司法之良善与否。总体来说,清代幕友品质和律学知识不一,仗义执言、将主官之事当做自己的事来办者有之;与上下幕友勾结,从而把持公事从中获利,甚至挟持主官,亦有之。故难以一概而论。但幕友制度一个最大的问题就是权责分离、名实不符。幕友实际行使司法权,但在制度上不用承担责任;主官仅在名义上行使司法权,完全承担制度上的后果。在整个社会风气良好的情况下,幕友可能会较有操守;反之,幕友则会败坏司法。

三、胥吏和衙役

胥吏和衙役古已有之。在清代,胥吏又称书差、书办、书吏;衙役是衙门差役的简称。从中央到地方各级衙门都有胥吏和衙役。在各级地方衙门里,因主官事务繁重,佐官人数有限且不负担重要政务,因此就需要书吏来处理文书等具体事务,需要衙役来传达和执行政令。

按照官衙的公务分类传统,地方政府的书吏一般分为吏户礼兵刑工六房,分别称为吏书、户书、刑书等。另外还有些书吏承担收发、挂号等杂务。书吏们的职责综合来看,大致包括草拟公牍、填制例行报表、拟制备忘录、填发传票、填制赋税册籍和整理档案等。与司法最相关的书吏是刑书,他们负责收呈立案、堂审笔录、草拟差票、撰写文稿、贮存档案等。

在清代,书吏一般有定额,但执行不严,往往有殷实之家的成员为获取社会地位、保护家产、逃避徭役等占据一个挂名书吏的职位,实际在衙门服务的绝大多数书吏家境都不好。他们多是读过一些书,粗通文墨但不大可能考取科举的人。他们为官府所雇用,但不是朝廷命官,没有正式的俸禄,只是从官府那里获得一些饭食银两。因其家境不好,没什么太大的出路,所以容易以其手中的权力,进而上下串通,贪污受贿、敲诈勒索。

---

① 刘禹生:《世载堂杂忆》,中华书局1960年版,第90—91页。

州县衙役通常被编为四班,即皂班、快班、民壮和捕班,每班有一头役为领班。除此之外,还有门子、狱卒、法医(仵作)、灯夫、更夫、驿卒等。每个州县可雇用衙役名额在《赋役全书》中本有规定,但因名额太少,形同虚设,额外多雇衙役是各省的普遍现象,这种额外的衙役被称为"白役"或"帮役"。为逃避徭役保护身家,还有挂名衙役。在清代,一个县有上千名衙役不是件奇怪的事。

很多衙役被列为贱民,他们本人及其后代都不准参加科举考试和谋求官职。在所有衙役中,以捕快的地位为最低。他们被士绅、甚至一般身家清白之人瞧不起,因此很多家族禁止家庭成员从事这种不光彩的职业,如有人从事此职业则革除族籍。

衙役的年薪大约为六两银子,该薪水之低微,不足以让其养家糊口。加之贱民身份,使其自暴自弃,敲诈勒索当事人乃至一般无辜平民成为其常态。说清代官府衙役面对百姓如狼似虎,可能不是太夸张的事情。

书吏的服务期限本定为五年①,衙役的服务期限是三年,期满后即饬令回原籍,以免长期盘踞滋生弊端。但因他们工作已熟练,且通过改名换姓等方式规避该法令,长期乃至世代霸占此职位,从中渔利。他们的力量也很大。没有他们供各主官驱使,州县官难以行使职务。所以在清代有人讲:"书差为官之爪牙,一事不可无,一日不可少。"②他们又都是本地人,在当地有千丝万缕的联系。而主官因实行回避制度,是外地人,有固定的任期。因此,书吏和差役很容易架空乃至要挟主官,掌握实际上的司法权力,从而更肆无忌惮鱼肉百姓。尽管各级主官,乃至朝廷都认识到书吏衙役之危害,但在传统体制下,难以革除,只能在控制使用的范围内想办法。但各级主官怎么可能仅凭自己一双眼睛盯住手下成百上千的书吏和衙役,成效也就有限了。③ 翰林出身,曾署理广东巡抚的郭嵩焘曾浩叹:"本朝则与胥吏共天下耳。"书吏和衙役的大量存在并在司法中发挥较大的作用,是清代司法制度最大的问题。清代名吏陆陇其即一针见血指出:"本朝大弊,只三字,曰例吏利"④,即法律条文过度繁多,势必借重胥吏,胥吏人格卑下,唯利是图,加重了司法的黑暗。

四、讼师与官代书

讼师是以帮助人撰写状纸、出主意打官司的人,在功能方面与现今的律师有不少类似之处。讼师的祖师爷据说可追溯到春秋时期的邓析。讼师作为一种职业及其所拥有的专门知识,至迟在北宋时期即已出现。当时在江西某些地方还出现名称为《邓思贤》《四言杂字》等教人如何诉讼的书籍。

官方禁止讼师代理民众诉讼,并经常下令甚至正式立法,加强惩治讼师干预司法;同时,许多官员与士大夫也不断贬低讼师的社会地位,并辱骂他们为"讼棍""棍徒",视之为扰乱民众正常生活的元凶巨恶。清代加大了对讼师的打击力度,严格要求地方官缉拿惩处讼师和查禁讼师秘本。乾隆元年(1736年)定例:"讼师教唆词讼,为害扰民,该地方官不能查拿禁缉者,如止系失于觉察,照例严处。若明知不报,经上司访拿,将该地方官照奸棍不行查拿例,交部议处。"乾隆七年(1742年)刑部议覆四川按察使李如兰条奏定例:"坊肆所刊讼师秘

---

① 《钦定大清会典事例》,卷146;(清)昆冈等撰:《钦定大清会典(事例)(第八册)》,台湾新文丰出版公司1976年影印本,第7011页。
② 何耿绳:《为治一得编》,"学治述略",道光十七年刊本。
③ 参考瞿同祖:《清代地方政府》,范忠信等译,法律出版社2003年版,第65—123页。
④ 徐珂编撰:《清稗类钞》(第十一册),"吏胥类·例吏利",中华书局1984年版,第5250页。

图 44　明清时期流传的讼师秘本

本,如《惊天雷》《相角》《法家新书》《刑台秦镜》等一切构讼之书,尽行查禁销毁,不许售卖。有仍行撰造刻印者,照淫词小说例,杖一百、流三千里;将旧书复行印刻及贩卖者,杖一百、徒三年;买者杖一百,藏匿旧板不行销毁,减印刻一等治罪;藏匿其书,照违制律治罪;其该管失察各官,分别准数交部议处。"乾隆二十九年刑部议覆江苏按察使钱琦条奏定例:"若系积惯讼棍,串通胥吏,播弄乡愚,恐吓诈财,一经审实,即依棍徒生事扰害例,问发云贵两广极边烟瘴充军。"①

为什么朝廷要严厉打压讼师呢?这主要是因朝廷以无讼思想为指导,力图通过教化和刑罚的威慑来维护秩序,"政轻刑简"一直是官方的追求。讼师帮民众兴讼,无疑是与朝廷目标相悖,故朝廷要对之严厉打压。

地方官府为追求无讼,往往采取措施限制百姓兴讼,像我们前面曾提到的定期放告制度,出台《状式条例》,对诉状的字数、格式和内容进行限制等。比如《状式条例》一般限定呈词字数在三百字以内,且不得双行叠写,否则案件不予受理。问题就出来了:绝大多数百姓不识字,即便识字,也不能在规定的字数内将诉讼纠纷说清楚。本来民众就需要讼师的帮助,如此一来,其需求就更增加了。这就是清朝打压讼师难以生效的根源所在。

既要查拿讼师,民众按照规定撰写诉状请求官府伸冤的要求又不能不满足,清遂有官代书制度之设。雍正乾隆时期朝廷即定例,要求各级官府设立代书:"内外刑名衙门务择里民中之诚实识字者,考取代书。凡有呈状,皆令其照本人情词据实誊写,呈后登记代书姓名,该衙门验明,方许收受;无代书姓名,即严行查究,其有教唆增减者照律治罪。"嘉庆二十二年又重申官代书据实写状之例禁:"凡有控告事件者,其呈词俱责令自作;不能自作者,准其口诉,令书吏及官代书据其口诉之词从实书写,如有增减情节者,将代书之人照例治罪。"②官代书制度初衷不错,可在一定程度上保障民众免受恶劣讼师之挑拨和敲诈,有助于清代地方司法

---

① (清)薛允升著述:《读例存疑重刊本》(第四册),黄静嘉编校,成文出版社1970年版,第1020—1021页。
② 同上书,第1022—1023页。

秩序，但在运行过程中，官代书制度积久弊生，"择肥噬瘦，勒索呈费，实与讼师无异。甚至内串门丁，外联书差，弊端百出"。① 到晚清新政前后，官代书制度在很多省份被取缔，而为随后的律师制度所取代。②

帝制中国的司法与行政皆紧密相关，官制之设置势必直接影响到司法之良窳。到晚清变法改制前后，载泽经在欧美列邦考察宪政开阔眼界之后即侧重指出固有官制之弊端，从而为创设新官制张本："我朝承明制，管官官多，管民官少。州县以上，府道司院，层层钤制，而以州县一人萃地方百务于其身，又无分曹为佐，遂致假手幕宾，寄权书役。坏吏治、酿祸乱，皆由于此"③，希望朝廷能预备立宪。

第四节　重要诉讼制度

一、逐级审转复核制

逐级审转复核制，又称审转结案制，指的是朝廷根据案件犯罪者判刑之轻重而将整个案件自动进入上级衙门审转复核的制度。其起源甚早，可追溯到秦汉廷尉时对疑狱的审理。到明朝，正式确立了较为系统完备的逐级审转复核制。

与君主专制加强的趋势相配合，明代司法审判之决定权越来越向上级官府，特别是朝廷集中。由于所有的案件都必须从州县开始，故更严格执行逐级复审制度。

明代的州县只能审结所谓的"自理词讼"，也就是户婚田土等细故案件和杖一百以下的轻微刑事案件。自理词讼审结后，州县官将卷宗存档并登记于"循环簿"，供上级衙门、巡按御史、分巡道等随时抽检。对于徒罪以上案件，州县官在侦查、勘验之后，拟出定罪量刑的初步意见"看语"或"勘语"，然后将全案卷宗、人犯、主要证佐转送上级衙门复审。

当州县审理徒罪以上案件上报到府以后，如人犯或证佐没有翻供情事，知府对州县官所拟的看语亦无异议，就在州县官的看语后加上自己的看语，再将卷宗、人犯、证佐转送其上级衙门；如有翻供的情况出现，或知府本人对州县官所拟之看语认为不妥，可将案件发回重审，或者发给其下属的其他州县官另行审理，知府本人一般并不直接改判。

各行省的按察使有权终审徒刑案件，对于流刑、充军和死刑案件要在复审之后加上自己的"看语"上报刑部或都察院，但罪犯并不随着复审转到京师，而是关押在省会监狱里，等待判决确定。

流刑、充军和死刑案件，经通政使司奏闻皇帝后，由皇帝经司礼监、内阁转发给刑部（民人案件）或都察院（职官案件）。经刑部或都察院复核后，再交大理寺第二次复核（"审录"）。至此，流刑、充军案件即定案，可向关押罪犯的官府发出执行命令。如是死刑案件，还要经三法司或其他官员会审，上报皇帝做最终的复审决定，经皇帝"勾决"后，死刑案件才得以确定。

清代基本继承了明代这一制度，但也有一些变化：徒刑案件的决定权不再由按察使，而改由督抚行使；清代确立了秋审制度，所有死刑监候案件必须经秋审才能确定。

在逐级审转复核制下，清代所有案件都要由州县官初审，然后逐级上报到有决定权的衙

---

① 赵尔丰：《督宪通饬各属整顿吏治文》，载《四川官报》(1908年)第18册第2页。
② 参考吴佩林：《法律社会学视野下的清代官代书研究》，载《法学研究》2008年第2期；邓建鹏：《清朝官代书制度研究》，载《政法论坛》2008年第6期。
③ 《编纂官制大臣泽公等为厘定直省官制致各省督抚电》，载《东方杂志》1907年第4卷第8期。

门为止。州县官的初审不是预审,而是正式审判,要严格援引律例中的成文律例为依据来定拟罪犯的罪名和相应的刑罚;州县官写作的判决文书被称为"看语",其主要功能是供上级衙门正式提供参考性意见。虽然其"看语"不立即发生法律效力,却是之后审判程序得以继续进行不可缺少的法律基础,如错判,州县官还要承担相当的法律责任。州县初审后,除州县自理词讼外,其他案件即开始自动审转,依次经知府、按察使、督抚、刑部、三法司,逐一正式审理案件。其中徒刑案件至督抚确定;流刑案件至刑部确定;死刑案件经三法司,最后由皇帝决定。审转过程无须当事人上诉即自动进行。当然律例也不限制当事人因审理不公、要求伸冤而上诉,但上诉与否,并不影响自动审转之进行。故在帝制中国,上诉只是当事人向相关衙门强化审断不公、自身遭受冤屈,希望引起该衙门官员注意的手段。

当事人违背逐级审转复核制,一开始即希图在较高级别的衙门告状鸣冤,即构成"越诉",要受到相应的处罚。清代法律规定:"凡军民词讼,皆须自下而上陈告,若越本管官司,辄赴上司称诉者",为越诉。该律还有进一步解释,说"须本管官司不受理,或受理而亏枉者,方赴上司陈告"。越诉的处罚一般而言是笞五十。①

逐级审转复核制的初衷是排除案外势力的压迫,是传统慎重民命的诉讼制度设计。但叠床架屋的官僚机构使得其初衷走向反面,多人负责最终是无人负责,就是通俗所说的"厨子太多,反而烧不好饭菜"。比如说各级复审衙门的审批,要么提前探知上意以仰承之,要么空洞不切实,以保证自己不犯错,多重复核遂流于虚文。在这个过程中,诉讼的效率被大大牺牲,却未必换来公正度的提升。

二、刑讯

在中外法制历史上,刑讯都曾经非常普遍。它是司法人员在审判过程中,以强暴或精神折磨等手段取得口供自白的制度。在古代中国及欧洲的刑事诉讼中,审判官"以刑求取口供"是法律明文规定,是被容许的合法暴行。长久以来,东西方司法审判都非常重视被告的口供自白,盖行为人对于是否犯法最为了解,对所犯事实经过也最为清楚,因此被告自白为定罪的最重要依据,刑讯遂成为东西方诉讼取证的重要手法。17、18世纪,欧洲各国陆续禁止刑讯,但中国一直迟到20世纪初年,清朝变法修律时才正式废除。故它在帝制中国诉讼制度中长期存在且普遍适用,成为传统司法的大问题。

刑讯一般认为是源自远古的"神判",在人类的智慧无法判明是非真伪时,利用人们对神明的信仰,遂借用神明来考验当事人,证明其有罪与否。神判后来发展出刑讯,水火亦由笞杖所取代,但他们通过当前皮肉的苦难,来测试当事人所言是否属实的方式却沿袭下来。据史料所载,自秦汉开始即有了刑讯制度,但具体内容不是很清楚。到魏晋南北朝,当时的法令对刑讯的方法、刑具和用刑程度,都有较确切的规定。南朝还新出现了"测囚"和"测罚"制度。据《隋书·刑法志》载:"凡系狱者,不即答款,应加测罚",被测罚者须断食三天,女人和老小则断食一天半,然后准许进粥二升,人犯每天自"晡鼓"(下午四时)至"二更"(约晚上十时),测罚约二十四刻,测满千刻则放免;人犯是在小土堆上站着受测,并且鞭笞齐施,械杻同着。在当时,测罚之苦,人所不堪。②

到唐朝,明确规定刑讯制度;刑讯的条件规定为"依狱官令,察狱之官,先备五听,又验诸

---

① 《大清律例》,田涛等点校,法律出版社1998年版,第473页。
② 参考《历代刑法志》,群众出版社1988年版,第228页。

证言,事状疑似,犹不首实者,然后拷掠"。刑讯的工具是讯杖。并且规定讯杖一律 3 尺 5 寸(约 107.5cm),削去节,大头径 3 分 2 厘(约 10cm),小头则是 2 分 2 厘(约 7cm)。禁止刑讯的对象为享有议、请、减等司法特权者,老幼废疾者,孕妇和产后未满百日者等。刑讯拷打不得超过 3 次,每次要相隔 20 天,总数不可超过 200 次;如被告之罚只构成杖罪,则刑讯拷打总数不可超过刑罚数;被告已被刑讯拷打法定数而仍不招供,就取保候审,接着刑讯拷打原告,原告也不招供的,在一定情况下可刑讯拷打证人;但被盗、被杀、被人决水入家、放火烧宅之类,则不拷告者,因为"以杀盗事重,例多隐匿,反拷告者,或不敢言"。刑讯拷打的部位大腿、臀部,而且是分受;拷囚及行刑时,必须由同一人执行,不可中途更易。对于官吏因公拷掠不如法致人于死者,唐律分故意和过失分别予以处罚(一般为徒刑);至于挟私怨拷掠不如法,其处分更重,一般按故杀科罪。①

刑讯制度历经秦汉魏晋南北朝,到唐代发展成熟,《唐律》对此规范严密,之后历代刑律中有关刑讯的内容,大致承袭《唐律》而来,只不过简略粗疏不少。《唐律》直接有关刑讯的条文共有四条,但明清律中直接有关的只有"老幼不拷讯"一条。《大清律例》规定讯囚用杖,每日不过三十,但"热审得用掌嘴、跪炼等刑,强盗人命酌用夹棍,妇人拶指,通不得过二次"。②刑讯除了用杖外,尚有掌嘴、跪炼、夹棍、拶指等。特别是夹棍、拶指为刑之极重者,尽管清代限定只有三法司、督抚、按察使、正印官得以酌用夹棍,其余大小衙门不许擅用③,但非常明显趋于残暴。

图 45　1804 年出版乔治·梅森《中国的刑罚》中所绘刑讯场面

刑讯制度的基本假设是人在痛苦情况下会吐露实情,倘若刑讯过轻,人人可受,刑讯将失去作用,故历代刑讯制度自然是以多数人不能忍受的程度来制定,因此受刑者在受刑之时不堪忍受而诬服的情况不可避免。有鉴于此,历代对刑讯的控诉史不绝书。举其著者,汉代廷尉史路温舒上奏朝廷尚德缓刑,痛陈刑讯之弊:"夫人情安则乐生,痛则思死。箠楚之下,

---

① 《唐律疏议》,刘俊文点校,法律出版社 1998 年版,第 593—596 页。
② 《清史稿·刑法志》,载《历代刑法志》,群众出版社 1988 年版,第 589 页。
③ 《大清律例·断狱·故禁故勘平人》,载《大清律例》,田涛等点校,法律出版社 1998 年版,第 561—562 页。

何求而不得？故囚人不胜痛,则饰词以视之。"①五代牛希济亦云:"捶拷之下易以强抑,人之支体,顽非木石,若加其残忍,取其必然,诚虽无罪,百不能免,盖不胜其楚掠之毒。"②历代对于刑讯多少有所限制,或某类人不合拷讯,或某些罪不可杖捶,或拷囚不可过度等,但合法刑讯与滥刑之间,相隔不过一线,官员违法拷囚之事不时可见。这在历代正史的"酷吏传"中随处可见。如唐朝宰相狄仁杰,遭构陷谋反下狱,亦只好自承谋反,理由是"若不承反,已死于鞭笞矣"!③

为什么帝制中国的刑讯难以废除？首先与狱讼重视口供自白有着密切的关系。中国刑狱为什么如此重视口供呢？作为证据之一种,口供当然有其优势,因行为人对于是否犯法最为了解,对所犯事实经过亦最为清楚,行为人一般情况下也不会故意制造对己不利的假口供,因此被告口供为定罪的最重要依据。尽管律有明文,若"众证明白,即同狱成,不须对问"可据以定罪,但"照此断拟者,往往翻控,非诬问官受贿,即诋证人得赃,以故非有确供,不敢详办,于是反复刑求,则有拷掠之惨;多人拖累,则有瘐毙之冤"。④ 若没有取得被告招认的口供,随时会招被告诬赖受贿得赃,司法人员只得反复刑求,刑求就成为司法审判必须的手段。其次,酷吏政治与刑讯制度之间应当亦存在着密切关联。酷吏任刑用法,手段酷暴。他们之所以经常受到皇帝重用,因他们能不顾一切充任人主爪牙,罗织大狱,整肃政敌,有助于皇帝巩固统治。再次,历代君主慎重刑狱和赦免制度所引发的与其初衷相悖的后果。受传统天人交感和"慎刑"思想的影响,为表现其作为最高统治者之权威,掌握臣民生杀予夺之权,很多皇帝一方面重视狱讼,盼望刑狱无冤滥迟滞,另一方面又肆行赦免,以彰显其仁君形象,很多被告即拒不认罪,以等待赦免诏令。这两种因素交织在一起,司法官对司法效率的考虑就自然很重要。如何才能让司法有效率,在"有罪推定"的氛围中,最简单的办法就是刑讯。

刑讯除了造成严重的冤滥、妨碍公正之实现,加重社会的残酷心理外,还妨碍了司法官对其他证据的探求,阻碍了整个证据制度的发达。如此,造成了取证与定罪量刑之间的恶性循环。举个例子,唐代对刑讯作出严格和周密的规范,限制了司法人员刑讯逼供,刑讯受到一定的约束,诉讼证据才得到进一步发展,检验制度才会逐渐完备。南宋末(1247年)宋慈编著的《洗冤集录》五卷,成为世界上最早且较有系统的法医学专著,可能与唐律对刑讯进行较严格规范相关。

至晚清变法修律,沈家本等修律者即努力彻底废除之前的刑讯制度。但时至今日,事实上的刑讯仍所在多有。如何能彻底废止刑讯,切实保障人权,值得我们深思。

三、细故案件的审判依据

清代的细故案件指的是关于户婚田土案件和轻微的刑事案件,用今天的话来说,是民事案件和轻微刑事案件。州县官即有权作出判决,属州县官自理词讼范围。对于这些案件,州县官审理完结之后,只是将案件摘要填写在循环簿上,按月送给上司查考备案即可。此类案件多按照《大清律例》处以笞杖之刑,故又被称为"笞杖轻罪"案件。

就此类案件的审理程序而言,大致可归纳为:原告到州县衙门交书面诉状或口头喊

---

① 班固撰:《汉书》(第八册),卷五十一"路温舒传",中华书局1962年版,第2370页。
② 牛希济:《刑论》,载董诰等编纂:《全唐文》,卷845,清嘉庆内府刻本。
③ (后晋)刘昫等撰:《旧唐书》(第九册),卷八十九"狄仁杰传",中华书局1975年版,第2889页。
④ 刘坤一、张之洞:《遵旨筹议变法谨拟整顿中法十二条折》,载苑书义等主编:《张之洞全集》(第二册),河北人民出版社1998年版,第1417页。

"禀",事后补交书状,州县官决定受理案件后,择定时间传集原被两造、里甲邻佑或其他证佐,进行正式审理。州县官的审断大致可分为两种:一是作出裁决直接进行责惩,一是在责惩后调处息讼。所谓责惩,即是当堂予以笞杖或戴枷。在帝制中国无讼氛围中,州县官更乐意采用调处息讼的方式,因为这可以更好地将争端消弭于无形,防止再起讼端或小事扩大成重案。关于如何调处息讼,清代律例无相关规定,由州县官灵活掌握。一般而言,无外乎当家族、乡党在场的情况下,当堂调处撤诉,或责令两造在堂下自行调解,或指令家族乡党证人保人等调处息讼等。在达成调处意见后,两造须向州县官具结,保证不再因此事而兴讼。州县官调处息讼,属于诉讼内调解,与单纯的家族、乡党等诉讼外调解不一样,更正式且更具强制性。关于裁决和调解的根据,基本不必受成文律例的严格约束,完全可综合运用地方风俗习惯、一般的人情物理、伦理道德标准等。

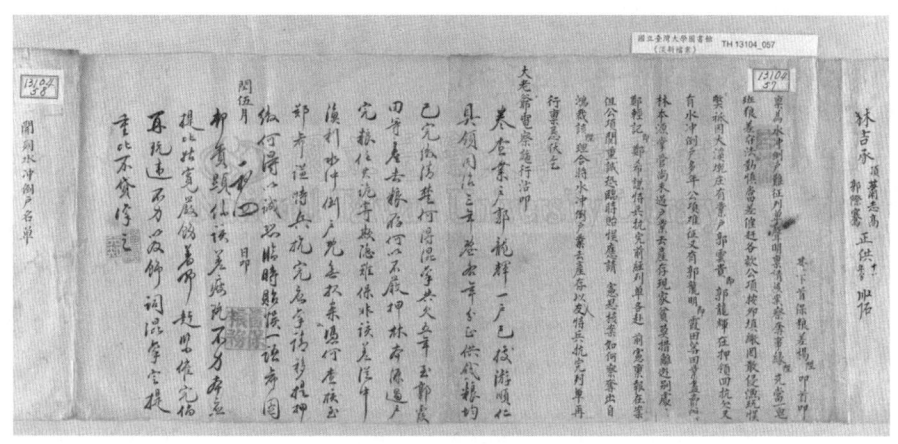

图 46 清代"淡新档案"司法文书

自从法律史学者将研究重心从法律文本转到司法实践之后,清代州县官审理细故案件的依据就成了学界的热点问题。影响较大的有两种观点,一是以日本学者滋贺秀三为代表的,认为州县官对情理的考虑重于《大清律例》等成文法律规定;一是美籍华人学者黄宗智所主张的,国家成文律例是清代州县官审理细故案件的主要法源。

滋贺秀三利用清代大量判语判牍作为基本材料,发现:在当时人通常所说的情理法三要素中,州县官的裁决并非主要依靠国法进行,反而主要是用情理来进行裁判的居多。在他看来,此类细故案件并不受"断罪引律令"规定所约束,事实上州县官在审断此类案件时,一般都未引用成文律例来处理案件。他运用了"父母官型诉讼"来概括传统中国州县官的司法,认为州县官对细故案件的听讼在本质上就是一种"调解",作为父母官的州县官拥有施加轻微惩罚的权限,以劝谕或命令的方式迫使两造接受某个解决方案。尽管当事人在形式上有上控翻案的可能,但因此类案件在上级衙门的审理方式,与州县官的审理并不存在太大的差异。所以,相对于重案的程序性要求,清代官府对细故案件的审判并不存在让当事人循制度性对决,有个超然第三者对纠纷裁定胜负的诉讼结构。从而清代对细故案件的审理,恰与近代欧陆强调胜诉和败诉的"竞技性裁判"相对立,是一种"教谕式调解"。①

与此相对,黄宗智则认为清代州县官裁断细故案件的主要依据是成文律例。他通过对

---

① 参考〔日〕滋贺秀三:《清代诉讼制度之民事法源的概括性考察》,范愉译,载王亚新等编:《明清时期的民事审判与民间契约》,法律出版社1998年版,第19—53页。

中国清代州县衙门档案,主要是巴县、宝坻和台湾淡新档案等材料,经过实证分析,发现在实际的司法运作中,州县官极少从事所谓的"调解",绝大多数的案件都是依照《大清律例》的规定作出判决,故反驳了滋贺秀三关于"教谕式调解"的说法。黄宗智进一步解释了这种现象背后的原因,虽然州县官对细故案件的审理受上级审查的严格度较低,但仍存在当事人上控的风险,因而较稳妥保险的做法,是尽可能依照律例断案;还有就是办案效率也对州县官构成压力,调解案件旷日废时,吃力不讨好,遵照律例往往是最便捷的方式。①

关于州县官审理自理词讼的依据是什么这一问题之所以具有较重要的学术价值,主要是因为它与我们如何评判清代州县司法、整个帝制中国司法乃至整个法文化之性质密切相关。关于该问题的回答,随着各种司法档案的发现和陆续整理,以及学界对传统法律和司法的研究日渐深入,自然会有新的认识和解释。我比较认可黄源盛教授的论断:

> 传统法时期州县官审断户婚、田土、钱债等民间细事是否严格遵循国家实定法的规定?似未可一概而论,往往随案件性质及规范密度而有所不同。例如,各地交易习惯差异颇大的钱债案件,就比较强调因地制宜;而强制性质较大的"承嗣"案件,受到实定法的约束程度可能就相对要高得多;因此,从不同实证考察的材料类型,可能会得出不同的结论。理论上,要真正了解传统审判制度的本质,不能单就官方表达或仅从实际运作来论断,两者是有机的结合,虽然审判是依据律例、规则而频繁地进行,但是,并不表示官方的"教谕"因此就不具重要性。究其实,传统中国的司法实践,追求的是个案的妥适性,律例在州县自理的轻微案件中,有时反而成为用来协助填补伦理规范的缝隙,并没有"非用"不可的拘束力。②

1. 帝制中国的司法机构有什么重大演变?
2. 如何看待帝制中国的刑讯制度?
3. 帝制中国"细故"案件的审判依据是什么?
4. 在帝制中国地方官府那里,究竟是"以行政官兼理司法"呢还是"以司法官兼理行政"?理由何在?

参考阅读材料

《历代刑官考序》

官制之因革损益,代各不同,即一代之中,或亦先后不同。刑官之制,尤为纠纷,非诊举而详究之,不能得其变迁之故。日者钦奉明诏,改定官制,议局详议,纂为一编。在他官之当讨论者,尚不过名称之改易,案牍之区分,惟刑官之制,新旧大相径庭,其关系乎他日之政治

---

① 参考黄宗智:《民法的表达与实践:清代的法律、社会与文化》,上海书店出版社2001年版,第75—106、224—230页。
② 黄源盛:《中国法史导论》,台湾元照出版有限公司2012年版,第329页。

者,得失是非,正非一言所可罄也。因述历代刑官之制,粗加考论,辑为二卷,得失是非,大略可睹矣。编既成,而序之曰:

《传》称:"自颛顼以来,以民事命官。"《周礼》曰:"设官分职,以为民极。"是则国家之设官,为民事设也。《家语·礼运篇》王肃注:"官,职分也。"有一官即有一官之职分,故任是官者,必皆能各尽其职分,而后国家乃非虚设此官。此设官之本义也。稽之于古,未闻无是事而虚设一官者,亦未闻设一官而可以不事其事者;未闻任是官而不必问是官之职分当如何乃克尽者,亦未闻任是官而不必问职分之相当不相当可以漫居是官者。此理之易晓者也。则请更言其弊:进取之路,升转之阶,但为人谋,不以事计,遂有无一事而增数官者,其弊一。伴食之流,窃禄之辈,不亲公牍,世亦相容,遂有作此官而不作一事者,其弊又一。不考例案,未叙年资,应对偏工,奔走无误,遂有职分不必尽而升擢可邀者,其弊又一。甲署叙劳,乙署授秩,事非所习,位在人前,遂有职分不相当而冒昧从事者,其弊又一。凡此诸弊,与设官之本义实相刺谬。在他官皆不当如此,况安民和众其关系重要尤在刑官,而可以蹈常袭故不思变计乎。至于禄薄筹增,多一官即多一官之俸给,度支告绌,区画为难,此又关乎国用,不可不计及者也。古者士之仕也,以行道也,故为贫而仕者,必辞尊居卑,辞富居贫。委吏乘田,孔子为之。自此义不明,而急流竞进,利禄为心,用不必才,官失其守,此治道之所以日衰也,良可慨已!若夫刑官变迁之故,苟即是编而讨论之,得失是非,亦可了然。何者与古同,何者与古异,何者古当因,何者古当革,因时损益,必得其宜,是在主之者。

(选自沈家本:《寄簃文存》,商务印书馆2015年版,第198—199页。)

第九讲

帝制中国的儒学、律学教育

一个国家民族的法制状况跟其教育密切相关。教育之良窳,在很大程度上能决定国族法制状况之好坏。近代中国法学教育研究者孙晓楼曾指出,"一定要有法律学问、法律道德和社会常识,三者具备,然后可称为法律人才"。关于其中的道理,孙氏讲得也很朴实中肯:"只有了法律学问而缺少了社会常识,那是满腹不合时宜,不能适应时代的需要,即不能做法律人才;有了法律学问,社会常识,而缺少法律道德,那就不免流为腐化恶化的官僚政客。"①帝制中国是如何培养法律人才的呢?简言之,即儒学为主,律学为辅。套用今日法学术语来讲,在作育法律人才这个角度而言,儒学就是帝制中国的法理学,律学是儒学在法律领域的具体表现。故官方以儒学熏陶奠定法律人才的社会常识和法律道德,在此基础上,以师徒传授或自修历练的方式来培育律学专业知识。本讲即分别叙述帝制中国作育法律人才的儒学教育和律学教育。

第一节 法律人员的儒学教育

秦代奉法家学说为治国圭臬,在官员教育上"以法为教,以吏为师"。汉初一时之间未能遽改。到汉武帝时,按照董仲舒的建议,朝廷在中央设立太学,在地方设立各级学校,以儒学为教育的主要内容。至此,儒学成为帝制中国教育的的主要内容,法律人员需先接受基本的儒学教育。帝制中国的儒学教育系统大致可分为官学和私学。

一、官学

儒家强调社会教化,对教育极其重视。《礼记·学记》云:"古之教者,家有塾,党有庠,术有序,国有学。"②虽然这未必是事实,但它成了帝制中国历代朝廷推动儒学教育的重要动因。帝制中国的官学大致包括中央政府的学校和各级地方政府的学校。

中央政府建立学校始于汉武帝时期建立的太学。董仲舒在元光元年(前134年)的贤良对策中建议:"不素养士而欲求贤,譬犹不琢玉而求文采也。故养士之大者,莫大乎太学;太学者,贤士之所关也,教化之本原也……臣愿陛下兴太学,置明师,以养天下之士,数考问以

---

① 孙晓楼:《法律教育》,中国政法大学出版社1997年版,第9—10页。
② 《十三经注疏·礼记正义》(中册),北京大学出版社1999年版,第1052页。

尽其材,则英俊宜可得矣。"①该建议为汉武帝所接受,"孝武初立,卓然罢黜百家,表章《六经》……兴太学,修郊祀……后嗣得遵洪业,而有三代之风"。②王莽执政时,一切摹仿古制,扩大太学,"为学者筑舍万区"。③可见当时太学,作为汉代的最高学府,规模相当宏大。东汉迁都洛阳,光武帝在洛阳重建太学。较之西汉,东汉朝廷对太学更重视,如和帝永元十二年(100年),朝廷赐在太学的博士弟子每人布三匹。一时名儒云集京师,四方学者咸来听讲,甚至远及边疆地区,如匈奴亦派遣子弟前来就学。到东汉末年,太学生人数达到三万之巨。

到唐代,在中央朝廷设立了国子监作为最高教育机构和教育行政机构,宋元明清大体因之,其间具体制度细节略有更易,兹不赘述。汪曾祺曾有"国子监"一文,介绍了晚清国子监的一些情况,有兴趣的同学可找来看看。④到近代戊戌变法前后,其职能为京师大学堂所取代,故早期的京师大学堂不完全是一个学校,还承担了教育部的部分教育行政职能。

图 47　清末国子监全貌图

与中央太学和国子监相配套,地方也设立了各级官学。历代各级官学之名称,因地方行政区划的不同而名称各异,但各级地方官府皆有其学校。西汉文翁在四川办的郡学在历史上即很著名。

帝制中国历朝,以宋代对教育最重视,制度也最健全。宋代在中央和地方皆有官学。其在制度上的重大变化,主要有两点:一是学校设有主持讲学的"直讲",学生有了固定的老师;一是学校有公家专门拨划的"学田",专供学校教学开销。有教员和校产,宋代官学不再仅是一个职司教育的办事单位,较之汉唐之世,宋代官学颇有足以自立的基础。⑤

到清制,随着专制主义的强化,不许民间有公开发言权以讽当道。当时府学县学都有明伦堂,清廷在每个明伦堂里都置有一块石碑,这块碑不是竖栽而是横躺的,故叫做卧碑。卧

---

① (汉)班固撰:《汉书》(第八册),卷五十六"董仲舒传",中华书局1962年版,第2512页。
② (汉)班固撰:《汉书》(第一册),卷六"武帝纪",中华书局1962年版,第212页。
③ (汉)班固撰:《汉书》(第十二册),卷九十九"王莽传",中华书局1962年版,第4069页。
④ 汪曾祺:《汪曾祺散文》,人民文学出版社2005年版,第102—108页。
⑤ 许倬云:《万古江河:中国历史文化的转折与开展》,上海文艺出版社2006年版,第189—190页。

碑上镌有几条禁令。第一,生员不得言事;第二,不得立盟结社;第三,不得刊刻文字。① 这三条禁令,恰好是近代西方人所要争取的言论自由、结社自由和出版自由等三大自由。东西双方的现代史,有这个恰正相反的对比,讲起来,真让我们从内心里感到惭愧和惋惜。卧碑立于顺治五年(1648年),金圣叹就为犯了卧碑禁令而被杀头了。因为当时科举考试官员贪污,一些生员跑到明伦堂向孔子灵位哭叫,就犯了言事结社的禁令。

到晚清前后,帝制中国的官学走向衰落。监生多纳粟入学,为科名声利而学,致于积重难返。所以晚清官制改革,设立学部,统筹设立各级新式学堂,希望能达到一新耳目、改弦更张之地步。

二、书院和私塾

书院是帝制中国中晚期发展起来的一种特别的教育组织,萌芽于唐,形成于宋废改于晚清,有长达千多年的历史,在中国教育史、文化史上有其重要地位。钱穆先生曾有个论断,对书院的评价特别高:"宋学精神厥有两端:一曰革新政令;二曰创通经义,而精神之所寄则在书院。革新政令,其事至荆公而止;创通经义,其业至晦庵而遂。而书院讲学,其风至明末之东林而始竭。东林者益本经义推之政术,则仍北宋学术真源之所灌注也。"②他到底讲得对不对?我们先来了解一下书院的起源及其相应的制度运作。

书院是讲学之处,可以是官府设立,亦可由学者管理,其产生与佛教有关。唐代佛学兴盛,寺院大增,占尽天下名山胜景。寺院虽处山林,但经常有高僧大德来讲论经义。唐代有儒生学者在寺院借读的风气,因在这里读书费用省且环境清静。宋代儒生借鉴了佛教寺院的这一方法,组织自己的书院。书院的主讲人被称为"山长",即保留了这一山林本色。书院往往有自己的田产,或官方划拨,或私人捐赠。来书院读书的学者,来去自由,亦无今日大学授予各级学位之规定。书院是学者自由讲学之地。宋儒多有宗派,书院是该宗派学术讲论和传播的基地。宋代著名书院,如朱子主讲的白鹿洞书院、陆九渊主讲的象山书院等,分别是讲论程朱理学和陆氏心学的重要根据地。朱子主持制定的《白鹿洞书院学规》,成为后代书院讲学的重要规矩。由于儒学讲究知行合一,故书院不仅言教以道问学,更身教以尊德性。书院师生之间,颇有往来,以便交互切磋琢磨。如朱陆鹅湖之会,更是学术上的千古佳话。据说,此次前来听讲学者的马匹,喝干了院中一大池子水。宋代书院,盛时多达200所以上。到明代,书院因王学兴起而走向全盛。"阳明政务在身,而兼亦从事讲学。其所至,学徒群集。倡为惜阴会,欲使学者时自集会,讲论研究。及其身后,流风益甚。"③晚明东林书院最为著名。据统计,到明代中后期书院更达到1200所左右,有些著名书院更绵延数百上千年之久,是中国文化史、教育史上一道亮丽的风景。可以说,自宋以降,天壤之间多亏有书院,士子得以托庇其间以传承文化命脉。

书院讽议朝政、月旦人物、聚徒讲学等遗风,却不能为异族入主的清廷所容忍,对书院进行全面干预和控制,成为清代书院政策的核心。早在顺治元年(1644年),清廷即下令重申

---

① 钱穆:《中国历代政治得失》,九州出版社2011年版,第149页。
② 钱穆:《中国近三百年学术史》,九州出版社2011年版,第6页。
③ 钱穆:《中国教育制度与教育思想》,载《钱宾四先生全集》第30册《国史新论》,台湾联经事业出版公司1998年版,第279页。

万历《大明会典》之禁条:"不许别创书院,群聚党徒及号召地方游食无行之徒,空谈废业。"①但"儒学浸衰,教官不举其职,所赖以造士者,独在书院。其裨益育才,非浅尟也"②,清廷不得不调整其政策,力图将书院官学化,以书院来弥补官学的不足。雍正十一年,清廷发布了一道上谕,力图将书院纳入官方体系中:"各省学校之外,地方大吏每有设立书院聚集生徒讲诵肄业者……近见各省大吏,渐知崇尚实政,不事沽名邀誉之为,而读书应举之人,亦颇能屏去浮嚣奔竞之习。则建立书院,择一省文行兼优之士读书其中,使之朝夕讲诵,整躬励行,有所成就,俾远近士子观感奋发,亦兴贤育才之一道也。督抚驻札之所,为省会之地,著该督抚商酌举行,各赐帑金一千两。将来士子群聚读书,须预为筹划,资其膏火,以垂永久。其不足者,在于存公银内支用。封疆大臣等并有化导士子之职,各宜殚心奉行,黜浮崇实,以广国家菁莪棫朴之化。则书院之设,于士习文风有裨益而无流弊,乃朕之所厚望也。"③清廷诸帝控制书院举措之最著者,包括地方官员操纵书院山长的任命去留、朝廷出资以控制书院经费、御赐书院匾额图籍等。这一系列管制举措,造成书院与原有的官学没什么实质性差别,丧失了书院在其繁盛期所具有的自由讲学、身体力行等活力,反而滋生出种种弊端,其著者如与科举捆绑在一起成为利禄之场、山长等官员贪腐导致书院财产流失。书院作育真正人才的功能严重受影响,加以近代以来社会巨变所导致的对新式人才的渴求,终于为新式学堂所取代而成为历史。

图48 清末私塾场景

---

① (明)申时行等撰:《大明会典》,卷七十八"礼部三十六",明万历内府刻本;《清通志》,卷七十四"选举署",清文渊阁四库全书本。
② 赵尔巽等撰:《清史稿》(第十二册),卷一百六"选举一",中华书局1976年版,第3119页。
③ (清)胤禛:《雍正上谕内阁》,卷一百二十七,清文渊阁四库全书本。

私家所办之学，其规模较小者称为私塾。私塾大多由落第或备考的读书人自己开办，一般是自己提供场地，入学者多系孩童，由学生家长缴交束修；亦有富家门第独力延请先生来教育族中子弟；也有同乡共井合力请先生来教育乡里子弟。私塾的教学宗旨主要是启蒙识字，读书内容多半与科考有关。另外，江南、华南的富家大族设有义庄的，多设有"义学"，聘请优秀老师，教育族中俊秀子弟，以保持家族之长久兴旺。

从宋代开始，私塾是民间教育的初始阶段，非常普及。学生在私塾接受了这个基础教育，能开笔作文以后，才进官学学习，开始与同学切磋。至于书院，则是探讨高深学问和砥砺志节的研究型学府。私塾的教学内容以儒家经典为主，兼及诗文和简单的数学等。

在这里附带提一句：至于其他学问，如算学、历学、音乐、绘画、医药等专门学问，则官府另有专门的学校。私家有传授专门学问的，则以师徒相传的方式为主。

第二节　法律人员的律学教育

帝制中国在儒家成为治国大道之后，司法官员除了学习儒学之外，亦会接受一些更专业的律学教育。何谓律学？即为帝制中国时期的法律专门之学，主要是对成文法进行术语界定、文义疏通、各类成文法之关系、条文与成文法整体之关系等内容，重点在帮助司法官如何运用这些成文法更准确进行司法活动。[①] 帝制中国在不同时期，律学的发展水平不同，司法官员接受的律学教育内容和方式亦有些差别。

一、两汉时期的私家注律和师徒传授

秦汉之际，即出现了一些对法律进行解释和注解的作品。武帝以后，儒学逐渐成为治国大道，以儒家经典为理论根据、同时运用经师解经注经的方法来对当时的成文法进行阐释的主流律学著述随之出现。董仲舒的春秋决狱即是这方面的典范。到东汉，很多大儒以儒家经义注释法典、阐述律意，写了大量的律章句，律学在这一时期得到重大发展。遗憾的是，这些律章句没有一部完整的保存下来，只有一些零星的内容保存在其他史料中。如汉律中的一个常见语词"左道"，其含义不是太明白。《汉书·淳于长传》云："许皇后坐执左道，废处长定宫。"郑玄在注解《礼记·王制》"析言破律，乱名改作，执左道以乱政，杀"一句时，将"左道"解释为"若巫蛊及俗禁"[②]，据此，即可清楚知道当时常用的"左道"一词之内容。

汉代废除了秦代严禁私学的法律，随着儒家思想法律化的展开，很多大儒同时也是著名律学家，开始广招生徒，在传授经学知识的同时也传授律学内容。如东汉的马融"教养诸生，常有千数"[③]，郑玄"弟子……自远方至者数千"[④]，郭躬"少传父业，讲授徒众常数百人"。[⑤] 尤其值得一提的是沛国陈咸家族五代以律为学，造就出了陈宠、陈忠等著名律学家。

武帝以后两汉任官强调通经致用，顾炎武有这样的解释"汉武帝从公孙弘之议，下至郡

[①] 我倾向于赞同何勤华教授的观点："律学是中国古代特有的一门学问，是秦汉时期随着成文法典的出现，统治阶级为了使法典（因当时法典尚未定型，故也包括单行的律、令）得以贯彻实施而对其进行注释诠解因而形成的一个学术研究领域。"（何勤华：《秦汉律学考》，载《法学研究》1999年第5期。）
[②] 李学勤主编：《十三经注疏（标点本）·礼记正义》（上册），北京大学出版社1999年版，第412页。
[③] （南朝）范晔撰：《后汉书》（第七册），卷六十上"马融传"，中华书局1965年版，第1972页。
[④] （南朝）范晔撰：《后汉书》（第五册），卷三十五"郑玄传"，中华书局1965年版，第1208页。
[⑤] （南朝）范晔撰：《后汉书》（第六册），卷三十九"郭躬传"，中华书局1965年版，第1543页。

太守卒史,皆用通一艺以上者……昔之为吏者,皆曾执经问业之徒,心术正而名节修,其舞文以害政者寡矣"。① 儒士、法吏本为入仕之两途,各有短长②,随着儒家成为治国大道,法吏之秀丽者,师从大儒而通经;儒士则因律学之通于经学而习律。

二、律博士和明法科

随着儒学独尊地位的巩固,大约东汉中期以后,在社会上渐渐形成了重经卑律的风气,律令之学遂逐渐没落。曹魏明帝时,卫觊对社会轻视法律、百官不懂法律的现状表示了忧虑:"刑法者,国家之所贵重,而私议之所轻贱;狱吏者,百姓之所悬命,而选用者之所卑下",因此他向朝廷请求"置律博士,转相教授"。③ 该建议随即被采纳,朝廷在廷尉官署中设置了律博士,历代因之。

隋初在大理寺设从九品律博士 8 人,明法 20 人;同时在地方也有律学教育,学生被称为律生。但至隋文帝开皇五年,大理律博士和州县律生均被废。④ 唐代自玄宗以后,一直在国子监下设律博士。据载,国子监律学学生员额为 50 名,招收对象是年龄在 18 岁以上 25 岁以下的八品九品官员子孙及庶人之习法令者。⑤ 主要是为了培养具有律学知识的普通文官,为将来出仕做准备。

到宋代,亦设律博士掌法律教授。北宋律学没有定员,招收的对象是官员和举人。北宋大儒程颐曾讲:"看详律学之设,盖欲居官者知为政之方。其未出官及未有官人,且当专意经术,并令入太学,乃学古入官之义。今立法,到吏部人方许入律学。"⑥可见,北宋某些阶段甚至规定官员或至少是已经取得出身者才能学律。北宋律学的学习内容,除了学习律令等成文法外,更有"断案"。到南宋,律博士和律学教育走向衰微。到元代以后,律博士不再设置。降及晚清,沈家本鉴于"赖有此一官,而律学一线之延遂绵绵不绝",奏请朝廷恢复律博士这一古已有之的制度。⑦

唐宋科举中还有明法科,是读书人通过研习法律而做官的一个渠道。下面略作介绍。

明法科是唐代常举六科之一。考试主要是考察应试者对律、令等成文法的记忆和理解。在北宋时期,明法亦为科举诸科之一。《宋史》记载太宗淳化三年(992 年):"明法旧试六场,更定试七场:第一、第二场试律,第三场试令,第四、第五场试小经,第六场试令,第七场试律。仍于试律日杂问疏义六、经注四。"⑧到神宗时期,君臣鉴于明法科选拔之人"徒诵其文,罕通其意",废旧科明法,设新科明法,考试"律令、《刑统》大义、断案,所以待诸科之不能业进士者"。不久,"选人任子亦试律令始出官,又诏进士自第三人以下试法。"⑨南宋高宗时期科举注重经义,废除了新科明法。

观察唐宋时期的明法科,有两个方面的特点值得注意:第一、从考试内容上来看,明法科从不用试经,到明法通经受到鼓励,再到明法必须通经,甚至试经之比重超过试律。这反映

---

① (清)顾炎武:《日知录校注》(中册),陈垣校注,安徽大学出版社 2007 年版,第 987 页。
② 参考(汉)王充:《论衡·程材》,载黄晖:《论衡校释》(第二册),中华书局 1990 年版,第 533—545 页。
③ 《晋书·刑法志》,载《历代刑法志》,群众出版社 1988 年版,第 47 页。
④ 参考叶炜:《论魏晋至宋律学的兴衰及其社会政治原因》,载《史学月刊》2006 年第 5 期。
⑤ (唐)杜佑:《通典》,卷五三"礼十三·大学",中华书局 1988 年版,第 1468 页。
⑥ 《二程集》(上册),中华书局 1981 年版,第 562 页。
⑦ 沈家本:《设律博士议》,载《历代刑法考》(第四册),中华书局 1985 年版,第 2060 页。
⑧ (元)脱脱等撰:《宋史》(第十一册),卷一五五"选举一",中华书局 1977 年版,第 3608—3609 页。
⑨ 同上书,第 3618 页。

了朝廷对"法吏通经"要求的逐步提高。也就是说,在如何养成专业司法人才这个问题上,较之于"律",经的地位越来越重要。在这个问题上,司马光的观点在士大夫里面很具代表性,他在反对设立明法科时讲:"礼之所去,刑之所取,为士者果能知道义,自与法律冥合。若其不知,但日诵徒流绞斩之书,习锻炼文致之事,为士已成刻薄,从政岂有循良?非所以长育人才、敦厚风俗也。"①第二,应明法科试之人的前途不很理想,为人所轻视。由明法出身者,难以升迁高官、青史留名,只是选拔低级法律专业技术人员的渠道。在此背景下,律学被视为小道,明法被视为下科。

唐朝廷在设立律博士、明法科以培养律学人才的同时,更重视普通官员的律学素养。这体现在科举及第者吏部关试(释褐试)中的"试判两节"和以"身言书判"为核心的官员铨选过程中的"试判两道"上。马端临曾讲:"吏部所试四者之中,则判为尤切,盖临政治民,此为第一义。必通晓事情,谙练法律,明辨是非,发摘隐伏,皆可以此觇之。"制度立意很好,不幸在施行过程中走了样,"今主司之命题则取诸僻书曲学,故以所不知而出其所不备,选人之试判,则务为骈四俪六,引援必故事,而组织皆浮词。然则所得不过学问精通、文章美丽之士耳。盖虽名之曰判,而与礼部所试诗赋杂文无以异。殊不切于从政,而吏部所试为赘疣矣。"②尽管如此,但唐朝在科举和铨选中要求"试判",还是反映出朝廷对普通官员法律素养的重视。

宋朝廷对普通官员的律学素养更为重视,尤以太宗、神宗朝为最。宋太宗曾数次下诏,提倡在职官员学习法律。雍熙三年(986年)诏书云:"夫刑法者,理国之准绳,御世之衔勒……应朝臣京官及幕职州县官等,今后并须习读法书,庶资从政之方,以副恤刑之意。"③端拱二年(989年)太宗"诏赐宰臣执政《刑统》各一部,诏中外臣僚常读律书"。④ 根据这一指导思想,法律成为宋代科举中进士等考试的重要内容。太宗时规定,吏部关试要试判三道,合格者方能释褐授官。宋神宗时规定,进士、诸科等并令试律令大义或断案,合格才能授官。较之唐朝,宋代对普通文官的法律素养之要求上了一个台阶。主要表现在:在关试或铨试中,唐代之拟判变成了宋代更为注重实际的断案;官员选拔中,唐代对明经通法的优惠政策变成了宋代法律考试的制度性规定。在皇帝提倡尤其是把习律与做官在制度上紧密联系起来后,北宋出现了"天下官吏皆争诵律令"的局面。法律也成为宋代一般文官的必备知识和基本素质。⑤ 宋代士大夫成为通经术、明吏事、晓法律的综合性人才。

既然唐宋朝廷要求普通官员要有一定的律学素养,而本来侧重于专门之学的律博士和明法科在儒家思想的笼罩下,主流观念认为士大夫当识大体而不应受限于曲学小慧,逐渐由专门之学趋重经学,遂与朝廷要求普通官员须具备律学素养的要求相近。加之习明法科者出身受限,律法融入科举之中,从而废止律博士和明法科这类专门之学乃势所必至。故南宋初废除明法科,元代之后再无律博士。

三、明清官员的刑曹历练和自修

自唐宋以后,朝廷多要求普通官员应具备一定律学素养。到明代,更要求官员要"讲读

---

① (宋)司马光:《起请科场札子》,载《传家集》,卷五十四"章奏",吉林出版集团有限责任公司2005年版,第521页。
② 马端临:《文献通考》(上册),卷三七"选举考十·举官",中华书局1986年版,第354页。
③ 《宋大诏令集》,中华书局1962年版,第742页。
④ 王应麟:《玉海》,上海古籍出版社1992年版,第722页。
⑤ 参考叶炜:《论魏晋至宋律学的兴衰及其社会政治原因》,载《史学月刊》2006年第5期。

律令",但一则难以长期严格实施,二则在科举考试中,强调程朱理学的绝对正统地位,到明代中期以后更推行八股取士,律学的重要性日渐下降。本来,明清科举考试中有"判"之一目,可促使士子适当注意当时的律例。但这类科举考试中的"判",如清代,"与今日法律系考试的'实例题'不同;并非假设一项事实,使考生加以分析,并依据法律作一判决;而是以《大清律例》的门目为题,听任考生揣摩其义,然后自行拟定一事,加以判断,但并不需要引用条文作成具体判决。所以考生只要没有猜错题意,便可作答,无须更多地法律知识。"①更何况在乾隆之后,科举考试中的"判"也被废了,在律学被视为"小道"的社会氛围下,科举中又无此项内容,尽管朝廷仍然希望在职官员们能略通律学,事实上绝无此可能。

所以明清两代,当然主要是清代,官员们或因满人身份,或因科举中第,或因恩荫捐纳军功等入仕任职,事先可能大多数都没能受过律学教育。当然在儒家思想法律化情境中,他们长期浸淫于其中的儒家经典学习,则为其提供了一些律学理论,为他们后来有兴趣或工作所需学习律学知识奠定了一定的基础。即便如此,他们的具体律学知识,多是通过在职历练而获得。我们阅读清代司法文书,发现当时担负重大司法责任的官员,如刑部、大理寺和都察院的很多官员,内务府慎刑司、户部现审处和各省按察使司等官员,晰情用法,极为精道,显示出他们很多人具有较高的律学修养。关于这种个人历练或自学,我在这里举几个例子:

刘衡,清中叶著名循吏,长期担任州县官,著有《读律心得》等书,影响很大。② 他在《读律在熟读诉讼、断狱两门共四十一条》中回忆了自己学习律学知识的经过,"先大父课衡读律……道光元年,悉心读律凡八阅月,方得窥圣人制律之精意。辄随读分类录之,间缀以小注数语录。竟得三种:一曰《理讼撮要》、一曰《通用加减罪例》、一曰《祥刑随笔》……乃以《读律心得》题其签。"关于整个《大清律例》的体系,他据其心得指出:"名例律乃全律之总也,枢纽也。全部律例各条均不能出其范围。譬如满屋散钱,一条索子穿得,尤宜细心推究。"③俞樾,乃晚清学术大家,著有《春在堂随笔》等,在题江苏臬司大堂之对联中即道出其读律心得:"读律即读书,愿凡事从天理讲求,勿以聪明矜独见。在官如在客,念平日所私心向往,肯将温饱负初衷。"④

尽管有这些杰出例子,但官员们的律学修养多来自在职长时期历练,这种历练随人际遇不同,效果亦因之而异,没能成为一种制度,不能保证所有的司法官员皆能具备相应的律学素养,而不得不倚重幕友、书差等辅助人员。

四、清代幕友的律学教育

鉴于清代官员们的律学修养是通过任职后的自修或长期历练而获得,其他参与司法诉讼的人员,如书吏、讼师、代书、差役等,他们律学知识的获得,或者限于资料,或程度参差不齐,难以准确描述。但一般而言,皆不甚理想。

先来看书吏。清代禁止科举中式的人投充,一般由民人捐纳或衙门招募,其教育程度一般不高。但因其工作主要是处理有关法令制订和施行的文书,久而久之,自然学得不少律学知识。资深书吏,水平较高,但能者多劳,势必业务繁多,可能招收一些子弟亲友为学徒,带在衙署中学习,好帮助他们办事。但中国自魏晋以后官、吏分途;隋唐之后,更是吏役合流。

---

① 张伟仁:《清代的法学教育》,载《魔镜——法学教育论文集》,清华大学出版社2012年版,第22—23页。
② 其传记见赵尔巽等撰:《清史稿》(第四十三册),卷478"循吏三",中华书局1977年版,第13056—13057页。
③ 刘衡:《蜀僚问答》,清同治七年牧令书五种本,卷一。
④ 雷缙:《联话丛编》,上海扫叶山房1928年石印本,卷二。

吏职逐渐成为贱业,难以有好的前途。① 尽管这种目的性较强、师徒手把手式的传授效果较好,但书吏们一般不愿把学吏的经历记载下来供人研究。

讼师既然要为当事人提供诉讼指导,当然要有律学知识。但清代严厉打击讼师,一般讼师自然不敢公开传徒授业,想学的人只能从讼师秘本中自行修习、有疑难则暗中请教。代书按照清朝法律规定,只是按照当事人的陈述进行眷述,不需要高深的律学知识;差役知书识字的不多,更遑论其专业教育。

所以,清代律学教育的重点就集中在幕友。传统中国读书人的要务是追求中举。但中举犹如千军万马过独木桥,成功的可能性微乎其微,往往需要多次应举才有希望。在多次应举之期间,家境富裕者勿论,家境清寒甚至一般者,都没有条件闭门苦读等待下次科举应试。因其没有躬耕之习惯,既不便也无力去经商,所以只能找一些文字工作来做。其中最适宜的就是学作幕友。

幕友是官员私人聘用的助理,其由来已久。自唐代以来主要以儒学科举取士,官员的司法工作又需要较为专业的律学知识。尽管以儒学出仕的官员明白儒家经义,这在儒家思想法律化的情况下可被视为律学基础理论,但律学知识毕竟带有较强的专业化色彩,因此官员们断案所需的律学专业知识还是欠缺,聘用在律学专业知识方面造诣较深的人做助理很有必要。在传统的司法环境之中,书吏尽管可能具有较专业的律学知识,但官吏分途、吏役合流,书吏社会地位低下,难免求眼前利益而营私舞弊,显然靠不住。聘用那些习律有得的士人,当然这些士人主要是落第士子,以主宾的方式相交往,自然收效更好。这种官员聘用私人助理充当幕友的做法,到清代已是非常普遍。中央衙门的主官因属吏较多,聘任幕友的相对较少,但外省官员,从州县到督抚,几乎都聘有幕友。

幕友的种类很多,大致以刑名和钱谷二者为最重要,对司法工作而言,刑名幕友尤其重要。幕友多是落第士子,也有少数取得科第、暂时无法任职之士大夫,甚至已有极个别已任官员因特殊情况入幕为宾的,如晚清曾国藩幕府中即有诸多已中高第之名士。

幕友的教育主要靠师徒之间的实地练习。因幕友的律学教育并无专门机构和制度,大多由现任幕友在其任所随时指点学徒,在条件成熟之后,将自己办理的业务交给学徒实习。故一个人要想拜师学幕,完全取决于个人之际遇。如有父兄等亲戚或乡里前辈为现任幕友,当然就有更多的机会。绍兴一地幕友遍天下,即与学幕的这一特点有关系。

一般而言,学幕起点以在州县幕府为佳。因州县乃基层官府,综理一地庶政,刑名案件都在此初步处理,是通盘学习幕学各种业务的起点。有了州县衙门学幕的经验之后,再到上级官府进一步学习,当然就更理想。

学徒在拜师仪式后即迁入官府中的幕斋,跟随师傅起居作息。师傅除了教授幕学知识,辅导实务练习外,还照顾学徒的生活起居,约束其言行。在学期间,学徒的衣食等开销全由师傅提供,故师徒关系超乎密切。

幕友的学习主要包括研读书籍和实习办拟各类司法文稿。幕友阅读的书籍,大致包括:(1) 法规:大清会典及其事例、各部院则例、律例、地方法规;(2) 整理诠释律例之书以及帮助记忆律例要点的作品;(3) 判决文书及其汇编;(4) 与地方政府刑钱事务有关之书;(5) 幕友

---

① 清代有人云:"汉以前,吏胥士也,卿大夫多出焉,其人自爱而重犯法,以是吏胥贵。唐宋以来,士其业者不为吏胥,为吏胥者则市井奸猾巨家奴仆及犯罪之人,以是吏胥贱。吏书既贱为之者,皆甘心自弃于恶,行已若狗彘,噬人若虎狼,以是吏胥横。"(牟愿相:《说吏胥》,载贺长龄等编:《清经世文编》(上册),卷二十四"吏政十",中华书局1992年版,第619页。)

记述处理刑钱事务的经验和心得之作;(6) 传世经史之作。幕友须读之书,可谓汗牛充栋。但因其数量太大,当然在阅读时有所侧重。比如说经史类书籍,在学幕前已有钻研,在学期间,只要留意,闲暇时加以温习即可。重点是律例及其诠释著述,及至稍微熟悉,就应结合司法判决文书,了解实用之诀窍。等到有机会开始实习之后,即要参考前辈幕友的经验和心得。

幕友的实习主要是承办师傅交代下来的具体业务,包括批阅案卷、拟批呈词、试核房科拟稿、起草通常文件、拟办命盗勘词、办理上行司法判词。这些都需要师傅的耐心指导。按照此一次第,用功学习三四年,虽不能精通,但一般工作似能胜任。

清代幕友的教育,其最大缺点就是师徒薪火相传,培育的人数有限,难以适应社会变革对专业人才的大量需求,故到晚清新政,即有专业的法律、法政学堂之设。其优点也很明显,那就是在专业学习之前及之中,都非常重视经史之学的研习和道德砥砺,避免成为流于刻薄的刀笔吏。①

帝制中国法律人才之教育,多数时候能将儒学与律学教育结合起来,能够培养一些识大体而非刀笔吏的法律人才;但随着皇权专制的强化,加之万事万物演变中所不可避免的物极必反,制度化的儒学教育渐趋僵化,律学教育越来越被视为不识大体之"小道",没能正式制度化。降及晚清,遭遇数千年未有之大变局,帝制中国的一切都要转型,既有的法律人才培育模式慢慢为新式法律、法政学堂、司法人员专业培训机构所取代。

1. 帝制中国儒学教育与律学教育之关系为何?
2. 清代律学教育具有些什么样的特点,其利弊得失若何?

"设律博士议"

《魏书·卫觊传》:"觊奏曰:'九章之律,自古所传,断定刑罪,其意微妙。百里长吏,皆宜知律。刑法者,国家之所贵重,而私议之所轻贱。狱吏者,百姓之所县命,而选用之所卑下。王政之弊,未必不由此也。请置律博士,转相教授。'事遂施行。"《晋书·职官志》:"廷尉,主刑法狱讼。属官有正、监、评,并有律博士员。"《宋书·百官志》:"廷尉,律博士一人。"《南齐书》同。《隋书·百官志》:"廷尉卿,梁国初建曰大理。天监四年,置胄子律博士,位视员外郎。陈承梁,皆循其制。胄子律博士,六百石。"《魏书·官氏志》:"律博士,第六品中。"《隋书·百官志》:"后齐大理寺,律博士四人,明法掾二十四人。隋律博士八人,明法二十人。"《唐六典》:"国子监律学博士一人,从八品下。助教一人,从九品上。律学博士掌教文武官八品已下及庶人子之为生者,以律令为专业,格式法例亦兼习之。助教掌佐博士之职。"注:

---

① 关于幕友律学教育部分参考张伟仁:《清代的法学教育》,载《魔镜——法学教育论文集》,清华大学出版社 2012 年版,第 1—93 页。

"《晋·百官志》廷尉官属有律博士员。东晋、宋、齐并同。梁天监四年,廷尉官属置胄子律博士,位视员外郎,第三班。陈律博士秩六百石,品第八。后魏初律博士第六品,太和二十二年为第九品上。北齐大理寺官属有律博士四人,第九品上。隋大理寺官属有律博士八人,正九品上。皇朝省,置一人,移属国学。"《唐书·百官志》:"武德初,隶国子监,寻废。贞观六年复置,显庆三年又废,以博士以下隶大理寺。龙朔二年复置,有学[生]二十人,典学二人。元和初,东都置学生五人。"《旧唐书·职官志》:"学生五十人。"《宋史·(百)[职]官志》:"国子监律学博士二人,掌传授法律及校试之事。"此历代律博士之官制也。其品秩、人数、多寡、高下虽不尽同,而上自曹魏,下迄赵宋,盖越千余年。此律学之所以不绝于世也。

尝考《周官·大司寇》:"正月之吉,始和,布刑于邦国都鄙,乃县刑象之法于象魏,使万民观刑象,挟日而敛之。"夫县之象魏而纵民观,则平日之集众思而成此法,其几经讨论研究可知矣。又有州长以下诸官,属民读法。故其时未尝有律学之名,而人人知法。洎乎世道陵夷,不遵先王之法,而法亦日即于销亡,泯泯棼棼之习,遂无从而整齐之。于是法家者流,目击当世之情形,各就其所学而作为书,李悝《法经》,其最著者也。当是之时,学者颇众。自秦焚《诗》《书》、百家之言,法令以吏为师,汉代承之,此制未改。士之不能低首下心于吏者,遂不屑为此学。然当时之法家者流,或父传其子,或师传其弟,习此学者,人尚不少。马、郑经学大儒,犹为律章句。其余诸家章句,各自为书,转相传授,学者遂多矣。董卓之乱,海内鼎沸,生民涂炭,人士凋零。卫觊于是有设律博士之请。自是之后,迄于赵宋,代有此官。虽历代当局之人,或视为重要,或视为具文,所见不同,难归一致,然赖有此一官,而律学一线之延遂绵绵不绝。宋神宗置律学,苏轼有"读书万卷不读律,致君尧舜终无术"之讽。苏氏于安石之新法,概以为非,故并此讥之,而究非通论也。自元代不设此官,而律学遂微。朝廷屡诏修律,迄于无成。明承于元,此官遂废。然《明律》有讲读律令之文,凡官民咸当服习。是明虽不设此官,律令固未尝不讲求也。

夫国家设一官以示天下,天下之士方知从事于此学,功令所垂,趋向随之。必上以为重,而后天下群以为重,未闻有上轻视之,而天下反重视之者。然则律博士一官,其所系甚重而不可无者也。法律为专门之学,非俗吏之所能通晓,必有专门之人,斯其析理也精而密,其创制也公而允。以至公至允之法律,而运以至精至密之心思,则法安有不善者?及其施行也,仍以至精至密之心思,用此至公至允之法律,则其论决又安有不善者?此设官之微意也。议官制者,其主持之。

(选自沈家本:《寄簃文存》,商务印书馆2015年版,第35—37页。)

第十讲

传统婚姻、承继法制

"婚姻为亲属、宗族家属关系发生的根源,且为人伦之本;故我国古来,礼教、习俗予以重视,而律令关于民事性质的规定,关于婚姻者特多。"①帝制中国的财产制度,很大部分即在家族内部流转。鉴于家族制度在帝制中国的极端重要性,本讲将集中讨论跟家族传承紧密相关的婚姻和承继法制。

第一节 婚姻制度

与西方或者现代认为婚姻是男女以营共同生活为目的所为之结合关系的婚姻观念不同,帝制中国的婚姻主流观念承之前的宗法封建而来,强调婚姻的本质是"合二姓之好,上以事宗庙,而下以继后世"。②婚姻制度即因此而生。《周易·序卦》云:"有天地然后有万物,有万物然后有男女,有男女然后有夫妇,有夫妇然后有父子,有父子然后有君臣,有君臣然后有上下,有上下然后礼义有所错。夫妇之道不可以不久也,故受之以《恒》。"③四书之首的《大学》在解释治国必先齐家的理由即讲:"其家不可教而能教人者,无之……《诗》云:'桃之夭夭,其叶蓁蓁,之子于归,宜其家人。'宜其家人,而后可以教国人。"④作为人伦之始的婚姻制度,在帝制中国尤其重要。

一、一夫一妻多妾制

帝制中国受周代宗法思想之影响,认为嫡庶应有严格的区别,因此一夫不能有多妻。所以典籍中有伉俪、妃耦之语,又有"妻者,齐也"之说。春秋时期齐桓公盟会诸侯,有"无以妾为妻"之禁。⑤ 事实上,多娶虽非礼所否认,但妻妾地位必须严为分别,故帝制中国实际上推行的是一夫一妻多妾制。《唐律》规定:诸有妻更娶妻者,徒一年;女家,减一等。若欺妄而娶者,徒一年半,女家不坐。各离之。《疏议》是这样解释的:"一夫一妇,不刊之制。有妻更娶,本不成妻。"《唐律》还规定:"诸以妻为妾,以婢为妻者,徒二年。以妾及客女为妻,以婢为妾者,徒一年半。各还正之。若婢有子及经放为良者,听为妾。"《疏议》云:"妻者,齐也,秦晋为

---

① 戴炎辉:《中国法制史》,三民书局1966年版,第219页。
② 《礼记·昏义》,载《十三经注疏·礼记正义》(下册),北京大学出版社1999年版,第1618页。
③ 《十三经注疏·周易正义》,北京大学出版社1999年版,第336—337页。
④ (宋)朱熹撰:《四书章句集注》,中华书局1983年版,第9页。
⑤ 黎翔凤撰:《管子校注》(上册),中华书局2004年版,第159页。

匹。妾通卖买,等数相悬。婢乃贱流,本非俦类。若以妻为妾,以婢为妻,违别议约,便亏夫妇之正道,黩人伦之彝则,颠倒冠履,紊乱礼经,犯此之人,即合二年徒罪……妻者,传家事,承祭祀,既具六礼,取则二仪。婢虽经放为良,岂堪承嫡之重。律既止听为妾,即是不许为妻。"①

中国传统婚姻是一夫一妻多妾制,为防止特权阶层过于凌虐平民,有些朝代的法律对贵族官僚娶妾的数量有所限制,如隋文帝之独孤皇后集妇女忌妒之大成,纳妾制度大为受限。但历代基本没有规定平民纳妾的条件。《大明律》"妻妾失序"条规定:"其民年四十以上无子者,方许娶妾。违者,笞四十。"这虽属禁止性规定,但处罚甚轻,立法目的显然不是要严禁平民娶妾,而是凸显平民和特权阶层的身份差异。由于它在处罚中没有强制"离异",所以平民违法娶妾之后,最多是笞四十,娶妾行为依然有效。故该法条只是一种宣示,在实际生活中不久即成具文,到清代,律例即取消了此种限制。在整个帝制中国,一夫一妻多妾制是婚姻制度的主要形态。

二、结婚制度与婚姻禁忌

在帝制中国,婚礼为礼之本。《礼记·昏义》云:"男女有别,而后夫妇有义;夫妇有义,而后父子有亲;父子有亲,而后君臣有正。故曰:昏礼者,礼之本也。夫礼始于冠,本于昏,重于丧祭,尊于朝聘,和于射乡。此礼之大体也。"②因婚姻乃结二姓之好、重视祭祀须传宗接代,因此婚礼特注重父母之命;因礼强调男女有别,故强调媒妁之言。班固在《白虎通·嫁娶》中做了解释:"人道所以有嫁娶何?以为情性之大,莫若男女,男女之交,人情之始,莫若夫妇……男不自专娶,女不自专嫁,必由父母,须媒妁何?远耻防淫佚也。"③

为了将这种父母之命、媒妁之言贯彻到实处,法典里面专门列了主婚人一条作为结婚的要件。直系尊亲属,尤其是男性的直系尊亲属,有绝对的主婚权,他可以命令其子女与任何一定的人结婚,社会和法律都承认家长的这种权威。这不仅是在子女不成年的时候如此,即使子女成年,甚至于子女已经做官经商在外,如果没有父母的同意,仍然没有婚姻自主权。如《唐律疏议》就明确规定,"诸卑幼在外,尊长后为定婚,而卑幼自娶妻,已成者,婚如法;未成者,从尊长。违者,杖一百。"④

主婚权由男女双方的尊长行使。它有严格的顺序,最优先的是男女双方的直系尊亲属,如父母、祖父母等;其次是期亲尊长,包括伯叔父母、姑、兄姊,有时也包括外祖父母;再次为余亲,包括期亲卑幼及大功以下亲属。根据嫁娶违律的法律规定,可以推断祖父母、父母对子孙有绝对的主婚权,而其他期亲尊长按照法律有类似于祖父母、父母的主婚权力,但实际上他们多少会征求男女双方的意见,不会像祖父母、父母那样强制行使主婚权。《唐律》明确规定:"诸嫁娶违律,祖父母、父母主婚者,独坐主婚。""若期亲尊长主婚者,主婚为首,男女为从。余亲主婚者,事由主婚,主婚为首,男女为从;事由男女,男女为首,主婚为从。"⑤

周代贵族成婚有六礼,即纳采、问名、纳吉、纳征、请期和亲迎,因其繁琐,到宋明以后,婚礼一遵《朱子家礼》,并问名于纳采、合请期与纳吉于纳征,故士庶人婚礼大致为纳采、纳征和

---

① 《唐律疏议》,刘俊文点校,法律出版社1998年版,第278—280页。
② 《十三经注疏·礼记正义》(下册),北京大学出版社1999年版,第1620页。
③ 陈立撰:《白虎通疏证》(下册),吴则虞点校,中华书局1994年版,第451—452页。
④ 《唐律疏议》,刘俊文点校,法律出版社1998年版,第290页。
⑤ 同上书,第296—297页。

亲迎三礼。据近代大法官马寿华先生回忆,"当时(指清末河南)通行之婚礼次序,系于结婚日上午,男方到女方家行亲迎礼,即迎新娘至男方家,在庭院露天处行拜天地礼。下午在堂屋内行拜见尊长礼,是时始能看见新娘容貌。有人斥责此乃旧式婚姻所谓父母之命、媒妁之言可议处,实则此正符合新郎、新娘之新字。"①帝制中国的婚礼较之周代封建时代有所简化但不失庄重。

违反关于婚礼之仪节和公序良俗,法律会予以适当制裁。《唐律》规定:"诸许嫁女,已报婚书及有私约而辄悔者,杖六十。"②《唐律》还禁止在居父母丧、祖父母父母被囚禁期间举行婚礼。

在帝制中国,存在以同姓不婚与近亲不婚为主要内容的婚姻禁忌。在夏商远古时期,本不限制同姓同族之间的婚姻,到周代才开始确立同姓不婚的禁忌,所以反映西周到春秋战国之间的社会礼俗的《礼记·曲礼》就记载有"娶妻不取同姓,故买妾不知其姓则卜之"。③ 王国维在发掘的考古资料基础上结合典籍等史料记载,考察了殷周之间重大的制度变迁,指出周代制度不同于商代的重大变化之一就是确立了"同姓不婚之制"。④ 自周代开始确立此制度以来,历代基本上都遵循了此一规定,并将之列为法典正式条文,对违反者施加一定的处罚。如《唐律》规定,"诸同姓为婚者,各徒二年。缌麻以上,以奸论"。⑤《大明律》规定,"凡同姓为婚者,各杖六十,离异"。⑥《大清律例》仍然禁止同姓为婚。直到晚清法律改革,沈家本鉴于历代形成的姓氏混乱情况,才建议朝廷取消此一条款。沈氏在《删除同姓为婚律议》中考察了"同姓不婚"制度的沿革,指出在建立此制度之时,由于古代"凡同宗者无不同祖,同祖故同姓",故同姓之义原为同祖之义。到后来姓、氏不分,有胡人改汉姓,朝廷赐姓,有避仇、避讳而改姓,有过继改姓等,姓氏杂乱。到"《明律》区分同姓、同宗为二,于是不同祖者亦曰同姓,而同姓之义晦矣"。在这种姓氏混淆的情况下,该法条的实际运用情况如何呢?沈家本根据清代的司法实际情况指出:"读律者之旧说,或云同姓者重在同宗,如非同宗,当援情定罪,不必拘泥律文。或云同姓为婚,大江以南罕有犯者,他省即缙绅或不以为怪,是未可概绳以法也。或云穷乡僻壤,娶同姓者,事所恒有,若尽绳之以律,离异归宗,转失妇人从一而终之义……是同姓为婚之律,已在存而不论之列。"⑦在沈家本的建议下,此一法条终得删除。

关于近亲不婚,在周代所倡导的同姓不婚就已经隐含了某些禁止近亲结婚的规定,但这主要指的是族内亲属,而近亲还包括姻亲。由于传统中国是一个伦理社会,尤其讲究上下尊卑关系。故理所当然外亲之中辈分不同的有服亲属之间是不能结为婚姻的,如舅与甥女、姨与姨甥等,违犯了此种禁令,两者之间不正常的性关系"以奸论",并要求强制离异。法律还规定辈分不同的无服亲属之间也不准通婚,违反该规定也有相应的处罚。

我们将重点讨论表兄弟姐妹之间的婚姻关系。据学者考证,唐代对表兄弟姐妹之间的婚姻并不禁止,宋代沿袭唐代法律规定,到明清两代则将禁止表兄弟姐妹结婚写入律文,并

---

① 马寿华:《服务司法界六十一年》,台湾马氏思上书屋1988年版,第17页。
② 《唐律疏议》,刘俊文点校,法律出版社1998年版,第276页。
③ 《十三经注疏·礼记正义》(上册),北京大学出版社1999年版,第52页。
④ 王国维:《殷周制度论》,载《观堂集林》,河北教育出版社2003年版,第241页。
⑤ 《唐律疏议》,刘俊文点校,法律出版社1998年版,第285页。
⑥ 《大明律》,怀效锋点校,法律出版社1998年版,第62页。
⑦ 沈家本:《删除同姓为婚律议》,载《历代刑法考》(第四册),邓经元等点校,中华书局1985年版,第2047—2052页。

规定违反该律的处罚为杖八十、离异。① 《明律》"尊卑为婚"条规定"如娶己之姑舅两姨姊妹者,杖八十。并离异。"② 实际上中表通婚在民间很普遍,因其亲上加亲甚至成为美谈,几成习俗。但由于表兄弟姐妹通婚,并没有紊乱儒家所倡导的尊卑伦理关系,而且民间多倾向于这种"亲上加亲"的婚姻习俗,所以该规定与实际社会生活脱节。宋代苏洵就将其女嫁给其内兄程濬的儿子,其女还作诗"乡人嫁娶重母党"。明太祖时期法律严厉禁止表兄妹通婚之时,朱善即上书指出该条的窒碍难行之处,"民间姑舅及两姨子女不得为婚。仇家抵讼,或已聘见绝,或既婚复离,甚至儿女成行,有司逼夺。按旧律尊长卑幼相与为婚者有禁,盖谓母之姊妹与己之身是姑舅两姨,不可以卑幼上匹尊属。若姑舅两姨子女无尊卑之嫌……古人如此甚多,愿下群臣驰其禁。"③ 他的意见得到明太祖的采纳,"明洪武十七年,帝从翰林侍读朱善言,其中表相婚已弛禁矣,特未纂为专条,仍不免言人人殊。"④ 到雍正八年才明定条例,"其姑舅两姨姊妹为婚者,听民自便""议论始归划一矣"。⑤ 可见,禁止表兄弟姐妹结婚,设立专条的是明清两代,弛禁也在这两朝。"自立其禁而自弛其禁,是颇有趣的问题。"⑥ 法律要避免成为具文,就不能与社会情势凿枘不入。

传统中国还有一些婚姻方面的禁忌,如禁止娶亲属妻妾。因为中国是一个极端注重伦常的社会,亲属妻妾与其夫家亲属之间发生性关系绝对不允许。在她的丈夫生时有犯奸行为要比发生在普通人之间的通常奸情加重治罪,即使在其丈夫过世以后,也不能与夫家亲属结婚,否则要按照其夫与后嫁者的亲属关系来治罪,即使已经成婚也要强制离异。这在唐宋明清历代法典中都设有专条。双方存在尊卑关系当然没有什么问题,如果其夫与后嫁者并不存在辈分尊卑的情况,如兄收弟妻、弟收兄嫂等也是民间普遍存在的习惯。在民间,尤其在较为穷苦的人家,娶媳妇不容易,这种现象往往而有。这些婚姻往往还是由父母主婚,并通知地保等人,有公开的仪式。这就与上述表兄弟姐妹通婚类似,法律条文都向社会情势做出了让步。由于明初统治集团认为胡元统治华夏近百年,华夏民俗已不同程度受到胡俗之玷污,故需净化以恢复汉家故物。但到底何为真正的汉家故物,多出身淮西布衣的明初统治集团也未必明白,糊里糊涂把某种汉唐习俗归入胡俗。他们认为,小叔娶寡嫂、兄长娶孀居弟妇的习俗为蒙元胡俗,就要力加矫正,因此将其处罚定为绞刑,但实际上之前历朝法律都未对此明确禁止、予以处罚。嘉庆十七年朝廷修改定例为,"至兄亡收嫂,弟亡收弟妇,罪犯应死之案,除男女私自配合及先有奸情,后复婚配者,仍照律各拟绞决外,其实系乡愚不知例禁,曾向亲族地保告知成婚者,男女各拟绞监候,秋审入于情实。知情不阻之亲族地保,照不应重罪杖八十。如由父母主令婚配,男女仍拟绞监候,秋审时核其情罪,另行拟定"。晚清律学家薛允升即指出:"究之法过严,而照律办理者,百无一二。一遇此等案件,即不得不为之委屈调停。"⑦ 据瞿同祖先生根据《刑案汇览》中的司法案件考察的结果,只有那些因别的案件受到刑事追究的时候才会牵连到这个上面来。⑧

传统中国对婚姻的禁忌在宗族内部以及有辈分尊卑关系的其他亲属之间得到了严格的

---

① 瞿同祖:《瞿同祖法学论著集》,中国政法大学出版社1998年版,第103页。
② 《大明律》,怀效锋点校,法律出版社1998年版,第62页。
③ (清)张廷玉等撰:《明史》(第十三册),卷一三七"列传第二十五",中华书局1974年版,第3943—3944页。
④ (清)薛允升:《唐明律合编》,怀效锋等点校,法律出版社1998年版,第342—343页。
⑤ (清)薛允升著述:《读例存疑重刊本》(第二册),黄静嘉编校,成文出版社1970年版,第298—299页。
⑥ 参考《瞿同祖法学论著集》,中国政法大学出版社1998年版,第103—104页。
⑦ (清)薛允升著述:《读例存疑重刊本》(第二册),黄静嘉编校,成文出版社1970年版,第300—301页。
⑧ 参考瞿同祖:《中国法律与中国社会》,载《瞿同祖法学论著集》,中国政法大学出版社1998年版,第109页。

执行,而在姻亲和其他亲属的同辈分人之间尽管法律取限制态度,但多半没有认真执行,成为具文。这即与中国传统重视伦理、强调尊卑的社会状况相吻合。

三、妻在家族中的地位

女子婚后成为丈夫之妻子,从人身上将被视为夫家的人,因此自然与原先的家庭或家族的关系会发生变化,法律称谓用语由在室女变为出嫁女。最明显的是服制关系的变化。如从清代的丧服图可以看出,女子出嫁则为本宗降服,亲生父母也由原来的斩衰三年变为齐衰一年,其余娘家亲属都比原来的服制降一等。于是娘家亲属关系较出嫁前疏远,而且亲属范围也有所缩小。妻子既是夫家之一员,即于其本姓之上,冠以夫姓,以表示其身份已系属于夫家。因此,我们这里谈妻在家族中的地位特指妻在夫家的地位。

妻在家族中的地位是由其丈夫在家族中的地位决定的。欲明了妻在家族中的地位,首先须了解夫妻之间的地位问题。夫妇一词原意为抱负,寓平等之义。《说文》也将妻解释为"与己齐者也"。古人还有相敬如宾的说法。所谓敬妻者,敬的不是妻本人,而是她所代表的亲,她负有上事宗庙下继后世的神圣责任,为了宗庙计,自不得不敬,就好像敬子并非敬儿子本人,而是因为他是亲之后故而敬之。最初的夫妻关系蕴含了较多的平等意味,但发展到后来,夫妻间的地位渐趋严重的不平等。

造成夫妻关系不平等的原因归纳起来主要有两个方面。一是物质方面的,包含三个方面的意思:(1)由权力方面观察,操大权、居高位者,多属男子;(2)由家庭结构来看,古代婚姻在治家传家方面考虑较多,为夫妇二人计者少。家为男子所有,统系亦由男性决定,故男权日盛;(3)从财产上看,权力基本上掌握在男子手里,妇女主要靠男子养活,故其权力日益下降。① 另一个是精神方面的,主要是长期以来作为国家意识形态的儒家学说,尤其是理学的影响。传统儒家学说里就包含了男尊女卑的思想,到汉儒董仲舒,吸收了法家学说,更提出作为三纲之一的"夫为妻纲",将妻置于夫的从属之下。与此相应,整个社会开始设置具体的道德标准来规范女性的行为,这就是三从四德(德、言、容、工)。所谓三从,就是女子幼从父兄、出嫁从父、夫死从子,自生至死都处于从的地位,无独立意志可言。

法律关于妻之地位的规定,大致可以从身份和财产两个方面得到说明。从身份上讲,在传统中国家族制度里面,首先妻没有作家长的机会,只有男性后裔才有作家长的资格。夫在世时从夫,夫是家长。即使在夫死亡以后,也只能由子或孙继位为家长。其次,妻是受夫监护的。按照明清两代的法律规定,如果妻犯罪,只有在犯奸罪或死罪的情况下才收监,其余杂犯不论轻重,都不用收监而责令其夫管束。另外,法律在规定夫妻相犯时也确立了夫尊妻卑的关系。夫告妻的责任等同于尊长告卑幼,妻告夫则是干名犯义,与卑幼告尊长同罪,即使是妻子告发丈夫与人通奸也不例外。如果夫妻相殴,也是参照尊长与卑幼相殴来处理的。妻殴夫较常人加重,夫殴妻较常人减轻。不仅法律有如此规定,在传统社会舆论和伦理观念影响之下,一般人认为夫殴妻不算什么,乃治家所不可避免的事情。如是妻殴夫,那就类似于子孙殴打父母、祖父母,是骇人听闻的事情,是不可容忍的大罪。在这种情况下,妻不仅要遭受"人言可畏"的舆论,还要受到严厉的法律制裁。所以在传统法律里,妻没有独立的人格,夫对妻有监护管教之责,双方在法律上更类似于尊长与卑幼。

从财产方面来看,社会习惯和法律也对妻有严格的限制。在家里,妻虽负责处理家事,

---

① 参考吕思勉:《中国制度史》,上海教育出版社2002年版,第272—273页。

所谓"男主外,女主内",但她只是从丈夫那里领取一定数量的家用,只有在这个范围内她才有一定的支配权。即便在这个范围内,她还必须对夫负责,越权处分必须经过丈夫的追认才为有效。从承继方面来讲,法律根本否认了妻有承继其丈夫财产的权利,承继丈夫财产的只能是她的儿子或嗣子。在儿子未成年之前,她只能代为管理。不止如此,法律还规定妻不能拥有私有财产。《大清律例》规定妻改嫁不能携走丈夫的财产,就是其原先带来的嫁妆也被看成是丈夫家的财产而由夫家处分。

从人身和财产两个方面综合考察,妻与夫都是一种不平等的尊卑关系。在丈夫死后,尽管其在辈分上是长辈,但其法律上的身份和财产仍属于夫家,附属于作为家长的子孙。① 这种尊卑关系是作为建构家族制度、国家制度的基础而存在的。

四、离婚

离婚古称"仳离","仳"者,"别也",是夫妇因离婚而分别也。晋人始有"离婚"一词,之后离婚成为解除婚姻关系之通称。在儒家的思想观念之下,离婚是一件很不应该的事情。婚姻之首要目的就是要延续宗嗣、传宗接代,这种以家族延续为中心的婚姻自然在一定条件下又需解除。面对这个矛盾,一方面儒家观念对宗族传宗接代作了让步,可以离婚;另一方面又对离婚自由有所限制,以维护儒家所倡导的伦理纲常。离婚的权力,实为夫所享有。从丈夫一面来说,离婚为"绝婚",或"去"、或"弃"、或"出"。被离婚之妇女,则称为"出妇""弃妇"等。宋人称离婚为"休离"或"休妻"。明清以降,"休妻"成为民间离婚的通俗用语。妻子只有请求丈夫准许离婚,称为"请去"或"求去"。离婚之性质,与结婚相应,不只是仅仅解除夫妻二人之关系,更是解除男女两家的婚姻关系。就其主要者而言,帝制中国离婚制度有"七出三不去"和"义绝"。

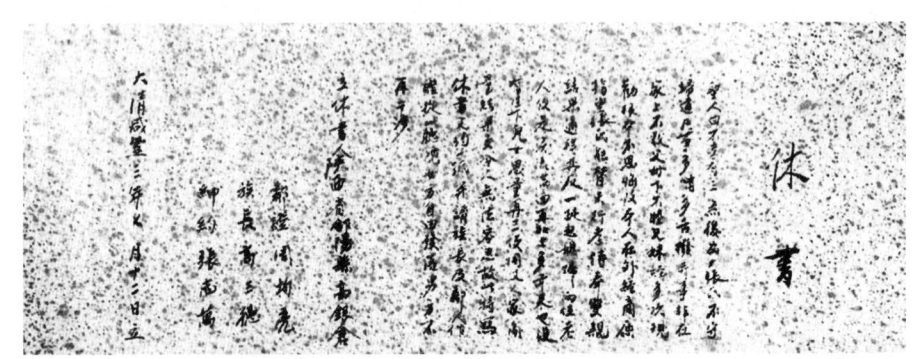

图49 清咸丰三年休书一份,记载陕西颌阳人高银仓因妻张氏不守妇道
多行悖逆,屡劝无果下与妻立休书以断瓜葛

所谓"七出",是说妻犯了特定七种过错,即构成法定离婚理由,丈夫可以据此解除婚姻关系,称为"休妻"。"七出",按照《唐律疏议》的解释,指女子无子、淫佚、不事舅姑、口舌、窃盗、妒忌和恶疾。七出作为丈夫要求解除婚姻关系的法定条件,离不离婚的主动权掌握在丈夫手里。即是说,妻子身犯七出,丈夫可要求离婚,也可不离婚。

所谓"三不去",是指妻子虽然犯了"七出"中的某一条或某几条,但具备下述三条之一,

---

① 尽管法律规定如此,但妻作为母亲、作为祖母,在极度提倡孝道的传统社会,有时实际上她在家里也享有较高的地位。丈夫死后,妻的地位应该视具体情况来判断,似不能一概而论。

丈夫就不能以"七出"为法定离婚理由而解除夫妻关系,即经持舅姑之丧、娶时贱而后贵及有所受无所归。关于"三不去"的适用,法律还规定如妻子犯恶疾及奸罪,则不适用"三不去"条款,仍旧允许丈夫休妻。

帝制中国还有一种法定强制离婚情形,即夫妻间"义绝"。它指的是"夫妻之恩情礼意,乖离违碍,其义已绝也"。① 历代具体内容有所差别,在唐代,主要包括:"(夫)殴妻之祖父母、父母及杀妻外祖父母、伯叔父母、兄弟、姑、姊妹,若夫妻祖父母、父母、外祖父母、伯叔父母、兄弟、姑、姊妹自相杀及妻殴詈夫之祖父母、父母,杀伤夫外祖父母、伯叔父母、兄弟、姑、姊妹及与夫之缌麻以上亲,若妻母奸,及欲害夫者,虽会赦,皆为义绝。"这项规定,在妻没有过门之前就适用。《唐律》还规定,如果没有七出和义绝的情况,丈夫无故休妻的,法定处罚是徒一年半,被离弃之妻还要追回团聚。② 义绝和七出作为法定离婚要件,又有重大区别。前面讲过,妻犯七出,离婚听之于丈夫的意愿。义绝则分两种情况:一是法律明确要求应离的。夫或妻一方有犯,则此种婚姻的解除是强制的,主动权在法律。法律规定应离而不离的,要受到处分,唐宋法律处徒刑一年,明清律处杖八十,然后强制离异。《唐律疏议》有具体阐释:"离者,既无'各'字,得罪止在一人,皆坐不肯离者;若两不愿离,即以造意为首,随从者为从。皆谓官司判为义绝者,方得此坐,若未经官司处断,不合此科。"③ 二是可离可不离的,如妻殴夫或夫殴妻达到折伤的程度等,法律明确规定"愿离者听"。

帝制中国之所以有关于离婚的"七出三不去"和"义绝"等制度规定,其背后的道理,沈之奇讲得很清楚:

> 夫妇之伦,联之以恩,合之以义,持之以礼,三者备而后正始之道无愧焉。七出者,礼应去之也;三不去者,礼应留之也。义绝必离,姑息不可也;恩绝听离,强合不能也。不应离而离,则悖于礼;应离而不离,则害于义。④

"七出"除"窃盗"一项直接关系到妇女的道德品性之外,其他六项皆与整个家族有密切的联系。"七出"中最重要的是"无子",因无子与婚姻传宗接代这神圣目的相悖,理应是解除婚姻的绝对条件,但实际上历代关于无子离婚的情况很少,至少不如人们想象的那么多。其原因在于有以下的限制:首先,因无子而解除婚姻关系有着年龄限制。依据法律规定,妻只有在年满五十岁以后无子才受此一法律的拘束。⑤ 实际上我们可以想见,当妻年龄到了五十岁,婚姻关系已经存续了几十年,夫妻感情相对比较深厚,一般不会因为无子而离婚。其次,在传统中国妻妾制的情况下,妻无子并不是特别严重的问题,妻无子可以通过纳妾来解决。只有在妻本身无法生育而且非常悍妒、不准丈夫纳妾的情况下才产生严重后果。同时法律还规定,妻五十以上无子,采取立庶以长的原则,妾之子也就是妻之子,所以法律上也不要求妻本身一定要有儿子。最后,虽然无子作为七出之一,但如果有三不去之一,丈夫也不能休妻。综合上述三方面的限制,因无子而被休的情况实在不如想象的那么多。

关于七出作为单方面要求妇女的条款,充分显示了男女在婚姻方面的不平等。历代有一些思想家对此提出了批评。如明初刘基就著文抨击了七出中的恶疾和无子两项。他认为

---

① (清)沈之奇:《大清律辑注》(上册),法律出版社 2000 年版,第 284 页。
② 《唐律疏议》,刘俊文点校,法律出版社 1998 年版,第 290—291 页。
③ 同上书,第 292 页。
④ (清)沈之奇:《大清律辑注》(上册),法律出版社 2000 年版,第 286 页。
⑤ 《唐律疏议》,刘俊文点校,法律出版社 1998 年版,第 291 页。

七出"是后世薄夫之所云,非圣人意也。夫妇人从夫者也,淫也、妒也、不孝也、多言也、盗也,五者天下之恶德也。妇而有焉,出之宜也。恶疾之与无子,岂人之所欲哉?非所欲而得之,其不幸也大矣,而出之,忍矣哉!夫妇人伦之一也。妇以夫为天,不矜其不幸而遂弃之,岂天理哉?而以是为典训,是教不仁以贼人道也。"①清代学者俞正燮则批评了七出中的妒忌,认为将之作为离婚的法定要件实在不妥,认为:"妒在士君子为恶德,谓妇人妒为恶德者,非通论也",然后引经据典证明妒是妇人的好品德。如其所举《韩非子·内储说》的例子,"卫人有夫妻祷者而祝曰:'使我无故,得百束布。'其夫曰:'何少耶?'对曰:'益是,子将以买妾。'"最后俞氏得出结论:"夫妇之道,言致一也,夫买妾而妻不妒,则是愁也……夫妇之道,依经史正义言之,妒非女人恶德,妒而不忌,斯上德矣。"②

通过以上的考察,作为离婚法定要件的"七出三不去"和"义绝"等原则,实际上是从整个家族或家庭的角度来考虑婚姻关系之存续的,而当事人双方的意志尽管在实际中可能得到了一定的考虑,但主要不在这方面。所以就有很多文学作品是以揭露传统社会的婚姻悲剧为题材的。在这些离婚原则里面,尽管妇女完全处于被动地位,但绝对不能理解为丈夫可以任意休妻,"与其说妻受夫的支配,离合听夫,不如说夫妻皆受家族主义或父母意志的支配。"③

在传统社会还有一种解除婚姻的方式,那就是协议离婚。这是法律赋予当事人双方少有的一点权利。《唐律疏议》在义绝之条先规定了关于违反义绝之条的处罚,接着讲,"若夫妻不相安谐而和离者,不坐"。④ 这间接肯定了此种双方协议离婚的有效性和合法性。

帝制中国,视家为国之本,婚姻基于天地阴阳之理、顺男女自然之性、延家族繁衍之根,其重要自不待言。修齐治平,一本乎礼,婚姻自然要循礼,故历代多创立制度,"导民婚媾,纳诸轨物,使无旷怨"。⑤ 自今日视之,在此种婚姻制度下,妻子服从于丈夫,进而共同服务于整个家族之繁衍,不免有难尽人意、人情之处。

第二节 承继法制

帝制中国受宗法思想及其制度的重要影响,承继法制与今日一般所言的继承制度有很大差别。在帝制时代的中国人看来,家族是一个永恒相续的实体,传统意义上的"继承"或"承继",是家族内部的身份和财产在家族成员内部之间的变更,是以男性家庭为中心的家族香火之传递,于家族本身并不生若干变化。其继承之目的,是往下传递具体家族成员对家族以及家族对社会的责任,这是一种"无所逃于天地间"的永恒义务。因此,承继法制主要是一种身份承继,财产承继则居于辅助地位,它是因身份承继而生的一种家庭财产分割,俗称"分家析产"或"分析家产"。现今各国,除日本还采用家族相续制度外,均采取财产继承制度,视继承为一种个人的权利。正因为有古今之间的这种制度和观念上的重大差异,故今日常见的法定继承、遗嘱继承、女子继承问题,在帝制中国最多只是现象上的偶合。

---

① 刘基:《郁离子》,上海古籍出版社1981年,第100页。
② 俞正燮:《节妇说》,载《癸巳类稿》,卷十三,清道光日益斋刻本。
③ 瞿同祖:《中国法律与中国社会》,载《瞿同祖法学论著集》,中国政法大学出版社1998年版,第145页。
④ 《唐律疏议》,刘俊文点校,法律出版社1998年版,第292页。
⑤ 杨鹏:《中国婚姻史稿》(上册),中华书局1990年版,第21页。

一、身份承继——以嫡长承继为原则

帝制中国因宗法思想之影响,身份承继的核心是以宗祧承继。"祧"是远祖之宗庙,"宗祧"即宗庙之谓。宗法的原则是"立嫡以长不以贤,立子以贵不以长",即嫡长子承继。秦汉以后,宗法制度被废弃,但宗法思想因儒家所崇尚的家族主义制度而长期存在,影响深远。

历代法典皆有"立嫡违法"条。《唐律》规定:"诸立嫡违法者,徒一年。即嫡妻年五十以上无子者,得立嫡以长,不以长者亦如之。"《疏议》对此有进一步的解释:"立嫡者,本拟承袭。嫡妻之长子为嫡子,不依此立,是名'违法',合徒一年。'即嫡妻年五十以上无子者',谓妇人年五十以上,不复乳育,故许立庶子为嫡。皆先立长,不立长者,亦徒一年,故云'亦如之'。依令:'无嫡子及有罪疾,立嫡孙;无嫡孙,以次立嫡子同母弟;无母弟,立庶子;无庶子,立嫡孙同母弟;无母弟,立庶孙。曾、玄以下准此。'无后者,为户绝。"①这条律文历经宋元明清,几乎没有什么变动,只是在明清时期将处罚减轻为杖八十。

秦汉以后,随着封建制度的废除,帝制中国的身份承继主要体现在祭祀承继和封爵承继上。

先来看祭祀承继。帝制中国一直重视对祖先的祭祀,为使先祖血食不断,男性子孙即负有祭祀义务。在一般的庶民家庭,没有那么多礼数可讲,人人皆有报本追始之心,祭祀者当然不限于嫡长子一人,诸子皆得任意祭祖,自然不需要严定祭祀承继人的顺序。在士大夫之家,则多讲求祭祀之法,嫡长子多为祭祀之统率。

封爵是朝廷授予宗室和勋臣的荣誉,不但封爵者本人有特殊待遇,其子孙亦得承袭。帝制中国自汉以后各朝,基本都有封爵制度,只是具体名称和等级有所差异而已。封爵承继,大体以嫡长子为主,在没有嫡长子的情况下,与立嫡的顺序大致相同。如《大明律》有"官员袭荫"条,规定了承袭人的顺序和范围:"凡文武官员应合袭荫职事,并令嫡长子孙袭荫。如嫡长子孙有故,嫡次子孙袭荫。若无嫡次子孙,方许庶长子孙袭荫。如无庶出子孙,许令弟侄应合承继者袭荫。若庶出子孙及弟侄不依次序搀越袭荫者,杖一百、徒三年。"②

由于为后者有包括祭祀承继和封爵承继方面的身份承继义务,故对于户绝之支、房,有强制立后(即"继嗣")之规定,即某男子因无直系卑属子孙,而致无承继人之时,他得于生前立同宗昭穆相当之侄子为继子;如其生前未能立继子,死后其寡妻、父母、族长等要为其立嗣。这种强制立嗣的做法,尤其是该人死后由别人为其立嗣,因立嗣行为牵涉到财产之分配,容易引发纠纷。明代大儒丘濬一语道破,"若夫其人既死之后,有来告争承继者,其意非是承其宗,无非利其财产而已"。③为解决纠纷,故历代皆有一些关于立嗣之范围与顺序之详细规定。限于篇幅,不一一赘述,兹以"异姓乱宗"之禁条为例简要说明。

宗族、家族本为血缘团体,宗法思想通过赋予血缘以神圣性,促使民众严守血缘界限。《左传》记载,晋国大夫狐突梦见故太子申生,申生祈祷上帝,希望让秦国来祭祀他,狐突即回答:"臣闻之:'神不歆非类,民不祀非族'";卫国大夫宁武子亦云:"鬼神非其族类,不歆其

---

① 《唐律疏议》,刘俊文点校,法律出版社1998年版,第259—260页。
② 《大明律》,怀效锋点校,法律出版社1998年版,第30页。
③ (明)丘濬撰:《钦定四库全书荟要·大学衍义补》,卷五十二"治国平天下之要·明礼乐",吉林出版集团有限出版公司2005年版,第653—654页。

祀。"①《谷梁传》也有类似观念："立异姓以莅祭祀,灭亡之道也。"②由于这个观念影响甚大,故法律明文禁止立异姓子为嗣,这是法律中"异姓乱宗"条的思想根据。《唐律》规定："养异姓男者,徒一年;与者,笞五十。其遗弃小儿年三岁以下,虽异姓,听收养,即从其姓。"该条"疏议"解释了如此立法的理由："异姓之男,本非族类,违法收养,故徒一年;违法与者,得笞五十。养女者不坐。其小儿年三岁以下,本生父母遗弃,若不听收养,即性命将绝,故虽异姓,仍听收养,即从其姓。如是父母遗失,于后来识认,合还本生失儿之家,量酬乳哺之直。"③到明代,关于"异姓乱宗"的禁条更明确。《大明律·立嫡子违法》条其中有一款规定："其乞养异姓义子以乱宗族者,杖六十。若以子与异姓人为嗣者,罪同,其子归宗。"关于其立法理由,当时的律学家雷梦麟指出："若乞养异姓之人,从己之姓为嗣,是乱己之宗族;以子与异姓人,从人之姓为嗣,是乱人之宗族……其不从姓、不继嗣,则为义男,律不禁矣。"④清承明制,相沿未改。降及晚清,沈家本认为亲属关系并非只是宗亲,"王道本乎人情",主张变通"异姓乱宗"条文,"设使为异姓亲属之人情谊素来亲密,虽事由人合,与同宗一族之以天合者,似属有间,而血脉究亦相通,绝非寻常异姓之人可比……若凡异姓亲属之有服制者,准其承继为嗣,其无服制仍不准承继,以示限制"。⑤ 有意思的是,作为修律大臣的沈家本在其主持修订的《大清现行刑律》中却大致保存了该条文之内容⑥,其间原因,耐人寻味,可能跟家族力量的强大有密切关系吧!有兴趣的同学可以深入探究一下。

二、财产承继——分家析产

与身份承继不同,财产承继是在父亲诸子之间展开的,一般习俗为按照房份,由诸子均分。这种由诸子均分家产的做法,被称为"分家析产"。这里需要注意的是为什么分析的不是"父产"而是"家产",其间的原因主要在于财产为家整体所有而非父亲个人的财产。⑦

今天我们的民法受欧陆的影响,规定继承开始被继承人死亡之时。帝制中国与此截然不同,对于财产承继开始时间无僵硬地规定,一般以父命为准,同时兼顾家族的整体利益。父亲可以在生前代表家庭处分家产,即把家产分给诸子;亦可在其死后一段时间内由诸子共同承继家产。因帝制中国重视孝道,诸子居父母丧期间不能分家析产,否则被视为不孝行为会受到法律惩罚。这两种做法都很多,尤其以第一种,即由父亲生前代表家庭处分家产的做法更为普遍,直到今天,这样的习俗依然普遍存在。历史上这种做法更被视为贤明之举。如西汉初年的陆贾:

> 有五男,乃出所使越得橐中装卖千金,分其子,子二百金,令为生产。陆生常安车驷马,从歌舞鼓琴瑟侍者十人,宝剑直百金,谓其子曰:与汝约:过汝,汝给吾人马酒食,极欲,十日而更。所死家,得宝剑车骑侍从者。一岁中往来过他客,率不过再三过,数见不鲜,无久慁公为也。⑧

---

① 《十三经注疏·春秋左传正义》(上册),北京大学出版社1999年版,第362—363、468页。
② 《十三经注疏·春秋谷梁传注疏》,北京大学出版社1999年版,第248页。
③ 《唐律疏议》,刘俊文点校,法律出版社1998年版,第258—259页。
④ 雷梦麟:《读律琐言》,怀效锋等点校,法律出版社1999年版,第122—123页。
⑤ 沈家本:《变通异姓为嗣说》,载《历代刑法考》(第四册),邓经元等点校,中华书局1985年版,第2118—2121页。
⑥ 《大清现行刑律案语》,"户役",修订法律馆1909年铅印本,第18—19页。
⑦ 相关研究可参俞江:《论分家习惯与家的整体性——对滋贺秀三《中国家族法原理》的批评》,载《政法论坛》2006年第1期。
⑧ (汉)司马迁:《史记》(第八册),卷九十七"郦生陆贾列传",中华书局1959年版,第2699—2700页。

陆贾这种生前为诸子均分家产的做法,在后世得到推崇。唐代名相姚崇"先分其田园,令诸子侄各守其分,仍为遗令以诫子孙,其略曰……皆见诸达官身亡以后,子孙既失覆荫,多至贫寒,斗尺之间,参商是竞。岂唯自玷,仍更辱先,无论曲直,俱受嗤毁。庄田水碾,既众有之,递相推倚,或致荒废。陆贾、石苞,皆古之贤达也,所以预为定分,将以绝其后争,吾静思之,深所叹服"。①

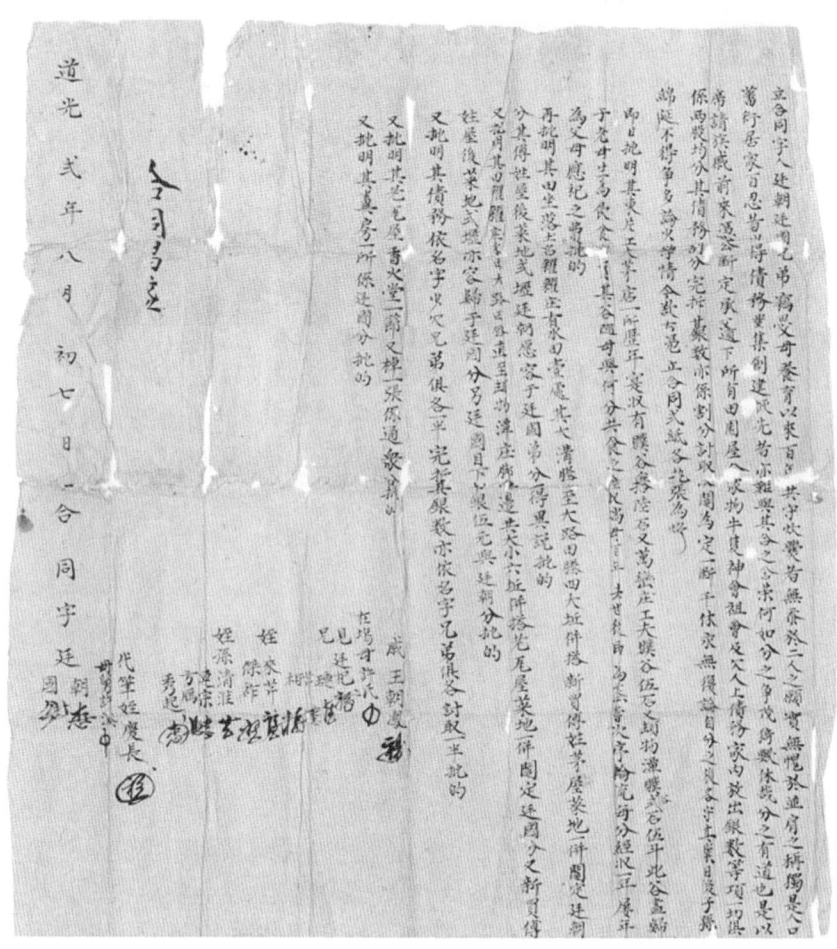

图50 清道光二年吴屋分家契约一份,记载"顿物潭贌谷贰石伍斗,此谷尽归于老母生为饮食,其谷随母与何分共食之,反尚母百年去世后即为蒸尝,次序轮流,每分经收一年,屡年为父母应祀之费批的",分家也仍须解决赡养母亲的问题

财产承继人的范围远比身份承继为广,大致包括诸子、诸孙、继子、在室女、出嫁女、赘婿等。如这些人都没有,则被称为"户绝",其财产则归朝廷。其承继顺序,虽历代在具体细节上有别,但大体可归纳为:第一顺序为诸子(嫡子、庶子、婢生子、继子和奸生子等)和子亡时的诸孙;第二顺序为在室女和赘婿;第三顺序为出嫁女。明清以前,旁系亲属尚有资格财产承继,之后,则保护直系亲属的继承优先地位,完全排除了旁系亲属的财产承继资格。《大明令》"子孙承继"条规定:"凡嫡庶子男,除有官荫袭,先尽嫡长子孙,其分析家财田产,不问妻、

---

① (后晋)刘昫:《旧唐书》(第九册),中华书局1975年版,第3026—3027页。

妾、婢生,止依子数均分;奸生之子,依子数量与半分;如别无子,立应继之人为嗣,与奸生子均分;无应继之人,方许承绍全分。""户绝财产"条规定:"凡户绝财产,果无同宗应继者,所生亲女承分。无女者,入官。"①

财产承继人之承继份额,大致包括诸子均分和其他财产承继人的特殊份额等。帝制中国分家析产的习惯和法律基本倾向于诸子均分,亦即同一顺序的承继人以均分为原则。史书记载这方面的例子极多。如东汉循吏许荆的祖父许武,"祖父武,太守第五伦举为孝廉。武以二弟晏、普未显,欲令成名,乃请之曰:'礼有分异之义,家有别居之道。'于是共割财产以为三分,武自取肥田广宅奴婢强者,二弟所得并悉劣少。乡人皆称弟克让而鄙武贪婪,晏等以此并得选举,武乃会宗亲,泣曰:'吾为兄不肖,盗声窃位,二弟长年,未豫荣禄,所以求得分财,自取大讥。今理产所增,三倍于前,悉以推二弟,一无所留。'于是郡中翕然,远近称之。"②

因诸子均分在习俗和法律上都得到了支持,故作为被承继人的诸子对均分家产有特别强烈的期待。至迟到明清之际,民间分家析产一般采取"拈阄"的方式进行,即将所有待分的家产按其品类分成大致等值的数份,由承继人当众拈阄确定哪份财产归其所有,以免不平不均。如父祖在生前决定分家析产,在举行拈阄仪式前先要制作"阄书",说明财产的来源,分配的方法,一般还有父祖对子孙的道德训诫,以家族和睦、繁荣昌盛为旨归。③

除前述以习俗和法律为依据的财产承继制度外,帝制中国也存在少量的遗嘱承继情形。唐宋时期存在少量关于遗嘱承继的法律规定,它要求遗嘱有"证验分明"和"官给公凭"这类凭证。到明清时期,法律再无关于遗嘱承继的规定,仅仅只是作为习俗而存在。即便是有这类遗嘱承继的情形,其到官之后,关于其效力,官府具有极大的解释空间。南宋郑克所辑录的《折狱龟鉴》卷八"严明"有:

> 张咏尚书知杭州。先有富民病将死,子方三岁,乃命婿主其赀。与婿遗书云:"他日欲分财,即以十之三与子,七与婿。"子时长立,以财为讼,婿持书诣府,请如元约。咏阅之,以酒酹地曰:"汝之妇翁,智人也。时以子幼,故此嘱汝,不然子死汝手矣。"乃命以其财三分与婿,七分与子,皆泣谢而去。

关于何谓"严明",编辑者是这样解释的,"夫所谓严明者,谨持法理,深察人情也"。④ 从这类影响很大的经典案例可见遗嘱在帝制中国的财产承继中不占什么重要位置。

总之,要考察帝制中国的承继制度,须注意家族制度的重要地位。不论是身份承继还是财产承继,都要着眼于家族作为一实体的永续存在特征,不论是承继人还是被承继人都是作为家族延续的一分子而存在的。故身份承继中,嫡长子承祀并承继封爵;在财产继承中,实则为分家析产,诸子均分原则具有支配地位,遗嘱承继仅作为一现象存在,不具重要地位。

思考题

1. 评述帝制中国"七出三不去"这个离婚原则。
2. 帝制中国"分家析产"制度的主要特征是什么?它对中国社会产生了什么样的影响?

---

① 《大明律》,怀效锋点校,法律出版社1999年版,第241—242页。
② (南朝)范晔撰:《后汉书》(第九册),卷七十六"循吏列传",中华书局1965年版,第2471页。
③ 张传玺教授主编的《中国历代契约汇编释释》即收有清代道光年间阄书一纸,有兴趣的同学可以参照。(张传玺:《中国历代契约汇编释释》(下册),北京大学出版社1995年版,第1602—1603页。)
④ 《疑狱集·折狱龟鉴》,杨奉琨校释,复旦大学出版社1988年版,第386页。

参考阅读材料

《礼记·昏义》

昏礼者,将合二姓之好,上以事宗庙,而下以继后世也。故君子重之。是以昏礼纳采、问名、纳吉、纳征、请期,皆主人筵几于庙,而拜迎于门外,入,揖让而升,听命于庙,所以敬慎重正昏礼也。

父亲醮子,而命之迎,男先于女也。子承命以迎,主人筵几于庙,而拜迎于门外。壻执雁入,揖让升堂,再拜奠雁,盖亲受之于父母也。降,出御妇车,而壻授绥,御轮三周。先俟于门外,妇至,壻揖妇以入,共牢而食,合卺而酳,所以合体同尊卑以亲之也。

敬慎重正而后亲之,礼之大体,而所以成男女之别,而立夫妇之义也。男女有别,而后夫妇有义;夫妇有义,而后父子有亲;父子有亲,而后君臣有正。故曰:昏礼者,礼之本也。

夫礼始于冠,本于昏,重于丧祭,尊于朝聘,和于乡射;此礼之大体也。

夙兴,妇沐浴以俟见;质明,赞见妇于舅姑,妇执笲、枣、栗、段修以见,赞醴妇,妇祭脯醢,祭醴,成妇礼也。舅姑入室,妇以特豚馈,明妇顺也。厥明,舅姑共飨妇以一献之礼,祭酬。舅姑先降自西阶,妇降自阼阶,以著代也。

成妇礼,明妇顺,又申之以著代,所以重责妇顺焉也。妇顺者,顺于舅姑,和于室人;而后当于夫,以成丝麻布帛之事,以审守委积盖藏。是故妇顺备而后内和理;内和理而后家可长久也;故圣王重之。

是以古者妇人先嫁三月,祖庙未毁,教于公宫,祖庙既毁,教于宗室,教以妇德、妇言、妇容、妇功。教成祭之,牲用鱼,芼之以苹藻,所以成妇顺也。

古者天子后立六宫、三夫人、九嫔、二十七世妇、八十一御妻,以听天下之内治,以明章妇顺;故天下内和而家理。天子立六官、三公、九卿、二十七大夫、八十一元士,以听天下之外治,以明章天下之男教;故外和而国治。故曰:天子听男教,后听女顺;天子理阳道,后治阴德;天子听外治,后听内职。教顺成俗,内外和顺,国家理治,此之谓盛德。

是故男教不修,阳事不得,适见于天,日为之食;妇顺不修,阴事不得,适见于天,月为之食。是故日食则天子素服而修六官之职,荡天下之阳事;月食则后素服而修六官之职,荡天下之阴事。故天子与后,犹日之与月、阴之与阳,相须而后成者也。天子修男教,父道也;后修女顺,母道也。故曰:天子之与后,犹父之与母也。故为天王服斩衰,服父之义也;为后服资衰,服母之义也。

今译:

昏礼这件事,是准备结合两姓间的欢好,对上来说,要传宗接代以事奉宗庙,对下来说,要生儿育女以继承后世,所以君子看重它。每到昏礼中纳采、问名、纳吉、纳征、请期的日子,男方的使者来时,女方的父母要先在庙中摆设筵席,然后亲出门拜迎,入了庙门,彼此揖让而登堂,在庙堂中两楹间,听受使者所传递男方的词令,这一切,都是要使昏礼敬谨隆重而光明正大。

父亲亲自敬其子以酒,而吩咐他迎娶新妇。表示男方为主动,女方为被动。儿子接受了父命去迎亲,女方的父母在庙里设了酒席,在门外拜迎女壻。壻捧着雁走进里面,彼此揖让登堂,再拜,置雁,因为这是奉父母之命。然后走下堂,出来把新妇坐的车驾好,然后把车上的引手绳交给新妇,援引她上车,驾着车走,轮子转了三圈,就交给车夫驾驶。自己坐新郎的车走在前头,先在门外等着。新妇到达,新郎对新妇作揖,请她入内。吃饭时,夫妇共享一种食物,合饮一个酒杯,这样做,是表示二位一体,尊卑一般相亲爱。

经过敬谨隆重而又光明正大的婚礼才去亲爱她,是礼的基本原则,同时形成了男女间的分限,建立起夫妇间正当的道义。男女间有了分限,夫妇才有正义;夫妇间有了正义,然后父子能亲爱;父子间有了亲爱,然后君臣能各安其位。所以说:昏礼是所有礼中的基本。

礼,是以冠礼做起点,昏礼作基本,以丧祭为隆重,以朝觐及聘问为尊敬,以乡饮酒及射为和睦;这就是礼的大原则。

大清早起床,新妇梳洗打扮,等待进见;到天明的时候,帮助行礼的妇人带着新妇去见公公婆婆,新妇拿着竹篓子盛着枣及粟,拜见公公,拿着用香料腌的干肉拜见婆婆,助礼的妇人代公公婆婆以甜酒赐给新妇,新妇在席上祭肉酱及祭酒之后,便完成了做媳妇的礼。公公婆婆回到寝室,新妇供献一只小猪,表明作媳妇的孝顺。第二天,公公婆婆共同以"一献之礼"赐媳妇以酒,公公婆婆受媳妇的回敬,但不必与她共饮。饮毕,公公婆婆先由西阶下去,新妇由主人阶下去,这是表明新妇已有接替婆婆作家主妇的资格了。

完成了媳妇的礼,表明了媳妇的孝顺,又重复表示她可接掌主妇之职,这样隆重待她,是要她实行做媳妇的孝顺。所谓媳妇的孝顺,则是要依从公公婆婆的意旨,并与其他女眷和睦相处,这样,才适合于丈夫;以经理丝麻布帛的事,保管家中储蓄的财产。所以媳妇孝顺,然后家庭中才能和谐安定;内部和谐安定,然后这个家才会长久不衰;所以圣王重视妇女的孝顺。

古代女子在出嫁前三个月,如果她的高祖庙未迁,就在宗子的祠堂接受婚前教育;如果已迁,就在支祠中接受婚前教育,教她有关妇人贞顺的德行,言语的应对,化妆及家事等等。学成之后,祭告于祖先。祭时用鱼作俎,用苹菜藻菜作汤羹。为了完成妇人柔顺的德行,所以要用这些阴柔的东西。

古代天子,在皇后以下设六宫、三夫人、九嫔、二十七世妇、八十一御妻,以掌管治理天下内部,以明白推行女性的和顺;所以内部和睦而家庭安定。天子在冢宰以下设立六官、三公、九卿、二十七大夫、八十一元士,以掌管治理天下外部,以明白推行天下臣民的政教;所以外部和谐而国家安定。所以说:天子掌管臣民的政教,皇后掌管女性的柔顺;天子整理刚阳的大道,皇后治理阴柔的德性;天子掌管外部的治理,皇后掌管内部的职责。推行柔顺成了风俗,外部内部都和顺,国与家都纳入正轨,这就叫做盛德。

因此,凡是政教不修治,违背了阳道,上天就会出现谴责的征兆,而有日蚀;妇人的柔顺德性不修治,违背了阴柔之道,上天亦会出现谴责的征兆,而有月蚀。所以遇到日蚀,天子就穿起纯白的衣服,考核治理六官的职务,以涤除整理天下的阳事;遇到月蚀,后就穿起穿白的衣服,考核治理六官的职务,以涤除整理天下的阴事。天子与后,就像日与月,阴与阳,互相影响才能存在。天子修理臣民的政教,犹如父亲管理儿子,是父道;后修治女性的柔顺,犹如母亲教导女儿,是母道。所以说:天子与后,就好像父亲及母亲。所以如果天子死了,他的臣下为他穿了"斩衰"的丧服三年,这和穿父亲的丧服同样意思;后死了,臣下为他穿"齐衰"的丧服,亦和穿母亲的丧服同样意思。

(选自王梦鸥注译:《礼记今注今译》,新世界出版社2011年版,第531—535页。)

第十一讲

家法族规、乡约与民间自治

自唐代以后,世家大族的力量大为削弱,士大夫于是同气相求,通过讲学与交流,参与制定并执行家法族规和乡约,重新编织庞大的社会关系网络,以影响社会和政治。

第一节 家族治理与家法族规

一、义庄、义田和祭田

在帝制中国,族位于家与国之间,起着连接、沟通二者的作用。家是指同居共财的亲属团体,一般而言仅包括三到四代,人数有限;而族则范围广得多,"凡是同一始祖的男性后裔,都属于同一宗族团体,概为族人"。① 简言之,族由多数之家构成,家之范围仅限于营共同生活的近亲者所构成的集团,在族内部的家与家之间,原则上并不需要营共同的经济生活,但较之与别的异族家庭之间,还有程度不同的相互周济义务。在儒家的观念意识里,是需要将这种有差等的爱推己及人,最终达到"人不独亲其亲,不独子其子,使老有所终,壮有所用,幼有所长,鳏、寡、孤、独、废、疾者皆有所养"②的理想境界,相应的,推广爱所遵循的路径为家—族—国—天下这个序列。

1. 义庄和义田

"义田"之产生,直接跟同宗通财之谊这一观念相关。到底同宗之间应采取什么样的"通财"方法才合适?自周代宗法分封解体之后,历代先贤进行了较长时期的探索和试验。在历史上长期存在累世同居的义门,将同居共财的范围从家扩大到族,家、族不分。虽然这能达到同宗通财之目的,但实行起来并要把它坚持下去难度太大。既然如此,那同宗之间的接济应较易实现,也是族人对宗族的合理要求。同宗之间的接济事例虽然几千年来史不绝书,但一直是基于富有族人的道德自觉。到宋代范仲淹创设"义田"和"义庄"制度,在赡养族人、保证宗族间互相接济等方面卓具成效,逐渐为其他家族所仿效而推行开来,事实上定型化为一种制度。"义田"就是为赡养或救恤族人而设置的田产。这种田产一般采取出租的方式收取租谷,以租谷来赡养或救恤族人。"义庄"的本义则是收藏"义田"租谷的建筑物,同时也在这里将租谷分配于需要的族人。由于"义庄"之名特别被人重视,遂成为代表赡养宗族组织全体

---

① 《瞿同祖法学论著集》,中国政法大学出版社1998年版,第2页。
② 王梦鸥注译:《礼记今注今译》,台湾商务印书馆1979年版,第290页。

之名称"①。一般而言,"义田"是"义庄"的最重要组成部分。《宋史·范仲淹传》载:文正公"好施予,置义庄里中,以赡族人"。他早期未显贵之前,其力所不逮达二十余年。在担任资政殿学士期间,他以禄赐所入置田千亩,称之为"义田",以养赡族人:

> 日有食,岁有衣,嫁娶凶葬皆有赡。择族之长而贤者主其计,而时其出纳焉。日食人一升,岁衣人一缣,嫁女者五十千,娶妇者三十千,再娶者十五千,葬者如再娶之数,葬幼者十千。族之聚者九十口,岁入给稻八百斛。以其所入,给其所聚,沛然有余而不穷。②

范仲淹曾为"立定规矩",将其初步制度化。其后裔上承先人之意,多次续定规矩,使得这一制度更为完密。在范氏义庄之内,除了作为最核心的"义田"外,还有"义仓""义宅""义学""义塾"等,基本涵盖了一个人在生、养、死、葬等方面的起码需求。

图51 现存范仲淹建立之"范氏义庄"

范仲淹所建义庄,不仅大有三代封建之下宗族互助之遗意,且有切实可行之制度规范,加之他在朝野巨大影响,经儒家士大夫的提倡和力行,范氏义庄遂为各巨家大族竞相效仿之典范。据载,东林党领袖高攀龙,其生父生母去世时,遗嘱将财产分为七份,其中有高攀龙一份,但他因自己另有嗣产(因高攀龙出生即过继给其族叔),不肯接受,便把他所分得的那一份,设置"义田",以赡养亲族。③ 江南这个人文渊薮之地,在士大夫的热情倡导下,"义庄""义田"之设,比比皆是。清代史家章学诚就讲:

> 井田废而有公恒产者曰义田,宗法废而后有世同居者曰义门,任恤赒救废而后同心备急者曰义仓,闾左余子之塾废而后有教无类者有义学,墓图族葬之法废而后掩骼者有义冢,兵农之法废而后自团练自守御者有义男,而上亦兢兢显章示之,以补王政之所穷,以联群情之所不属,岂非渊渊然有意于天地生人之本始而思复其朔者哉!④

---

① 〔日〕清水盛光:《中国族产制度考》,宋念慈译,台湾中国文化大学出版部1986年刊印本,第5页。
② 《钱公辅义田记》,载余莲村辑:《得一录》,近代中国史料丛刊三编第92辑,台湾文海出版社有限公司2003年影印版,卷一,第13页;关于范仲淹的生平、志业,可参考王瑞来:《天地间气——范仲淹研究》,山西教育出版社2015年版。
③ 参见台湾中华文化总会主编:《中国历代思想家·宋明》(第三册),九州出版社2011年版,第200页。
④ 章学诚:《庐江章氏义庄记》,载贺长龄、魏源等编:《清经世文编》(中册),中华书局1992年版,第1478页。

"义田"在传统典籍里还有不少别名,如"族田""赡族田""润族田""赡族义田"等。这表明"义田"的主要功能就是救济、赡养贫困族人,供全族之用,因此称为"族田";再在"族田"前面加上"赡""润",或者是"族"和"义"连用,无非是要更明确指称该田之用途和性质。

以"义田"为核心的"义庄"制度之所以能够推行开来,一主要原因在于它既能保证家庭经济生活的独立性,又能在家庭经济遭遇困难之时得到所属宗族的补助,族人能从"族"那里得到直接的实惠,有助于收族理想的实现。族有之"义田"可在族中子孙之间永远传递下去,与宗族内某个具体家庭的兴衰存亡并无直接关系。从"义田"设置后的实际效果来看,它在同一家族的诸多家庭之间互相救济和推行教化方面发挥了较大的作用,在一定程度上防止了贫富的极端分化,弥补了官府社会救济功能之不足。受族睦族观念、义田所发挥的良好实效以及官方的倡导和鼓励,以"义田"为核心的"义庄"制度,自宋以后始终是帝制中国后期民间社会的一项重要设施。

2. 祭田

在帝制中国,家族成员需定期到祠堂或墓地祭祖,经费开支需要解决。多数家族在冬至大祭之后,一般要举行会餐、派发胙肉、演戏等活动,甚至还要周济贫困族人,以联络族人之间的情谊。故欲保证全体族人在祠堂定期祭祖,家族必须建立专门的公产制度,祭田即因此而生。为保证祭祀的顺利进行,家族往往有数量大小不等的田地,将之租佃出去,以地租作为家族中的公共财产来支付定期祭祀的开销。地租按年支付,具有连续性,这就与祭祀所需家族公共财产的定期支出适相吻合。家族为此种用途而管有的田地就被通称为"祭田"。"祭田"在古籍里还有些不同称谓,如"祀田""尝田""公田""祭产""尝产""烝尝产"等。

家族成员祭祀祖先按照场所有"祠祭"和"墓祭"之别,祭田相应地也可分为墓田和祠田两大类。"墓田"较早地出现于晋代,仅限于朝廷对于功臣的赏赐;真正有确切证据普及到民间是唐宋时期。至迟到南宋时期,政府已经制定了相当详密的规则来对与墓田相关的田土交易进行规范,墓田的创设更为普遍。朱熹本着人情之需,在《家礼》中创设了祭祖的专门场所祠堂和祭田制度。① 这种"祭田",其收益专用于族人在祠堂祭祀先祖,准确说是"祠田"。

朱熹所创设的祠堂制度,规定祭祖范围仅限于高祖,因为他将祠堂里的龛数看成是宗法制下祭祖的庙数,而这种庙数又与等级紧密相连。庙数越规即是僭越,乃"非礼"行为。严格执行朱熹所立的祠堂祭祀限于高祖之制,不能完全满足族人通过祭祖要达到的报本追始、收族、睦族之目的。到明朝嘉靖年间,首辅夏言上奏,阐释民间"祭始祖"不存在"僭越"问题,获得了庙堂的认可。② 之后很多地方,尤其是文化繁盛的江南、两湖、闽粤等省份,逐渐形成了祭祀"始迁祖"或"始祖"的民间习俗。与此相应,民间的祭田设置越来越普遍,规模也更大。

明清时期祭田集中分布在长江中下游、华南、闽越地区,尤以江南(主要包括苏浙皖赣)和珠三角地区为最。以广东为例,祭田和义田都为家族所有,故统称为"族田",俗称"太公田"。据国民政府二十世纪三十年代的调查,"大致说来,太公田占耕地的成数在南路是23%,在北江是25%;在东江和韩江是35%;在西江是40%。珠江的三角洲各县平均有50%。全省耕地的30%是太公田"。③

---

① "初立祠堂,则计见田,每龛取其二十之一以为祭田,亲尽则以为墓田。后凡正位祔位,皆放此,宗子主之,以给祭用。上世初未置田,则合墓下子孙之田,计数而割之,皆立约闻官,不得典卖。"(朱杰人等主编:《朱子全书》(第七册),安徽教育出版社、浙江古籍出版社2002年版,第876页。)
② 参考王圻撰:《续文献通考》,卷115,"宗庙考·大臣家庙"。
③ 《陈翰笙集》,中国社会科学出版社2002年版,第73—75页。

有了义庄、义田和祭田，家族制度的延续就有了切实的经济基础。研究中国家族而忽视族产，难免给人以画龙而未点睛之憾①；考察帝制中国的家法族规，不论其制定完善还是实施，都离不开这些家族公产所提供的物质支撑。

二、家法族规的历史演进

自汉武帝之后，儒家成为主流意识形态，家族制度有了复兴的理论根据。到魏晋南北朝时期，因为社会的分裂和动荡，民众出于自卫之需要，家族制度得以迅速发展，甚至出现了门阀政治。这一时期出现了颜之推的《颜氏家训》，开后世家训之先河。被陈振孙誉为"古今家训之祖"的《颜氏家训》，是颜之推根据自己"生于乱世，长于戎马，流离播越，闻见已多"的丰富人生阅历，入隋以后，本着"务先王之道，绍家世之业"的宗旨，结合自己的处世哲学，写成《颜氏家训》一书（共20篇）来训诫子孙。该书在后世影响很大，后人评价甚高，如陆奎勋即这样说："家训流传者，莫善于北齐之颜氏……修德于己，居家则为孝子，许国则为忠臣。"②

到隋唐之际，在南北朝期间出现的许多同居共财的大家族得以保存和发展，有"义门"之称。唐高宗曾亲访九世同居的郓州张氏，询问大家庭家长张公艺，张氏家族的后人为何能在漫长的时期中能同居而不分家？张公艺不答，拿出纸笔，连写一百余个"忍"字，高宗为之流涕。因朝廷的提倡和士大夫的推崇，"义门"越来越多，规模也越来越大。随着时间的推移，家族成员之间的血缘关系更加疏远，家长的管理难度就更大。这势必出现一些成文规范来治家。这就有了家法族规的出现。正如古人所言，"居家御众，当令纪纲法度截然有章，乃可行之永久。若使姑妇勃谿，奴仆放纵，而为家长者，仅含默隐忍而已，此不可一朝居，而况九世乎？"③

自中唐以后，中国社会持续动荡，家族再度获得发展空间。到宋代，一批有理想的士大夫以三代为目标，身体力行进行社会改造。出于齐家之需，一批品质上乘且数量较多的家训、家法族规出现了，司马光的《居家杂仪》为其著者。降及南宋，朱子因应时势，将古礼与当时社会习俗相结合，在儒家经典《仪礼》、司马氏（司马光）礼、韩魏公礼、二程礼和张横渠礼的基础上斟酌损益、创造而成《朱子家礼》。因其于古有征且简约易行，成为名符其实的"庶民之礼"，很快即在社会上流传开来，至宋元以降，即成为一般家庭公认的治家礼仪和行为准则。

因朝廷和士大夫阶层对"义门"的推崇和褒扬，这一时期出现了一些典型的"义门"家规。其最著者是浦江郑氏的《郑氏规范》。浦江郑氏在宋理宗时期开始兄弟同居。同居之初，家长们以家族伦理治家，尚未有书面的规范。到其第五代，主持家政的郑德璋开始"以法齐其家"，在其子和其他大儒的帮助下，制定了《规范》58则，经历代增补损益而成，其中最著者是明初朱元璋对其大加褒奖，经一代大儒宋濂的帮助，浦江郑氏完成了《郑氏规范》的168则的制作。它遂成为帝制中国家法族规之典范。浦江郑氏到明英宗天顺三年（1459年）才因火灾而分居，合族同居13代，长达三百多年。

到明初，上有帝王们的倡导，下有士大夫的推崇，且有《朱子家礼》和《郑氏规范》的榜样作用，士大夫之家纷纷订立家法族规。到明代中后期，因为民间祭祀祖先的限制被解除，受

---

① 参考〔日〕清水盛光：《中国族产制度考》，宋念慈译，台湾中国文化大学出版部1986年刊印本，"作者原序"。
② 参考《叙录》，载王利器撰：《颜氏家训集解（增补本）》，中华书局1993年版。
③ （清）顾炎武：《日知录校注》（中册），陈垣校注，安徽大学出版社2007年版，第782页。

阳明心学的影响,民间建祠堂、修族谱、设祭田比比皆是,家法族规逐步从缙绅之家进入平民世界。到清代,朝廷要求民间敦睦宗族以维护社会秩序的安定,家法族规进入全盛期。在嘉庆、道光、咸丰年间,因为天理教、白莲教和太平天国起事,社会陷入动荡,为约束族人安全度过乱世,那些尚未正式订立家法族规的家族,以前所未有的热情致力于家法族规之制订,出现了制订家法族规的高峰。直到近代"五四运动"反传统、反家族思潮的兴起,这一风潮稍衰,但在整个近代社会都影响很大。

三、家法族规的主要内容

尽管在不同时期各个家族所制定的家法族规在具体细节上有些差异,但这些家法族规都在帝制中国这个时空范围内,深受儒家文化的影响,且都由儒家士大夫参与制定,具有很高的同质性。其内容大致可归纳为以下几个方面:

(1) 对家族成员进行以"孝悌""忠信"为核心观念的教化,以维护家族的和睦兴旺为宗旨。

(2) 对违犯前述家族伦理、不服从教化的家族成员规定相应的惩罚。

下面摘录一份家法族规,即《东阳潘氏宗谱》卷一"家规"(成于同治十三年,1874年):

一、孝友敦睦、忠厚勤俭,有家之精神命脉也。吾侪祖宗之幸,仰承世泽,风范尚存。有浇顽弗类者,即玷辱家声者也。规条具在,幸恪遵勿忽。

二、各房公举年高德迈者二人为宗长,以统率族人。各房举贤智力量者为房长以佐之。凡系公常事务,会集公所筹酌议处禀公,务俾族人心悦诚服。倘徇情而优柔酿衅,任气而忿激伤和,两者皆非,各宜省戒。

三、族人或至争竞,不许经告官府,但诣房宗长陈述,听凭宗房长商量剖处。处而不服,始听告理到官。干证必须知会宗房长,一遵私下公议,不许徇私偏证,以起讼端。

四、圣谕十六条以孝悌为首,子孙有忤逆而为父母尊长所告举者,严行责戒。比而不改,鸣官治之,仍削其谱。就中有父母伤私尊长凌厉,势难处而情难堪者,酌之。

五、子孙有肆淫犯奸、乱伦伤化,及为倡优丐卒者,宗长核实,于会祭聚拜之日,声其罪而削其名,不以尊卑称谓,不许与祭祀庆吊。

六、子孙有为盗贼者,初犯责戒,再犯送官削谱。其窃取田园谷麦瓜果及池鱼山木等物,虽非穿窬,皆谓之盗。法防其渐,严加警责,仍追原物给主。

七、子孙有唆弄词讼,交构是非,欺骗诈取,赌博淫荡,一切非为,肆行无忌者,俱责罚。有怙恶不改者,送官。

八、宗族争竞,无坐视,合应劝和。然和事不得过十人,非有身家及年四十以上而素为人所尊信者,不许混入。两家酒食之费,俱罚入公帑。不许任气赛酒,妄费无益。和事人需索餔啜者,众共弃之。

九、族属同气休戚,举凡共遇水火盗贼诬枉一切患难,须协力救助。事过之日,本宗计功奖谕。有反噬骗掳者,严加责罚。

十、族人果系长弱,为势豪倾陷,或为横事连累者,宗族长酌议资助,代为申雪。如自起衅端,惹祸招尤,即受辱狼狈,不得借口争气,以长顽风。

十一、和睦乡里,圣谕昭然。纵有忿争,宽听戚族处分,即退让不失为长者。如动辄任气,或挟眦兴讼,或倚众称戈,彼此报复不已,必至破败身家,切宜痛戒。

十二、族内有孝子节妇，苦志甘贫者，本宗量周粟帛，仍助身后之资。

十三、子弟须择师训诲，督课宜严。举业有成者，本宗谅资助作兴，其笃志谨守甘贫力学者，尤加意怜恤。儒而无行者摈之。

十四、子孙有疲癃残疾，无以自存，而亲房不能收养者，宗长酌量赈恤，没则给予衣棺。有被鬻为奴者，给赎身之资。

十五、伤残天性，溺女为甚，有故杀子孙等条，此类是也。有人心者，各宜痛革。至锢婢一端，尤为惨刻。两事系浙东恶俗，官府屡禁不悛者，吾宗若有着实举行，足有广示风励者，阴德非浅，宗长厚加优礼，仍书彰善簿以旌异之。

十六、男女婚配，务求门阀相当。未定之先，须知问房长。如果配偶非类，速与更议。如贪污隐忍，私通苟合者，严责示警，本妇不许与宴会，庆吊谱亦不书其名。鬻女为妾者，责戒勒赎，房长不早闻，一体戒革。

十七、妾母虽有子，不得上拟于妻，称呼行坐，毫无假借。身后仍自立主，不得与考妣同龛并祭并葬，以淆尊卑之分。

十八、无子立继者，论亲不论爱。乞养异姓者，勒令归宗。有行第不应而私自抱养者，皆乱宗之首，一体改正。

十九、凡遇喜庆事通贺者，主人置酒不得过五品，务令丰约得中，贫富通用，贺客俱不具仪。

二十、吊丧闻讣即往，用白衣冠，哭而不拜。至成服始随服制而衣麻，随长幼尊卑以揖拜。丧主家初不留茶，成服日则主家留饭，止用素食五品，贫者三品，不许用荤酒；其余七次，一茶行不留坐。

二十一、管理公堂资帑，宗长总其成，房长轮流分理。其公储出入上下，置合同账簿两本，知会同时登记。每岁或清明或冬至，交代清澈。倘有虚冒侵欺之弊，查出即罚。①

于此可见，家法族规的内容特别丰富，举凡居家重要事宜，都有相应的行为规范和违犯该规范的处罚。家法族规一般由家族尊长执行。宗族所进行的调解和裁断一般在祠堂等供奉祖宗牌位的场所进行，其调解和裁断的结果，因有祖宗"在场"，非常有权威，因此其执行相对比较容易。如系族内成员间的争讼，不服家族之调解，一般情况下可向官府告诉，而由官府裁断。

四、家法族规与国法之关系

尽管在某些极端情况下，因个别家法族规在宗族成员违规时所规定的惩罚过于严厉，事实上拥有了排他性的管辖权，侵犯了官府乃至朝廷的权威，导致家法族规与国法产生冲突，但一般而言，家法族规与国法之间的统一和补充是二者关系的主要方面。为什么会如此呢？

理由之一在于，从思想观念上来看，帝制中国以儒学为治国大道，儒学将齐家视为治国平天下的重要前提，所谓"欲治其国者，必先齐其家"。不先齐家而希望国治天下平，是不可能的。家法族规的存在和实施是齐家的必要举措，国法则为治国平天下之用，故二者在本质上是相统一的。

---

① 〔日〕多贺秋五郎：《宗谱の研究（资料篇）》，日本东洋文库1960年版，第728—729页。

第十一讲 家法族规、乡约与民间自治

理由之二在于,从家法族规的制定者来看,绝大多数出自于儒家士大夫之手。国法也是如此。可能略有区别在于国法的制定者在朝,家法族规的制定者多在野或为基层儒生。因其同读圣贤书,大多具有相近的价值观,帝制中国崇尚耕读传家,二者之间的距离并不遥远。故经他们之手制订出来的国法和家法族规,相通的部分是主要的。很多家法族规即明确肯定国法的权威,是为了更好地执行、贯彻国法才有相应的家法族规条文。这方面的例子很多。如前引家规即多次提到朝廷的圣谕。又如朝廷和官府追求"无讼",斥责"健讼"行为,严厉打击讼棍。很多家法族规即将"居家戒讼"作为重要条文写入。湘阴狄氏家谱规定,凡遇事端自应从中解释,不得播弄是非。倘有不肖子弟怂恿兴讼,滋扰乡邻,一经家长闻之,带祠立予重惩。① 不少家法族规还规定族中文士切勿逞恃刀笔,代人撰写词状,唆使他人争讼,希图包揽索谢,结果败坏他人产业,则堕自身前程;且天理不容,有损阴德,可能因而断子绝孙。② 又比如发生于宗族、家族内部的民事、刑事案件,在原则上是可以到衙门告诉的。实际上也有部分宗族、家族的尊长们因为缺乏权威,乐意袖手旁观、置身事外,让族人或家人到衙门里去打官司。但绝大部分家族都不同程度地强调族中发生户婚田土等纠纷,宗族或家族内部的调解为必经的程序,严禁族人越过宗族和家族,将此等细事直接告到官府。之所以有如此规定,因为从宗族内部看来,如果族人内部有纠纷发生就径直告官处理,实际上是藐视家族和宗族的权威,有损族中尊长的威严。而且与其到官府认错或认罪,不如到祖宗面前认错。因此,家人或族人有纠纷径直秉官裁决,不论理之曲直,都是犯了藐视祖宗、家族和宗族。对于这样的"好讼者",有些家族或宗族呈请官府来处罚,更多的是在家族或宗族内部先进行惩罚,如江阴钟究黄氏宗族在宗规中即规定,有人不经家族或宗族调解就径直告官,由家族或宗族先杖责三十,"以示灭祖宗"之罪,然后再由家族或宗族来评论其理之曲直。③ 宗族内的责罚,无疑减轻了官府的负担,有助于官府"无讼"理想的落实。

理由之三在于帝制中国的各级官府受限于人力财力而以简约为务,往往多一事不如少一事,因此多尊重家族对其内部纠纷的处理。即使有些官府业已受理的案件,只要家长或族长向官府申明已经"责以家法",官府也可以批准销案而不予追究。就调解而言,官方都鼓励民间自行调解一些较小的纠纷。盖家长或族长由于对国家承担了较之常人更多的义务,因此其作为家族长也相应有管理家族或宗族之权,其对内部纠纷的调解能够兼顾家国两方面的利益。帝制中国社会发生的纠纷,主要集中于户婚田土等领域,传统法律将之称为"细故"。一则因它对传统皇权专制不具有直接的危险性,二则考虑到帝制中国并不是一个近代化国家,国家权力对社会的直接控制一般而言仅到州县一级,如果家族能够自行通过调解解决这类"细故",国家不仅不认为是对其权威的侵犯,反而乐于这种减轻国家负担的行为;另一方面,礼刑结合还没有达到任何非礼行为都必然要受国家制裁那般的紧密程度,因此有很多轻微的刑事案件并不一定非要遵循司法路径,由衙门来裁断,而可通过民间调处自行解决。

基于前述理由,大致可以推断,家法族规与国法之间的主流关系是二者的统一和补充,它们共同致力于帝制中国社会秩序的有效维护。

---

① 《湘阴狄氏家谱》,1938年,卷五"家规"。
② 参考《中国的家法族规》,费成康主编,上海社会科学院出版社1998年版,第96页。
③ 《江阴钟究黄氏宗谱》,1947年本,卷一"祠规"。

第二节 乡 约

在传统中国社会,维系人际关系的两条主要纽带是血缘和地缘,其组织形态分别是宗族和乡邻。在很多地方,因聚族而居,宗族即是乡邻,或乡邻包含几个不同宗族的成员。故可以说,帝制中国是典型的乡土社会,乡村秩序的稳定与和谐是朝廷长治久安的基础。寻求适当的方式来治理好乡村,是朝野士大夫关注的重要目标。

乡规民约机制由来已久,它是一套礼俗体系,乡民的生活均由这套礼俗体系进行调节、规范。这套机制一直延续到了明清甚至民国。国民政府的训政,重点也还是在县下的区、乡,希望以此为自治实体,推动社会自治与地方自治。

自宋代开始,很多士大夫不满意于目前苟且之治,而有高远的社会治理追求,即不只是要效法汉唐,更要"回向三代"。在这个背景下,出现了乡约制度。该制度是士大夫为了实现乡村的有效治理而主导的,他们通过制定民间规约,督促规约的实施,促进乡民的自治和自律。

一、乡约的开创:蓝田《吕氏乡约》

《吕氏乡约》是帝制中国较早同时又是很有代表性的乡约。其作者是陕西蓝田吕氏三兄弟中的吕大钧。吕氏三兄弟为吕大忠、吕大钧和吕大临,曾就学于张载和二程,是宋代理学濂、洛、关、闽四派中关学的重要代表人物。吕大钧在《宋元学案》中有传:

> 吕大钧,字和叔,晋伯之弟。嘉佑二年进士,授秦州司理,监延州折博务,改知三原县。移巴西、侯官、泾阳,以父老,皆不赴。丁艰服除,以道未明,学未优,不复有仕进意。久之,大臣荐为王官教授,寻监凤翔船务。元丰五年,卒。疾革,内外洒扫,冥然若思。久之,客至问安,交语未终而殁。先生为人刚质,常言:"始学,行其所知而已。道德性命之际,躬行久则自至焉。"横渠倡道于关中,寂寥无有和者。先生于横渠为同年友,心悦而好之,遂执弟子礼,于是学者靡然知所趋向。横渠之教,以礼为先,先生条为《乡约》,关中风俗为之一变。①

吕大钧受张载的影响很大,张载最重身体力行,晚年曾试行井田制,来实地考察古代的井田制度能否在当时施行。如要施行,可在哪些方面进行改良。他写过不朽宏文《西铭》,阐发天地万物一体之仁的精义,有兴趣的同学可以找来一读。吕大钧撰《吕氏乡约》教化乡里,即与张载的影响分不开。

乡约顾名思义,就是士大夫主导下以乡民为规范对象的规约。《吕氏乡约》包括德业相劝、过失相规、礼俗相交和患难相恤四大纲目,勾画了一副以道德建设为中心全面建设乡村自治秩序的蓝图。德业相劝和过失相规注重个人的道德修养,前者注重正面教化,后者注重反面的惩戒。礼俗相交和患难相恤重在规范组织内人与人之间的关系,尤其是患难相恤,非常有助于乡民间的合作互助。

较之帝制中国以前的农村组织,《吕氏乡约》大致具有以下几个特色:第一,它是以中国农村组织的自然单位乡为基础,而不是以作为政府基层单位的县为起点,从而将乡约与政府

---

① 黄宗羲著、全祖望补修:《宋元学案》(第二册),中华书局1986年版,第1096—1097页。

第十一讲 家法族规、乡约与民间自治

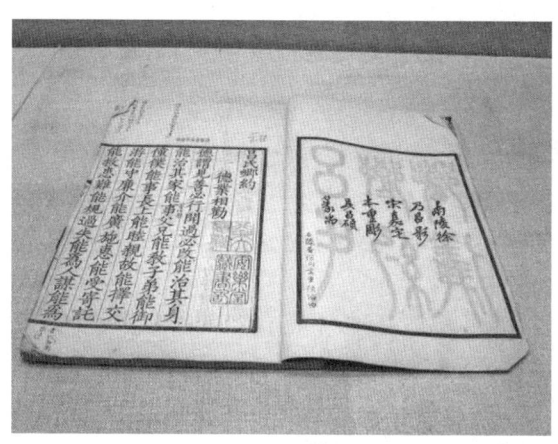

图 52　徐乃昌影宋嘉定本重刻《吕氏乡约乡仪》

机构区别开来。无论什么社会设施,都要从乡村做起,方能根基稳固。第二,它是经乡间的士大夫倡导、由乡民们自我组织而存在,而不是因官府命令而成立。第三,乡民们是局部参加、自愿参加,而非全体加入、强制加入。第四,它是一种成文规约,从而区别于农村世代相续、口耳相传的习俗。

《吕氏乡约》在当时关中的实际效果,因年湮代远资料散佚,难以准确评估,但它在中华民族历史上的开创意义不可泯灭。不久北宋灭亡,金人占据关中,关中风俗大变,《吕氏乡约》也被根本消灭。降及南宋,集程朱理学大成的朱子对《吕氏乡约》极为重视,对之进行了精心修订,将之改名为《增益蓝田吕氏乡约》,因朱子在帝制中国中晚期的崇高地位,它对后世的乡约制度影响甚大。

二、明初乡约的演进

在中国历代皇帝中,最熟悉农村和农民生活的是朱元璋。他出身贫苦,经历坎坷,经验丰富。朱元璋执政后,精心设计了一套乡村治理制度,集中体现在《教民榜文》中。该榜文于洪武三十年(1397年)四月颁行,共41条,重点是老人与里甲理断民间诉讼。这一点在本书其他地方有所涉及,兹不赘述。除此之外,《教民榜文》还规定了老人与里甲要劝民为善,其内容涉及民间生活的方方面面,包括要求他们对于本里本乡出现的孝子贤孙、义夫节妇及有善行可称之人,要报知官府,给予嘉奖;督促民间子弟讲读《大诰》;按照规定的仪式举行乡饮酒礼;注重神道设教,要求乡民岁时依法祭祀本乡土谷之神;设立社学,教训子弟;兴修水利,在民间兴利除害;对父母生养死祭等。其重要者还规定了乡里百姓中有贫不能婚嫁、死不能葬者,乡里之间要相互帮助:

> 乡里人民,贫富不等,婚姻、死丧、吉凶等事,谁家无之? 今后本里人户,凡遇此等,互相赒给。且如某家子弟婚姻,其家贫窘,一时难办,一里人户,每户或出钞一贯,人户一百,便是百贯;每户五百,便是五十贯。如此资助,岂不成就? 日后某家婚姻,亦依此法轮流赒给。又如其家或父或母死丧在地,各家或出钞若干,或出米若干资助本家,或为棺椁或僧道修设善缘等事,皆可了济。日后某家倘有某事,亦如前法,互相赒给。虽是贫家,些小钱米,亦可措办。如此,则众轻易举,行之日久,乡里自然亲爱。①

---

① 《皇明制书》(第二册),杨一凡点校,社会科学文献出版社2013年版,第730页。

朱元璋煞费苦心，希望借助乡村自己的力量来化民美俗，垂教后世。《教民榜文》的规定，可谓全面细致，看似可行之久远，理应获得较理想的效果。制度创建之初，确实起到了强化乡村治理的作用。① 但好景不长，只维持了五六十年，至迟到宣德年间已成具文。可谓"其兴也勃，其亡也忽"，个中原因，值得玩味。其中最主要的原因可能在于乡村治理本质上是民间事务，朝廷和官府最多只能从中提倡，而不是一手包办。如一手包办，则是基层官府从州县延伸到乡里一级，明朝廷根本不具备相应的财力、人力和监督管理等基础条件。只能靠运动模式收效于一时，久而久之，难以为继。

从帝制中国的乡村治理历史来观察，朱元璋在民初以颁行《教民榜文》为中心的乡村改造运动，主要在两个方面对后世产生了影响。第一，它倡导在乡里建立申明亭和旌善亭，后来的乡约组织建立乡约亭、乡约所即从中受到了启发，以记录入约之人的善恶行为于亭上，代替了以前书写在书籍里的做法，更广泛地公示于众，充分发挥其劝惩功能。第二，它将乡村治理纳入朝廷和官府的直接监督下，使得乡约逐步官方化，从而扼杀了乡约的民间自治性，导致乡约完全变质。

三、王阳明的《南赣乡约》

化民善俗，自是真儒分内事。到明代中叶，大儒王阳明出，提倡乡约，乃意中之事。正德五年（1510年），阳明先生经谪贬贵州龙场复出担任庐陵知县时，"为政不事威刑，惟以开导人心为本，莅任初，首询里役，察各乡贫富奸良之实而低昂之。狱牒盈庭，不即断射。稽国初旧制，慎选里正三老，坐申明亭，使之委曲劝谕。民胥悔胜气嚣讼，至有涕泣而归者。由是图圄日清。在县七阅月，遗告示十有六，大抵谆谆慰父老，使教子弟，毋令荡僻。"② 于正德十三年（1518年）在南赣巡抚任上，为彻底清剿盗贼，一劳永逸，安定民生，王阳明认为非常有必要重建乡村秩序。在参考前贤经验基础上，制定了《南赣乡约》。阳明先生在"谕示"中这样说：

> 顷者顽卒倡乱，震惊远迩，父老子弟，甚忧苦骚动。彼冥顽无知，逆天叛伦，自求诛戮，究言思之，实足悯悼。然亦岂独冥顽者之罪，有司抚养之有缺，训迪之无方，均有责焉。虽然，父老之所以倡率饬励于平日，无乃亦有所未至欤？今倡乱渠魁，皆就擒灭，胁从无辜，悉已宽贷，地方虽已宁复，然创今图后，父老所以教约其子弟者，自此不可以不豫。故今特为保甲之法，以相警戒。联属父老，其率子弟慎行之。务和尔邻里，齐尔姻族，德义相劝，过失相规，敦礼让之风，成淳厚之俗。③

该约凡十六条，肯定了乡村道德教育的重要性和必要性以及达成这一目标的方法。它比较有特色的是规定了"乡约会"这一组织机构、负责人职掌、活动方式、开会程序、礼仪制度等。"同约中推年高有德、为众所敬服者一人为约长"，下设二名约副，还设约正、约史、知约、约赞等职，组织十分严密，各有其职权。乡约兼顾了约中人的婚丧嫁娶，但其重心在入约之人每月的聚会上，聚会的重心又在通过规定成制度的仪式来彰善纠过，以达到改良乡里习俗

---

① 参考杨一凡：《明太祖与洪武法制》，载《中外法学》1989年第3期。《教民榜文》的全文影印本，见一凡藏书馆文献编委会编：《古代乡约及乡治法律文献》（第一册），黑龙江人民出版社2005年版，第87—126页；点校本见《皇明制书》（第二册），杨一凡点校，社会科学文献出版社2013年版，第723—734页。
② 《王阳明全集》（下册），上海古籍出版社2011年版，第1356—1357页。
③ 同上书，第1386页。

之目的。①

《南赣乡约》跟保甲制度一起(阳明先生意以保甲为主,乡约为辅),共同服务于南赣地区的秩序恢复与重建,属于官治范畴,尽管可能有风吹草堰之效,但违反了"乡约"的乡民自我治理和管理的本意,这可能是阳明先生鉴于当地大乱之后的严峻情势所创立的不得已之法。基于此,有学者指出:"阳明以为民俗的善恶,由于习俗使然,可谓深中旨要;他的昔人譬喻,蓬生麻中,不扶而直,白沙在泥,不染而黑,也觉十分切当。他的有司分责,表示自己的谦退;他的忽往追来,尤见积极的精神。不过乡里小事,由位置很高,距离很远的提督出来提倡,已经是鞭长不及马腹,用命令的口气,布告的方式出来提倡,尤其是牛头不对马嘴,不能不说是南赣乡约的基本错误。"②

可能一方面是阳明先生《南赣乡约》"将乡约纳入官府直接监督管理的范围"的做法,成为地方施政的工具;另一方面因阳明先生的巨大事功和影响,嘉靖年间,朝廷推广阳明先生之法,"部檄天下,举行乡约,大抵增损王文成公之教"。③ 此后,已经成为官府功令的乡约,得到了大发展。

四、吕坤的《乡甲约》

保甲制度是为了维护乡里的治安,乡约制度是为了奖善惩恶最终化民成俗,二者本具有密切关系。北宋大儒程颢先生在山西晋城县令任上,即一方面编民为伍保,以察奸伪;另一方面尽力设法让百姓患难相恤,力役相助。王阳明先生创设十家牌法在先,南赣乡约在后。从此之后,乡约与保甲的关系更为密切。到了万历年间吕坤手里,认为"乡约之所约者此民,保甲之所保者亦此民",将"乡约保甲总一条编",称为《乡甲约》。至此,乡约、保甲两大制度正式合二为一。

吕坤(1536—1618),字叔简、号新吾,晚号抱独居士,河南宁陵人,万历二年(1574 年)中进士,之后开始了历时二十多年的仕宦生涯,"为襄垣知县,有异政。调大同,征授户部主事,历郎中。迁山东参政、山西按察使、陕西右布政使。擢右佥都御史,巡抚山西。居三年,召为左佥都御史。历刑部左、右侍郎"。④ 万历二十五年(1597 年)吕坤鉴于朝政日非,上《忧危疏》劝明神宗励精图治却被逸言,遂辞官家居,卒于故里。作为有明一代著名政治家和思想家,吕坤在学术上主张熔铸百家,以实学做实事,利国利民。一生著述丰富,影响甚大,最著者如《呻吟语》《实政录》等。《乡甲约》即收入《实政录》第五卷。

《乡甲约》是吕坤在担任山西巡抚期间,鉴于山西地方民风彪悍、重武轻文、地贫多盗的情况,提出通过乡约与保甲制度的结合进行治理的方案。为此,吕坤一方面督促施行乡约、保甲制,另一方面根据山西的实际特点以及制度施行之中遇到的问题,撰写了《乡甲约》一书,作为指导乡甲约建设的文献保留至今。《乡甲约》之中除了有对于施行乡约保甲制度的一些制度规定和实际措施之外,还列举了民间应该治理的恶行,如子妇自吃酒肉父母粗茶淡饭、自穿绢帛父母破衣烂裳,丈夫宠妾凌妻、正妻欺夫虐妾、继母折磨前子、入白莲教而不听劝改、骗买良家妇女而贩为婢为娼或包奸娼妇、赌博、私营娼妓、家庭不睦、通奸、偷盗等,作为施行乡约保甲之中需要重点注意的内容。它规定由各约的约正、约副每半个月主持调解

---

① 《南赣乡约》之内容见《王阳明全集》(中册),上海古籍出版社 2011 年版,第 664—669 页。
② 杨开道:《中国乡约制度》,商务印书馆 2015 年版,第 110—111 页。
③ 叶春及:《石洞集》,卷七"惠安政书九·乡约篇",清文渊阁四库全书补配清文津阁四库全书本。
④ (清)张廷玉等撰:《明史》(第十九册),卷 226"列传第 114",中华书局 1974 年版,第 5937 页。

一次本约内的细故和轻微刑事案件。

> 和处事情以息争讼事。人生天地间,谁没个良心?各人拿出良心来:少人的就还人;恼着人就陪话;自家得罪于人,自家就认不是。这等有什么争竞。只为那奸狡的利己损人,强梁的欺大压小,昧心的枉口刁舌。或自知理亏,先递拦头假状;或买求硬证,专告无影虚词。到那衙门时,吏书皂隶使了多少钱;拶板锁枷受了多少气;有年没月,误了多少营生;往来酒饭,使了多少盘缠;父母妻子,耽了多少忧愁。一入衙门,身体不属自家,田宅不能自保。俗语云:原告被告,四六使钞。又云:官府不明,没理的也赢。你自寻思,告状哪有一件好处?且乡邻有事,你知我见,哄瞒过了谁。如有不平,到那乡约中口禀一番,约正副差本甲人唤来一问。如系两约,请两处约正在一处同问,谁是谁非,眼同证见,一一问明。差那证见,押着那理屈的,替那理直的些些礼物,上门陪话。约史仍将所问事情来历始末一一记于和簿。如事情稍重及不服处断者,不问告何衙门,约正副分别是非,补呈子一张,递于问官,以凭从公究处,仍将理屈者纪恶。如本约处分不公,约正副坐罪。如处分极公,而诬枉约正副者,分外加责。这等和处,既不失乡亲体面,又省了多少钱财,免了多少凌辱。何等便宜!各约百姓切记。①

吕坤所倡导的《乡甲约》,具有三个鲜明的特征:第一,原本是两种制度的乡约、保甲合二为一,乡约因合以保甲能得到大面积推广,是其优点;同时乡约因为保甲的合一而慢慢丧失乡里自治的精神,彻底成为官府的施政工具而地位更低。第二,"圣谕"成为乡甲约聚会仪式中的重要环节。上面刻有朱元璋的"圣谕六条"圣谕牌被置于乡甲约会所上桌正中,约中奖善惩恶之行为都须其在场。第三,提倡白话宣讲,即用"极浅、极明、极俚、极俗"的文字,有助于教化乡民。在倡导者吕坤看来,"乡甲之约,良民分理于下,有司总理于上。提纲挈领,政教易行;日考月稽,奸弊自革"。②

受王阳明《南赣乡约》和吕坤《乡甲约》的影响,到明末,以官府和士大夫共同领导的乡约制度发展迅速。不幸的是,王朝末期动荡腐化的社会环境,尤其是清军入关以少数民族入主中原,对乡里士大夫不无猜忌,乡约制度得以良好运作的社会环境不复存在,加之明代乡约制度固有的缺陷,比如说不惮繁琐且心怀百姓的州县官员实在难得、实心办事且能表率乡里的乡甲约领袖也是不易寻求等,一个在帝制中国较有活力的乡约实践消失了。入清之后,取而代之的是官办乡约了。

五、清代的乡约制度

早在顺治十六年(1659年),天下尚未完全安定下来,清朝廷议准全国设立乡约,由乡民与地方官公举六十岁以上、素有德望的生员担任约正和约副,主要的活动是每月两次聚合乡民讲解"圣谕",附带将乡民善恶实行登记簿册以为奖惩。③ 可见,到了清代,乡约的最主要功能就主要是在基层按期进行圣谕宣讲,完全丧失了乡里民众自我治理的乡约精神。到康熙朝,由于朝廷致力于向民众灌输圣谕,承朝廷和官府的命令宣讲圣谕更成为乡约压倒一切的头等大事④,

---

① 吕坤:《乡甲约》,卷三,载一凡藏书馆文献编委会编:《古代乡约及乡治法律文献十种》(第一册),黑龙江人民出版社2005年版,第213—216页;《乡甲约》整理本见《吕坤全集》(中册),中华书局2008年版,第1061—1088页。
② 《吕坤全集》(中册),中华书局2008年版,第1070页。
③ 参考(清)素尔讷:《学政全书》,卷七十四,乾隆三十九年武英殿刻本。
④ 浙江布政使李士桢在为该书所作序中道出个中缘由:"盖圣谕具在,别求治谱无庸也。"(一凡藏书馆文献编委会编:《古代乡约及乡治法律文献》(第一册),黑龙江人民出版社2005年版,第313页。)

出现了合圣谕与朝廷律条为一编的宣讲资料。其著者如刊行于康熙十八年(1679年)的《上谕合律乡约全书》。该书以康熙的圣谕十六条为纲目,将道德教化和宣讲法律结合起来,目的是向乡里民众灌输这些内容,以达到上行下效风吹草偃之目的。作者陈秉直,在担任江南按察使期间,编写了《上谕合律直解》;后在浙江巡抚任上,加以补充修改,题为《上谕合律注解》;后来他又采纳海宁知县许三礼的建议,将清初名臣魏象枢所撰《六谕集解》合印,成为本书。① 经陈秉直建议,礼部核准,朝廷命令将该书分发直省各级官府和乡里,每月在乡约公所集讲一次。

从此之后,清朝的乡约被完全纳入官方系统,成为宣讲圣谕的御用工具,其主要宗旨是朝廷主导下的"文化整合"。② 据统计,之后的清代诸帝共发布了乡约谕旨30多道,固然可见皇帝们的热心提倡,但更可见清代乡约的缺点。"乡约制度本来是人民自有的活动,人民自治的胚胎,到了王阳明、吕新吾手中,渐渐变成吏治之工具,到了顺治康熙各帝手里,便成为御用工具了……乡约制度的实质渐被剥夺,乡约制度的精神渐就衰落,结果提倡愈力,敷衍愈甚,完全成为纸上的空谈"。"清代的乡约制度,假使是一个完美的制度,不必十分提倡便可普遍全国,甚至要禁也禁不了……乡约根本不是皇帝的事情,皇帝也管不了乡村的事务,一个在天,一个在地,怎么会发生效果!"③

有清一代,朝廷和官府将乡约逐渐转变为官府控制基层的工具,扭曲了乡约本来的乡民自治面目。到民国时期有梁漱溟等学者重新提倡乡约制度,希望"本古人乡约之意来组织乡村",效果不尽理想。原因固然很多,但清代将固有的乡约制度变成了官府御用工具,让乡约丧失了乡里民众自我治理的活力,不能不说是原因之一。

第三节 帝制中国晚期的民间自我治理实践

至中唐以后长时期的藩镇割据和宦官干政,历经五代乱政,至北宋立国,社会依然危机重重。统治者一方面强化君主专制制度,另一方面弘扬文治,改革科举。随时推移,社会发生了重大变化:君主独裁,贵族没落,皇帝成为绝对权力的主体;科举成为选拔官吏的主要途径,是政治和社会地位的来源,形成了科举士人政治。士人政治的出现,士大夫有了更大的动力和实力推进改革。"经过七八十年的酝酿,宋代不少士大夫开始在'三代'理想的号召下,提出了对文化、政治和社会进行大规模革新的要求"。④ 由于没有了贵族,平民与君主直接相对,为免于君主及其治下各级官府之苛虐,宋代儒者多以三代宗法乡党为据,主张强化家族、乡邻等组织的自治职能。就是在这样的大背景下,范仲淹于元祐元年(1049年)前后创办范氏义庄,是士大夫先"验之一族"进而重建天下秩序的努力。被他"导入圣域"的张载"慨然有意三代之治",受现实牵制,乃立志"纵不能行之天下,犹可验之一乡",试行井田制度,尽管最终"有志未就",但其弟子吕氏兄弟继承其师遗志,于熙宁十年(1077年)在蓝田建

---

① 参考刘笃才:《序言》,载一凡藏书馆文献编委会编:《古代乡约及乡治法律文献》,黑龙江人民出版社2005年版,第一册。
② 朱鸿林:《中国近世乡约的性质、有效性及其现代意义略论》,载《孔庙从祀与乡约》,生活·读书·新知三联书店2015年版,第231页。
③ 杨开道:《中国乡约制度》,商务印书馆2015年版,第184、199页。
④ 余英时:《朱熹的历史世界——宋代士大夫政治文化的研究》(上册),生活·读书·新知三联书店2004年版,第195页。

立以"德业相劝、过失相规、礼俗相交、患难相恤"为主要内容的乡约。"'义庄'与'乡约'同是地方性制度,也同具有以'礼'化'俗'的功能。它们同时出现于11世纪中叶,表明士大夫已明确认识到:'治天下'必须从建立稳定的地方制度开始。"①朱子对义庄祭田和乡约制度的建设都倾注了心力。他取吕氏乡约与其他书,"参附己意,稍增损之,以通于今",成《增损吕氏乡约》一册。②"吕氏乡约在北宋自然是名重一时,不过怀疑的人很多,反对的人也不少。康王南渡以后,关中文化根本消失,乡约制度自然也是扫地无余。假如没有朱子出来大事整理,恐怕以后的发展也是没有的。"朱熹对祠田、祠堂制度的贡献,都是他人所不可比拟的。所以,"中国农村组织的进展,一直到了朱子手里,才有一点相当的把握"。③ 因为这类由士大夫所设计的地方制度"合于人心",及以朱子为代表的历代大儒之表彰和力行,故能深深影响后世。

宋金之际,王重阳在金人统治区建立全真教。丘处机等人率门下弟子,组织民众,在北方几乎无政府有效治理的情形下,教化百姓,垦田开荒,生聚教养,在一块块小地方,以道观为依托,建立社会基本秩序,保持文化传统终不息。全真教以言传身教的方式促进地方自我治理的做法,使得普通民众在乱世之中保有一线生机,对后世产生了一定影响。

降及明代,朱元璋废除了行之上千年的丞相制度,进一步强化了君主专制。明代皇帝不再承认要与士大夫"共治"天下,只是在工具层面上认为士大夫对治国理政有用而已。如此一来,士大夫在庙堂行道的空间狭小了很多,遂转而在民间花工夫,希望造出一个黎民百姓能相对自治的空间,从而能在一定程度上免于朝政之苛虐。

随着君主专制在制度上越来越强化,明代诸多君主荒淫无耻,难以理喻,王阳明在专制政体下几经生死,经龙场证悟,他找到了"行道"的新路线,即儒家士大夫改造社会的重点或路线要从以往的"得君行道"渐渐转向"觉民行道":

> (王阳明)龙场顿悟的最大收获是他找到了"行道"的新路线。他决定向社会投诉,对下层老百姓说法,掀起一个由下而上的社会改造的大运动……"致良知"之教以唤醒社会大众的良知为主要的任务,所以我称之为"觉民行道"……阳明死后,"觉民行道"的理想终于在王艮的泰州学派手上,得到最大限度的发挥而"风行天下"。④

泰州学派由阳明先生弟子王艮所创建,因王艮为泰州人而名之。泰州学派之人士,自王艮以下,多来自民间,讲学亦在民间。他们志不在庙堂,而在化民成俗。其特立独行、意气风发,让后人追思不已。黄宗羲有这样的评价:"阳明先生之学,有泰州、龙溪而风行天下,亦因泰州、龙溪而渐失其传……泰州之后,其人多能以赤手搏龙蛇,传至颜山农、何心隐一派,遂复非名教之所能羁络矣……诸公掀翻天地,前不见有古人,后不见有来者。释氏一棒一喝,当机横行,放下挂杖,便如愚人一般。诸公赤身担当,无有放下时节,故其害如是。"⑤庙堂有所不能行不妨碍民间自我行之。一方面,国家层面的宗法封建制度自秦汉之后虽不可恢复,但社会各阶层尊祖敬宗的情感并未消失,睦族收族亦有其现实需要,因此士大夫倡率各家族设立义庄和祭田以为尊祖敬宗、睦族收族提供物质支撑,同时撰修族谱和家法族规以强化家

---

① 余英时:《朱熹的历史世界》(上册),生活·读书·新知三联书店2004年版,第219页。
② (宋)朱熹:《增损吕氏乡约》,载《晦庵先生朱文公文集》,卷七十四,载朱杰人等编:《朱子全书》(第二十四册),安徽教育出版社、浙江古籍出版社2002年版,第3601页。
③ 杨开道:《中国乡约制度》,商务印书馆2015年版,第14页。
④ 余英时:《史学研究经验谈》,上海文艺出版社2011年版,第74—75页。
⑤ 黄宗羲:《明儒学案》(下册),沈芝盈点校,中华书局1985年版,第703页。

族的凝聚力。另一方面，以乡里为单位，制定乡规民约，建立乡约组织，以达到移风易俗之目的。宗族组织的加强、乡约制度的再兴等就是这一思潮的重要表现。

由宋儒推动，到阳明先生和泰州学派达到顶点的乡约、族产等，都是要凝聚基层小区社群，从消极方面来说是要填补帝制中国公权力之不足，从积极方面而言，则是撇开朝廷由在朝在野士大夫为主体来引领基层民众以家族、乡党为纽带来创建民间自我管理的空间，将极端专制皇权的苛虐尽可能限制在社会上层，减少社会基层民众之苦难。假以时日，可能会在很大程度上促进整个社会的良性发展，为我国家民族的近代转型奠定坚实基础，切实减少民众在社会转型期的苦难。可惜，天不遂人愿。满清入主中原，异族统治者的自卑猜忌心理作祟，利用武力镇压和文字狱双管齐下，终在康熙朝造成"君师合一"之局，君主专制演变至此已是登峰造极。与此相应，朝廷将程朱理学定为正统，阳明心学受到官方打压，明清鼎革也使得士大夫群体开始审视其末学流弊，故整个清代，其学不彰。至此，士大夫不敢也无气魄和能力来引领推进像明朝中后期发展起来的这种基层社会改造活动，而埋首于考据之学，形成了后世闻名的乾嘉学风。龚自珍的感慨即对此而发："避席畏闻文字狱，著书都为稻粱谋。"毕竟家族乡党的稳定是朝廷稳定的基础，出于维护统治所需，清朝廷遂将固有的乡约制度官方化，让各地乡约成为宣讲皇帝上谕的御用组织；加大对家族的管理强度，增加家族对朝廷和官府的依赖程度，从而最终将家族、乡约等制度改造为王朝长治久安效力的得力工具。至此，以家族、乡党为纽带的民间自治运动被严重打压，基层社会自我管理和发展的活力被大大扼杀。

需要指出的是，清朝廷改造乡约组织、对家族制度施加更大影响的同时，家族和乡约组织也因朝廷的保护和提倡而存留下来，单纯从现象上看可能还获得了普及和发展，成为皇权专制帝国的一大特征。简言之，尽管极端专制的皇权大大压缩了基层社会自我治理的空间，甚至严重压制了自我治理的精神，但没能彻底吞噬社会基层细胞。到近代，这种情形则与西方传进来的地方自治相结合。晚清民国时期地方自治一度还做得有声有色，就跟帝制中国晚清士大夫倡导的乡里、家族自我治理的传统虽严重受挫但未彻底断绝、社会依然保有多元结构有一定关系。在帝制中国，尤其是中晚期，这些以血缘和地缘关系为纽带形成的团体，当然还包括职业、宗教等民间信仰团体存在及其所发挥的社会力量，可能在一定程度上发挥牵制或抵销政治权力的作用，在一定程度上保证了中国传统社会的多元性，有助于中国社会由帝制向民治的近代转型。

思考题

1. 家法族规与国法之间的关系是什么？
2. 试述帝制中国乡约制度的演变源流。

参考阅读材料

《吕氏乡约》

德业相劝

德，谓见善必行，闻过必改。能治其身，能治其家，能事父兄，能教子弟，能御僮仆，能事长上,能睦亲故,能择交游,能守廉介,能广施惠。能受寄托,能救患难,能规过失,能为人谋,能为众集事,能解斗争,能决是非,能兴利除害,能居官举职。凡有一善为众所推者,皆书于籍,以为善行。

业,谓居家则事父兄,教子弟、待妻妾;在外则事长上,接朋友,教后生,御僮仆。至于读书治田,营家济物,好礼乐射御书数之类,皆可为之。非此之类,皆为无益。

过失相规

过失,谓犯义之过六,犯约之过四,不修之过五。

犯义之过,一曰酗博斗讼。酗谓恃酒喧竞,博谓博赌财物,斗谓斗殴骂詈,讼谓告人罪慝,意在害人者。若事干负累,又为人侵损而诉之者非。

二曰行止逾违,逾违多端,众恶皆是。

三曰行不恭孙。侮慢有德有齿者,持人短长及恃强陵犯众人者,知过不改闻谏愈甚者。

四曰言不忠信,为人谋事,陷人于不善,与人要约,过即背之,及诬妄百端皆是。

五曰造言诬毁。诬人过恶,以无为有,以小为大,面是背非。或作嘲咏匿名文书,及发扬人之私隐,无状可求,及喜谈人之旧过者。

六曰营私太甚。与人交易伤于掊克者,专务进取不恤余事者,无故而好干求假贷者,受人寄托而有所欺者。

犯约之过,一曰德业不相劝,二曰过失不相规,三曰礼俗不相成,四曰患难不相恤。

不修之过,一曰交非其人。所交不限士庶,但凶恶及游惰无行、众所不齿者,若与之朝夕游从,则为交非其人。若不得已暂往还者非。

二曰游戏怠惰。游谓无故出入,及谒见人,止务闲适者。戏谓戏笑无度,及意在侵侮,或驰马击鞠之类,不赌财物者。怠惰谓不修事业,及家事不治,门庭不洁者。

三曰动作无仪。进退太疏野及不恭者,不当言而言、当言而不言者,衣冠太饰及全不完整者,不衣冠入街市者。

四曰临事不恪,主事废忘,期会后时,临事怠慢者。

五曰用度不节。不计家之有无,过为侈费者,不能安贫而非道营求者。

已上不修之过,每犯皆书于籍,三犯则行罚。

礼俗相交

凡行婚姻丧葬祭祀之礼,《礼经》具载,亦当讲求。未能遽行,且从家传旧仪。甚不经者,当渐去之。

凡与乡人相接,及往还书问,当众议一法共行之。

凡遇庆吊,每家只家长一人与同约者皆往,其书问亦如之。若家长有故,或与所庆吊者不相识,则其次者当之。所助之事,所遗之物,亦临时聚议,各量其力,裁定名物及多少之数。若契分浅深不同,则各从其情之厚薄。

凡遗物婚嫁,及庆贺用币、帛、羊、酒、蜡烛、雉、兔、果实之类,计所直多少,多不过三千,少至一二百。丧葬始丧,则用衣服或衣段以为襚礼,以酒脯为奠礼,计直多不过三千,少至一二百。至葬,则用钱帛为赙礼,用猪、羊、酒、蜡烛为奠礼,计直多不过五千,少至三四百。灾患如水火、盗贼、疾病、刑狱之类,助济者以钱、帛、米、谷、薪、炭等物,计直多不过三千,少至二三百。

凡助事谓助其力所不足者,婚嫁则借助器用,丧葬则又借助人夫,及为之营干。

患难相恤

患难之事七:

一曰水火。小则遣人救之，大则亲往，多率人救之，并吊之耳。

二曰盗贼。居之近者，同力捕之。力不能捕，则告于同约者，及白于官司，尽力防捕之。

三曰疾病。小则遣人问之，稍甚则亲为博访医药，贫无资者，助其养疾之费。

四曰死丧。阙人干，则往助其事；阙财，则赙物及与借贷吊问。

五曰孤弱。孤遗无所依者，若其家有财可以自赡，则为之处理，或闻于官，或择近亲与邻里可托者主之，无令人欺罔。可教者，为择人教之，及为求婚姻。无财不能自存者，协力济之，无令失所。若为人所欺罔，众人力与办理。若稍长而放逸不检，亦防察约束之，无令陷于不义也。

六曰诬枉。有为诬枉过恶，不能自申者，势可以闻于官府，则为言之；有方略可以解，则为之解之。或其家因而失所者，众以财济之。

七曰贫乏。有安贫守分而生计大不足者，众以财济之；或为之假贷置产，以岁月偿之。

凡同约者，财物、器用、车马、人仆，皆有无相假。若不急之用，及有所妨者，亦不必借。可借而不借，及逾期不还，及损坏借物者，皆有罚。凡事之急者，自遣人遍告同约；事之缓者，所居相近及知者，告于主事，主事遍告之。凡有患难，虽非同约，其所知者，亦当救恤。事重，则率同约者共行之。

罚式

犯义之过，其罚五百。轻者或损至四百三百。不修之过及犯约之过，其罚一百。重者或增至二百三百。凡轻过，规之而听，及能自举者，止书于籍，皆免罚。若再犯者，不免。其规之不听，听而复为，及过之大者，皆即罚之。其不义已甚，非士论所容者，及累犯重罚而不悛者，特聚众议，若决不可容，则皆绝之。

聚会

每月一聚，具食；每季一会，具酒食。所费率钱，合当事者主之。聚会则书其善恶，行其赏罚。若约有不便之事，共议更易。

主事

约正一人或二人，众推正直不阿者为之，专主平决赏罚当否。直月一人，同约中不以高下，依长少轮次为之，一月一更，主约中杂事。

人之所赖于邻里乡党者，犹身有手足，家有兄弟，善恶利害皆与之同，不可一日而无之。不然，则秦越其视，何与于我哉！大忠素病于此，且不能勉，愿与乡人共行斯道。惧德未信，动或取咎，敢举其目，先求同志，苟以为可，愿书其诺，成吾里仁之美，有望于众君子焉。熙宁九年十二月初五日，汲郡吕大忠白。

（选自《蓝田吕氏遗著辑校》，陈俊民辑校，中华书局1993年版，第563—567页。）

下　编 | 向民主法治迈进的
近代中国法制

第十二讲　近代中国法制转型的动因
第十三讲　近代中国的宪政
第十四讲　刑事法制的近代变迁
第十五讲　近代中国的私法
第十六讲　诉讼与司法制度的近代变革

第十二讲

近代中国法制转型的动因

第一节 三千余年一大变局

法制是整个社会的重要组成部分,社会变动一经发生,法制当然会随之或早或迟发生变动。帝制中国两千年,基本结构未发生根本性改变,故其法制成型之后,其间只有微调,而无彻底的改弦更张。降及十九世纪,时处王朝周期盛世已过的衰世,清王朝遭遇了具有强烈侵略性且富于活力的西方,内政不修更引起外敌觊觎,外力重压引发了内部变革。随着变革逐渐由表及里、从海疆一隅到内陆腹地,整个社会已慢慢转型,法制亦不能不随之而转。由此,中国在经历了两千年之久的定型期后又进入了转型期。

转型期的近代中国,最主要的特点就是"大变""剧变",重要当局者李鸿章体认尤深,称之为"合地球东西南朔九万里之遥,胥聚于中国,此三千余年一大变局也"①。中国近代史研究大家郭廷以先生指出:

> 历史是延续的,但永远是变的,因革损益,随时而异,其间仅有缓速显晦之别。就中国而论,以十九世纪中期以来,最为显著……中国遭遇到前所未有之强敌,处境大非昔比,不仅不再是独一无二的神州,甚至存亡系于旦夕。前此的中国并非绝对的孤立,曾接触过许多或友或敌的民族,亦遭受过严重的侵凌,何以不曾使其大变?何以不曾引起如是的认识和忧惧?因为以往所接触的民族,纵能凭其一时武力,乘中国之敝,以图一逞,彼此形势犹可相埒。近代所接触的西洋大不然。除了强大的武力,尚有别具一格的政治组织、经济力量、高度文化,一旦彼此短兵相接,中国的藩篱为之突破,立国基础为之震撼。于是张皇失措,自处处人,两无一处,遂陷入悲运。"西洋人之入中国,为天地之一大变",并未过甚其辞。②

近代中国所遭遇的"西洋",已经过资本主义经济活动的洗礼和启蒙思潮的激励。一系列社会革新实践已在欧美发生,其标志性事件为英国光荣革命、美国独立建国和法国大革命。此后,主权国家、权力分立与制衡、市场经济等制度设施及民主、自由等价值观念基本确立。他们进而在全球范围内拓展殖民地,力图把这一套在当时最新、最先进的制度和价值理念强制传播开来。

---

① 李鸿章:《复议制造轮船未可裁撤折》,载《李鸿章全集》(第五册),安徽教育出版社2008年版,第107页。
② 郭廷以:《近代中国史纲》,香港中文大学出版社1979年版,第1页。

关于此种大变局之形成原因,除了西洋自身的强大外,亦与此时中国自身处境紧密相关。作为异族入主中原建立的清王朝,满汉矛盾根深蒂固。鉴于此,"清代的统治策略,一切以集权、防范、压制为尚"①。即便如此,经几代君主励精图治,清朝开创了百多年的康雍乾盛世,声威之隆,直比汉唐。但月盈则亏,盛极而衰,到十九世纪,中国与西洋直接接触开始之际,清廷已步入王朝循环的衰落期,主要表现为:皇权专制登峰造极而吏治却极度腐败、人口大幅度增加引起社会贫困程度加剧、因严密的思想控制而导致思想学术陷入繁琐考据几无关乎国计民生。"中国的内部秩序已不易维持。即令无外来的冲击,清的治权已不易保,对于虎视眈眈的西方强敌,又焉能抵御?"②

此种大变局,牵一发而动全身,择其与近代法制密切相关者,介绍如下:

一、家族制度的深层危机

近代中国社会结构的变化引发了家族制度的深层危机。随着清廷在对外战争中的失败,被迫由闭关锁国政策改为门户开放,中国固有经济结构难以维持下去。其著者,如以男耕女织为主要内容的小农经济受到严重冲击,很多人不得不离开祖祖辈辈居住的家园到外面去寻找新的生计以养家糊口;又如随着对外贸易中心由广州移向上海,原先服务于广州外贸的人员,包括湖南境内的船工、挑夫等失业,转而加入太平军,大大增强了太平天国的力量;又如外国铁路设施大大破坏了传统的运输体系,两条老的南北干线——大运河和从汉口到北京的陆路——在与铁路的竞争中失败,成千上万的船夫、车夫、客栈店主和商人失业。这种传统经济各方面受挫的窘境,给固有的家族制度所带来的冲击后果难以估量:整个社会的贫苦使得宗族的力量有限,不能再为那些需要帮助的家族成员提供必要的帮助;生计困难的宗族成员离开家乡进城谋生,自然摆脱了家族和家庭对他们的控制。他们即便能在新地方开始新生活,无力或无心回馈家族。家族成员与家族之间的关系日渐疏离,家族制度的危机已然出现。

与此同时,外国法政学说进入中国,新式学者开始宣传这样一些基本观念:家长的权利逻辑上隶属于国家,个人拥有不可剥夺的、不受家长控制的权利;男女作为国家的基本分子,是平等的。这些观点,动摇着家庭关系的根基,在年轻人中间广为流行。而且,在世纪之交,近代学校的开办实际上表明政府已经取代家庭承担起教育的责任。因此,当国家干涉家族内部关系时,家族制度的政治支撑面临土崩瓦解。③ 家族制度的经济基础和政治支撑不再,家族制度已是穷途末路。建立在家族制度基础上的帝制中国法制当然已严重与社会脱节,不能规范业已发生巨变的社会,不得不发生根本性变革。晚清新政时期杨度在资政院洋洋大观的发言即属该种逻辑:

---

① 关于清朝廷统治策略之内容,郭廷以先生根据清代史实,有很准确简洁的归纳,云:"君权之隆,君威之盛,超过任何朝代。汉、唐君臣之间,尚略有对等体制,宋、明朝仪虽渐森严,臣僚仍可立而陈奏,清则改为三跪九叩。明代百官、布衣皆得上书,清则除部院堂官(尚书侍郎)、给事中、御史及抚、督等外,概不得专折言事。同时厚满薄汉,中央官满、汉虽各有定额,但权位悬殊。军机处并此形式亦无。历任军机大臣汉员不及半数,以慑于满员势焰,遇事惟有缄默自容。地方官的除授,满员常居优先。十九世纪中叶以前,督抚大半属于旗籍……一般旗人复享受各种特殊待遇,无处不形成满、汉的对立。汉人之热衷利禄者,但知讲习八股,英拔才智之士,因恐触时讳,不敢谈民生利弊、论时政得失,惟有致力于考据之学,以求远嫌免祸,学术上流于破碎支离,不见其大者远者,民族的朝气斫丧,朝野的志气萎靡。政治上'上下之情未通,满汉之气中阻,大臣阘茸以保富贵,小臣钳结而惜功名。'社会上'清议无闻,而务科第、营货财,节义经纶之事,漠然无与其身。'"(郭廷以:《近代中国史纲》,香港中文大学出版社 1979 年版,第 10—11 页。)

② 郭廷以:《近代中国史纲》,香港中文大学出版社 1979 年版,第 12 页。

③ 参见徐中约:《中国近代史》(上册),计秋枫等译,香港中文大学 2002 年版,第 432—433 页。

家族制度的时代,不是以个人为本位,直以家族为本位。对于家族的犯罪,就是对于国家的犯罪。国家须维持家族的制度,才能有所凭借以维持社会,故必严定家族阶级。即其刑律亦必准此精神,所以一人犯罪,诛及父母,连坐族长,家族责任由此发生。国家为维持家族制度,即不能不使家长对于朝廷负其责任,其诛九族、夷三族就是使他对于朝廷负责任的意思。既是负此责任,在法律上就不能不与之特别权利,并将立法权、司法权均付其家族,以使其责任益为完全,所以有家法之说……此种制度在从前为适宜之制度。现在各国法律之精神,全不在家族而在国家。国家对于人民有教之之法,有养之之法,即人民对于国家亦不能不负责任。其对于外,则当举国皆兵以御外侮;对于内,则保全安宁之秩序,必使人人生计发达,能力发达,然后国家日臻发达,而社会也相安于无事。人民对于国家负担责任,国家即与之以自由之权利,因之,各国法律对于人民有成年、不成年之别。未成年以前,对于国家一切权利义务都归家长替代;到成年以后,就非家长所能替代的。这是国家的主义,与家族主义大不相同的。主义不同,则法律亦随之而异。①

二、近代中国社会结构所发生的巨变

帝制中国宏观上是"一人肆于民上"的君—民结构:君位世袭;民则主要由士、农、工、商四个阶层组成,俗称四民社会;由民之中的佼佼者出任各级官僚,辅佐君主治理天下。除此之外,还有些名目不一的各式贱民,但他们在帝制中国不占重要地位。社会步入近代后,一方面在旧有的"四民"之外,出现了买办和军阀这两个非常有力量的新兴阶层,对固有的四民社会结构形成了致命的冲击。西人来华,原以经商获取利润为主要目的,随着通商口岸和租界的建立,越来越多的外商进入中国,还带来了西方的商业制度,如公司、银行制度等。中西之间毕竟有语言、风俗乃至文化上的巨大差异,外商需要中国商人帮助他们沟通中国市场,这类商人就是买办。他们一方面为外商办事,成为外国工商业产品开拓中国市场的助力;另一方面,他们中有不少人学到了外商的经商办法,积累了财富,进而成为独立企业家,是中国工业化的先驱。在民穷财尽的近代中国,这个新兴的买办阶层拥有巨大的影响力。

帝制中国,尤其是明清时期,士绅和商人有了合流的趋势,士绅化名或幕后经商者颇多,清中叶以后,捐纳制度盛行,商人能够花钱买到功名,但无论如何,由科举正途出身的士绅并不会公开出来经商。面对西方商业势力对中国经济的压榨和剥夺,朝野开始重视商业,以致于在十九世纪中后期由出身于买办阶层的郑观应提出了"商战"之说,主张"习兵战不如习商战"、朝野上下齐心合力,"决胜于商战"。社会对商业的评价上升,突破了宋明理学"君子耻言利"的信条,认为追求商业利益是正当的行为,少数人甚至还有极端观点:士人不讲求实业是其缺点,只有投身于商战中才能真正救国救民。于是士绅,甚至有些已获得高级功名的士绅,或者为心中的理想,或者为了现实的利益,放弃唾手可得的仕途,毅然投入到变幻莫测的商场之中,最著者如晚清商界知名的"北周南张",周学熙举人出身,做过道台,曾创办开滦煤矿公司、启新洋灰公司等企业;张謇乃晚清状元宰相翁同龢的得意门生,本人乃甲午恩科状元,崇尚"实业救国",创办了许多纱厂和盐垦公司。买办与绅商,是晚清中国新式企业经营者的两大来源,在他们的共同努力下,商人势力不断发展。1903年清朝廷在商人的呼吁

---

① 《资政院议场会议速记录》,李启成点校,上海三联书店2011年版,第304—306页。

请求下设立了商部,各地商会组织纷纷成立,说明商人已成为重要的社会力量。商人子弟的观念亦不同于帝制中国时期,不再把入仕作为正途,他们在接受了新的中学或大学教育后,仍继续从事于商业活动。买办的示范作用加上士绅从商观念的转变,相比较于帝制中国视商为末业的四民社会,不啻颠倒了过来。

在帝制中国,尤其是宋以后实行的以文驭武国策,在王朝的和平时期,军人的地位较低。民间俗语讲:"好铁不打钉,好男不当兵。"到近代中国,不论是镇压内乱还是抵御外辱,军人格外重要,地位迅速提高。曾国藩领导的湘军和李鸿章统率的淮军在晚清政治舞台上所获得的举足轻重地位,即是显例。及至甲午中日战争之后,北洋海军和淮军几乎全军覆没,袁世凯受命在小站编练新军,缔造了北洋军队。自晚清湘淮军到北洋军,一个新的军阀阶层崛起了。与以往粗鄙无文的军人形象不同,近代军人都受过一些近代的军事教育和训练。比如袁世凯在小站训练的北洋班底,很多都是武备学堂的毕业生。清廷灭亡后,中国就进入了北洋军阀时期。这一时期,有学者将之定性为"军绅政权"①,"军"在"绅"前,足见统领军人之军阀的巨大势力。

帝制中国晚期长期以来奉行不渝的以文驭武政策,事实上已为"枪杆子里面出政权"所取代。晚清自湘淮军兴起,天下督抚之所以半出于湘淮军系统,不就是因为他们掌握了军队吗?袁世凯在晚清政坛风云无两,且能在驱逐回籍后能东山再起,不就是靠其一手创建的北洋军吗?军队私人化,军头们或为自保,或为逐鹿中原,自然要自筹军饷、扩充兵源,势必要干涉地方乃至中央的民政,尽力争夺地盘和农民,以获取养兵之资源。在乱世,"百无一用"的士绅为了实现心中的抱负也好,还是获取现实利益也罢,不得不放弃"四民之首"的虚名,转而寻求大大小小军阀们的庇护,为其高参幕僚;更有不少士绅子弟,在接受了新式"军国民主义"后,投笔从戎。

综上,士绅阶层在新兴的买办和军阀面前,渐渐丧失了"四民之首"的地位,他们及其子弟要么从商、要么从军。二十世纪初,朝廷宣布废除科举制度,意味着士绅在整个社会的优越地位走向尽头。引起连锁反应的是耕读传家的纽带彻底断裂,农民自然殃及;更致命的是,在国内外商业大潮的冲击下,农民的处境更是糟糕,传统的"工"受到的冲击更为直接。以四民社会为表征的传统中国社会结构,因为买办和军阀两大新兴力量的兴起,当然终归是西潮的冲击而逐渐解体。社会结构和相应的社会阶层变了,法制又岂可不变而安于抱残守缺呢?

三、近代经济结构的变迁

帝制中国为农业国家,经济上大致可以自给自足,勤俭节约是中国上下相尚的古训和美德,理论上不贵奇巧难得之货。轻商观念影响甚大,外贸只是怀柔羁縻藩属的手段之一,或者说是天朝予以藩属的一种恩惠,其有无多寡取决于藩属国的表现。而当时与清廷交涉的英国,已在很多方面执世界牛耳,具有强烈的拓展全球市场欲望,曾两次派遣使臣觐见清朝皇帝,希望攫取重大商业利益,皆无满意结果,遂于1840年以鸦片问题为导火索发动鸦片战争,凭借其船坚炮利打开了中国国门。鸦片战争以清廷战败缔约告终,丧权辱国、割地赔款,不一而足。之后其他列强竞相效尤,又相继爆发了第二次鸦片战争、中法战争、中日战争和八国联军等多次中外战争,外患加剧内忧,太平天国、义和团、改良革命运动随之而起。在这

---

① 参见陈志让:《军绅政权——近代中国的军阀时期》,广西师范大学出版社2008年版。

个过程中,中国主权严重受损:英国占领香港,在许多地方建立租界,获得了经营中国的基地;五口开放通商提供了列强从沿海深入内地的通道;在内地设厂,更是直接打开了中国市场;列强到处传教,教案迭起,海内骚动。降及世纪之交,列强更掀起了瓜分中国的狂潮。庚子国变,创巨深痛,国防几于虚设,清廷在民众心目中一落千丈。国门开放,列强商品涌进中国市场,对中国传统小农经济和家庭手工业构成了致命打击,民族工商业发展严重受挫,中国近代经济雪上加霜。

一则因列强势力自中国沿海向腹地逐次推进,为了防止利权外溢;二则清统治集团基于富国强兵的洋务运动所需,近代中国出现了一批新式企业,大体涉及军工、交通运输、地下矿产和纺织等行业。近代中国这类最早的新式企业,刚开始为"官督商办",因管理腐败导致亏损严重,后多改为"官商合办"或"商办"。这些企业的生存环境异常艰难。中国的重本抑末传统以及官府习惯于发号施令,更严重的是列强对于中国出现的新式企业,完全持虎视眈眈的敌视态度,凭借其技术、管理、制度乃至外交特权,力图打压之。如何能给这些新式企业提供较为适宜生存的环境,是摆在当时社会面前的大事。下面将以近代中国的公司为例来予以简要分析。

商业公司在近代中国的出现是海禁大开之后学习西方的产物,大致在十九世纪八十年代。这种公司刚出现,即很受欢迎,在短期内就吸引了大量私人资本,向公司投资入股成为一时风尚。但好景不长,三五年之后,这些初成立的公司大量破产,民众始视公司为畏途。① 之所以有如此多的公司倒闭,原因之一是此种公司是个新事物,固有的法律中没有此等规范。到 1893 年,对公司抱有很大期望的薛福成撰文指出:"中国公司所以无一举者,众志漓,章程桀,禁约弛,筹画疏也。四者俱不如人,由于风气之不开;风气不开,由于朝廷上精神不注……风气不变,则公司不举;公司不举,则工商之业,无一能振;工商之业不振,则中国终不可以富,不可以强。"② 身处局中的郑观应感触特深,认为当时中国"但有困商之虐政,并无护商之良法",要与列强"商战"以收回利权,救国利民,必须"增设商部","仿西法颁定各商公司章程,俾臣民有所遵守"。③ 但这没能引起清廷的积极回应。直到光绪二十五年(1899 年),由于上海奸商虚设公司行铺倒骗存款,严重干扰社会秩序,两江总督刘坤一方据上海商务局之请,令江苏按察使朱之榛拟定保护办法,上奏朝廷施行。规定:商民开设公司钱铺,援照京城钱铺定例。这种用旧法治新事的办法,不能跟已变的社会相适应,与其说护商,毋宁说是维护社会治安。庚子国变后,刘坤一与张之洞条陈变法时,正式有了制定商律之议。④ 到 1903 年,清廷始设立商部,随后又制定了数量不菲的成文法规。

总之,在近代,列强之所以不论如何都要进入中国,主要是为了开拓市场、获取经济利润。随着中国的节节败退,列强势力逐渐沿江河铁路等交通干线深入腹地,中国人为保有或夺回利权而极力奋起抗争。在这个过程中,中国经济结构发出了巨大的变化,固有的农工商业受到严重冲击,在工商领域出现了许多以前见所未见的新事物,如银行、公司、铁路、电报、轮船航运、采矿和相关制造业等。面对变局,固有的法制或因规范滞后于时,或完全没有相应的规范,必定会进行根本性变革。

---

① 参考方流芳:《中西公司法律地位历史考察》,载《中国社会科学》1992 年第 4 期。
② 薛福成:《论公司不举之病》,载马忠文等编:《中国近代思想家文库·薛福成卷》,中国人民大学出版社 2014 年版,第 317—318 页。
③ 郑观应:《盛世危言》,中州古籍出版社 1998 年版,第 309—317 页。
④ 参考李贵连:《沈家本评传》,中国民主法制出版社 2016 年版,第 103—105 页。

四、女性地位的提升

帝制中国法制的重要基石之一就是以"夫为妻纲"为核心的男尊女卑,主要表现在妇女在法律规范所及的各个方面,与男子相比较,几乎都遭受不平等对待。不平则自有人鸣,国门大开之前,已有士大夫开始对之进行批判,其著者如袁枚、戴震、俞正燮、龚自珍等,李汝珍的小说《镜花缘》影响就更大。《镜花缘》大致在十九世纪二三十年代成书刊刻,以武则天时代为背景,作者借主人公"海外奇闻"来讥评中国的不良习惯,勇敢地主张男女平等、反对妇女缠足和涂脂抹粉、反对男子在纳妾方面的双重道德标准、提倡女子教育、主张女子参政。该书出版几十年后,胡适先生撰文指出"李汝珍所见的是几千年来忽略了的妇女问题,他是中国最早提出这个妇女问题的人,他的《镜花缘》是一部讨论妇女问题的小说。他对于这个问题的答案是,男女应该受平等的待遇、平等的教育,平等的选举制度。"①

随着西方势力的进入,传教士进入中国传教,设立女学、反对妇女缠足是其开展的重要活动。这种外来刺激,加以本国固有批评男女不平等思想观念的影响,维新人物闻风而起,也努力提倡妇女地位的改善。其著者如康有为、康广仁兄弟所组织的不缠足会、中国女学会和女学堂等;湖广总督张之洞认为女子缠足不仅为不仁之事、悖于天理,实际上更是害家病国,遂联合京官上奏朝廷,明令禁止,"重申顺治十七年圣谕惩罚之条,罪其父母夫男,并著为令。自光绪二十年以后所生之女,凡缠足者不准给封为命妇。"②二十世纪初,留学日本蔚为风尚,很多女子前往留学,秋瑾即是其中之一。在此前后,倡导女权的刊物纷纷出现。据统计,晚清重要的倡导女权的报刊至少有27种之多,上海和东京是两大中心。这些刊物所要求的妇女权利,已从日常生活中的具体现象深入到纲常伦理这一深层价值层面和救国图存这一时代要求上来了:激烈抨击缠足、包办婚姻、守节、不许妇女受教育,否认男尊女卑、女子无才便是德、夫为妻纲;进而警醒女界,认为国家将亡,男子且不保,妇女更当力求振作。早期为妇女争取地位改善的基本都是男子,现在已是妇女自己出来主动要求权利。③

降及晚清,妇女已经成为一股重要的社会力量,她们先在少数榜样的带动下,走出家庭之后,接受了新式教育,投入社会的各行各业,甚至逐渐参与到革命、立宪等重大政治活动中去。以夫为妻纲为核心内容的男尊女卑支撑起的帝制中国法制,在此种变动的社会情势中,已经越来越不合时宜,对之进行根本性的改弦更张,将是一水到渠成之事。

五、从朝贡体制到弱国外交

帝制中国是一个天下国家,不存在近代意义上平等国家间的外交关系。帝制中国以儒家思想为指导,逐渐形成了独具特色的朝贡体制,来处理对外事务。"朝贡体制"这个说法并非自古有之,而是美国中国史研究者费正清与中国学者邓嗣禹于二十世纪四十年代归纳出来的,随后在学界产生了很大影响。④ "朝贡体制"系建立于"天下国家"这一理念基础上。该理念认为,中原王朝是世界和人类的中心,因接受了圣人之道而文明程度最高,四周随着与

---

① 胡适:《〈镜花缘〉的引论》,载欧阳哲生编:《胡适文集》(第三册),北京大学出版社1998年版,第536—561页。
② 张之洞:《〈戒缠足会章程〉叙》,载苑书义等主编:《张之洞全集》(第十二册),河北人民出版社1998年版,第10060—10061页。
③ 参考梁庚尧:《中国社会史》,东方出版中心2016年版,第404—407页。
④ J. K. Fairbank and S. Y. Teng, "On the Ch'ing Tributary System", *Harvard Journal of Asiatic Studies*, Vol. 6 (2), 1941, pp. 135—246.

第十二讲 近代中国法制转型的动因

中原王朝距离远近之差异则为文明程度逐次降低的蛮夷。凡人迹所至、日月所临,无不属于"天下国家"之范围。相应地"朝贡体制"就是处理中原王朝与四周夷狄关系之制度设施。它具有下述特征:中原超越四周夷狄是因以儒家为核心内容的礼乐文明及其所体现的生活方式,绝对不是靠武力让其臣服;夷狄臣服于中原"天朝",是要接受礼乐文明的教化,天朝的"天子"是全人类及其至高无上礼乐文明的代表,夷狄必须倾心向化,参加按期举行的朝贡仪式,证明他们绝对承认"天子"的至高无上权威。关于朝贡仪式,《钦定大清通礼》"宾礼"部分有详细的记载,可简要归纳如下:四夷藩属国须派使臣定期到京行朝贡典礼,使臣必须上呈本国君主的国书;天子降旨慰问,贡使"跪聆答奏"并于次日谢恩;典礼结束后,天子要对该国国王和贡使予以赏赐;藩属国新君摄政或继位,须派使臣上告天子,天子派遣使节携带天子之敕书到藩国予以册封等。藩属国包括朝鲜、安南、琉球、缅甸、暹罗等东亚和东南亚诸国,清朝廷甚至还把荷兰等西洋国列入其中。① 与朝贡制度紧密相关的还有朝贡贸易,即"天朝"为了嘉奖藩属国的向化和归顺之忱,特地允许藩属国使节及其随同商人在中国的边境或首都进行贸易活动,以获取利益。在鸦片战争之前,近代西洋人就是打着朝贡之名,行贸易获利润之实。总之,在以中原王朝为主导的"朝贡体制"下,中国从朝贡国的朝贡行为中获得"万国来朝""天下共主"的荣誉,提升其作为"天朝"的威望;同时中国也可用朝贡国作屏障,实行"天子守在四夷"之战略。朝贡国一则可从天朝获得权力正当性的支持;二则在遇到别国侵略时,可获得天朝的军事保护和援助;三则可在朝贡贸易中获得实际利益。朝贡双方皆能从中获得好处,是朝贡体制能够长时期存在的重要原因。

马嘎尔尼使团和阿美士德使团两次代表英国政府到北京谈判两国贸易事宜未果,在西洋人看来,跟清廷极力维护的朝贡体制紧密相关,著名远东国际关系史学家马士即指出:英国有错自不讳言,"同时,就中国人对于处理问题所采取的一贯作风来看,也确实不是任何国家所能容忍的,尤其因为在事实上这些国家并不是帝国的藩属,而它们也不情愿像荷兰人一样,希望用藩属的态度换取贸易上的特权。"② 双方不能在谈判桌上解决分歧,英国又极其不满于现状,只能在战场上一较高下。清廷战败,被迫开放国门,出让利权;后又经过第二次鸦片战争等,清廷在与西洋列强的交往中很不情愿地放弃了固有的朝贡体制,被迫纳入条约体制。

一般而言,主权国家间缔结的条约应是平等条约,即双方自愿商定,权利义务对等。但晚清中外条约,几乎都是列强挟武力之威强迫清廷所订立,其内容皆不同程度损害了中国主权。故晚清条约体制是西方列强对外扩张的产物,是中国蒙受屈辱的标记。这多个不平等条约,对国家主权损害极大,归纳起来,有下述几点:(1)破坏了中国的领土完整。自《南京条约》清廷被迫割让香港开始,列强多次胁迫清廷割让土地。清廷不仅周围藩属尽失,东北、西北地区丢掉大片土地,澎湖台湾悉数割让,腹心都市更有列强租界、租借地等"国中之国"大量存在。(2)丧失了重要的经济主权。不平等条约确立了协定关税和内地通行税制度,清廷丧失了主权国家税收自主权。列强还获得了内河航运权、路矿借款担保权、投资设厂权、鸦片贸易权、自由雇佣劳工权等一系列经济特权。(3)丧失了海关自主行政权。条约制度确立了海关行政外籍税务司制度,列强可以通过税务司掌管海关的用人行政权,进而获得了邮政管理权。(4)丧失了重要的文教权力。列强为保障其在华传播西方文化的特权,在

---

① 参考《钦定大清通礼》,吉林出版集团有限责任公司2005年版,第434—440页。美国学者马士按照《大清会典》的记载列举了大清帝国朝贡国名单及朝贡频率等内容,参见马士:《中华帝国对外关系史》(第一册),张汇文等译,上海书店出版社2000年版,第55—56页。

② 〔美〕马士:《中华帝国对外关系史》(第一册),张汇文等译,上海书店出版社2000年版,第64页。

条约中明确规定建立学校和传教之权,中国官府有厚待保护之义务。(5)丧失了部分司法主权。列强通过条约获得了在华领事裁判权,由其领事行使其在华侨民民刑事案件的司法管辖权,后又借助领事观审、中外会审制度将其司法管辖权扩大到与其侨民有直接关系的部分中国人。

这一以不平等条约为主要内容的条约制度,大大损害了近代中国的国家主权。《辛丑条约》签订后,国际关系史学者即这样评价:

> 在同西方国家直接发生关系的七十年之后,中国的地位历经1842、1858、1860、1885、1895年已经逐步地降低到这样的一个地步,以致到目前1901年,仅仅保存下一个主权国的寥寥几个属性。如果要使他的皇位保持不变,如果要想继续作为一个国家而存在下去,显然它非变更自1834年到1900年所遵循的办法不可。①

近代中国的条约制度严重损害了国家主权,极大刺激了朝野寻找变革之路。"晚清朝野与欧美各国接触之后,对于国际间的认识逐渐加深,进而了解到欧洲列强实构成世界政治重心。中国居于列强并峙之中,不单不足以言万邦宗主,抑且不能与列强争持敌体。思想的转变,打破了两千年来的历史传统。"②比如作为近代外交格局中的弱国,清廷一些开明官员开始认识到国际法的重要性,力图从中获得有利于自己的知识根据,拿它来跟列强"讲道理"。既然要用到国际法,那国内法必定受到影响,长期不变,势必凿枘不投。比如为了处理与列强的外交关系,应《北京条约》之要求,清廷于1861年设立总理衙门,它是近代中国为回应西方冲击所设置的第一个重大机构;要与列强打交道,就需了解它们,懂其语言文字,清廷于是在同治年间设立了同文馆、广方言馆等语言学校,派遣留学生等。

还需指出,国族危机虽然空前,但否极泰来,伴随着每一次中外战争,中国开放程度在加深,中西文化冲突愈演愈烈,相应的中国人对西方文化的认识不断加深,中国开始了学习西方、寻找自身出路的近代化历程。根据梁启超的归纳,近代中国人先从器物上感觉自己要学习,渐渐意识到制度需改进,进而主张从根本上革新文化。中国人渐渐发展出民族建国(凡不是中国人都没有权来管中国的事)和民主(凡是中国人都有权来管中国的事)之精神。③

总之,清王朝在其极盛而衰之际遭遇西方列强,历史进入千年未有之变局,作为社会根基的家族制度受到严重冲击,社会结构、经济结构都发生了巨变,女性地位获得提升,在对外交往中亦有朝贡体制下的天朝上国沦为国际关系中的弱者。在这个滩多浪急的"历史三峡"(唐德刚语)中,穷则思变,"变则通,通则久;变亦变,不变亦变",帝制中国开始了艰难曲折的近代转型。一变百变,一转百转,法制亦要随之转型。

第二节　领事裁判权

对清末法制乃至整个近代中国的法制变革产生重要影响的,除了整个社会转型这一法制外宏观因素之外,还有法制内的领事裁判权制度。领事裁判权指的是外国人进入他国,无论是发生民事还是刑事案件,都不受所在国的司法裁判,而由其本国驻所在国领事审判。该外国所获得的这种司法特权,被称为领事裁判权。

---

① 〔美〕马士、宓亨利:《远东国际关系史》(下册),姚曾廙等译,商务印书馆1975年版,第472页。
② 王尔敏:《晚清政治思想史论》,广西师范大学出版社2005年版,第168—169页。
③ 梁启超:《饮冰室文集点校本》(第五册),吴松等点校,云南教育出版社2001年版,第3249—3250页。

一、领事裁判权的确立

1843年清廷与英国签订《议定五口通商章程》,其中第十三款为"英人华民交涉词讼",规定了英国人在华享有领事裁判权:"凡英商禀告华民者,必先赴管事官处投禀,候管事官先行查察谁是谁非,勉力劝息,使不成讼。间有华民赴英官处控告英人者,管事官均应听诉,一例劝息,免致小事酿成大案。其英商欲行投禀大宪,均应由管事官投递,禀内倘有不合之语,管事官即驳斥另换,不为代递。倘遇有交涉词讼,管事官不能劝息,又不能将就,即移请华官公同查明其事,既得实情,即为秉公定断,免滋讼端。其英人如何科罪,由英国议定章程、法律发给管事官照办。华民如何科罪,应治以中国之法。"①后来在清廷与列强订立的不平等条约中,关于领事裁判权的规定范围有所扩大,内容也更为具体。列强纷纷援引"最惠国待遇"条款,在华享有领事裁判权的国家最终达19国。

二、会审公廨

随着列强在华领事裁判权的扩大,他们还要求清廷在上海公共租界设立会审公廨。该公廨据1868年订立的《上海洋泾浜设官会审章程》(1905年修改)而设立。清廷"遴委同知一员,专驻洋泾浜,管理各国租地界内钱债、斗殴、盗窃、词讼各等案件。立一公馆……凡有华民控告华民及洋商控告华民,无论钱债与交易各事,均准其提讯定断,并照中国常例审讯"。"凡遇案件牵涉洋人必应到案者,必须领事官会同委员审问,或派洋官会审。若案情只系中国人,并无洋人在内,即听中国委员自行讯断,各国领事官,毋庸干预。凡为外国服役及洋人延请之华民,如经涉讼,先由该委员将该人所犯案情移知领事官,立将应讯之人交案,不得庇匿。至讯案时,或由该领事官或由其所派之员,准其来堂听讼,如案中并不牵涉洋人者,不得干预。凡不作商人之领事官及为其服役并雇用之人,未得该领事官允准,不得拿获。"②"中外堂官如有意见不合,未能结案之处,应请上海道及案内外国人之本国总领事官或领事官复核。"③故会审公廨,从法律上看是中国官厅,但因领事的会审或观审,中国主审官员难以正常行使审判权力。

图53　19世纪晚期上海会审公廨

---

① 王铁崖编:《中外旧约章汇编》(第一册),生活·读书·新知三联书店1957年版,第42页。
② 同上书,第269页。
③ 同上书,第二册,第287页。

辛亥革命爆发后,英美驻上海领事宣布由公共租界工部局管理会审公廨;及至上海光复,民国政府才接管会审公廨。到1927年大革命胜利,该会审公廨才得以撤销,被江苏上海公共租界临时法院所取代。

三、领事裁判权的危害及朝野的撤废努力

在领事裁判权确立之初,清廷并不了解它对中国司法主权损失之大,反而认为有许多便利,中外人民各按本国法律管理,不失为一公道办法,只要列强不庇护汉奸即可让他们非常满意。及至中外交往日繁,教案层出不穷,因租界和领事裁判权的存在,清廷不能将那些反朝廷的案犯绳之以法,才感觉事态严重,深刻认识到领事裁判权妨碍其处理教案和镇压反对派,迫切希望收回司法主权。清廷于1900年曾试图利用民众力量以武力收回领事裁判权,惨败以后只有寄希望于和平谈判一途。领事裁判权明显不符合国家主权平等互惠等国际法准则,但列强认为清朝的法律和司法太过野蛮,不合其文明标准,故他们继续坚持领事裁判权有其必要,除非清朝按其要求改革法制和司法。如此一来,清廷不得不徇列强之要求,舍己从人来变法改制。

苏报案就是一个典型例子。在专制制度之下,人民虽然被剥夺了言论自由权,但不能消除人民对朝廷腐败统治的不满,一有合适的机会,此种不满情绪定会变本加厉的发泄出来。由于领事裁判权的存在,在各通商口岸的租界内,清王朝的政治和司法权力管辖不到,就在这所谓的"国中之国",为那些对清朝廷不满的人们提供了一个相对宽松的环境,有了些对朝廷不满的表达自由。《苏报》最先为日本人所创办,后来由曾任江西知县的陈范(字梦坡)接手。陈范因教案问题去职,感于官场之腐败,希望能通过办报以拯救中国,这就决定了该报所发表的言论会走在时代的前列。"因陈梦坡善听人言,而主持论坛者得其人,其宗旨本别异于各报,其所主张者,由变法而保皇,由保皇而革命"。①《苏报》所持观点转向革命以后,新开辟了"学校风潮"专栏,专门刊载南洋公学等校退学事件的消息,鼓动学生起来造反;又与爱国学社相约,每日撰著论说一篇。因此,该报引起了清朝官府的注意。到1903年5月底,陈范更聘请章士钊为主笔,由此,《苏报》更刊登了不少宣扬革命的文章。6月29日,章炳麟的《驳康有为论革命书》经章士钊节录后以《康有为与觉罗君之关系》为题在《苏报》上发表。《苏报》的文章一经刊出,香港《中国日报》、厦门的《鹭江报》等纷纷转载。这种情况,使清朝廷大为震惊,决心将《苏报》及其相关的撰稿人置之死地。②清廷于是以《康有为与觉罗君之关系》一文中有"革命之宣告,殆以为全国所公认,如铁案之不可移",乃宣扬革命、诋毁朝廷、图谋不轨的证据,通过上海道以十万两白银交结美国在上海公共租界的总领事古纳(后因报界舆论,没有收受),故古纳以"外人之租界,原非为中国有罪者避难之地,以大义论之,当将反抗满洲政府之诸领袖,如今之苏报一案诸人,一律交华官听其治罪"为理由,由工部局捉拿一干人等。30日,章炳麟被捕,7月1日,邹容主动到巡捕房投案,7月7日,《苏报》馆被封闭,财产被没收。苏报案发生以后,按照上海公共租界的管理规定,该案在公共租界内的会审公堂审理。被告遂委托外国律师埃利与洛夫特斯·琼斯进行辩护,由此正式与清廷对簿公堂,大损清廷颜面。《苏报》案发生后,清廷极力运作,希望能够将该案一干人犯引渡,以此

---

① 罗家伦主编:《中华民国史料丛编·苏报案纪事》,中国国民党中央委员会党史史料编纂委员会藏本,中华民国五十七年九月一日影印,中央文物供应社1983年出版发行,第1页。
② 参考张宏儒主编:《二十世纪中国大事全书》,北京出版社1993年版,第15页,"《苏报》案辞条"。

震慑那些借助租界、发表不利于朝廷言论的维新党人和革命党人。时任署理湖广总督之端方曾密商于湖广总督张之洞。为达目的,张之洞申言,只要能够引渡,愿以监禁免死之法处置苏报案一干人犯,但最后依然为列强所拒绝,会审公堂最终对案犯判处了较轻的监禁。如果由清廷按照《大清律例》审理,苏报案犯无疑构成了谋反、谋大逆之罪,即便不被灭门抄家凌迟处死,但至少没有生路。通过该案,清朝廷深深意识到了领事裁判权的严重危害,想方设法予以废除。

1899年,日本政府经过将近三十年的努力,终于以和平方式成功地收回了领事裁判权。值此前后,英国政府首先表达了鼓励中国改良法律和司法的意见。1902年9月,清廷与英国签订《中英续订通商航海条约》,第十二款规定:"中国深欲整顿本国律例,以期与各西国律例改同一律。英国允愿尽力协助,以成此举。一俟查悉中国律例情形及其审断办法及一切相关事宜皆臻妥善,英国即允弃其治外法权。"①此一条款乃张之洞力争而得,英使马凯能答应这个条件,在张之洞预料之外,他在《致外务部》的电报中讲:"查日本三十年前始创修改法律管辖西人之谋,商之于英,赖英首允,彼国君臣从此极力设法修改,有志竟成,至今西人皆遵其法。今日本遂与欧美大国抗衡,以中国今日国势,马使竟允此条,立自强之根,壮中华之气,实为意料所不及。"②不久,美国和日本在与清政府的续订商约中都有类似条款。希望废除领事裁判权,收回司法主权,构成了晚清法制变革的法制内原因。

及至庚子国变,清廷遭遇空前重创,慈禧在逃难西安期间,即以光绪名义下达关于"变法"的谕旨,规定除三纲五常之外,其他具体制度皆可兴革,其目标是要取外国之长,补中国之短,进而要求内而军机大臣、六部九卿,外而各省督抚使臣,条陈变法改制之具体举措,以明何者当因、当革、当创、当废。据此,两江总督刘坤一和湖广总督张之洞联衔上《江楚会奏变法三折》,提出整顿中法、采用西法之举措。清末历时十年左右的包括法制在内的新政改革随之揭幕,中国法制近代转型正式展开。

思考题

1. 试分析近代中国社会变迁与法制变革的关系。
2. 领事裁判权制度的内涵为何?它对近代法制变革产生了什么样的影响?

参考阅读材料

"清末法制变革的特质"

吾国法制,远自西汉,近自唐代直至清末,陈陈相因,未有多大变化。到了清末,起了一次突变,这是中国法制史上划时代的新纪元。清廷自"庚子之乱"之后,对抗西洋文化的方法,各种花样已经耍完,感到技穷,所以不得不幡然改计。经刘坤一、张之洞于光绪二十七年(1901年)五月及六月二次会奏变法后,即有二十八年(1902年)四月初六日的上谕,派沈家

---

① 王铁崖编:《中外旧约章汇编》(第二册),生活·读书·新知三联书店1957年版,第109页。
② 苑书义等主编:《张之洞全集》(第十一册),河北人民出版社1998年版,第8853页。

本、伍廷芳"将一切现行律例,按照交涉情形,参酌各国法律,悉心考订,妥为拟议,务期中外通行,有裨治理",于是有修订法律馆之设立,于光绪三十年(1904年)四月初一开馆。沈家本确当得起是一代法学大家,对于中西法律,均有深切的了解。他先把《大清律例》予以修订,于宣统元年(1909年)以上谕颁布施行,名曰《大清现行刑律》。这一修订仅是暂时的过渡办法,故其重点,仅在改重从轻,凌迟枭首、戮尸缘坐、刺字、死罪之虚拟等,均予废除,但并没有动摇旧律的基本精神。其真正的改革,还有待于继续拟订的《大清新刑律》(以下简称《新刑律》)。这部新刑律,才把我国数千年来的传统精神予以修正。其中除将官秩服制良贱等阶级一概废除外,对于根深蒂固的伦常观念,大大地予以一次打击。因此而引起了历史上有名的新旧之争。据当时襄助沈家本修律的江庸说:"当刑法草案告成提交资政院决议之顷,朝野之守旧者,将法制与兴礼教混而为一,多不慊于新法,群起而讥议之。其反对之最烈者为劳乃宣氏(时劳氏任京师大学堂监督)。劳氏以干名犯义,犯罪存留养亲,亲属相奸,亲属相盗,亲属相殴,故杀子孙,杀有服卑幼,妻殴夫,夫殴妻,无夫奸,子孙违教令等款,《大清律》皆有特别规定,而《新刑律草案》则一笔抹杀,大失明刑弼教之意,著为论说遍示京外,朝野多韪其言。"而当时军机大臣兼掌学部的张之洞,亦为有力之反对者,因为刑律草案无奸通无夫妇女治罪条文,以为蔑弃礼教,各省强吏,亦希旨排击。最妙的是当时青岛特别高等学校教员德人赫氏,亦学会了一套阿谀趋附的功夫,背了良心,起而附和。据江庸氏说:"赫氏之论,至为幼稚,亦似非由衷之言,(原注:赫氏云:余见中国自置本国古先哲之良法美意于弗顾,而专求之于外国,窃为惜之。于劳氏之议,几无不赞成。)而守旧者则谓语出西人,大足张其旗鼓,新律几有根本推翻之势。沈氏愤慨异常,独当其冲,著论痛驳。"又据当时另一襄助修律者董康说,张之洞因为新律对于内乱罪无纯一死刑,其签注奏稿,对沈家本语涉弹劾,且指为勾结革命党。倘非学部的副大臣宝熙帮忙,"此折朝上,沈某暨一千纂修夕诏狱矣"。新旧观念之格格不入,争论之剧烈乃至于此,真是中国法制史上可以大书特书的事。不过新旧势力究不能敌,编查馆卒徇廷杰之议,附加《暂行章程》五条,沈家本亦终不安于位,宣统二年(1910年),修律大臣以刘若曾代之。附加的《暂行章程》五条,其大意是:加重皇室罪,加重内乱罪,加重外患罪,无夫奸处刑,卑幼对尊亲属不得施行正当防卫。这五条《附加章程》,把《新刑律》的精神几乎全部毁灭了。

我们今天读到这一段历史,大致无不同情沈家本的遭遇,不过在当时的情形,沈派实有其不得不失败的原因。吾国自春秋战国以降,儒法二家虽历有争辩,但以前的论点或在刑名的增删,或在刑罚的轻重,或在教化与刑罚应如何运用而达到致治的目的等问题。易言之,其论点均集中于技术法,对于准则法的内容,儒法二家,从没有发生异见。但这一次问题的性质完全不同往昔了,这次所争论的问题,集中到准则法的内容方面去了,亦就是旧派攻击新派所说的蔑弃礼教,或大失明刑弼教之意。这与当时的社会道德观念发生了严重的冲突,而沈家本一派实亦未敢予以蔑弃,他对于劳乃宣所指谪各点的答复,或则曰"尚无悖于礼教",或则曰"应于判决录内详定等差,毋庸另立专条",对于礼教并未敢直接予以攻击,其势已是外强中干了。实则当时朝廷所以要变法的动机,几乎全在应付列强的压迫,可说全是被动的,勉强的。如沈家本《删除律例内重法折》有说:"夫西国首重法权,随一国之疆域为界限,甲国之人侨寓乙国,即受乙国之裁制,乃独于中国不受裁制,转予我以不仁之名,此亟当幡然变计者也。方今改订商约,英美日葡四国,均允中国修订法律,首先收回治外法权。实变法自强之枢纽。"这是当时变法的真正意义。所以他对无夫奸不处罚一点,无法说不是蔑视礼教时,只得和盘托出说:"此最为外人着眼之处,如必欲增入此层,恐此律必多指谪也。"

第十二讲　近代中国法制转型的动因

而且直认此事有关风化,不过说当于教育上别筹办法不必编入刑律之中。所以这部《新刑律草案》,是被外力逼迫出来的,不免与社会脱了节。《暂行章程》之附加,毋宁说是很自然的终局。

这部《新刑律草案》完成还未及施行,民国成立了。政体丕变,观念一新,这部《新刑律》,除将与民国国体抵触各条删除外,亦就是改称为《暂行新刑律》而施行了。到1914年,袁世凯虽又想以礼教号召天下,以重典胁服人心,公布了与《暂行章程》相仿佛的《补充条例》,但只能说是三千年来旧法制的回光反照,昙花一现而已。嗣后从1918年的第二次《刑草》,到1928年的旧《刑法》,而至1935年的《刑法》,可说是一帆风顺,施行到现在,并没有发生什么了不起的窒碍,像沈家本与劳乃宣那样的论战,亦只此一次。由此可见我们过去数千年来伦常礼教制度,从袁世凯的皇帝梦做醒之后,在刑法上早已受到重大的修正。

另就民法方面而言,在清末以前,根本没有真正的民法。沈家本等修律,最注重的还是在刑法,但对于民法当亦不能忽略。到宣统三年(1911年),完成了一部《民律草案·总则》。民国成立,在民事方面,就把沈家本修订作为过渡办法的《大清现行刑律》中有关民事部分,将科刑的规定删去了之后,一直沿用到1931年现行《民法》全部公布施行为止。所以在亲属及继承有关礼教方面的制度,民国以来,原封未动,当然不曾发生什么问题。不过到了1931年新《民法》"亲属继承编"完成,对于过去的制度,又起了一次突变,把过去行之数千年的宗法制度,家族制度,一扫而尽。基于男女平等之原则,男系亲属与女系亲属再无分别,所以亲属只有血亲、姻亲、配偶三种,无复有宗亲、外亲、妻亲之分。婚生子与私生子,嫡子与庶子一视同仁,父母对于子女之监督教养,既为权利又为义务。家庭之组织以个人为单位,不过是以共同生活为目的之处所,别无共同之财产或团体之权利义务。子女得共同平均继承,且可限定或抛弃继承,父母亦得为子女之继承人,配偶之继承地位反而特别优越。诸如此类,把过去数千年来的社会及经济组织整个改变了,亦就是把过去的家族本位一变而为个人本位。这一突变,其严重性绝不亚于清末的《新刑律》,但既未引起多大争论,施行至今,亦未发生多大窒碍。那么是否这法典与我们的社会真的两相融合了呢?融合与无窒碍不是一件事,其间还有相当大的距离,或竟是背驰的。

自国民政府奠都南京之后,在未到五年的短时期中,即完成了二部民刑大法,可说是超速,虽说已有了二次草案作参考,究竟是兹事体大,能在这短短数年内完成,不能不说是速成。而其所能如此速成者,"试就新《民法》从第一条到第一二二五条仔细研究一遍,再和德意志民法及瑞士民法逐条对校一下,倒有百分之九十五有来历的,不是照账誊录,便是改头换面"。虽然要费一番考虑选择功夫,毕竟是事半功倍了。但是他邦的法律,怎能照账誊录改头换面之后,就可以行之无碍呢?"俗言说的好,无巧不成事,刚好泰西最新法律思想和立法趋势,和中国原有的民足心理,适相吻合,简直是天衣无缝。"要明了这适相吻合天衣无缝之所以然,不得不把近代泰西的法律思想和立法趋势说一说。

(选自王伯琦:《近代法律思潮与中国固有文化》,清华大学出版社2005年版,第26—31页。)

第十三讲

近代中国的宪政

近代中国的法制转型包括宪政的实施、立法和司法的近代化等内容,其中最关键的,还是宪政的实施。近代法制转型之所以异常艰难曲折,最重要原因就是没能真正实施宪政。近代中国的宪政实践肇端于晚清,延续至民初,转折于国民政府时期。

第一节 近代中国宪政之肇端——晚清预备立宪

一、晚清预备立宪前宪政思想的传播

近代社会开端之际,即有思想家开始向国人介绍西方宪政学说。魏源吸收了林则徐《四洲志》中关于议会制度的介绍,并对其多数决制度给予了正面评价,"众好好之,众恶恶之;三占从二,舍独循同"①;梁廷枏、徐继畲等都介绍过西方宪政制度。② 到十九世纪七八十年代,随着洋务运动的展开,时人对宪政思想有了更深入系统的认识。如两广总督张树声在临终前的1884年,"伏枕口授遗折",恳请朝廷开设议院:

> 西人立国自有本末,虽礼乐教化远逊中华,然驯致富强,具有体用。育才于学堂,议政于议院,君民一体,上下一心,务实而戒虚,谋定而后动,此其体也。轮船大炮洋枪水雷铁路电线,此其用也。中国遗其体而求其用,无论竭蹶步趋,常不相及。③

戊戌以前,宪政思想虽为朝野部分士大夫所留意,但尚未成为主流。到戊戌变法时期,受甲午战败和列强瓜分狂潮之刺激,君主立宪运动已从"坐而言"发展到"起而行",正式登上政治前台。

康有为作为戊戌变法之领袖,面对危局,结合他了解的西方宪政理论和《春秋公羊》学说,萌生了较为系统的君主立宪思想。他认为,社会发展需经历据乱世、升平世,最后到太平世这个理想之境,每一世都有相应的政治制度;绝对王政适于据乱世,君主立宪适于升平世,共和制度适于太平世。当时中国要从据乱世向升平世转变,故政治制度则需从绝对王政转到君主立宪。在给光绪进呈《日本变政考》一书"议定国宪"条的案语中,他明确阐发了其

---

① 魏源:《海国图志》,岳麓书社1998年版,第1161页。
② 梁廷枏:《海国四说》,中华书局1993年版,第72—81页;徐继畲:《瀛环志略》,上海书店出版社2001年版,第235页。
③ (清)何嗣焜编:《张靖达公(树声)奏议》,载沈云龙主编:《近代中国史料丛刊》(第二十三辑),台湾文海出版社1968年版,第559页。

主张:

> 购船置械,可谓之变器,不可谓之变事;设邮局、开矿务,可谓之变事,未可谓之变政;改官制,为选举,可谓之变政,未可谓之变法;日本改定国宪,变法之全体也。

康有为认为,中国变法要以明治维新为榜样,推行君主立宪制。但改革既非原地踏步,又不能躐等而行,必须审时度势,采取恰当步骤和方略。当时中国教育落后、民智未开,不能骤然开国会行君主立宪,"立国必以议院为本,议院又必以学校为本"。另外,当时变法改制阻力重重,如变法派明确提出设立君主立宪国家那样的议院,反对派必以君权神圣为理由予以驳斥,从而大大增加改革阻力,甚至招来光绪的疑忌。主要基于这两个理由,在戊戌维新中,康有为等维新领导模仿日本,大力推进制度局的设立。康氏于1898年1月29日上折讲:

> 用南书房、会典馆之例,特置制度局于内廷,妙选天下通才数人为修撰,派王大臣为总裁,体制平等,俾易商榷,每日值内,同共讨论;皇上亲临折衷一是,将旧制新政斟酌其宜。某政宜改,某事宜增,草定章程,考核至当,然后施行。

同年6月16日,他在另一封奏折中再次强调:

> 非特开制度局于内廷,妙选通才入直,皇上亲临,日夕讨论,审定全规,重立典法,何事可存,何法宜改,草定章程,维新更始……变科举、开学会、译西书、广游历以开民智,臣面对已略举之,皆制度局中条理之一端而已。①

制度局虽是皇帝的咨询机构,但因全由维新人士参与,且距离皇帝很近,故为维新变法之总汇。它与立宪国家代表民意之议会,相差甚远。该机构更类似于中国政制史上屡次出现的内朝官制度,故其设置遭到严重抵制。直到戊戌维新被镇压,制度局都未正式设立运作。

戊戌维新短短百日即以失败告终,但它广泛传播了君主立宪思想。戊戌政变后,以康、梁为首的维新人士流亡海外,开阔了视野,丰富了知识,对宪政的认识突飞猛进,为晚清预备君主立宪和中华民国的共和宪政储备了知识和人才。

二、晚清新政与预备立宪的宣布

庚子国变,两宫蒙尘。清廷创巨深痛,决意推行新政。"新政"之初,尽管有《江楚会奏变法三折》作为改革蓝图,但政治改革究应走向何方,是在传统体制内进行修补维护还是彻底改弦更张、大胆西化,朝野尚无明朗共识。1904—1905年的日俄战争,本来是两国在中国领土上的一次争霸战,跟清廷政治改革决策没什么直接关系,但这次战争表明清廷危亡迫在眉睫,救亡图存已不容稍缓。那到底如何才能救亡图存,时人对战争胜负关系的解读提供了君主立宪方案。战前一般中国人认为日俄开战是黄种人和白种人之战,日本战败,不待智者即可断定。战争之结果,颇出国人意外,反思其原因,原来主要在立宪制度的优越性。后来深度参与清廷预备立宪事务的杨度,其解说具有代表性,云:"如今世界,论最野蛮之国当首推俄。俄宜居于优胜矣,然而与日本之军队遇,遂将数十百年来执牛耳于欧亚两洲之雄威,一败涂地而不可复振,则纯粹之野蛮国其不足以居优胜也必矣。何也?彼之国内组织至不文明,宗教上、政治上、种族上阶级至多,人无平等自由之乐。其治内力既如此之弱,其对外力

---

① 姜义华等编校:《康有为全集》(第四集),中国人民大学出版社2007年版,第198、259、14、88页。

之决不能强者,此自然之理也。世界各国之内治上,其尚为专制政体者,惟俄与中国也。俄既如此,宁可复肖之欤?"①这种解读蔚为流行,"于是反对变法立宪的人也没得话说了。俄国的人民也暴动起来了,俄国的政府也有立宪的表示了,中国还可独居为专制国么?"②

1905年朝廷派了包括宗室亲贵这类"自己人"在内的五大臣出洋考察宪政。考察归来,载泽两次被慈禧和光绪召见,君臣有过推心置腹的交谈。他于1906年8月26日上了《奏请宣布立宪密折》,盛赞君主立宪,认为抽象而言"宪法之行,利于国,利于民,而最不利于官",对于当前局势来说,其好处大致有三,即皇位永固、外患渐轻、内乱可弭,且还能平满汉畛域,故朝廷须宣布立宪宗旨;鉴于人民程度不足,建议朝廷先预备立宪。在该密折末尾,他说了一段颇能打动两宫的体己话:

> 奴才谊属宗支,休戚之事与国共之。使茫无所见,万不敢于重大之事,鲁莽陈言。诚以遍观各国,激刺在心,若不竭尽其愚,实属辜负天恩,无以对皇太后、皇上。伏乞圣明独断,决于几先,不为众论所移,不为浮言所动,实宗社无疆之休,天下生民之幸。事关大计,可否一由宸衷,乞无露奴才此奏,奴才不胜忧悚迫切。③

这无疑坚定了朝廷预备立宪之决策。1906年9月1日,清廷宣布今后将切实预备立宪:

> 时处今日,惟有及时详晰甄核,仿行宪政,大权统于朝廷,庶政公诸舆论,以立国家万年有道之基。但目前规制未备,民智未开,若操切从事,涂饰空文,何以对国民而昭大信?故廓清积弊,明定责成,必从官制入手……并将各项法律详慎厘定,而又广兴教育,清理财务,整饬武备,普设巡警,使绅民明悉国政,以预备立宪基础。④

预备立宪从此成为清廷之"国策"。1908年8月27日,《钦定逐年筹备事宜清单》颁布,规定预备立宪期为九年,到光绪四十二年(1916年)正式实行君主立宪。为推动预备立宪之进行,清廷设立了直属军机处的宪政编查馆,专门负责宪政预备的编制、调查和审查。

在筹备期内,先要改革官制。官制改革分中央和地方两块。1906年11月6日清廷发布上谕,确认中央官制改革方案:内阁、军机处照旧,各部尚书均充参预政务大臣;外务部、吏部仍旧,巡警部改为民政部,户部改为度支部,太常、光禄和鸿胪三寺并入礼部,学部仍旧,兵部改为陆军部,以练兵处、太仆寺并入;应行设立海军部和军谘府,未设之前暂归陆军部办理;刑部改为法部,任司法行政;大理寺改为大理院,掌司法审判;工部并入商部,为农工商部;新设邮传部,负责轮船、铁路、电线和邮政;理藩院改为理藩部;都察院照旧;新设资政院和审计院。1907年6月清廷公布了地方官制改革方案,规定:陆军部直接委派督练公所军事参议官,以收回督抚之军权;度支部派出清理财政监督官,以收回督抚的财权;改各省按察使为提法使,负责地方司法行政;在各省城商埠设立各级审判厅,负责司法审判;裁撤分守道和分巡道,增设巡警道和劝业道。

清廷官制改革扩大和完善了国家职能,是预备立宪的前提。但官制改革强化了满洲亲贵的中央集权,使督抚对清廷的离心力加大,满汉矛盾趋于尖锐,从而加速了清廷的灭亡。

---

① 杨度:《金铁主义说》,载左玉河编:《中国近代思想家文库·杨度卷》,中国人民大学出版社2015年版,第74页。
② 李剑农:《中国近百年政治史》,复旦大学出版社2002年版,第208页。
③ 夏新华等整理:《近代中国宪政历程:史料荟萃》,中国政法大学出版社2004年版,第42页。
④ 故宫博物院明清档案部编:《清末筹备立宪档案史料》(上册),中华书局1979年版,第43—44页。

三、资政院与各省谘议局

清廷既宣布预备立宪,就要着手筹建作为预备国会的资政院。1907年10月朝廷下令设立资政院,任命溥伦和孙家鼐为总裁,要求他们会同军机大臣一起拟定《资政院院章》。1909年《资政院院章》得到批准颁布,它确定资政院由钦选和民选议员各一百人组成,由三十岁以上的男性选充。钦选议员包括宗室王公世爵、满汉世爵、外藩(蒙、藏、回)王公世爵、宗室觉罗、各部院衙门官(限于四品以下七品以上,但不能是审判官、检察官及巡警官)、硕学通儒和纳税多额者等七类,民选议员由各省谘议局议员互选产生。资政院应行议决事件有:国家岁出入预决算事件、税法及公债事件、新定法典及嗣后修改事件(宪法除外)和其他奉特旨交议事件。资政院于其权限内的事件议决后,由总裁、副总裁会同军机大臣或各部行政大臣具奏,请旨裁夺。从文字规定来看,资政院只是一个博采舆论的咨询机构,与立宪国家的国会职能相距甚远。

图54 资政院议事会场

1910年9月资政院正式召集议员,10月初举行了隆重的开院典礼,随后正式召开了为期一百天的第一次常年会。① 次年资政院又召开了第二次常年会,但此时武昌起义已爆发。因政局混乱,会议受到很大冲击,撑持到1912年1月即宣布自我解散,资政院随着清廷覆亡和君主预备立宪的失败而退出历史舞台。

资政院是立宪派极力推动君主预备立宪运动的最高峰,对中国近代社会从专制到立宪的政法转型,有诸多开创性贡献:它是我国第一个具有国会性质的机构;它有占议员总数一半的民选议员,开民意代表参与中央政治之先河;资政院第一次常年会发动的弹劾军机案,是民意机关首次弹劾政府要求政府负责任的行动;资政院议决的宣统三年(1911年)预算

---

① 开会时议员发言之实况,参考《资政院议场会议速记录——晚清预备国会论辩实录》,李启成点校,上海三联书店2011年版。

案,是民意机关对整个国家财政收支主动进行监督和审核,在我国历史上乃首次;资政院议决的新刑律"总则"部分,是民意代表参与议决的第一部基本法典;资政院的会议程序,采取公开平等辩论、一人一票和多数决的方式,第一次正面冲击了我国数千年来少数人、甚至一个人决策的专制传统,为我国以民主方式制定法律和决定国家大政之滥觞;资政院所议决的《十九信条》,是民意机关通过的第一部宪法性文件;资政院选举袁世凯为内阁总理,催生了我国第一个合法责任内阁。尽管如此,资政院在开会时也暴露出一些问题,如有议员自信真理在握,超越规则行事,凸显了立法人员实欠缺守法精神这一面。

朝廷对预备立宪,尤其是开设资政院,本就有极严重的疑惧心理:因立宪必注重民权,与传统政治强调君权神圣不同,君权与民权本质上是此消彼长的矛盾关系;在晚清,满汉矛盾有激化趋势,要维持满族特权必赖君权,而不能寄望于民权。资政院未开院之前,迫于国内外舆论压力,朝廷为了体面,还有尝试的勇气和信心。及至开院之后,很多民选议员,终于找到了一合法舞台,以国民代表自任,且有谘议局的支持,故大力推进君宪。还有不少钦选议员,或饱读经典,容易接受对王朝政治腐败的批评;或具有近代法政知识,极力主张真正君宪。资政院第一次常年会因弹劾军机、要求朝廷速开国会、废除党禁等行为,导致朝廷和军机大臣对对资政院极端不信任甚且很厌恶。朝廷坚信只有将政权掌握在自己人手里才可靠,于是有皇族内阁的出台。它使得议员们弹劾军机完全无效,朝廷以这种深恐大权旁落而集权于皇族亲贵的做法来搞君宪,自然使议员们大失所望,反证了革命派主张(朝廷不可能真正预备立宪)具有先见之明,一些激进立宪派人士转而同情甚至加入革命阵营,与革命派合力促成了中华民国之创建。①

在清廷的预备立宪方案中,除了资政院之外,还要设立各省谘议局,以为"采取舆论之所""指陈通省利病,筹计地方治安,并为资政院储才之阶"。② 1908 年 7 月朝廷批准《谘议局章程》,要求各省督抚在一年内将谘议局筹设完毕。到 1909 年全国二十二行省除新疆暂缓办理外,共设置了 21 个谘议局。各省谘议局议员人数,大致根据各省在原先科举制下省学学额的 5‰这一标准确定,人数少的在 30 人左右,人数多的在 100 人上下。谘议局议员由 25 岁以上的男子满足一定条件经复选产生,任期三年。在各省谘议局议员中,有传统功名的士绅占了绝大多数,其中部分议员同时在国内外受过新式教育。

按照《谘议局章程》之规定,谘议局是为督抚提供相关意见的舆论机构,督抚可否决其决议,没有如现代地方议会的立法权。实际上,谘议局议员们一般都是地方领袖,在获取这身份后,更积极参与地方政事。因其多为士绅,督抚一般会重视其意见,朝廷后来亦认可谘议局的影响力。在谘议局成立之前,立宪派人士虽有各种自发性支持宪政的组织,如预备立宪公会、宪政公会等,但组织较松散,甚至常被查禁。谘议局成立后,立宪派有了合法行动机构,资政院也有了稳固的地方支持。谘议局议员不仅对晚清立宪运动产生了很大的推动作用,随着他们对清廷预备立宪的失望,其中很多人转而支持革命。在四川保路运动和随后的辛亥革命中,各省谘议局成为重要助力,在民国初年促进了地方议会的成立。

四、晚清的宪法文本和君主立宪的终结

立宪政体必有宪法,清廷既已宣布预备立宪,理应有个宪法纲要,向臣民公示预备立宪

---

① 参考李启成:《君主立宪的一曲挽歌——晚晴资政院第一次常年会百年祭》,载《中外法学》2011 年第 5 期。
② 故宫博物院明清档案部编:《清末筹备立宪档案史料》(下册),中华书局 1979 年版,第 667 页。

第十三讲 近代中国的宪政

之准则。到将来正式君主立宪之时,再颁布宪法。1908年8月27日,宪政编查馆与资政院会奏《宪法大纲暨议院法选举法要领及逐年筹备事宜折》,认为在预备立宪之初要先编纂宪法大纲:

> 窃维东西各国立宪政体,有成于下者,有成于上者,而莫不有宪法,莫不有议院……大凡立宪自上之国,统治根本,在于朝廷,宜使议院由宪法而生,不宜使宪法由议院而出,中国国体,自必用钦定宪法,此一定不易之理……夫宪法者,国家之根本法也,为君民所共守,自天子以至于庶人,皆当率循,不容逾越……宪法者,所以巩固君权,兼保护臣民者也。臣等谨本斯义,辑成宪法大纲一章,首列大权事项,以明君为臣纲之义,次列臣民权利义务事项,以示民为邦本之义。虽君民上下同处于法律范围之内,而大权仍统于朝廷,虽兼采列邦之良规,而仍不悖本国之成宪。①

清廷同日批准颁布了《钦定宪法大纲》。该大纲由正文"君上大权"14条和附录"臣民权利义务"9条两部分组成。"君上大权"部分首先规定:"皇帝统治大清帝国,万世一系,永永尊戴。君上神圣尊严,不可侵犯。"本着这一精神,赋予了皇帝颁布法律、发交议案、召集或解散议院、设官制禄、黜陟百司、统率军队、宣战议和、订立条约、派遣使臣、宣布紧急戒严、爵赏恩赦以及司法审判等大权。"臣民权利义务"部分规定臣民得为文武官吏及议员;于法律范围内有言论、著作、出版、集会与结社等自由;非照法律所定,不加以逮捕、监禁、处罚;可请法官审判其呈诉之案件;应专受审判衙门之审判;财产及居住受保护;按法律所定,有纳税、当兵和遵守国家法律的义务。

图55 《钦定宪法大纲》

《钦定宪法大纲》基本上以1889年《大日本帝国宪法》第一章"天皇"和第二章"臣民权利义务"为蓝本。但后者是正式宪法,还有国会、内阁、司法和会计等章节,对天皇权力有所约束。尽管条文看似差不多,前者因为是大纲,没能规定其他方面,故大清皇帝的权力比日本天皇还要大。该大纲一公布,即在朝野引发不满,打击了立宪派的积极性。学界主流观点长期将之作为清廷假立宪的证据予以批判。如我们能扩大历史视野,把它置于从君主专制向

---

① 故宫博物院明清档案部编:《清末筹备立宪档案史料》(上册),中华书局1979年版,第55—56页。

君主立宪转型之中来观察,会发现它确认臣民有其权利,皇权不再无限,这在中国历史上是破天荒的;它肯定君主也要遵守宪法,标志着宪法至上地位的确立,一反以前王在法上的君主专制理论。从这个意义上来说,《钦定宪法大纲》的颁布,是中国法制史上一个具有划时代意义的大事件。

1910年立宪派组织了规模浩大的速开国会请愿运动,清廷迫于内外压力,将预备立宪期由九年缩短为五年,将在1913年正式君主立宪,召集国会颁布宪法。但这个让步仍不能满足朝野对立宪的强烈热望。1911年10月10日武昌起义爆发,迅速星火燎原。面对巨大压力,清廷令正在召开第二次常年会的资政院迅速草拟宪法。资政院面对危局,仓促制定了《宪法重大信条十九条》(简称《十九信条》),并由朝廷遂于1911年11月3日颁布天下。

《十九信条》不再是宪法大纲,而是临时宪法。它采行虚君共和的君主立宪体制,规定皇帝权力限于宪法所规定;宪法由资政院起草议决,皇帝颁布;宪法改正提案权属于国会;总理大臣由国会公举皇帝任命,其他国务大臣由总理大臣推举、皇帝任命,皇族不得为总理大臣及其他国务大臣并各省行政长官;内阁对国会负责;军队对内使用时应依国会议决之特别条件;不得以命令代法律;预决算由国会审核批准等。[1]

根据《十九信条》,资政院代行国会权力,于11月8日选举袁世凯为内阁总理大臣。从内容上看,《十九信条》已完全达到君主立宪的要求,但它是兵临城下、朝廷摇摇欲坠之际被迫承认以收揽民心的,因此不可能单凭这一纸文书而挽救其命运。随着南北议和顺利进行,1912年2月12日,隆裕太后被迫发布逊位诏书,宣布清帝退位,近代中国的君主预备立宪也就此告终,从而步入共和宪政阶段。

第二节　民初宪政(1912—1928)

经革命志士倡导于先,立宪派和清室官僚应和于后,三大派势力协作成功推翻清室,结束了自秦始皇以来延续达两千多年的帝制,建立了中华民国,近代中国的宪政运动从君主立宪正式转入共和宪政阶段。

一、共和宪政的初创与严重受挫

辛亥年武昌起义爆发,很快得到诸多省份的响应,独立各省选派代表,根据《临时政府组织大纲》[2],成立了中华民国临时政府,孙中山、黎元洪分别出任临时大总统、副总统。因北方的清廷尚存,为了实现国家统一,南北双方展开和谈。当时最大的实力人物袁世凯运用北洋军的强大力量,纵横捭阖于临时政府和清廷之间,终逼迫清帝退位,造成事实上"非袁不可"

---

[1] 故宫博物院明清档案部编:《清末筹备立宪档案史料》(上册),中华书局1979年版,第102—104页。

[2] 独立各省都督府代表联合会于12月2日推举江苏代表雷奋、马君武和湖北代表王正廷三人为起草员,拟定《中华民国临时政府组织大纲》,12月3日由大会审议通过并予以公布。它仿照美国,实行总统制,采用权力分立原则。该大纲以法律形式宣告了帝制在中国的终结,确立了民主共和政体,为南京临时政府的建立提供了宪法上的依据。关于其内容,因制定仓促,有学者认为其民主性较为欠缺,立法技术有待完善。(参考杨幼炯:《近代中国立法史》,范忠信等校勘,中国政法大学出版社2012年版,第52—54页。)在我看来,该大纲最欠缺的是关于司法一权之规定。它只是较为详细规定了行政和立法权之间的分权与制衡,虽言及临时中央审判所,但不是与前二者处于并列地位,其设立不是由作为临时宪法的大纲直接规定,而取决于临时大总统和参议院的意见,介于可设、可不设之间。事实上,整个南京临时政府期间,临时中央审判所都没有设立,临时大总统所发布的诸命令中,也未有设立的表示。司法权的独立是三权分立必不可少的内容,不只关系政府组织是否完善,更与人民权利和自由的保障密切相关。

之局。

出任临时大总统的袁世凯,与南方临时政府在政治精神层面分歧极大:在南方临时政府方面,虽然早已默许袁世凯为将来共和政府的总统,但是共和政府的基础是要立在民权两字上面;袁世凯虽然没有把清皇室放在心上,但是他心里所希望的共和,是总统大权的共和,除了要取得总统的地位以外,还要把共和政府的一切大权揽入总统手中,要做一个与皇帝相似的总统。简言之,南方临时政府主张大权应由革命党人掌握以保证国民的权利,袁世凯则希望一切大权能归于其个人。[①] 为了限制袁世凯及其北洋军事集团的野心,以法律来保障初生的共和国,孙中山督促临时参议院加快了审议、修改《临时约法》草案的速度。1912年3月11日,也就是袁世凯在北京就任临时大总统的次日,孙中山在南京正式公布了《中华民国临时约法》。对该法制定之背景,孙中山事后有这样的说明:

> 辛亥之役,余格于群议,不获执革命方略而见之实行,而北方将士,以袁世凯为首领,与余议和。夫北方将士与革命军相距于汉阳,明明为反对民国者,今虽曰服从民国,安能保其心之无他。故余奉临时约法而使之服从,盖以服从临时约法为服从民国之证据。余犹虑其不足信,故必令袁世凯宣誓遵守约法,矢忠不贰,然后许其和议。故临时约法者,南北统一之条件,而民国所由构成也。[②]

《临时约法》首先本着主权在民思想,规定了人民的权利义务。第一条规定:"中华民国由中华人民组织之";第二条规定:"中华民国之主权,属于国民全体。"这是中国史上第一次以根本法的形式规定主权在民,一反之前的主权在君之帝制。我们经常讲辛亥革命推翻了几千年的帝制,且不让帝制重新出现于华夏大地,其成果就在《临时约法》集中体现了出来。

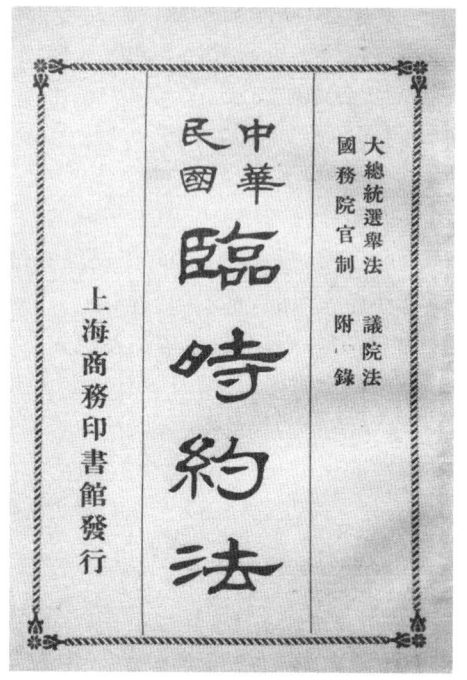

图56 《中华民国临时约法》

---

① 参考李剑农:《中国近百年政治史》,复旦大学出版社2002年版,第293页。
② 孙文:《中国革命史》,载中国社科院近代史所等编:《孙中山全集》(第七卷),中华书局1981年版,第69—70页。

《临时约法》采用列举主义原则,对中国的领土范围进行了明确地界定。第三条规定:"中华民国领土为二十二行省、内外蒙古、西藏、青海。"这有利于维护中国领土完整。

设置了以三权分立为组织原则的国家机关,这是《临时约法》的主干内容。第四条规定:"中华民国以参议院、临时大总统、国务员、法院行使其统治权。"接下来以四章的篇幅分别规定行使三权的这些国家机关。

以上是《临时约法》的主要内容。作为"事后诸葛亮",从学理上观察,我们亦能见到它的缺失,主要有下述三点:

第一,因人设法。《临时约法》将《组织大纲》的总统制改为责任内阁制,虽如孙中山所说,也有学理上的根据,但综合当时时事分析,难免予人以因人设法之讥。"从前修改临时政府组织大纲时,宋教仁想把它变为责任内阁制,那些对宋教仁怀疑忌心的代表先生们,因为要打击宋教仁的原故,拼命的反对,使责任内阁制不能实现。现在所制定的约法,预备在袁世凯临时总统任内施行,又因为要抑制袁世凯野心的缘故,竟把总统制改为责任内阁制了。"①此种因人设法,当然不会为政治强人袁世凯所信服。在袁世凯看来,今日你革命党人可以制定一个临时约法来限制我,我一朝大权在握,亦可重新制定一个约法改过来,甚至可以比你们还厉害。这种因人设法的做法,为近代中国宪法史乃至整个立法史开了一个不好的先例。所以唐德刚先生幽默地讲:"这一着明显地是针对袁世凯而设计的。将来中山如让位与袁,袁大总统的职权和现在孙大总统的职权,就不可同日而语了。实质上,这是同盟会所掌握的参议院对未来的大总统所投的不信任票,如同大相国寺菜园里的一群张三李四想对新到的和尚鲁智深来个下马威,趁他立足未稳,便把他摔到粪窖里去的一厢情愿的安排。谁知力有不逮,反而助长了和尚在菜园里的权威,其结果实非动议人始料所及也。"②

第二,大总统与国务员的关系模糊。《临时约法》规定:临时大总统代表临时政府,总揽政务,公布法律;国务员辅佐临时大总统,负其责任。同时又设内阁总理,规定国务员的副署权。内阁是对总统还是对国会负责,《临时约法》没有明确说明。到底谁才是行政中枢,总统和内阁都能从《临时约法》中找到部分根据。这种法律规定上的模糊为袁世凯打击国务院、破坏责任内阁制造了机会。

第三,立法与行政二权关系失衡。《临时约法》将参议院的同意权规定为临时大总统"任命国务员及外交大使公使,须得参议院之同意"。而在一般的责任内阁制下,只需内阁总理获得国会多数信任,而由内阁总理择人组阁,不需国会同意。因会对行政首脑的信任理应包括对他用人行政能力的信任。还有,一般的责任内阁制国家,力图在国会和内阁之间保持平衡与制约,国会可以提出不信任案而倒阁,行政首脑在必要时亦可依法解散国会并限期重开国会。《临时约法》只规定了参议院对国务员的弹劾权却没有规定临时大总统或内阁的解散权,立法权与行政权二者之间不能保持平衡,三权分立制衡理论的精义于是乎大半丧失。

关于民初共和政体所存在的先天不足,郭廷以先生有极为准确的归纳,他说:

> 自武昌起义至清廷逊位,在短短四个月内,三千年的中国君主政体一变而为民主政体。举国上下对此前未之见的新情势,既不相习,亦不了了,大都以为不过是由满洲皇帝换了汉人总统,与历代王朝的更易无大区别。革命党人亦多缺乏民主政治运用的艺术与经验,仅有理想与热忱,举措往往不切实际。立宪派之病与革命党略同,革命期间,

---

① 李剑农:《中国近百年政治史》,复旦大学出版社2002年版,第309—310页。
② 唐德刚:《袁氏当国》,广西师范大学出版社2004年版,第18—19页。

一度与革命党携手,不久又分道扬镳,转而依附实力派的袁世凯。袁昧于时势,以旧政权的继承者自居,一意图谋巩固地位,扩张权力,予智自雄,排除异己,不明共和为何事。对于革命党,先之以欺弄,终之以摧残。曾为效命之立宪派,同遭遗弃,民国仅存虚名。①

按照《临时约法》的规定,政府成立后六个月内应组织正式国会的选举。中华民国成立后,同盟会居革命首义之功,声势显赫,一时荣宠无两,向义者固然不少,趋炎附势的投机者可能更多,加以宋教仁的有效领导与组织宣传,以同盟会为核心联合其他一些小党派组合而成的国民党,在国会议员的选举中获胜。据统计,在第一届国会议员中,国民党员在参议院有 132 席,占 48.2%;在众议院 269 人,占 45.1%。尽管皆未过半数,因民初政党林立,此优势依然可观。在众议院内,民主、共和、统一三党联合,才与国民党势力相当;参议院内,虽三党联合,国民党仍占优势。② 国民党希望能充分利用他们在国会中的优势地位,以制宪和政党内阁的方式制约袁世凯。袁世凯自然难以容忍。

国会选举结果于 1913 年 1 月出来,3 月 20 日晚上即在上海火车站发生了震惊全国的"宋教仁遇刺案"。宋教仁,字遁初,湖南桃源人,1882 年出生,比孙中山小 16 岁。1904 年赴日,曾任同盟会机关报《民报》庶务干事、上海《民立报》主笔。作为少壮派革命者,他在思想和组织上,不像黄兴那样一意拥护追随孙中山。及至袁世凯出任临时大总统之后,关于同盟会的未来发展,孙中山与宋教仁存在意见分歧。孙主张退为在野党以监督政府,宋则主张联合与党,改组成一大党,通过议会政治和政党内阁以限制袁世凯。宋的意见获得黄兴及多数党人支持,孙只好放手让宋进行。及至国民党国会选举获胜,宋教仁继续大力宣传政党内阁等政治主张,并拟于正式国会开幕后,出任国民党政党内阁总理。暗杀宋教仁的元凶究竟为谁?当时各大政治派系互相指责对方是幕后凶手,百年以来,更是扑朔迷离,聚讼纷纭,莫衷一是,言大总统袁世凯、国务总理赵秉钧主使者多所有之,言孙中山、陈其美主使者亦不乏人。

无论如何,宋教仁遇刺案对民初宪政走向的影响是极其重大的。该案发生后,孙中山立即由日本赶回上海,主张迅速出兵讨袁,先发制人,以收出其不意之效。黄兴等以为力有不足,主张法律解决:利用国民党在国会中的优势,以宋案初步审理结果为据,质问弹劾袁世凯,当能获得其他党派之同情。议久不定,迁延不决。

中华民国第一届国会于 1913 年 4 月 8 日在北京开幕。4 月 25 日江苏都督程德全公布宋案真相,证实暗杀由政府主使。5 月 6 日,上海地方检察厅票传国务总理赵秉钧,赵不到案。本来,国民党议员初到京,宋案就是主要的讨论资料,国民党籍众议员邹鲁遂依法提出质询案。当日,赵秉钧即称病辞职。国民党议员或得失心重,或被袁世凯威胁利诱,宋案在国会遂不了了之。

4 月 27 日,袁世凯不经国会同意,与五国银行团签定了善后借款合同。至此,黄兴知南北战事不可避免,决意起兵讨袁,国民党发动"二次革命"。此时,袁世凯一切准备就绪,以维护国家统一为由,举重兵南下,两个月内平定了南方战事。"二次革命"前后,国会中的国民党议员,有的惧祸离京,有的希图苟全,更有的见风使舵脱党附袁,已成四分五裂之局。

本来在"二次革命"之前,国会先制定宪法后选举总统,大致达成共识。但战争爆发,局势急转直下,袁世凯以形势紧急,维稳较制宪更为迫切为由,要求先选举总统,压迫国会中的

---

① 郭廷以:《近代中国史纲》,香港中文大学出版社 1979 年版,第 427 页。
② 张玉法:《民国初年的政党》,岳麓书社 2004 年版,第 301、308 页。

宪法起草委员会(六月底七月初经国会议员选举产生)先制定《大总统选举法》。10月6日，在袁世凯的威逼利诱之下，国会选举袁世凯、黎元洪为中华民国第一任正式的正、副总统。

袁世凯上任伊始，直接对《临时约法》提出增修案，完全否定了《临时约法》的以权力分立保障主权在民的共和宪政框架，实施总统独裁，当然为国会所反对，众议院以宪法即将制定为由予以拒绝。袁世凯又派其代表8人于1913年10月24日列席宪法会议，陈述意见。宪法起草委员会以除国会议员外，任何人不得列席宪法会议这一规则为据，拒绝其参与其会。袁世凯遂通电全国，指责"国会专制"。宪法起草委员不为所屈，自8月2日起，经两个多月的努力，到10月31日《中华民国宪法》(草案)在宪法起草委员会三读通过，因宪法起草委员会在天坛祈年殿开会起草，故一般将这个草案称作《天坛宪草》。该宪草共11章113条，分别为国体、国土、国民、国会、国会委员会、大总统、国务院、法院、法律、会计、宪法之修正及解释。它坚持了三权分立原则，规定了责任内阁制，即由国会行使立法权、行政权由大总统以国务员赞襄行使。这当然不能为一心要集权的袁世凯所能接受。袁世凯为了达到集权目的，根本就不想要宪法来约束自己，也不喜欢《临时约法》。就任正式总统后第六天，即向国会提出增修约法案，要求扩大总统权力。国会以宪法草案已经脱稿，无增修约法必要而拒绝。《天坛宪草》三读公布前几天，袁世凯通电各省都督及民政长，指责国民党把持宪法起草委员会，所拟草案，侵夺政府权力，形成国会专制，影响国家治乱兴亡：

> 制定宪法，关系民国存亡，应如何审议精详，力求完善。乃国民党人，破坏者多，始则托名政党，为虎作伥，危害国家，颠覆政府，事实俱在，无可讳言。此次宪法起草委员会，该党议员居其多数，阅其所拟宪法草案，妨害国家者甚多……草案内谬点甚多，一面已约集中外法家，公同讨论，仍当随时续告。各该文武长官，同为国民一分子，且各负保卫治安之责，对于国家根本大法，利害与共，亦未便知而不言。务望逐条研究，共抒谠论，于电到五日内，迅速条陈电复，以凭采择。①

11月4日，袁世凯以国民党组织"二次革命"颠覆政府为由，下令解散国民党，取消籍隶国民党国会议员438人的资格。从此，国会不足法定人数，无法开会，宪法起草委员会及其所拟的《天坛宪草》无形中被撤销。

1913年熊希龄内阁为求执行其废省主张，按照袁世凯的意见，电令各省派代表入京会议，是为"行政会议"。现国会既然无法开会，形同解散，11月5日，袁世凯下令增派中央政府代表入原有的"行政会议"，扩大为"政治会议"。12月15日，"政治会议"开会，18日袁世凯提出《约法增修咨询案》，要求政治会议讨论增修《临时约法》。政治会议以兹事体大，请求另组立法机关来修订。1914年3月约法会议成立，议员名为选举，实为指派。5月1日《中华民国约法》公布，同时宣布废止《临时约法》。该约法又称《袁记约法》或《新约法》，分国家、人民、大总统、立法、行政、司法、参政院、会计、制定宪法程序和附则等10章68条。《新约法》的特质，可用"极端集权主义"来概括。主要是因为：第一，它推翻了《临时约法》中的内阁制，代以大总统总揽治权的制度；第二，《新约法》一方面大力扩充总统的权力，另一方面又取消对总统权力的制约，"不能认为系采用总统制者"。②

在《新约法》之下，袁世凯的总统权力如此其大，尚不满足。他操纵御用机构参政院和约

---

① 《申报》，1913年10月28日。
② 钱端升等著：《民国政制史》(上册)，上海世纪出版集团2008年版，第79页。

法会议,于 1914 年底通过《修正总统选举法》。根据该法,总统任期由五年延至十年,任满,参政院得议决总统连任。如须改选,现任总统得推荐三人为候选人,现总统亦可继续当选。这样一来,袁世凯不仅是终身总统、独裁元首,尚可指定继承者,实际上已与皇帝无异。需要补充一句,在这个过程中,他聘请的外籍宪法顾问美国人古德诺(Frank J. Goodnow)、日本人有贺长雄对于约法和总统选举法的修改,均参与其事。不论二人动机如何,但他们对民初宪政确实产生了不良影响。策士立言,可不慎哉!

图 57　袁世凯于天坛登基称帝

欲壑难填,1915 年袁世凯更是紧锣密鼓筹备帝制。其著者,如 8 月 3 日,古德诺发表《共和与君主论》,认为:"如果不引起中国人民与外国的反对,继统法圆满确立,君主立宪制的发展具备,君主制较共和制于中国更为适宜。古德诺素主集权,不论是否为袁立言,袁正好引为借口,谓号为美国政治学家亦赞成君主制"①,从而迈开了为恢复帝制大造舆论的重要一步。8 月 14 日,杨度等组织"筹安会",宣称共和国体常致争乱,组织该学术团体,以筹国家长治久安,据其所见,贡献国民。成立当时,即遭人口诛笔伐。袁世凯对筹安会的态度值得玩

---

① 郭廷以:《近代中国史纲》,香港中文大学出版社 1979 年版,第 449—450 页。

味;帝王、总统皆非其所顾恋,不过永保国家安全问题,人人均当研究。筹安会为积学之士所组成,从学理上研讨君主民主之优劣,并不涉于现实政治,政府为言论、学术自由计,不便干预。之后,筹安会大张旗鼓,通电各省长官,征求会员,派代表来京研讨国是。11 月 15 日,来自全国各地的 1993 名代表集议,一致赞成君主立宪制,推戴袁世凯为"中华帝国皇帝"。次日,袁世凯接受推戴,帝制自为,定 1916 年为"洪宪"元年。至此,民初第一次共和宪政的尝试彻底失败。这个共和宪政,犹如初生婴儿,既先天发育不良,出生后更遭外力横加摧残,很快夭折,亦是情理中事。

二、武力操控、贿选与困境深陷的共和宪政

袁世凯帝制自为,内极不洽于人心,外失欢于列强,蔡锷领导护国军倡议于云南,很快引起诸多省份响应,外交既万分棘手,亲信段祺瑞与冯国璋又处处暗地为难,舆论明诋暗讥,袁世凯众叛亲离忧愤交加,先是 3 月 22 日宣布撤销帝制,终于 6 月 6 日身亡。但中国祸乱并未随袁世凯死亡和共和国体恢复而结束,共和宪政所需要的环境并不具备,只能是在泥泞中蹒跚而行。

袁世凯死后,全国统一政权事实上不复存在,中国进入军阀割据时期。1916 年 6 月 29 日,依《临时约法》接任总统的黎元洪下令遵行《临时约法》和 1913 年的《总统选举法》,续行召集被袁世凯解散的国会,由段祺瑞组织责任内阁。8 月 1 日,国会重开,议员内部派系倾轧,非常尖锐。随即爆发黎元洪与段祺瑞之间的府院之争,导致张勋入京拥护清帝溥仪复辟,国会又遭解散。复辟犹如闹剧,仅仅十二天因段祺瑞"讨逆"而失败。段氏挟"再造共和"之誉重新入组中枢,准备大干一场。段祺瑞以自身经历,不愿恢复已被两次解散的老国会,因它为国民党派议员控制,"专肆捣乱",不搞"国会政治"而专弄"帮会政治",要重新组织一个"只要听话、不许捣蛋"的"御用国会"。① 段祺瑞政权既然不愿恢复老国会,当然不会恢复《临时约法》之效力,孙中山此时恰好得到德国为反对中国参战的酬劳费,在海军总长陈璧光支持下,带领一批老国会议员,南下广州,以"护法"相号召,成立了与北京段政府分庭抗礼之南方护法政府。至此,在名分上,中国被一分为二。国家不能完成起码的统一,北京政府所主导的共和宪政,自没有在全国推行的可能。

为了制造新国会,且能在法理上勉强讲通,北京政府于 1917 年 11 月先召集了临时参议院,以制定新的《国会组织法》和《议员选举法》。经一系列紧锣密鼓的筹划,段祺瑞及其亲信包办的新国会于 1918 年 8 月开幕。在该国会议员中,以属于徐树铮、王揖唐为核心的安福俱乐部(成立于 1918 年 3 月,因其成立及活动地点在北京宣武门内安福胡同,故名)这一政客团体人数占绝大多数,故该国会俗称"安福国会"。在本次国会议员的选举中,黑幕重重;更严重的是南方五省根本未参加选举,因而自始即不承认该国会的合法性。此一时期,中国存在北方的新国会和以第一届国会议员为班底的广州国会。9 月,新国会选举徐世昌为民国第二任大总统。在列强的干预下,以及大一统民心的影响,南北双方不久开始了旷日持久而终无效果的和谈。②

---

① 唐德刚:《段祺瑞政权》,广西师范大学出版社 2015 年版,第 134—139、170 页。
② 南北和谈注定没有效果,其主要原因有二:首先,就实际政治情形而言,北方皖系实际当国,主张武力统一中国;南方几省握有实权的军阀则希望维持割据现状,免被北方吞并;其次,从法理层面讲,国会问题成为死结,即究竟是承认新国会还是恢复老国会,不存在妥协的可能。徐世昌为新国会选出,取消新国会,徐世昌即成为非法总统,段祺瑞也不会让步至此;南方要护法,就必须拥护因《临时约法》时期的老国会,何况南方国会就是以老国会议员为班底组成的!

在此期间北方直、皖两系军阀之争愈演愈烈,到 1920 年 7 月,爆发直皖战争,直系获胜,段祺瑞去职,安福俱乐部被解散,新国会消灭,北方成为直、奉对峙之局。直系吴佩孚主张召开国民大会以改造时局,因奉系张作霖反对未果。① 1922 年爆发了第一次直奉战争,直系再次获胜,已具备独自操控中枢的实力。最近三年来,内战日烈,分裂依旧,徐世昌利用军阀之间的平衡得以做其总统。及至直系一家独大,吴佩孚尤不满意于他,社会上恢复旧国会,南北两总统同时去职的呼声日高,1922 年 6 月,徐世昌离职,黎元洪得以复职,继续其未满之总统任期。8 月 1 日国会恢复,本应专意制宪,但不少议员汲汲运动于权势之门,志不在此,进展甚微。

此时,直系内部又有分裂:驻天津的直系省长王承斌厌恶吴佩孚专断跋扈,不把除曹锟以外的其他直系大员看在眼里,经常向驻扎在保定的曹锟打吴佩孚的小报告,直隶督军曹锐也常常这样做,遂形成"津保派";吴佩孚驻扎在洛阳,人称"洛派"。9 月,黎元洪在得到吴佩孚的支持下,以主张好人过问政治的王宠惠组阁,人称"好人内阁"。津保派欲曹锟成为总统,唆使众议院议长吴景濂发难倒阁。轰动一时的"罗文干受贿案"发生。11 月,吴景濂向黎元洪告发财政总长罗文干受贿事,黎元洪下令逮捕罗文干。罗案经京师地方检察厅调查确属诬陷,吴佩孚亦指责总统越权违法。随后,曹锟发电,认为罗文干受贿渎职,丧权辱国,要求组织特别法庭彻查。该通电得到直系将领的广泛响应,王承斌更指责吴佩孚是王宠惠之"保镖",为避嫌,吴佩孚宣布不再过问此案。王宠惠内阁失去实力支持,宣布辞职。

本来,津保派在徐世昌下台后即拟拥戴曹锟为总统,但一则实在于法理不具,二则当时立下不赏之功的吴佩孚有其令津保派难以反驳的主张:先恢复被袁世凯、段祺瑞中断的民国法统,以黎元洪过渡,待全国统一后,再选曹锟为总统。黎元洪就职后,津保派迫不及待,连续倒阁,好让黎元洪乃至吴佩孚知难而退。这是罗案发生的大背景。津保派欲早圆曹锟的总统梦,以王承斌为首,策划倒黎与收买国会议员并行。黎元洪不甘坐以待毙,以同样办法,借制宪名义,发给议员们宪法出席费。津保派认为这是黎元洪意图见好议员,延长自己任期,甚欲自己能连选连任,转而决定加大倒阁力度,让黎元洪干不下去。1923 年 6 月 6 日,内阁总理张绍曾以津保派议员百般为难请辞,陆军检阅使冯玉祥、北京卫戍司令王怀庆借口内阁无人负责,直接向黎元洪索取军饷,让警察罢岗,强行撤去黎元洪住宅守卫、切断电话和自来水;并组织所谓"国民大会""市民请愿团"等伪民意团体,鼓噪高呼"总统退位";二人更声言辞职,盛传即将兵变之消息。面对此等军人恶行,作为上司的曹锟不闻不问、有实力制止的吴佩孚则装聋作哑。6 月 13 日,黎元洪离京到津,即被王承斌留住,迫令现任总统黎元洪向国会辞职,交出总统印玺,宣布由国务院摄政之后才予以放行。为了让曹锟当选,丑剧还在继续。隶属津保派的政客、代理国务总理高凌霨对没有追随黎元洪的留京议员,每人致送"端阳节敬"大洋 500 元,领取者达 400 多人。后又由众议院议长吴景濂包办,以每人 5000—10000 元为代价,贿买国会议员,于 10 月 5 日选举曹锟为总统。全国舆论对这幕丑剧,痛心疾首,将这些贿选议员称为"猪仔""猪公"②,表达对其极度厌恶之情。军阀之目无法纪,政客

---

① 直皖战后,吴佩孚所主张的国民大会,由农会、工会、学生联合会代表组成,其主要职责是制定宪法、审查中外条约、密约及政府所借外债用途,决定总统、内阁问题等。加上吴佩孚对五四运动的支持所获得的良好口碑,其主张深得社会称颂。吴佩孚自以为直皖战争汗马功高,发议自是一言九鼎,不料张作霖以前辈自居,斥责吴氏只不过是直系曹锟手下区区一师长,无资格妄议国事,吴氏主张遂寝抑不行。但此一事件加深了吴佩孚与张作霖之间的矛盾,直接影响到随后的直奉开战。

② 当时《大公报》社评用语,见秋士:《曹锟居然当选为总统——所反对者金钱选举》,载《大公报》1923 年 10 月 7 日。

和议员之寡廉鲜耻,前所未见。

曹锟为了其贿选总统披上合法外衣,遂敦促国会尽快完成制宪工作。10月10日,也就是曹锟宣誓就任总统之日,该宪法公布,即1923年《中华民国宪法》,俗称《贿选宪法》。它是在1917—1918年《天坛宪草》增修案基础上简单予以修正颁行的,共13章(国体、主权、国土、国民、国权、国会、大总统、国务院、法院、法律、会计、地方制度、宪法之修正解释及效力)141条。

经宪法学者们于民初十多年来不断加以研讨和修订,立法技术已较为成熟;民主共和观念经几次复辟之后更在上层深入人心;北洋军阀文化素养不够,较为信赖专家治国,只要不妨碍其财权和军权,干预较少。种种因素,使得该宪法单纯从文本内容来看,是近代宪法的佼佼者。比如该宪法鉴于之前发生的帝制复辟运动,特别强调共和国体,第1条规定:"中华民国永远为统一民主国",将统一和民主作为最根本国家制度置于宪法最显著位置。第37条规定:"国体发生变动,或宪法上根本组织被破坏时,省应联合维持宪法上规定之组织,至原状回复为止";第138条规定:"国体不得为修正之议题。"又如在权力制衡方面,《中华民国宪法》较之《天坛宪草》,规定得更为翔明周到,如最高法院院长和审计院院长之任命,须经参议院之同意。再如该宪法在国家结构上确认中央与地方的分权制度。第22条规定:"中华民国之国权,属于国家事项,依本宪法之规定行使之;属于地方事项,依本宪法及各省自治法之规定行使之。"并分别列举了国家事项和地方事项之内容和范围。它还规定,中央政府不得违法干涉地方政务,省政府亦不得违法干涉县级政务。

因为丑闻传播于中外的"贿选",宪法会议于1917—1918年间修订宪法,这批议员开会的期间将近一年,专闹意气,对于现成的宪法草案,二读尚不能告竣,并且尚有一部分未经过审议的程序,此次制定宪法又是如此之速,前后反差如此,足见制定者视宪法有若弁髦。制定者自己都不把宪法当回事,又焉能指望别人尊重它!文本再好,自上到下,举国不信,根本就没太大意义。

图58 1923年发行的曹锟文装宪法成立纪念币光边银圆

曹锟靠贿选得以成为总统,满足了自己的"皇帝"瘾,但招来了国内其他实力派的群起反对,直系内部裂痕加大。1924年,第二次直奉战争爆发,直系战败,奉系成功入主中枢,国会被解散,南北对立加剧,军事第一,救亡不暇。北方政府的宪政已走到尽头,无足多述。

需要指出的是,在这个三权分立的共和宪政之下,国会堕落、行政蛮横、政客无耻之尤,吸引了国人的绝大部分注意力而致整个共和宪政声名狼藉,以致于时人有"民国不如大清"之浩叹,但职司司法权的各级法院,尤其是最高审判机构的大理院,因稍微远离政治舞台的中心,而有相对优良的表现。法史学者黄源盛先生在系统整理大理院司法档案的基础上,有极为精深的研究,对民初司法特予表彰:"十七年来,事变迭起,民无宁日,政治则萎靡窳败,教育则摧残停顿,军政则纪律荡然,言及国是,几无不令人摇头叹息。其差强人意,稍足系中外之望者,其惟司法界乎……民初司法当局,于风风雨雨之中,犹思积极振作;尤其,身为司法审判机关龙首的大理院,其有所为,也有所不为,能独立超然于政潮之外,为民国的司法前途带来一丝曙光。"①

三、省自治与地方割据

帝制中国晚期发展出了基于家族、乡村的自我治理之传统,尽管到清代,朝廷和官府介入越来越深,但此种传统植根于社会习俗,只要社会不发生根本性变革,就不会消失。降及晚清,朝野逐渐认识到地方自治为宪政之根本,与官治相辅而行,合则双美离则双伤,预备立宪之际,必须推行地方自治。② 遂于1908年颁布了《城镇乡地方自治章程》、次年又颁布了《府厅州县地方自治章程》,以官府为监督、士绅为领袖,开启了近代地方自治之先河。到清廷灭亡之前,各省城镇乡议事会、董事会基本成立,府厅州县议事会、参事会大半建立。尽管受到官府的严密监督与控制,但各地绅商仍积极参与各项地方政治革新活动,对社会进步有所推动。辛亥革命爆发后,各级地方自治机关名存实亡。降及民初,大局稍定,地方自治思潮逐步抬头。1914年2月,袁世凯下令停办地方自治,但迫于舆论压力,年底又颁布《地方自治试行条例》,次年4月颁布《施行细则》。总的来说,在民初中央集权为主导的这几年里,当国者多将自治看作官治的对立面,时紧时松,较之晚清,谈不上有什么发展,但也未见停歇。

本来,在辛亥革命前后,已有仿行美国联邦政体之议。但在中国,大一统观念具有浓厚的社会基础,五族共和成为主流,终采取了中央集权制。到袁世凯独裁倾向日渐明显时,地方分权自治之说又起。袁世凯复辟失败,南北分裂,中央集权看不到希望,主张联邦制的人开始多起来。为避免与大一统思想直接相悖,去掉了"邦"或"分权"等刺目名词,改称"省自治"或"联省自治":主张先由各省制定通过省宪,组织省政府,军民分治,实行自治;再由联省会议,制定联省宪法;最终制定国宪,组织中央政府,完成国家统一。及至1920年直皖战争后,直系势力极盛,吴佩孚思以武力席卷海内,皖系军阀之残余和南方各省的小军阀遂极力附和支持这种"省自治"和"联省自治"思潮,一时间,"省自治"和"联省自治"运动热火朝天,尤以湖南和浙江为热烈。

南北分裂,湖南受祸最深。早在民国成立不久,倡导联邦制最力的,就有湖南籍的政论家章士钊和李剑农。曾任民国政府总理的湖南籍名流熊希龄正式提出"联省自治"一说,认为北洋军阀已起内讧,中央权威失坠,势必弄到各省分裂的地步,不如趁形式的统一尚未显然破裂之时,进行联省自治,以分求合。熊氏此论,引起了公开讨论。直皖战争刚一结束,1920年7月,湖南省长兼总司令谭延闿宣布湖南自治,创立省宪。梁启超受熊希龄委托,草拟了《湖南省自治法大纲》寄回湖南以备采择。此时湖南,未自治先自乱,军人倾轧,变乱频

---

① 黄源盛:《民初大理院(1912—1928)》,载《民初法律变迁与裁判(1912—1928)》,台湾政治大学法学丛书(47)2000年版,第76—77页。
② 参见:《宪政编查馆奏核议城镇乡地方自治章程并另拟选举章程折》,载故宫博物院明清档案部编:《清末筹备立宪档案史料》(下册),中华书局1979年版,第724—725页。

作。11月,谭延闿去职,赵恒惕继任,大肆翦除异己。1922年1月,《湖南省宪法》在经过了起草、审查和公民复决等程序后正式公布。该宪法规定湖南为中华民国自治省,主权属于省民全体;将省的事权列于宪法条文之中;推行三权分立,立法、行政和司法权分别由省议会、省长和省务院、各级审判厅行使;确立了县、市、乡自治大纲。《湖南省宪法》对同时稍后的各省自治活动产生了较大的影响。《湖南省宪法》公布后,旋即选举省议会和省长,省长仍是赵恒惕,倡导联省自治的学者李剑农为省务院院长,湖南成为唯一具有自治形式的省份。湖南的派系之争并未因自治而平息,南边支持谭延闿,北方直系吴佩孚支持赵恒惕,争战不已。随着南方势力的崛起并开始北伐,湖南重新成为南北构兵之战场,自治运动烟消云散。作为重要亲历者,李剑农先生感慨:"湖南在施行省宪的两三年内,所谓省宪也仅仅具一种形式,于湖南政治的实际未曾发生若何良果。到十五年北伐军进入湖南,省宪完全消灭。"①

浙江督军卢永祥本属皖系大将,直皖战争后面临强敌环伺朝不保夕之局。在浙江地方人士的推动下,加入到联省自治运动中来。1920年底,省议会议员、律师阮性存在省议会提交尽快召开浙江省自治法会议的提案,响应者很多。1921年6月4日,卢永祥通电各省自定省宪,略云:"年来政党视线集中中枢,野心家复斤斤焉保持中央集权之名,以为盗国肥己之便。十年九乱,正坐此病。国人惩前毖后,谓与其骛中央集权之虚名,履尾大不掉之实祸,何如分权于地方,俾群才各有效用之途。先以省宪定自治之基础,继以国宪统一之旧观。改弦更张,斯乃正本清源之道。"②1921年9月9日《浙江省宪法》正式公布。但好景不长,因省议会选举之争执,在省政府支持下,10月,第三届省议会以该宪法未对国税与地方税明确划分为由,将之搁置下来。随着卢永祥在浙江的地位越来越巩固,作为外省人,对于省自治运动伴随而起的反对现役军人干政、浙人治浙的声音,皆非其所乐见,不便公然反对,乃暗中掣肘,省自治的步伐渐渐停顿下来。

除了湖南和浙江两省外,还有一些其他省份的军阀以民意为名,也宣布闭关自治。如云南的唐继尧对四川用兵失败后宣布云南自治,1921年滇军师长顾品珍驱走唐继尧后,仍以云南省自治相号召。1920年自四川返回贵州的黔军将领卢涛在逐走督军刘显世后宣布贵州自治;同年四川军阀熊克武、刘湘亦宣布四川自治。一时间,湖北、江西等省也有规模不等的自治运动。在广东,陈炯明也希望粤省自治,与孙中山所主张的中央集权相冲突,成为二人反目在政治主张上的表现之一。

从学理上而言,地方自治作为宪政的根基,当然很重要,没有人民的自治,宪政当然是空中楼阁。但在中国这个大一统意识根深蒂固、具有深厚文化传统的国度,如何因时地之宜设计良好的制度,引导人民实现真正的自治,就变得特别重要。晚清和民初的自治立法,皆以县为最大自治区,较为注重城镇乡一级的自治,此种制度设计至少离人民较近。到省自治乃至联省自治之际,无异将省当作邦国,不论空间还是行政级别,离人民都十分遥远,自然更靠近官治,而不是民治一边。其次,推进地方自治需要大致稳定的社会环境。省自治和联省自治盛行之时,恰恰是战争不断干戈四起。社会动乱之际,哪还能侈谈民权与民治!要让地方自治承担止息干戈、维护社会稳定之责,无异是其不能承受之重;结果地方自治成为地方割据小军阀反对大军阀武力统一的华丽外衣。省自治或联省自治严重依附于小军阀,一旦该小军阀在战争或政争中失败,或其权力得到暂时巩固,因省自治所要求的军民分治、本省人

---

① 李剑农:《中国近百年政治史》,复旦大学出版社2002年版,第490—491页。
② 夏新华等整理:《近代中国宪政历程:史料荟萃》,中国政法大学出版社2004年版,第648页。

管本省事,他们都会将自治诉诸脑后。尽管"省宪运动的潮流,可谓激荡全国,但在军阀势力宰制的下面,所有的运动皆未发生实效;湖南的实行省宪两三年,算是例外。但这种例外的实行,也只有形式,与其他各省不过是五十步、百步之差罢了"①。随着南方革命新势力的兴起并要武力北伐统一中国,不论是据省割据的小军阀还是主政中枢的大军阀,末日都即将来临,省自治和联省自治也就随之烟消云散了。政局的大变动,使得近代中国的宪政轨迹发生了大转变,从而进入了党治主宰一切的另一阶段。

第三节 党治下的"训政"与"宪政"

一、孙中山的"党治"思想

孙中山在辛亥革命前具有浓厚的民主法治理想,希望中国在革命胜利后推行美国式法治。从中华民国建立之日起,其理想即受挫。南京临时政府时代,孙氏虽贵为临时大总统,但其五权宪法方案却不为大多数党人所理解而被搁置,革命党内重要人物章太炎反而提出了"革命军起,革命党消"的公开主张,不啻与他唱对台戏。在司法实践上,西方式法治运作在当时亦举步惟艰。其著者,如司法总长伍廷芳与沪军都督陈其美本为革命同道,在姚荣泽案和宋汉章两案中就审理和判决,二人发生激烈冲突,终至两人走向决裂,就为一例。继之而来的北洋时期,武人专权、军阀横行、杀人掠地,成为常态,法治自然更走向边缘。这种种现实,都逼迫孙中山需要另外寻找出路。

孙中山在早年的革命当中,受西方议会政党政治的影响,认为一党独尊是与专制相连,到民国建立后应该有多个政党存在,互相竞争。即便在将政权让渡给袁世凯之后,他仍坚持这一观点,指出:"文明各国不能仅有一政党。若仅有一政党,仍是专制政体,政治不能进步。"②国民党既不能一党独尊,相应地其党义也不能定于一尊,所以他又讲:"既有党不能无争,但党争须在政见上争。"③宋教仁遇刺后,孙中山看到议会政治在中国无望,加上国民党一盘散沙导致"二次革命"惨败,他渐渐意识到一个组织严密的革命党对于建立和保障民国的重要意义,初步完成了由西方议会政党政治向一党制的思想转变。1914年,孙中山在日本将国民党改组为中华革命党,由他亲自拟定的《中华革命党总章》规定,在革命时期,一切军国庶政,悉归中华革命党党员负完全责任④,就是这种转变的集中表现。此时成型的"一党制"思想,在当时世界各国尚无成功范例,国内政局更让他无法付诸施行。

1918—1919年间,孙中山因受西南军阀排挤而困居上海,专力于革命理论建设,编写《建国方略》即其著者。他认定在军政、训政时期,国民党应当仁不让,领导国民,负起建国之全责。这一时期,中国思想界受到了内外两大刺激,一是俄国所发生的社会革命,一是文学革命及五四运动。尤其是俄国革命,给孙中山提供了一个一党领导革命成功建国的榜样。随之苏俄为解除东方的压力,推动世界范围内的社会革命,非常重视远东局势。在与直系强人吴佩孚决裂后,苏俄频频示好于孙中山及其国民党。作为伟大的革命者,"坐而言"之后更

---

① 李剑农:《中国近百年政治史》,复旦大学出版社2002年版,第491—492页。
② 《在国民党成立大会上的演说》(1912年8月25日),载《孙中山全集》(第二卷),中华书局1981年版,第408页。
③ 《在东京留日三团体欢迎会的演说》(1913年3月1日),载《孙中山全集》(第三卷),中华书局1981年版,第37页。
④ 《中华革命党总章》(1914年7月8日),载《孙中山全集》(第三卷),中华书局1981年版,第97页。

需"起而行",孙中山因其革命不能获得英、美、日等其他列强的实际支持,遂与苏俄接近,开始按照苏俄经验改组国民党。"列宁创建了俄国共产党(后改称'联共[布]'),开展暴力革命,推翻了沙俄帝制,创立了党政军高度统一、党权高于一切的'党化国家'体制。孙中山在领导中国革命屡受挫折后,改奉'以俄为师',将苏俄'党化国家'的体制引入中国,提出和推行了'以党治国'论,这便是'以党治国'的发端。"①

图 59 国民党第一次代表大会会议旧址

到1924年国民党一大召开,孙中山对国民党的改组初步完成,正式确立了联俄方针,在会议结束后发表的宣言里,集中阐述了其党治理论:

> 本党改组后,以严格之规律的精神,树立本党组织之基础,对于本党党员,用各种适当方法,施以教育与训练,俾成为能宣传主义、运动群众、组织政治之革命的人才;同时以本党全力,对于全国国民为普遍的宣传,使加入革命运动。取得政权,克服民敌,至于既取得政权树立政府之时,为制止国内反革命运动及各国帝国主义压制吾国民众胜利的阴谋,芟除实行国民党主义之一切障碍,更应以党为掌握政权之中枢。盖惟有组织有权威之党,乃为革命的民众之本据,能为全国国民尽此忠实之义务故耳。②

至此,孙中山"党治"理论成为国民党革命的指导思想。党治取代专制法治,民主法治就将淹没在党治的汪洋大海之中。孙中山的"党治"理论,其要点大致可归纳为:

第一,担负中华民国治理责任的政党必须是革命党,中国国民党则是中国唯一能够担负这种责任的革命党。"中华民国……要以革命党为根本""革命未成功时,要以党为生命;成功后,仍绝对用党来维持。"革命者在取得政权建立政府以后,"为制止国内反革命运动及各国帝国主义压制吾国民众胜利的阴谋,芟除实行国民党主义之一切障碍,更应以党为掌握政权之中枢。"也就是说,不仅夺取政权,推翻清王朝统治,离不开革命党的领导,国家治理更需依靠革命党的力量。西方国家的两党制或多党制有很大弊端,中国应像十月革命后的苏俄一样,实行一党制。这个党,就是他领导的国民党。因此,他所倡导的一党制,就是由国民党

---

① 于一夫:《"以党治国"面面观》,载《炎黄春秋》2010年第7期。
② 《中国国民党第一次全国代表大会宣言》(1924年1月23日),载《孙中山全集》(第九卷),中华书局1981年版,第122页。

单独领导和治理中华民国的一党制。

第二,孙中山强调,"以党治国"的基本要求是用三民主义统一国人的思想,是"党义治国",而不是"党员治国"。1923年10月,他曾在国民党恳亲大会上,针对当时国民党内不少人把"以党治国"理解为国民党员都应做官的错误认识,谈到了"以党治国",重在以三民主义"统一全国人民的心理"。他指出:"本总理向来主张以党治国""所谓以党治国……是要本党的主义实行,全国人都遵守本党的主义,中国然后才可以治。""以党治国,并不是用本党的党员治国,是用本党的主义治国,诸君要辨别得很清楚!"①

第三,孙中山提出"训政"时期应由国民党担负起"训导"国民行使"政权"的责任,同时强调"训政"的最终目的是还政于民。在孙中山看来,中国四万万人口中"大多数都是不知不觉的人"。而国家的治理却是要靠那些"先知先觉"们"预先来替人民打算,把全国的政权交到人民",以此为据,孙中山又将整个国民革命分为"军政""训政""宪政"三个时期,分别实行"军法之治""约法之治"和"宪法之治",其中"训政"时期是由"军政"进入"宪政"的不可逾越的阶段。在论及"训政"问题时,孙中山认为,中国人民"久处于专制之下,奴性已深,牢不可破",加之"人民之知识、政治之能力,更远不如法国"。因此,必须经过"训政"时期"先知先觉"的国民党人之"训导",中国方能由专制进入共和政体,否则"必流于乱也"。

在这种思想指导下,广州国民政府时期,"党国""党军""党治""党化"等新名词就反复出现于各种党报党刊及党人之口。党要治军、治政,当然党也要治司法。赵士北反对司法党化,革命政府就免去他的职务。对这样的党治,李剑农先生当时就精辟地指出:"民国十三年以前,中国政治问题表面上所争的,只是一个'法'字。自所谓法统恢复后,那些坐在法统椅子上的先生们演出卖身的活剧,制成一部'遮羞的宪法',从此没有人理会这个'法'字了。十三年一月,中国国民党在广州开第一次全国代表大会,宣告改组,可说是中国政治新局面的开始。"②为什么呢?因"此后政治中所争的将由'法'的问题变为'党'的问题了;从前是约法无上,此后将是党权无上;从前谈法理,此后将谈党纪;从前谈'护法',此后将谈'护党';从前争'法统',此后将争'党统'了。"③党权成为革命进程的关键,在党、政、军的权力关系上,以党治军、以党治政,党权高于一切。

二、党治下的"训政"

在南方革命力量兴起壮大之时,北洋军阀依然内战不已,愈加堕落。国民政府北伐成功,到1928年名义上完成了全国统一。与北洋不同,南京政权遵奉总理遗教,推行以党治国,成为"党治国家"。④

北伐成功,军政结束,训政开始。在训政期间,国民党对国民政府实施直接指导。国民党的组织,以《中国国民党总章》(以下简称《总章》)为根据。依照《总章》之规定,国民党全国代表大会为最高权力机关,闭会时由中央执行委员会代行其部分职权,其下设有常务委员会。国民政府为国民党所创设,其所享权力,渊源于国民党;国民政府主要官吏,如主席、五院院长副院长,皆由中央执行委员会选任,故国民政府中枢要员,同时也是国民党干部,国民

---

① 《在广州中国国民党恳亲大会的演说》(1923年10月15日),载《孙中山全集》(第八卷),中华书局1981年版,第281—282页。
② 李剑农:《中国近百年政治史》,复旦大学出版社2002年版,第537页。
③ 李剑农:《最近三十年中国政治史》,上海太平洋书店1932年版,第531页。
④ 钱端升等著:《民国政制史》(上册),上海世纪出版集团2008年版,第163页。

党能对国民政府操纵裕如；国民政府的政纲与重大政策，皆出自于国民党。为了更好地指导国民政府，国民党还在中央执行委员会下设立了专门的中央政治会议，关于政治的方针，即由该会决定之后，以国民政府的名义推行。

训政伊始，对训政期限没有明确规定。1929年6月10日，中央执行委员会第一次全体会议议决，正式规定训政时期为六年，到1935年完成训政。1928年10月3日经国民党中央第二届第一七二次常务会议决议公布《训政纲领》6条，同时以《训政纲领》为依据，公布了《国民政府组织法》。《训政纲领》的要点大致可归纳为：

第一，制定《训政纲领》的根据是国民党为实施孙中山三民主义，依照《建国大纲》，训政时期为训练国民使用政权而制定的。第二，在训政期间由中国国民党全国代表大会代表国民大会领导国民行使政权，闭会时，以政权付托给中央执行委员会执行。四种政权为选举、罢免、创制、复决，应由国民党训练国民逐渐推行，以确立宪政之基础。治权为行政、立法、司法、考试、监察五项，由国民政府总揽执行，为建立宪政时期民选政府做准备。第三，政治会议负国民政府重大政务指导监督、修正解释《国民政府组织法》之责。

此一时期，国民政府只获得形式上统一，地方上有新军阀的半割据、中央有国民党内部的派系之争。① 南京国民政府初建，蒋介石和胡汉民合作。不久，蒋、胡之间爆发了约法之争。蒋介石认为训政时期应尊重总理遗教，颁布约法，以规定"军政府对于人民之权利义务，及人民对于军政府之权利义务"，训政时期应推行"约法之治"。② 担任立法院长的胡汉民则认为在训政期内，总理遗教即是根本大法，已有了《训政纲领》和《国民政府组织法》之后，中华民国即无需另有约法。③ 这种争议实际上是关于已被奉为"国父"孙中山的理论解释权之争，也是国民党领袖之争。二人矛盾激化，蒋氏于1931年2月动用武力软禁胡汉民之后，主导国民党，于同年6月1日公布了《中华民国训政时期约法》（以下简称《训政约法》）。

图60　1931年为制定《训政时期临时约法》而召开之国民会议

---

① 当时国民党内，有元老胡汉民和西山会议派领导的右派，有以汪精卫为首的左派，两派持续争斗。更有掌握军权的后起之秀蒋介石领导的第三种势力。在党内资历和地位上，蒋氏不如胡、汪二人，故他利用自己的实权根据政治需要和权宜之计，交替支持其中的一派。
② 《孙中山全集》（第一卷），中华书局1981年版，第297—298页。
③ 王世杰等：《比较宪法》，中国政法大学出版社1997年版，第407页。

《训政约法》除前言外,分总纲、人民之权利义务、训政纲要等共 8 章 89 条。该约法以根本法的形式正式确认了《训政纲领》所规定的国民政府的党治基础,即国民党全国代表大会、中央执行委员会和政治会议对于国民政府的绝对指导、监督地位;作为根本法的《训政约法》,其解释权归中央执行委员会行使;国民政府主席的权力较《训政纲领》更大:由中央执行委员会选任,对内对外代表国民政府,对其下五院院长有提名权,由其署名公布法律、发布命令等。关于训政之期限,则规定较为模糊,到全国有过半省分达到宪政开始时期(即全省地方自治完全成立),由国民政府立即召开国民大会,制定公布宪法,实施宪政。也就是说,既可以早于六年,更可以晚于六年。① 总之,《训政约法》是中国近代第一部正式规定"党治"和"党权无上"的根本大法。

三、党治下的"宪政"

在训政时期,朝野关于结束一党专政、尽快施行宪政的呼声很高,且国民政府在训政之初即宣布了期限,从 1929 年算起,到 1935 年即该实行宪政了。1931 年我国发生空前未有的大水灾,大江南北,尽成泽国,灾民遍野,嗷嗷待哺。日本竟乘我国多事之秋,发动"九一八"事变。于是举国上下,咸以为解倒悬之方,惟有对内团结、对外抵抗之一途。怎么样才能更好地"对内团结、对外抵抗",自然是要尽早励行宪政。尽管《训政约法》没有明确规定训政期限,但执政当局无法漠视此种强大舆论压力。1932 年 12 月国民党四届三中全会于"集中国力挽救危亡"案中有准备宪政之决议。会议定于 1935 年 3 月召开国民大会,议定宪法。1933 年 1 月,立法院成立了以孙科为首共 40 多人的宪法起草委员会。历时 3 年多,国民政府于 1936 年 5 月 5 日公布该宪法草案,故被称为"五五宪草"。

该宪草共分总纲、人民之权利义务、国民大会、中央政府、地方制度、国民经济、教育等 8 章 148 条。②

它基本反映了孙中山的宪政思想③,以国民大会行使政权,以总统和五院行使治权,各个治权之间尽量维持权力制衡:行政院长对总统负责,总统对国民大会负责。总统副总统、立法院和监察院院长副院长,由国民大会选举产生,除行政院院长外,由国民大会罢免。行政院、考试院、司法院院长由总统任命。有监察委员十人以上之提议,全体监察委员二分一以上之审查决定,提出对上述人等的弹劾案。行政、司法、考试、监察各院,关于其主管事项,得向立法院提出议案。

该宪草的第一条("中华民国为三民主义共和国")即引起很大争议。除国民党之外的其他政党多认为,宪政时期仍以三民主义为国人政治信仰不妥,因为这违犯了信仰自由的宪政原则,而且否认了任何一个不以三民主义为政治信仰的政党未来执政的合法性,国民党从而完成了对政权的垄断。三民主义为国民党的党义,党治时期以三民主义为指导思想还说得过去,但是在宪政时期即要开放政权,励行民治,而宪草以三民主义为将来政治之指导思想,是以民治为名行党治之实。这种以政党意识形态规定国体的坏传统,使宪法成为国民党的宪法,民国成为党国,一党政治成为唯一有效的政治模式。

---

① 《训政纲领》和《训政时期约法》全文,见夏新华等编:《近代中国宪政历程:史料荟萃》,中国政法大学出版社 2004 年版,第 803、830—834 页。
② "五五宪草"全文,见夏新华等编:《近代中国宪政历程:史料荟萃》,中国政法大学出版社 2004 年版,第 982—992 页。
③ 台湾地区宪法学者谢瀛洲、李鸿禧等断定"五五宪草""是最接近孙文之学说理论"。(参见李鸿禧等著:《台湾宪法之纵剖横切》,台湾元照出版公司 2002 年版,第 7 页。)

"五五宪草"不能保证直接民权之运用。因运用直接民权的机构是国民大会,而国民大会代表达二千人左右,三年开会一次,会期一般为一月,最长不得过两月,故各党派主张在国民大会闭会期间要有一个常设机构。中国共产党即认为:"国民大会有一定的任期,在一定的任期内有定期的会议,在休会期间,有一定数量选出的驻会代表,执行监督政府实行大会决议和准备定期召开大会工作等责任。"① 还有由总统召集国民大会来罢免总统,明显违背情理;国民大会自行召集会议讨论罢免总统,则需要五分之二以上代表同意,门槛太高,跟没有此项规定相差无几。

该草案预定 1937 年 11 月 12 日召集国民大会,交付议决。不料抗战全面爆发,已无宪政实施之起码条件,遂被搁置。

在整个抗战期间,要求励行宪政的呼声很高,制宪工作并未停顿。关于"五五宪草","先后有国民参政会、宪政期成会、宪政实施协进会、政治协商会议等组织,参酌各方意见,予以部分或整体之修改"。② 到 1946 年旧政协召开,其下的宪法草案审议委员会负责宪草的修正工作。它综合各方意见,作成"十二修正原则"。这些原则,一方面承认国民党所坚持的"三民主义五权宪法"立场,另一方面也承认近代以三权分立制衡为核心的近代立宪主义思想与制度。这就引起了执着于宪草原案的国民党右派之激烈反对,认为此修正决议违反了国民党的革命主义与思想,纵容中共及其他在野党扩张势力,使国民党自己丧失了统治权。在政协会议结束后的国民党二中全会上作出了针对"十二修正原则"的五原则决议。

随着国共冲突的加剧,国民政府于 1946 年 11 月 12 日召开国民大会,决定中华民国宪法草案之讨论与制定,交由国民大会讨论议决。因中共和民盟拒绝参加,国民党就不得不借重参加国民大会的青年党和民主社会党。将以民主社会党党魁张君劢主持起草的《中华民国宪法草案》,作为国民大会讨论之蓝本。另外,国民党为了留下与中共和民盟等未参加国民大会的在野党以妥协余地,以及回应国内民众对政治民主化的要求,亦大幅度吸收了政协会议通过的《五五宪草十二修正原则》,同时也部分吸收了国民党右派主导的"五原则决议"。

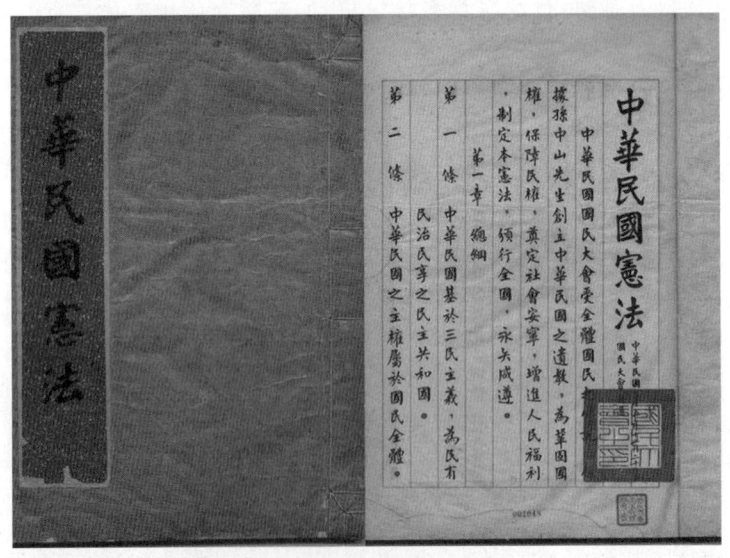

图 61　1946 年通过之《中华民国宪法》

---

① 陈绍禹:《促进宪政运动努力的方向》,载《新中华报》1939 年 12 月 9 日。
② 参考杨敏华:《中华民国宪法释论》,台湾五南图书出版公司 2004 年修正版,第 24 页。

1946年12月25日国民大会审议议决经综合修改的《中华民国宪法》,1947年1月1日由国民政府公布,同年12月25日施行。该宪法分总纲、人民之权利义务、国民大会、总统、行政、立法、司法、考试、监察、中央与地方之权限、地方制度、选举罢免创制复决、基本国策和宪法之施行及修改14章共175条。①

它尽管与"五五宪草"有密切联系,但区别亦很明显。比如说它第1条规定:"中华民国基于三民主义,为民有民治民享之民主共和国。"这与"五五宪草"第1条"中华民国为三民主义共和国"区别很大。起草者张君劢即讲:"拿三民主义作为共和国的形容词,而且拿三民主义作为思想的标准,将来法院可以利用'三民主义'四字为舞文弄法的工具。对于诚心研究三民主义内容的人,要一律加以违反三民主义的罪名,种种情形在以往二十年中大家是有目共睹的。所以我们将原来的条文改成现在的内容:'中华民国基于三民主义,为民有民治民享之民主共和国。'一面承认三民主义为民国之主动力,他方规定民国为民治民有民享的。"②

因国共内战扩大,第一届国民大会第一次会议根据《中华民国宪法》第174条第1款制定了《动员戡乱时期临时条款》,于1948年4月18日通过,同年5月10日实施。《中华民国宪法》若干重要条款因总统的紧急处分权而失效。③ 随着中国共产党在战争中获胜,1949年2月发出了《关于废除国民党的六法全书与确定解放区的司法原则的指示》,4月华北人民政府正式颁布《为废除国民党的六法全书及一切反动法律的训令》,严令各级政府废除国民党的六法全书及其一切反动法律,各级人民政府的司法审判,不得再援引其条文。④ 至此,自晚清以降的近代中国制宪活动和立宪实践告一段落,法制转型历程进入了另一阶段。

第四节 "有宪法无宪政"的历史反思

近代中国自晚清宪政肇端到四十年代这半个多世纪中,先是君主立宪、继之以共和宪政,(联)省自治亦曾风靡一时,党治主导下的训政和宪政赓续其后。在这个过程中,产生了不下百部的各类宪法文本,从文本来观察,其中不乏质量上乘者,即便是比之发达国家的成文宪法,亦毫不逊色。但有意思的是,这数量众多、好坏不等的宪法文本,并没有对中国宪政起到多少实质性推动作用。个中原因,实堪玩味。

其实,已经有不少学者思考了该问题,并根据其认识开出了今后应努力的方向。著名历史学家,后来曾入国民政府担任高官的蒋廷黻描述了留美甫归国内游历时看见的这一令他困惑不解的现象:"经过像一九一一年那样的革命,我们采用了一部现代宪法,其中有国会,有总统选举,我们认为中国从此一步登天了。但是,革命过去十年,较之一九一一年的情形毫无进步。国会,谁还记得国会?谁对国会议员有一点点敬意?宪法,我们能对有枪杆子的人说'你这样做是违法的'吗?他对你说的根本不了解。"⑤对当时共和宪政的失望,加上国难当头以及个人的际遇因缘,他觉得中国的前途在党治下的领袖独裁。立法史专家,后亦曾

---

① 《中华民国宪法》全文,见夏新华等编:《近代中国宪政历程:史料荟萃》,中国政法大学出版社2004年版,第1104—1118页。
② 张君劢:《新宪法施行及培植之关键》,载《再生》(周刊)第184期。
③ 进入20世纪八十年代后,台湾地区威权政治色彩逐渐减弱,民主步伐加快,1987年解除戒严,1989年解除党禁,废除临时条款,《中华民国宪法》几经修正,适用至今。
④ 参见韩延龙等编:《新民主主义革命时期根据地法制文献选编》(第一卷),中国社会科学出版社1981年版,第85—89页。
⑤ 《蒋廷黻回忆录》,岳麓书社2003年版,第103页。

参与国民政府立法的杨幼炯则批评法律文本的缺陷,即多模仿少创造,云:"本来立法事业至繁,成功不易,欲以一朝夕之时间,网罗社会万种之情状,详赡靡遗,绝不可望。故当立法之际,必须参考外国立法之经验,采汇其法律,以补自国法律之不备,或创设其所未有,实为事之不容已者;但决不能全采外国法律。盖法律之制定,应以本国固有之人情、风俗、地势、气候、习惯为根据,外国法律纵如何完备,终不适于本国之国情。是以我国过去立法之失败,全由于此。立法者往往视宪法为一种文明之装饰品,不以宪法与国民生活关系为前提,但知模仿、盲从,结果在公法方面,三十余年以来,虽制定不少宪法草案,但无一合于国民之需要,不崇朝而等于'一撮之废纸'。"①近代著名法学家杨兆龙则从宪法与宪政之别入手,指出"宪法生命素"培养的重要性:宪政"是实际政治受宪法的抽象原则支配的结果,或宪法的抽象原则在实际政治上的具体化,可谓'在实际政治上已发生作用的宪法'";宪法"只是一些与实际政治尚未发生关系的抽象原则的总称,可谓'书本上的宪法'"。简言之,即"活宪法"与"死宪法"的区别。近代中国宪政停步不前的主要原因是整个社会,尤其是法学界"太偏重抽象的宪法原则……而没有把精力集中到'活宪法'的培养工作方面去",并指出"实施宪政的中心工作不是'制宪',而是'宪法生命素'的培养"。②

梳理近代中国宪政历程,辅以学界先进的既有思考,我将近代中国宪政道路异常艰难曲折但见效甚少的原因大致归纳如下:

首先,是当权者在"玩宪法"、抓权力,根本就不想实行宪政,反而阻碍宪政之真正实施。为什么呢?因为宪政的本质是要通过法律,尤其是作为根本法的宪法,来限制当权者的权力,使其在权力行使上不能恣意。当权者"玩宪法",就是表面上颁布宪法,借施行宪政为口号以争取民心、宣示其政权的合法性,而实际上并不将宪法施行,甚至采取各种措施阻碍宪法得以落实。政治家、政客为个人权力,玩宪法、宪政,炒宪法、宪政,并通过玩、炒宪法、宪政,实现集权之目的。自清末仿行立宪以来,近代中国就逐渐开始走上这条黑暗道路,且越陷越深。慈禧为什么同意预备立宪?主要原因是她希望借此达到"皇位永固"之目的。袁世凯虽是清末立宪运动的有力推动者,但等他成为中华民国最高当权者后,不还是一门心思扩大权力,做终身大总统都不满足,还要当皇帝。曹锟通过贿选当上中华民国大总统,并且堂而皇之公布宪法,不也是为了证明其大总统当得合法正当,且事实上过一回"皇帝"瘾,以光大寒家之门楣,夸耀于国人。当时未曾入主中枢的孙中山看得很透彻:"元年以来,然专制余孽,军阀官僚,僭窃擅权,无恶不作。此辈一日不去,宪法一日不生效力,无异废纸?迩者曹锟以非法行贿,尸位北京,亦尝借所谓宪法以为文饰之具矣。而其所为,乃与宪法若风马牛不相及。"曹锟下台了又如何,继之而起的张作霖也是一样,可能还更糟糕。共和宪政无望,孙中山抓住机缘,创始了党治、司法党化制度。蒋介石又加以发展,变为一党专制、个人独裁,权力空前集中,约法也好,宪法也罢,不能起到任何实质性的约束作用。这些当政者公布宪法,嘴上信誓旦旦遵守宪法,实际上是在玩宪法、唱法治,真正搞的是专治他人、不治自己的"治法"。当时在延安的毛泽东将这类当权者命名为"宪政两面派",即"嘴里一套,口里又是一套……他们口里的宪政,不过是'挂羊头卖狗肉'"。其结果就是"多年以前,我们就听到过宪政的名词,但是至今不见宪政的影子"③。当政者这种以"施行宪政"之名,行"玩弄宪法"

---

① 杨幼炯:《近代中国立法史》,范忠信等校勘,中国政法大学出版社2012年版,第4—5页。
② 杨兆龙:《宪政之道》,载《杨兆龙法学文选》,中国政法大学出版社2000年版,第43—45页。
③ 毛泽东:《新民主主义的宪政》,人民出版社1975年版,第7页。

之实的做法，对中国近代社会的健康发展产生了极其恶劣的影响：宪法、宪政、法治等名词，统统成为他们推行专制野蛮统治的华丽衣裳。风吹草堰，上行下效，流毒无穷。老百姓长期"只听楼梯响，不见人下来"，耳濡目染，终于"觉悟"到在上位者所大肆宣讲的宪法、宪政、法治等都不可靠，可靠的还是权和利。如此一来，当政者自然就以老百姓素养不足需要"训练"为由，冠冕堂皇地搞其名色各异的"训政"，来推行其集权专制之目的。在这个当政者施"训"、百姓听"训"的轮回中，本来定有期限的"训政"事实上就遥遥无期了，宪政于民何有哉！

其次，党治对共和宪政的演进产生了不可估量的影响。孙中山对民初共和宪政下的乱局深感失望，国内外情势的因缘际会，促成了他完成了由"法治"到"党治"的思想转变。以国民党第一次全国代表大会为标志的国民党改组完成，一个组织严密、以担负革命和建国为己任的新型政党出现了，从而为其"党治"理论在中国的贯彻落实奠定了组织基础。其后继者通过北伐，于1928年建立了党国体制的中华民国。从此，中华民国就是党国，党国也就是中华民国。与中国以前存续达两千年的帝国相比较，在帝国，"帝就是国，国就是帝"；在党国，"党就是国，国就是党"。"党国可以说就是帝国的变种"。① 以总理遗教作为指导思想的中华民国，在"训政"期内当然由国民党操控政府，大权独揽。同时，它也必须承认中华民国要由"训政"逐渐过渡到"宪政"，在"训政"期内要切实训练民众，培养其行使政权的能力，为将来"宪政"实施之日还政于民做好切实准备。这里即产生了理论与实际衔接困难的大问题，即谁来监督独揽大权的国民党在"训政"期内能切实训练民众？答曰：可由地方自治制度的实施为保证。进一步追问：怎么能保证独揽大权的国民党不会操纵地方自治？谁也保证不了。退一步讲，即便国民党能完成"训政"期内的工作，成功进入宪政阶段，习惯了大权独揽的国民党怎么可能自觉放弃权力而"还政于民"呢？征诸史实，古今中外，个人放弃权力的例子尽管很少，可能还找得出为数不多的几个；作为一个组织严密、人口众多且具有较强使命感的政党，集体放弃已长期稳固掌握的权力，可能只是一种不切实际的空想。1947年正式"行宪"后的中华民国，还不是国民党大权独揽，跟"训政"期内的中华民国在本质上又有多大的差别呢？既然国民党一直大权独揽，又怎能出现其他政党在实力上能与国民党旗鼓相当，轮流执政呢？既然不可能，那还是个党国体制，怎么可能有真正的宪政呢？总之，"党治"思想指导下形成的党国体制作为近代中国宪政路上的一阶段，其功绩在于高效率"建国"，结束军阀割据的乱局；但它同时也使得近代中国的宪政步入困境，即严重阻碍了真正宪政所必需的"还政于民"。

再次，近代中国的法政从业者也有其严重责任。因当政者从不愿真正实施宪政，反而是"玩"宪法和宪政，导致固有的专制余毒不仅没有得到彻底清算，反而在各式"宪政"名目下得以复活乃至变本加厉。传统的"学而优则仕"的观念在近代中国的现实中屡屡得到印证，在很大程度上影响了法律人才的职业选择。很多留学欧美日本专门学习法律的法学专才，回国后很快暴得大名，接着以"名气"为敲门砖，迅速投身政界，成为当政者的"帮凶"或"帮闲"。徐道邻在经历了宦海沉浮后发出了类似"田园将芜胡不归"的感慨："事实上，竟有不少有才华的学者，放弃了他们有把握的学问不做，而到没有把握的政治里头去翻筋斗，真是使人难解。"② 他的这番感慨，从政坎坷方有此，那些仕途顺遂之人，一辈子乐此不疲，根本不会有此

---

① 李贵连：《法治是什么：从贵族法治到民主法治》，广西师范大学出版社2013年版，第212页。
② 徐道邻：《论政治家与学人》，转引自许章润：《法学家的智慧：关于法律的知识品格与人文类型》，清华大学出版社2004年版，第20页。

种反省。这些人往往都已是或者有可能成为学界精英的。在一个欲真正推行"宪政"和"法治"的社会里,他们本来应该形成法律职业团体、成为推动"宪政"和"法治"建设的中坚力量。这直接导致两个后果,即包括宪政在内的整个法治理论体系的欠缺和法律职业团体的堕落。

先说第一点,从清末开始,中国近代法律教育兴起,有一批法律人,就法学水平而言,不乏佼佼者。但他们或投身官场,或专力于功利性的部门法上,对怎样建设中国的法治没有什么系统性建树。什么是法治可以说一直没有搞清楚。黄遵宪最早提出法治(Rule of Law)概念,却没有深入论述。梁启超把先秦法治当作近现代法治,实际上是没能分清法治和治法。沈家本明白传统法治与近代法治的区别,为推动司法独立下了功夫,但是也没有法治理论体系的建立。而且他的司法审判独立,更多是侧重操作层面,很少涉及或不涉及权力分立。"伟大的革命先行者"孙中山,最终也走上党治、司法党化的道路。近代中国人在很长时期内都把宪政视为达致富国强兵的制度设计,故一旦发现其他制度更有利于富国强兵,就很容易漠视宪政。到民国成立后,有些学者虽认识到宪政的真谛是通过分权以限制当权者恣意行使权力最终保障人民的权利,但做得很不够,毕竟中国是个广土众民具有深厚传统的国家,如何进行具体的制度设计及对之进行有说服力的论证、应采取哪些措施来对民众进行宣传等方面,都不应是对外国相关制度的简单继受。总而言之,宪政、法治,口号喊得多、喊得响,但对为什么要宪政和法治、要什么样的宪政和法治、在中国怎样推行它们等诸多问题,都没有进行深入的理论探索。以致于蔡枢衡先生到四十年代,依旧沉痛地指出:"中国法学文化大半为翻译文化、移植文化……讲义文化、教科书文化及解释法学文化""三十年来的中国法……事实上依然没有超出'依从最新立法例'的境界"①,总之各个方面都很"幼稚"。

法律职业团体的堕落体现在新式法政人士之实际所作为尚不如传统的法律从业者,当然不能为民众所信赖。不能为民众所信赖,自然本身无力量,只能依附于权势者。相比较而言,传统社会的读书人有信仰和一套道德规范,读孔孟,重忠孝,讲"食君之禄,忠君之事",还有一定的"王法"观念。读书人中,从事法律实务的刑名师爷没有组织,却有规则。清代名幕汪辉祖即强调要"尽心尽言"、要"立品""立心要正""自处宜洁"②,清末的一位刑幕也特别强调"忠于所事,非礼勿取"。③而近代以来,特别是民国以后,这些道德和内在规则随着政治秩序的瓦解,都被摧毁殆尽。一时之间,新道德、新规则没有形成,一些法律人功利心严重,甚至为达功利,不惜一切。法律人的这种短视行为对近代以来中国法治国家的建设乃至法律人才的进一步培养,造成相当程度的阻碍。

通观整个近代中国的宪政历程,是当政者有意识地"玩宪法"、学者专注宪法文本以及普通民众的不需要宪法,所以宪政一直停留在纸面,从来未曾有过实质性的进展。宪政秩序不能建立,司法独立的开展亦缺乏足够的空间。在这种宪法和法律都不能得到真正遵守和施行的情况下,"法治"就变成空洞的口号,成为实际进行着的专制"治法"的漂亮外衣。

近代中国宪政路漫漫,始终是有宪法而无宪政。个中原因值得有心人深思。

---

① 蔡枢衡:《中国法理自觉的发展》,清华大学出版社2005年版,第25、55页。
② 汪辉祖:《佐治药言》,载杨一凡编:《古代折狱要览》(第十册),社会科学文献出版社2015年版,第83—90页。
③ 赵铄:《秋曹忆语——三十年读律的回忆》,南京大东新兴印书馆1948年版,第3页。

第十三讲 近代中国的宪政

思考题

1. 晚清君主立宪失败的主要原因何在？
2. 党治对共和宪政有什么影响？
3. 为什么近代中国有宪法却无真正的宪政？

参考阅读材料

《制定〈建国大纲〉宣言》

自辛亥革命以至于今日，所获得者仅中华民国之名。国家利益方面，既未能使中国进于国际平等地位。国民利益方面，则政治经济荦荦诸端无所进步。而分崩离析之祸，且与日俱深。穷其至此之由，与所以救济之道，诚今日当务之急也。夫革命之目的，在于实行三民主义。而三民主义之实行，必有其方法与步骤。三民主义能及影响于人民，使人民蒙其幸福与否，端在其实行之方法与步骤如何。文有见于此，故于辛亥革命以前，一方面提倡三民主义，一方面规定实行主义之方法与步骤。分革命、建设为军政、训政、宪政三时期。期于循序渐进，以完成革命之工作。辛亥革命以前，每起一次革命，即以主义与建设程序宣布于天下，以期同志暨国民之相与了解。辛亥之役，数月以内即推倒四千余年之君主专制政体暨二百六十余年之满洲征服阶级，其破坏之力不可谓不巨。然至于今日，三民主义之实行犹茫乎未有端绪者，则以破坏之后，初未尝依豫定之程序以为建设也。盖不经军政时代，则反革命之势力无繇扫荡。而革命之主义亦无由宣传于群众，以得其同情与信仰。不经训政时代，则大多数之人民久经束缚，虽骤被解放，初不瞭知其活动之方式，非墨守其放弃责任之故习，即为人利用陷于反革命而不自知。前者之大病在革命之破坏不能了彻，后者之大病在革命之建设不能进行。辛亥之役，汲汲于制定临时约法，以为可以奠民国之基础，而不知乃适得其反。论者见《临时约法》施行之后，不能有益利民国，甚至并《临时约法》之本身效力亦已消失无余，则纷纷然议《临时约法》之未善，且斤斤然从事于宪法之制定，以为藉此可以救《临时约法》之穷。曾不知症结所在，非由于《临时约法》之未善，乃由于未经军政、训政两时期，而即入于宪政。试观元年《临时约法》颁布以后，反革命之势力，不惟不因以消灭，反得凭藉之以肆其恶，终且取《临时约法》而毁之。而大多数人民对于《临时约法》，初未曾计及其于本身利害何若，闻有毁法者不加怒，闻有护法者亦不加喜。可知未经军政、训政两时期，《临时约法》决不能发生效力。夫元年以后，所恃以维持民国者，惟有《临时约法》。而《临时约法》之无效如此，则纲纪荡然，祸乱相寻，又何足怪！本政府有鉴于此，以为今后之革命，当赓续辛亥未完之绪，而力矫其失。即今后之革命，不但当用力于破坏，尤当用力于建设，且当规定其不可逾越之程序。爰本此意，制定《国民政府建国大纲》二十五条，以为今后革命之典型。建国大纲第一条至第四条，宣布革命之主义及其内容。第五条以下，则为实行之方法与步骤。其在第六、七两条，标明军政时期之宗旨，务扫除反革命之势力，宣传革命之主义。其在第八条至第十八条标明训政时期之宗旨，务指导人民从事于革命建设之进行。先以县为自治之单位，于一县之内，努力于除旧布新，以深植人民权力之基本，然后扩而充之，以及于省。如是则所谓自治，始为真正之人民自治，异于伪托自治之名，以行其割据之实者。而地方自治已成，则国家组织始臻完密,人民亦可本其地方上之政治训练以与闻国政矣。其在第十九条以下,则由训政递嬗于宪政所必备之条件与程序。综括言之,则建国大纲者,以扫除障碍为开始,以完成建设为依归。所谓本末先后,秩然不紊者也。夫革命为非常之破坏,故不可无非常之建设以继之。积十三年痛苦之经验,当知所谓人民权利与人民幸福,当务其实,不当徒袭其名。倘能依建国大纲以行,则军政时期已能肃清反侧,训政时代已能扶植民治。虽无宪政之名,而人民所得权利与幸福,已非〈借〉口宪法而行专政者所可同日而语。且由此以至宪政时期,所历者皆为坦途,无颠蹶之虑。为民国计,为国民计,莫善于此。本政府郑重宣布:今后革命势力所及之地,凡秉承本政府之号令者,即当以实行建国大纲为唯一之职任。

据《中国国民党周刊》第四十期(广州一九二四年九月二十八日版)
(选自《孙中山全集》(第十一卷),中华书局1986年版,第102—104页。)

第十四讲

刑事法制的近代变迁

第一节 近代中国刑事法典的编纂

一、晚清民刑分立原则的确立

从立法史来观察,经英国实利法学家杰里米·边沁(Jeremy Bentham,1748—1832)的大力提倡于前,德国蒂堡(Thibaut,1772—1840)与萨维尼(Savigny,1779—1861)两派的法典编纂争论于后,欧洲的法典编纂事业勃兴,并取得极为丰硕的成果,其著者如法、奥、德、瑞诸国的民法典,法国的商法典和刑法典等。流风所及,日本于明治维新之后亦学习欧洲列强,编纂了以民法典、刑法典为核心内容的六法全书。① 日本与中国同文同种,变法绩效昭著,顺理成章成为晚清变法修律的主要模范对象。在晚清法政人士看来,日本之前多受中国旧制之影响,经维新改制,已从"民刑不分"变为"民刑分立",各自编纂法典,中国亦应如此。

中国法律近代化的先驱梁启超于1904年写就的《论中国成文法编制之沿革得失》,明言中国固有法律最大的缺点是没有专门的民商法典:"我国法律界,最不幸者,则私法部分全付阙如之一事也……我国法律之发达,垂三千年。法典之文,万牛可汗。而关于私法之规定,殆绝无之。夫我国素贱商,商法之不别定,无足怪者。若乃普通之民法,据常理论之,则以数千年文明之社会,其所以相维护相结合之规律,宜极详备。乃至今日,而所恃以相安者,卒未尝为一专典以规定之,仍属不文之惯习。而历代主权者,卒未尝为一专典以规定之,其散见于户律户典者,亦罗罗清疏,曾不足以资保障,此实咄咄怪事也。"② 此种说法影响甚大,事实上已为朝廷决策者所接受。1907年民政部奏请单独厘定民律,其所持学理为:"东西各国法律,有公法、私法之分。公法者定国家与人民之关系,即刑法之类是也。私法者定人民与人民之关系,即民法之类是也。二者相因,不可偏废。而刑法所以纠匪僻于已然之后,民法所以防争伪于未然之先,治忽所关,尤为切要。各国民法编制各殊,而要旨宏纲,大略相似。举其荦荦大者,如物权法定财产之主权,债权法坚交际之信义,亲族法明伦类之关联,相续法杜继承之纷争。靡不条分缕晰,著为定律。临事有率由之准,判决无疑似之文。政通民和,职由于此。中国律例,民刑不分……历代律文,户婚诸条,实近民法,然皆缺焉不完……以视各国列为法典之一者,犹有轻重之殊。因时制宜,折衷至当。非增删旧律另著专条,不足以昭

---

① 参考黄琴唐:《点校前言》,载商务印书馆编译所编译:《日本六法全书》,上海人民出版社2013年版。
② 梁启超:《梁启超法学文集》,范忠信选编,中国政法大学出版社2000年版,第174—175页。

整齐划一。"①京师高等检察厅长徐谦于1909年上奏朝廷,认为在预备立宪期所编纂的过渡法《大清现行刑律》亦应"分别民刑"。② 到1910年,清廷核准的《大清现行刑律》即明确肯定了"民刑有别"原则,承认纯粹的民事案件不再用刑罚制裁。③ 截止清亡,随着新刑律颁布,民律草案制定,民刑分立成为中国近代法制的重要特征。从此以后,"六法全书"取代了固有的"诸法合体"式的律(例)典。

需要指出的是,帝制中国的法制是否如晚清以降政法人士所认为的"民刑无别""刑法发达""民事法不发达"呢? 颇有反思之余地。

自儒家学说成为法领域的指导思想以来,儒家先贤在法领域的相关论述为一代又一代士大夫所尊崇和信奉。在治国方略上,和法(刑)相比,礼毫无疑问占据了优先和主导位置。如孔子的名言"道之以政,齐之以刑,民免而无耻;道之以德,齐之以礼,有耻且格"即道出了"法(刑)"在国家治理中的次要位置;朱熹的注释说得更明白:"政者,为治之具。刑者,辅治之法。德礼则所以出治之本,而德又礼之本也。此其相为终始,虽不可以偏废,然政刑能使人远罪而已,德礼之效,则有以使民日迁善而不自知。故治民者不可徒恃其末,又当深探其本也。"④法乃不得已而用之,"刑为盛世所不尚,亦为盛世所不能无"。⑤ 即便要用刑,但用刑本身不是目的,其目的是力图恢复到能够以"礼"来教化的理想状态。对地方官来说,"无讼"才是这种能够以"礼"来教化的理想状态之表现,才是他们的追求目标。在这种语境中,"儒家化的法典主要是用来承担教化任务和实现威慑作用的,统治者常常以少用法律或不用法律就能维持社会安定来评价各级官吏的政绩,并以此来标榜政治清明和治国有方"。⑥

事实上,在广土众民之上的帝制中国,如果说只有刑法发达、民事法极不发达,是不可思议或不可能的。"刑"只是皇帝和各级官吏治国理政的低位阶手段,怎么可能比规范日常生活的民事法要发达得多呢? 如何看待或解释这一矛盾现象呢? 刑在法律中应用最广,最容易观察到,盖因它是法律领域中最后的一道防线。在现代刑法中,所谓的广义刑法,就是指在其他法律中存在的刑事条款,基本上可以说,其数量超过刑法典的条文。尽管刑的范围如此之广,但它本身并不提供行为规范,是以其他行为规范为前提,来对违规行为的惩罚。也就是说它只是从反面告诉人们,不要如何行为,否则将受怎样的惩罚。没有哪个国家,能够以刑为主进行统治和管理。民法则是"百姓日用而不知",不那么明显地观察到。如果我们仅仅从《唐律疏议》《大明律》或《大清律例》等律典中来观察,自然是刑事法发达,但不要忘了,帝制中国还有大量的礼典礼书、各种事例则例。从功能上来说,这里面的很多内容即可归入民事法范畴。帝制中国历代正史的编撰体例,都是"礼乐志"在前,紧接着才是"刑法志"。因为晚清以降的法政认识在探究传统法制的近代转型之路时,对帝制中国的"礼"以及其他成文法律形式重视不够,眼光太过局限于历代律典,不能不说是个缺点,在很大程度上

---

① 《民政部奏请速定民律》,载《中华民国民法制定史料汇编》(上册),"司法行政部"1976年印行,第183—184页。
② 《京师高等检察长徐谦奏请将现行刑律参照新刑律妥为核订》,载《中华民国民法制定史料汇编》(上册),司法行政部1976年印行,第201页。
③ 宪政编查馆大臣奕劻等在《呈进现行刑律黄册定本请旨颁行折》中讲:"现行律户役内承继、分产、婚姻、典卖、田宅、钱债各条,应属民律者,毋再科刑……此本为折衷新旧,系指纯粹之属于民事者言之,若婚姻内之抢夺、奸占及背于礼教违律嫁娶,田宅内之盗卖、强占,钱债内之费用寄受,虽隶于户役,揆诸新律,俱属刑事范围之内。凡此之类,均照现行刑律科罪,不得诿为民事案件,致涉轻纵。"(李贵连编著:《沈家本年谱长编》,山东人民出版社2010年版,第268页。)
④ (宋)朱熹:《四书章句集注》,中华书局1983年版,第54页。
⑤ 沈家本:《法学胜衰说》,载《历代刑法考》(第四册),中华书局1985年版,第2143页。
⑥ 刘广安:《儒家法律特点的再认识》,载《比较法研究》2005年第3期。

导致了中国法律近代化成为外国法的机械继受,未能在国族自觉的基础上进行更理想的法律继受。

二、近代中国的刑事立法

1. 《大清现行刑律》

降及清末,《大清律例》年久失修,很多条文已不适应当时社会。为了给预备立宪期间制定过渡法,沈家本等修订法律人员集中精力对《大清律例》进行修改、修并、续纂和删除等工作,其成果就是《大清现行刑律》。

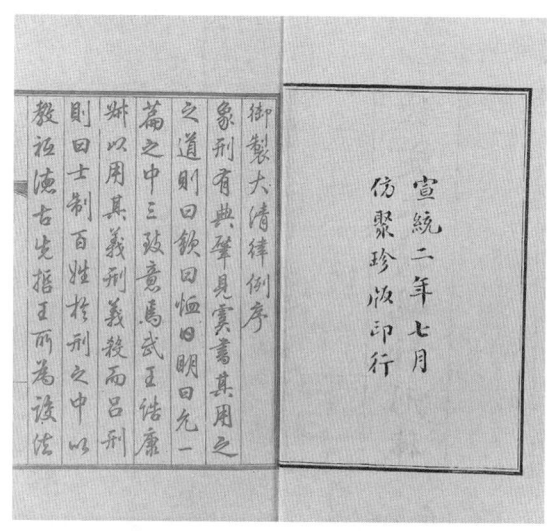

图62　宣统二年刊印《钦定大清现行刑律》

沈家本等人根据"总目宜删除""刑名宜厘正""新章宜节取"和"例文宜简易"的原则对《大清律例》进行了系统修订,其成果是《大清现行刑律》。与原有的《大清律例》相比,《大清现行刑律》在体例上删除了六部总目;在刑制上将原先的笞、杖、徒、流、死五刑以及发遣、充军等刑名,改为罚金、徒刑、流刑、遣刑和死刑五种,死刑简化为斩、绞两种,废除凌迟、枭首、戮尸、刺字、缘坐等酷刑;在体系上区分民事和刑事,把《大清律例》中有关继承、分家析产、婚姻、典卖田宅、钱债等纯属民事的法律单独析出,不再科刑;在内容上删除与新政不符或已解禁的条例,如禁止民间出海、禁止民间开矿等,同时根据新情况,增设若干新罪名,如毁坏铁路、电线杆等。

《大清现行刑律》于1910年公布,分30编414条,附有条例1066条。卷首除奏疏外,有律目、服制图、服制,正文后附有《禁烟条例》12条和《秋审条例》165条。作为正式立宪时推行新律之基础,《大清现行刑律》在预备立宪这个过渡期适用,也即是说,它是清末实际有效的刑事法典。

2. 《大清新刑律》与《暂行新刑律》

为了在刑法方面模范列强以收回领事裁判权,适应未来正式立宪的需要,沈家本主持的修订法律馆自成立以后不久,即根据民刑分立原则,开始起草单独的新刑律草案。1906年秋,沈家本聘日本人冈田朝太郎帮助起草新刑律,于1907年完稿,由修订法律馆上奏。自此,围绕新刑律草案引起长达数年之久的激烈争论,成为礼法之争的主要内容。1911年1月清廷上谕裁可公布,是为新刑律之定本,被称为《钦定大清刑律》。

新刑律专注重于刑事,分总则、分则两部分,"总则为全编之纲领,分则为各项之事例"。据沈家本归纳,该律综合中西之异同、考较新旧之短长,较之传统律典,有下述重大革新:(1)更定刑名:改传统笞、杖、徒、流、死五刑为死刑、徒刑(有期、无期)、拘留、罚金。(2)酌减死罪:《大清律例》死刑条目在中国历代中偏多,比之列强尤多,但实际上,死刑案件经过会审、秋审之后,真正执行的并不多,很多死刑条款都属虚拟死罪。与其因死刑条款多而背重刑残酷之恶名,不如循名责实,参照唐律和各国通例,酌减死罪条目。(3)死刑唯一:旧律死刑分斩、绞,斩因身首分离,较之绞为重。刑罚至死而极,不宜再有轻重之别,改死刑一律用绞,于特定场所秘密执行。(4)删除比附,引进罪刑法定制度。(5)惩治教育:罪责与行为人的年龄密切相关,刑罚为最后之制裁,不到刑事责任年龄的少年行为人是教育主体而非刑罚主体。这类人如有相关犯罪行为,宜在专门惩治场所接受强制教育,据情节之轻重,定期限之长短,以矫正其行为,"未满十二岁人之行为不为罪,但因其情节,得施以感化教育"。

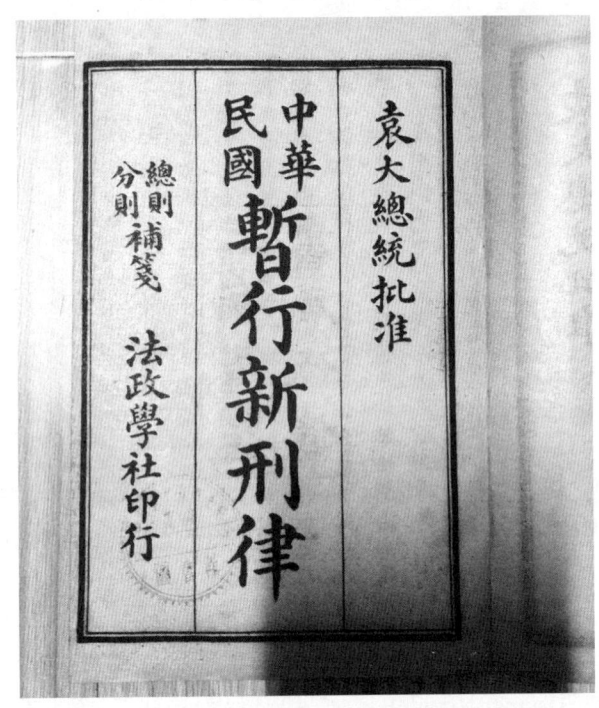

图 63　民初适用之《中华民国暂行新刑律》

《钦定大清刑律》分 2 编 53 章 411 条,其中"总则"编 17 章 88 条,"分则"编 36 章 323 条,附《暂行章程》5 条。清廷本计划该律在正式立宪后施行,故在清代未能生效。降及民国成立,一时未能制定出自己的刑法典,《钦定大清刑法》在删除了与民国国体相抵触的条文后改名为《暂行新刑律》,作为民国时期的刑事基本法,直到 1928 年《中华民国刑法》施行才失效。

3.《中华民国刑法》

(1)旧刑法

民初沿用晚清之新刑律,既以"暂行"名之,说明这只是一时权宜之计,并非永久之规。北洋政府先后于 1914 和 1919 年对《暂行新刑律》根据时势和国际刑法的新发展进行了修订,有《修正刑律草案》和《刑法第二次修正案》的出台,但主要受制于国内政局,未能提交国会议决颁行。

到南京国民政府成立,司法院院长王宠惠鉴于"《刑法第二次修正案》既未颁行,而《暂行新刑律》施行以来,颇多疑义,其最滋口实者,则刑名用等级制,而法定刑期幅度又较大,法官援用时无一定标准,遂得自由裁量,任意出入,致有畸轻畸重之嫌。其他反乎各国法例,暨国内现情者亦颇不少。人类进化,犯罪事实亦日新月异,自非从新厘订,不足以示矜慎而昭明允"①,即将北洋时期的《刑法第二次修正案》详加研究,认为它大致妥善,在此基础上略予增损,编成《刑法草案》,提交国民政府和国民党中央常务委员会审查。国民党中央常务委员会将王宠惠的《刑法草案》及相关审查、修正意见等发交由谭延闿等五人组成的专门委员会审查。谭延闿等在审查后建议《中华民国刑法》于1928年3月10日公布,因《暂行新刑律》是孙中山在临时大总统任上于1912年3月10日公布的,十六年后革命初步告成,于同日同地公布刑法,足资纪念。该审查意见在国民党中央常务委员会获得通过,即函交国民政府于1928年3月10日公布,7月1日施行。此乃《中华民国刑法》。这部刑法又被称为"旧刑法"。因此时《刑事诉讼法》尚在审查中,来不及提前制定公布,而刑法和刑事诉讼法又有同时施行的必要,司法部于是通过国民政府呈请中央常务会议延期至1928年9月1日施行,获得批准。

此部刑法典计总则14章、分则34章,387条,内容基本上与《刑法第二次修正案》无太多差异。只是为适应国民政府的政策方针,略有更改,主要包括:(1)国民政府由委员组成,采用合议制,且因训政期间快结束、宪政时期就要开始,总统有无特别保护之必要,尚需进一步研究,故将《分则》中的"侵犯大总统罪"章删除;(2)删除无夫奸的罪刑规定。

(2)新刑法

"旧刑法"的体例和内容,与之前的《暂行新刑律》及历次修正案相比,已多有折中,但因立法过程太过仓促,且条文繁复,施行以后,流弊渐渐显露出来。例如在法律的适用上,各地法院援用条文有不少疑义,向司法院或最高法院请求解释的函电很多;又如在刑事政策方面,《暂行新刑律》原有"短期自由刑得因实行窒碍而易科罚金"的制度,但"旧刑法"却删除了这一条文,导致各监狱内轻微犯罪者人满为患。此外,"旧刑法"虽已实施,但各种特别刑事立法仍继续适用,如《暂行反革命治罪法》《危害民国紧急治罪法》等,使得"旧刑法"的很多条文被架空,从而有名无实。基于这种种考虑,国民政府于1931年12月组织"刑法起草委员会",再度草拟刑法修正案。委员会于1933年完成《刑法修正案初稿》,随即将之刊印千余册,分送各报馆、法学杂志社、大学法学院和律师公会等处,并咨送司法行政部发交各级法院,来征集各界对于《刑法修正案初稿》的批评与意见。1934年10月,"刑法起草委员会"历经百多次会议后,完成《刑法修正案》,呈报立法院。11月,立法院三读通过,议决于1935年1月1日公布。这就是《中华民国刑法》,又通称"新刑法"。②

该刑法分两编,总则编12章99条,分则编35章258条,共357条。该刑法与"旧刑法"沿袭之处甚多,但立法精神由客观之行为主义,渐渐倾向于主观之行为人主义,注重社会化的一般预防,尤注重于个别化的特别预防主义。如在总则中增加了保安处分章。该刑法体例简明,内容详尽,是近代中国刑事立法水平很高的一部刑法典。

---

① 谢振民:《中华民国立法史》(下册),中国政法大学出版社2000年版,第903页。
② 相关刑法典原文及内容简介,参考黄源盛纂辑:《晚清民国刑法史料辑注(1905—2010)》,台湾元照出版有限公司2010年版。

4. 刑事特别法

晚清民国除了刑法典之外,还有不少的刑事特别法。

这些刑事特别法,有的是要填补刑法典的漏洞,有的是对刑法典部分较抽象概括之条文具体化、细化。比如1920年北京政府颁行的《科刑标准条例》,就是针对《暂行新刑律》第311条"杀人者处死刑、无期徒刑或一等有期徒刑"之规定太过宽泛,赋予了法官太大的自由裁量权而制定的。它规定法官科刑时,应注意下述九个方面的事项:(1)犯罪之原因;(2)犯罪之目的;(3)犯罪时所受之刺激;(4)犯人之心术;(5)犯人与被害人平时之关系;(6)犯人之品行;(7)犯人知识之程度;(8)犯罪之结果;(9)犯罪后之态度。它明确规定杀人者处死刑必须有下列六种情形之一:(1)出于预谋者;(2)卑幼对旁系尊亲属而犯者;(3)肢解析割,或以其他残忍方法而犯者;(4)累犯本条之罪或俱发者;(5)意图便利犯他罪而犯者;(6)意图免犯罪之责任,或防护犯罪所得之利益而犯者。又如1914年袁世凯政府公布《官吏犯赃治罪法》,本中国固有从严治吏思想,特规定官吏犯枉法赃至500元以上者,处死刑;不枉法赃至1000元以上者,处无期徒刑;卷携公款潜逃至5000元以上者,处死刑。死刑得用枪毙,徒刑得遣赴新疆极边烟瘴之地。该法后随政局变动旋废旋复。到国民政府成立,关于是否要单独制定官吏贪赃罚则以整饬吏治,几经争议,立法院最终决定将刑法典内之渎职罪之处罚酌量加重,无再行制定制裁官吏特别刑法之必要。

此一时期,有的刑事特别法,是对特定种类的案件予以加重处罚,严重破坏了刑法典的统一适用,当政者借此行践踏人权、蹂躏法治之实。其著者如1914年袁世凯政府公布的《惩治盗匪法》及其《施行法》,规定得对强盗匪徒处以死刑,死刑得用枪毙,由此给地方官吏诬民为匪肆意杀人提供了便利。又如1928年国民政府公布的《暂行反革命治罪法》以及1930年赓续颁布的《危害民国紧急治罪法》。尤其是后者,处罚尤重,动辄科以死刑。它规定:以危害民国为目的而扰乱治安,私通外国或勾结叛徒图谋扰乱治安,或煽惑军人不守纪律,放弃职务,或与叛徒勾结者,均处死刑。以危害民国为目的而煽惑他人,扰乱治安,或与叛徒勾结,或以文字图画或演说为叛国之宣传者,均处死刑或无期徒刑。① 这是国民党维护一党专政野蛮统治的重要法律利器,多少忧国忧民的志士仁人被惨遭迫害乃至屠戮。至此,德国著名刑法学家李斯特(Franz von List,1851—1919)所谓"刑法既是善良人的大宪章,也是犯罪人的大宪章",何所云乎哉!

第二节　刑事法基本原则的变革

自晚清变法修律伊始,刑事法制开始了近代转型。在这个转型过程中,刑事法制的基本原则发生了重大变化。其要者,如确立了罪刑法定制度,废除比附援引;由绝对确定法定刑改变为相对确定法定刑,赋予了法官自由裁量权;逐步剔除刑事法中的家族主义因素;刑罚制度的变革等。

一、确立罪刑法定,废除比附援引

罪刑法定原则是西方近现代刑法的基本原则,其含义是"法无明文规定不为罪""法无明文规定不处罚"。一般认为,罪刑法定起源于1215年英王约翰签署的《大宪章》第39条的规

---

① 参考谢振民编著、张知本校订:《中华民国立法史》(下册),中国政法大学出版社2000年版,第944—962页。

定,"对于任何自由人,不依同一身份的适当的裁判或国家的法律,不得逮捕、监禁、剥夺领地、剥夺法的保护或放逐出境,不得采取任何方法使之破产,不得施加暴力,不得使其入狱"。这一规定强调了"适当法律程序"的重要性和必要性。1810年《法国刑法典》第4条首先将罪刑法定原则写入刑法典,它规定:"没有在犯罪行为时以明文规定刑罚的法律,对任何人不得处以违警罪、轻罪和重罪。"其意义在于将罪刑法定原则从宪法中的宣言式规定转变为刑法中实体性规定。受其影响,大陆法系国家刑法典基本都有罪刑法定之规定。罪刑法定主义的形成,催生了现代意义的法治(Rule of Law)概念。英国宪法学家戴雪(Albert Venn Dicey,1835—1922)在1885年初版的《英宪精义》中提出的第一个法治原则就是罪刑法定,在他看来,没有罪刑法定,就不可能有法治。[①] 清廷变法改制所要模范的诸列强,当时都奉行罪刑法定主义,并认为实行罪刑法定原则是法律近代化之必需。清廷要预备立宪,要收回领事裁判权,进行变法修律,自要确立罪刑法定原则。

比附援引是帝制中国一项重要的司法制度,与"断罪引律令"密切相关。"断罪引律令"主要是皇帝为规范各级司法官员的擅断而逐步发展起来,乃"治吏"思想在制度层面上的落实,客观上促进了司法质量的提升。但法条有限,当"律无正条"以恰当裁断当下案件之时,司法官则需在援引其他律条的基础上处以定罪之有无和量刑之轻重,此为比附援引制度。在帝制中国客观具体化的立法方式之下,比附的适用几率较高。为了防止该制度被滥用和保证皇帝集权的需要,比附案件在明清两朝需"议定奏闻",得到皇帝的认可方为合法。帝制司法是要在援引适当法条的基础上实现个案公正,故一般而言比附援引是在"法无正条"的情况下为保证具体案件"情罪允协"所运用的一种法律发现和运用技术,与"断罪引律令"一起共同构成传统法制的一体两面,是皇帝兼治吏民的重要法律手段:"断罪引律令"重在"治吏",是司法审判中的常态;"比附援引"重在"治民",在司法审判中居于辅助补充地位。[②] 随着晚清以"西化"为导向的法律改革逐步展开,《大清新刑律草案》(以下简称《新刑律》)正式出台,刑律主旨发生了变化:传统律法主要是对臣民强调皇权,重在维护秩序;新刑法主要是对官吏强调民权,重在权利保障,故《新刑律》确立了西式罪刑法定原则,废除了比附援引制度。《新刑律》第十条规定:"凡律例无正条者,不论何种行为不得为罪",其立法理由是:

> 本条所以示一切犯罪须有正条乃为成立,即刑律不准比附援引之大原则也。凡刑律于正条之行为若许比附援引及类似之解释者,其弊有三:第一,司法之审判官得以己意,于律无正条之行为比附类似之条文致人于罚,是非司法官,直立法官矣。司法、立法混而为一,非立宪国之所应有也。第二,法者,与民共信之物,律有明文,乃知应为与不应为。若刑律之外,参以官吏之意见,则民将无所适从。以律无明文之事,忽援类似之罚,是何异于以机阱杀人也!第三,人心不同,亦如其面。若许审判官得据类似之例,科人以刑,即可恣意出入人罪,刑事裁判难期统一也。因此三弊,故今惟英国视习惯法与成文法为有同等效力,此外,欧美及日本各国,无不以比附援引为例禁者,本案故采此主义,不复袭用旧例。[③]

比附援引制度毕竟在帝制中国施行了五六百年甚至上千年之久,一旦宣示废除,自然引

[①] 参考张明楷:《刑法学》(第四版),法律出版社2011年版,第50页。
[②] 参见李启成、李贵连:《帝制法治的两面——"断罪引律令"与比附援引制度的思想基础》,载《清华法学》2012年第6期。
[③] 修订法律馆纂:《大清刑律草案》,1907年铅印本,"总则",第19—20页。

起巨大的争议,成为晚清礼法之争的重要题目。支持废除者多为修律主事者、聘请的日本顾问以及法政新青年,反对者多为传统士绅和官僚。支持论者的主要根据是社会进化论和新政改革的政治考量。在他们看来,人类法律的发展规律是从原始走向科学,它在立法上的表现是从具体到抽象。既然要抽象,建立在具体立法基础上的比附援引自然就过时,应予以废除。支持论者还大打政治牌,将废除比附援引、确立罪刑法定与"立宪""收回领事裁判权"这个政治大局紧密挂钩,甚至等同起来,给反对者制造了一个不得不就范之势:在专制政体下,无所谓权力分立,比附援引自然不是什么大问题;现在既已预备立宪,将来还要推行正式君宪,权力分立这个原则是区分立宪与专制的根本点,如还要比附援引,则明显违背权力分立原则,是假立宪,要退回到君主专制时代。欧美各文明国现在基本没有实行比附援引制度,其刑事立法都正面肯认了罪刑法定原则,既要收回领事裁判权,就要采纳罪刑法定,与文明国接轨。总之,支持论者重点阐释了作为普遍唯一真理的法律进化理论,为废除比附援引、确立罪刑法定找到了知识上的根据,确立了心理优势,更牢固占领了预备立宪这个政治大局,肯定比附援引制度是司法兼立法,不符合立宪所要求的权力分立这一根本原则,妨碍收回领事裁判权,从而宣判了比附援引制度的"死刑"。在承认这两个大前提之下,支持论者才转而肯定反对论者对法官量刑的担心,才提出发展法律教育、培养合格的司法审判人才、编辑判决例等具体举措。由此,支持论者遂从强大的反对浪潮中突围,最终将废除比附援引、确立罪刑法定写入了新式刑法典中,为中国刑事法近代化奠定了最牢固的一块基石。尽管在整个近代中国,罪刑法定原则在刑事法发展历程中并非一帆风顺,但这些曲折改变不了罪刑法定原则所昭示的刑事法近代化这个大方向。①

二、相对确定法定刑与法官自由裁量权的行使

考诸欧洲刑法史,从古代到近代,经历了从绝对确定法定刑到相对确定法定刑的演进。无论是罗马早期的"十二铜表法"还是公元前二世纪的诉讼程序,均只科处或不科处法律规定的不可改变的刑罚;直到帝国时期,才赋予法官根据具体案件的不同情况裁量刑罚的权限。中世纪的德国也有类似演进。在赋予法官自由裁量权的初期,既没有关于量刑的明确法律规定,又缺乏关于量刑的科学原则,司法陷入极度专断中。这种情况受到启蒙思想家的竭力反对。随着量刑经验的积累和理论的发展,到19世纪,刑事立法中的相对确定刑罚制度(即为某种犯罪规定了刑罚的最低限和最高限)取得了胜利。既要确立罪刑法定制度,刑事立法就要相对抽象,取相对确定法定刑制度。

帝制中国的法制是皇帝为严格"治吏"以达到"吏治"目的服务的,既要严格"治吏",当然要采取绝对确定法定刑,不能赋予各级司法官员以自由裁量权。以《大清律例》为例,律例每条都定有绝对明确的处罚,如"谋杀人"律第一款规定:"凡谋[或谋诸心或谋诸人]杀人,造意者斩[监候],从而加功者绞[监候],不加功者杖一百、流三千里。"②有的条款有加几等、减几等之具体规定,主要是为了律例文字表述的精简。如"滥设官吏"条规定:"凡内外各衙门官有额定员数,而多添设者,当该官吏[指典选者]一人杖一百,每三人加一等,罪止杖一百、徒三年。"③假设某官员滥设官员7人,则处罚为杖一百,加二等。且加减方法亦有完全确定的

---

① 参见李启成:《清末比附援引与罪刑法定存废之争——以〈刑律草案签注〉为中心》,载《中国社会科学》2013年第11期。
② 田涛等点校:《大清律例》,法律出版社1998年版,第420页。
③ 同上书,第144页。

规定。《大清律例》有"加减罪例"律条,按照其规定,某种犯罪之处罚,经加减之后,结果依然是完全确定的。① 正因每个条款的刑罚完全确定,所以清律自雍正朝开始,为了便利司法官查找科刑,有《大清律总类》之编纂,即按笞杖徒流死五种刑名,将各种应得刑罚之罪行分别归门入类。乾隆五年颁行的《大清律例》卷40—47即为这种编排方式的"总类"。如前面的例子,杖一百加二等,其处罚为杖七十、徒一年半。这种绝对确定刑的好处是皇帝能控制各级司法官员,达到"主者守文"之效果。大凡一种制度,有其利必有其弊。如有多种制度可供立法者选择,立法者选择何种制度,端赖其利弊权衡。绝对确定刑之好处在此,弊端亦显然,最显著者为罪行多为具体,难以归纳抽象,否则即破坏罪刑均衡的规律,处罚有失公正。这样一来,律例条文难免失于繁琐,且其规范对象有限;表现在"在适用上不无窒碍,不能切合实际。故要用各种方法,对律文与以弹性。"②轻重相举、比附援引等制度即因此而生。所以,比附援引的主要功能不在类推适用以扩大罪的范围,而是保证具体案件的"情罪允协",即通过比附某条律例,以确定当前案件罪犯的具体刑罚。换句话说,与其说比附援引是破坏罪刑法定的类推解释,不如说是帝制中国一种特殊的寻求罪刑均衡的法律发现和运用技术。

在实行绝对确定法定刑的情况下,法官没有刑罚裁量权,只是消极地适用法定刑。到了实行相对确定法定刑之时,法官被赋予了自由裁量权,即根据犯罪事实及犯罪人的个人情状斟酌确定宣告刑。③ 在晚清,以绝对确定刑为前提的比附援引被废除,罪刑法定取而代之,按照通例,采取了相对确定刑,正式赋予各级法官以自由裁量权。如何规范法官恰当行使这个裁量权就成为一重要问题。在晚清礼法论争当时,支持论者本来肯定了反对论者对法官量刑的担心,提出发展法律教育、培养合格的司法审判人才、编辑判决例等具体举措。编辑判决例或者颁布成文规定,以限制司法官在量刑中上下其手,在一个初行罪刑法定制度的后发国家,应有其绝对必要性。

民国的法曹虽没有把这个问题解决好,但逐渐意识到这个问题的严重性,很是做了一些努力。在晚清,编辑判决例都只停留在口头上。到民初,对《钦定大清刑律》稍事删改而成的民国《暂行新刑律》,一罪之法定刑范围多定在三等之间,法官得在三等的范围内自由决定宣告的刑等。1915年的《修正刑法草案》,除死刑或有兼及无期徒刑者外,余概只规定一等之法定刑,大大限制了法官的裁量权。1918年的《刑法第二次修正案》废除有期徒刑五等制,改于"分则"各罪中明定有期徒刑之年月,加减刑时也以几分之几为标准,将其具体化;设置减刑专条,具体罗列科刑时应行注意之事项。这都是在限制法官的裁量权。1928年《中华民国刑法》沿袭了此种限制。1935年的《中华民国刑法》第八章"刑之酌科及加减"共17条,全是为了规范法官如何行使自由裁量权。④

---

① "加减罪例"条规定:"凡称'加'者,就本罪上加重[谓如人犯笞四十,加一等,即坐笞五十。或犯杖一百,加一等,则加徒杖,即坐杖六十、徒一年。或犯杖六十、徒一年,加一等,即坐杖七十、徒一年半。或犯杖一百、徒三年,加一等,即坐杖一百、流二千里。或犯杖一百、流二千里,加一等,即坐杖一百、流二千五百里之类]。称'减'者,就本罪上减轻[谓如人犯笞五十,减一等,即坐笞四十。或犯杖六十、徒一年,减一等,即坐杖一百。或犯杖一百、徒三年,减一等,即坐杖九十、徒二年半之类]。惟二死、三流各同为一减[二死谓绞、斩,三流谓流二千里、二千五百里、三千里,各同为一减。如犯死罪减一等,即坐徒三千;减二等,即坐徒三年。犯流三千里者,减一等亦坐徒三年]。加者,数满乃坐[谓如赃加至四十两纵至三十九两九钱九分虽少一分亦不得科四十两罪之类]。又加罪止于杖一百、流三千里,不得加至于死。本条加入死者,依本条[加入绞者不加至斩]。"(田涛等点校:《大清律例》,法律出版社1998年版,第123页。)
② 戴炎辉:《中国法制史》,台湾三民书局1966年版,第22页。
③ 参考陈兴良:《本体刑法学》,商务印书馆2001年版,第749页。
④ 参见黄源盛纂辑:《晚清民国刑法史料辑注》,台湾元照出版有限公司2010年版,第515—516、611、911、1102—1104页。

由晚清确立相对确定法定刑、放弃绝对确定刑、废除与之相关的比附援引制度、赋予法官较大的量刑空间。这是刑事法近代化过程中的巨大制度变革,代表了刑事法的发展方向。这一历程同时也给后来者以这样的启发:第一,废除旧制度确立新制度,要有学理辨析。没有学理辨析,旧的容易还魂,新的很难扎根。晚清废除比附援引制度,论辩双方都没有学理辨析,没能将该制度与君主专制之间的关系进行有效的清厘。对帝制时代所以要比附,君主立宪时代所以要删除比附,没有理论解释。导致纸面上的比附援引制度得以废除,但其所承载的功能会以其他新的制度形式复活,这种复活的新制度可能还更糟糕。第二,对于所要废除的旧制度和所确立的新制度,不能仅关注制度的文本内容,还要观察到该制度在其社会所发挥的功能。如废除比附援引,就应注意到比附援引在帝制中国所发挥的情罪均衡功能。时至今日中国,如何保证法官对具体案件在法定刑范围内妥当量刑,将罪刑法定主义所要求的保障人权落到实处,有效防止司法官滥用裁量权而出现畸轻畸重之弊,仍是个待克服的大问题。在罪刑法定确立以后,法官在量刑方面的妥当行使自由裁量权,也是要将情罪均衡原则落到实处。故经上千年的比附援引制度运作过程中所积累的经验教训就值得留意。立法者和司法者不要仅将眼光完全聚焦于政治大局和抽象理论,而应对社会现实、具体细节、传统经验教训有充足的调查和研究,因任何卓有成效的改革必须以可靠的知识为起点。

三、逐步剔除刑法中的家族主义因素

帝制中国的刑法具有浓厚的家族主义特征。刑法本于人伦,人伦则以夫妻、父子、兄弟间的伦理推及于国家社会,刑法自然要对君、亲、官、师等予以特别保护,故特别强调名分。据此,有学者讲:"旧律常以行为人有一定身分为犯罪之构成要件……反面则以一定的身分为'人的处罚阻却事由',尤常以一定的身分加减其刑……身分不但为犯罪的主客体,且为情况,对犯罪的成否与刑的加减,亦有所影响。"[①]这种对名分的强调,反映在家族领域,即通常所说的"准五服以治罪"。换句话说,刑法的惩罚对象,就不仅仅是行为,同时涉及行为人的身份。因行为人身份的不同,其罪行和惩罚有别。

自从晚清变法制定《大清新刑律》开始,刑法在一般情况下只处罚其行为,采取了与行为人的身份了不相涉的平等原则。这样,就将中国人视为极端重要的家族主义从刑法上大部分予以剔除。但这在当时,并不能为大多数中国人所认同。晚清围绕《新刑律草案》爆发了激烈的礼法之争。它涉及11个争论问题:干名犯义、犯罪存留养亲、亲属相奸、亲属相盗、亲属相殴、故杀子孙、杀有服卑幼、妻殴夫夫殴妻、发冢、犯奸(重点在和奸无夫妇女上)和子孙违犯教令,全部都跟亲族有关。当时争论的结果,双方互有胜败,总的来说,较之旧律,新刑律的家族主义色彩大为减弱。按照杨度在资政院对新刑律主旨的介绍所说,"《新刑律》乃采用国家主义,对于家族主义以减少为宗旨",只是要照顾此预备立宪期内反对的舆论,才在《新刑律》正文后附加了以家族主义为宗旨的《暂行章程》5条。既是"暂行",当然要在正式立宪时予以废除。[②] 进入民国后,整个社会对家族主义的批判越来越激烈,五四前后形成高峰,刑法亦不能自外于此种社会风习之外。民国刑法继续朝着否定家族主义的方向继续前进,诚蔡枢衡所指出:"中国当时接受西洋近代的和现代的新法律,算是反沈家本派的国情论失败的表现,也是沈家本派的政策论胜利的记录。三十年来的中国法律、法学和法学人士,

---

① 戴炎辉:《中国法制史》,台湾三民书局1966年版,第33页。
② 《资政院议场会议速记录》,李启成点校,上海三联书店2011年版,第305—308页。

大体上都是这种胜利记录的继承和维护者。"①整个法律和法学都是如此,刑法和刑法学自不能例外。

到三十年代,因国民政府成立,民族主义高涨,反映在法律领域,即倡导要建设中华法系。故中华民国刑法还保留了一些条款,使得固有的家族主义刑法条文不致丧失殆尽。如国府委员伍朝枢、最高法院院长徐元诰和著名法学家王宠惠在审查旧刑法草案时,指出该草案"审酌国内民情,亲等之计算法与服制图大致适合,为旧日习惯所公认。至第283条、第289条杀旁系尊亲属者死刑、无期徒刑,同谋者处5年以上、12年以下有期徒刑……就吾国一般民众心理言之,尤有规定之必要"。②

总之,自晚清变法修律模范列强开始,中国的刑法就在不断与国际接轨,固有刑事法制的家族主义因素被逐步剔除,当然不排除有些残留。其最著者是固有的男女有别、尊卑殊刑几乎完全被男女平等、同罪同罚所取代。

四、刑罚制度的变革

科学合理的刑罚体系之确立,有利于刑罚目的之实现。科学合理刑罚体系的标准是什么呢?大致而言,刑种数量和宽严适度,各刑种之间能够很好地衔接。自隋唐已降,帝制中国的刑法将笞杖徒流死五刑定为常刑,直到明清,都没什么大变化。这个刑罚体系,在帝制中国,就是一个科学合理的刑罚体系。降及晚清,因社会巨变,全国交通日渐便利,流刑作为仅次于死刑的刑种,已逐渐不能起到原先的效果,刑罚体系的变革势在必行。到晚清变法修律前后,因应社会情势之巨变以及刑罚目的指导思想观念的变革,晚清修律者将刑罚分为主刑和从刑,主刑有死刑(不再分斩、绞两等,一律为绞)、徒刑(分无期徒刑和有期徒刑,有期徒刑分为五等:一等有期徒刑10—15年,二等有期徒刑5—10年,三等有期徒刑3—5年,四等有期徒刑1—3年,五等有期徒刑1月—1年)、拘留(1日—1月)和罚金(银1钱以上)四种,从刑分褫夺公权和没收。沈家本在1907年的《修订法律大臣沈奏修订刑律草案告成折》中是这样阐述《新刑律》"更定刑名"之理由的:

> 自隋开皇定律,以笞、杖、徒、流、死为五刑,历唐,至今因之。即泰西各国初亦未能逾此范围。迄今交通日便,流刑渐失其效,仅俄、法二国行之,至笞、杖,亦惟英、丹留为惩戒儿童之具。故各国刑法,死刑之次,自由刑、罚金居其多数。自由刑之名称,大致为惩役、禁锢、拘留三种。中国三流外,有充军、外遣二项,近数十年以来,此等人犯逃亡者,十居七八,安置既毫无生计,隐匿复虑滋事端,历来议者,百计图维,迄无良策。事穷则变,亦情势之自然……兹拟改刑名为死刑、徒刑、拘留、罚金四种。③

在民国时期,刑罚体系在细节上有所变更,但大端已确立,这即奠定了刑罚体系近代化之基础。

---

① 蔡枢衡:《中国法律理自觉的发展》,清华大学出版社2005年版,第31页。
② 参见谢振民编著、张知本校订:《中华民国立法史》(下册),中国政法大学出版社2000年版,第904页。
③ 故宫博物院明清档案部编:《清末筹备立宪档案史料》(下册),中华书局1979年版,第846—847页。

1. 在中国刑法近代化历程中，《大清新刑律》有何种之地位？
2. 举例说明近代刑法变革中家族主义因素被逐步剔除。
3. 近代中国采纳了相对确定法定刑的刑事立法后，曾采取了何种措施来规范法官的量刑？其利弊得失为何？

参考阅读材料

三十年来中国刑法之辩证法的发展（节选）

一、简要的回顾

一八四二年鸦片战争的结果，中国历史展开了一个新时代。九十年来的中国史成了世界史的一部分；社会构造成了世界社会构造之一环。于是在以自成体系自豪的中国法系亦排演上了欧美法系侵入之一幕。

在大陆法思想之影响最初产生的中国刑法，自然要推《大清新刑律》。《大清新刑律》之产生在中国刑法史上是一个大关键。它是威吓时代与博爱时代的分水岭。《大清新刑律》以前之刑法是拥护宗法保护君权的壁垒；《大清新刑律》以后的中国刑法则为保护人权之宪章。故《大清新刑律》以来之中国刑法史即是中国近代式的刑法之发展史……

三、《大清新刑律》对于西洋新原则的采用

中国之踏进产业革命的历史阶段是鸦片战争以后的事情。产业革命之历史的意义是封建社会的生产力之发展突破了封建的生产关系的桎梏。换言之，第三阶级推翻封建势力，使资本主义的生产关系得尽情发展。自由、平等、博爱等口号是封建组织的催命符，同时是建设资本主义的要素；第三阶级曾用为打倒封建组织的武器，同时又用为自己建设之指南针。故第三阶级取得政权后之社会下层基础及上层建筑，无不以自由化、平等化为其特色。这样，适应封建组织的上层构造遂不能不发展成为被否定之对象。因此《大清新刑律》遂带着否定《大清现行刑律》以及《大清律例》的性质而出现。

第三阶级革命的第一个口号是自由。自由主义表现于刑法便成了罪刑法定主义。《大清现行刑律》以及《大清律例》中的罪刑擅断主义，就是这样被《大清新刑律》中的罪刑法定主义否定掉了。《大清新刑律》第十条曰："法律无正条者，不问何种行为不为罪。"又第一条曰："本律于凡犯罪在本律颁行以后者适用之。"此二条规定之精神与《大清现行刑律》中的"不应为"律及"断罪无正条"之规定恰恰相反。擅断的精神由是排斥罄尽。《'大清新刑律'理由书》并举罪刑擅断主义之三害，以为采用罪刑法定主义之根据，曰："第一，司法之审判官得以己意于法律无正条之行为比附类似之条文致人于罚，是非司法官，直立法官矣。司法立法混杂，非立宪国之所应有也。第二，法者与民共信之物，律有明文乃知应为与不应为。若法律之外参以官吏之意见，则民将无所适从。以律无明文之事忽援类似之罚，是何异于设机窜杀人也！第三，人心不同各如其面，若许审判官得据类似之例，即可恣意出入人罪，刑事裁刑判难期统一也。"此三大理由，一言以蔽之，不外自由主义、民主主义的精神之表现。

《大清现行刑律》中的罪刑擅断主义之根本的否定，虽待《大清新刑律》之产生而表现，可

是罪刑擅断主义自身之矛盾早已与罪刑擅断主义同时并存于《大清现行刑律》中,这足不容忽视的。《大清现行刑律》"断罪无正条"曰:"凡律令该载不尽事理,若断罪无正条者,引律比附,应加应减,定拟罪名,议定奏闻;若辄决断,致罪有出入,以故失论。"可见当时一面准许比附援引,同时又附以相当条件禁止下级司法官之擅断;仅使之负担比拟之义务,而并未赋与完全权限。这在罪刑擅断主义本身不能不算是一种矛盾。论罪科刑之标准,由取决于法律与上司二者变为完全取决于法律明文,是一种进化,同时也是一种矛盾之统一。

第三阶级革命的第二个口号是平等。平等是身份差别的反面。平等精神表现于刑法便成了罪刑等价主义。罪刑等价主义是《大清现行刑律》中的罪刑差别主义之否定。《大清现行刑律》中因身份而差别其罪刑之现象不复见于《大清新刑律》。《大清新刑律》中决定罪刑大小轻重之原则,与各资本主义国家之刑法同样,是行为,不是身份。行为成为刑律上决定罪刑之标准是第三阶级推翻身份关系的表现,同时含有法律之前人人平等思想及个人主义思想之意义。法部大臣廷杰修正刑律草案告成奏折中有曰:"……立宪之国专以保护臣民权利为主。现行刑律于阶级之间,如品官制使良贱奴仆,区别最深。殊不知富贵贫贱品类不能强之使齐,第同隶骈幪,权由天畀,于法律实不应有厚薄之殊……"以人权天赋为理由主张废除法律上的身份差别,正是产业资本主义的刑法意识向封建的刑法意识进攻之表现。《大清现行刑律》中的罪刑差别主义就是这样被否定了。

在以罪刑等价主义为骨干的《大清新刑律》中,奴犯主与主犯奴的对称名词固然是找不着了,家长犯家族与家族犯家长原则上也是同样待遇的。伤害或杀害尊亲属虽然成为加重刑罚之条件,然这种历史的遗产只是例外的现象,毫无妨于罪刑等价主义之确立。《大清新刑律》中关于正当防卫之对象未列尊亲属为例外,尤足证明新刑律中平等精神之彻底……

四、《大清新刑律》中宗法意识的遗存

中国产业革命之原因不是由于科学发达及生产工具改良,而是帝国主义向外开拓市场之结果。换言之,中国产业革命之原因是外来的不是内在的;产业革命之需要是被动的不是自动的。因为不是自动的,故产业革命之顺序与一般资本主义国家不同。上层建筑之改造与下层基础间之因果关系,亦与一般由下层推动上层的情形有异。因为是被动的,故社会下层基础以及上层建筑变革之发生及发展,非着眼于外力压迫一点不能作合理的说明。

产业革命的一般顺序是由科学进步与机械发明进到生产进步与工商业发达,再发展为国外贸易的发达与帝国主义的形成。科学进步之结果,机械随着也进步;因之生产进步,工业发达,商业发达。最后更发生了过剩资本及过剩商品的容纳及推销问题。于是扩充海军,制造武器,以大炮为后盾去找寻殖民地。中国的门户就是这样被炮打开了的。

中国之有近代式的工业创始于官营之军需工业及重工业。官营工业之目的是想用武力抵抗帝国主义的侵略;武力抵抗政策失败了便转变成为商业抵抗;商战失败之后才想用学术来救国。这种过程可以说完全是倒果为因。其所以倒果为因乃由于产业革命之芽并非萌在自己的社会经济中;换言之,中国当时的社会经济中并未孕育着产业革命之原素。故其上层建筑之改造亦并非民族的生产力发展之结果。

最初经营近代式工业的是官而不是民。官营工业虽亦沾染上产业革命之性质,可是对内并未含有第三阶级抬头之意义。于此意义,上层建筑之改造亦非民族资产阶级要求之结果。社会中坚阶级之所以不要求改造上层建筑,乃因为缺乏物质的基础;换言之,当时社会之中坚阶级并不需要改造上层建筑,仅需要维持其旧有的上层建筑。观夫《大清新刑律》之产生遭遇强烈之反对即可知之。《大清新刑律》时代,整个刑法保留着封建的宗法的意识形态,要亦职是之故。

宗法的意识形态之继承,第一可于正当防卫规定不适用于尊亲属之限制见之。这是《大清新刑律暂行章程》第五条所规定的,文曰:"对尊亲属有犯,不得适用正当防卫之例。"这一规定使卑亲属对于尊亲属之不正当侵害,除了无条件容受别无良策。在资本主义社会中,尊亲属对于卑属的无上权威是要为卑属的市民权及人格权所扬弃的。《大清新刑律》本身关于规定正当防卫(第十五条),仅曰:"对于现在不正之侵害而出于防卫自己或他人之行为不为罪;但防卫行为过当者,得减本刑一等或三等。"并未指出任何人为例外。在《大清新刑律》中,尊亲属对于卑属之侵害,须以正当为要件,并须不超出第十四条"依法令或正当业务之行为,或不背公共秩序,良善风俗习惯之行为不为罪"规定之范围。在这二条规定中,尊亲属对于卑属的权力及身份是常人化了的;这正是资本主义个人主义社会的意识形态。只为有了《暂行章程》第五条之规定,正表示个人主义的意识还得在宗法的意识之前俯首称臣。

继承宗法的意识形态,第二可于无夫通奸一点见之。无夫通奸之处罚原是尊尊亲亲、男女有别的宗法礼教当然的产物。《大清新刑律暂行章程》第四条:"犯第二九八条之罪为无夫妇女者,处五等以下有期徒刑,拘役,或百元以下罚金。其相奸者亦同。"这正是宗法社会的意识形态之表现。然《大清新刑律》本身并未规定无夫通奸之罪名,换言之,固未接受尊尊亲亲、男女有别的宗法意识也。

尊尊亲亲、男女有别的宗法意识,对于资本主义的生产组织,不但无益,而且有害。资本主义的生产需要自由的职工——尤其欢迎廉价的女工。自由的廉价的职工之需要使女子必然地参加社会的生产。参加生产的结果,一面获得生活的技能及某种程度的经济独立,同时自觉了自己的人格。这一自觉与成为资本主义发展原素的自由主义相结合,便形成了男女平等及性的行为自由之意识。可是中国的上层建筑之改造并非基因于下层基础之发展,因之男女平等及性的自由之意识尚未形成,不罚无夫奸的资本主义刑法意识当然不为宗法社会所承认⋯⋯

要之,《大清新刑律》中之重要原则都是崭新的,对于旧律中的诸原则大都带有否定的性质。可是被否定了的旧的原则中,有的用特殊的形式维持着存在,有的用例外的形式形成了一种矛盾的对立⋯⋯

综观上述,三十年来的中国刑法,从静的观点看是对立的存在,从动的观点看是矛盾的发展。对立中的矛盾及发展中的矛盾都是复合而错综的,而成为矛盾之中心枢轴的是罪刑等价主义、罪刑法定主义。

(选自蔡枢衡:《中国法理自觉的发展》,清华大学出版社 2005 年版,第 262—267 页。)

第十五讲

近代中国的私法

与公法相对,私法是规范私权关系的法律。私权,以人格权和财产权为中心,"人格平等"和"私有财产神圣不可侵犯"是西方近代私法最核心的思想理念,影响到相关法规范的制定。私法包含民商法和附属法规。在西方大陆法系,因为历史的原因,法国和德国采取了民商分离模式,在民法典之外专门制定了商法典;到20世纪初,瑞士民法典采纳了民商合一原则,影响很大。清末的民商立法模仿日本,取民商分立原则。到国民政府制定《中华民国民法》,经慎重考虑后,采纳了民商合一原则。晚清变法修律从商法起步,且近代中国有众多商事立法成果,故本讲内容,以民事法制为主,兼及商事法制。

第一节 近代中国的民事立法

一、《大清民律草案》

晚清变法修律初期,修律者将重心放在了刑法改革上面。到1907年4月,民政部向朝廷上奏,强调刑、民分别立法的必要性,建议单独厘定民律,自此制定民法典才被正式提上日程。① 10月修订法律馆聘请日本大审院判事松冈义正为顾问,招聘欧美、日本留学生,预备起草民律草案,并选派馆员分赴各省调查民俗习惯。在依据调查资料和各省送上来的相关报告基础上,"或本诸经义、或参诸道德、或取诸现行法制"②,并参照德国、瑞士和日本等国的立法条文和判决成例,于1910年冬,撰写出草案。1911年10月由修律大臣俞廉三将前三编奏呈清廷。亲属和继承两编,因其内容与礼教关系更密切,鉴于礼法之争的激烈,朝廷多次谕令修订法律馆会同礼学馆订立。但因内阁改制,礼学馆不久即不复存在,故这两编基本还是修订法律馆原案。

《大清民律》草案遵循了四个原则:注重世界最普通之法则;原本后出最精确之法理;求最适于中国民情之法则;期于改进上最有利益之法则。该草案借鉴了日本明治民法典,分总

---

① "民政部奏请速定民律"奏折略云:"各国民法编制各殊,而要旨闳纲,大略相似。举其荦荦大者,如物权法定财产之主权,债权法坚交际之信义,亲族法明伦类之关系,相续法杜继承之纷争,靡不缕晰条分,著为定律。临事有率由之准,判决无疑似之文。政通民和,职由于此……推行民政,激究本原,尤必速定民律,而后良法美意,乃得以挈领提纲,不至无所措手。拟请饬下修律大臣,斟酌中土人情政俗,参照各国政法,厘定民律,会同臣部奏准颁行,实为图治之要。得旨:如所议行。"《中华民国民法制定史料汇编》(上册),"司法行政部"1976年印行,第183—184页。

② "法律馆民律前三编纂纂大意",载《中华民国暂行民律草案》,新华书局1912年印;转引自杨一凡主编:《中国法制史概要》,中国社会科学出版社2014年版,第316页。

则、债权、物权、亲属和继承五编,共1569条。前三编尽管对中国固有习惯和礼俗有所参酌,但很不够,主要是以日本1896年公布的民法为蓝本,同时对德国、瑞士的民法有所参考,采纳了私有财产神圣不可侵犯、契约自由、过失致人损害应予赔偿等近代民法基本原则,规定了一些最新之制度,如法人制度等。后两编(亲属和继承)虽也采纳了一些西方新制,但更注重的是中国固有的礼教民俗,如亲属编的家属主义原则,继承编的继承权不得抛弃原则等。①

该草案在清末没能经资政院议决,更没有颁布实施,但它是我国历史上第一部民法草案,对中国民法近代化具有开创之功。进入民国后,临时大总统袁世凯提请参议院将清末各项法律草案暂时加以援用,但参议院认为:"民律草案,前清时并未宣布,无从援用。嗣后凡关民事案件,应仍照前清现行律中规定各条办理。"②故《大清民律》草案始终停留在草案层面,没有生效施行过,但对中华民国的民事法制还是产生了较大影响。比如清末民初有司法官在审断民事案件时,当法无明文且缺乏相应习惯时,即将《大清民律草案》相关条文当作"法理"或"条理"来加以援用。

二、《现行律》"民事有效部分"

在晚清变法修律的过程中,为了适应预备立宪之大局,在分别民刑的法律思想主导下,修律人员决定修改《大清现行律例》中的"户婚田土"等属于"民事"范围内的条款,予以去刑化。这些条款在民初被汇辑到一起即构成了《现行律》"民事有效部分"。虽民国临时政府肯定了民刑分立原则,但认为清末改革者起草的《大清民律草案》与当时的社会情势有很大差距,并未直接采用它,而是由各级法院在裁判民事案件时适用《现行律》"民事有效部分"。

这里就存在一个问题:为什么民国政府在刑事上采纳了新式的模仿西方的法典,而在民事上却援用旧法呢?其理由在于民初社会仍然保留着太多的传统因子,而民法又与社会实际生活接触最为紧密,至少和刑法相比较是如此。至于《大清民律草案》,民初统治者认为全新且不相同的新法典未经试用,而经过修改的旧律更多的考虑了中国的现实。允许有这么一段过渡期,由作为最高法院的大理院根据社会的反馈之后再颁布民国的新民法典更为稳妥。大理院明确指出:"前清现行律关于民事各件除与国体及嗣后颁行成文法相抵之部分外,仍应继续有效。至前清现行律虽名为《现行刑律》,而除刑事部分外,关于民商事之规定,仍属不少,自不能以名称为刑律之故,即误会其已废。"③大理院以判例和解释例,进一步确认并明确了"现行律民事有效部分"的内容范围,通过法律解释、类推适用和假借等方式,保证了其在民初司法实践中的正常适用;经由法律概念的对接、民法理论的融合和权利观念的渗透,实现了对"现行律民事有效部分"的创新。④ 使得它一直作为民国的"实质民法"或"民法实体法",直到1929年《中华民国民法》的出台。

---

① 关于《大清民律草案》之具体条文及其立法理由,可参见《中华民国民法制定史料汇编》(上册),"司法行政部"1976年印行,第243—1017页。
② 《参议院咨》,载《中华民国民法制定史料汇编》(下册),"司法行政部"1976年印行,第2页。
③ 《大理院判决例三年上字第三〇四号》,载郭卫编辑:《大理院判决例全书》,台湾成文出版社有限公司1972年版,第29页。
④ 参考段晓彦:《〈大清现行刑律〉与民初民事法源——大理院对"现行律民事有效部分"的适用》,载《法学研究》2013年第5期。据作者根据黄源盛纂辑的《大理院民事判例辑存》全11册中的资料统计,大理院适用"现行律民事有效部分"形成的判例有443例,大多数门类和条文都被适用过,且有些条文被一再援用。

三、《中华民国民法》

《大清民律草案》未能为民初政府颁行采用，但它成立了专门的法律编修机构（先是法律编查会，1918年改为修订法律馆），经仔细参酌《大清民律草案》，进一步调查各省民商事习惯，参照各国最新立法例，于1925—1926年间完成了民法各编草案，这是"民律第二次草案"。该草案同《大清民律草案》相比，其主要区别在于：总则和物权编变动很少；债权编改为债编，采纳了瑞士债务法的一些规定；亲属、继承两编加入了《现行律》"民事有效部分"及历年的大理院判解之内容。该草案编成后，适值"北京政变"发生，法统被废弃，国会一直未能恢复和召集，故它没机会成为正式民法典，但司法部曾通令各级法院将之作为事理予以援用。

国民政府建立后，感民法制定施行之重要，于1928年成立了民法起草委员会。按照这一时期的立法程序，在法律案提出后，由中央政治会议确定立法原则，接着由立法院审议，最后由国民政府公布。《中华民国民法》共分为总则编、债编、物权编、亲属编及继承编五编；其中总则、债以及物权编由于规范了人民最基本的财产关系而被合称为财产法，亲属和继承编则被称为家族法或身份法。民法总则编于1929年5月23日公布，自同年10月10日施行；债编于1929年11月22日公布，1930年5月5日施行；物权编于1929年11月30日公布，自1930年5月5日施行；亲属编及继承编于1930年12月26日公布，1931年5月5日施行。

同以前的民法草案相比较，《中华民国民法》具有下述特点：总则部分确认援用习惯的前提是法律未有规定者，以不背公共秩序和善良风俗者为限；注重社会公益，力图社会之安全；确定男女平等。债部分首先肯定民商合一的编撰原则；对一般而言作为弱势群体的债务人之利益，特加保护，故编名为"债"，即可同时涵括债权与债务，而非《大清民律草案》的"债权"。物权部分规定了我国固有法上的典权。各国民法多分质权为动产质、不动产质及权利质三种。详审我国质权习惯，只有动产质和权利质，而无所谓不动产质。通常所谓不动产质，与法律上之典，用语混淆。典为我国固有之习惯，它对作为弱势群体的出典人予以了特殊保护，物权编特设典权专章，故于质权章中，不另设不动产质之规定。亲属编在亲属分类上，一改以前法律分亲属为宗亲、外亲及妻亲这个以男性为主的亲属分类法，采以血统关系和婚姻关系为亲属分类之标准，分为配偶、血亲和姻亲；较为彻底贯彻了男女平等原则，否认妻为限制行为能力人，离婚要件男女大致平等，亲权以共同行使为原则，确立夫妻财产制等。继承编否定了传统的宗祧承继，确定遗产继承不以宗祧承继为前提；继承人均不分性别；配偶相互继承，不限一定的顺序。

《中华民国民法》尽管在中国大陆地区只存在了近二十年，而且还没有普遍施行于大陆全部，但在台湾地区施行至今，且大陆地区自改革开放以来的民法研究和教学工作，乃至民事立法工作，都受到其影响。著名民法学者谢怀栻先生对之有这样的评价："这部民法在当时，与同时代的各国民法，也可并肩而立。至于它在改革中国数千年的法制方面，在中国开创私法制度与私法文化方面，较之法国民法（拿破仑法典）犹有过之。这是中华民族可以引以自豪的一部民法法典。"[①]

---

① 谢怀栻：《大陆法国家民法典研究》，中国法制出版社2004年版，第124页。

第二节　近代中国的商事立法

晚清到北洋时期,修律者受日本立法模式的巨大影响,采取了民商分立的立法模式。到国民政府成立,因受瑞士等国最新立法方式的影响,结合中国固有传统,确立了民商合一原则。本节即以此为据,概述这两个阶段的商事立法。

一、晚清民初商事立法

至迟从 19 世纪八十年代开始,国内即有人向朝廷呼吁,因海禁大开,中外互市,为了更好地与列强"商战",应设立商部,制定商律。1902 年清廷在发布关于变法修律的上谕中即明确要求,应据时代需要制定矿、商律等工商业法规。1904 年 1 月由商部制定的《钦定大清商律》颁行。关于该律制定之缘起,主事者之一的商部尚书载振讲:

> 以编辑《商律》,门类繁多,实非克期所能告成。而目前要图,莫如筹办各项公司,力祛曩日涣散之弊,庶商务日有起色,不至坐失利权,则《公司条例》亟应先为妥订,俾商人有所遵循。而臣部遇事维持,设法保护,亦可按照定章核办,是以赶速先拟商律之公司一门,并于卷首冠以《商人通例》。

《钦定大清商律》分《商人通例》和《公司律》两部分,其中《商人通例》9 条,主要规定了商人的定义以及妇女经商、商号、账簿等内容,具有商法总则之性质,较为简略;《公司律》共 11 节 131 条,其内容包括公司分类、创办、公司股份、股东权利和会议、董事及其会议、公司账目、公司章程之更改、公司的停闭等。①《钦定大清商律》是中国第一部独立的商法,直到 1914 年北京民国政府颁布新的商人通例和公司条例后才失效。

图 64　《钦定大清商律》

---

① 该律之上奏奏折及内容参见《大清新法令(1901—1911)点校本》(第四卷),商务印书馆 2011 年版,第 170—188 页。

中国固有法律,无破产之名词,亦无相关直接规定。晚清随着商业兴起,竞争日烈,有不少奸商借公司倒闭以骗款,影响经济甚大,1899 年刑部议定"奸商倒骗定例治罪专条",申明"如有侵蚀倒闭商民各款,立即拘拿监禁,分别查封寓所资财及原籍家产,仍押令家属勒限两个月完竣"。① 该条依然沿袭既往以刑罚处罚不当行为的立法思路,没能从正面予以系统规范破产行为,故仅能应付于一时,不足以垂诸久远。1906 年清廷颁布了由商部起草、经修律大臣沈家本和伍廷芳商定的《破产律》。该律分 9 节,计 69 条,其内容涉及破产的呈报、选举董事、债主会议、清算账目、处分财产、有心倒骗、清偿展限和呈请销案等。② 该律虽较完善,但成效不彰。因它第 40 条规定"归偿成数,各债主一律办理",与以前的通行做法(先洋款、后官款,后华洋商均摊)不符合,商部于是行文户部财政处反对之;但上海、北京等处钱商则很赞成。两派意见相持不下,清廷于是在 1907 年 11 月明令废止。

为了制定系统的商法典,修订法律馆聘请了日本法学博士志田钾太郎起草了《商律草案》,亦称《志田案》。该律自宣统元年(1909 年)后陆续脱稿,截至清亡,尚未完全脱稿,更遑论颁行。它共分总则、商行为、公司律、票据法和海船律五部分,合计 1008 条,虽部分条款有忽略中国商事实际情形之失,但总体来说体例严谨,内容详备。

晚清除了上述几部主要的商事法规外,还颁布了不少商事特别法律,比如《公司注册试办章程》《运送章程》《大小轮船公司注册给照章程》,农工商部拟定的《改订商律草案》《保险规则草案》,以及修订法律馆聘请日人松冈义正起草的《破产律草案》等。

民国建立后,最初仍沿用《钦定大清商律》,但该律太过简略,且存在不少问题,不能满足社会需要。1914 年北京政府即将晚清已然修订较为成熟的《改订商律草案》略加修正后,将之更名为《商人通例》和《公司条例》,用大总统教令的方式予以颁布。《商人通例》7 章(商人、商人能力、商业注册、商号、商业账簿、商业使用人及商业学徒、代理商)73 条,其体例主要模仿日本 1899 年商法,内容也大部借鉴了该日本商法,还有些内容来自德国 1900 年商法以及中国固有的一些商事习惯。《公司条例》共 6 章(总纲、无限公司、两合公司、股份有限公司、股份两合公司、罚例)251 条,较晚清颁行的《公司律》内容为完整。③

为了更好地施行这两部商业法规,保障商业的健康发展,北京政府还颁布了其他一些商事法规及其施行细则,主要包括《证券交易所法》《商会法》《公司保息条例》《物品交易所条例》《商业注册规则》《公司注册规则》《商人通例施行细则》《公司条例施行细则》《商会法施行细则》《商业注册规则施行细则》《公司注册规则施行细则》等。另外,北京政府还对清末留下的众多商法草案进行了修订工作,但均未能颁行。

二、国民政府的商事立法

国民党中央政治会议经讨论,议决废弃以前的民商分立模式,改为民商合一立法体例,故国民政府商事立法,其关于商事之一般性原则,在《中华民国民法》中,另有一些商事特别法,略为分述如下:

1. 公司法

南京国民政府成立之初的 1928 年,工商部即组织工商法规讨论委员会,先后拟定出《公

---

① 沈桐生辑:《光绪政要》,文海出版社 1969 年版,第 1484 页。
② 该律之内容参见《大清新法令(1901—1911)点校本》(第四卷),商务印书馆 2011 年版,第 192—202 页。
③ 该律之内容参见《改订司法例规》(下册),"司法部"1922 年编印,第 809—838 页。

司法草案》和《商法总则草案》。1929年立法院还指定马寅初、卫挺生等组织商法起草委员会,编定商法。旋即因中央政治会议决议采民商合一的法典编撰体例,对于不能合并的,分别订立单行法。立法院议定商法体例,不采法典形式,故对前两个草案未予采用,仅留备参考。立法院商法起草委员会推卫挺生为首起草《公司法》初稿,后在立法院经多次讨论修改,完成三读立法程序,于1929年12月由国民政府公布,定于1931年7月1日施行。《公司法》分6章(通则、无限公司、两合公司、股份有限公司、股份两合公司、罚则)233条。后又公布了《公司法施行法》33条,与《公司法》同时施行。

与北京政府时期的《公司条例》比较,《公司法》具有下述特点:(1) 规定公司系以营利为目的而设立之团体,较之《公司条例》所定以商行为业而设立之团体,范围大为扩张。(2) 公司设立登记,采成立要件主义,非至所在地主管官署登记不得成立。(3) 无限公司之清算,不同于《公司条例》所定之任意清算,采法定清算制,明确规定应依法律之规定为之。(4) 法定公司董事至少为5人。日本商法明定公司董事须3人以上,《公司条例》仿照德国商法,不设最少数之限制。(5) 所定罚则,最重者为1年以下徒刑或2000元以下罚金,较之《公司条例》处罚(限于罚金,最重为1000元以下)为重。①

抗战胜利后,国民政府于1946年又公布实施了新的《公司法》,该法计10章(定义、通则、无限公司、两合公司、有限公司、股份有限公司、股份两合公司、外国公司、公司之登记及认许、附则)361条。值得注意的是它在公司种类中增加了有限责任公司,对外国公司特设专章予以规范和管理。可以说,它是近代内容最为完善的公司法。

2. 票据法

晚清即有《票据法》草案,北京政府时期先后出台了四个草案。南京国民政府成立后,由工商部工商法规讨论委员会负责起草票据法。该法之起草修订过程,颇显慎重,故稍微多讲几句。该委员会经开会讨论之前各个草案之优劣,最后决定采用北京政府最后的修订草案,并参照上海银行公会的意见书、财政部金融监理局所拟草案、英国的 Bill of Exchange Act、美国的 Negotiable Instruments Law 以及吾国固有的票据习惯等,制定出《票据法草案》。后又由工商部特聘工商界具有经验和专门学识人员详加审查,提出意见,再交给工商法规讨论委员会整理修改。等到一切告绪,财政部将修正后的草案稿呈送行政院,交立法院审议。立法院根据中央政治会议之决议,参酌工商法规委员会所拟定的草案及历次票据法草案,辅以各国立法例和我国习惯,经多次开会讨论,拟定出新的《票据法草案》,三读通过,由国民政府于1929年10月30日公布施行。该法分5章(总则、汇票、本票、支票、附则)139条。后又公布《票据法施行法》,于1930年7月1日施行。②

由于该法经审慎制定,对历次草案多所斟酌,且旁采各国法例,兼顾中国习俗国情,是近代中国一部较为成熟的商业法律。

3. 海商法

晚清之前,海禁森严,无所谓海商法。及至晚清海禁大开,贸易渐兴,自有制定专律规范之必要。1908—1909年志田钾太郎起草的商法草案,即包括《海船法草案》。该草案主要借鉴日本法,兼采德国法,内容较详密,但未颁行。1929年立法院商法起草委员会以《海商法》关系海上商业甚巨,推举楼桐孙起草。楼氏博采诸先进国成规,广征我国习惯,拟具草案初

---

① 该法之内容参见郭卫辑校:《袖珍六法全书》,上海法学编译社1932年版,第223—267页。
② 同上书,第269—300页。

稿。在此基础上开会详加讨论,并要求交通部、工商部、财政部关务署、江海关监督公署、轮船招商总局派员列席提出意见,后经立法院开三读会通过,国民政府于 1929 年 12 月公布,1931 年 1 月 1 日施行,与之同时施行的还有《海商法施行法》。《海商法》分 8 章(总则、船舶、海员、契约、船舶碰撞、救助及捞救、共同海损、海上保险)计 174 条。该法多吸取了各国海商法之成规,质量较高,同时也是我国第一部正式公布施行的海商法。[①]

4. 破产法

国府成立后,各级法院感受到裁判破产案件的困难,司法行政部于 1934 年编定了《破产法草案》,但该草案仅参酌德、日旧法及现行法,而基本忽略了中国传统商人习惯及此前大理院和最高法院判例所积累的经验,故后来被废弃。立法院其实已于 1933 年即令民法起草委员会编纂《破产法》,主要由傅秉常负责。傅秉常与司法行政部长罗文干,顾问法国人宝道(Georges Padoux,1867—1960)、爱师嘉拉(Jean Escarra,1884—1955),国际法庭法官王宠惠等反复磋商,确定了立法原则。1935 年初,傅秉常等开始起草,完成初稿。随即将初稿铅印成册,分送司法院、司法行政部、各级法院、各级律师公会、各大学法学院,并在报纸披露,广泛公开征求意见。随后根据反馈而来的各方意见,傅秉常等多次开会,将初稿予以增删修订。《破产法》修正稿经立法院三读通过,国民政府于 1935 年 7 月 17 日公布,次日《破产法施行法》公布,同年 10 月 1 日施行。《破产法》共 4 章(总则、和解、破产、罚则)计 159 条。

该法具有下述特点:(1) 在编制体例上,将破产法有关的程序法和实体法融合起来,第二、三两章关于和解和破产者规定,以程序进行者次第编排,第一、四两章则规定和解和破产皆可适用的条文,纲举目张,便利施行。(2) 在破产适用范围上,采一般破产主义,商人非商人皆可适用。(3) 在立法技术上,程序规定和条文设计都较简要,凡其他法中有为破产或和解可适用者,该法都不予重复。(4) 该法最值得称道的是充分注意到了我国固有的习惯,在破产处理上采用了和解制度。诚如论者所指出的:

> 和解制度,程序较简,费用较微,债务人既有继续其业务之可能,而债权人债务人间之和解条件,亦较多自由商洽之余地,此种制度,对于破产程序中各种严格之规定,洵有补偏救弊之长,亦正与我国和平让步,息事宁人之习尚隐相吻合……我国社会习惯,崇尚和平,对于债务人不能清偿债务而非出于恶意者,类能宽恕矜怜,不为已甚,与欧洲各国视破产为犯罪者不同。而在债务人方面,无论其为商人非商人,每至经济窘迫之时,辄多方设法,以蕲了结,即至无法了结时,亦必请人排解,请求债权人为相当之让步,而以对簿公堂为可羞,与欧洲各国视破产为常事者亦颇异趣。此种优良习惯,允宜保存。此法于此特加注意,于有破产之申请前,既许债务人向法院为和解者声请,或向商会为和解之请求,即在破产程序开始后,亦许其提出调协计划,俾于债权人债务人均有裨益。[②]

5. 保险法

我国昔无保险业务。自海禁大开之后,外国人多在通商口岸设立公司,经营保险业务,中国则几乎没有此等法律规范。1917 年修订法律馆顾问爱师嘉拉完成了《保险契约法草

---

① 该法之内容参见郭卫辑校:《袖珍六法全书》,上海法学编译社 1932 年版,第 301—332 页。
② 谢振民编著、张知本校订:《中华民国立法史》(下册),中国政法大学出版社 2000 年版,第 846 页。

案》4章109条。1928年国民政府立法院商法起草委员会拟具《保险契约法草案》,为求审慎起见,与民法起草委员共同多次开会讨论。在审议中,删除了标题中的"契约"二字,正式定名为《保险法》,国民政府于1929年公布,但未施行。

国民政府时期还有各种银行法、交易所法、合作社法等商事法规之制定颁行,限于篇幅,不再一一枚举。

第三节 近代私法的基本特点

一、注重民商事习惯调查

习惯在帝制和近代中国社会中发挥了巨大的作用。私法,尤其是民法,跟民众的生活息息相关,自然不能离开习惯:"习惯为法律之渊源,东西各国,或认为有习惯法之效力,或采取为成文法之材料。"①近代中国变法改制之初,当政者意识到调查固有民商事习惯之重要性,积极开展大规模习惯调查工作。

近代中国的民商事习惯调查肇始于晚清预备立宪之时。1907年10月,经宪政编查馆奏请,各省设立调查局。调查分两个阶段进行:先调查商事习惯,后调查民事习惯。

1908年2月,修订法律大臣沈家本上疏,请派翰林院编修、现任修订法律馆纂修的朱汝珍到东南各省,将民俗商情详细调查报告,正式开始商事调查。为了这次调查,还专门制定了《法律馆调查各省商习惯条例》,就调查事项、内容、方针等做了硬性规定。关于此次调查之结果,有两种不同的评价,一是欠理想,见于《东方杂志》的报道②;一是较为满意,沈家本的观感可为其代表。③ 可以想见,在专制政体下官民隔阂已久已深,调查自然会有这样那样的问题,但立法主事者能重视调查,并首次将调查诉诸实施,已属难能可贵。

1910年,为了给制定中的民法提供有效资源,修订法律大臣沈家本奏请派员分赴各地调查民商事习惯,指出了调查的必要性:"民商法律,意在区别凡人之权利义务而尽纳于轨物之中。条理至繁,关系至重。中国幅员广远,各省地大物博,习尚不同。使非人情风俗洞澈无遗,恐创定法规,必多窒碍。"④这次调查工作,由修订法律馆派精通法律各员分往各省,为了保证调查不流于虚文,由修订法律馆先拟定《调查民事习惯章程》。该章程共十条,详细规

---

① 《安徽宪政调查局编呈民事习惯答案·凡例》,载李贵连主编:《近代法研究》(第1辑),北京大学出版社2007年版,第156页。

② "法律馆近派编修朱汝珍,赴各省调查商习惯。本月至上海,发问题百余事。按照日本商法五编,分为五章:首总则;次组合及公司,以当日本之会社;次票据,以当日本之手形;次各种营业,以当日本之商行为;次船舶,以当日本之海商。核其所问,发问者未免隔膜,而受问者亦殊少片纸对策之能事。必厚意温词,鼓舞以颜面所在,促令开答问研究之会,商人特推专员,兼聘法学家为顾问,一一求问题之所根据,而后徐会其经历之所得,以相印证,或者有相说以解之乐。今馆员无延访之实意,商人无酬对之特别组织;馆员视商人为万能之神圣,商人视馆员为一阅之过客,则交相为伪而已,于立法宜民之意,岂有毫发之补哉!"(孟森:《宪政篇》,载《东方杂志》1909年第6卷第4期,第196—197页;孙家红:《孟森政论文集刊》(上册),中华书局2008年版,第321页。)

③ 沈家本在奏疏中有这样的评价:"遍历直隶、江苏、安徽、浙江、湖北、广东等省,博访周谘,究其利病,考察所得多至数十万言,馆中于各省商情具知其要。"(《修订法律大臣奏编订民商各律照章派员分赴各地调查折》,载《大清新法令(1901—1911)》(第八卷),商务印书馆2011年版,第17页。)

④ 《修订法律大臣奏编订民商各律照章派员分赴各地调查折》,载《大清新法令(1901—1911)》(第八卷),商务印书馆2011年版,第17页。随后,修订法律馆大臣进一步指出:"自开馆以来,督同提调各员,悉心体察,凡关于东西各国法制,先以翻译最新书籍为取证之资,事虽繁重,尚有端绪可寻。惟各省地大物博,习尚不同。使非人情风俗纤悉周知,恐创定民商各法见诸实行,必有窒碍。与其成书之后多所推求,曷若剺简之初加意慎重。"(《修订法律大臣奏谨拟咨议调查章程折并清单》,载《大清新法令》(第二卷),商务印书馆2011年点校本,第115页。)

定了此次民事习惯调查的缘起、进行、答复期限和内容等问题①,按照该章程,调查员仅到各省省会,商同各省调查局所共同进行,调查员遇应行调查之件,与在省绅士会同讨论,将法律馆提出问题发交研究。如各地绅士无人在省会,由调查局或臬司将问题发交地方官,转请绅士研究,按限答复。各处乡规、家规,容有意美良法,调查员应采访搜集,随时寄交法律馆;各处婚书、合同、租券、借券、遗嘱等项,调查员亦应收集,各抄一件,汇寄法律馆。

　　清末的民商事习惯调查历经四年多,因清廷覆亡而停止。关于此次调查之所得,据学者研究,实际上涉及所有省区,报告类文件起码有 831 册。② 可谓取得了丰硕成果,为近代民商事立法积累了资料。

　　1913 年,大理院在"二年上字第三号"判例要旨中即揭示了采信习惯成习惯法作为判案依据的明确标准,"凡习惯法成立之要件有四:(一)有内部要素,即人人有确信以为法之心;(二)有外部要素,即于一定期间内就同一事项反复为同一之行为;(三)系法令所未规定之事项;(四)无背于公共之秩序及利益。"③ 要将习惯作为判决之根据,自然需要明了习惯之具体内容为何。1917 年,时任奉天高等审判厅厅长的沈家彝向北京政府司法部呈请创设民商事习惯调查会。1918 年司法部通令全国设立该会,并开展民商事习惯调查活动。此次调查活动,大致延续到 1921 年前后,涉及全国大部分地区,获得民商事习惯调查报告 67 册。

　　国民政府成立后,立法院鉴于民法的亲属、继承两编与各地风俗习惯关系至为密切,"非详加审慎,诚恐多所扞格",立法院民法起草委员会与统计处商议,"制定调查表多种,发交各地征求习惯,复就北京司法部之《习惯调查报告书》妥为整理,并将各种重要问题分别交付该会各委员、顾问、秘书、编修等,比较各国法制详加研究"。④ 此次调查时间不长,成果亦属有限,可能跟清末民初的调查已打下较好基础且社会变动不是特别大有关。

　　晚清民国时期的民商事习惯调查,成果较为丰硕。⑤ 最重要的是它告诉我们:要制定高水平的私法,必须进行周密翔实的习惯调查。只有这样,才能将相关法律的主体性、民族性落到实处。近代中国的习惯调查,不仅对当时的民商事立法有实质性帮助,且为当时司法审判机关在法律无所据的情况下采纳习惯作为法源提供了素材,就是到今日,研究者欲了解或研究此一时期的中国社会,亦是非常有用的资料。

　　但这类调查,亦有其不尽如人意的地方。以清末的调查为例,其调查方式是由各省依据地方实际情况,制定出包含详尽具体问题的调查表,颁发其下的调查局和各县,然后由调查员搜集答案,将详明的答案汇辑成册,交回修订法律馆汇总。既然调查是由调查员主持,将由各省制定出的由问题"细则"构成的调查表格交给地方绅士讨论,然后将答案汇总,调查者一般则只能就所调查问题给出答案。调查表的编排体例多是仿照西方国家,尤其是德日两国的民法典体系设计出来的。尽管这种仿照西方的调查表格之设计对制定一部系统民法典有相当帮助,比如说按照德日五编式体例来设问,有概念严谨、表达规范、能形成一富于逻辑性的系统等优点,能对修订法律馆诸公欲模范德日民法典创建中国民法典,从而与国际接轨

---

① 其内容参见《大清新法令(1901—1911)》(第八卷),商务印书馆 2011 年版,第 65—66 页。
② 眭鸿明:《清末民初民商事习惯调查之研究》,法律出版社 2005 年版,第 46 页。
③ 郭卫编辑:《大理院判决例全书》,台湾成文出版有限公司 1972 年,第 29 页。
④ 杨幼炯:《近代中国立法史》,范忠信等校勘,中国政法大学出版社 2012 年版,第 251 页。
⑤ 这些调查成果,经整理成书的主要是这两本:施沛生等于 1924 年编纂的《中国民事习惯大全》(上海书店出版社 2002 年版)和南京国民政府司法行政部汇编的《民商事习惯调查报告录》(胡旭晟等点校,中国政法大学出版社 1999 年版)。

这一点上颇有帮助,但却未必能够全面、妥当地梳理与整合传统中国的民事习惯。因为中西方社会和习俗的巨大差异,传统中国的某些习惯很难准确放进这种西式的民法框架体系,有的也许根本就放不进去。这些放不进去的习惯在这个西式的民事习惯调查中,存在着"遗漏"的问题。如我曾经考察过的祭田习惯,本来在南中国广泛存在,在民事习惯调查报告中却很少见到。

二、财产法与身份法立法侧重点各殊

近代中国的民法(包括草案)直接采用了欧陆法,尤其是德国的立法模式,分为五编,其中物权和债权(《中华民国民法》改为"债")这两编主要是规范人们最基本的财产关系,故被合称为财产法;亲属和继承编则主要规范身份关系,被称为身份法。

在财产法部分,以继受德、日、瑞士民法为多,大多采用当时通行的制度或各国新制度。前者如买卖、时效、利率等,后者如法人、共同共有、土地债务等。这虽然对中国民法的国际接轨,也就是民法的近代化有极大帮助,但美中不足的是,这诸多条文照章抄录外国条文的做法,导致这些条文与中国社会实际情形不完全相适应,难以规范中国人的生活世界。比如《大清民律草案》规定了不动产质权,却没有留意中国固有且广泛存在的典权,到《中华民国民法》才最终根据中国习惯在用益物权下予以专门规定;又如尽管它有法人和共同共有等新制度,但像祭田义庄那样的家族财产到底是法人财产还是共同共有物,实在不易确定。

在身份法部分,不像财产法那样多以西方民法为依据,虽采用新的立法体系,但却充分考虑到中国固有的礼教民情风俗。以《大清民律草案》为例,在立法时,或本诸经义、或参照道德,希望能维持天理民彝。比如亲属法的亲属范围以宗亲为核心、外及妻亲和旁亲,这就与中国固有的宗法相吻合;家长制度规定家长为一家中最尊长者为之,家政统于家长;亲等制度采寺院计算法而非盛行的罗马计算法,这样就与原有的服制图亲等计算更接近。综合来看,身份法的固有法色彩极为浓厚。

综上,近代中国民事立法,在大方向上模范西方,但具体而言,在财产法方面,更"注重世界最普通之法则,原本后出最精确之法理";在身份法领域,重点在"求最适于中国民情之法则"。立法者特别注意身份法较之财产法在斟酌固有习惯和法源上的巨大困难,因而付出了更多的心力。

三、从民商分立到民商合一

晚清海禁大开,利权外溢,商战之说,一时蔚为大观;变法修律,商法在事实上先行。故不论是从社会舆论还是立法事实而言,晚清取民商分立的私法编纂体例自属方便可行。1908年翰林院内阁学士朱福铣奏请民商合一并延聘日本民法大家梅谦次郎,来华主持民法典纂修事宜,修律大臣沈家本认为民商分立编纂体例不仅更符合中国国情,且符合学术潮流:

> 无论采用何国学说,均应节短取长,慎防流失……自法国于民法外特编商法法典,各国从而效之,均别商法于民法,各自为编。诚以民法系关于私法之原则,一切人民均可适用;商法系关于商事之特例,惟商人始能适用。民法所不列者,如公司、保险、汇票、运送、海商等类,则特于商法中规定之。即民法所有而对商人有须特别施行者,如商事保证、契约利息等类,亦于商法中另行规定。凡所以保护商人信用而补助商业之发达,

皆非民法之所能从同,合编之说似未可行。①

由此,民商分立的私法编纂体例在晚清被正式确立。在民法典之外,修订法律馆又专门聘请了日本法学者志田钾太郎来帮助起草商法典的工作。民国北京政府时期,因国家不上轨道,国会存在的时间很短,在基本法律的制定颁布方面乏善可陈。但据这期间法律起草机构(1912年在法制局下设法典编纂会、1914年改为法律编查会、1918年重新更名为修订法律馆)关于民法草案的制定来看,依然延续了晚清民商分立的私法编纂体例。有学者据清末民初采民商分立这二十多年的时间都没能制定出统一的商法典,多数商事法律都是以单行法或实施细则的形式颁布的这一情况,指出:这实质上代表了民商分立的做法在近现代遭遇到日益困难的处境。因为要在民法总则以外专门制定商法总则,不但理论上难以说明,实践中也不能贯彻一致,从而为国民政府时期采纳民商合一的私法编纂体例提供了重要依据。②

到1928年国民政府成立,立法院民法起草委员会在编纂民法债编之时,首先要解决民商两法是否要根据最新立法趋势合编的问题。1929年5月,立法院院长胡汉民和副院长林森提议编民商合一法典,提案略云:

> 查民商分编,始于法皇拿破仑法典。维时阶级区分,迹象未泯,商人有特殊之地位,势不得不另定法典,另设法庭以适应之。欧洲诸邦,靡然相效,以图新颖。然查商法所订定者,仅为具有商业性质之契约,至法律上原则或一般之原则,仍须援用民法。而商法上最重要之买卖契约,且多在民法中规定。是所谓商法者,仅为补充民法之用而已,其于条例,固已难臻美备。且社会经济制度递嬗,信用证券,日益发达,投资商业者风起云涌,一有限公司之设立,其股票与债权类分散于千百非商人之手,而签发支票、汇票等事,昔日所谓之商行为,亦非复商人之所专有。商行为与非商行为之区分,在学说上彰彰明甚者,揆诸事实,已难尽符……吾国商人本无特殊地位,强予划分,无有是处。此次订立法典,允宜考社会实际之状况,从现代立法之潮流,订为民商统一法典。

经中央政治会议审查,从历史关系、社会进步、世界交通、各国立法趋势、人民平等、编订标准、编订体例以及商法与民法之关系等八个方面的理由,肯定了民商合一的私法编纂体例。③ 至此,国民政府改变了晚清民初一直奉行的民商分立编纂体例,我国的民商合一体制得以形成,深刻影响到海峡两岸直至今日。

事实上,自晚清以来,究竟是要采用分立还是合一的私法编纂体例,立法者和法学者都不无争议,其表面根据主要集中在对诸先进国立法趋势和中国国情的判断上面。以立法趋势而论,在晚清变法修律之时,其所模范之列强,德国和日本确是实行民商分立制,晚清于是随而从之。但晚清制定民法草案时,被视为最新立法例主要来源国的瑞士就没有专门的商法典,商业发达的英美等国同样也没有。以中国国情来看,主张民商分立的法国顾问爱师嘉拉曾撰文指出:"中国旧有习惯,商人自成阶级……弃旧有之习惯,徒剿袭外国法,作纸上空谈非所取也。修订中国商法典,能保存中国旧有之商事习惯,复参合以新商法适用之条规,庶法典一颁,自无窒碍难行之虞矣!"④ 胡汉民等则针锋相对指出,"吾国商人本无特殊地位,

---

① 《修订法律大臣议复慎重私法编别选聘客员折》,载《政治官报》,光绪三十四年十月十五日,第三七三号。
② 参见陈煜:《近代私法的变迁》,载陈新宇等著:《中国近代法律史讲义》,九州出版社2016年版,第221页。
③ 参见谢振民编著、张知本校订:《中华民国立法史》(下册),中国政法大学出版社2000年版,第758—760页。
④ 〔法〕爱师嘉拉:《关于修订中国商法法典的报告》,载王健:《西法东渐——外国人与中国法的近代变革》,中国政法大学出版社2001年版,第215—216页。

强予划分,无有是处。"他们都承认立法应考虑国情,但国情究竟为何,则看法差别甚大。当然胡汉民等对国情的了解较之法国顾问爱师嘉拉为切实,自不待言,但这也并不足以充分证明民商合一就更合理。中国古代还没有专门的民法典呢,何以近代就要汲汲乎念兹在兹?还是谢怀栻先生讲得较透彻:

> (法国、德国和瑞士)这三个国家的立法者当时对于民商分立或合一,不能说没有讨论过,但分立或合一的抉择主要是由历史情况决定的。此后各国研究法律的人就这个问题从理论方面加以研究,形成了不同的理论。20 世纪初,日本法学界就此也有讨论,但日本仍维持了民商分立制度,对早先公布的商法未作改动……(国民政府时期)参与立法的人们确实经过了深思熟虑,从理论和实务双方都进行过研究,并参酌了一些已制定民商合一法典的国家的先例,最后根据我国的情况决定的。我们可以说,在这一点,中国这部民法典之继受外国的民商合一体系,完全不是盲目的,是自觉的。①

我在这里略作补充:晚清之所以采民商分立,一个很重要原因是为了收回领事裁判权。当年受修订法律馆之聘来华主持商法典草案起草工作的志田钾太郎熟谙修律背景,在京师法律学堂讲课时即明讲:因中国与列强协议收回领事裁判权的前提是要有完全法典,"若有民法典而无商法典,则法典仍不完全,适足为外人之口实""故中国之不可无商法典,实政策上不得不然者也"。② 到国民政府革命建国成功,民族自觉意识大为增强;经过清末民初二三十年的交涉情形,中国人渐渐意识到收回领事裁判权根本不在法律上与列强亦步亦趋,而在综合国力之强弱,中国的法律应首先服务于中国民众。

晚清民国私法的变迁历程,给后人留下了丰富的法律遗产,其中最值得留意的是民族自觉意识的增强,影响于法律,即渐渐从"殖民地半殖民地风景"(蔡枢衡语)走出,力图超越盲目照搬之阶段,建立自己的私法体系。王泽鉴对《中华民国民法》的检讨时所秉持的态度和立场,对我们反思晚清民国私法变迁有启发:《中华民国民法》"尚属年轻,其所以值得特别重视者,乃是我国法制史上第一部成文民法典之制定及施行经历了中国近百年来空前政治变局,充分显示着一个古老民族如何在外来压力下,毅然决定抛弃固有传统法制,继受西洋法学思潮,以求生存的决心、挣扎及奋斗"。③

思考题

1. 如何看待晚清民初的民商事习惯调查?
2. 什么是《现行律》"民事有效部分"?
3. 你如何看待《中华民国民法》?

---

① 谢怀栻:《大陆法国家民法典研究》,中国法制出版社 2004 年版,第 114—115 页。
② 熊元楷编辑:《商法总则》,安徽法学社 1911 年版,第 9—15 页。
③ 王泽鉴:《民法五十年》,载《民法学说与判例研究》(第五册),台大法学丛书(47)1987 年版,第 2 页。

参考阅读材料

新民法的新精神
——1929年4月15日立法院总理纪念周演讲词

胡汉民

前一星期本院有一个很重要的工作,就是起草民法总则。关于民法的立法原则,早经本院议定,由政治会议通过。我们根据那个原则,先编成第一部分总则,作民法中债编、物权编、亲属编、继承编等等的基础。这一步工作是很基本,很重要的。我们知道本院的立法工作,对内对外,都有一个很急切,很特殊的要求。一切重要的法典,如民法商法之类,都得尽今年一年之内,通通弄好。而民法的需要,尤其急切,尤其要先行完成。民法在从前已经起过两次草了,但是都不满意,都不算成功。这一次的起草,大家一致努力,求于最短期间,完成这件伟大的工作,立起中国法制的规模,所以截至现在,已开了五六十次的会议了。就中兄弟也曾参加审查会,觉得大家很认真,很努力,是值得安慰的。在本院同人努力起草民法时,全国人民以及国际间,也都十分关心。但是民法内容非常广博,一般人往往不易得其端绪,或明了其所以然。因此我们又编了一个说明书,将所编总则应说明地方,通通不厌求详地说明了,这是很需要的工作。兄弟今天趁这个机会,先拣几点重要的来口头说明一下

我们知道民法是规定人民日常生活的法律。法律根据于我们做人的关系,分出私法和公法两种来。简单说一句:所谓私法,就是规律大家不直接关系国家的生活的法律,而公法就是规律直接关系国家的生活的法律。除了直接和国家组织有利害关系的公法之外,所有关系私法的,本来可算通通在民法的范围以内。我们以前把民法看得太轻了,其实它关系民族与民生的很大。记得以前留学国外时,还没有十分懂得革命的道理,总以为私法的研究不妨稍缓,要去定出大国家的宪法来,才是革命党所应做的工作。那知宪法的作用,固然重要,但只能解决民权主义的问题,若解决民族主义、民生主义中的问题,是必须应用私法民法的。从实际上看来,民法的关系是何等重大呢!

民法范围既广,头绪既繁,在全部细则之前,当然非有一部总则不可。但是民法的总则与一般理论上学问上的原则不同,凭空是想不出来的,是不能在细则尚无把握之先就订定的,一定要对于各部分所有的条文都预先想得大概了,然后才能把它抽象的订出来。这种总则要适应国家社会民族的要求,将来各部分的细则由它产生出来,也才能适应那种要求。国民对于民法总则的意义,都要深切领会,它是法制国家任何人所当具备的常识。在上面所谓说明书里,对于我们所订的民法的效能和原理,列有四项很严格的解释,是大家不可不知的,现在大略报告一下:

第一是对于习惯的采用。民法在应用时,如果有已具的适用的条文可以依据,当然依据它,如果原来没有适用的条文时,便得酌量情形,依据习惯。对于这一点,有许多不同的主张,因为各人对于习惯的力量和地位,有种种不同的观察。如《拿破仑法典》,当时在自然法学说很盛的时候,便绝对用不到习惯,他以为只是法定的条文才算得是法律。后来法律家逐渐认识习惯之重要,知道它不可轻视,于是有许多地方便以习惯法来补充法律的遗漏了。不过在什么地方才适用习惯,也是由法律明定。这一派是以习惯补充法律所不及,此外还有一派更新的主张,以为习惯不只是足以补充法律而已,实在应该和法律处于同等的地位。因为

无论什么法律，都是从习惯来的，法律不过是依据习惯而规定的条文。所以有些事情的处理，尽可像根据法律一样的去根据习惯。这一派学者看法律本身几乎是应受习惯的约束；他们以为习惯既有产生法律、补充法律、修正法律的作用，那么，和法律站在同等的地位，并不为过。至于在我们现在所订的民法中，还是采取第一派，认习惯对于法律，仅能补充而已。因为我们知道我国的习惯坏的多，好的少。如果扩大了习惯的适用，国民法制精神更将提不起来，而一切政治社会的进步，更将纡缓了，如果那样一来，试问我们如何去推行我们的主义与政策呢？政治会议给我们的立法原则中有这样的规定："凡民法中无规定者，适用习惯；若既无明文规定，又无习惯可以适用时，得由法官用由法律推演而得之法理解决一切。"政治会议也因为看到我国社会上不良的习惯居多，所以不肯扩大它的作用。认习惯与法律立于同等的地位，固是一种很新的学说，就是以习惯补充法律所不足的主张，也不失其为新。在外国人民的法治观念很强，守法的精神很富，多适用一点习惯，不至有什么流弊，可以采用第一派的学说；我们国情既然有异于他们，自以采用第二派的学说为宜了。

第二是对于团体利益的注重。我们的民法极注重社会团体的公益，与从前个人主义的民法立足点不同。固然，民法是私法，其目的在确定人的生活的轨范，其间自然脱不了个人的关系，在我们的民法中，个人主义的原则也是不能绝对的消灭和铲除的。但是团体的生活尤其重要，个人主义的存在，总不能妨碍及社会主义的推进。所谓个人主义的原则有三：一是个人意思的自由，一是个人的责任，一是个人财产的保障。这三个原则都是从个人方面着想，如果放到人人所共有的社会组织里去，就不免要发生许多阻碍了。所以到了近代，社会组织发达，这三大原则便很受摇动。我们编订民法，首先注意到：凡是公众所认为不良的，有损于公共利益的习惯，通通革除掉，以纠正个人主义的错误。不过在不妨及整个社会的公益之下，个人的行为、责任、财产，当然仍受法律的保护。例如一个公司为达到它自家获利的目的，而破坏他人的营业时，法律定不能允许它。所以现在民法总则里定明："法院于法人之目的或行为，有违反法律、或公共秩序、善良风俗时，得因主管官署检察官，或利害关系人之声请，宣告解散；清算之后，所有剩余财产，除章程另有规定或总会另有决议者外，归给地方自治团体，以举办地方公益事业。"这就是所以注重社会的公益的。因为社会的存在，绝不是专为许多个人，社会的公益必须尽力提高。我们今后立法，应该注意到社会全体。这层意思，兄弟自本院开始以来，已屡次报告过了。

第三是男女平等问题。这一层本党政纲中早已有了明白的规定，远在从前同盟会时代，就经确定了。我们的这一种平等精神，是近代很多国家所没有的。例如凡是已结婚的女子，所谓"妻"者，在外国法律上，往往不能有完全的能力和行为。在日本尤其如此。她们的自身，几乎纯粹是一个准禁治产者。关于财产的处分，以及借债，或保证、诉讼、赠与、和解及仲裁、契约等等，都须得她夫的许可，方能进行。她们的地位，简直完全是服从者，和被支配者。这些规定，日本在新民法中依然照旧，差不多已有了二十年的历史了。我们现在所编订的民法，却绝对免除这类不平等的情形。在条文中，我们只讲"人"，而不分性别。无论男子女子，其行为能力的种种限制与保障，在法律上是完全相同，没有区别的。向来民法上的毛病，对于已嫁的女子——妻，仍旧不给她处分自己财产的权，现在我们却把它改正过来了。我们的初意还想再添出一条来，专替女子说话；后来经大会讨论，认为可以不必。因为用一个"人"字，男女便都在内了，如果专为女子再说什么话，反引起误会，而且条文又要多出来。照我们现在的规定，已经很能够显出男女平等精神的精神了。事实上关于男女财产的处分，我国各省的情形不同。有的已认为不成问题，有的却认为大问题。例如广东中等社会女子，处分个人所有的财产，并不算什么，差不多已成习惯了。他省就未必尽然。有人以为要使夫妻的共同生活圆满，对于彼此财产的管理，一定要有许多限制，不能听其自然。这些理论，现在也不暇多说。总之：我们现在的立法，当然按照本党的政纲，无论有何种限制，总是男女一体，不会男女不平等的。全国男女同胞，以及全党男女同志，不要再虑本院立法上，对于男女之间，或有不平，大家只要准备享受那法律范围以内的权利，使法律所规定的种种，能充分实现于事实。那才格外见得我们民法中所有男女平等的精神呢。

第四是民法的编制问题。这一层自来学者有各种不同的意见，定着各种不同的方式。大概说来，可分为罗马式和德意志式两种。我们的民法总则，酌采各式的长处，除上两式外，如暹罗、苏俄等国的新法典的编制，其可取的地方，我们也曾采择了。我们民法中所有的总则，不但是理论的原则，而且很真切的事实的原则。将来由此抽象出来，便可得各种需要的条文，而不至于泛滥无所归。一般民法的条文，往往失之太多、太杂。我国人做事，尤其好偏重在量的方面，例如同一个题目，第一个人做一篇文章一千字，第二个人见了以后，如果要重做，一定做一篇三千字的以胜过第一篇；究竟内容需要不需要一千字或三千字，大家都不大管。编订法律也会犯这个病。你先编的有一百几十条，我后编的非有二百几十条不可，好像非此不足以示我后编的格外美备。这种偏重于量的积习，在我们这一次编订民法中，一定革除。条文贪多，不但容易前后形成重复矛盾，而且容易离开事实，定着许多永远应用不到的理想，徒然增加将来读法的学法的麻烦而已。我们现在编订民法，从总则起，就力求简要。如日本及欧洲各国的民法总则中，所有许多没用的条文，我们一概删去。凡是总则上所规定的，都是可以产生事实上需要的条文的，我们力求简要明显。在条文章节上非常注意。现在将全篇通用的法则，另编成一章，放在全部的前面。更把自然人和法人合在一起。契约则按它的性质，分别规定在债的一章中。把许多共同适用的条文，也另编专节，冠于其余的之前。这样在体例上大概可以免驳杂不纯的弊病了。

今天兄弟并不是专做民法的讲演，不过我们觉得这些要点，是人人应该注意。尤其是现在，本党的政策如何推进，社会国家如何改造，都和法律息息相关，大家不容不注意法律。我们知道立法的工作实在很重大。单就民法讲，现在总则虽已大体就绪，但是还有其余的四部分，急待完成。恐怕每一部分的条文，将来还要多过于总则，至少也需要与起草总则一样的时间和精力。如果我们对于民法的工作，不幸因大家的努力未到而有遗误，那不但有失国民的嘱望，就在国际间，也丧失我们国家的信用，这是本院同人千万要注意的。民法以外，与民法有关系的，如商法、公司法、保险法、票据法、劳动法等等，再次如土地、地方自治法等，统统要从速制定。土地立法，对内对外，都有特殊的关系，在事实上不容久缺。劳动法所以保护劳动者，也所以保障社会的安全；票据法等更关系整个社会的事业。社会上常常有劳资纠纷问题，我们如何能眼看看它们全无法律上的准绳，而随意胡搅呢！所以这些法典，通通要赶快编订。由此看来，本年以内，我们的工作是何等忙迫！在立法委员固然要特别认真的做，便是其他同志同人，工作也可能不特别加紧，以尽辅助之功！本党以往所发的支票已经不少，现在已是国民来兑现的时期了。但是这些支票上如果不由法律来签字，如何能领得现款？我们的立法，就是这种签字的工作。如果我们老耽搁下去不签字，我们固无以对人民，也无以对本党啊！

（选自陈红民等编：《中国近代思想家文库·胡汉民卷》，中国人民大学出版社2014年版，第245—249页。）

第十六讲

诉讼与司法制度的近代变革

自晚清伊始,为了在"审断办法及一切相关事宜"方面与国际接轨,启动了诉讼与司法制度方面的近代化变革,本讲拟对此种变革历程略作介绍与评析。

第一节 近代中国诉讼立法

帝制中国法制的一大特点是重实体、轻程序,导致程序法不成系统,散见于诉讼、捕亡、断狱等篇目之中。因帝制中国刑律与道德相表里,所谓"出礼而入刑",各种犯罪行为,随其轻重有别,从形式上看有"狱""讼"之别①、户婚田土"细故"案件与命盗重案之异,程序因之有繁简之差。近代程序法方面的变革,主要是在引进西方诉讼原则和制度的基础上制定单独的民事诉讼法和刑事诉讼法,建立新的诉讼法体系。

一、晚清的诉讼法草案

1.《大清刑事民事诉讼法》草案

沈家本等晚清修律者非常重视诉讼立法,因列强废除领事裁判权之约,有"查悉中国审断办法"之约束,朝廷修律谕旨亦有"按照交涉情形,参酌各国法律"之命令。1905年沈家本、伍廷芳上《议复江督等会奏恤刑狱折》,赞同有保留地废除刑讯。御史刘彭年上折反驳,认为外国之所以不用刑讯,是因其裁判、诉讼、警察等法制完备,而中国则各种规制不备,因此中国要禁止刑讯,必须等到裁判诉讼各法修订完成后。沈、伍撰文驳斥,认为废除刑讯不是完全采用西法,更是中国传统,且保留刑讯并不一定能起到提高诉讼效率之作用,同时建议清廷变更诉讼制度,使全国各级官府断案时有法可据,从而有助于收回领事裁判权,这就有了《大清刑事民事诉讼法》草案之编纂。他们是这样阐述该草案起草缘由的:

---

① 《周礼·大司寇》郑玄注:"讼,谓以财货相告者……狱,谓相告以罪名者。"(《十三经注疏·周礼注疏》(下册),北京大学出版社1999年版,第905—906页。)自晚清以降的法史学者多将此作为中国古代区分民事诉讼和刑事诉讼的重要证据。我以为中国古代实体法皆无民、刑之别,更遑论在诉讼法上划分民、刑。以现代刑法学研究《唐律》的著名学者戴炎辉教授对此亦持审慎态度,值得深思玩味:"我国古来法律受到道德的熏染,除现代所为犯罪行为外,侵权行为及债务不履行,亦被认为是犯罪行为,不过其违背道德较浅,其刑亦轻而已……有田土、户婚、钱货案与命盗案之分。惟不能截然分为民事诉讼与刑事诉讼,刑事的诉讼与民事的争讼,非诉讼标的本质上之差异,只不过其所具有之犯罪的色彩有浓淡之差而已。在诉讼程序上,民事与刑事并无'质的差异',即其所依据的原则并无二致。"(戴炎辉:《中国法制史》,台湾三民书局1966年版,第137页。)

窃惟法律一道，因时制宜。大致以刑法为体，以诉讼法为用。体不全，无以标立法之宗旨；用不备，无以收行法之实功。二者相因，不容偏废。[①]

该草案主要由伍廷芳执笔，分总纲、刑事规则、民事规则、刑事民事通用规则和中外交涉案件等5章，共260条，附颁行例3条，于1906年完稿。伍廷芳是英国法学者，且曾为香港法官，故该法采英美法系传统，规定了律师制、陪审制、公开审判制等直接来自英美的审判制度。

草案上奏后，清廷将之发给部院督抚大臣签注。以湖广总督张之洞为首的多数大臣认为该草案违背中国法律本旨，奏请废止。朝廷采纳此建议，该草案被搁置。《大清刑事民事诉讼法》草案是第一部打破传统诸法合体立法例、按部门法分类的法典草案。至此，各种规范混同的法律编纂方式才发生根本性变革，立法者开始尝试将实体法和程序法予以分立。[②]

2.《大清刑事诉讼律》草案

清末关于诉讼立法的努力并未因此而终止。1907年12月沈家本奏呈《修订法律馆办事章程》，第二条规定该馆分两科，其中第二科“掌刑事诉讼律、民事诉讼律之调查起草”[③]，形成了刑事诉讼律与民事诉讼律分别起草之新方针。

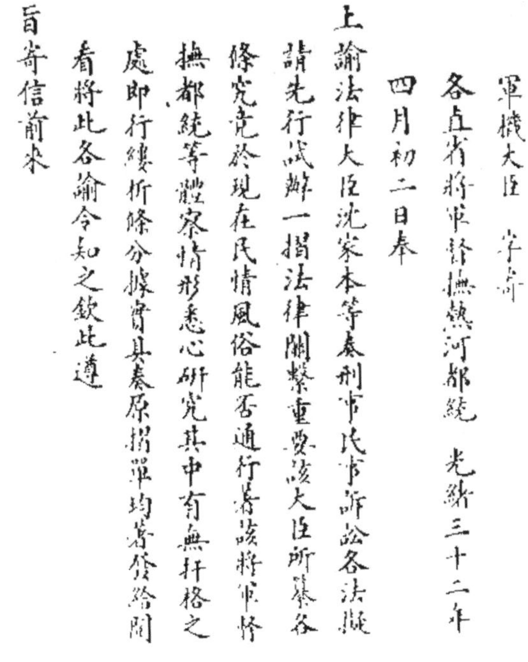
軍機大臣 字寄
各直省將軍督撫熱河都統 光緒三十二年
四月初二日奉
上諭法律大臣沈家本等奏刑事民事訴訟各法擬
請先行試辦一摺法律關繫重要該大臣所纂各
條究竟於現在民情風俗能否通行著該將軍督
撫都統等體察情形悉心研究其中有無扞格之
處即行縷析條分據實具奏原摺單均著發給閱
看將此各諭令知之欽此遵
旨寄信前來

图65 清末石印本《大清刑事诉讼法初订草案》

① 《修订法律大臣沈家本等奏进呈诉讼法拟请先行试办折》，载《大清新法令（1901—1911）点校本》（第一卷），商务印书馆2011年版，第418页。关于该草案之全文参见同书页420—456。

② 徐立志首先根据社科院法学所藏本考证出宣统年间修订法律馆还制定过《民事刑事诉讼暂行章程》，后吴泽勇、谢文哲等又有进一步研究。该章程计六编390条，拟定出来后因情势变更，没能上奏颁行。事过境迁，遂被人长期遗忘。相关研究参考徐立志：《沈家本等订民刑诉讼法草案考》，载张国华主编：《博古通今学贯中西的法学家——1990年沈家本法律思想国际学术研讨会论文集》，陕西人民出版社1992年版；吴泽勇：《〈民事刑事诉讼暂行章程〉考略》，载《昆明理工大学学报（社会科学版）》2008年第1期；谢文哲：《清末〈民事刑事诉讼暂行章程〉草案考论》，载陈刚主编：《中国民事诉讼法制百年进程》（第三卷），中国法制出版社2009年版。

③ 《大清法规大全》，台湾考正出版社1972年版，吏政部内官制二，第755页。

1909年《大清刑事诉讼律草案》起草完成,共分6编14章515条,条文后还附有立法理由。同年底即奏呈朝廷,奏疏首先阐明刑事诉讼律的重要性:

> 查诸律中,以刑事诉讼律尤为切要。西人有言曰:"刑律不善,不足以害良民;刑事诉讼律不备,即良民亦罹其害。"盖刑律为体,而刑诉为用,二者相为维系,固不容偏废也。①

该草案采用各国通例,主要参考借鉴了日本1890年的《刑事诉讼法》,在八个方面弥补了传统中国法律之不足:诉讼用劾式而放弃原来的纠问式;检察官提起公诉;以自由心证、直接审理和言辞辩论三原则来摘发真实;坚持原、被两造待遇平等;审判公开;当事人无处分权;用干涉主义;推行三审制度。

按照1910年12月宪政编查馆修订的预备立宪事宜清单,刑事诉讼律应在宣统三年颁布,但资政院还来不及议决,即因清亡而终止。到民国时期,大理院将其中的部分内容多以"诉讼法理"予以援引,对中国之后刑事诉讼法的制定提供了一些知识来源。

3.《大清民事诉讼律》草案

《大清民事诉讼律草案》由修律顾问松冈义正主持起草,历时三年编纂完成,亦于1909年底上奏清廷。该草案分4编21章800条,主要参考了1890年日本和1877年德国的《民事诉讼法》,采用了当事人主义、法院不干涉及辩论原则等制度,虽促进了中国民事诉讼法的近代化,但脱离中国当时的实际,确是一大缺失。

该草案的最后命运与《大清刑事诉讼律草案》一样。尽管如此,它作为中国历史上第一部法典化的民事诉讼法草案,改变了民事诉讼律附属于刑事诉讼律的格局,预示了中国法典编纂逐步走向近代。

二、民国时期的诉讼立法

民国北京政府时期,诉讼立法非常混乱。在民初很长一段时期,没有成系统的有效诉讼法规。1921年3月广州军政府以民事诉讼法和刑事诉讼法久未颁行,各级法院受理诉讼很困难为由,遂将晚清《民事诉讼律草案》和《刑事诉讼律草案》所有抵触约法及现行法令的条文,分别删除修正,予以公布施行,称为《民事诉讼律》和《刑事诉讼律》。北京政府于同年7月由修订法律馆完成《民事诉讼法草案》和《刑事诉讼法草案》,11月以"大总统教令"将之改名为《民事诉讼条例》和《刑事诉讼条例》,予以公布施行。这意味着全国施行了两套诉讼法规。就民事诉讼而言,《民事诉讼律》直接受德国法影响;《民事诉讼条例》同属德国法系,但参酌了晚近的奥地利、匈牙利的民事诉讼法,间或吸取英美法,故其内容较《民事诉讼律》大有进步,惟条文失之于繁琐。

国民政府统一全国后,两种诉讼法规并行于国内,实在非法治国所当有之现象,且事实上更窒碍繁多,急需改进,故加速起草刑事和民事诉讼法草案。

关于刑事诉讼法者。1928年2月,国民政府第29次委员会决议,由司法行政部提出刑事诉讼适用法规,认为当时各省自为风气,两种刑事诉讼法规并行,实非正轨,应博采成规、旁稽外制,迅速编制草案。不久,司法行政部编定了《刑事诉讼法草案》,于同年5月交法制局审查。审查完毕后,法制局将审查报告书提交国民党中央政治会议第149次会议审议,获

---

① 《大清刑事诉讼律草案》,卷前奏疏,修订法律馆1910年铅印本。

得通过。国民政府遂于1928年7月公布该法,同年9月1日施行。该法计9编513条。采用了四级三审制、国家追诉主义、公设辩护人制度、废止预审制度等。1933年12月,立法院以现行刑法亟待修正,《刑事诉讼法》亦应同时改订为由,遂组织委员会,起草修正案,但其重点在刑法上,不遑顾及《刑事诉讼法》。遂由司法行政部拟具《修正刑事诉讼法草案》,其修正理由略谓:

> 《法院组织法》上年已经公布,正待施行。该法既采用三级三审制,而民国十九年第231次中央政治会议议决之立法原则,复经定明应扩张自诉之范围,则现行《刑事诉讼法》自有从速改订之必要,且现行法中关于诉讼程序各规定,应加以修正者,更属不一而足。①

该草案经立法院多次开会审议修正,予以三读通过,于1935年1月1日与《中华民国刑法》(俗称"新刑法")一起公布,计9编20章516条。同年4月公布《刑事诉讼法施行法》,两法于同年7月1日施行。该法有如下要点:(1)实行三级三审制,除内乱罪、外患罪和妨碍国交罪由高等法院第一审外,其余案件均以地方法院为第一审法院。(2)明定延长羁押之期限。旧刑诉法对此无明文规定,该法则以三次为限,每次不得超过两个月。同时降低了声请停止羁押的条件,扩大了声请停止羁押不得驳回的适用范围。(3)进一步限制了司法警察的权力,规定司法警察向检察官移送嫌疑人的期限由3日缩短为24小时。(4)扩大自诉范围,规定凡犯罪行为之被害人,有行为能力者均可提起自诉,但对直系尊亲属或配偶不得提起自诉;检察官可于案件审判时出庭协助自诉。(5)明确规定上诉不加刑,除因原审法院适用法条不当或量刑显系失出而撤销者外,不得改判重刑。这些规定,对于励行法治,或多或少都有所帮助。

关于民事诉讼法者。1928年5月司法部拟定《民事诉讼法草案》。为了与实体法配套,几经讨论修正,国民政府于1931年2月公布了《民事诉讼法》,1932年5月公布了《民事诉讼法施行法》。《民事诉讼法》系采《民事诉讼条例》为蓝本而加以删改,共5编600条。该法自1932年5月20日施行后,到1934年已施行两年,司法行政部发现不少问题,于是拟具修正草案。其修改理由略云:

> 窃查《民事诉讼法》为国家保护人民私权之程序法规,所定程序,贵在迅速解决两造间之争执,俾有正当权利之人,得受充分保护。现行《民事诉讼法》自施行以来,已将两载,征诸法院之经验,民间之批评,其关于诉讼程序各规定,有过于繁杂者,亦有尚嫌疏漏者,于诉讼人既多不便,而法院结案亦不免因之延滞。本部认为有亟行改订之必要。②

司法行政部的《修正民事诉讼法草案》经立法院修正后获得通过。国民政府于1935年2月公布,同年5月公布《民事诉讼法施行法》,两法均于同年7月施行。《新民事诉讼法》,计9编12章636条。与旧民诉法相比,该法最明显的特点有二:(1)在程序设计上尽量避免诉讼延滞。旧法规定,当事人一经申请法官回避,诉讼程序即应停止。该法增加了限制,规定如当事人的申请不合程式或意图延滞诉讼,诉讼程序不因当事人的回避申请而停止;当事人提出答辩状逾期,致使诉讼延期,即使不是故意拖延,如有重大过失,法院可以驳回;双方当事

---

① 转引自谢振民编著:《中华民国立法史》(下册),中国政法大学出版社2000年版,第1022页。
② 同上书,第1004页。

人延迟言辞辩论,虽可视为休止诉讼程序,但法院认为有必要时可依职权续行诉讼。(2)增加了有关民事调解之规定,将1931年施行的《民事调解法》部分条文修改后编入,使得诉讼和调解能更好地衔接,有助于减少当事人的费用,节省其时间和精力。

关于行政诉讼者。早在1914年参政院代行立法院职权,议定《诉愿法》和《行政诉讼法》,于同年七月公布施行。这是近代中国最早的行政诉讼法。该法较简略,分四章,分别规定行政诉讼之范围、当事人、程序和裁决之执行。国民政府统一全国后,司法院以行政法院急待设立,行政诉讼法关系重要,拟具了《行政诉讼法草案》,该草案经立法院审查通过,国民政府于1932年公布,定于1933年施行,计27条,不分章节,简明扼要是其特点。它规定行政诉讼由行政法院受理;行政诉讼范围采概括主义并得附带损害赔偿之诉,使得民众能方便提起行政诉讼,以保护其权利;对行政官署的违法处分始得提起行政诉讼,因民众对其不当处分,可通过诉愿或再诉愿以为救济之途;以财政和人力之限制,行政诉讼以一审为限,但允许再审,期限定为60日;为避免案悬莫结之弊,规定被告行政官署延置不理者,行政法院可径自判决;行政诉讼以书状判决为原则;借鉴德、日、奥等国的规定,《行政诉讼法》未规定者,关于行政诉讼准用民事诉讼法之规定。①

在诉讼法制领域,经晚清民国时期几十年的持续努力,初步建立起一套以西方诉讼法,尤其是德、日诉讼法为蓝本的诉讼法律制度,极大推进了诉讼法制的近代变革。

第二节　近代中国的司法机构

一、晚清大理院与各级审判厅的设立

清末司法机构变革大致可分司法行政和司法审判两大领域。因晚清已宣布预备立宪,则不能不按三权分立模式来改革相关机构。首席军机大臣庆亲王奕劻在其领衔议定官制的奏折中即讲得很透彻:"立宪国官制,不外立法、行政、司法三权并峙,各有专属,相辅而行",属"意美法良"。反之,若权限分划不清楚,则危害甚大:

> 以行政官而兼有立法权,则必有藉行政之名义,创为不平之法律,而未协舆情。以行政官而兼有司法权,则必有循平时之爱憎,变更一定之法律,以意为出入。以司法官而兼有立法权,则必有谋听断之便利,制为严峻之法律,以肆行武健,举人民之生命权利,遂妨害于无穷。②

本此原则,在清末改革中央官制中,清廷改刑部为法部,负责司法行政;改大理寺为大理院,为最高司法审判机关。在地方官制改革中,于各省将提刑按察使司(臬司)改为提法司,负责一省司法行政;设立各级审判厅,负责各该辖区内司法审判事宜。下面侧重介绍负责司法审判的大理院与各级审判厅。

(一)晚清大理院

1906年10月,清廷发布中央官制改革谕旨,大理寺改为大理院,专掌审判,以沈家本、刘若曾分任大理院正卿和少卿。同年11月,沈家本主持制定了《大理院审判编制法》,得到清

---

① 参考谢振民编著:《中华民国立法史》(下册),中国政法大学出版社2000年版,第991—1030、1051—1055页。
② 《庆亲王奕劻等奏厘定中央各衙门官制缮单进呈折》,载故宫博物院明清档案部编:《筹备立宪档案史料》(上册),中华书局1979年版,第463页。

图 66　清末大理院

廷认可。该法为筹设大理院提供了一纲领性的法律规定,分总纲、大理院、京师高等审判厅、城内外地方审判厅和城谳局等 5 节 45 条。它明确了大理院作为最高审判机构的性质,肯定了司法独立原则,建立了四级三审制度。1909 年底,清廷还正式颁布了《法院编制法》16 章 164 条,正式确立了包括大理院、高等审判厅、地方审判厅和初级审判厅在内的四级三审制、审判独立、公开审判、检察官公诉、合议制等审判制度和原则。大理院作为中国历史上最早的最高法院,自成立到清亡解散,实际也就运作了 4 年左右的时间,期间还面临与法部的权限争执,可用资源十分有限,环境非常不利,但大理院还是较出色完成了其最高审判职能,值得称道。[①]

(二) 晚清各级审判厅

按理说要与大理院配套,完成整个独立司法体系的设置,全国应遍设各级审判厅。因限于人力和财力,清廷决定分步骤设立。1906 年袁世凯在天津府县试办各级审判厅,在总结其经验基础上,1907 年 12 月,清廷颁行了法部制定的《各级审判厅试办章程》5 章 120 条。它将案件明确分为刑事案件和民事案件,因诉讼而定罪之有无者为刑事案件,定理之曲直者为民事案件,各有其不同的审理程序;还详细规定了检察官制度。按照清廷预备立宪筹备清单,1910 年应完成设立各省省城商埠各级审判厅的工作,直省府厅州县城治各级审判厅限

---

① 相关研究参考韩涛:《晚清大理院:中国最早的最高法院》,法律出版社 2012 年版。

1912年底粗具规模。故截止清亡,清廷在各省省城商埠基本设立了高等审判厅、地方审判厅和初级审判厅170多所,并进行了相应的案件审理工作。这些审判厅所制定的判决、裁决文书之精华者,部分收入《各省审判厅判牍》一书。①

新式审判机构的成立及其顺利运作离不开高素质的法官队伍。1906年在沈家本等人的努力下,京师法律学堂开学;随后几年,京师和绝大多数省份都成立了法政学堂,培养了数量不菲的法政学生。因当时科举已废,国外的法官考试制度很契合中国国情,故清末确立了法官考试制度。1910年法部举办了第一次全国性的法官考试,共有560多人获得通过。这些考试合格人员,由于当时需才孔亟,经过几个月的实习即可正式充任法官、检察官。他们中很多人后来成为民国法界之翘楚,推进了中国法制的近代化。②

二、民初大理院与平政院

北京政府时期,虽经历了军阀混战,全国分崩离析,除了少数军阀的不法行为外,大致言之,全国还是遵循北京大理院的判决例和解释例,从而维护了全国法律适用的大致统一。另外,在袁世凯当国时期,本于传统法制"治吏"之宗旨,借鉴了西方的行政诉讼制度,建立了平政院,裁决了一些行政诉讼。

(一)民初大理院

袁世凯时期,大理院继续存在,首脑正卿因国体改为院长,不设少卿。首任院长许世英,后为章宗祥、姚震等法政学界知名人士。

民元以来,大理院推事侧重选拔留学学法人员,并在社会上有一定声望、精力健全之人,从推事到书记几为新人。1915年初,袁世凯屡颁命令,法院不应全用新人而应改用旧式法律家,司法部未能遵从,大理院更坚持非毕业于大学专门学校的法律人不能充当推事。以1921年为例,其时大理院有推事32人,本国法律学校毕业者11人,留学日本18人,德国柏林大学1人,美国法学院2人。其司法人员学识能力远高于下级法院,人文荟萃。对大理院推事之简历深入考察会发现,他们留学前多为旧学已仕人员,关于经史子集旧律例已有相当根砥,加之人生历练,非浮泛可比。江庸曾说,尽管当时司法不能尽令人满意,较之其他领域尚好,原因之一就是人才鼎盛,在学识与经验上非它机关人员可比。因此他对司法抱乐观态度。③民初大理院曾任院长推事者79人,有65人学历清楚:留日43人,留美5人,留英4人,京师法律学堂9人,旧式科举4人。

这些推事,颇能坚持司法独立。这里略举几例,以见一斑。(1)朱学曾株守法律案。袁世凯当国时,江苏民政长应得闳有侵占罪嫌疑,命司法总长令总检察长向大理院起诉,民事三庭庭长朱学曾主审,预审调查结果证据不足,决定免诉。袁世凯交平政院审理还是如此。袁世凯恼怒,下令训饬"该推事株守法例,未免拘牵"。这可视为大理院坚持独立审判的重要证据。(2)大理院与国会冲突案。三权分立,立法机关与司法机关相依为命,如司法受行政机关、军人摧残,国会亦不能保其生命。民国国会、省议会对于司法,不惟不表同情,且有与行政、军阀联络以施摧残之举。1916年袁世凯去世后,其中有主张国会议员复选无效的诉讼,不应由大理院受理上诉。大理院则认为,依参众两院选举法,虽未明言此项诉讼得上诉

---

① 汪庆祺编:《各省审判厅判牍》,李启成点校,北京大学出版社2007年版。
② 相关研究参考李启成《晚清各级审判厅研究》,北京大学出版社2004年版。
③ 江庸:《〈法律评论〉发刊词》,1923年7月。

于大理院,亦未明言不得上诉于大理院。依法律精神之解释,终以准人民上诉为正当。国会乃通过决议,议决大理院判决无效,并通告政府不予执行。大理院则主张有最高解释权,其判决无人可以变更,并告诉政府,国会职权只能议决法律,不能有所谓决议案,更不能有侵犯司法之权。国会及国务院均无办法,最后国会乃另议法律案解决此问题。(3)洪述祖案。宋教仁遇刺,闸北检察厅捕获凶手武士英,抓获指使人会党头目应夔丞,供出主谋内务部秘书洪述祖。袁世凯欲组织特别法庭,为司法总长许世英拒绝,由上海地方审判厅处理。

大理院判例和解释例(简称"判解")对民初司法产生了巨大影响,主要体现在:(1)民初民商法典不完备,刑事立法虽具雏形,但疑义甚多,大理院通过制作判解,较正确阐释了法律规则之含义,并界定其适用的标准和范围,弥补了法律的疏阔。(2)判解在实务上对各下级司法机关有事实上的拘束力,很大程度上避免了无法可依、同法异判之弊。这都为随后国民政府较成功的立法和司法实践奠定了坚实的基础。

大理院共制作了近4000条判决例。大理院判决书由主文、事实、理由三部分构成,主文一般引用法条文句,后面部分因法官而异。判例指的是大理院就上诉案件以及经由其一审终结案件的判决,并非所有的判决都是判例,只有那些具创新意义或补充法律不足或阐明法律真意等才是。其编纂方法是省略事实,从判决全文中概括出或提炼出几句话,构成"判例要旨"。"判例要旨"由大理院编辑,登于《政府公报》或《司法公报》上。其编纂次第,一是以法为类,先实体法后程序法,先普通法后特别法;二是以法典条文为序。既便于查找,又能有意识创建法律体系。

大理院制作解释例的根据是修正《法院编制法》第35条之规定"大理院长有统一解释法令必应处置之权"。其方法有二:(1)解答质疑;(2)纠正误解。请求解释的机关有地方各级司法机构、国务院及其下属的陆军部、司法部和其他中央地方行政机关。其解释在法律空白、疑义滋生之际,不乏长篇累牍、论述学理、引证事实之文。民国学者郭卫编《大理院解释例全文》,时间从1913年1月15日统字第1号解释到1927年10月22日第2012号。

大理院十几年来在权衡中西法理和法制中所取得的经验和成就,为国民政府创建六法打下基础。它试图创造一新法律的基础,始终抱有民法法典化的理想,力求将判例、解释例营造成法典的形式。同一条,判例在前,解释例在后。大理院的判例和解释例多为下级法院遵守,是研究民初法制的重要资料。[①]"承法之人无不人手一编,每遇讼争,则律师与审判官皆不约而同,而以'查大理院某年某字某号判决如何如何'为讼争定谳之根据。"[②]大理院的判解之所以能获得尊重,当然是与大理院推事以较开明的态度,能择善而从紧密相关,试举一例:

> 安阳县蔡黄氏,先与某甲订婚,立有婚约。后又与某乙订婚,亦立有婚约。某乙并已先迎娶成婚,某甲提起确认之诉。当时大理院判例,婚约在前者有效。判例具法律效力,大理院发还河南高等审判厅更审此案,意旨表明此点,但指示劝谕某甲放弃主张。审理中,迭经劝谕,某甲不肯放弃主张,坚持其婚约有效。蔡黄氏又迭供愿从一而终,致案难处理。余(检察官马寿华)出庭陈述意见(彼时制度,刑事案件检察官固应出庭论告,民事案件关于亲子婚姻者,亦须代表公益出庭陈述意见),主张蔡黄氏既迭供愿从一

---

① 本节内容参考黄源盛:《民初大理院(1912—1928)》,载《民初法律变迁与裁判(1912—1928)》,台湾政治大学法学丛书(47)2000年自版,第1—79页。

② 胡长清:《中国民法总论》,中国政法大学出版社1997年版,第35—36页。

而终,我们不能借法律之力,强迫之失其贞操,只有不采用大理院判例。审理此案之审判长贺寅清(字静山)赞同余之主张,合议通过,判某甲败诉。后大理院因之变更判例,凡女子有两次婚约者,尊重当事人意见,以定何次有效。余觉得此案之判决,系确守我国传统之伦理道德,可说是遵照法律以上的至高原则,仍合乎遵照法律之本旨,绝非违法也。①

(二)民初平政院

行政裁判通称行政诉讼,指的是人民对于行政机关及其工作人员违法侵害其权利的事实,得向特定机关寻求救济的诉讼行为。其主要目的是防止行政机关的违法处分,维护法律的尊严,进而保障人民的权利。传统中国在专制政体之下,人们按职业有士农工商之别,农工商在政治结构中皆属于"民"之范畴,士则部分归于"官"的范畴,"官"乃受命于天子来治理万"民",故形成官尊民卑之观念与事实。人民受到了官府的非法侵害,被称为"冤情",只能申诉于该管官厅或其上级官府,无现代意义上的民与官居于平等地位而对簿公堂,由居于独立地位的第三者来裁判其是非曲直的行政诉讼观念和制度设置。

到晚清模范列强变法改制,设立行政法院势在必行,但未及落实即国祚告终。南京临时政府颁行《临时约法》,正式规定:"人民对于官吏违法损害之行为,有陈述于平政院之权。"这即意味着平政院乃民国行政法院之称谓。1914年3月31日袁世凯以大总统教令公布《平政院编制令》,平政院正式设立,与大理院、审计院立于平行地位。

平政院直隶于大总统,设院长一人、评事十五人、肃政史十六人。肃政史组成肃政厅,主司官吏纠弹,对平政院独立行使其职务。依《平政院编制令》第一条第一项之规定:"平政院有察理行政官吏违法不正行为之权。""察理"指的是监察和审理,监察权由肃政厅肃政史行使,审理权由评事所组成的合议庭行使。据此而言,民初所设置的平政院,并非单纯的行政裁判机关,尚兼有纠弹和审理违法官员之职能。所以有学者讲:平政院"系中西合璧、古今混杂之设计,平政院掌理'百姓告官',其下又设立肃政厅,负责整肃官箴,有明清都察院或御史台之遗迹存在,肃政史之于平政院,颇似我国日后检察官与其属法院间之关系"。② 到1917年初,肃政厅被裁撤,之后直到1928年,平政院成为这一时期全国唯一的行政裁判机关。

我国著名的法史学家陈顾远先生曾任职于平政院,他有这样的回忆:

> 平政院设于北平丰盛胡同,民五以后,任院长者有张国淦、汪大燮诸人。内分三庭,每庭有庭长、评事,均简任,另有荐任或委任书记官,高普考分发而来的,暂为学习书记官,有缺亦可补实。三庭以外,设文书科、会计科、总务科,直接受院长的指挥监督。平政院本来是一个清闲机关,每年所收的案子不到十件,各方对其地位都不重视。当灾害遍北平的时日,平政院尤其贫苦,每年能向财政部领到四个月经费薪给就算好景,冬日连办公室的煤炉都生不起,其他可推而知。于是,平政院便有一个众人皆知的黑名"贫证院"……院方接收案件既少,办公人员到了办公室,真是所谓"划划到,看看报,谈谈天,抽抽烟",不然,便是下棋或小睡而已!后来,因欠薪更多,各人情意均懒,划到也成了官样文章,或预先签到数日,或数日后再为补签,总之,一星期能有一天到院也就算好了。然在此数年中,我倒主办了五件案子,说起来也很有趣。因为庭长卢先生乃一博学

---

① 马寿华:《服务司法界六十一年》,台湾马氏思上书屋1988年版,第26—27页。
② 吴庚:《行政诉讼法论》,1999年自版,第9页。

鸿儒,最喜读书人,对我相当器重,而那时新来的几位评事,学问很多,却都不懂法律。案子分到某位评事主办,均以"我对法律生疏",拒绝接收。于是庭长便想到我,每一件案子,令我写一说帖,结果大体上都照说帖的意见裁判下去。我当时系修习政治学科,尚未毕业,而人家几万元,甚至几十万元的财产案子,谁输谁赢,都由我这尚未成熟的刀笔士,评定了他们的命运。以一个学校未毕业的学生,而在实际上有如此的权力,当时颇以为豪,迄今思之,必不免有疏误的地方,好不惭愧人也。①

尽管平政院在实际运作中遭遇了这样那样的困难,有诸多不尽如人意之处,但平政院的成立,是中国正式建立行政诉讼制度的创举,自有其意义。更有学者对平政院裁决案件进行了精深的实证分析,指出:平政院于民国开基伊始,行政诉讼制度方萌芽之际,于法治及法制均未健全的时代里,专理行政诉讼十又四年,其间并无重大流弊,评事中虽较缺乏法律专业人才,但皆属富于行政经验之有学养人士,事简而专责,遇事亦无迟滞,能有此成绩,已属难能,重要的是,它为下一阶段的国民政府时期的行政诉讼制度奠下了根基。②

三、国民政府司法院

司法院是国民政府最高司法机关,掌理司法审判、司法行政、管理惩戒、解释法令和变更判例权,《中华民国宪法》还赋予其解释宪法、法律及命令之权,有对各省自治法进行违宪审查之权力,下辖司法行政部、最高法院、行政法院、公务员惩戒委员会。司法行政部掌理司法行政,有时隶属于行政院,有时隶属于司法院,不赘述。

图 67　南京国民政府时期司法院

(一) 最高法院及大法官会议

最高法院,乃司法院下属机构,设于中央政府所在地,管辖终审案件及非常上诉案件。

---

① 陈顾远:《双晴室余文存稿选录》,第170—171页;转引自黄源盛:《民初法律变迁与裁判(1912—1928)》,台湾政治大学法学丛书(47)2000年自版,第155—156页。
② 黄源盛:《平政院裁决书整编与初探(1914—1928)》,载黄源盛:《民初法律变迁与裁判(1912—1928)》,台湾政治大学法学丛书(47)2000年自版,第169页。

最高法院设置院长一名,并兼任推事。分别设置民事庭和刑事庭,其庭数根据事务之繁简来确定。在抗战以前,最高法院设民事五庭,刑事十一庭。抗战期间在重庆,减为民事三庭,刑事四庭。抗战胜利后案件激增,共设置民事十庭,刑事十四庭。各庭设置庭长一人,除由院长兼充庭长外,其余从推事中选任。最高法院各庭审理案件,关于法律上之见解,与本庭或他庭判决先例有异时,应由院长呈由司法院院长,召集变更判决会议来决定。

1948年,根据《司法院组织法》,司法院设大法官会议,以大法官17人组织之,行使解释宪法和统一解释法律命令之职权。大法官会议,以司法院院长为主席。大法官应具下列资格之一:(1)曾任最高法院推事十年以上者;(2)曾任立法委员九年以上者;(3)曾任大学法律学主要科目教授十年以上者;(4)曾任国际法庭法官,或有公法学或比较法学之权威著作者;(5)研究法学富有政治经验、声誉卓著者。具有前项任何一类资格之大法官,其人数不得超过总名额三分之一。大法官任期为九年,由总统提名,经监察院同意后任命。

(二)行政法院

1932年11月,国民政府公布《行政法院组织法》,1933年6月行政法院成立。1948年3月,国民政府公布《行政法院修正组织法》。行政法院掌理全国行政诉讼之审判事务。内设二庭或三庭,每庭置庭长一人,行政法院院长兼任评事,并充庭长,其余庭长,从评事中遴选。行政法院之审判,以评事五人合议进行,以庭长为审判长。评事之资格,非年满三十岁,在教育部认可的国内外专科以上学校修习政治法律学科三年以上毕业,并曾任简任公务员二年以上确有成绩者,不得任用;每庭评事,应有曾充任法官者二人。

行政诉讼,为人民对于官署违法处分之最后救济,须先经过诉愿之程序。根据《诉愿法》和《行政诉讼法》之规定,人民因中央或地方官署之违法或不当处分,致损害其权利或利益者,得提起诉愿。不服诉愿决定的,可提起再诉愿。人民就官署之违法处分,经提起再诉愿而不服其决定,或逾三个月不为决定者,得向行政法院提起行政诉讼,并得附带请求损害赔偿。行政法院认为不应提起行政诉讼或违背程序者,应以裁定驳回之。行政法院认为起诉为有理由者,则以判决撤销或变更原处分或决定;认为无理由者,则以判决驳回。对于行政法院之裁判,不得上诉或抗告。

(三)公务员惩戒委员会

1931年6月国民政府公布《公务员惩戒委员会组织法》,将公务员惩戒委员会分为中央和地方两种,皆隶属于司法院。中央公务员惩戒委员会于1932年4月成立,设置委员长一人,委员九人至十一人,掌管全国荐任职以上公务员及中央各官署委任职公务员之惩戒事宜。地方公务员惩戒委员会分设于各省,自1932年之后,各省陆续设立。地方公务员惩戒委员会设置委员长一人,由高等法院院长兼任,委员七人到九人,其中三人到四人,由高等法院院长及推事兼任,剩下的由省政府各厅处荐任人员兼任,掌管各该省委任职公务员之惩戒事宜。1948年4月,国民政府公布《修正公务员惩戒委员会组织法》,规定所有全国公务员之惩戒事宜,不论政务官与事务官,亦不分中央与地方,全归公务员惩戒委员会掌管。增加委员为九人至十五人,非年满四十岁,于政治法律有深切之研究,并曾任简任职五年以上或荐任职十年以上,不得任用。其中应有五人至七人,曾任过简任法官的。惩戒事件之审议,应有委员七人以上出席,由委员长指定资深委员一人为主席。惩戒之决议,以出席委员过半数之同意来决定。①

---

① "司法院"部分之内容,参考汪楫宝:《民国司法志》,商务印书馆2013年版,第3—13、97—103页。

第三节　近代中国的法官与司法党化

一、近代中国的法官考试制度和法官培训

（一）清末法官考试制度的奠基

按照清廷筹备立宪之计划，到1910年底全国省城商埠各级审判厅应一律成立，法官考试已呈万不可缓之势。法部经过几个月紧张准备之后，于该年三月公布了《法官考试办法》及其《施行细则》，并宣布在下半年举行全国性的法官考试。于是到1910年八九月份清政府举行了第一次全国性的法官考试。为了使所有的在职法官都达到《法院编制法》"经考试合格"方能充任法官的规定，在全国性的法官考试结束以后，法部决定对在法官考试之前就已经设立省城商埠各级审判厅的在职法官补行试验。

清政府的迅速灭亡，宣统二年（1910年）考试合格的法官学习期尚未结束，学习期满之后的考试未能举行，所以晚清法官考试的全貌并没有充分展现。尽管如此，但已举行的天津府属审判厅法官试验、宣统二年法官考试以及奉天和京师各级审判厅的在职法官考试，基本达到了宪政编查馆"非经考试不能充任法官"的预期，大致落实了《法官考试任用暂行章程》的规定，实际上确立了通过考试选拔法官的制度。

晚清法官考试既是清末法律改革中司法独立思想推动的结果，同时又构成了保证司法独立的一种制度建构，对民国时期的司法官考试制度产生了巨大的影响。其考试制度的规范性质、严格通过考试选拔法官的制度本身、考试内容注重能力而非机械记忆法条、把考生置于立法者和裁判者的位置去思考问题等诸多方面对现今的司法官考试具有借鉴作用。①

（二）民初法官考试和培训制度

民国继承了晚清的法官考试制度。据现有的史料来看，民国时期最早的司法官考试为湖北军政府举行的司法官考试。据时任司法部长的张知本回忆：当时司法部的主要任务之一就是"草创考试制度，招考优秀之司法人员，派赴各地审检厅任用，以建立完整独立之司法体制"。② 北京政府时期，按照《文官高等考试令》的规定，司法官考试每三年举行一次，必要时还可以举行临时考试。1913年至1921年共举行了一次甄拔试和四次法官考试。由于经费无从着落，其后四年没有举行一次考试，到1926年举办了第五次，也是最后一次法官考试。这几次考试，共录取法官将近八百人，占了当时司法官总数的较高比例。③

为了培训法官，增加司法人员的法律实践知识，1914年北京政府开设了司法讲习所，作为专职司法官培训机构。民国时期的司法官养成系统是法政学校教育、司法官考试制度和法官培训机构的三位一体，自司法讲习所设立之后，近代中国的法官养成制度才基本成型。1921年底司法讲习所因军阀混战导致政府财政困难被迫撤销，同年第四次司法官考试招收的预备司法官也不得不由原来司法讲习所集中培训改为分发各地审检厅实习锻炼。司法讲习所共培训学员四百多人，年龄多在30—40岁之间，毕业之后除极少数分发到司法部和大

---

① 参考李启成：《晚清各级审判厅研究》，北京大学出版社2004年版，第94—123页。
② 《张知本先生访问记录》，"中央研究院"近代史研究所口述历史丛书(61)1996年自版，第22—23页。
③ 相关研究参考胡震：《民初司法发展的制度性环境——以司法官考试制度为例的分析》，载《中国矿业大学学报（社会科学版）》2007年第3期。

理院外,全部到各地审检厅担任推事或检察官,有不少人成为民国司法中坚力量。①

司法讲习所停办后,华盛顿会议关于撤废治外法权与列强达成协议,列强来华实地考察中国法律和司法情形,以为中国撤废领事裁判权的根据。调查结束后,各国代表向中国政府提出了改良司法的建议。法界中人多倾向于要求政府继续开办专门的司法官培训机构,1926年政府重新举行停顿了数年的法官考试,决定筹设司法储才馆作为此批考试合格之法官的培训机构。随着北伐的进展,国民政府决定将此届司法官培训办理完毕。1929年1月,司法储才馆学员135人完成了两年学业顺利毕业,全部分发到各地法院和检察院,随后司法储才馆被解散。② 司法讲习所和司法储才馆是北洋时期主要的司法官培训机构,为民国司法作出了贡献。

(三)国民政府时期的法官考试与培训制度

国民政府在广州时期,即于1926年举行了法官考试。以后法官考试频频举行。据统计,1949年国民政府迁台前共举行正式、临时和甄审铨定等类司法官考试达35次,及格者多达三千多名。按照这一时期法律之规定,司法官考试分为初试和再试两个阶段。初试及格者,分发各法院学习,或送入专门的训练机构,予以司法实务之训练。等到学习或训练期满,举行再试。经再试及格,才获得完全的司法官资格。

广州国民政府曾开办法官学校,专门培植司法官人才,后停办。1929年南京国民政府恢复此种训练制度,开办法官训练所。该所以法官初试及格者为对象,共毕业三班。鉴于当时中国的司法现状,该所第四至六班,以转业法官之党务工作人员为对象,第七至九班,则以训练县司法处审判官取得法官资格者为对象。各班训练期间,长短不一,自半年至二年不等。其法官初试及格而受训练者,期满考试,成绩优良的,以再试合格论。1943年法官训练所停办。到抗战结束后,国民政府曾公布《司法官训练办法》,而有选调现任法官参加中央训练团受训和选送中央政治学校司法官训练班受训之做法,惟时间较短、人数有限,且政局动荡,很难有满意之效果。③

国民政府时期与晚清民初相比,尽管从法官考试和培训的形式上看无大差别,但考试和培训的实质内容皆有重大变化,那就是由司法官不党以保持中立之裁判资格到确认司法党化。1909年颁布的《法院编制法》第121条明确规定,推事及检察官在职中不得为政党员、政社员及中央议会或地方议会之议员。民国北京政府继承了清末的规定,规定法官不得加入任何政党和组织,同时法官也不得当选为中央和地方议会的代表。这种强调司法不党的做法,自然对司法官的政治素质无特别要求,法官考试内容主要是以法学专业知识为主,兼顾及应考者的人文素养和行政素质。国民政府则强调司法党化,在司法官考试和训练方面的影响主要表现在:在考试资格方面,基本上要求投考者为中国国民党党员,或者是志愿加入国民党而向无反革命行为者,实际上国民党党证成为司法官考试的先决条件;在考试内容方面,早在广州国民政府的司法官考试中,党纲党义就成为考试内容之一。南京国民政府成立后,《三民主义》《建国方略》和《建国大纲》成为考试的必试科目。在法官训练方面,党务人员也获得特别优先的地位而相对淡化了法学专业知识和技能。如前述法官训练所第四至六班,专以转业法官之党务工作人员为对象,即是一例。党化教育居于重要位置,乃国民政府

---

① 参考李启成:《司法讲习所考论——中国近代司法官培训制度的产生》,载《比较法研究》2007年第2期。
② 参考俞江:《司法储才馆初考》,载《近代中国的法律与学术》,北京大学出版社2008年版,第280—297页。
③ 参考汪楫宝:《民国司法志》,商务印书馆2013年版,第49—53页。

时期法官考试和培训的最主要特点。

二、国民政府时期的司法党化

1924年国民党一大召开,孙中山提出要用政党的力量去改变国家,将党放在国家之上,以党建国。这是近代中国政治史上一件大事,改变了近代中国的政治走向。该年4月广州大理院院长赵士北因坚持司法独立,主张"司法无党",被孙中山下令免职。1926年8月,国民党元老徐谦从苏联回国,着手"司法党化"工作。

综观国民政府时期的司法党化,大致可分为两个阶段:第一阶段是司法党人化阶段,以徐谦、王宠惠为代表,司法党化以革命化的语词与形式表现出来。第二阶段是司法党义化,其代表人物是居正,主要通过倡导司法的民族主义来为党义化论证。①

图68 国民政府时期司法部法官政治党务训练班证章

广州国民政府于1926年即正式提出"司法党化"。该年9月,《民国日报》发表徐谦的文章《对改造司法之主张》,宣称司法党化:"现行司法制度乃非党的与不革命的,而现在在职之司法官尤多为反革命的……要非根本改造不可。而根本改造即非提倡党化的与革命化的司法不可……旧时司法观念,认为天经地义者,曰'司法独立',曰'司法官不党',此皆今日认为违反党义与革命精神之大端也。"②王宠惠在南京国民政府司法院长任上认可了徐谦的司法党化主张,明确宣称司法党化为改良司法的基本方针:"以党治国,无所不赅……为法官者,对于党义,苟无明确之体验,坚固之信仰,恐不能得适当之裁判。"③

1932年居正继任司法院长,在司法党人化这个目标基本完成后,对司法党化的某些过激做法进行了反思,确定了司法党化由党人化到党义化的转变。这种转变,集中体现在他于

---

① 参考江照信:《民国司法党化问题与法律主义化进程》,载林端等主编:《司法、政治与社会——中国大陆的经验研究》,台湾翰芦图书出版有限公司2012年版,第91—120页。
② 《民国日报》,1926年9月20日。
③ 王宠惠著、张仁善编:《王宠惠法学文集》,法律出版社2008年版,第285页。

1935年发表的《司法党化问题》文中,他从理论上论证了"司法党化"的必要性及其施行方针。

> 在"以党治国"一个大原则统治着的国家,"司法党化"应该视作"家常便饭"。在那里,一切政治制度都应该党化,特别是在训政时期,新社会思想尚待扶植,而旧思想却反动勘虞。如果不把一切政治制度都党化了,便无异自己解除武装,任敌人袭击。何况司法是国家生存之保障,社会秩序之前卫。如果不把它党化了,换言之,如果尚容许旧社会意识偷藏潜伏于自己司法系统当中,那就无异容许敌方遣派的奸细加入自己卫队的营幕里,这是何等一个自杀政策。"司法党化"是不成问题的,所成为问题的就是——如何才叫做"司法党化"。把几个司法系统的高级长官都给党人做了,这可以算是"司法党化"么?或者把一切司法官限制都取消了,凡党员都可以做司法官;把一切法律都取消了,任党员的司法官拿自己的意思武断一切,这可以算是"司法党化"么?司法党化必须包含以下两个意义:一、司法干部人员一律党化——主观方面。二、适用法律之际必须注意于党义之运用——客观方面。

如何才能把这种"司法党义化"落到实处,居正根据审判实践和自己对党义的探讨,归纳了七个方面的举措,可谓面面俱到:(1)令法官注意研究党义,适用党义;(2)以运用党义判案作为审查成绩之第一标准;(3)司法官考试,关于党义科目,应以运用党义判案为试题,不用呆板的抽象的党义问答;(4)法官训练所应极力扩充范围,务使下级法官一律有入所训练之机会,同时该所课程应增加"法律哲学"及"党义判例"、"党义拟判实习"等科目;(5)设立法曹会,并饬其注重研究党义之运用;(6)编纂"判解党义汇览",摘录党义及基本法理,与判例解释例类比,分别附于法律条文之后,而辨别其旨趣之符契或乖离;(7)从速施行陪审制度。为了让司法党义化更明白易懂,他还做了例举。其一为当时影响甚大的张宗昌案:

> (张宗昌)是彰明较著的军阀,其卖国罔民之劣迹,人人皆知。特别是在国民革命军北伐的时候,他还负隅顽抗,失败以后,还毫没有悔过之表示;而且国府曾经通缉有案亦未取消。绳之党义,明明是"不得享有自由及权利"之人。民国国民之自由及权利,不轻授于此等破坏民国者,毫无疑义。质言之,他决不是国民政府法律所保护之人;他之生命,决不是法律保护下之法益。《刑法》第二百八十四条所指被杀之人,系以法律保护下法益之持主为要件。张宗昌之生命既不为国民政府法律之所保护,则郑继成之刺杀,自不合《刑法》第二百八十四条之要件。①

从近代中国法制演变的轨迹来看,国民政府时期的司法党化是以党治国的党国体制在司法领域的体现,它"在很大程度上改变了清末新政以来中国司法的程序化与职业化走向,此后中国的司法明显受此影响。从这个角度上讲,国民革命中的以党化为主旨的司法变革是中国近代司法史上的转捩时期"②。不得不说,国民政府的司法状况饱受诟病,司法权日益边缘化,就与这种司法党化的做法分不开。

---

① 《东方杂志》,第32卷第10号。
② 李在全:《法治与党治:国民党政权的司法党化(1923—1948)》,社会科学文献出版社2012年版,第88页。

第四节　近代中国的律师与陪审制度

一、晚清律师制度的萌芽

传统中国社会有存在于民间而为官方所禁止的讼师和官方的代书,虽然他们都从事律师的某一项或几项工作,但与近代的律师制度存在根本性差异。近代中国的律师辩护思想和律师制度建设是从西方移植而来。

"律师"在汉语中原指精研律藏的佛教僧侣,到十九世纪七十年代,清廷驻外使节郭嵩焘开始以这个词汇来称呼英国的法律职业者。到八十年代,作为法律从业者的"律师"一词开始流行。

西方律师辩护思想输入中国最早是与领事裁判权联系在一起的。外国领事法庭在中国设立之后,按照条约规定,领事法庭适用的法律取决于被告国籍,因此其律师制度自然运用于领事法庭。上海会审公廨设立后,由于其审理的案件多涉及外国人,应外国人的要求,逐渐运用律师制度。到十九世纪七十年代,会审公廨审理纯属中国人之间的纠纷也允许律师辩护。如苏报案中,清政府援请外国律师替朝廷辩护的事实本身就含有一些肯定律师制度的意味。

晚清政府内部引进律师制度的尝试始于1906年的《大清刑事民事诉讼律》(草案),其中第四章"刑事民事通用规则"内的第一节即为"律师"。该草案因为绝大多数督抚的反对胎死腹中。

1909年底颁布的《法院编制法》正式规定了律师辩护制度,但清朝廷对律师制度的创建持消极态度,故直到清廷灭亡,律师制度也没有真正建立起来。朝廷之所以有此态度,其原因在于专制制度欲保持其对国家权力的垄断。虽然晚清迫于外力设立各级审判厅,实行司法权独立,但各级审判厅只是受皇帝的委托行使司法审判大权,而律师在法庭上利用法律为当事人辩护,站在作为皇帝代表行使司法权力的推事的对立面就理所当然地侵犯了皇帝对权力的垄断,故当时就有人指出:"泰西则务伸民气,谓人人有自主之权,彼此互争,专借律师为枢纽。苟有一端之善,一节之长,务当代为争辩。必至理屈词穷,智尽能索而后已。在承审、陪审者,转若置身事外,作壁上观。直待胜负既分,坐受其成而已。其不能不重用律师者,势也。然则中国之严禁,恶其挠上之权也。西国之重用,欲其伸民之权也。"①这种君权与民权的对立是晚清律师制度不能设立的根本原因。

二、民国律师制度的发展

1912年9月,民国北京政府颁布了《律师暂行章程》,确定了律师的自由职业者身份,规定律师执业的基本条件就是要通过律师资格考试。南京国民政府成立后,于1927年公布了《律师章程》及《甄别律师委员会章程》,1941年更颁布了《中华民国律师法》。这些法律在《律师暂行章程》的基础上,进一步完善了律师制度,比如它对律师公会的规定:在某地地方法院登录的律师满十五人,即可在该地设立公会;如不满十五人,则可入邻近法院所在地的

---

① 顾家相:《中国严禁讼师外国重用状师名实异同辩》,载见甘韩辑:《皇朝经世文新增实务洋务续编》,卷四"法律";又见沈云龙主编:《近代中国史料丛刊》第801辑,台湾文海出版社有限公司1972年版,第344—345页。

公会或与邻近法院所在地共同组成公会;律师个人不加入律师公会,不得执行职务。

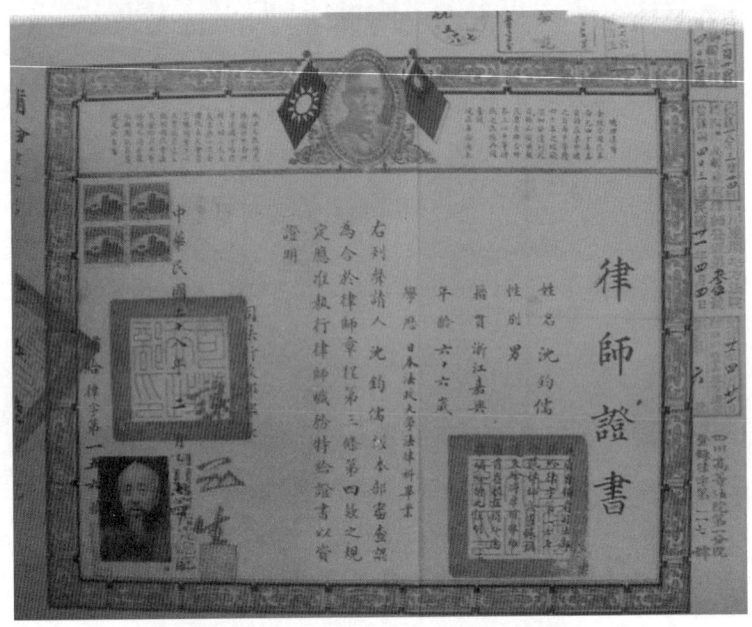

图 69　民国时期律师证书,持证人为沈钧儒

民国时期的律师职业有其重大缺陷,如律师执业伦理未能有效建立、律师数量太少且太集中于城市。这些缺陷,主要源于集权政府对律师公会不信任,直接导致律师公会缺乏贯彻执行规范的能力和相应的权威。① 即便如此,民国时期仍然是近代中国律师制度发展的黄金时期,出现了一些富有社会声望的名律师。

三、近代中国建立陪审制度的争议与尝试

与律师制度相似,陪审制度及其背后所体现的思想在近代中国的传播与领事裁判权在中国的存在也有很大关系。在上海公共租界的领事法庭审理重大刑事案件一般都选择陪审员进行陪审。

1906年伍廷芳起草《大清刑事民事诉讼律》,其第四章第二节有陪审员之规定,其内容受英国陪审制度的影响,不分民刑诉讼,一律援用。伍氏在其奏折中提议:"嗣后各省会并通商巨埠及会审公堂,应延访绅富商民人等,造具陪审员清册,遇有应陪审案件,依本法临时分别试办。如地方僻小,尚无合格之人,准其暂缓,俟教育普被,一体举行。庶裁判悉秉公理,轻重胥协舆评,自无枉纵深故之虞矣。"伍氏主张中国实行陪审制度最主要的理由就是陪审员会审案件,可以补法官之不足。设立陪审制度的主张遭到了强有力的反对,其理由就是中国人民程度不够,骤然实行陪审制度,会造成不见其利,仅见其害的结果。伍氏设立陪审制度的主张因此受挫。

关于在中国是否应采用陪审制度,除了在讨论《刑事民事诉讼律》草案发生争议外,晚清再没有为此发生大的争议。其原因在于,陪审制度虽然在外国有其法良意美之处,但在晚清

---

① 参考孙慧敏:《建立一个高尚的职业:近代上海律师业的兴起于顿挫》,台湾大学历史学研究所2002年博士首位论文,第14—20页。

并不存在实行陪审制度的条件。

第一,中国是一个特别讲究人情和面子的社会,选任出来的陪审员有权力决定案件的事实,则请托、情面等都可能使案件事实认定有失公平。第二,在晚清,地方豪绅具有相当大的势力,如果由来自民间的陪审员决定由豪绅充任当事人的案件事实问题,如果一秉自己的判断而不答应豪绅的要求,陪审员岂不担心豪绅及其党羽的报复?如此,陪审极有可能为豪绅操纵而反失公平之司法审判。第三,参与陪审,充任陪审员乃属于公务之范围,陪审制度的成功需要有热心公务的公民。而我国民众在长期的专制压迫之下,相对缺乏公益观念,因此要他们担负义务经常出入法庭,避之犹恐不及。即便以处罚加之于后,则亦是勉强从事,能达到陪审之目的吗?第四,传统中国是一个官本位社会,普通百姓见官则恐惧莫名。如果让普通齐民充任陪审员,既无法律知识,又有畏官心理,很少不为法官所操纵,也不能起到陪审之作用,反而可能劳民伤财。第五,当时主张实行陪审的一个重要理由是:若不实行陪审制度,就没有与世界接轨,就不能收回领事裁判权。而日本在1899年收回领事裁判权之时就没有实行陪审制度,所以该论点也欠缺说服力。这种种原因交织在一起,导致晚清陪审制度终未能实行。

尽管从晚清开始就不断有学者呼吁要将陪审制度引入中国,但执政者却一直不为所动,态度非常谨慎。真正从制度层面对陪审制度进行规定是南京国民政府。1929年8月南京国民政府公布了《反革命案件陪审暂行法》,该法规定法院只有在审理反革命案件时才能实行陪审制度,正式将陪审制度引进"反革命"案件的审理当中。该法规定,陪审须经国民党部声请,如果国民党部没有声请,法院可自行审理;陪审员限于国民党党员;陪审员限定人数为6人;陪审员秘密评议,当庭答复意见。《危害民国紧急治罪法》于1931年1月31日公布并于同年3月1日施行,《暂行反革命治罪法》随之废止,反革命案件的陪审制度亦因之被废除。近代中国的陪审制度至此走向尽头。晚清社会对陪审制度发育非常不利的情形,到整个民国时期都没有大的改观,这即在很大程度上决定了陪审制度在近代中国的命运。法律与社会的关系如何,是探究包括陪审制度乃至整个近代中国法制转型需要认真面对的核心问题。

思考题

1. 晚清民初的法官考试和培训制度对今日有何启示?
2. 简述近代中国由司法中立走向党化的历程。你如何看待国民政府时期的司法党化?
3. 试从近代中国律师制度的演变来分析律师与讼师之关系。

参考阅读材料

裁判访问录序

光绪乙巳九月,修订法律馆奏请派员赴日本调查裁判、监狱事宜,膺斯役者为郎中董绶金康、主事麦敬舆秩严。馆事殷繁,于次年四月始克东渡,员外郎熙惟周桢亦相偕前往。抵东京后,适员外郎王书衡仪通奉学部命在彼,相助为理。日本政府因吾国司法初与交涉,由司法省特简参事官斋藤十一郎、监狱局事务官小河滋次郎,导引诸人分历各处裁判所及监狱详细参观,并于司法省及监狱协会开会讲演。见闻所及,撮其大要,为裁判四章、监狱二十二章,缮具清单,进呈御览。董郎中复将辑译所得,编纂为书,先成《裁判访问录》。家本读竟而序之曰:

人不能无群,有群斯有争,有争斯有讼,争讼不已,人民将失其治安。裁判者,平争讼而保治安者也。顾古今中外风俗不尽同,裁判之事即不能尽同。不同者而必欲强之使同,其势必有所阂,由是阻力生焉。其在上古之世,风俗浑朴,科条简易。中古以降,风俗趋于浇漓,事日繁剧,若仍以简易之科条行之,能乎? 是故自秦以来,裁判各自为法。汉有读鞫、乞鞫之律,而后世无文。《唐律》考囚不过三度,考满不承,取保放之,而今无此法。若是之类,非止一端。此古与今之不能同也。

西国司法独立,无论何人皆不能干涉裁判之事,虽以君主之命,总统之权,但有赦免,而无改正。中国则由州县而道府,而司,而督抚,而部,层层辖制,不能自由。从前刑部权力颇有独立之势,而大理稽察,言官纠劾,每为所牵制,而不免掣肘。西法无刑讯,而中法以考问为常。西法虽重犯亦立而讯之,中法虽宗室亦一体长跪。此中与西之不能同也。

更有相同而仍不同者。古今无论矣,但即中、西言之裁判所凭者,曰供,曰证。中法供、证兼重,有证无供,即难论决。《唐律》狱囚取服辩,今律承之。可见中法之重供,相沿已久。虽律有众证明白即同狱成,及老幼不拷讯,据众证定罪之文,特所犯在军流以下者,向来照此办理。至死罪人犯,出入甚巨,虽有此律,不常行用,盖慎之也。西法重证不重供,有证无供,虽死罪亦可论决。此又中西之同而不同也。

方今世之崇尚西法者,未必皆能深明其法之原,本不过藉以为炫世之具,几欲步亦步,趋亦趋。而墨守先型者,又鄙薄西人,以为事事不足取。抑知西法之中,固有与古法相同者乎? 如刑之宣告,即周之读书用法,汉之读鞫及论,唐之宣告犯状也。狱之调查,即周之岁终计狱,弊讼登中于天府;宋之类次大辟,奏上朝廷也。至若大司徒所属之乡、遂大夫诸官,各掌乡、遂之政教禁令,而大司寇所属之乡士、遂士、县士分主国中、遂、县之狱,与乡、遂诸大夫分职而理,此为行政官与司法官各有攸司,不若今日州县官行政、司法混合为一,尤西法与古法相同之大者。

夫古法之不同于今而不行于今,非必古之不若今,或且古胜于今。而今之人习乎今之法,一言古而反以为泥古,并古胜于今者而亦议之。谓古法之皆可行于今,诚未必然;谓古法皆不可行于今,又岂其然? 西之于中,亦犹是耳。值事穷则变之时,而仍有积重难返之势,不究其法之宗旨何如,经验何如,崇尚者或拘乎其墟,而鄙薄者终狃于其故。然则欲究其宗旨何如,经验何如,舍考察亦奚由哉?

泰西裁判之制,英、美为一派,德、法为一派,大略相同而微有不同。日本多取诸德、法,然与德、法亦不尽相同。盖立法以典民,必视乎民以为法而后可以保民。即如陪审员,实创自英。英本以自治为国,故此职最重。法改民主之后,经人民要求,亦用此制,德亦仿行,然皆不若英之出于习惯之自然。故日本不用此制,而别设检事一官。此东与西之不同者。英、美无区裁判,而德有之,日本用德制也。此西与西之不同者。凡此不同之故,亦仍视乎其国之政教风俗,有不能强之使同者。因民以为治,无古今中外一也。

中国今者方议改裁判之制,而礼教风俗不与欧美同。即日本为同洲之国,而亦不能尽同。若遽令法之悉同于彼,其有阻力也固宜然。我法之不善者当去之,当去而不去,是之为悖。彼法之善者当取之,当取而不取,是之为愚。夫必熟审乎政教风俗之故,而又能通乎法理之原,虚其心,达其聪,损益而会通焉,庶不为悖且愚乎。日本斋藤参事所述裁判之制,颇称详备,凡所谓宗旨何如,经验何如,其大端已具于是。是在讲究斯法者,勿求之于形式,而求之于精神,勿淆群言,勿胶一是,化而裁之,推而行之,斯变通尽利,平争讼,保治安,阻力固勿消,而势亦无所阂矣。古今中外之见,又何必存哉!

(选自沈家本:《寄簃文存》,商务印书馆2015年版,第204—207页。)

结　语

近代中国的法治转型

近代中国的法制自晚清变法修律以来，一直在转型过程中。这个转型历程犹如滩多浪急、千回百折的"历史三峡"（唐德刚语），身处其间的数代中国人经历了太多的苦难。他们反思传统，借鉴新制，其志可嘉，其心可敬，但出于时代所限、学养所及、大势所向，苦心孤诣所创建的诸多法政制度，多为阶段性产品，少有已定型者。但其中所蕴含的宪政、法治诉求则不可泯灭，势将长留于天壤间。

综观中国法制近代化，其最核心内容就是要确立宪政和民主法治，其精神内核就是要由帝制法治转型到民主法治，其过程之艰难曲折，实超出人意表之外。其间缘由，大致可论述入下：

首先，法律制度及其背后的法治精神的转型是整个国家转型的一个方面。没有较为成功的国家转型，不能奢望法治转型的顺畅。近代中国国家转型，是要从"天下国家"转变为"民族国家"；且这个民族国家一定是人民主权的国家，即这种国家转型，也可说是要由"帝国"转变到"民国"。

传统中国历代王朝皆可归入天下国家之范围。何谓"天下国家"？简言之，是视自己为天下唯一的文明中心，自有教化四周蛮夷戎狄之责，"天下一家""王者无外"。被历代奉为经典中的经典之《中庸》为天下国家之实现提供了较具体可行的方案，"凡为天下国家有九经，曰：修身也，尊贤也，亲亲也，敬大臣也，体群臣也，子庶民也，来百工也，柔远人也，怀诸侯也"。这种经典性设想，影响帝制中国朝廷和士大夫至深。顾炎武即明确区分了"亡国"和"亡天下"之别。① 本来，天下国家作为一种理想规划，从来都没能真正完全实现过。到近代，晚清朝廷遭遇西方，天下国家的基本架构，即"天朝体制"出现了不能按常规应对的危机，在列强的强烈要求下，先是成立了总理衙门，向列强派出驻外使节，后又将总理衙门改为外务部，位列各部之首。到 20 世纪初，更成立了作为预备国会的资政院和责任内阁。这些变化，是清朝廷为救亡图存，借鉴西方各民族国家相关制度的结果。

既然必定要进行从天下国家向民族国家的转型，那这个民族国家究竟应该是什么样的？在西方列强中，民族国家有帝国、有共和国，有专制国、有立宪国。如果说在整个 19 世纪，对于当时中国究竟应建立一个什么样的民族国家还不是特别明确的话，那到 20 世纪前二十

---

① 《日知录》卷十三"正始"一条说：有亡国，有亡天下。亡国与亡天下奚辨？曰：易姓改号，谓之亡国。仁义充塞，而至于率兽食人，人将相食，谓之亡天下……保国者，其君其臣，肉食者谋之；保天下，匹夫之贱与有责焉耳矣。"（清）顾炎武：《日知录校注》（中册），陈垣校注，安徽大学出版社 2007 年版，第 722—723 页。

年,这个问题已基本解决。1904—1905 年日俄战争的结果,使得中国朝野在建设立宪国这一点上基本形成共识,由此有了晚清最后几年的预备立宪改革。随后辛亥革命的成功和洪宪帝制的失败,历史帮助中国民众选择了共和制的民国。至此,近代中国所建设的民族国家就是立宪共和国。也就是说,近代中国的国家转型是要完成从"帝国"到"民国"的彻底转变。正是充分注意到了这一宏大的历史场景,张君劢先生这一论断才有了充分的根据:"所谓近代国家,就是一个民主国家,对内工商业发达,注意科学研究,乃至于军备充实;对外维持其主权独立,领土之完整,且能与各大国相周旋;至于政府机构方面,一定有内阁、议会以及选举制度。这都是现代国家的特色,亦即近代国家应具备的种种特点。"①

近代中国要从"帝国"转变为"民国",尽管只有"帝""民"一字之差,但其难度超乎前人和时人的想象。政权合法性基础就是其中重要一环。在"帝国"时代,政权合法性基础是"天命"。因朝代更迭,故"天命"无常。如何能证明"天命"所归?在秦汉以后"打天下"的格局里,实际上的"力"和粉饰性的"德"(最明显的反证是揭露前朝之"失德"和"缺德")共同决定了"天命"所归。传统中国的"革命"理论和"犯上作乱"就是"天命"所归与否的一体两面:以"力"取天下成功了就是"顺天应人"的"革命"之举,失败了就属违反"天命"的"犯上作乱"之行。到近代以来,"帝国"被推翻之后要转变为"民国","民命"就取代了"天命",成为"民国"政权的合法性基础。相应地,判断一政权是否获得"民命",那就是有无代表"民命"的国会等全国性代议制机构存在。民初的诸多政争,如讨袁护国之争、新旧约法之争、北方新旧国会之争以及南北之争,甚至军阀之间的电报战等,皆是要争"民命"的代表权。及至南北各路新旧军阀皆自认代表了"民命",势力小的则主张地方自治(包括县自治、省自治和联省自治),势力大的就高唱中央集权和武力统一,谁都可以说自己代表了"民命"。"民命"代表之混乱,导致"民命"的真正内容和价值被抽空,由此出现了"革命"。它是近代中国政权合法性从"天命"转向"民命"过程中一重要阶段。在这个阶段,"革命"逐渐取"民命"而代之,并与特定政党紧密相连,它本身即是"民命",且是"民命"发展的新阶段、高层次。各种社会力量在"革命"大旗下集结,彻底打倒了"革命"对象,"革命"成功,统一政权。及至政权统一,和平建国开始,"革命"作为政权合法性基础地位逐渐丧失,又会慢慢回归至"民命"轨道上来,以宪政、法治为基石的政治、法律架构终会艰难确立,"民命"才会实至名归。政权合法性基础之转型有一个从"天命"到"民命",中间经历"革命"阶段,终至落实"民命"的过程。政权合法性基础的转型成功,才有可能实现从"帝国"到"民国"的真正转型。于此可见,近代中国国家转型之艰难复杂。

随着近代中国要从"帝国"转变为"民国",法律也要相应转型,即从"帝国"的法律转型到"民国"的法律。因"民国"不同于"帝国"的最大差别是一个主权在君,一个主权在民。故法律转型就要完成法律职能从以保障君权为核心向保障民权为核心的大转变。秦汉之后,专制帝国代替了封建天下,历代靠打天下成功的帝王及其继承者,最关心的是皇位稳固。为达到这一目的,他们大致以儒家学说为核心来推行教化于先,以法家学说提供的手段来威慑于后。以什么样的威慑为最有效?按照韩非子为专制君主给出的办法,君主除"暗用术"之外,还要"明用法"。因此秦汉之后历代王朝的法律和司法的核心指导思想是如何去治吏和治

---

① 张君劢:《宪政之道》,清华大学出版社 2006 年版,第 136 页。

民。对皇帝来说,吏又比民的威胁为大,故其真正重心是"治吏"。① 这也就是有些法史学者认为传统中国行政法制发达的思想原因所在。②

因法律转型而导致法律职能上的根本变化,即从"保障君权"转向"保障民权",尽管也只有一字之差,但它所涉及的范围之广、程度之深,自然决定了完成这个转变的艰巨性。就其范围而言,在立法方面:立法机构需以民意为基础重新设立、立法之程序要参照科学合理的议事规则严格规定、立法之内容不能与公序良俗乃至民权保障这个根本目标相抵触、法律体系和立法之技术需审慎考虑等;在司法方面:以实现司法独立、尊重司法权威为导向的新司法机构需设立、法官要按照新的标准选拔、律师制度须真正建立、民刑案件必须分离、罪刑法定原则需在刑事司法中贯彻等;在法学教育方面,要开展新式法学教育,既要注重专业知识和技能的培育,更要贯彻以保障人权为核心的现代价值观的形塑。盖"徒善不足以为政,徒法不能以自行",虽有良好的制度,如无优良的、起码是合格的法律、法学人才,立法和司法的目标肯定难以达到。

近代中国国家和法律的转型既如此复杂和艰难,由于种种原因,我们在某个阶段走了弯路甚至是回头路,可能都是无法避免的事,但重要的是我们要在事后认识到我们曾经在哪个阶段、哪个方面走错了路。这其中,一个很重要的问题是如何对待传统。正因转型的复杂和艰难,决定了我们不应对传统采取历史虚无主义态度而予以全盘否定,而是要发掘传统中的优良因子。但困难不在这类应不应该的原则性问题上,而是如何在实际操作之中妥当拿捏分寸。也就是说,要从传统中汲取养分不是问题,问题在于从传统的哪些方面如何汲取养分。作为法律人,对中国的民主法治念兹在兹,这就需要我们好好研习中国历史,尤其是中国法律史,庶几能收温故知新、鉴往开来之益。

中国法治近代化过程中一大问题是法律与社会脱节,试从固有法制和继受外来法制两个方面分别予以举例说明。

法律三度论

一、三度的法律理论

麦斯鲁(J. de Maitre)氏在其所著《法国论》一书中说:"在我一生中,曾经看过西班牙人,意大利人,苏联人等等;感谢孟德斯鸠的大作,我甚至知道有波斯人;然则谈到'人',我敢声

---

① 参见李启成、李贵连:《帝制法治的两面——"断罪引律令"与比附援引制度的思想基础》,载《清华法学》2012年第6期;李贵连:《法治是什么:从贵族法治到民主法治》,广西师范大学出版社2013年版,第65—72页。
② 举其著者,如日本学者织田万注意到行政法无所不在这一现象时,简单将之定性为法律不分化、不发达,实乃不解传统中国法精神的偏激之论,"在中国,则法之各部,未全分化,故行政法之意义,徒见其泛博耳。按查《大清律》及其条例,固属刑法,然亦往往登载行政法上应规定之事项。而至彼法章之分类,未分化也。故法典以外各种成文法,则亦可视以为行政法之渊源,固不俟论。"([日]织田万:《清国行政法》,李秀清等点校,中国政法大学出版社2002年版,第47页。)

明在一生中,我并未遇见过;如果真的有'人'存在的话,那我就不了解了"。心理学家洪德(Hwündt)氏亦曾说:"如法律哲学上所假定之抽象的人,从未在时、空任何一点上存在过"。

因此,有一更充分的理由,我们可以说,如法学家所假定之抽象的法律,从未在时、空任何一点上存在过。抽象的法律,系属于本质的范围,并非存在于真实的世界。在真实的世界,除了有此和彼特殊个别的法律外,别无他法。

每一个别特殊的法律,均具有三度:

(一)时间度:所有法律均存续于一定时间中,都具有时间的属性。柏格森学派的用语,谓时间"吞食"一切存在的事物。因此具体存在的法律,亦不能免为时间所吞食。

(二)空间度:所有的法律,均在一定的领域,或对一定的人民(如游牧民族),发生效力,没有一种法律,其效力范围是普天下的,它的管辖权是毫无限制的。

(三)事实度:所有法律均与事实有关,在逻辑上,有什么是关于这件事的法律?询及"什么是法律"?这一问题是毫无意义的。律师亦将为此类问题所困扰。每一法律均统制一定的事件,或一类的情事。不论它是真实的,或是拟制假定的事实,均构成法律的一面。

可见,每一法律均有三度,无时间,无效力范围,和无事实争点的法律是不存在的。问题常是"什么是此时此地或彼时彼地,关于此一案情或彼一案情的法律"?

二、法律三度论的一些成果

(一)法律三度论一被接受,则法律学便进入一崭新的领域,它不再是一种形式学科,而变为一种归纳的学科。当律师询及"什么是统制此时此地,某一类特殊案情的法律"这一问题时,他便不再依赖纯粹的演绎方法。即把制定法当为大前提,事实当为小前提,而以所得结论当为法律。然而此事并非如是简单。因为如果此一制定法是十年前通过的,在案情发生时,已获致新意义;或者由于废止;或者由于其他外在环境的变迁,它甚至可能已经失其功效。换言之,时间可能吞食此一制定法,而且吸尽它的所有精神,这制定法已不再是法律了!我了解,一制定法是否可因失其功效即被废止的问题,常遭争议;并且亦因不同的法律制度,而有不同的答案。例如,《西班牙民法典》有一规定:"法律仅能经由后法和无效加以废止后,与其相反的习惯和实例,才能有效的援用"。然而,我们必不为文字所骗;因为权威法学家苏卡摸拉(Scaevola),曾就此一规定批评说:"是否此一原则在实务上完全适用?我仍不无怀疑。当一法律条文失其功效,而有一习惯形成,并与之相对抗时,由于此一法律条文不能应乎时代的需求;或者生活于此一时代中人们的理念,所以纵使立法者仍执拗的欲强加保留,也是毫无用处的。我们可在同法第五条第七项第六款中得到明确的证明。它规定:'凡为变戏法或以斗牛为业的子孙,均丧失其继承权'。此一法条,虽未为其他后法所废止;但是并没有人遵从其规定"。事实上是时间吞食所有制定法,自亦包括防止时间吞食的法律在内。

如果上述的情形,在那些以制定法明白规定,制定法不能因其失去效用,即径认其被废止的国家是确实的话,那么,在没有此类规定的国家,则更是真确。叶尔斯生(Erskine)在其名著《苏格兰的法律原理》(Principles of the Law of Scotland)一书中曾谓:"习惯当其与制定法同等建立于立法者的意志之上时,即具有同等效力。因此,当一制定法得为另一制定法所废止或解释,则一制定法亦得由社会共同的习惯所解释,甚且得因后来与之相反习惯的对抗,而丧失其效用。"纳年(Nathan)在其《南非的普通法》(The Common Law of the South Africa)一书中,亦持相同的看法。他说:"不仅后法可废止前法,而且前法亦得为习惯所废止。盖以人民表现其意志,初不因运用的方法不同而有别,所以法律不仅因立法者的意志而更改,而且可因制定法的失去效用,并为社会大众的默示同意所变更。"

时间乃一不速之客，不论愿意与否，它都会溜入法律的宅第。前门拒之，它便会由后门悄悄地溜进。

（二）法律三度论的逻辑另一成果，便系所有的法律均与事实相关。法律与事实共存亡，法律并非产生于事实发生之前。谈法律而不言事实，诚属荒唐！

因为没有两个案件彼此案情毫无差别，所以我们不能从彼案的判决而演绎此案的法律。我们只能用类推的方式，以彼案的判决类推适用到此案。类推的方法是归纳法。运用此一方法所得的结论，并未提供给我们绝对的确定，而仅能带给我们合理的确定。律师可运用一种类推的方式，法官亦可运用其他更适合的类推方式。换言之，类推的方式，容许一可变性的广大边际（a wide margin of variability）存在。因此，与其谓法律为逻辑的演绎，不如谓其为预测之事，较为适宜。未若逻辑的演绎，预测多少容易导致错误。

三、结语

法律是一种预测，然而预测什么呢？此一问题，在许久以前，霍姆斯法官（Justice Holmes）便已作回答，他说："法律是法院在事实上，将为何行为的预测。"当诉讼当事人，至其法律顾问处去问："基于这些事实的法律是什么？"斯意乃在询其法律顾问，法院基于这些事实，将作如何判决的意见。法律顾问在提出建议前，如若有关于此一案件的制定法，则首应以它为根据，同时寻找这些制定法，法院如何解释并下判决。如果此一案件，乃斯制定法所首次遭遇者，他就须当试了解，同类的制定法如何经解释过。如果就此一案件，无相关的制定法时，他即须寻找出，法院基于同类事实，如何下判决。如果此一案件十分特殊，可说是毫无先例时，则他便须去参考公认的权威著作了。制定法、制定法的解释、先例、权威著作，提供法院将如何行为的预测基础。它们均非法律本身，而系法律的根源。法律本身是根据此根源的专家预测。要明白法律，便系能够对于法院的行为，作具有充分根据的预测。不过，有时候即使是一具有充分理由的预测，亦告失败。我们不能置谴责于法律专家之门。而宁愿说此乃附着于法律本身的一种固定的意外现象，非必然性，不规则性和不能决定性。一种具有足够理由之预测的错误，预示法律本身而不免有瑕疵存在。

（选自吴经熊：《法律哲学研究》，清华大学出版社 2005 年版，第 15—19 页。）

索 引

B

比附援引 176—179,183,314—318,321,359
不应得为 88,178,179

C

财产承继 242—244
财产法 8,74,325,332
财政 34,39,42—44,62,64,147,196,282,284,293,327—329,342,346,349
察举制 139,140
厂卫 126—129
朝贡体制 272—274
春秋决狱 84,226

D

大理寺 96,97,124,151,153,170,193,204—206,215,227,229,231,232,282,342
大理院 282,295,324,325,329,331,340,342—346,349,351
大清民律草案 323—325,332
党治 297—299,301,303—307,351,352
嫡长承继 240
帝制法制 66,69,80,85,96,105,135,138,159,162,164,179,180,183
断罪引律令 174—176,178,179,183,219,315,359

E

恩荫 146,147,229

F

法经 64,73—75,77,81,85,86,93,109,188,194,201,232,328
法吏 138,175,182,227,228
法制转型 267,280,303,355

分家析产 240,242,244,311
封建制 20,22—26,28,48,58,59,61,69,111,117,119,148,152,241,260
赋税 26,29,31,32,37,39—43,47,75,77,131,149,152,154,208,212

G

公天下 20,21
共和宪政 281,286,290,292,294,295,303—305,307
官代书 213—215
官学 54,106,137,222—226,349,350
官箴书 155,158,159
贵族法制 57,59,65,66,69,73

H

户籍 35,37—39,41,75,88,166
皇帝集权 114,150,152,157,206,315
皇帝制度 28,111,112,114
皇位继承 115,116
会审公堂 275—277,354

J

祭田 34,35,247,249—251,260,332
家法族规 247,250—253,260,261
家天下 20,21,117,121
家族主义 89,240,241,269,314,318—320
监察官 156—158,207
讲读律令 167,169—171,174,229,232
结婚 61,234—236,238,336
戒石铭 158,159
京控 133—135
九品中正制 138,141,142,146
捐纳 146,147,155,196,210,229,269

君主立宪　280—282,284—286,291,292,303,307,318

K

科举制　120,138,142—144,146,270,284

L

离婚　238—240,244,325
领事裁判权　274—277,311,315,316,334,338,350,353—355
吕氏乡约　254,255,260,261
律博士　227,228,231,232
律例体系　186,194,196,201
律令体系　164,186,190,195,196,201
律师　213,215,276,296,313,329,339,345,352—355,360—362
律学　62,87,137,194,197—200,210—212,222,226—232,236,242,334,344,348,361

M

民商分立　323,325,327,332—334
民商合一　323,325—328,332—334
民商事习惯调查　330,331,334
民事立法　323,325,332
明法科　198,227,228
幕友　120,155,200,210—212,229—231

N

南赣乡约　256—258

P

陪审制　339,352,354,355
平政院　344,346,347

Q

亲亲得相首匿　84,85
秋审　93,123—126,135—137,206,215,236,311,312

S

三法司　97,124,129,136,176,195,205,206,215—217
商事立法　323,325—327,331
商鞅变法　25,31,39,40,73,75,138,147
赦免　64,129—132,218,356
身份承继　240—244
身份法　325,332
审判厅　282,296,331,342—345,349,353
审转　210,215,216

省自治　294—297,303,347,359
圣谕宣讲　170—172,174,258
书院　106,212,224—226
睡虎地秦简　75
司法党化　299,304,306,348,350—352,355
司法院　301,313,329,342,347,348,351
私家注律　198,200,226
私塾　142,224—226
死刑奏报　123
四民社会　26,30,47,269,270
讼师　72,168,169,213—215,229,230,352,353,355
诉讼立法　338—340

T

唐律　9,29,32,37,42,73,81,85—96,98,109,110,121,123,134,136,164—167,174—176,178,179,182,187,193,194,198,199,202,217,218,233—235,238—242,310,312,338,356
天与人归　21,120,121,187
廷尉　76,84,85,111,123,126,127,132,134,149,152,160,162,165,190,203,204,215,217,227,231,232

W

无讼　155,163,167—169,174,214,219,253,310

X

细故　168,180,210,215,218—220,253,258,338
乡甲约　257,258
相对确定法定刑　314,316—318,320
刑部　97,101,102,109,122—125,133,136,150,176,177,179,181,187,189,190,193,194,200—202,204—206,209,210,213—216,229,257,282,327,342,356
刑鼎　70—73
刑事立法　311,313,316,320,345
刑书　62—65,70—73,92,160,191,212
刑讯　216—218,220,338,356
胥吏　128,169,212—214
训政　254,297,299—301,303,305,307,308,313,352

Y

衙役　155,212,213
义田　34,35,247—250

义庄　226,247—250,259,260,332
预备立宪　30,39,215,280—286,295,304,310,
　　311,315,316,318,324,330,340,342,343,359
御史台　97,102,156,157,204,205,346

Z

宰相　28,29,53,97,103,114,115,118,141,142,
　　147—151,153,157,158,161,188,194,218,269
张家山汉简　83
诏狱　82,97,123,126,127,129,203,278
制礼作乐　22

中华民国民法　309,310,323—325,327,332,334
重本抑末　47,271
州县官　46,152—159,167,168,180,210,211,213,
　　215,216,218—220,228,229,258,356
资政院　268,269,278,282—286,318,324,340,358
谘议局　282—284
自由裁量权　78,314,316—318
宗法制　22,23,25,58,61,115,241,249,279
罪刑法定　175,176,178,179,312,314—318,320,
　　322,360

后 记

本书是作者在北京大学法学院为一年级本科生讲授基础主干课"中国法制史"的讲义，大致有下述几个特点：

第一，讲义的宗旨，不论是帝制中国的法制还是向近代转型所要实现的共和民主法治，主要是围绕"治吏"而生成和运作。我个人特别服膺黄梨洲先生的治学态度和方向。在经历了亡国之痛后，作为胜朝遗民，梨洲先生苦心孤诣，为保存故国道统，编著《明儒学案》一书，在"发凡"中断言："大凡学有宗旨，是其人之得力处，亦是学者之入门处。天下之义理无穷，苟非定以一二字，如何约之，使其在我。讲学而无宗旨，即有嘉言，是无头绪之乱丝也。"关于他著《明儒学案》的宗旨，有夫子自道："学问之道，以各人自用得着者为真。凡倚门傍户，依样葫芦者，非流俗之士，则经生之业也。此编所列，有一偏之见，有相反之论，学者于其不同处，正宜着眼理会，所谓一本而万殊也。"简言之，梨洲先生认为真儒必有其"自得"之学；要"自得"于心，应由博返约，切实领会先儒论述之"一本万殊"。"自得"和"一本万殊"就是梨洲先生的讲学宗旨。关于作为本讲稿宗旨的"治吏"，语出韩非子"明主治吏不治民"，到王船山先生概括出"严以治吏，宽以养民"，将帝制中国法制精义一语道破。到帝制法制近代转型，固然是以宪政为核心架构的民主法治为目标，但"治吏"亦是直接关乎民生、须臾不可缓之大事，必然是民主法治的核心功能。"治吏"一说，也仅仅是我自己讲中国法制史的"宗旨"，不过是中国法制史研究和教学这个"一本"中"万殊"之一而已。我自己之所以能讲出这个"宗旨"，直接受启发于业师李贵连教授，这也是我将老师所著《法治是什么》一书列为上课最重要参考书的原因所在。

第二，本讲义之内容，对于本科教学，可能失之于范围过广，内容较深。之所以选择如此，是因为我考虑到：(1) 本科法学教育尤其要重视人文熏陶，作为史学和法学交叉学科的中国法制史责无旁贷；(2) 法制是社会的一部分，学习中国法制史，需要学者进入历史深处作系统综合理解，才可能明其法进而明其所以为法，由法其法进而法其所以为法之道，才能"自得"，有助于鉴往知今以开来。对大部分本科生来说，看正文足矣。对中国法制史感兴趣有志于继续想探讨的部分本科生和研究生，应留意注释。注释不光是注出所引资料之出处，以证明作者言之有据，在我看来，它更重要的作用在于：(1) 引导这一小部分读者明确资料的来源，以按图索骥阅读原文，防止割裂或断章取义之弊；(2) 注意所引资料之典型性，提高对资料价值的判断力；(3) 提示在相关专题方面有代表性的学者及其前沿权威成果，提高法制史阅读之鉴赏力。本讲义之注释是否能达到此目标，肯定水平所限，疏漏难免，但作者在作注释时，是考虑了它所应具备上述功能的。

后 记

第三，本讲义借鉴了很多前辈学者的研究成果。其最要者为李贵连教授的《法治是什么：从贵族法治到民主法治》（广西师范大学出版社 2013 年版）和黄源盛教授的《中国法史导论》（台湾元照出版有限公司 2012 年版）二书。我近几年在北大法学院开"中国法制史"必修课，一直将这两本书作为学生最主要的教学参考用书。除了这两本书外，当然还参考了大量的其他学者论著，参见各注释，限于篇幅，不再一一赘述。对这些成果之作者，我时常铭感于心。

最后我要感谢我的在读博士研究生和硕士研究生郑金鹏、张一民、王若时和梁挪亚，帮助我完成校订文稿、配制插图并制作索引等工作。

回想讲稿开始撰写之时，我正在哥伦比亚大学访学。时间较充裕，基本上白天到图书馆构思写作，晚上回家与妻儿团聚。一晃三四年过去了，种种情境，恍如目前。在讲稿写作的这几年中，我的家庭发生了重大变故，父亲与妻子先后离我而去，心目俱断，千里悲风。他们都是我在这个世界上最亲的人，理应有患难一起扶持，有幸福一起分享。人天相隔，愿他们在天有灵，能分享讲稿付梓之喜悦。知我者谓我心忧，不知我者谓我何求，悠悠苍天……

对一部讲义来说，只讲这么几次，难免轻率，但总感觉课堂上没有正式的文字讲稿对不住上课的学生，故集中时间来撰写修订。仓促之中，疏漏难免，因其不成熟，拟名之以"中国法制史讲稿"。后因正式出版，受出版社责任编辑李铎兄之建议，更名为"中国法律史讲义"。孟子讲"得天下英才而育之，而王天下不与焉"；当年在燕园求学时，曾听一位老师自豪地讲过："在中国，最好的职业就是做一名北大法学院教授"。通过在北京大学法学院十几年来的教书育人，对这些话语之中所蕴含的情愫颇有感触和体会，尤其是其中的"教学相长"之益；所以，这部讲义得以完成，应该感谢我历年来所教的学生。我曾在我讲授的另一门课"中国法律思想史"课堂上讲过这样一段话：

> 四百多年前的晚明，在无锡聚集了一批具有书生气质的士子，他们以明道淑世为己任，标揭"风声雨声读书声，声声入耳；家事国事天下事，事事关心"之宗旨，自有其森严气象。尽管不能挽回国运，但他们"勇者燔妻子，弱者埋土室"，以"一堂师友、冷风热血、洗涤乾坤"的风范、格局长留天壤间。这些先贤之所作为，我们虽不能至，但不妨心向往之。多年以后，如我们还能记起，在某门课程或某节课上，我们曾经相聚在一起，互相勉励过、感动过、独立思考过，足矣！因为这才是中国固有人文理念、法律思想的真精神、真血脉！

在我们这个时代，我还是想用这段话来与我自己和我的读者诸君互勉前行！

李启成

2017 年 5 月 7 日于陈明楼研究室